创新者

一群技术狂人和鬼才程序员如何改变世界

[美] 沃尔特·艾萨克森◎著　关嘉伟　牛小婧◎译
Walter Isaacson

THE INNOVATORS

How a Group of Hackers, Geniuses, and Geeks Created the Digital Revolution

中信出版集团 · 北京

图书在版编目（CIP）数据

创新者 /（美）沃尔特·艾萨克森著；关嘉伟，牛小婧译. -- 2 版. -- 北京：中信出版社，2017.4（2026.1 重印）

书名原文：The Innovators: How a Group of Hackers, Geniuses, and Geeks Created the Digital Revolution

ISBN 978-7-5086-7164-2

I. ①创… II. ①沃… ②关… ③牛… III. ①电子计算机工业－工业企业管理－经验－美国 IV. ① F471.266

中国版本图书馆 CIP 数据核字（2017）第 000810 号

创新者

著　　者：[美] 沃尔特·艾萨克森

译　　者：关嘉伟　牛小婧

出版发行：中信出版集团股份有限公司

（北京市朝阳区东三环北路27号嘉铭中心　邮编　100020）

承 印 者：嘉业印刷(天津）有限公司

开　　本：880mm×1230mm　1/32　　印　　张：20　　字　　数：520 千字

版　　次：2017 年 4 月第 2 版　　印　　次：2026 年 1 月第 13 次印刷

京权图字：01-2015-5632

书　　号：ISBN 978-7-5086-7164-2

定　　价：88.00 元

THE

INNOVATORS

1843

埃达·洛夫莱斯伯爵夫人发表关于巴贝奇分析机的“注解”。

1847

乔治·布尔制定一个使用代数进行逻辑推理的系统。

1890

赫尔曼·霍尔瑞斯使用打孔卡片机器完成人口普查。

1931

万尼瓦尔·布什设计出模拟电子机械计算机微分分析机。

1935

汤米·弗劳尔斯率先使用真空管作为电路通断开关。

1937

艾伦·图灵发表《论可计算数》，其中描述了一台通用型计算机。

克劳德·香农描述利用开关电路执行布尔代数的方法。

贝尔实验室的乔治·斯蒂比兹提出了一台使用电路的计算器的设想。

霍华德·艾肯提出建造一台大型数字计算机，同时在哈佛大学发现巴贝奇差分机的部分零件。

约翰·文森特·阿塔纳索夫在12月的一次长途晚间驾车过程中想出一台电子计算机的概念。

1938

威廉·休利特和戴维·帕卡德在帕洛阿尔托的车库中创业。

1939

阿塔纳索夫使用机械鼓轮存储器完成一台电子计算机的原型。

图灵到达布莱切利园参加破解德军密码的工作。

1941

康拉德·楚泽制成Z3，这是一台全功能的电子机械可编程数字计算机。

约翰·莫奇利到达艾奥瓦州拜访阿塔纳索夫，并观看计算机演示。

1800

1942

阿塔纳索夫使用300个真空管制成一台部分可用的计算机，并离开了美国海军。

1943

用于破解德军密码的“巨人”真空管计算机在布莱切利园完成。

1944

哈佛马克一号投入使用。

约翰·冯·诺依曼前往宾夕法尼亚大学参与ENIAC的工作。

1945

冯·诺依曼写出《关于EDVAC的报告初稿》，其中描述了一台存储程序计算机。

六位ENIAC的女性程序员被送到阿伯丁进行培训。

万尼瓦尔·布什发表《诚如所思》，其中描述了个人电脑的概念。

布什发表《科学：没有止境的前沿》，建议政府向学术和产业研究提供资金。

ENIAC完全投入使用。

1947

晶体管发明于贝尔实验室。

1950

图灵在一篇文章中描述了一项人工智能测试。

1952

格雷斯·霍珀开发第一个计算机编译器。

冯·诺依曼在高等研究院制成一台现代计算机。

UNIVAC预测艾森豪威尔大选胜出。

1952

1954 图灵自杀。

德州仪器引进硅晶体管，并推出 Regency 收音机。

1956

肖克利半导体公司成立。

第一届人工智能大会。

1957

罗伯特·诺伊斯、戈登·摩尔等人成立仙童半导体公司。

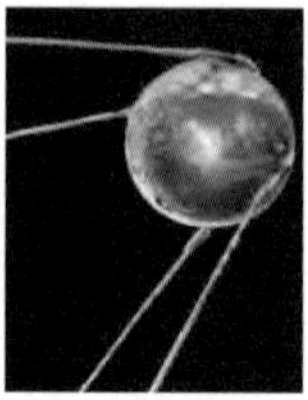

苏联发射斯普特尼克号人造卫星。

1958 高等研究计划署（ARPA）成立。

杰克·基尔比展示集成电路，也就是微型芯片。

1959 诺伊斯和仙童公司的同事独立发明微型芯片。

1960

J·C·R·利克莱德发表《人机共生》。

兰德公司的保罗·巴兰提出分组交换概念。

1961 肯尼迪总统提出人类登月计划。

1962

来自麻省理工大学的黑客制作《太空大战》游戏。

利克莱德成为 ARPA 信息处理技术办公室的首位主管。

道格拉斯·恩格尔巴特发表《如何增强人类智能》。

1963 利克莱德提出“星际计算机网络”。

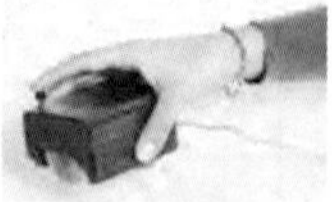

恩格尔巴特和比尔·英格利希发明鼠标。

1954

1964

肯·凯西和“快乐捣蛋鬼”成员乘坐校车进行环美旅行。

1965

泰德·尼尔森发表首篇关于“超文本”的文章。

摩尔定律预测微型芯片的处理能力会每年翻一番。

1966

斯图尔特·布兰德和肯·凯西一起组织“幻游音乐节”。

鲍勃·泰勒说服ARPA主管查尔斯·赫茨菲尔德资助ARPANET。

唐纳德·戴维斯创造“分组交换”一词。

1967

ARPANET 设计讨论在安阿伯和加特林堡进行。

1968

拉里·罗伯茨发出建造ARPANET的接口信息处理机的招标请求。

诺伊斯和摩尔成立英特尔，并聘用安迪·格鲁夫。

布兰德出版了第一本《全球概览》。

恩格尔巴特在布兰德的帮助下进行“演示之母”。

1969

ARPANET 的第一个节点成功安装。

1971

唐·赫夫勒开始为《电子新闻》撰写一个叫作“美国硅谷”的专栏。

《全球概览》停刊聚会。

英特尔 4004 微处理器公布。

雷·汤姆林森发明电子邮件。

1972

诺兰·布什内尔和阿尔·奥尔康在雅达利制作《乓》。

1973

艾伦·凯在施乐PARC参与开发阿尔托计算机。

鲍勃·梅特卡夫在施乐PARC发明以太网。

社群记忆共享终端在位于伯克利的一家音像店设立。

文特·瑟夫和鲍勃·卡恩为互联网完成TCP/IP协议。

1974 英特尔8080推出。

1975

MITS公司推出Altair个人电脑。

保罗·艾伦和比尔·盖茨在微软为Altair编写BASIC语言。

家酿计算机俱乐部的第一次聚会。

史蒂夫•乔布斯和史蒂夫·沃兹尼亚克推出Apple I。

1977

Apple II面世。

1978 第一个电子公告栏出现。

1979 Usenet新闻组出现。

乔布斯访问施乐PARC。

1980

IBM委托微软开发个人电脑操作系统。

1981 Hayes调制解调器开始向家庭用户销售。

1983

微软推出Windows。

理查德·斯托尔曼开始开发免费操作系统GNU。

1973

1984

苹果公司推出 Mac 电脑。

1985

THE WELL

斯图尔特·布兰德和拉里·布里连特推出 The WELL。

CVC 推出 AOL 的前身 Q-Link。

1991

莱纳斯·托瓦尔兹发布第一个版本的 Linux 内核。

蒂姆·伯纳斯－李公布万维网。

1993

马克·安德森公布 Mosaic 浏览器。

史蒂夫·凯斯的 AOL 提供互联网直接接入服务。

1994

贾斯汀·霍尔发表网络日志和网站目录。

《热线》和时代公司的 Pathfinder 成为万维网的首批大型杂志出版商。

1995

沃德·坎宁安的 WikiWikiWeb 上线。

1997

IBM 的深蓝计算机击败国际象棋大师加里·卡斯帕罗夫。

1998

拉里·佩奇和谢尔盖·布林成立谷歌。

1999

埃文·威廉姆斯推出 Blogger。

2001

吉米·威尔士和拉里·桑格推出维基百科。

2011

IBM 的沃森计算机在《危险边缘》中胜出。

2011

目 录

THE INNOVATORS

信息技术的独特之处

吴军
丰元资本合伙人，上海交通大学客座研究员

艾萨克森对于中国读者来讲并不陌生，他的《史蒂夫·乔布斯传》几乎成了IT（信息技术）行业从业者的必读书。在他的新书《创新者》中文版即将面世之际，我有幸提前读到这本书，并为它写推荐序。

《创新者》一书实际上是这两个世纪以来信息技术的编年史。信息技术以及由它产生的相关产业，和传统的工业产业有非常大的不同之处。

首先，它发展迅速，而且经过了近两个世纪的发展，至今看不到放缓的迹象。相比之下，无论是交通运输、航空航天，还是化工、医学和能源等领域，通常在高速发展一段时间后，发展的速度就趋于平稳了。比如，今天的轮船速度比200年前快不了多少，今天我们乘坐的依然是半个世纪前设计的波音747飞机；在过去的30年里，人类对癌症的认识并没有多少提高，治疗手段的进步也有限。但是，信息领域不一样，它总是不断地给我们带来惊喜，这一点大家都是受益者，就不需要我再赘述了。

信息产业的第二个特点是，相应的产品和服务价格在不断下降，这是它能够渗入到社会生活方方面面的根本原因。虽然每一种工业品在生产率提高后，价格相对于我们的收入并没有提高，但是绝对价格还是在上涨的，从日用品到汽车、电冰箱或者医疗仪器都是如此。传统服务行业价格的上涨更是明显。但是，在 IT 领域，价格总是不断下降的，而其产品的性能、服务的质量却在提升。这是在人类历史上第一次出现的反常现象。

通常，我们将上述现象归结为人类源源不断的创造力，更具体地讲是技术的创新。但是为什么这种创造力和创新集中体现在 IT 领域呢？对于这个问题的答案可谓仁者见仁，智者见智。艾萨克森在书中就试图通过研究过去两个世纪和 IT 革命相关的各个重要发明中文化的因素，给予大家一个新的答案——更准确地讲，是理解这个现象的新方法。

对 IT 革命起了最重要作用的是数学，而不是其他什么特定的技术，这是作者一个新奇的观点。世界上最早试图制造计算机以解决复杂问题（微积分中的差分）的是数学家巴贝奇，而影响他来考虑这个问题的则是大诗人拜伦勋爵的女儿埃达·洛夫莱斯，一位对数学痴迷的贵妇名媛。

对计算机技术产生了决定性影响的有两个人，冯·诺依曼和图灵，他们都是数学家。前者提出了使用至今的计算机的系统结构，后者划定了可以计算的问题的边界。图灵的很多灵感来自冯·诺依曼的《量子力学的数学基础》一书；另一个给予图灵很大启发的是著名数学家希尔伯特，图灵顺着他的思路，想清楚了可计算性理论，这成为今天计算机科学的基础。另一位对计算机发展起到关键作用的是香农，他设计了数字逻辑电路，并用它实现了具体的计算。今天的集成电路，无论多么复杂，里面基本的单元都是香农的逻辑电路。可以讲，将一切问题变成数学问题是过去两个世纪 IT 革命的核心。

对 IT 革命起了另一个关键性作用的是一种文化，或者说一种政策，即政府、大学和企业的合作。而促成这件事的，是麻省理工学院教授万尼瓦尔 · 布什，因此有人表示没有任何一个美国人对科技发展的影响能超越布什。作为模拟计算机的发明者，曼哈顿计划的主要倡导者，以及在“二战”后指导政府科技政策的学者，他不是去建设大型的政府实验室，而是推动政府与大学和企业的合作。正是在这样的思路指导下，美国才能诞生盖茨、乔布斯等大批创新者，才能让互联网得以快速推广。大部分国家在发展科技时，看重的是盖茨、乔布斯这样的人，但是他们的贡献是相对孤立的，他们的出现也具有偶然性。只有当一个国家在文化（和制度）层面对创新有了正确的理解时，盖茨和乔布斯这样的人才会成批出现。

作者在《创新者》一书中除了阐述上述两个新颖的观点，还详细介绍了计算机和互联网发展的历史，让读者可以了解到过去两个世纪，特别是过去的 80 年来世界信息技术发展的细节与过程。为了增加可读性，作者还讲述了一些趣闻逸事，比如当年盖茨开车超速被拘留的故事，这让读者不会对过于专业化的内容感到枯燥。

今天，在中国举国上下都在创新、创业的时候，大家读一读《创新者》这本书，了解一下 IT 革命的历史、IT 产业背后的规律，以及它的文化特点，会对自己有很大的帮助。最后，再次感谢中信出版集团给我这个机会，分享我对这本书的心得体会。

生活，创新最好的孵化器

卢刚博士
动点科技（TechNode）创始人

当我收到为《创新者》作序的邀请时，我正在美国硅谷拜访一些创新公司。这差不多是我每年固定的一段旅程，我从骨子里热爱科技，所以渴望能在第一时间近距离地把握硅谷——这个全球创新中心的脉搏。这一次行程中，从 Airbnb（空中食宿，旅行房屋租赁社区）到优步，从特斯拉到超高速列车 Hyperloop One，让我感受最深的不是某一家独角兽或者黑科技公司，而是一个异常安静的地方，名为"Computer History Museum"（计算机历史博物馆）。在博物馆正门口左边的墙上，写着一个单词"R | Evolution"，博物馆特意把这个单词的 R、E 两个字母用竖线分开，Evolution 代表发展演变，而 Revolution 则代表变革：变革不是一天两天的事情，没有发展演变的过程就没有变革的基础。

在高速发展的科技时代，我们崇拜英雄主义，所以面对科技发展的历史，我们对其中的人物往往只聚焦在少数的"天才"身上，微软的比尔·盖茨、苹果的史蒂夫·乔布斯、谷歌的拉里·佩奇等。他们是时代的颠覆者，改变了人类生活和工作的方式，但是我们千万不能忽略他们的前辈，还有他们周围和他们一起工作的那群人。计算机历史博物馆陈列着各个时代的“科技产品”，就像《创新者》所记载的一样。互联网不是突然出现的，从超大体积的计算机到可编程计算机，从晶体管到微芯片，从电子游戏到个人电脑，从单机软件到互联网，每一个重要的发展阶段之间彼此紧密关联，每一个阶段都有杰出的代表者，但是就像这本书所描述的：颠覆世界的，不是一位两位，而是一群技术狂人和鬼才程序员。

而每个时代的驱动力仿佛又来自一些“怪人”。他们或出身名门，或固执独行，或追求极致，或不善言谈，或精于商道，或追求开放共享，或坚持以自我为核心，这些甚至有些“离经叛道”的人们联手改变了世界。踏进计算机历史博物馆，在大厅的展区里正对大门可以看到一位女士的肖像，她也是这本书开篇的主人公：埃达 · 洛夫莱斯伯爵夫人。她的时代或许离我们很远，而她对巴贝奇分析机的注解却奠定了现代计算机发展的基础；真正让我深思的，却又超出了她的专业本身，是她的人生对诗意科学的完美阐释。创新的源泉不应该，也不可能来自拔苗助长式的动员，它更源于创新者的个性及其所处的生活氛围。当你读完全书的时候，你会发现，创新者们创造的科技创新，从来都没有孤立于生活而存在，而是或多或少都刻上了他们个人生活的烙印。

生活，是创新最好的孵化器。在过去的几年，作为科技媒体人，我去了很多国家和地区，去感受创新。印度，也许你没有多少概念将这个国度和科技创新联系在一起，但是创新在那里不仅仅是指所谓的黑科技。印度的空气质量不好，我们看到有一家创业公司的产品看似粗糙，就是一台可以处理空气中有害颗粒的简陋仪器，但这台机器可以将有害颗粒处理为碳粉类的产品，人们直接加水就可以写字和打印。当你到了以色列，在耶路撒冷你可以感受到神圣得让你窒息的宗教氛围，而在特拉维夫你也能看到非常多的科技创业公司。我的一位以色列朋友索尔·辛格（Saul Singer）写了一本书描述他的国家，书名是《创业的国度》。他告诉我差不多每8个以色列人就有1个人在创业，而创业的原因是以色列没有市场只有贫瘠的本地资源，还有和邻国常年的战火纷飞，所以以色列唯一的出路就是科技创新。生活的危机感，造就了以色列的创新意识。当你飞到地球的另一个地方夏威夷，这个风和日丽天堂般的地方也许看似和苦闷的创业环境没有一点关系，但是在那里也有一些创业孵化器，它们组成的联盟就叫Startup Paradise（创业天堂）。其中一家名为Blue Startups，其孵化的项目大都与能源有关系，因为夏威夷有独有的自然资源。创新需要因地制宜。因为中国移动互联网市场的飞速发展，日本不再是移动领域的领头羊，但它在许多方面仍然保持着其高科技的含量，比如日本知名科学家石黑浩教授的仿真机器人的外貌和神态与真人相比已经难辨真假。美国Boston Dynamics公司的机器狗的行动方式和真狗已经非常相似，它们可以组队前进，摔倒了可以站起来，公司的机器人甚至可以模仿人类保持平衡行走在障碍物上。当你看到这一切，你一定会猛然意识到星球大战的场景实际离我们已经不远。这是美国的黑科技，更是美国海阔天空的自由文化的一种反映，创新就是应该无拘无束敢于打破一切传统。芬兰，全球风靡的手机游戏《愤怒的小鸟》《部落战争》的诞生地，这个北欧的设计之都，正是它的设计理念和文化驱动了其手游行业，使之在诺基亚日落西山后仍可以在国际科技业界占有一席之地。提到俄罗斯，你可能会想到电视里的俄罗斯村庄，当我们走进俄罗斯，那里最大的创业活动就取名为“Startup Village”（创业村庄），而那里的创业大赛有一个特别的创业领域——航空空间技术，这是俄罗斯的民族文化和骄傲。中国台湾，我们首先一定会想到夜市和美食，那里的生活很安逸，也许这种安逸让台湾的年轻人更希望精品店式的创业文化：几十家连锁店不重要，一家精品店就好。所谓一方水土孕育一方人。生活在每个人眼中，不一定都是诗意的，但是如果更多地感悟生活，我们的创新，无论产品的形态是什么，一定会刻有生活的印记。

这也许就是我所理解的诗意科学。科技不能仅限于代码本身，它应该更多地与人生活的方方面面融合在一起。这也许正是我们中国的创业者所欠缺的：我们常常忘记了生活的需求和意义。我们常常争论我们与硅谷的差距，其实不是我们在科学技术方面的能力差距大了，而是我们中国的创新者离生活远了。我们在一味地追求科技革命，这没有错，但是我们忘了，科技已经成为我们生活的一部分，我们的生活环境、我们的设计能力、我们对时尚的理解，和我们的创新力密不可分。我们可以模仿出 GoPro 相机这类在极限运动爱好者中很受欢迎的产品，但是我们中有多少人是真正极限运动的爱好者？我们可以复制 Airbnb 的短租模式，但是我们又有多少人体验过背包族的自由生活？不是每一个人都能够像《创新者》中记录的那些大师们一样去改变世界，但是创新本就没有被定义等同于高大上的黑科技，能够改变生活的点点滴滴的点子也可以是创新。

在 2016 年世界知识产权组织发布的《2016 年全球创新指数》的报告中，中国排在第 25 位，仍然处在第二集团中。《创新者》更像是一本记载现代计算机科技发展的编年史。我相信每个人从这本书里都能尝试去发现创新的规律，但或许每个人的发现点又各不相同。我们也许做不了创新者，但是最重要的是通过这本书，我们能更好地理解创新能够成功的轨迹：这是不同背景的一群人执着努力的点点滴滴的汇聚。

数字科技时代的史诗

余晨
易宝支付联合创始人

自古以来，人类一直栖居在原子世界里。数字时代的到来，推动了比特世界的高速崛起。作为这个星球万物的灵长，人号称是符号和信息的动物，我们的智慧、情感、想象及至整个灵魂在数字塑造的无形无限比特世界中延伸、张扬、彼此交融碰撞进而再造新生……

要在一本书中浓缩这波澜壮阔的史诗进程，需要极强的功力，不但要谙熟史实，还要梳理清楚诸多烦琐细节之间的微妙联系，尤为重要的是能在文字的跃动中，传神摹写有关于人的各重大主题在一个新时代荡气回肠的演绎。这是沃尔特·艾萨克森的专长，也为他所著全球畅销的《史蒂夫·乔布斯传》雄辩地证明。

在艾萨克森笔下，乔布斯总是有意识地将自己置身于艺术与科技的交汇处，因此乔布斯的产品注定是科技和设计、外观、手感、精致度、人性化甚至是浪漫结合在一起的。乔布斯致力于让科技和艺术如此完美地融合，比如苹果2000年推出的Power Mac G4 Cube（一款个人电脑）就被纽约现代艺术博物馆所收藏。这种执着也让苹果的系列产品成为流行全球的时尚。

这仅仅是源于乔布斯的个性吗？不全是，虽然乔布斯确实个性非凡，毋宁说，这是数字时代的气质。

在新作《创新者》开篇，艾萨克森将时光拉回到一个半世纪之前，从一位柔美的女性——埃达·洛夫莱斯开始追溯数字时代的起源。

是的，数字时代的史诗始于一位传奇的女性，埃达·洛夫莱斯就如艺术与科技的女儿。她的父亲正是大名鼎鼎的诗人拜伦，埃达身上因而流淌了浪漫的血液。而她母亲为了调和埃达的气质，早早就让她接受数学教育，之后埃达成为历史上第一位计算机程序员。这样传奇的女子自然少不了历史的记忆，在大学攻读计算机专业时我就学过"Ada 语言"，而这种语言的命名正是为了纪念埃达·洛夫莱斯。

无拘大胆的想象与对数字痴迷的奇妙相遇，让身在工业时代的埃达很早就提出了"诗意的科学"，如此大胆的提法已经预示了未来数字时代科技和艺术融合的趋势。在这个新的纪元里，技术终将重返对人深切的关怀。

《创新者》从埃达·洛夫莱斯开始讲起，将数字时代的精彩故事娓娓道来。计算机的发展加强了人的自我表达（being），而互联网高速崛起则拓展了人与人的链接（becoming）。这两条主线的交织演进，谱写出数字时代的辉煌交响曲。

自然，艾萨克森在书中不吝笔墨地写到了许多创新者，但他并非要歌颂个人英雄主义，正相反，艾萨克森想揭示的是：科技革命不是一两个天才的成就，而是一群人的努力；创新的起源往往不是一条简单的因果链，而是一张错综复杂的关系网络。比如关于互联网的起源，被誉为"互联网之父"的就有好几位。

在担任央视大型纪录片《互联网时代》学术顾问时，我与《创新者》里写到的许多创新者面对面交流过，采访了如比尔·英格利希、鲍勃·泰勒、拉里·罗伯茨、伦纳德·克兰罗克、文特·瑟夫、史蒂夫·沃兹尼亚克、理查德·斯托尔曼、鲍勃·梅特卡夫、蒂姆·奥莱利、杨致远等历史性人物，他们的亲口阐述正印证了《创新者》里所渗透的理念。

在艾萨克森看来，这些创新者的特别之处在于，他们常常幸运地处在跨界交融之处。《创新者》以埃达·洛夫莱斯开篇，也以埃达·洛夫莱斯结尾。在篇末，艾萨克森隽永深长地写道：创新将会来自埃达·洛夫莱斯的精神继承者——这群创新者会在艺术和科学的交叉口上大显身手，他们身上的叛逆精神和好奇心会向他们展现出艺术和科学的绝妙之处。

远古时代的先哲们早早就对世界和人的存在问题竭思尽虑。数是万物的本原，毕达哥拉斯这个曾经看来匪夷所思的哲学命题让后世一度很费解，但在21世纪的数字时代，这竟然成为现实。在滚滚数字洪流中，原子和比特的疆界被打破，科技与人文不断融合，起源于网络的互联网正以惊人的速度推动跨界融合，这非但是创新的源头，更是人本真的回归。

本书是如何诞生的

计算机和互联网都是当代最重要的发明之一，但是很少有人知道是谁创造了它们。这些发明者不是独自在阁楼或者车库中凭空将它们创造出来，也不是在杂志封面上单独出现的人物，更不是能够比肩爱迪生、贝尔或摩尔斯的发明巨擘。相反，数字时代的大多数创新都是多人合作的结果。有很多杰出的人物都参与了这些合作，他们当中既有匠心独运的创新者，也有绝顶聪明的天才。本书就是关于这些先驱、黑客、发明家和企业家的故事——他们是谁？他们是如何思考的？是什么让他们如此富有创造力？本书还将讲述他们进行合作的方式，以及团队协作让他们发挥出更多创造力的原因。

他们团队协作的故事是十分有价值的，因为我们通常都不会关注合作能力对于创新的重要性。我们已经看过太多歌颂独立创新者的人物传记，这是因为传记作家们都乐于在作品中刻画甚至神化这些人物。我自己也写过几本这样的传记。如果在亚马逊网站搜索“发明者”（the man who invented）这个关键词，你会找到 1 860 本相关的书籍。但是我们能找到的关于协作创新的故事却少之又少，然而，如果要理解现今技术变革的发展历程，后一种故事反而更有价值，同时也更具趣味性。

如今我们总会把“创新”两字挂在嘴边，导致它现在已经成为一个缺乏明确意义的口号。因此，我打算在这本书中讲述现实世界的创新是如何产生的，以及在我们的时代中最富有想象力的创新者们是如何将颠覆性的想法变成现实的。我将会集中讲述数字时代中最为重要的十几项创新和它们背后的创造者。促使他们实现创造性飞跃的要素是什么？哪些技能被证明是最有价值的？他们是如何领导团队和参与协作的？为什么有的合作能够获得成功，而其他的合作却以失败告终？

我也会在本书中探讨为创新提供土壤的社会和文化力量。在数字时代诞生之际，这主要指的是一个由政府出资支持，并由军方、工业企业和高校联合管理的研发环境。除此之外，一个由社区组织者、具有社区意识的嬉皮士、DIY（自己动手做）爱好者和自学成才的黑客组成的松散联盟也贡献过自己的力量，而他们当中的大多数人都对中央集权抱有怀疑态度。

历史的书写可以有不同的侧重点，其中一个例子是哈佛大学和IBM（国际商业机器公司）联合研发的马克一号（Mark I）计算机，这是世界上第一台大型电子机械计算机。其中一位程序员格雷斯·霍珀（Grace Hopper）将这台计算机的研发过程写成了一段围绕它的主要设计者霍华德·艾肯（Howard Aiken）的历史。作为回应，IBM所记录的研发历史的主角是一群不知名的工程师，他们都为马克一号的持续改进——从计数器到穿孔卡输入机——贡献了自己力量。

历史的发展应当强调伟人的力量还是文化趋势的力量，这个问题一直以来都是人们争论的焦点。在19世纪中叶，托马斯·卡莱尔（Thomas Carlyle）提出“世界的历史不过是伟人的传记”。赫伯特·斯宾塞（Herbert Spencer）并不同意这个观点，他的理论强调社会力量对历史发展的作用。学术界和历史参与者本身对于这两者的重要性通常都有不一样的看法。“作为一位教授，我更倾向于认为历史是由非个人的力量驱动的。”亨利·基辛格在20世纪70年代出访中东各国进行穿梭外交期间向记者说道，“但当你身处历史当中的时候，你会看到伟大人物所产生的重要影响。”[1] 正如中东地区的和平调解活动，数字时代的创新也受到了个人和文化这两种力量的巨大影响，而我希望在这本书当中将这两者结合在一起。

互联网建立的最初目的是促进合作。然而个人电脑（尤其是家用电脑）却是一种专门为个人创意而设计的工具。从20世纪70年代初开始，网络和家用电脑分别经历了一个超过10年的独立发展阶段。随着调制解调器、网络服务和万维网在20世纪80年代后期相继出现，这两者终于开始进行融合。正如装上蒸汽机的精巧机械装置带动了工业革命，计算机和分布式网络的结合也开启了一场让任何人可以在任何地方创建、传播和获取任何信息的数字革命。

科学发展史的研究者不会轻易将发生巨变的时代称为"革命"，因为他们更倾向于将科学进步看成是一种渐进式的发展。"世界上不存在'科学革命'，而这正好是一本关于它的书。"这句自相矛盾的话是哈佛大学教授史蒂文·夏平（Steven Shapin）为自己的著作《科学革命》写下的卷首语。为了向读者解释这句半开玩笑的悖论，他叙述了科学革命时代的关键人物如何"不懈地向世人宣扬"他们正在进行革命。"我们对自己身处剧烈变化中的感受主要来自他们。"[2]

同样，现在我们大多数人都有这样的感受，就是过去半个世纪的数字技术进步正在改变，甚至是颠覆我们的生活方式。我依然记得自己在每项新的技术突破出现时所感到的兴奋。我的父亲和叔伯们都是电气工程师，与本书提到的许多人物一样，我也是在地下工作室里面长大的，那里有准备焊接的电路板、准备拆解的收音机、准备测试的电子管，以及一盒盒准备分类安装的晶体管和电阻器。作为一个爱好Heathkit（无线电套件）和业余无线电（WA5JTP）的电子极客，真空管被晶体管取代的过程对我来说仍然历历在目。我在大学时期学会了使用打孔卡片进行编程，我还记得当时完成批量处理的痛苦，还有后来可以亲自进行交互式处理的喜悦。在20世纪80年代的时候，调制解调器每次运行时所发出的静电和拨号音都能让我感到非常兴奋，因为它正在带领我进入在线服务和电子公告栏系统的奇妙世界。我在20世纪90年代初曾经协助《时代》周刊和时代华纳公司运营数字化部门，后者在当时推出了新的万维网和宽带网络服务。正如威廉·华兹华斯对发起法国大革命的狂热者的评价："幸福便是活在那个黎明之中。"

我在十几年前就开始筹备这本书了。我之所以想写这本书，是因为我对自己亲眼见证的数字时代的技术进步十分着迷，而我的灵感则来自我为本杰明·富兰克林撰写的传记，这是一位创新者、发明家、出版人、邮政服务先驱、企业家，以及全能的信息组织者。这次我不想写那种倾向于强调某位人物影响的传记，而是希望再写一本像《智囊团》（*The Wise Men*）这样的作品，这是我和一位同事合著的一本书，其中讲述了6位朋友在拟定美国冷战政策时的创意协作过程。我原来的计划是专注于描写当初联合发明互联网的多个团体，但是在我采访比尔·盖茨的时候，他让我认识到互联网和个人电脑同时兴起的过程会是一个更加精彩的故事。我在2009年年初搁置了这本书的写作计划，因为我当时要着手完成史蒂夫·乔布斯的传记，然而他的故事却让我对互联网和计算机互相交织在一起的发展历程更感兴趣了。因此《史蒂夫·乔布斯传》[①] 完稿之后，我马上回到了这本书的写作当中，继续讲述这些数字时代创新者的故事。

互联网协议是通过团队协作设计出来的，而且互联网所形成的系统似乎也含有这种协作的基因。生成和传输信息的权力被完全分配到网络的各个节点当中，任何企图向互联网施加控制或者实行等级制度的做法都能被绕过。由个体控制的计算机联结而成的公开网络系统就像是印刷媒体一样，倾向于从信息控制者、中央集权和立法机构手

① 《史蒂夫·乔布斯传》已于2011年10月由中信出版社出版。——编者注

上夺取信息发布的控制权，这样的说法也不会落入为某种技术赋予意图或倾向的目的论谬误（teleological fallacy）。互联网的存在让普通人也能更容易地生成和分享内容。

建立数字时代的协作不仅发生在同辈之间，它还是跨越世代的。创意会在一代又一代的创新者之间传递。我在为本书查阅资料的过程中挖掘到的另外一个关于数字时代的主题是，用户会反复将数字时代的创新用于制作通信和社交工具。还有一个让我感兴趣的问题是，为什么人工智能（能够独立思考的机器）的研究成果一直不如人与机器之间的合作或共生关系的建立成果？换句话说，数字时代标志性的集体创造力也包括人机之间的协作。

最后，我发现数字时代的真正创新都是来自那些能够将人文和科学联系在一起的人，这点让我感到十分意外。他们信奉美感的重要性。“小时候我一直都觉得自己是个适合读文科的人，但我喜欢电子设备。”这是乔布斯在我着手筹备他的传记时对我说的一番话，“后来我读到我的偶像，宝丽来创始人埃德温 · 兰德（Edwin Land）的一些话，他谈到了那些站在人文和科学交叉口的人的重要性，于是我决定要成为那样的人。”正是这些在人文和科学交叉口游刃自如的人创造了人机共生的关系，这也是本书的精髓所在。

跟数字时代的许多方面一样，创新来自人文与科学的交汇处这种观点也不是这个时代独有的。列奥纳多 · 达 · 芬奇就是在人文与科学之间激发创意的典范。而在广义相对论的研究工作出现瓶颈时，爱因斯坦会拿出自己的小提琴演奏莫扎特的乐曲，直到他能重新找到“天体的和谐旋律”为止。

谈到计算机的发展历程，有一位历史人物的知名度虽然不如达 · 芬奇或爱因斯坦，但她的身上也体现了人文和科学的结合。她跟自己大名鼎鼎的父亲一样都能理解诗歌的浪漫，但跟父亲不一样的是，她也能欣赏数学和机械之美。而我们的故事将从这位人物开始。

埃达·洛夫莱斯伯爵夫人（Ada, Countess of Lovelace，1815—1852），画像由玛格丽特·莎拉·卡彭特画于1836年

拜伦勋爵（1788—1824），埃达之父，身穿阿尔巴尼亚服装，画像由托马斯·菲利普斯画于1835年

查尔斯·巴贝奇（1791—1871），照片约摄于1837年

第一章　埃达·洛夫莱斯伯爵夫人

诗意科学

1833 年 5 月，17 岁的埃达·拜伦（Ada Byron）是参加当年英国宫廷元媛舞会的名门千金之一。由于她生性敏感易怒，而且不喜受人约束，因此家人们曾担心她会在舞会上失礼，不过按照她母亲的评价，她当晚的举止“尚算得体”。埃达在当晚遇到的人包括惠灵顿公爵，她很欣赏这位公爵的直率；还有 79 岁的法国大使塔列朗，她对这位大使的印象是“一只老猴子”。[1]

作为诗人拜伦勋爵的唯一合法子嗣，埃达继承了父亲的浪漫精神，但她母亲却试图通过数学教育来抑制她身上的这种特质。埃达将这两者结合的产物称为“诗意科学”（poetical science），她很喜欢通过这种方式将自己天马行空的想象力和对数字的着迷联系在一起。对于当时的许多人来说，包括她的父亲，浪漫主义时期的细腻感性与工业革命带来的技术狂热是互不相容的，但是埃达却能在这两个时代之间游刃自如。

这场宫廷元媛舞会已经是伦敦社交季当中的一场重头戏，但是埃达对它的印象反而不如在几周后举行的另外一场盛大活动——她在那里认识了查尔斯·巴贝奇（Charles Babbage），一位 41 岁的丧偶科学家和数学家，他当时已经是伦敦社交圈的明星人物。“在社交圈的众多盛会当中，埃达最喜欢的是在星期三举行的那场聚会。”她母亲向一位友人说道，“她在那里遇到了几位科学界的人物——其中让她特别喜欢的一位科学家是巴贝奇。”[2]

巴贝奇每周都会举行一场能够容纳 300 人的大型沙龙，前来参加活动的来宾不仅包括身穿锦衣华服的贵族和女士，还有作家、实业家、诗人、演员、政客、探险家、植物学家和“科学家”（scientist），这是巴贝奇的朋友们在当时新造的一个词语。[3]“通过邀请科学家参加这种贵族聚会，”一位著名地质学家如是说，“巴贝奇成功地为科学争取了应有的社会地位。”[4]

这些沙龙的内容包括跳舞、读书、赌博和讲座，宾客们还可以在这里享用各色海鲜、肉食、异国饮品和冰镇甜点。贵妇们会进行场景造型（tableaux vivants）表演，这是一种让演员身穿专门的服饰重现名画场景的表演。天文学家会在这里架设望远镜，物理学家会展示他们的电磁学发明，巴贝奇还会让宾客们摆弄自己的机械玩偶。这些沙龙的重头戏（也是巴贝奇举办这种聚会的众多目的之一）就是展示差分机（Difference Engine）的部分模型。差分机是一台巨型的机械计算装置，当时巴贝奇正在自家附近的一个防火建筑中建造它。这台模型的展示过程充满了戏剧效果，它会随着巴贝奇摇动曲柄的操作计算出一串数字。正当观众们开始感到无趣的时候，巴贝奇会突然使用已经编码到机器中的指令来改变它的运作模式。[5]对于那些对差分机模型演示特别感兴趣的人，巴贝奇会带领他们穿过庭院，走到一个之前被用作畜棚的地方，这里正是建造完整差分机的工坊。

人们对这台可以解出多项式方程的差分机有着不一样的看法，惠灵顿公爵表示它可以帮助将军提前分析战场上的变数。[6] 埃达的母亲，拜伦夫人对这台机器大加赞赏，并称它是“会思考的机器”。至于埃达，一位同行观看演示的友人是这么评价的：“尽管拜伦小姐还非常年轻，但她能够理解它的工作原理，同时看到了这项发明的非凡之处。”[7] 埃达之后还提出了一个著名的观点——机器永远不可能真正思考。

埃达对诗歌和数学的热爱让她有能力看到计算机器背后的魅力所在。她是浪漫主义科学时代的一位典范，这个时代的发明和探索都带有一种诗意的热情。正如理查德 · 霍姆斯（Richard Holmes）在《好奇年代》（*The Age of Wonder*）一书中所写的，这个时代“为科学工作带来了充满想象力的激情与兴奋，它的动力来自人们不顾一切地投身于探索当中的共同理想”。[8]

总而言之，其实这跟我们身处的时代别无二致。工业革命时代的技术进步，包括蒸汽机、机械纺织机和电报，它们改变 19 世纪的方式跟数字革命的技术进步——计算机、微型芯片和互联网改变我们这个时代的方式是一样的。这两场革命的核心都是那些将想象力和对新奇技术的热爱结合在一起的创新者们，这两者的结合形成了埃达的诗意科学，也造就了 20 世纪诗人理查德 · 布劳提根（Richard Brautigan）笔下的“慈爱的机器”（machines of loving grace）。

拜伦勋爵

埃达从父亲身上继承了诗意和叛逆的气质，但是她对机器的热爱却不是来自父亲。事实上，他父亲是一个勒德分子（Luddite）。1812 年 2 月，时年 24 岁的拜伦在英国上议院发表了自己的首次演说，为内德 · 勒德（Ned Ludd）的追随者大肆破坏机械纺织机的行为进行辩护。拜伦在演说中轻蔑地嘲笑了诺丁汉的工厂主们，他们当时正在推动立法，希望将破坏自动化纺织机的行为定为一种可判处死刑的犯罪。“这些机器为他们带来了利益，导致他们忽略了雇用大批工人的必要性，于是被抛弃的工人就只能挨饿受冻，”拜伦说道，“由于工厂主的无知，这些失业的工人无法享受到人文思想的进步为人类带来的好处，反而成为机械装置发展的牺牲品。”

两周之后，拜伦发表了长篇叙事诗《恰尔德·哈洛尔德游记》（*Childe Harold's Pilgrimage*）的前两章，他在诗中叙述了自己在葡萄牙、马耳他和希腊各地游历期间的传奇经历。他后来是这么评价这次新诗发表的：“一觉醒来发现自己出名了。”这是一篇优美、迷人、忧愁、深沉和充满冒险精神的史诗，他在过着“拜伦式英雄”生活的同时创造出了自己诗歌中的典型形象。他迅速成为伦敦文学界的宠儿，每天都会接到三场聚会的邀请。其中让他印象最为深刻的是由卡洛琳·兰姆夫人（Lady Caroline Lamb）主办的一场晨间舞会。

卡洛琳夫人的丈夫是一位在政界举足轻重的贵族，后来还成为英国的首相。尽管已经嫁作人妇，但她还是疯狂地爱上了拜伦。拜伦当时觉得她“太瘦弱了”，不过她身上有一种非传统的中性特质（她喜欢将自己打扮成男仆的模样），这点对他而言是极具诱惑力的。他们开始了一段狂热的恋情，而在这段感情结束之后，她仍然执迷不悟地跟踪他。她曾经对他做出了一条流传甚广的评价：“认识他是一件疯狂、邪恶和危险的事情。”他的确是这样的人，而这个评价也同样适用于她。

在卡洛琳夫人的聚会上，拜伦勋爵还注意到了另外一位表现拘谨的年轻女士，他后来回忆说对她的印象是“穿着打扮相当朴素”。时年 19 岁的安娜贝拉·米尔班克（Annabella Milbanke）来自一个富有而显赫的家庭。她在参加聚会的前一天晚上刚刚读过了《恰尔德·哈洛尔德游记》，对于这位诗人，她可以说是又爱又恨。“他的语言过于矫揉造作，”她写道，“但是在描绘深刻情感方面又没有人能比得上他。”当在聚会上看见他的时候，她心中产生了一种抵触的情感，就像是要躲避什么危险的东西一样。“我不希望有人向我引见他，因为他身边已经有太多不可理喻的追求者，她们都千方百计地想要成为他作品中的讽刺对象。”她在给母亲的信中写道，“我可不想在他的诗歌当中占据一席之地。我不是恰尔德·哈洛尔德神殿中的祭品，不过如果他前来结识我的话，我应该不会拒绝。”[9]

双方结识的机会终究还是出现了。在经过正式的引见之后，拜伦就认定她是作为妻子的合适人选。对拜伦而言，这种理性战胜浪漫的时候是非常少见的。比起唤起他的激情，她似乎更像是那种能够平息这种激情的女人，而且她还可以帮他解决之前欠下的风流债——还有金钱上的累累负债。他在一封书信中言不由衷地向她提出了求婚，她当时明智地拒绝了。于是，他又回到了那些不适合当妻子的情人们的身边，其中包括他同父异母的姐姐奥古斯塔·李（Augusta Leigh）。然而在一年之后，安娜贝拉开始重新考虑拜伦的求婚。当时的拜伦正深陷沉重的债务中，而且迫切地想要抑制自己身上过度旺盛的激情。“只有婚姻，而且是尽快敲定的婚姻才能拯救我。”他向安娜贝拉的姑姑坦承道，“如果您的侄女愿意下嫁于我，她将是我的首选；如果不能，那么第一位看起来不会在我脸上吐口水的女士将成为我的妻子。”[10]拜伦勋爵也有放下浪漫主义者身份的时候。他和安娜贝拉在1815年1月成婚。

拜伦是以自己特有的风格描述婚礼的，在描述婚礼那天的情景时拜伦写道：“晚宴开始之前，拜伦夫人就在沙发上坐等了。”[11]两个月之后，他们前去拜访拜伦同父异母的姐姐，这时他们的夫妻关系尚算融洽，因为安娜贝拉已经怀有身孕。然而就在这次拜访期间，她开始怀疑丈夫和奥古斯塔的感情已经超越了姐弟的界线，特别是在他躺在沙发上要求她们轮流亲吻他之后。[12] 这段婚姻从此开始走向分裂。

安娜贝拉从小就接受数学教育，拜伦勋爵对此感到很有趣。在他们交往期间，他曾经在玩笑中调侃了数学的严谨死板。“我知道二加二等于四——如果可以的话，我倒是很乐意证明这个结果。”他写道，“不过如果我可以通过某种计算将二加二变成等于五，我应该会感到更加高兴。”起初，他亲昵地将安娜贝拉称为“平行四边形公主”。但是当他们的婚姻开始变质之后，他更正了这个数学比喻：“我们是两条无限延伸的平行线，虽然一直并列，但是永远都不会相交。”后来，他在叙事诗《唐璜》的第一章中写出了对她的讽刺：“她最心爱的科学就是数学……她是个精于算计的人。”

1815 年 12 月 10 日，他们的女儿降生了，但是这段婚姻却没有因此得到挽救。他们女儿的全名叫奥古斯塔 · 埃达 · 拜伦（Augusta Ada Byron），其中“奥古斯塔”这个名字取自拜伦过分喜爱的姐姐。拜伦夫人在确认了丈夫的背叛之后，便只用女儿的中间名“埃达”来称呼她。在五个星期之后，她就收拾行装，带着襁褓中的埃达回到了娘家。

埃达从此之后就没有再见过自己的父亲。拜伦夫人在书信中威胁要公开他涉嫌乱伦和同性恋的丑闻，以此确保分居协议可以将女儿的抚养权归于自己。拜伦对前妻这种千方百计争夺抚养权的做法感到不满，并把她称为“数学美狄亚”（Mathematical Medea）。拜伦勋爵在当年 4 月被迫离开了祖国。[13]

数周之后，他以埃达为灵感写下了《恰尔德 · 哈洛尔德游记》第三章的开篇：

> 可爱的孩子，你的脸可像你妈妈？
>
> 我家和我心中唯一的爱女，埃达！

上次相见，你天真的蓝眼睛含着笑，

然后，我们就分开了。

拜伦是在日内瓦湖畔的居所中写下这几行诗句的，跟他住在一起的还有诗人珀西 · 比希 · 雪莱（Percy Bysshe Shelley）和雪莱的未婚妻玛丽。当时的天气阴雨连绵，他们已有多日无法外出。拜伦提议他们各自写一篇恐怖故事。他自己写了一篇不完整的吸血鬼故事，这是他第一次涉足这个文学领域。但是最后成为经典的是玛丽所写的作品：《科学怪人》（*Frankenstein*），又名《现代普罗米修斯》（*The Modern Prometheus*）。故事主人公的原型是古希腊神话中使用黏土造人和窃走天火带给人类的英雄。《科学怪人》讲述的是一位科学家将尸体的碎片拼凑在一起，然后通过电击将其变成一个会思考的人。这是一个关于技术和科学的警世故事。它还提出了一个日后与埃达相关的问题：人造的机器真的可以思考吗？

在《恰尔德 · 哈洛尔德游记》第三章的末尾，拜伦预言安娜贝拉会千方百计阻止埃达了解自己的父亲，而事实也正是如此。她们家中有一幅拜伦勋爵的肖像画，但是拜伦夫人一直把它严实地遮盖住，埃达直到 20 岁的时候才得以看到这幅画。[14]

相反，无论拜伦勋爵身在何处，他的桌上总会放着埃达的画像，而且他经常会在寄回祖国的书信中请求获得女儿的消息或者肖像。在埃达 7 岁的时候，他在一封写给奥古斯塔的信中说："我希望你能从拜伦夫人的口中了解埃达的秉性……她是不是充满想象力？……她的情感是否丰富？我希望上帝没有在她身上赋予诗意的特质——这个家庭有一个这样的傻瓜就已经够了。"拜伦夫人在回信中表示埃达的想象力"主要体现在她对机械装置的天赋当中"。[15]

当时的拜伦正在意大利四处漫游，长期的写作生活和跌宕的感情经历已经让他心生厌倦，于是他决定投身于希腊反抗奥斯曼帝国统治的独立运动当中。他乘船前往米索朗基，并成为当地一支革命军队的司令，准备攻打一座被土耳其人控制的堡垒。但是他在真正走上战场之前感染了一场严重的风寒。在医生决定采用放血治疗之后，他的病情进一步恶化了。1824 年 4 月 19 日，拜伦离开了人世。根据他的贴身仆从的转述，拜伦在临终遗言中说道："噢，我可怜的孩子——我亲爱的埃达！上帝啊，我真希望可以见她一面！请为她带去我的祝福！"[16]

埃达

拜伦夫人想要确保埃达不会步她父亲的后尘，她采取的一个对策是让女儿进行严谨的数学学习，就好像数学是应对诗意想象的解药一样。埃达在 5 岁时表现出了对地理知识的偏好，这时拜伦夫人便要求将地理科目替换成额外的算术课程。不久后，她的家庭教师自豪地向拜伦夫人汇报道："她可以准确算出 5 到 6 行数字相加的结果。"尽管经过了母亲的严格栽培，埃达身上还是出现了一些来自父亲的特质。她在十几岁的时候与一位家教相恋，在这段恋情被发现之后，这位家教遭到了驱逐，这时埃达甚至试图跟他一起私奔。此外，她还有情绪容易波动的问题，前一刻还满心欢喜，下一刻却陷入绝望，而且她从小就患有多种身体和心理上的疾病。

埃达接受了母亲的信念，认为沉浸在数学当中就可以帮助她摆脱拜伦式的性格倾向。在经历了一段不伦的师生恋之后，18 岁的埃达在巴贝奇差分机的启发之下毅然决定开始学习一系列的新课程。"我必须断绝生活在愉悦和自我满足中的念头。"她在书信中向自己的新家教说道，"我发现似乎只有对科学课程进行非常深入和高强度的学习才能抑制我狂热的想象力……我认为自己首先要做的是彻底掌握一门数学课程。”这位家教也认同了这种治疗方式：“你的想法是正确的，你目前的主要对策和预防措施就是认真学习一门知识性课程。为了达到这个目的，没有比数学更合适的科目了。”[17]他为埃达开出了欧几里得几何的处方，再配以三角函数和代数学。他们都认为这个药方能够治疗任何拥有过多艺术和浪漫激情的病人。

后来，埃达跟随母亲参观了英国中部的工业区，她在那里看到了新建的工厂和机械设备，这段旅程点燃了她对技术的热情。埃达对一台自动纺织机特别感兴趣，这台机器可以使用打孔卡片控制需要编织的图案，她还画出了一份描述纺织机工作原理的草图。她的父亲在上议院的成名演说中为破坏这种纺织机的勒德分子辩护，他们这样做的原因是害怕技术可能对人类造成伤害。但是埃达为它们赋予了诗意，并从中看到了它们跟后来的计算机之间的联系。“这种机械让我想起了巴贝奇和他的各种精巧机械装置。”她写道。[18]

在认识了玛丽·萨默维尔（Mary Somerville）——英国为数不多的著名女性数学家兼科学家之后，埃达对应用科学的兴趣被进一步激发了。萨默维尔女士当时刚刚完成了一部影响深远的著作《论物质科学的关联》（*On the Connexion of the Physical Sciences*），她在书中将天文学、光学、电学、化学、物理学、植物学和地质学的发展联系在一起。①作为时代的象征，这本书为当时正在进行的科学探索提供了统一的认识。她在卷首语中宣称：“现代科学的进步，尤其是在过去5年发生的进步，已经在普遍原理的驱动下呈现出了简化自然规律和统一孤立的学科分支的倾向。”

① 巴贝奇的好友威廉·惠威尔（William Whewell）就是在这本书的评论中创造了“科学家”（scientist）一词，用以表示这些学科之间的联系。

萨默维尔成为埃达的挚友、教师、灵感来源和心灵导师。萨默维尔会定期给埃达上课，为她带去数学书籍，给出让她解答的数学题目，然后耐心地向她解释正确的答案。萨默维尔也是巴贝奇的好友。在 1834 年秋季，她经常跟埃达一起参加巴贝奇的周六沙龙。萨默维尔的儿子沃龙佐夫·格雷格撮合了埃达跟自己在剑桥大学的一位同窗好友之间的婚事，他认为埃达会是一位合适的（或者至少是有趣的）妻子。

威廉·金（William King）是一位地位显赫、家境优渥、沉静睿智的绅士，他的沉默寡言跟埃达的喜怒无常正好是两种相对的特质。跟埃达一样，他从事的也是科学方面的研究，但他所关注的内容却不如埃达的富有诗意，而是一些更为实用的领域：他主要的研究兴趣在于农业轮作理论和家畜养殖技术的发展。在相识数周之后，他向埃达求婚，埃达答应了。拜伦夫人鬼迷心窍地认为自己有必要将埃达曾经试图与家教私奔的事情告诉威廉。听到这个消息之后，威廉仍然愿意继续完成这桩婚事，他们的婚礼于1835年7月举行。“仁慈的上帝啊！他宽大地向你赐予了一个走上正途的机会，他为你带来了一位挚友和守护者。”拜伦夫人在给女儿的一封信中写道，她还告诫女儿应该利用这个机会“告别”自己所有的“怪癖、任性和自私”。[19]

从理性来看，这桩婚姻可以说是天作之合。对于埃达来说，婚姻可以让她有机会过上稳定和踏实的生活。更重要的是，婚后的埃达终于可以不再依赖独断专行的母亲。而对于威廉来说，这桩婚姻也为他带来了一位出身于名门望族的妻子。

拜伦夫人的表哥墨尔本子爵是当时的英国首相（他的妻子正是婚后作风不端的卡洛琳·兰姆夫人，其时已经身故），他在维多利亚女王的荣誉加冕礼上向威廉授予了洛夫莱斯伯爵的爵位，其妻也随之成为埃达·洛夫莱斯伯爵夫人。因此她的正式称谓是埃达·洛夫莱斯或者洛夫莱斯夫人，而她现在一般被世人称为埃达·洛夫莱斯。

1835 年的圣诞节，埃达收到母亲寄来的一幅画像。这是托马斯·菲利普斯为她父亲画的一幅真人大小的肖像画。画像中的拜伦勋爵充满了浪漫主义气息，身穿一套传统的阿尔巴尼亚服装——身上披着一件红色的天鹅绒外套，手里拿着一把仪式剑，头上围着一条精致的头巾，双眼注视着远方的地平线。多年以来，它一直挂在埃达外祖父母家中的壁炉之上，但是从她父母开始分居的那一天起，它就一直被一块绿色幕布所覆盖。现在她母亲已经放心让她看见甚至拥有这幅画像了，连同画像一起寄来的还有她父亲用过的墨水台和钢笔。

洛夫莱斯家的第一个孩子在几个月之后出生了，是个男孩。这时拜伦夫人做出了一件更加令人意外的事情，尽管她非常嫌恶自己的前夫，但她还是同意埃达将这个男孩取名为拜伦。埃达在来年又生下了一个女婴，出于对母亲的尊敬，她为这个女孩取了安娜贝拉的名字。后来，埃达染上了一种顽疾，需要卧床休息数月的时间。在身体恢复之后，她生下了第三个孩子，这个男孩的名字叫拉尔夫（Ralph）。她的身体状况还是比较虚弱，有一些消化道和呼吸道方面的毛病，需要使用鸦片酊、吗啡和其他麻醉药物进行治疗。这种治疗方式导致她出现了一些情绪上的波动和偶尔的妄想症。

埃达本来就不平静的生活更是被一场突如其来的变故打乱了，而这个事件就算是放在拜伦家族的标准之下也是十分离经叛道的。这场闹剧的主角是梅朵拉·李（Medora Leigh），她的母亲正是拜伦同父异母的姐姐和曾经的情人奥古斯塔。外界的传言都认为梅朵拉就是拜伦的亲生女儿。梅朵拉似乎一心想要展现拜伦血统当中最阴暗的一面，竟然跟自己的姐夫私通，后来甚至一路追随他到了法国，还为他生下了两个私生子。出于一种自我满足的善良，拜伦夫人决定前往法国接济梅朵拉，后来还告诉了埃达她父亲曾经乱伦的往事。

这个“最难以置信和骇人听闻的故事”似乎没有让埃达感到惊讶。“我一点也没有觉得意外。”她向母亲写道，“您只是向我确认了一件我多年以来一直肯定的事情。”[20] 她没有为此事感到愤怒，反而显得异常兴奋。她表示自己可以理解父亲对权威的蔑视。她在给母亲的书信中提到了父亲“被糟蹋的天赋”，“如果他将这种天赋遗传给我的话，我会将其用于发现伟大的真理和原则。我觉得这是他留给我的使命。我可以非常强烈地感受到这点，而且能够投身其中是我的荣幸。”[21]

为了让自己平静下来，埃达又开始了数学的学习。她尝试说服巴贝奇成为自己的老师。“我有着独特的学习方法，所以我觉得能够成功教导我的人肯定也是独一无二的。”她在信中向他说道。不知道是由于鸦片治疗还是成长环境的原因，抑或是二者兼而有之，她形成了一种夸大自身天赋的认知，甚至会将自己描述为一个天才。她在寄给巴贝奇的信中写道：“请不要把我看成是一个骄傲自大的人……不过我确实认为自己拥有这种能力，可以在这些领域中随心所欲地达到自己想要的高度。如此坚定的热爱已经可以被称为是激情。我甚至怀疑有许多真正的天才都不具有像我一样的激情。”[22]

巴贝奇在接到这个请求后向她推荐了另外一位老师，这可能是一个明智的决定。这样做不仅维持了他们的友谊，让他们日后有机会进行一项意义更为重大的合作，而且还为她带来了一位一流的数学教师：奥古斯塔斯 · 德摩根（Augustus De Morgan）。这位耐心的绅士是符号逻辑领域的先驱。他曾经提出将代数公式应用于数字以外的事物的概念，埃达后来将这个概念发扬光大。符号之间的关系（例如 $a + b = b + a$）也可以作为一种逻辑应用于非数字的领域。

埃达一直都没有成为自诩的伟大数学家，不过她是一位勤奋好学的学生。她可以理解微积分学的大部分基础概念，而且出于对艺术的敏感，她喜欢使用图像来表示数学方程所描述的变化曲线和轨迹。德摩根鼓励她专心研究计算方程式的法则，但她更加热衷于基本概念的讨论。她总是想要找到跟几何学一样形象的方式来描述问题，例如与球体相交的圆形会如何将其分割成不同的形状。

埃达欣赏数学之美的能力是一种让很多人都无法理解的天赋，包括一些自认为聪明的人。她发现数学是一种美妙的语言，它可以描述宇宙的和谐，而且它有时候也可以是诗意的。无论她母亲采用怎样的培养方式，她体内始终流动着来自拜伦的血液。她身上有一种诗意的感知能力，让她将数学方程式看成是描绘壮丽大自然的画笔，正如她可以想象出“酒红色的海洋”或者一位“走在美丽夜色中”的女性。但是数学的感染力要更为深刻，因为它是具有灵性的。在她看来，数学“是一种能够充分表达自然世界伟大真理的语言”。而且我们可以用它描绘出体现在创造当中的“相对关系的变化”。它是“让人类弱小的思想能够最有效地理解世界的工具”。

无论是工业革命还是计算机革命，这两个时代都体现了将想象力运用于科学探究的能力，而埃达正是后一个时代的鼻祖。正如她对巴贝奇所说的，她能够以超越自己父亲的天赋来理解诗歌和科学分析之间的联系。“我认为父亲作为诗人已经达到（或者可能达到）的成就不会高于我将来在科学分析方面的成就，因为对我来说这两者可以紧密地融合在一起。”她写道。[23]

重新开始的数学研究，激发了她的创造力，而且还让她的“想象力得到了巨大的提升”。“我甚至可以肯定，如果继续学习下去的话，终有一天我会成为一个诗人”。[24] 她向母亲说道。想象力的概念，尤其是应用于技术的想象力，对她而言有着莫大的吸引力。“想象力是什么？”她在一篇写于 1841 年的随笔中问道，“这是一种组合的能力，它可以采用新颖的、独创的、无限的、不断变化的方式将事物、事实、思想和概念组合起来……它可以洞察我们周围看不见的世界，那是科学的世界。”[25]

当时埃达认为自己拥有独特的，甚至是超自然的能力，她将这种能力称为“对隐藏事物的直觉感知”。她对自身天赋的高度评价促使她立下了远大的志向，这点对于一位身处维多利亚时代早期的贵族女性和母亲来说是非常难得的。“我认为自己拥有一些最为独特的才能，它们正好可以帮助我发现隐藏在自然当中的真理。”她在一封写于 1841 年的信中向母亲解释道，“我可以将来自宇宙每一个角落的光线投射到同一个巨大的焦点上。”[26]

处于这种心态的埃达决定再次联系查尔斯·巴贝奇，那位她在 8 年前的沙龙上认识的科学家。

查尔斯·巴贝奇和他的机器

查尔斯·巴贝奇从小就对可以完成人类工作的机器很感兴趣。当他还是个孩子的时候，他母亲就带他参观了很多展览厅和博物馆。当时正值 19 世纪初期，各种各样的展览场地如雨后春笋般地出现在伦敦各处。在一座位于汉诺威广场的博物馆中，一位叫梅林的馆长邀请他参观博物馆阁楼的工作室，他在那里看到了很多不同种类的机械玩偶，它们也被称为“自动玩具”（automata）。其中有一个大概一英尺高的银色女性舞者玩偶，她的手臂可以优雅地摆动，而且她手上还有一只小鸟，这只小鸟的尾巴、翅膀和嘴部的关节都是可动的。这位“银色女士”可以表达出自己的情感和个性，这种能力让这个小男孩眼前一亮。“她的眼睛充满了想象力。”他回忆道。多年以后，他在一场破产拍卖会上发现了“银色女士”，于是就把它买下来了。这个玩偶后来成为他的晚间技术博览沙龙上的一个娱乐节目。

巴贝奇在剑桥大学求学期间认识了几位好友，其中包括约翰·赫歇尔（John Herschel）和乔治·皮科克（George Peacock），他们当时都对剑桥大学的数学课程感到不满。他们成立了一个叫作“分析学会”（Analytical Society）的社团，主要是说服学校放弃使用带点的微积分符号（这是由他们的校友牛顿提出的一种微积分表示法），并转用由莱布尼茨发明的符号，其采用dx和dy来表示无穷小的增量，因此这也被称为“d”表示法。巴贝奇为他们的社团宣言写下了这个题目：《完美“D”主义的原则与大学“点时代”的对抗》。[27] 他虽然为人挑剔，但这毫不妨碍他拥有良好的幽默感。

有一天，巴贝奇正在分析学会的办公室中埋头计算一份错漏百出的对数表。赫歇尔问他在想什么。“我真希望上帝能赐我一台由蒸汽驱动的机器来执行这些运算啊！”巴贝奇回答道。对于这种使用机械完成对数表制作的方法，赫歇尔的回应是：“这是很有可能实现的。”[28] 1821年，巴贝奇开始将他的注意力转向这种机器的建造工作上。

历史上有很多人都尝试过制作用于计算的装置。17世纪40年代，法国数学家和哲学家布莱兹·帕斯卡（Blaise Pascal）为了减轻父亲在税务计算工作上的繁重负担，发明了一台机械式的计算器。它的表面装有几个金属齿轮，这些齿轮的边缘被刻上了从0到9的数字。如果要进行加法或者减法计算，操作员会使用一根拨针在齿轮上接连拨出对应的数字，就像是使用转盘电话一样。在需要进位或者借位时，齿轮之间的传动结构会带动前一位的齿轮转过一个数字。它是世界上第一台获得专利并进行商业销售的计算器。

30年之后，德国数学家和哲学家戈特弗里德·莱布尼茨（Gottfried Leibniz）尝试使用一个叫作“步进轮”（stepped reckoner）的装置来改进帕斯卡的计算器，这个装置可以进行乘法和除法的运算。步进轮是一个带有把手的圆柱体，它上面的齿轮可以跟计算齿轮互相啮合。但是莱布尼茨遇到了一个后来在数字时代反复出现的问题。帕斯卡是一位熟练的工程师，他可以将科学理论结合到自己的机械天赋当中。跟帕斯卡不一样的是，莱布尼茨缺乏工程方面的技术，而且他身边也没有擅长工程技术的人才。所以正如许多缺乏实践合作者的伟大理论家一样，莱布尼茨无法制作出一台运作可靠的计算器。尽管如此，他的核心概念“莱布尼茨轮”后来也被应用到了巴贝奇时代的计算器设计当中。

巴贝奇曾经了解过帕斯卡和莱布尼茨的计算器，但他想要做一些更加复杂的东西。他希望构想出一种机械方法来制作对数、正弦、余弦和正切的表格。① 为了做到这点，他借用了法国机械师加斯帕德·德普罗尼（Gaspard de Prony）在18世纪90年代提出的理念。在制作对数表和三角函数表的时候，德普罗尼将所需的运算分解为只含有加法和减法的简单步骤。然后他将一些简单的指令传达给一组拥有一定数学知识的工人，在按照指令完成这些简单的运算之后，他们会将计算结果交给下一组工人。换句话说，德普罗尼创造了一条流水线。这是工业时代的一项伟大发明，亚当·斯密在描述图钉厂的劳动分工时曾经对流水线进行过明确的分析。巴贝奇在一次前往巴黎旅行的途中了解到了德普罗尼的方法，他后来写道：“我的脑海中突然浮现了一个想法，同样的方法可以应用在一直困扰我的繁重计算工作当中，对数也可以像图钉一样被制造出来。”[29]

巴贝奇意识到，即使是复杂的数学运算也可以分解为多个步骤

① 具体来说，他是想用除法差分（divided difference）的方法来得出近似的对数函数和三角函数。

差分机的复制品

分析机的复制品

雅卡尔纺织机

约瑟夫–玛丽·雅卡尔（Joseph-Marie Jacquard，1752—1834）的丝织肖像画，由雅卡尔纺织机织成

完成，这些步骤可以归结为使用简单的加减法计算的“有限差分”。举个例子，如果要制作一个平方数表（1^2，2^2，3^2，4^2，等等），你可以将初始数按照以下顺序列出：1, 4, 9, 16……将这些数字放在 A 列。然后在旁边的 B 列计算出前面每个相邻数字之间的差值，也就是 3，5，7，9……接下来在 C 列写出 B 列相邻数字之间的差值，也就是 2，2，2，2……当运算被简化至这种程度之后，它就可以进行逆向运算，将各个运算步骤分配至教育程度不高的工人完成。一位工人负责给 B 列的最后一个数字加 2，然后将计算得出的结果交给另外一位工人，后者会将得到的数字与 A 列的最后一个数字相加，这样就可以得出平方数列的下一个数字。

巴贝奇构思了一种使用机械完成这个计算过程的方式，并将其命名为差分机。它可以制作任何多项式函数的表格，也可以使用一种数字化的方式来求出微分方程近似解。

它的工作原理是怎样的呢？差分机的构造是在多个竖直的转轴上安装一层又一层的圆盘，每个圆盘都可以表示从 0 到 9 的任意数字。不同转轴之间的运作通过齿轮来传动。摇动装置上的曲柄可以将前一组圆盘表示的数字与下一组圆盘相加（或相减）。这个装置甚至可以将临时的计算结果“储存”在另外一个转轴上。它的运作过程中最复杂的地方是需要“进位”和“借位”的时候，比如我们用笔计算“36 + 19”或者“42–17”时出现的情况。在参考了帕斯卡计算器的原理之后，巴贝奇想出了一些可以使用齿轮和转轴处理计算的精巧设计。

从概念上来看，这台机器确实是一项奇迹。巴贝奇甚至想出了一个制作质数表的方法，这种方法可以计算出 1 000 万以内的质数。英国政府被这个计划深深打动了，至少在一开始的时候是这样的。英国政府在 1823 年为巴贝奇提供了 1 700 英镑的种子基金，并在巴贝奇建造这台机器的 10 年期间陆续投资了超过 17 000 英镑。这个造价相当于一艘战舰的两倍。然而这个计划遇到了两个问题。首先，巴贝奇和他聘请的工程师都没有足够的技术制造出一台完整而可行的机器；其次，他开始构思另外一件更加伟大的作品。

巴贝奇在 1834 年想出了一个通用型计算机器的概念，这种机器可以根据预先设计好的指令进行各种不同的运算。它在执行一项任务的过程中可以被切换到另外一项任务，它甚至可以根据临时的计算结果自动切换任务（按照巴贝奇的说法是改变“工作模式”）。巴贝奇将这台构想中的机器命名为分析机（Analytical Engine）。他的理念足足领先了他所处的时代一百年的时间。

这台分析机正是埃达·洛夫莱斯所说的“组合能力”（Combining Faculty）的产物，这是她在那篇讨论想象力的随笔中提到的概念。巴贝奇在设计这台机器的时候结合了在其他领域出现的创新，这是许多伟大发明家都会采用的一种技巧。他原来是使用打上尖钉的金属鼓轮来控制转轴的运作，不过他后来也跟埃达一样详细地研究了自动纺织机的工作原理。这种纺织机是由法国人约瑟夫－玛丽·雅卡尔在 1801 年发明的，它的出现改变了整个丝织产业。纺织机在提花时会使用针钩提起特定的经线，然后横杆会向前推动经线下方的纬线。雅卡尔发明了一种使用打孔卡片来控制上述流程的方法。卡片上的孔可以决定针钩和横杆在每一轮编织的动作，从而实现复杂图案的自动提花。梭子每织出一层纬线都需要使用一张新的打孔卡片。

1836 年 6 月 30 日，巴贝奇在自己的“草稿本”上写下了一句话：“建议使用雅卡尔纺织机替代鼓轮。”[30] 这句话是开启计算机历史的里程碑。将金属鼓轮换成打孔卡片意味着可以输入无限数量的指令，而且还可以更改任务执行的顺序，从而降低了设计可重复编程的通用型计算机器的难度。

巴贝奇购买了一幅雅卡尔的肖像画，作为自己沙龙上的一件展品。这幅肖像画的背景是一台纺织机，雅卡尔坐在扶手椅子上，手里拿着一把圆规，旁边堆放着许多长方形的打孔卡片。作为沙龙上的一个娱乐环节，巴贝奇会让宾客们猜这幅画像的材质。大多数人都认为它是一幅精美的版画。随后他会向宾客们揭晓这其实是一幅精细的织锦，由 24 000 行丝线织成，每一行丝线的编织都使用了不同的打孔卡片来控制。维多利亚女王的丈夫阿尔伯特亲王有一次参加了巴贝奇的沙龙，他好奇为什么巴贝奇会对这幅织锦如此感兴趣。巴贝奇回答道："它可以很好地帮助解释我的计算机器——分析机的本质。"[31]

然而，几乎没有人能够理解这台新机器的好处，而且英国政府也没有资助建造它的意向。尽管巴贝奇已经尽力对外宣传这台机器，但无论是大众报刊还是科学期刊都没有对它产生多少关注。

然而，巴贝奇还是找到了一位追随者。埃达 · 洛夫莱斯能够完全理解通用型计算机器的概念。更重要的是，她为它想出了一个令人振奋的用途：除了数字之外，它还可以处理任意的符号体系，例如乐谱和艺术符号。她从这个概念中看到了诗意，同时也打算鼓励其他人看到这种诗意。

埃达接连向巴贝奇发出了许多封信，尽管她面对的是一位比自己年长 24 岁的长辈，但她有几封信的用语已经近乎无礼。在其中一封信中，她描述了一种使用 26 颗弹珠的单人跳棋游戏，这个游戏的目标是通过"跳吃"移除棋盘上的弹珠，直到剩下最后一颗弹珠为止。虽然她已经精通这个游戏，但她还是想要推导出一个"可以用于求出棋盘解法的数学公式，而且这个公式还可以转换成符号化的语言"。然后她还问道："在您看来，我的想象力是不是过于丰富了？不过我自己并不这样认为。"[32]

埃达的目标是成为巴贝奇的公关人员和合作伙伴，跟他一起为建造分析机寻求支持。“我非常渴望可以当面跟您谈谈。”她在 1841 年年初的一封信中写道，“我会将自己的所有见解都告诉您。我想象未来有这么一天……我的头脑可以对您的行动和计划有所帮助。要是您认为我有为您效劳的价值和能力，我愿肝脑涂地。”[33]

一年之后，一个为埃达量身定做的机会出现了。

洛夫莱斯夫人的注解

在为分析机寻求支持的过程中，查尔斯·巴贝奇受邀前往都灵在意大利科学家大会上发表演说。当时有一位年轻的军事工程师记下了巴贝奇的演说内容，他就是路易吉·梅纳布雷亚（Luigi Menabrea）上尉，后来更成为意大利的首相。在巴贝奇的帮助之下，梅纳布雷亚在 1842 年 10 月发表了一篇详细描述分析机的法语论文。

一位友人建议埃达将梅纳布雷亚的论文翻译出来，然后将译文发表在《科学报告》（*Scientific Memoirs*）上，这是一本专门刊登科学论文的期刊。对埃达来说，这是她为巴贝奇效力和展示自己才能的机会。在完成翻译之后，她将自己的成果告知了巴贝奇，后者在高兴之余还感到了几分意外。“我曾经问过她，既然她对这个论题如此精通，为什么不自己写一篇原创的论文。”巴贝奇如是说。[34] 她对此的回应是她从来没有想过这么做。当时的女性通常都不会发表科学论文。

巴贝奇建议埃达为梅纳布雷亚的论文增加一些注解，她欣然地接受了这项提议。于是她开始为这篇论文撰写一个叫作“译者注解”（Notes by the Translator）的章节，注解内容最终达到了 19 136 字，相当于原论文长度的两倍多。她为这份注解署上了“A.A.L.”的名字，这是“奥古斯塔·埃达·洛夫莱斯”（Augusta Ada Lovelace）的缩写。这份“注解”比论文本身还要出名，而且它注定要将埃达变成计算机历史上的一位标志性人物。[35]

1843年夏，埃达在萨里郡的乡间别墅进行这份注解的编写，在此期间，她与巴贝奇交换了大量信件。她在同年秋天搬回了伦敦的家中，随后与巴贝奇进行了多次会面。这篇“注解”的学术专业性和作者女性的身份也引起了少量的争议，有人认为注解的内容主要是巴贝奇的想法。巴贝奇在自己的回忆录中将大部分的功劳都归于埃达：“我们一起讨论了各种可以采用的实例：我提出了其中一部分，但最终的实例都是她自己选定的。此外，不同问题的代数计算部分也是由她完成的，除了一项关于伯努利数的计算之外，因为我当时主动提出要帮助洛夫莱斯夫人解决这个难题。后来她发现我在计算过程中出现了一个重大的错误，于是她将这部分的内容寄回给我进行订正。”[36]

埃达在这份“注解”当中探究了四个概念，它们在一个世纪之后诞生的计算机身上得到了重现。埃达提出的第一个概念是关于通用型计算机器的，这种机器不仅可以进行预设的任务，还可以根据编写和重编的程序完成无限数量的可变任务。换句话说，她构想了现代的计算机。这个概念是“注解A”的核心，埃达在这个部分强调了巴贝奇原来的差分机和他最新提出的分析机之间的区别。“差分机的设计目的是专门为函数 $\Delta^7 u_x = 0$ 的积分制表，”她在注解的开篇中解释了差分机的用途是计算航海表，“然而，分析机不仅可以用于制作单个函数的表格，而且可以对任意函数进行求值和制表。”

埃达在注解中表示这种功能的实现方式是“为它引入雅卡尔发明的提花原理，就是利用打孔卡片控制纺织物上的复杂图案的编织方式”。埃达比巴贝奇更能理解这种机器的意义所在。这个概念表明分析机就像是我们现在所熟悉的计算机：这不仅是一台可以完成特定任务的机器，还是一台通用型的机器。她解释道：

> 当使用卡片的概念出现时，算法的限制就被打破了。分析机的基础跟所谓的“计算机器”是不一样的，它定义了一个完全属于自己的类型。通过建立一种组合通用符号的机制，加上无限的变化和扩展，它在实物的操作和抽象的思维过程之间建立了一个统一的联系。[37]

虽然这些句子不太容易理解，但它们还是值得仔细研读的。它们描述了现代计算机的本质。埃达还使用了一些诗意的辞藻来点缀这个概念。“正如雅卡尔织布机可以织成花瓣和树叶，分析机也可以编出代数的图案。”她写道。巴贝奇在读到“注解 A”的时候已经感到兴奋不已，他没有对注解的内容做出任何修改。“千万不要改动它。”他说道。[38]

埃达提出的第二个重要概念来自她对通用型机器的描述。她意识到它的运算不必限制于数学和数字。在参考了德摩根将代数扩展为一种形式逻辑的思想之后，她表示像分析机这样的机器能够储存、计算和操作任何可以使用符号表示的对象，包括文学、逻辑和音乐。

为了解释这个想法，她谨慎地定义了什么是计算机操作：“也许这是一个恰当的解释，我们所说的‘操作’指的是任何改变两个或两个以上事物之间的相互关系的处理，这种关系可以是任何类型的。”她提到计算机操作不仅可以改变数字之间的关系，还可以改变任何逻辑相关符号之间的关系。“它可以处理除了数字以外的对象，这些对象的相互基本关系可以使用抽象的操作原理来表达。”从理论上来说，分析机甚至可以进行关于乐谱的操作。“假如和声学与乐曲当中的音调之间的基本关系可以进行这种表达和改编，那么这台机器或许可以做出精妙、严谨和复杂的乐曲。”她写道。这正是埃达式“诗意科学”

的终极概念：一首由机器做出的精妙而严谨的乐曲！她父亲要是听到这个想法肯定会吓得不轻。

这种远见将成为数字时代的核心概念：任何内容、数据或者信息（音乐、文本、图像、数量、符号、声音、视频）都可以采用数字形式来表达，并由机器进行处理。即便是巴贝奇也无法完整看到这些，因为他关注的只是数字。但是埃达认识到这些齿轮上的数字可以用来表示数学数量以外的东西。因此她完成了一次概念上的飞跃——从简单的计算器上升到我们现代的计算机。多伦·斯韦德（Doron Swade）是一位专门研究巴贝奇的机器的计算机历史学家，他明确表示这个概念是埃达留下的其中一项历史遗产。“如果仔细研究这段过渡时期的历史，我们会发现埃达 1843 年的论文是一个明显的转折点。”他说道。[39]

埃达的第三个贡献出现在最后一条“注解 G”当中，她在这部分想出了分析机的详细工作步骤，这相当于我们现在所说的计算机程序或者算法。她当时采用的例子是一个用于计算伯努利数①的程序，伯努利数是一种极为复杂的无穷级数，拥有多种表现形式，它在数论当中占有相当重要的地位。

为了展示分析机如何生成伯努利数，埃达先描述了一系列的运算，然后制作出一个图表，上面显示了每个运算会如何编码到机器当中。她在这个过程中想出了子程序（用于执行一项特定任务的一系列指令，例如余弦函数或者复利的计算，子程序在必要时还可以成为一个大型程序的一部分）和递归循环（一系列重复执行的指令）的概

① 伯努利数的名字来自 17 世纪瑞士数学家雅各布·伯努利（Jacob Bernoulli），他曾经研究了连续整数的乘方结果之和的问题。伯努利数在数论、数学分析和微分拓扑学当中都有特别的作用。

念。[①] 这些功能是通过打孔卡片的原理实现的。她表示生成每个数字需要使用 75 张卡片，然后这个过程就可以反复进行，因为求出的数字可以反馈回计算流程，用于生成下一个数字。“显然这 75 张各不相同的卡片可以重复用于计算每一个后续的数字。”她写道。她想出了一个常用的子程序库，这是她后来的继承者们——包括哈佛大学的格雷斯·霍珀，以及宾夕法尼亚大学的凯·麦克纳尔蒂（Kay McNulty）和琼·詹宁斯（Jean Jennings）等女性程序员，在一个世纪之后才做出来的东西。此外，由于巴贝奇的机器可以根据临时的计算结果调整指令卡片的顺序，所以它为我们现在所称的条件分支奠定了基础。条件分支指的是在满足特定条件之后改变指令执行的路径。

虽然埃达在计算伯努利数时得到了巴贝奇的帮助，不过我们可以从他们交换的信件中看出她对细节的执着。“我在演绎伯努利数的过程中一直坚持计算和钻研到最后一行数字。”她在 7 月份寄出的一封信中写道，再过几个星期，她的译稿和注解就要截稿付印了。“我现在正处于非常惶恐的状态，这些数字让我陷入了极大的困境和麻烦，我不可能在今天之内做好这件事情……我现在的头脑一片混乱。”[40]

在解决了这个难题之后，她在注解中加入了一个主要属于自己的贡献：她在一份图表中明确展示了将算法输入计算机的详细步骤，包括两个递归循环。这是一个带有编号的代码指令列表，其中含有目标寄存器、运算和注释——这些是现在任何一位 C++（计算机程序设计语言）程序员都耳熟能详的概念。“我连续不断地工作了一整天，这也是我工作成果最大的一天，”她在给巴贝奇的信中写道，“您将会非常欣赏这份图表。它是我呕心沥血的作品。”他们来往的书信明

① 埃达采用的例子包括使用差分技巧制作多项式函数的表格，其中有一个子函数需要用到一个嵌套循环结构，它的内循环有一定的变化范围。

确证明了这份图表是由她自己独立完成的；她在这个过程中唯一得到的帮助来自她的丈夫，虽然他不懂这些算法，但他还是愿意一笔一画地为妻子的铅笔笔迹描上墨水。“洛夫莱斯伯爵这时体贴地为我所写的全部内容上墨，”她在信中写道，“我之前不得不使用铅笔来书写。”[41]

根据这份图表及其生成伯努利数的复杂过程，埃达的仰慕者们把她尊称为“世界首位计算机程序员”。这种说法其实有点站不住脚，因为巴贝奇至少在理论上已经设计出超过 20 个可以在分析机运行的操作。但是这些成果都没有得到发表，而且他也没有清楚描述这些操作的执行顺序。因此，我们还是可以说伯努利数生成算法的详细编程描述是第一个正式发表的计算机程序，而且这份成果的最终署名是 A.A.L.——奥古斯塔 · 埃达 · 洛夫莱斯的缩写。

她在这份“注解”当中还引入了另外一个重要概念，这个概念可以一直追溯到玛丽 · 雪莱在拜伦勋爵的提议下所创作的《科学怪人》的故事。它提出了一个关于人工智能的问题，而且直到现在，这仍然是计算机领域中最发人深思的一个哲学问题：机器能够思考吗？

埃达认为不能。她断言，虽然巴贝奇的机器可以根据指令执行操作，但是它不能产生自己的想法和意图。“分析机不会主动创造任何东西，”她在“注解”中写道，“它可以根据我们能够给出的任何指令完成任务。它可以遵循分析，但它没有能力预见任何的分析关系和事实。”一个世纪之后，计算机先驱艾伦 · 图灵（Alan Turing）将这个主张称为“洛夫莱斯夫人的异议”（详见第三章）。

埃达希望自己的作品可以被人们看成是一份严肃的科学论文，而不是一篇向公众寻求支持的文章，所以在着手编写这份“注解”的时候，她就表明自己不会就政府拒绝继续资助巴贝奇建造分析机一事发表任何意见。巴贝奇对这种做法感到不满，于是他自己写了一份批评政府的长篇大论。他希望埃达可以将这部分内容匿名地加入她的“注解”之中，将其当作是她自己的观点。她拒绝了这个请求，因为她不想自己的作品做出妥协。

在没有告知埃达的情况下，巴贝奇将自己准备添加的内容直接发给了《科学报告》。这本期刊的编辑认为这篇文章应该单独刊出，而且建议他“勇敢地”署上自己的名字。虽然巴贝奇有着待人和善的一面，但他有时候也是暴躁、固执和无礼的，这是大多数创新者都具有的性格特点。对方提出的解决方式把他彻底激怒了，他一气之下在信中要求埃达撤回这篇论文。这下就轮到埃达不高兴了。“我亲爱的巴贝奇，”她在回信中用上了通常只在男性朋友之间使用的称呼，“撤回这份译文和注解会是一件不光彩和不正当的事情。”她在回信的结尾写道：“请确信我是你最好的朋友，但我永远也不可能，也不会支持你提出的做法，因为这不仅是大错特错的，而且是在自取灭亡。”[42]

巴贝奇最终做出了让步，并同意在另外一本期刊上单独发表自己的文章。埃达在当天向母亲抱怨道：

> 一直以来，巴贝奇先生的处事方式都为我带来了极大的困扰和压力……我非常遗憾地断定，他是在可以忍受的范围内最为不切实际、自私自利和性情乖张的人……我立刻向巴贝奇声明，他不可能强迫我卷入他的任何纷争之中，我也不可能成为他的喉舌……他当时大发雷霆。但我却不为所动。[43]

埃达对此次争执的回应是一封长达 16 页的信，她在信中毫无保留地表达了自己的想法，并且生动地展现了自己的善变、得意、幻想和激情。前一句还在对巴贝奇阿谀奉承，后一句就变成了严厉斥责，或者在赞扬过后又对他加以诋毁。她在其中一部分对比了他们的动机。“我的一个不可动摇的原则是对真理和上帝的热爱要先于名声和荣誉，”她断言道，“虽然你也爱真理和上帝，但你更爱名声和荣誉。”惯于自鸣得意的她相信自己肯定会出名：“我希望将自己的能力用于阐释全能的上帝和他的律法……如果我能够成为他最著名的先知之一，这将会是我无上的荣耀。”[44]

在经过一番铺垫之后，埃达向巴贝奇提出了一项交易：他们应该建立商业上和政治上的合作关系。她可以利用自己的人脉关系和公关文稿帮助巴贝奇建造他的分析机，前提是巴贝奇允许她干预他的商业决策。“我所提供的服务和才智是你最佳的选择，”她写道，“请不要轻率地拒绝。”这封信有些部分读起来就像是一份风险投资的条款清单或者是婚前协议，其中还考虑到了可能需要仲裁人的情况。“你在日常事务当中必须完全遵循我的判断（或者你现在也可以提出一位仲裁人，在我们出现分歧的时候就由他来做出判断）。”作为回报，她承诺会“在一到两年之内向你交出多份明确而可行的方案来帮助你完成你的机器建造”。[45]

她之前其实也写过许多类似的信，不然巴贝奇在看到这封信之后应该会大吃一惊。这是她有时候会被自己狂妄自大的野心所主宰的一个例子。尽管如此，她仍然是一个值得尊敬的人，她突破了自己的背景和性别所能够达到的成就，抵御了由父亲遗传的恶习带来的困扰。她坚持不懈地投身于艰深的数学研究事业当中，并取得了我们大多数人都无法企及的成就（仅仅是伯努利数求解这一项就已经胜过很多人了）。在取得惊人的数学成就和充满创造力的见解的过程中，她不仅经历了梅朵拉·李的闹剧，而且遭受了多种疾病的折磨，以至于她产生了对鸦片药物的依赖，这点使她的情绪变得更加不稳定。她在信的结尾向巴贝奇解释道：“我亲爱的朋友，如果你知道我经历过怎样难过和可怕的事情，你自然会明白，我在信中流露的一部分压抑情绪其实是来自我的感受。”在简短地提到使用有限差分方法来计算伯努利数的话题之后，她表达了自己的歉意：“抱歉这封信有多处涂改的地方，”然后可怜地问道，“不知道你会不会让这位‘小仙女’继续为你效劳呢？”[46]

埃达确信巴贝奇会接受她的提议，让她成为他的创业合伙人。“他非常想要我的文字为他服务，所以他有可能会屈服，尽管我要求他做出很大的让步，”她向母亲写道，“如果他真的同意我的提议，我应该可以帮助他脱离困境并建成他的机器。”[47]然而，巴贝奇认为更明智的做法是拒绝这个提议。他亲自前往拜访埃达，并“拒绝了全部的条件”。[48]尽管他们之后没有再进行过与科学相关的合作，但是他们之间的关系得到了保持。“我认为自己与巴贝奇之间的友谊比以往更加深厚了。”她在一周后的另一封信中向母亲写道。[49]巴贝奇在一封用语亲切的信中答应她在下个月前往参观她的乡间别墅，并把她称为“数字魔女”和“我亲爱的和欣赏的代言人”。

1843 年 9 月，埃达的译文和“注解”终于刊登在了《科学报告》上。在此后的一段时间内，她享受着来自朋友们的赞美，更憧憬着能够成为像自己的导师玛丽·萨默维尔一样的人物，在科学界和文学界都占有一席之地。作品发表一事最终让她感到自己像是“一个真正的专业人士”。她向一位律师写信道：“我在专业领域中已经达到了跟你一样的成就。”[50]

但事实并非如此。巴贝奇没有为自己的机器筹到更多的资金，机器始终没有被建造出来，他最后在贫困潦倒之中郁郁而终。至于洛夫莱斯夫人，她再也没有发表过其他的科学论文，她终日沉迷于赌博和鸦片药物之中，生活每况愈下。她和一位赌博搭档私通，后来还遭到这位情夫的勒索，被迫变卖自己的家传珠宝。在生命的最后一年里，她与子宫癌进行了一场极其痛苦的抗争，其间还进行了多次放血治疗。她在1852年病逝，终年36岁。按照她的临终遗愿，她被埋葬在一个乡间坟墓中，长眠于自己素未谋面的父亲旁边，她的父亲也是在同样的年纪逝世。

工业革命的基础是两个简单而重要的概念。创新者们想出了一些可以简化工作的方法，他们将工作细分成可以通过流水线完成的更为简单和琐碎的任务。然后，发明家们开始从纺织业中找到使用机器完成工作步骤的方法，其中有很多工作都由蒸汽机提供动力。以帕斯卡和莱布尼茨的想法为基础，巴贝奇尝试在生产计算结果的过程中同时应用这两个概念，制作出一台机械计算机器，这是现代计算机的前身。他最重大的概念飞跃是这种机器不一定只能执行一种操作，而是可以使用打孔卡片进行编程和重新编程。埃达看到了这个诱人的概念带来的好处和意义，并从中得出了一个更为令人兴奋的想法：这种机器不仅可以处理数字，还可以处理任何能用符号表示的事项。

一直以来，埃达·洛夫莱斯都被人们称颂为女性主义的代表人物和计算机先驱。例如，美国国防部将其高级面向对象编程语言命名为“埃达”（Ada）。然而，她的狂妄自大和反复无常也一直遭人诟病，还有人认为她为那份署上她名字的“注解”只做出了少量的贡献。她在这份“注解”中写了一段关于差分机的描述，而这番话同样可以用来解释她毁誉参半的名声：“我们在思考一个新的问题时总会出现这样的趋势：首先，高估我们已有的特别或重要发现；然后，自然而然地低估这个问题的真实情况。”

事实上，埃达做出的贡献不但意义深远，而且鼓舞人心。她窥见未来的能力已经超过了巴贝奇，以及任何一个与她处于同一时代的人。她眼中的未来是机器会成为人类想象力的伙伴，这两者的结合可以编织出如雅卡尔提花一样精美的图案。她对诗意科学的理解让她能够欣赏一种想象中的计算机器，虽然当时的科学水平无法实现这种设备的建造，但是埃达认识到了它的处理能力可以用于任意形式的信息。因此，埃达 · 洛夫莱斯伯爵夫人确实帮助播下了数字时代的种子，它们将在 100 年之后开花结果。

万尼瓦尔·布什（1890—1974）和他在麻省理工学院设计的微分分析机

艾伦·图灵（1912—1954）在舍伯恩学校，照片摄于1928年

克劳德·香农（1916—2001），照片摄于1951年

第二章 计算机

创新有时只是时机的问题。如果一个伟大想法出现的时候刚好存在可以实现它的技术，那么一项创新就诞生了。例如，人类登月计划被提出的时候，微型芯片的发展水平刚好可以将计算机导航系统放进火箭的头锥里面。然而，创新有时也会在不对的时机出现。查尔斯·巴贝奇在 1837 年就发表了一篇关于精密计算机的论文，但是制作这种计算机所需的技术进步需要经过 100 年才能达成。

虽然某些技术进步似乎是微不足道的，但是技术的发展不仅体现在重大的飞跃之中，还是由无数个小幅的改进累积而成的。打孔卡片的发展就是这样一个例子。巴贝奇在雅卡尔纺织机上发现了这种卡片的用途，并打算将其整合到自己构想的分析机当中。后来，真正适合用于计算机的打孔卡片在赫尔曼·霍尔瑞斯（Herman Hollerith）的手中得到了完善。他是美国人口普查局的一位职员，在得知手动制作的 1880 年人口普查表需要近 8 年的时间才完成之后，他大为震惊，于是他决心要让 1890 年的人口普查工作实现自动化。

霍尔瑞斯从火车售票员的验票方式当中得到了启发。当时的售票员会在车票的不同位置打孔，以此来表示每位乘客的特征（性别、近似身高、年龄和发色等）。根据这个方式，霍尔瑞斯设计了一种 12

行、24 列的打孔卡片，用于记录人口普查数据当中每个人的显著特征。制作好的打孔卡片会被放入由多个水银凹槽组成的网格和一组装有弹簧的探针之间，这些探针会在卡片穿孔位置与下方的水银形成闭合电路。这个装置不仅可以统计原始数据的总和，还可以记录不同特征的组合，例如已婚男性或者外籍女性的数量。在使用了霍尔瑞斯发明的制表机之后，1890 年人口普查仅用了一年时间就完成了，远低于之前的 8 年时间。这是人类首次使用电路进行大规模信息处理的案例。霍尔瑞斯后来成立的公司在经过一系列的并购重组之后，于 1924 年成为国际商业机器公司（International Business Machines Corporation），简称 IBM。

我们可以把创新看成是无数个细小的进步不断累积的结果，例如计数器和打孔卡片的读卡器。采用这种观点可以更好地理解创新是如何在 IBM 这种地方发生的，因为 IBM 的强项是由多个工程师团队进行持续性的技术改进。我们这个时代的一些最为重要的技术都是无数个微创新加上少量突破性飞跃的产物。用于开采天然气的水力压裂技术就是这样的一个例子，这一技术在过去 60 年当中一直在不断地发展。

在计算机的发展过程中，来自 IBM 等企业的不知名工程师们也做出了许多这种渐进式的贡献，但仅凭这些是不够的。尽管 IBM 在 20 世纪初已经生产了可以编译数据的机器，但是它们还不能被称为计算机，甚至算不上是特别灵巧的计算器，它们是有缺陷的。除了无数个细小的进步以外，计算机时代的诞生还需要一些有远见的人的创造性飞跃。

数字技术击败模拟技术

霍尔瑞斯和巴贝奇设计的机器是数字化的，也就是说它们会使用数字进行计算，这里的数字指的是像0、1、2、3这种独立和明确的整数。在他们的机器中，这些整数的加减是通过齿轮上的数字切换来实现的，就像是计数器一样。另外一种可以实现计算的方式是制造出可以模仿或将物理现象模型化的设备，然后根据在模型上的测量结果进行计算。这种机器被称为模拟（analog）计算机，因为它们是通过模拟的方式来工作的。模拟计算机无须依赖独立的整数进行计算；相反，它们使用的是连续函数。在模拟计算机中，电压、绳子在滑轮上的位置、水压或者距离这样的变量会被用于模拟求解问题中的对应量。例如，计算尺是模拟的，算盘是数字的；带有指针的钟表是模拟的，显示数字的钟表是数字的。

大约在霍尔瑞斯制造出他的数字制表机的时候，英国历史上两位杰出的科学家——凯尔文勋爵（Lord Kelvin）和他的哥哥詹姆斯·汤姆森（James Thomson）正在设计一台模拟机器。这是一台专门用于处理冗长乏味的微分方程求解的机器，它可以帮助制作潮汐表，以及记录炮弹发射角对应弹道的表格。19世纪70年代初，这对兄弟制成了一台以求积仪为基础的设备，这个工具可以用于测量二维图形的面积，例如在纸上的一条曲线下方的面积。操作者可以通过描绘曲线的轮廓来计算出对应的面积，在这个过程中，设备上的小圆球会在一个旋转的大圆盘表面缓慢移动。因为它可以计算出曲线下方的面积，所以它可以通过积分的方式实现方程求解——换句话说，它可以进行基础的微积分计算。凯尔文和他哥哥利用这种方法制作出了一台“调和推算机”（harmonic synthesizer），它可以在四个小时之内计算出一张年度潮汐表。然而，他们一直无法将多台这样的设备连接在一起求解带有多个变量的方程，因为这样做会带来一些难以克服的机械难题。

连接多台积分设备的难题直到1931年才得以解决。当时麻省理工学院的工程学教授万尼瓦尔·布什（Vannevar Bush，请记住这个名字，因为他是本书的一位关键人物）建造出了世界上第一台模拟电子机械计算机。他将这台机器称为微分分析机（Differential Analyzer）。它由六台球盘积分仪（类似于凯尔文勋爵发明的机器）组合而成，它们之间通过一系列的传动装置、滑轮和转轴连接起来，并使用电动马达提供动力。布什所在的麻省理工学院为他提供了很多帮助，因为学院有很多懂得组装和调校复杂装置的人才。最终建成的机器有一间小型卧室那么大，可以解出最多含有 18 个独立变量的方程。在接下来的 10 年时间，布什的微分分析机被复制成了多个版本，它们分别位于马里兰州的美国陆军阿伯丁试验场、宾夕法尼亚大学摩尔电气工程学院，以及英国的曼彻斯特大学和剑桥大学。事实证明，这些机器非常适合用于制作弹道表——以及训练和启发下一代的计算机先驱。

然而，布什的机器注定不会成为计算机历史上的一项重大进展，因为它是一台模拟设备。实际上，它成了模拟计算的最后一次挣扎，这种情况至少持续了几十年的时间。

新的方法、技术和理论开始在 1937 年涌现，这刚好是巴贝奇首次发表分析机论文之后的第一百年。这是计算机时代充满奇迹的一年，这一年取得的成果体现为计算机的四个特性，它们之间互有关联，而且对现代计算起到了决定性的作用。

数字化。计算机革命的一个根本特征是以数字计算而非模拟计算为基础。我们很快可以看到造成这种情况的具体原因，其中逻辑理论、电路和电子通断开关的同时发展使得数字操作成为比模拟操作更为高效的方式。计算机科学家直到 21 世纪初才开始寻求模拟人类的大脑，这是模拟计算研究真正得到复苏的标志。

二进制。除了数字化以外，现代计算机还采用了二进制的数字系统。二进制指的是只使用 0 和 1 来表示数字，而不像我们常用的十进制那样使用十个数字。跟许多数学概念一样，二进制的理论也是由莱布尼茨在 17 世纪后期首先提出的。到了 20 世纪 40 年代，二进制的优势开始变得越来越明显，特别是对由通断开关组成的电路进行逻辑操作的时候，二进制的实用性要高于包括十进制在内的其他数字形式。

电子化。20 世纪 30 年代中期，英国工程师汤米·弗劳尔斯（Tommy Flowers）率先将真空管用作电子电路的通断开关。在此之前，电路一直都使用机械开关和机电开关，例如电话公司使用的嗒嗒作响的电磁继电器。真空管之前的主要用途是放大信号，而不是作为通断开关使用。在使用了真空管以及后来的晶体管和微型芯片之后，计算机的运行速度可以比使用机电开关的机器高出几千倍。

通用性。最后，计算机将有能力根据不同的目的进行编程和重新编程（甚至是自动重新编程）。它们不仅可以解决单个形式的数学计算（例如微分方程），还可以执行各种各样的任务和符号处理，包括文字、音乐、图片和数字。这正好实现了洛夫莱斯夫人在描述巴贝奇分析机时所构想的能力。

创新的出现总是水到渠成的。在 1937 年发生的重大进步并非只有单方面的原因，而是在多个地方同时出现的能力、思想和需求相互碰撞的结果。历史上的重大发明通常都是在正确的时机和合适的环境下诞生的，信息技术的发明更是如此。真空管在无线电工业中的发展为电子数字电路的诞生铺平了道路，同时逻辑学的理论发展也提升了电路的实用性。战争的威胁进一步加快了计算机技术发展的步伐。随着各个国家都开始为一触即发的大战做准备，计算能力的重要性俨然已经与军备的火力相当。互相促进的技术发展几乎在同一时间自发地出现在各个地方，比如哈佛大学、麻省理工学院、普林斯顿大学、贝尔实验室以及位于柏林的一座公寓，还有一个地方也许不是最有可能出现创新的，但它却是最为有趣的——位于艾奥瓦州埃姆斯市的一个地下室。

为这些技术进步提供支撑的是在数学领域出现的一些精彩的（埃达也许会将其称为诗意的）飞跃。其中一项飞跃促进了“通用计算机”（universal computer）概念的正式形成，这是一种可以通过编程进行任何逻辑任务的机器，并且可以模拟任何逻辑机器的行为。这个概念是在一位杰出的英国数学家的思维实验当中诞生的，而这位数学家的人生经历既鼓舞人心，又令人唏嘘不已。

艾伦·图灵

出身于英国没落贵族的艾伦·图灵在一个缺乏关爱的环境中成长。[1]他的家族在1638年受封从男爵爵位，这个爵位一直在图灵家族中世袭，最后传到了艾伦的一位远房侄子。但是图灵家谱中的旁系是没有领地的，也不能继承多少财产，艾伦的祖父就属于这样的旁系。大多数没有继承爵位的家族成员都成了神职人员（比如艾伦的祖父）或者英属殖民地的公务员，他的父亲就是一位服务于印度边远地区的基层行政人员。艾伦是在印度恰特拉普尔被怀上的，随后他的父母回到伦敦休假，并在1912年6月23日生下了艾伦。在他只有一岁的时候，他的父母就要返回印度继续工作，于是艾伦和他的哥哥就被交给了居住在英格兰南海岸的一对退役陆军上校夫妇照顾。“虽然我不是儿童心理学的专家，”他的哥哥约翰·图灵后来表示，“但我相信让一个襁褓中的婴儿离开父母的怀抱，并在一个陌生的环境中成长肯定不会是一件好事。”[2]

在母亲回国以后，艾伦跟她一起生活了数年的时间，之后他在13岁的时候被送到了寄宿学校。他独自一人花了两天时间骑车到学校，这是一段超过60英里的路程。他身上有一种孤独者的特质，这点体现在他对长跑和骑行运动的热爱上。他还拥有一个在创新者之间很常见的特点，他的传记作者安德鲁·霍奇斯（Andrew Hodges）对此做出了含蓄的表述："艾伦需要花比较长的时间才能学会分清主动性和不服从之间的模糊界线。"[3]

在一份深情的回忆录当中，他的母亲这样描述这个自己过分喜爱的儿子：

> 艾伦的体格强壮，身材高大，他有一个方正坚实的下巴和一头桀骜不驯的棕色头发。深邃而清澈的蓝眼睛是他标志性的特征。微微上翘的短鼻子和讨喜的嘴巴轮廓让他看起来很年轻（有时甚至显得幼稚），以至于年近40的他仍然会被人误以为是大学生。他在衣着和生活习惯方面比较不修边幅。他通常会留着过长的头发，而且总会有一绺刘海垂到脸上，这时他会用力一甩头将其抛回原处……他有时会心不在焉和精神恍惚，这是因为他正在全神贯注于自己的思考当中，在某些场合下，这点会让他显得不擅交际……有时候他的羞怯在别人看来是非常无礼的……事实上他认为自己很适合隐居在中世纪的修道院里面。[4]

艾伦在舍伯恩寄宿学校里认识到自己是一个同性恋者。他开始迷恋一位身材瘦削的金发同学克里斯多夫·莫科姆（Christopher Morcom），他们一起研究数学并讨论哲学问题。但是在他毕业前的寒假里，莫科姆突然死于结核病。图灵后来给莫科姆的母亲写了一封信，信中写道："我真诚地崇拜他踏足过的土地——非常抱歉，我无法掩盖这点。”[5]在写给自己母亲的一封信中，图灵似乎想从自己的信仰中寻求安慰：“我感觉自己会在某个地方再次遇到莫科姆，在那里，我们又可以一起工作，正如我之前以为我们可以在这里一起做的一样。现在既然只剩下我一个人来完成我们共同的事业，我一定不能让他失望。如果我能取得成功，我将会比现在更有资格与他在一起。”然而这个悲剧最终侵蚀了图灵的宗教信仰，而且还使他变得更加内向，他之后再也无法轻易地与他人建立亲密的关系。他的舍监在1927年复活节时向他的父母汇报道：“无可否认他不是一个‘普通’的男孩，当然这不是最坏的情况，只是不如其他孩子快乐而已。”[6]

在舍伯恩的最后一年里，图灵获得了剑桥大学国王学院的奖学金，他在1931年入读这个学院学习数学。他用这笔奖学金买了三本书，其中一本是约翰·冯·诺依曼（John von Neumann）所著的《量子力学的数学基础》（*The Mathematical Foundations of Quantum Mechanics*）。冯·诺依曼是一位出生于匈牙利的杰出数学家，这位计算机设计先驱对图灵以后的人生产生了长远的影响。图灵对量子物理学核心的数学原理特别感兴趣，这种数学原理描述的是在亚原子层面发生的事件会如何受到统计概率的控制，而不是那些使用必然性定义事物的原理。图灵（至少在年轻时）相信处于亚原子层面的不确定性使得人类可以实现自由意志——如果这个观点正确的话，能否实现自由意志似乎是一个可以用于区分人类和机器的特征。换句话说，由于发生在亚原子层面的事件不是预先确定的，我们的思考和行动方式才得以有无限的可能。他在一封写给莫科姆母亲的信中解释道：

> 在过去，科学界往往认为，如果我们完全了解了某一时刻的宇宙，就能预测它会在未来发生的所有事情。这个观点来源于天文预测方面取得的成功。然而，现代科学得出的结论是，

> 当我们在讨论原子和电子时，我们无法知道它们的确切状态，因为我们的测量工具本身就是由原子和电子组成的。于是，能够知道宇宙确切状态这一观点在微观尺度上必须被推翻。那么这就意味着“由于日食等天文现象可以预先确定，因此我们的行为也能预先确定”这一理论也是不可信的。我们拥有某种意识，能够控制一部分或者整个大脑的原子的活动。[7]

此后图灵一直在钻研这个问题：人类大脑与确定性机器之间是否存在根本区别？他后来逐步得出的结论是，人与机器的界线要比他原来想象中的更为模糊。

他还有这样一个直觉，正如亚原子的范围内充满了不确定性，有一些数学问题也是无法通过机械的方式解决的，它们注定要披着不确定性的外衣。当时的数学家们主要专注于研究关于逻辑系统的完整性和稳定性的问题，这种情况在一定程度上是受到了大卫·希尔伯特（David Hilbert）的影响。这位居住在德国哥廷根的天才数学家拥有众多杰出的成就，其中一项是与爱因斯坦同时提出广义相对论的数学表达式。

在一场 1928 年举行的数学大会上，希尔伯特提出了关于任意数学形式系统的三个基本问题：（1）系统的规则集是完备的吗？只使用系统的规则能否证明（或证伪）任意的数学命题？（2）系统是一致的吗？会不会有既可以证明正确，又可以证明错误的命题？（3）系统是可判定的吗？有没有可以判定特定命题是否可证明的方法，会不会出现某些陈述存在不可判定状态的可能性（例如费马大定理[①]、哥

---

① 费马大定理：当整数 $n>2$ 时，方程 $a^n+b^n=c^n$ 没有正整数解。

德巴赫猜想[①]和考拉兹猜想[②]等悬而未决的数学谜题)？希尔伯特认为前两个问题的答案都是肯定的，剩下第三个问题仍有待商榷。他简单明确地表示，“世界上没有无法解决的问题”。

希尔伯特提出的前两个问题在三年不到的时间内就被来自奥地利的逻辑学家库尔特·哥德尔（Kurt Gödel）迅速攻破了。时年25岁的哥德尔正与母亲一起居住在维也纳，他当时对前两个问题给出了出人意料的答案：不完备和不一致。他在自己的“不完全性定理”中表示既不能被证明也不能被证伪的命题是存在的。其中一些最简单的例子是类似于“本命题是不可证明的”这样的自指命题。如果它是真命题，那么它可以推出我们不能证明它是真的；如果它是假命题，也会导致逻辑上的矛盾。这就像是源自古希腊的“说谎者悖论”，“本命题为假”这个命题是无法被判定的（如果它是真命题的话，那么它同时也是假命题，反之亦然）。

在提出不能被证明或反驳的命题的同时，哥德尔证明了任何足够强大而可以表达常用数学原理的形式系统都是不完备的。他还给出了另外一条配套的定理，能够在事实上否定希尔伯特的第二个问题。

于是在希尔伯特的问题当中只剩下第三个可判定性问题尚未解决，希尔伯特本人将这个问题称为“判定问题”（decision problem）。尽管哥德尔提出了既不能被证明也不能被证伪的命题，但是这些特殊的命题可以通过某种方式辨别和隔离，让形式系统剩余的部分保持完备和一致。这就需要我们找出一些可以判定一个命题是否可证明的方法。剑桥大学的杰出数学教授麦克斯·纽曼（Max Newman）在向图灵讲解希尔伯特的问题时，他对“判定问题”的表述是：有没有一种

---

① 哥德巴赫猜想：任一大于2的偶数都可以写成两个质数之和。

② 考拉兹猜想：对于每一个正整数，如果它是奇数，则对它乘3再加1，如果它是偶数，则对它除以2，如此循环，最终都能得到1。

“机械方式”可以用于判定某个逻辑命题是否可证？

图灵很喜欢“机械方式”的概念。1935 年夏季的某一天，他跟往常一样独自外出沿着伊利河畔跑步。在跑完几英里的路程之后，他停下来躺在格兰切斯特草甸的苹果树下，潜心思考一个问题。他按照字面意思理解“机械方式”的概念，想出一个可以用于解决这个问题的机械方式——一台想象中的机器。[8]

虽然他构想出的“逻辑计算机器”（这只是一个思维实验，并非一台真正得到建造的机器）看起来非常简单，但是它在理论上可以处理任何数学计算。它含有一条无限长度的纸带，纸带上面的方格可以显示不同的符号。如果采用最简单的二进制形式的话，这些符号可以表示为“1”和“空白”。这台机器可以读取纸带上的符号，并根据给定的“指令表”执行特定的操作。[9]

这个指令表可以根据机器所在的矩阵（configuration）和方格上显示的符号（如果存在的话）指示机器做出对应的操作。例如，用于某个任务的指令表可能会给出这样的指示：如果机器处于矩阵 1，并在方格中读取到符号 1，那么它就会将方格向右移动，并切换到矩阵 2。可能会让我们惊讶的是，只要给定合适的指令表，这样一台机器可以完成任何复杂的数学计算任务。

这台想象中的机器会如何回答希尔伯特的第三个问题——判定问题呢？图灵通过重新定义“可计算数”的概念来着手处理这个问题。由数学规则定义的任意实数都可以通过逻辑计算机器计算出来。甚至像 π 这样的无理数也可以使用有限的指令表进行无限的计算，其他例子包括 7 的对数、2 的平方根，以及埃达 · 洛夫莱斯帮助设计算法的伯努利数。实际上无论是多么复杂的数字和数列，只要它的计算是由有限的规则集定义的，那么它就可以被计算出来。按照图灵的说法，这些都属于“可计算数”。

图灵进一步证明了“不可计算数”的存在。这点跟他提出的“停机问题”（the halting problem）有关，他证明了不存在可以解决停机问题的方法，也就是不能提前判定任意给定指令表和输入集的组合会导致机器得出答案还是进入无限的循环。他表示停机问题的不可解性意味着希尔伯特的判定问题也是不可解的。尽管希尔伯特希望自己的第三个问题也可以得出肯定的答案，但事实上不存在可以判定每一个数学命题的可证明性的机械方式。哥德尔的不完全性定理、量子力学的不确定性，以及图灵对希尔伯特第三个问题的解答都否定了机械的、确定的和可预知的宇宙。

图灵在 1937 年发表了一篇题为《论可计算数及其在判定问题上的应用》的论文，这是一个不太能引人注意的题目。他对希尔伯特的第三个问题的解答有助于数学理论的发展，不过意义更为重大的是图灵在证明过程中产生的逻辑计算机器的概念。这台机器在不久后就被称为图灵机。“发明一台可以用于计算任意可计算序列的机器是可能的。”他断言道。[10] 这台机器将可以读取其他任何机器的指令，并执行该机器可以完成的任何任务。图灵机从本质上实现了查尔斯·巴贝奇和埃达·洛夫莱斯关于完全通用型机器的梦想。

“判定问题”还有另外一个优雅程度不如图灵机的解答——“无类型 λ 演算”（untyped lambda calculus），这是普林斯顿大学的数学家阿隆佐·邱奇在同年早些时候发表的一个形式系统。图灵的教授麦克斯·纽曼认为，图灵如果跟邱奇学习的话将会为他带来很大的帮助。在写给邱奇的推荐信中，纽曼表示图灵的前途不可限量，同时根据图灵的个性提出了一个更为私人的请求。“他一直以来的工作都没有得到他人的指导或者评价，”纽曼写道，“这点使他更加有必要尽快接触这个领域的领军人物，这样他才不至于变成一个无可救药的孤独者。”[11]

图灵的确更倾向于独来独往。身为同性恋者的事实让他有时会感到自己无法融入其他人的圈子；他独自一人居住，避免与其他人进行深入的接触。他曾经向一位女同事求婚，但后来他还是觉得有必要告诉她自己是同性恋者。对方没有为此感到困扰，仍然愿意与他成婚，但他始终认为这是一种欺骗行为，因此没有继续这桩婚事。不过，他最终并没有成为一个“无可救药的孤独者”。他学会了如何在一个团队中与其他协作者一起工作，正因为有了这样的合作，他的抽象理论才得以体现在真正的发明上。

1936 年 9 月，在等待论文发表的期间，这位 24 岁的博士研究生乘上了老旧的远洋邮轮贝伦加利亚号远赴美国，他身上带着一台铜制六分仪。图灵在普林斯顿大学的办公室位于数学系的大楼，这里当时也是普林斯顿高等研究院的所在地，爱因斯坦、哥德尔和冯·诺依曼都曾经担任过这所研究院的院长。温文尔雅、热衷社交的冯·诺依曼对图灵的工作特别感兴趣，尽管他们两人的性格截然不同。

1937 年出现的翻天覆地的变化和接踵而至的进步并非直接源于图灵的论文发表。事实上，这篇论文在刚发表的时候也并没有得到多少关注。图灵请母亲将论文的副本寄给数学哲学家伯特兰·拉塞尔和其他六位知名学者，但是只有阿隆佐·邱奇对它进行了认真的审阅。邱奇能够欣赏图灵的工作成果，因为他自己在解决希尔伯特判定问题方面的研究一直领先于图灵。邱奇不仅乐于提携后辈，他还将图灵所说的逻辑计算机器命名为“图灵机”。于是，年仅 24 岁的艾伦·图灵，他的名字就被永远地刻在了数字时代一个最为重要的概念上。[12]

贝尔实验室的克劳德·香农和乔治·斯蒂比兹

1937 年还出现了另外一项意义重大的理论突破。与图灵的成果类似，这项突破也只是一个思维实验。麻省理工学院的研究生克劳德·香农（Claude Shannon）在这一年提交了有史以来最具影响力的一篇硕士论文，《科学美国人》（*Scientific American*）杂志后来更将其称为“信息时代的大宪章”。[13]

香农在密歇根州的一个小镇长大，他从小就喜欢制作飞机模型和业余无线电，后来更进入密歇根大学攻读电气工程和数学专业。他在大四的时候应征了一份贴在学校公告栏的招聘启事，这份工作的内容是前往麻省理工学院帮助万尼瓦尔·布什运作微分分析机。在得到这份工作之后，香农彻底被这台机器迷住了——跟组成模拟部件的转轴和滑轮相比，更让香农着迷的是控制电路中的电磁继电器开关。这些开关可以根据电流信号接通和断开，从而形成不同的电路形式。

1937 年夏季，香农暂时离开了麻省理工学院，前往贝尔实验室工作，这是一家由 AT&T（美国电话电报公司）运营的研究机构。当时的贝尔实验室位于曼哈顿哈德孙河畔的格林尼治村，它是一个可以将想法变成发明的摇篮。抽象的理论和实际的问题在这里交汇；这里的走廊上、餐厅里聚集了许多偏执的理论家、亲力亲为的工程师、脾气暴躁的机械师和高效的问题解决者，他们共同促进了理论和工程之间的交流。这点让贝尔实验室成为数字时代最为重要的创新支柱之一，哈佛大学的科学历史学家彼得·盖利森把它称为“贸易区”（trading zone）。当这些实践者和理论家聚在一起的时候，他们学会了如何找出一种共同语言来交换各自的想法和信息。[14]

在贝尔实验室里，香农亲眼看到了电话系统电路的强大功能，这些电路会使用电子开关来安排通话线路和平衡通话负载。他开始在脑海中将这些电路的工作原理和另外一项自己感兴趣的课题结合起来——英国数学家乔治·布尔在 90 年前制定的逻辑系统。布尔引入了使用符号和等式表达逻辑命题的方式，此举使得逻辑学出现了颠覆性的变化。他将真命题设为数值 1，假命题设为数值 0，然后这些命题可以用于进行一系列的逻辑运算——例如“与”（and）、“或”（or）、“非”（not）、“或者……或者”（either/or）和“如果……则……”（if/then）——就像是数学方程一样。

香农发现电路可以使用不同的通断开关组合来执行这些逻辑运算。举个例子，如果要实现一个“与”运算，可以将两个开关串联，这样它们需要同时闭合才能接通电路；如果要实现一个“或”运算，可以将两个开关并联，这样它们只需闭合其中一个就能接通电路。更为通用的逻辑开关被称为逻辑门，它们可以简化上面的流程。换句话说，你可以设计一个含有多个继电器和逻辑门的电路，它可以按照步骤执行一系列的逻辑任务。

“继电器”是一种利用电流控制通断的开关，例如电磁继电器。在开关时会发出响声的继电器有时会被称为机电继电器，因为它们含有活动的部件。真空管和晶体管也可以作为电路中的继电器，它们被称为电子继电器，因为它们在控制电流的过程中无须移动电子元件。“逻辑门”是一种可以处理一个或多个输入的开关。例如，在带有两个输入的电路中，“与”门在两个输入均为高电平时才能输出高电平，“或”门在其中一个输入高电平时即可输出高电平。香农的想法是这些逻辑门可以集成在电路当中，这样就可以执行布尔逻辑代数的运算。

香农在同年秋季返回麻省理工学院。布什对香农的想法大为欣赏，并鼓励他将这些内容加入自己的硕士论文当中。这篇题为《继电器与开关电路的符号分析》的论文展示了执行布尔代数的各种运算的方法。“利用继电器电路执行复杂的数学运算是可能的。”他在论文的结尾总结道。[15] 这篇论文成为所有数字计算机的基础概念。

香农的想法也引起了图灵的兴趣，因为这跟他刚刚提出的通用型机器概念密切相关——图灵机也可以使用简单的二进制编码指令解决数学和逻辑学的问题。而且由于逻辑学和人类大脑的推理方式有关，所以从理论上来说，一台可以执行逻辑任务的机器也可以模仿人类的思考方式。

数学家乔治·斯蒂比兹（George Stibitz）当时也在贝尔实验室工作。他的职责是研究出新的计算方式，帮助电话工程师处理日益复杂的计算工作。斯蒂比兹当时可以使用的工具只有桌面机械加法机，于是他决定按照香农的想法发明一种更高效的计算工具，也就是利用电路执行数学和逻辑的运算。在 11 月的一天晚上，他从实验室的仓库中带了一些用过的电磁继电器和灯泡回家。他在厨房的桌子上将这些零件安装到一个烟草罐子里面，然后再连接几个开关，这样就做出了一个可以计算二进制加法的简单逻辑电路。其中点亮的灯泡表示“1”，熄灭的灯泡表示“0”。他的妻子把它叫作“K 模型”。他第二天向办公室的同事展示了这个模型，并试图让他们相信只要有足够多的继电器，他就可以制造出一台计算机器。

贝尔实验室的一个重要任务是研究如何放大远距离传输的电话信号，同时排除信号传输过程中的静电干扰。实验室的工程师们会使用一些专门的公式来处理信号的波幅和相位，但是这些方程有时会求出带有复数的解（复数是指含有表示负数平方根的虚数单位的数）。斯蒂比兹的主管问他这台机器能否处理复数，在得到了肯定的回答之后，这位主管安排了一支工程师团队协助他完成制造。他们在 1939 年制成了这台机器，并把它命名为“复数计算器”。它含有超过 400 个继电器，每个继电器的开关频率达到每秒 20 次。这点让它的计算速度可以远远超过机械计算器，但是跟当时正在研发的全电子真空管电路相比，它又显得过于臃肿。虽然斯蒂比兹的计算器不能进行编程，但它证明了继电器电路可以用于处理二进制计算、信息和逻辑程序。[16]

霍华德·艾肯

同样也是在1937年，一位叫作霍华德·艾肯（Howard Aiken）的哈佛博士研究生正在准备自己的物理学论文。他发现论文中复杂冗长的计算很难使用加法机来完成，于是他游说学校建造一台更加先进的计算机。他的系主任告诉他，哈佛科学中心的阁楼中存放了一些铜制齿轮，它们来自一台拥有百年历史的设备，也许这就是他想要的东西。艾肯在这个阁楼中发现了差分机的其中一个演示模型，查尔斯·巴贝奇的儿子亨利曾经建造和分发了6个这样的模型。艾肯开始迷上了巴贝奇的机器，还将这组铜制齿轮搬回了自己的办公室。“毫无疑问，我们拿到了来自巴贝奇的两个齿轮，”他回忆道，“它们正是我后来装进计算机里面的齿轮。”[17]

同年秋天，正当斯蒂比兹在厨房桌子上捣弄复数计算器的演示模型的时候，艾肯写出了一份长达22页的备忘录，随后把它交给了就职于IBM的哈佛前辈和高管人员，希望说服他们资助建造一台现代版本的巴贝奇数字机器。“人们总是想节约算术计算所需的时间和脑力劳动，同时消除出现人为计算错误的可能性，这个愿望的存在时间也许跟算术本身一样长。”他在备忘录的开头这样写道。[18]

来自印第安纳州的艾肯在一个艰苦的家庭环境下长大。在12岁的时候，他曾经用一根壁炉拨火棍阻止了酗酒的父亲对自己母亲的虐待。后来他父亲离家出走，留下一贫如洗的两母子相依为命。为了贴补家用，年轻的霍华德在九年级时就辍学去打工了。他先做了一段时间的电话安装员，然后在本地的电力公司找到了一份夜班工作，这样他就可以利用白天的时间学习技术学校的课程。他不断地迫使自己追求成功，但是他在这个过程当中逐渐成为一个脾气火暴的指挥者，有人说他就像是一座移动的火山。[19]

哈佛大学内部对于艾肯提出的计算机器制造项目反响不一，也不确定这个学术性不足的“实用”项目会不会影响他获得终身教职的机会（在哈佛的部分教员眼中，被称为“实用”其实是一种冒犯，他们更愿意保持自己的“学术性”）。哈佛大学的校长詹姆斯·布赖恩特·科南特（James Bryant Conant）对艾肯表示支持。身为国防研究委员会主席的科南特希望将哈佛大学定位成连接学术界、工业和军方三个领域的纽带。然而，艾肯所在的物理系则表现得更为“纯粹”。物理系主任在1939年12月给科南特写了一封信，他表示这台机器“如果可以筹资建造固然是一件好事，但它不一定比其他研究更有价值”。而教师委员会对艾肯的评价是：“他应该清楚地知道，这样的活动不会让他更有可能被提升为教授。”科南特最终力排众议，批准艾肯建造他的机器。[20]

1941年4月，艾肯离开了哈佛大学，应征加入美国海军，这时IBM正在位于纽约恩迪科特的实验室中按照艾肯的设计建造马克一号（Mark I）。艾肯以海军少校的身份在弗吉尼亚州的海军水雷战学校（Naval Mine Warfare School）任教了两年的时间。学校的一位同事对他的描述是：“全身上下都是冗长的数学公式和来自哈佛的学究理论……却混进了一群连微积分和玉米饼都分不清的南方粗汉当中。”[21] 他在海军服役的大部分时间里都在牵挂马克一号，他有时还会身穿全套军装前往恩迪科特视察它的建造进度。[22]

此次参军为艾肯带来了一项重大的回报：1944年年初，正当IBM准备将制作完成的马克一号交给哈佛大学时，艾肯成功地说服海军接管这台机器，并把他任命为马克一号的主管军官。这点可以帮助他绕过哈佛大学的学术官僚体制——哈佛大学到此时仍然在犹豫是否应该授予艾肯终身教职。哈佛计算实验室暂时成了一个隶属于海军的设施，在这里工作的所有职员都是身穿军服的海军官兵。艾肯把自己的手下叫作“船员”，他们则称他为“中校”，而且大家在提起马克一号的时候都会用“她”来称呼，就像是把“她”看成是一艘军舰一样。[23]

哈佛的马克一号借鉴了巴贝奇的很多想法。这是一台数字化的机器，不过它没有采用二进制，它的齿轮表示的是十进制数字。它有一根 50 英尺长的转轴，上面装有 72 个计数器，每个计数器可以储存长达 23 位的数字。完整的机器重量为 5 吨，长 80 英尺，宽 50 英尺。机器的转轴和其他活动部件是通过电力驱动的，但它的计算速度并不快。这是因为它没有采用电磁继电器，而是使用了机械继电器，这种继电器的每次开关都是由电动马达完成的。它计算一次乘法大概要花六秒钟的时间，相比之下，斯蒂比兹的机器只需一秒钟。不过它确实具备了现代计算机的一个基本功能：它是完全自动化的。程序和数据的输入都通过纸带完成，而且它还可以在没有人为干预的情况下连续运作多日。因此艾肯对马克一号的评价是“巴贝奇的梦想实现了”。[24]

康拉德 · 楚泽

这些在 1937 年涌现的计算机先驱们都不知道的是，他们的工作成果竟然不如一位在父母家中做研究的德国工程师。康拉德 · 楚泽（Konrad Zuse）当时正在进行一台能够从打孔纸带读取指令的二进制计算器的原型设计。这台机器先后经过了多次改进，不过它的第一个版本“Z1”只是一台机械机器，它并非使用电力驱动，也不含有任何电子元件。

跟许多数字时代的先驱一样，楚泽从小就对艺术和工程学非常感兴趣。从工程学院毕业之后，他得到了一份应力分析员的工作，在柏林的一家飞机制造公司上班，他的工作内容是求解含有材料负载、强度和弹性等系数的线性方程。即使在机械计算器的帮助之下，一个人也几乎不可能在一天之内解出含有 6 个未知数的联立线性方程。如果线性方程的变量达到 25 个的话，求解过程将需要一年的时间。因此楚泽非常希望可以将数学方程的冗长求解过程机械化，很多先进的计算设备都是在这个愿望的驱使下发明的。他当时住在父母的家中——位于柏林滕佩尔霍夫机场附近的一所公寓，并把他们的起居室改装成自己的工作室。[25]

在楚泽制造的第一台计算机中，二进制数会被储存在多块布满插槽和插针的薄钢板当中，这个装置是由楚泽和他的朋友们使用线锯做出来的。他最初是使用打孔纸带来输入数据和程序，不过他很快就改用了废弃的 35 毫米电影胶片，因为这种材料不仅强度更高，而且成本也比纸张更低。这台 Z1 计算机在 1938 年制成，它可以用于解决部分数学问题，但是它的运作过程不太可靠。这台机器的所有零件都是手工制造的，所以它们很容易会出现故障。遗憾的是楚泽没有在贝尔实验室这样的地方工作，也没有参与到哈佛大学和 IBM 这样的合作项目当中，不然他就可以在其他工程师的协助下更好地发挥出自己的才能。

然而，Z1 计算机确实证明了楚泽设计的逻辑概念在理论上是可行的。楚泽在制造 Z1 的过程中得到了大学校友赫尔穆特·施莱尔（Helmut Schreyer）的帮助，后者强烈建议他们应该制造另外一台使用电子真空管取代机械开关的计算机。如果他们马上这样做的话，那么他们将会成为历史上第一台可行的现代计算机（二进制、电子化和可编程的计算机）的发明者。但是在咨询过工程学院的专家之后，楚泽发现自己无法承受一台含有接近 2 000 个真空管的设备的制造成本。[26]

于是在制造 Z2 计算机的时候，他们决定使用从电话公司收购回来的二手机电继电器开关，虽然它们的运行速度远远比不上真空管，但是更为耐用和廉价。他们最终制造了一台使用继电器作为运算器的计算机。但是它仍然采用了机械存储器，也就是带有活动插针的薄钢板。

楚泽在 1939 年开始研制自己的第三台计算机 Z3，这台机器的运算器、存储器和控制器都采用了机电继电器。Z3 计算机在 1941 年制造完成，它是第一台完全可行的通用可编程数字计算机。虽然它无法直接处理程序中的条件转移，但是它在理论上可以实现一台通用图灵机的功能。它与后来的计算机的主要区别在于它使用的是笨重的电磁继电器，而不是像真空管和晶体管这样的电子元件。

楚泽的好友施莱尔随后写了一篇题为《电子管继电器及其开关技术》的博士论文，他在论文中提倡使用真空管来制造快速高效的计算机。但当他和楚泽在 1942 年向德国陆军提出这个想法时，高级军官们表示他们有信心在两年之内打赢这场战争，所以就没有必要花同样的时间制造一台用不上的机器。[27] 与计算机相比，他们对制造兵器更感兴趣。于是楚泽被迫离开了计算机的研究工作，重新回到了飞机制造的岗位。1943 年，盟军对柏林实施空袭，楚译的计算机和设计手稿都在这场空袭当中被炸毁了。

虽然楚泽和斯蒂比兹的研究工作是互相独立的，但他们都想出了采用继电器开关来制作可以处理二进制计算的电路。在战争的隔绝之下，为什么这两个团队会在同一时间出现这个想法呢？有一部分原因是技术和理论的进步造就了成熟的时机。跟许多创新者一样，楚泽和斯蒂比兹都对继电器在电话电路中的应用非常熟悉，而将这种应用结合到数学和逻辑学的二进制运算也是顺理成章的事情。同样对电话电路了如指掌的香农也做出了一项相关的理论突破，就是电子电路能够执行布尔代数中的逻辑任务。不久后，世界各地的研究人员都开始认识到数字电路将会成为计算技术的关键，这种想法甚至深入到了艾奥瓦州中部这样偏僻的地区。

约翰·文森特·阿塔纳索夫

在一个远离楚泽和斯蒂比兹的地方，另外一位发明者也在 1937 年使用电子电路做实验。在艾奥瓦州的一个地下室中，他正在埋头进行下一项历史性的发明：一台部分使用真空管制成的计算设备。这台机器在某些方面不如同一时期的其他计算机先进：它既不能进行编程，也无法实现多种功能。他在机器中加入了一些运行缓慢的机械活动元件，所以它也不是一台完全电子化的设备。尽管他制造出了一个在理论上可用的模型，不过他无法使它完全可靠地运行。但无论如何，约翰·文森特·阿塔纳索夫（John Vincent Atanosoff，他的妻子和朋友们都叫他“文森特”）仍然应该得到这个称号——构想出第一台部分电子化的数字计算机的先驱。这个想法是他在 1937 年 12 月的一个晚上的长途驾驶途中突然出现的。[28]

阿塔纳索夫出生于 1903 年，他是家中 7 个孩子的老大。他的父亲是一位来自保加利亚的移民，母亲是新英格兰地区一个最为古老的家族的后代。他父亲先在新泽西州一家由托马斯·爱迪生开办的发电站担任工程师，后来举家搬到了佛罗里达州坦帕市南边的一个郊区小镇上。在 9 岁的时候，文森特已经可以帮助父亲安装新居的电线，之后他父亲送了一把计算尺给他。“那把计算尺是我的最爱。”他回忆道。[29] 他从小开始学习对数，他在回忆录中对此进行了郑重的描述，但他的学习兴趣还是显得有点与众不同："你能想象一个满脑子想着打棒球的小男孩会被这种知识改变吗？在严格的对数学习面前，棒球的吸引力就几乎变为零了。"他在那年夏天就已经计算出了以 e 为底 5 的对数，后来在母亲的帮助下（她曾经是一位数学教师），他在读初中的时候就已经学会了微积分。身为电气工程师的父亲还带他去参观了自己工作的磷酸盐工厂，并向他展示了发电机的工作原理。青年时期的文森特性格谦逊，富有创意，而且才智过人，他在两年之内就完成了高中的课程，而且在双倍的课程负担下仍然拿到了全"A"的毕业成绩。

他随后进入了佛罗里达大学学习电气工程专业。他在大学期间更加倾向于动手实践，经常出没于大学的机械车间和铸造厂。他同时还保持了对数学的热爱，他在大一的时候就学习了一种涉及二进制算法的证明法。聪明、自信的阿塔纳索夫以当时最高的平均绩点获得学士学位。他接受了艾奥瓦大学提供的奖学金，前往那里攻读数学和物理学的硕士学位，尽管他后来也被哈佛大学录取了，但他还是坚持了自己的决定，毅然前往位于玉米种植带的埃姆斯市继续深造。

在硕士毕业之后，阿塔纳索夫转入威斯康星大学继续攻读物理学博士学位。从巴贝奇开始，许多计算机先驱都遇到过同样的问题，阿塔纳索夫也不例外，他在研究氦气在电场中的极化方式时需要进行大量复杂的计算。在使用桌面加法机艰难地完成这些计算工作的过程中，他开始酝酿发明一台更强大的计算器的想法。1930 年，他回到艾奥瓦州州立大学担任助理教授，这时他确信自己在电气工程学、数学和物理学方面的水平已经足以让他胜任这项发明工作。

他没有选择留在威斯康星大学，也没有进入哈佛大学或者其他同等水平的大型研究性大学，这些决定将对他的研究工作产生不利的影响。在艾奥瓦州州立大学，没有其他人研究制作新型计算器的方式，所以阿塔纳索夫只能孤军作战。他有时确实能提出一些新的想法，但是苦于身边没有人可以跟他交流或者帮助他克服理论和工程上的瓶颈。跟数字时代的大部分创新者都不一样的是，他是一个孤独的发明者。他只能在独自驾车的路上或者和一位研究生助理的讨论中获得灵感。这点最终被证明是他在研究工作上的阻碍。

阿塔纳索夫最初的想法是制造一台模拟设备。由于他非常喜欢计算尺的设计，所以他先尝试了使用长胶卷来制作一把超大型的计算尺。但是他发现如果要达到求解线性代数方程所需的精度，这把计算尺将需要使用长达数百码的胶卷。他还制作了一个用于切割石蜡堆的装置，它可以通过这种方式来计算偏微分方程。这些模拟设备的种种限制让他不得不将注意力转向数字设备的制作。

他首先着手解决的问题是如何在机器中储存数字。他采用了“记忆”（memory）一词来描述这个功能：“当时我对巴贝奇的工作只有粗略的了解，所以我不知道他将同样的概念称为‘仓库’（store）……我喜欢他的用词，如果我当时知道的话，也许我也会采用这个名称；不过我也喜欢‘记忆’这个词，因为它将这项功能比喻成人的大脑。”[30]

阿塔纳索夫仔细筛选了一系列可能用作存储器的元件：机械插针、电磁继电器、可以被电荷极化的小块磁性材料、真空管以及一种小型的电容器（condenser）。其中速度最快的是真空管，但是它的价格太高了。所以他最后选择了电容器，这种元件具有体积较小和价格低廉的特点，而且能够短暂地储存电荷。这是一个可以理解的决定，但是使用电容器制成的机器会比较缓慢和笨重。虽然它在计算加法和减法时可以达到电子元件的速度，但是存储器存取数字时的速度将会下降至机械鼓轮的水平。

在确定了存储器使用的元件之后，阿塔纳索夫开始将注意力转

乔治·斯蒂比兹（1904—1995），照片约摄于1945年

康拉德·楚泽（1910—1995）与Z4计算机，照片摄于1944年

约翰·阿塔纳索夫（1903—1995）在艾奥瓦州州立大学，照片约摄于1940年

阿塔纳索夫计算机的复制品

向算术逻辑单元的制作，他将这个部分称为“计算机构”（computing mechanism）。他认为这个元件应该完全电子化，也就是需要使用价格昂贵的真空管。这些真空管将会起到通断开关的作用，在电路中实现逻辑门的功能，其中包括加法、减法和任意的布尔运算。

接下来出现了一个他从小就喜欢探究的数学理论问题：他应该在这台机器中采用什么数字系统呢？十进制、二进制，还是其他的进位制？作为数字系统的狂热爱好者，阿塔纳索夫研究过多种不同的选择。“百进制一度被认为是比较有希望的数字系统，”他在一篇未发表的论文中写道，“在同样的计算下，以自然底数 e 为基础的进位制在理论上可以实现最快的计算速度。”[31] 但是为了在理论与实际之间取得平衡，他最终决定采用二进制系统。到了 1937 年年底，他的脑海中充斥着许多不同的想法——各种各样的概念就像是“大杂烩”一样无法“融合”在一起。

阿塔纳索夫是个爱车之人，如果可以的话，他希望每年都买一辆新车。1937 年 12 月，他新买了一辆配备强力 V8 发动机的福特轿车。他在一天深夜开着这辆新车外出散心，而这段路程将会成为计算机历史上的一个重要节点。

> 在 1937 年冬天的一个晚上，长时间的计算机研究工作已经使我的身心不堪重负。于是我开着自己的汽车，在路上高速行驶了很长一段时间，这样可以帮助我控制自己的情绪。我平常喜欢像这样驾车兜兜风：我可以通过专心驾驶来调节自己。不过那天晚上我感到压力特别大，所以我一路开过了密西西比河。到我停下来的时候，车子已经驶入了伊利诺伊州境内，那里距离我的出发点已有 189 英里的路程。[32]

他把车子驶离了公路，在一家路边的酒馆停了下来。伊利诺伊州跟艾奥瓦州不一样，他至少可以在这里轻易地找到喝一杯的地方。他给自己点了一杯波本威士忌苏打，喝完之后又再点了一杯。“我觉得自己没有那么焦虑了，而且我的思路开始重新进入计算机器的问题上，”他回忆道，“我不知道为什么之前没有想通的东西突然之间豁然开朗，我只是觉得自己进入了一种忘我的状态，周围也变得很安静。”酒馆女侍应的服务不甚周到，因此阿塔纳索夫可以在不被打扰的情况下继续研究他的问题。[33]

他在一张餐巾纸上写下了自己的想法，然后开始整理一些实际问题的思路。其中最重要的是如何补充电容器中的电荷，否则它们的电量将会在一到两分钟之内耗尽。他想到的方法是将电容器装在旋转的圆柱形鼓轮里面，这种鼓轮的大小相当于 46 盎司 V8 蔬菜汁的罐子。在鼓轮旋转的过程中，电容器会以每秒一次的频率与电线做成的刷子进行接触，这个过程可以恢复电容器内部的电荷。“在酒馆度过的那个晚上，我思考了制作再生式存储器的可能性，”他表示，“我当时将这个过程称为‘唤起’（jogging）。”圆柱鼓轮每转动一圈，电线就会唤起电容器的“记忆”，然后在有必要的时候从电容器提取数据，并保存新的数据。他还想出了一种构造，它可以从两个不同的电容器鼓轮提取数字，然后使用真空管电路对它们进行加减计算，最后将结果放回存储器中。在经过了数个小时的思考之后，他回忆道：“我开始驾车回家，我在这段路上放慢了车速。”[34]

1939 年 5 月，阿塔纳索夫已经准备好开始制造一台原型机器。他需要一位助手，最好是一位拥有工程学经验的研究生。一天，大学里的一位同事告诉他：“我知道一位你要找的人。”这个人叫作克利福德 · 贝瑞（Clifford Berry），他的父亲也是一位自学成才的电气工程师。阿塔纳索夫和贝瑞很快就建立了合作关系。[35]

这台机器的设计和制造都是围绕一个目的展开的：求解联立线性方程。它可以处理多达 29 个方程变量。在每个计算步骤中，阿塔纳索夫的机器都可以处理两个方程并消去其中一个变量，然后将计算得出的方程打印在 8 × 11 格的二进制打孔卡片上。记录了经过简化的方程的卡片会被重新输入机器，进行新一轮的计算并消去另外一个变量。这个过程需要相当长的一段时间。这台机器（如果不出故障的话）需要花费几乎一个星期的时间才能计算出含有 29 个方程的方程组。不过人工使用桌面计算器计算同样的方程组则需要 10 个星期的时间。

为了筹集制造一台完整机器所需的资金，阿塔纳索夫在 1939 年年底展示了一台原型机，并使用复写纸写出了几份长达 35 页的计划书。“本文的主要目的是描述和说明一台计算机器，它的主要设计用途是求解大型线性代数方程组。”他在计划书的开头写道。就像是为了给这台只能实现有限功能的大型机器辩护一样，阿塔纳索夫详细列出了求解这种方程所需解决的问题：“曲线拟合……振动问题……电路分析……弹性结构。”他在计划书的结尾给出了一份详尽的预计制造成本清单，成本总额高达 5 330 美元。他最终通过一家私有基金筹集到了这笔资金。[36] 随后阿塔纳索夫把计划书的一份副本寄给了芝加哥的一位专利代理律师，然而这位受雇于艾奥瓦州州立大学的律师一直没有提交这份专利申请，他的玩忽职守导致了一段长达数十年的历史和法律争议。

1942 年 9 月，阿塔纳索夫的完整机器已经接近制造完成。它的大小相当于一张书桌，内部含有接近 300 个真空管。不过它有一个无法解决的问题：它本来是利用火花来烧出打孔卡片上的孔洞的，但是这个机制一直无法正常运作，而且艾奥瓦州州立大学也没有能够帮助解决这个问题的机械师和工程师团队。

就在这个时候，他的计算机研究工作中断了：为了响应美国海军的征召，阿塔纳索夫加入了位于华盛顿特区的海军装备实验室。他在那里负责声波水雷的研究，后来又参与了在比基尼环礁进行的原子弹试验。尽管他的研究重点从计算机转向了军械工程，但他仍然是一个发明家，他在服役期间获得了 30 项专利，其中包括一台扫雷设备。但是他在芝加哥聘用的律师却一直没有为他的计算机申请专利。

阿塔纳索夫的计算机本来应当是一个重要的里程碑，但它最终还是沦为了历史的尘埃——无论从字面意义还是寓意上来说都是如此。这台几乎可以正常运行的机器被存放在艾奥瓦州州立大学物理系教学楼的地下室中，但是几年过后，似乎已经没有人记得这台机器是用来做什么的了。到了 1948 年，当学校需要空出这块场地另作他用时，一位不知情的研究生就把它拆卸了，并丢弃了大部分被拆下的零件。[37] 于是，许多早期写成的计算机发展史甚至都没有提及阿塔纳索夫的名字。

即使这台机器可以正常运作，但它还是存在一些限制。它采用的真空管电路可以飞快地完成计算，但是机械驱动的存储器却将整体的处理速度大幅拉低了。在打孔卡片上烧出孔洞也是非常低效的做法，更何况这种方式本来就难以实现。如果要做到真正的快速运算，现代计算机必须实现完全电子化，不能只采用部分电子元件。另外，阿塔纳索夫的机器也不能进行编程，它只适用于完成一项任务：求解线性方程。

阿塔纳索夫的传奇故事一直为人津津乐道的地方在于，他是一位在地下室中工作的孤独匠人，在他身边只有一位年轻助手克利福德 · 贝瑞的陪伴。然而，他的故事正是我们不应该传奇化这种孤独者的明证。正如在自己的小型工坊埋头苦干的巴贝奇，同样只有一位助手的阿塔纳索夫也从来没有造出过一台完全可行的机器。如果他在贝尔实验室，他身边就会有一大群可以为他提供帮助的技术人员、工程师和修理工；或者如果身处一所大型的研究性大学，他也很有可能找出解决机器的读卡器和其他难题的方法。再者，当他在 1942 年被征召进入海军服役时，学校里面也应该留有团队成员继续完善这台机器，他们至少可以记得这台机器的用途。

阿塔纳索夫本来应该是一个会被历史遗忘的人物，但讽刺的是，最终让他免于成为历史注脚的却是一个让他愤愤不平的事件。他在 1941 年 6 月接待了一位访客，跟孤军奋战的阿塔纳索夫不一样，这位访客喜欢到处访问，他能够将自己了解到的想法融会贯通，然后与其他人一起合作研究。约翰 · 莫奇利（John Mauchly）的艾奥瓦州之旅引出了后来的一系列代价高昂的法律诉讼、严厉的指责和相持不下的历史争论。但是这个事件也让阿塔纳索夫得到了应得的名誉，同时推动了计算机历史的发展。

约翰 · 莫奇利

正如英国之前出现过的情况，美国在 20 世纪初也逐渐出现了一批绅士科学家。他们会聚集在木板铺就的探索者俱乐部和其他高级研究机构当中，分享各自的想法、聆听讲座并参与合作项目。约翰 · 莫奇利就是在这样的环境下成长的。他父亲是一位物理学家，在卡内基研究院的地磁学部门担任首席研究员。卡内基研究院位于华盛顿特区，它是全国首个致力于促进科学进步和共享科研成果的机构。莫奇利父亲负责的工作是记录大气中的电场情况，并找出电场变化与天气之间的联系。这是一个需要多家研究机构互相协作的项目，参与这个项目的研究人员遍布全球各地。[38]

莫奇利在华盛顿郊区的切维蔡斯镇长大，从小就受到了在这个地区不断增进的科学氛围的熏陶。“切维蔡斯似乎聚集了整个华盛顿的科学家，”他得意地说道，“美国标准局的计量部和无线电部的部长都住在我家附近。”史密森尼学会的会长也是他的邻居。莫奇利每逢周末都会使用桌面加法机帮助父亲完成工作上的计算，并逐渐对数据驱动的气象学产生了浓厚的兴趣。他也非常喜欢研究电路。他曾经和周围的小伙伴一起将各自家中的对讲装置连接起来，还制作过一些用于在聚会上发射烟火的遥控装置。“在我按下按钮之后，烟火一下子就蹿到了50英尺高。”在14岁的时候，他还通过帮助邻居修理家中损坏的电线赚取零花钱。[39]

在约翰·霍普金斯大学完成本科学习后，成绩优异的莫奇利被破格录取为物理学系的博士研究生。他的博士论文是关于光谱分析的，他选择这个课题的原因是它结合了美感、实验和理论。“你必须具有足够的理论基础才能明白不同的光谱代表什么，但你同时还需要通过实验获取光谱的照片，那么有谁会帮你完成这些工作呢？”他说道，“没有，你只能靠自己。所以我进行了包括玻璃吹制、抽取真空和查找泄露在内的大量技能培训。”[40]

莫奇利富有人格魅力，而且十分擅长（和热衷于）解释事物，所以他后来成为一位教授也是顺理成章的事情。要在大萧条时期找到一份大学教授的工作可不是一件易事，但他还是在乌西纳斯学院（Ursinus College）谋得了一份教职，这所大学位于距费城一小时车程的西北郊区。“我是那里唯一一个教物理的人。”他说道。[41]

在莫奇利的个性当中，一个最为突出的特点是热衷于分享思想（他在分享的时候通常都会满脸笑容，眼里透出一种热切的情感），这点使他成为一个大受学生欢迎的老师。“他喜欢与人交流，而且他似乎可以从对话当中吸收其他人的想法，”他的一位同事回忆道，“约翰喜欢社交场合，喜欢美食和好酒。他喜欢美女，喜欢有魅力的年轻人，也喜欢头脑聪明和与众不同的人。”[42] 向他请教问题是一件危险的事情，因为他总会充满激情地跟你谈论上至天文、下至地理的各种话题。

上课对莫奇利来说就像是表演一样。在解释动量的时候，他会张开双臂在原地旋转，然后突然停下来。在描述作用力与反作用力的概念时，他会站在一块自制的滑板上左右摇晃，有一年他在表演这个动作时还意外地摔断了一只手臂。每年的圣诞节前夕，人们都会慕名前来听他的期末讲座。为了容纳全部的访客，学校甚至将这场讲座设在全校最大的礼堂进行。他会在这堂课上讲述如何利用光谱学和其他物理手段检测密封包裹的内容。根据他妻子的回忆，“他会测量包裹的尺寸，然后称量它的重量。他还会把它放到水中，或者用一根长针插进里面。”[43]

从小就热衷于气象学的莫奇利在 20 世纪 30 年代初的主要研究课题是：长期的气候变化是否与太阳耀斑、太阳黑子和太阳自转有关。卡内基研究院和美国气象局的科学家们向他提供了来自 200 个监测站在 20 年来收集到的日常数据，他开始利用这些数据计算出他想要找到的关联。他先以非常低的价格向濒临破产的银行收购了一批二手桌面计算器（当时正处于大萧条时期），然后通过国家青年管理局招募了一批年轻人，以 50 美分的时薪聘请他们帮他完成计算工作。[44]

跟其他需要在工作中进行大量复杂计算的人一样，莫奇利也希望发明一台可以完成这些计算的机器。作为一个善于社交的人，他开始四处了解其他人正在做的事情，并将了解到的想法融会贯通——这是伟大创新者之间的一个共同点。在 1939 年纽约世博会的 IBM 展厅里，他看到了一台使用打孔卡片的电子计算器，但考虑到自己需要处理的数据量，他认为卡片的处理速度太慢了。他还看到了一台使用真空管加密信息的机器。这种真空管可以用于其他的逻辑电路吗？后来他带着自己的学生到斯沃斯摩尔学院进行实地考察，这次考察的目的是参观那里的计数设备，它们采用了真空管电路来测量宇宙射线爆发的电离现象。[45] 他还专门修读了一门电子学的夜间课程，并开始试验自己亲手制作的真空管电路，研究它们还可以实现怎样的功能。

1940 年 9 月，莫奇利参加了一场在达特茅斯学院举行的技术大会。他在大会上观看了由乔治 · 斯蒂比兹亲自主持的“复数计算器”演示。这场演示最令人兴奋的一点是，这台计算机本身被放置在位于下曼哈顿区的贝尔实验室大楼里面，它是通过一条电传打字机的线路将数据传输到会场中的。这是世界上第一台远程使用的计算机。演示当中有一个时长三小时的解答环节，斯蒂比兹的计算器会在这段时间内解决现场观众提出的问题，最终它对每个问题的解决时间约为一分钟。信息系统的先驱诺伯特 · 维纳（Norbert Wiener）也观看了这场演示，他当时要求它将一个数字除以 0，试图用这个问题为难它，但这台机器没有落入他的圈套。当时在场的还有约翰 · 冯 · 诺依曼，这位来自匈牙利的博学大师很快将会与莫奇利一起成为计算机发展史上的主角。[46]

当他决定要制造一台自己的真空管计算机之后，莫奇利做了一件表现出优秀创新者特点的事情：总结自己在四处考察期间所了解到的全部信息。由于乌西纳斯学院没有提供研究经费，所以莫奇利只能自费购买真空管，他甚至尝试过直接向制造商讨要真空管。他给至上仪器集团（Supreme Instruments Corp.）写了一封信，请求对方为自己提供一些电子元件，他在信中表示：“我打算制造一台电子计算机器。”[47] 他在访问美国无线电公司期间发现了氖管也可以用作开关，虽然它的速度比不上真空管，但是价格更低。他当时以每件 8 美分的价格收购了一批氖管。“在1940年11月之前，”他的妻子后来说道，“莫奇利已经成功地为自己构思的计算机测试了部分电子元件，并且确信自己可以造出一台廉价、可靠且完全采用电子元件的数字设备。”她坚称莫奇利在听说阿塔纳索夫的名字之前就已经做到了这点。[48]

莫奇利在1940年年底向几位朋友透露了自己的心声：希望将自己了解到的信息整合起来，然后制造出一台数字式电子计算机。“我们目前正在考虑建造一台电子计算机器，”他在当年11月给一位曾经共事过的气象学家的信中写道，“这台采用真空管继电器的机器将可以在1/200秒左右完成一次操作。”[49]尽管他热衷与人合作，而且他当时还处于资料收集阶段，但他已经表现出了自己的好胜心——他希望成为第一个制成新型计算机的人。他在同年12月给一位以前的学生写了一封信，信中说道：“以下的信息请不要外传，我打算制造一台电子计算机器，如果材料准备妥当的话，它大概会在一年之后完成……请对此事保密，因为我现在还没有把这台设备做出来，而且我想要成为‘第一人’。”[50]

同样也是在1940年12月，莫奇利遇见了阿塔纳索夫，两人的这次会面引发了后来的一连串事件。莫奇利喜欢从不同来源收集信息的习惯，以及他急于成为“第一人”的愿望也因此受到了人们长期的质疑。阿塔纳索夫当时正在宾夕法尼亚大学参加一个会议，他在会议上恰好听到了莫奇利的一场演讲，后者在演讲中表示自己想要制造一台用于分析天气数据的机器。会议过后，阿塔纳索夫来到了莫奇利的面前，他说自己正在艾奥瓦州州立大学建造一台电子计算器。莫奇利在自己的会议日程表上记下了阿塔纳索夫所说的话——他已经设计了一台可以处理和储存数据的机器，而且它的计算成本仅为每数位2美元（阿塔纳索夫的机器总共可以处理3 000个数位，而它的制造成本约为 6 000 美元）。莫奇利对此大感惊讶。他估计真空管计算机的成本接近每数位 13 美元。他说自己想要看看它是怎么做出来的，于是阿塔纳索夫便邀请他去艾奥瓦州一趟。

莫奇利在 1941 年上半年一直与阿塔纳索夫保持通信，他仍然难以想象阿塔纳索夫提出的超低成本计算机器。"你所说的每数位低于 2 美元的成本听起来非常不可思议，但这正是我从你那里理解的意思，"他在信中写道，"你之前邀请我访问艾奥瓦州的提议似乎只是突发奇想，不过现在我对这个想法越来越感兴趣了。"阿塔纳索夫敦促莫奇利尽快接受这项邀请。"如果这样更能吸引你的话，届时我将会向你解释这每数位 2 美元的成本是怎么来的。"阿塔纳索夫保证道。[51]

莫奇利拜访阿塔纳索夫

这场具有宿命意义的拜访发生在 1941 年 6 月，总共持续了四天的时间。[52] 莫奇利带着自己 6 岁大的儿子吉米，从华盛顿一路驱车前往艾奥瓦州。他们在 6 月 13 日星期五的深夜抵达目的地，阿塔纳索夫的妻子卢拉没有预料到他们会在这个时候到达，所以她还没有准备好家中的客房。"我飞快地到处张罗，跑到阁楼上拿出备用的枕头和其他用品。"她后来回忆道。[53] 她还给他们做了晚餐，因为莫奇利父子到达的时候都已经饥肠辘辘。阿塔纳索夫家中已有三个孩子，但是莫奇利似乎已经假定卢拉会在这段时间帮忙照顾吉米，她勉强答应了这个要求。她并不喜欢莫奇利。"我觉得他不够诚实。"她曾经跟丈夫提到这点。[54]

阿塔纳索夫急切地想要展示自己正在制造的机器，但是妻子却担心他过于信任这位访客。"在它还没有得到专利之前，请千万要小心。"她警告道。尽管如此，阿塔纳索夫还是在第二天早上带着莫奇利来到了物理系教学楼的地下室，同行的还有卢拉和孩子们。他自豪地掀开了一块盖布，展示出一件他和贝瑞正在共同打磨的作品。

这台机器拥有几个让莫奇利印象深刻的特点。机器的存储器是由电容器制成的，阿塔纳索夫将它们放在一个圆柱里面，然后通过旋转圆柱以每秒一次左右的间隔补充电容器中的电荷。莫奇利认为这种想法不仅是独创的，而且可以节约成本。莫奇利之前也有考虑过使用电容器来取代成本更高的真空管，他也很欣赏阿塔纳索夫采用的“唤起记忆”方法，这是让整个存储系统能够正常运作的关键。他认为以上的方式就是这台机器能够实现每数位 2 美元成本的秘诀所在。他阅读了阿塔纳索夫详细描述这台机器的 35 页计划书，并记下了笔记。他问阿塔纳索夫自己能否带走一份副本，但是对方拒绝了这个要求，首先是因为他没有多余的副本可以外传了（复印机当时还没有被发明出来），其次是他已经开始担心莫奇利吸收的信息是不是太多了。[55]

但是莫奇利认为自己在埃姆斯了解到的大部分内容都是不值一提的——或者至少这是他在后来的回顾中所坚持的一点。阿塔纳索夫的机器的主要缺点在于它不是一台完全电子化的设备，而是依靠放在机械鼓轮中的电容器来实现存储功能。虽然这种做法可以降低成本，但是会严重拖慢它的计算速度。“我认为他的机器极具独创性，但由于它是部分机械化的，因此它无论如何都不符合我原有的概念，”莫奇利回忆道，“我对它的旁枝末节已经不再感兴趣了。”在后来的专利诉讼庭审当中，莫奇利给出了维护自己专利正当性的证词，他在其中将阿塔纳索夫的机器的半机械特点称为“相当令人沮丧的失望”，并表示自己不会考虑制造“一台在运作中部分使用电子管的机械设备”。[56]

莫奇利在证词中还提出了这台机器令他感到失望的另外一个缺点，就是它的设计用途只有一个，不能进行编程或者通过调整用于其他的任务："他完全没有想过把这台机器用于求解线性方程组以外的用途，他只是把它看成是一台单一用途的机器。"[57]

所以，莫奇利没有带着计算机制造的突破性概念离开艾奥瓦州，他只从中得到一些无关紧要的发现——多年以来，他一直有意或无意地在自己去过的大会、学校和展会中收集自己感兴趣的想法，所以这次的艾奥瓦之旅也不例外。"无论是艾奥瓦州，还是世博会和其他各种地方，我都是抱着同样的心态前往的，"他在证词中说道，"这里有没有可以帮助我或者其他任何人完成制造电子计算机的想法？"[58]

跟大多数人一样，莫奇利也会从各种各样的经历、对话和观察当中收集不同的见解，他的信息收集来源包括斯沃斯摩尔学院、达特茅斯学院、贝尔实验室、美国无线电公司、世界博览会和艾奥瓦州州立大学等各种地方，然后他会把收集到的信息融合成为自己的想法。"一个新的想法会以直觉的形式突然出现，"爱因斯坦曾经说过，"但这种直觉不过是以往的知识经验的产物。"当人们从多个来源收集和整合信息的时候，他们很自然地会认为最后产生的想法是属于他们自己的——事实上亦是如此，所有的思想都是通过这种方式诞生的。因此，莫奇利认为自己对于计算机制造的直觉和想法是属于自己的，而不是从其他人身上偷来的。无论后来的法律判决是什么，莫奇利的大部分做法都是无可厚非的，正如任何人都可以正当地认为自己的想法是属于自己的一样。无论专利法是如何定义的，这仍然是创意诞生的方式。

与阿塔纳索夫不一样的是，莫奇利有机会，也有意愿与一支人才济济的团队进行合作。因此，他和他的团队并没有造出一台被废弃在地下室中的半成品，而是作为世界上第一台电子通用计算机的发明者被载入史册。

霍华德·艾肯（1900—1973）在哈佛大学，照片摄于1945年

约翰·莫奇利（1907—1980），照片约摄于1945年

普雷斯伯·埃克特（1919—1995），照片约摄于1945年

ENIAC与埃克特（正在触碰机器）、莫奇利（站在柱子旁边）、琼·詹宁斯（位于后方）和赫尔曼·戈德斯坦（詹宁斯旁边），照片摄于1946年

正当莫奇利准备离开艾奥瓦州的时候，他收到了一个好消息——他已经被宾夕法尼亚大学的电子学课程录取了。出于紧急备战的需要，美国陆军部在全国各地资助开设了多个这样的课程。这是他进一步学习如何在电路中使用真空管的机会，因为他当时已经确信真空管电路是制造计算机的最佳方式。这些课程的开设也展示了军事力量在数字时代的创新当中所起到的重要作用。

莫奇利在1941年夏季参加了这个为期10周的课程。他在学习期间接触到了一台来自麻省理工学院的微分分析机，也就是由万尼瓦尔·布什设计的模拟计算机。这段经历让他更加渴望制造出属于自己的计算机。另外，他还发现宾夕法尼亚大学的研究资源要比乌西纳斯学院好得多。所以在这个暑期课程结束之后，他欣然接受了这所大学向他提供的讲师工作。

莫奇利写信向阿塔纳索夫传达了这个好消息，这封信的字里行间还透露了一个让这位艾奥瓦州州立大学教授深感不安的计划。“我最近产生了许多关于计算电路的想法——其中有些想法融合了你和其他人采用的方法，另外一些想法则和你的机器完全不一样，”莫奇利真诚地写道，“现在我有这么一个问题：在你看来，如果我要制造某种形式的计算机，而这种计算机将会体现出你的机器的某些特点，你会对此表示反对吗？”[59]从这封信，或者莫奇利后来做出的辩解和证词当中都很难看出他这种无辜的语气是真情还是假意。

但无论如何，这封信都让阿塔纳索夫感到寝食难安，因为他当时还没有成功敦促自己的律师提交任何的专利申请。他在几天之后给了莫奇利一个相当直率的答复：“我们的代理律师已经强调了在专利申请成功提交之前，我们需要对这台机器的相关信息的外传保持谨慎。这个过程应该不用花太长的时间。当然我没有后悔向你展示我们的机器，但是目前我们双方还是需要避免对外公开任何关于这台机器的细节。”[60]不可思议的是，这次的书信交流仍然没有引起阿塔纳索夫和他的律师对专利申请的重视。

莫奇利在 1941 年秋季继续进行他的计算机设计工作。他在这个过程中坚持从多个信息来源提取有用的想法，他认为这是一种正确的做法，而且他所设计的计算机跟阿塔纳索夫的机器有着非常大的区别。他在当年的夏季课程中认识了一位非常适合参与这项工作的搭档：一位对精密工程有着完美主义情节的研究生。年仅 22 岁的他对电子学的知识了如指掌，虽然他比莫奇利年轻 12 岁，而且还没有取得自己的博士学位，但他已经有能力担任莫奇利的实验室导师了。

普雷斯伯·埃克特

小约翰·亚当·普雷斯伯·埃克特（John Adam Presper Eckert Jr.）一般被称为普雷斯伯·埃克特，私下的昵称是“普雷斯”（Pres），他是一位费城地产大亨的独生子。[61]他的外曾祖父托马斯·米尔斯（Thomas Mills）在大西洋城发明了一种制作盐水太妃糖的机器，后来还在那里创办了一家专门制造和销售这种设备的企业。埃克特从小就由家里的司机接送上下学，他当时就读的是成立于 1689 年的威廉·佩恩私立学校。然而他的成功并非来自优渥的家境，而是自身的天赋。在 12 岁的时候，他利用磁铁和变阻器做出了一个用于模型船的导航系统，并凭借这个作品在市内的科学竞赛中获奖。在 14 岁的时候，他用一种独创的方式改造了父亲其中一处物业的内部通话系统，他将家庭用电接入到这个系统当中，免除了使用电池的麻烦。[62]

高中时期的埃克特经常会做出一些让同学们惊异不已的小发明，他还会通过制作收音机、放大器和音响系统赚取零花钱。有“本杰明·富兰克林之城”之称的费城是当时电子产业的一个重要中心。年纪轻轻的埃克特已经时常出没于费罗·法恩斯沃斯（Philo Farnsworth）的研究实验室，后者是电视机的发明者之一。尽管埃克特后来被麻省理工学院录取了，而且他自己也想要入读这所学校，但是他的父母希望他可以就读本地的大学。他们假装家里的经济条件受到了大萧条的严重影响，以此说服他入读宾夕法尼亚大学，并且住在家中。虽然他最终同意了父母的要求，但是在学习专业方面却坚持了自己的选择。他没有选择父母希望他学习的商科专业，而是进入了宾夕法尼亚大学的摩尔电气工程学院，因为他对那里的课程更感兴趣。

在大学生活中，埃克特在社交方面的最大成就是制造出了一台叫作"接吻测量仪"（Osculometer，来自拉丁语中"嘴巴"的意思）的设备。这台设备的用途是测量两人接吻的热烈程度，以及他们产生的浪漫电流的强度。参加测试的两个人需要用手握住设备的把手，然后开始接吻，在两人的嘴唇接触之后，他们的身体和设备之间会形成一个闭合电路，然后电路中的一连串灯泡就会被点亮。被测者的目标是进行一次热烈的接吻，产生足够大的电流来点亮设备的全部 10 个灯泡。当达到这个目标之后，设备就会发出一声响亮的号角声。聪明的被测者会发现湿吻和出汗的手掌可以提升这个电路的导电性。[63] 埃克特还发明了一台可以利用光调制的方式在胶片上录制声音的设备，他成功地为这个发明申请了一项专利，当时他还只是一个 21 岁的本科生。[64]

普雷斯·埃克特有一些自己独特的怪癖。当感到紧张不安的时候，他会在房间里来回踱步，咬自己的指甲，或者四处跳动，有时甚至还会站到桌子上面思考。他的手上戴着一条表带，但表带上面没有手表，他会用手去拨动这条表带，就像它是一串念珠一样。他是个脾气急躁的人，但是在情绪爆发过后很快又会恢复友善。埃克特对完美的追求来源于自己的父亲，他的父亲经常会带着一大盒彩色粉笔在建筑工地上画出各种指示，并用不同颜色的粉笔表示不同工人的工作内容。“他可以说是一个完美主义者，他会确保其他人做出正确的事情，”他的儿子说道，“但他也是一个非常有个人魅力的人，他在大多数时候都能找到合适的人帮他完成工作。”作为一位典型的工程师，埃克特认为工程师对于包括莫奇利在内的物理学家来说是必要的补充。“物理学家是关心真理的人，”他后来说道，“而工程师关心的是如何完成工作。”[65]

ENIAC

战争会促进科学的发展。纵观历史，无论是古希腊建造的投石车，还是列奥纳多·达·芬奇成为切萨雷·波吉亚（Cesare Borgia）麾下的军事工程师，我们都能从中看出军事需求一直都在推动技术的进步，这点在 20 世纪中叶体现得尤为明显。这个时代最为顶尖的技术成就（计算机、原子能、雷达和互联网）都是战争催生的产物。

美国在 1941 年 12 月正式加入“二战”，战争的需要使得美国有充足的动力为莫奇利和埃克特正在研发的机器提供资助。宾夕法尼亚大学和位于阿伯丁试验场的陆军军械部当时得到了一项军方指派的任务——为美国输送到欧洲的火炮武器制作记录发射角设置的说明书。为了实现精确的瞄准，这些火炮的弹道表需要考虑数百项发射条件，包括温度、湿度、风速、高度和火药的种类等。

仅仅针对一种火炮发射的一种炮弹，它的弹道表制作就需要通过微分方程组计算三千条弹道。这项工作通常会使用万尼瓦尔·布什在麻省理工学院发明的微分分析机来完成。这台机器的计算工作需要超过 170 个人的协助，这些被称为“计算员”（computer）的工作人员大多数都是女性。为了求解这些方程，他们需要在桌面加法机上进行繁复的操作。这项工作召集了全国各地的女性数学专业学生来完成。尽管如此，仅仅为了计算一个弹道表就要花费超过一个月的时间。到了 1942 年夏天，这样的计算进度显然已经越来越跟不上战事的需求，导致美军的部分火炮出现了无法使用的情况。

莫奇利在当年 8 月写了一份备忘录，他在其中提出了一个可以帮助军方解决这个难题的方法。这份将会改变计算机发展历史的备忘录的题目是“高速真空管设备的计算应用”。莫奇利在备忘录中为他和埃克特希望建造的机器请求资助：这是一台使用真空管电路的数字电子计算机，它可以求解微分方程和进行其他的数学计算。他表示，“如果这种机器能够采用电子元件，它们的计算速度将会得到大幅提升。”他预计一个弹道可以在“100 秒”之内计算完成。[66]

虽然宾夕法尼亚大学的院长们没有被莫奇利的备忘录打动，但它确实吸引了这所大学的驻派陆军军官的注意力。时年 29 岁的赫尔曼·戈德斯坦中尉（Herman Goldstine，不久后被提升为上尉）曾经担任密歇根大学的数学教授。他当时的任务是提升弹道表的制作速度，他已经为此派遣了同为数学家的妻子阿黛尔到全美各地招揽人才，动员更多的女性加入宾夕法尼亚大学的计算员队伍当中。在看到了莫奇利的备忘录之后，他相信这项任务可以有更好的完成方式。

美国陆军部在 1943 年 4 月 9 日正式决定资助建造这台电子计算机。在这个决定达成的前一天晚上，莫奇利和埃克特还在通宵达旦地赶制他们的计划书。虽然这份计划书在第二天早上仍然没有完成，但他们还是坐上了戈德斯坦中尉驾驶的汽车，从宾夕法尼亚大学出发前往位于马里兰州的阿伯丁试验场，那里已经聚集了一批来自陆军军械部的军官。在这段两个小时的车程当中，莫奇利和埃克特坐在后座继续完成计划书剩下的部分。在到达阿伯丁之后，戈德斯坦前往参加评审会议，他们则留在一个小房间里继续工作。这场会议的主持人是普林斯顿大学高等研究院的院长奥斯瓦尔德·维布伦（Oswald Veblen），他当时的职责是为军方的数学项目提供指导。陆军弹道研究实验室的主管莱斯利·西蒙（Leslie Simon）上校也参加了这次会议。戈德斯坦对当时会议情况的回忆是："在会议上，维布伦用椅子的后脚做支撑不断地前后摇晃。他在听到我的一小段报告之后突然从椅子上摔了下来。他马上站起来喊道：'西蒙，把钱给戈德斯坦。'他在说完这些之后就走出了会议室，随后整场会议在愉快的气氛下结束了。"[67]

莫奇利和埃克特将他们之前的备忘录整理成一篇题为《关于电子微分分析机的报告》（*Report on an Electronic Diff. Analyzer*）的文章。使用缩写"diff."是一个取巧的做法，因为它既可以表示"不同"（differences），这点反映了这台待建的机器具有数字化的特点；还可以表示"微分"（differential），这点描述的是它可以求解的方程类型。这台机器在不久后就被赋予了一个更容易被记住的名字：ENIAC，即电子数字积分计算机（Electronic Numerical Integrator and Computer）。尽管 ENIAC 的主要设计用途是求解微分方程，这是计算火炮弹道的关键所在，但是莫奇利在报告中表示它可以配有一个"编程设备"，这样它就可以用于完成其他的任务，成为一台更为通用的计算机。[68]

ENIAC 在 1943 年 6 月开始投入建造。莫奇利在维持教职的同时负责这个项目的顾问和设计工作。作为军方代表的戈德斯坦负责监督工程的进度和预算。对细节和完美有强烈追求的埃克特则成了项目的首席工程师。埃克特非常专注地投入到了这个项目当中，以至于有时会直接睡在机器的旁边。有一次他还被另外两位工程师作弄了一把，他们趁他睡着的时候，小心翼翼地把他的帆布床搬到了楼上的一个完全一样的房间。埃克特在醒来之后大吃一惊，以为自己的机器被人偷走了。[69]

埃克特深知如果没有精确的执行，再伟大的概念也发挥不出应有的价值（这是阿塔纳索夫学习到的教训），因此他会放下身段对项目进行事无巨细的管理。他会在其他工程师之间来回巡察，告诉他们应该在哪个位置进行焊接或者拧紧电线。“我会查看每位工程师的工作，还会仔细检查机器中每个电阻的每项计算，确保所有工作都能准确完成。”他坚定地说道。他对所有不在乎细节的人都没有好感。“人生正是由各种各样的小事组成的，”他曾经说过，“当然计算机也只是一个由细节堆砌而成的庞大整体。”[70]

埃克特和莫奇利两人之间可以起到互补的作用，这点让他们成为数字时代众多双人领导组合当中的典范。埃克特会以精益求精的要求来鞭策其他人；莫奇利则更擅长于安抚人心，并让他们感受到关爱。“他总是在跟别人开玩笑，”埃克特回忆道，“他是一个很有人缘的人。”专业技术过硬的埃克特有时也会出现精神紧张和注意力不集中的问题，因此他非常需要一个可以跟他交流想法的人，这是莫奇利非常乐意担当的角色。虽然莫奇利不是一个工程师，但他确实有能力以一种启发灵感的方式将科学理论和工程实践联系起来。“这个项目是我们合作完成的，我认为仅凭我们之间的任何一个人都是不可能做到的。”埃克特后来承认道。[71]

虽然 ENIAC 是一台数字化的计算机，但它没有采用二进制系统（只使用 0 和 1 两个数字），而是选择了十进制系统，它采用的计数器是带有十个数字的。从这点来看，ENIAC 还不算是一台现代的计算机。除此之外，它比阿塔纳索夫、楚泽、艾肯和斯蒂比兹制作的机器都要先进。在使用了一项叫作“条件分支”（埃达 · 洛夫莱斯曾在一个世纪之前描述过的概念）的功能之后，它可以根据临时的计算结果在程序当中进行跳转。它还可以重复执行用于完成常见任务的代码块，这项功能被称为“子程序”。“我们可以使用子程序，以及子程序的子程序。”埃克特解释道。当莫奇利提出这项功能的时候，“我立刻意识到这个想法将会是整台机器的关键”，埃克特回忆道。[72]

经过了一年的建造工作之后，莫奇利和埃克特在 1944 年 6 月的诺曼底登陆日前后开始对 ENIAC 的前两个组件进行测试，这个部分相当于计划建成机器的六分之一。他们先从一个简单的乘法问题开始测试，在看到它生成了正确的答案之后，他们同时发出了一声欢呼。不过这个建造项目又持续了一年多的时间，ENIAC 在 1945 年 11 月开始全面投入运作。它当时可以在一秒钟之内进行 5 000 次加减法运算，这个运算速度要比之前发明的计算机快 100 倍。它的长度为 100 英尺，高为 8 英尺，占地面积相当于一间普通的三居室公寓。它的重量接近 30 吨，机器内部含有 17 468 个真空管。相比之下，阿塔纳索夫和贝瑞的计算机当时仍在艾奥瓦州的一个地下室中苟延残喘，它的大小相当于一张书桌，它内含的真空管数量仅为 300 个，而且每秒只能进行 30 次加减法运算。

布莱切利园

其实英国早在 1943 年年底就已经成功制作出了一台含有真空管的电子计算机。不过这在当时是一个鲜为人知的秘密项目，而且它在 30 年之后才被公之于世。这个项目是在布莱切利镇（距离伦敦西北 45 英里）的一座维多利亚式红砖庄园中进行的。英国政府当时召集了一批天才和工程师，让他们在这个与外界隔绝的地方进行德军密码的破解工作。这台被称为“巨人”（Colossus）的计算机是世界上第一台全电子化和部分可编程的计算机。由于它是针对一项专门的任务而建造的，所以它不是一台通用型或者“图灵完备”的计算机，不过它身上确实体现了艾伦·图灵的烙印。

图灵在 1936 年秋天开始将研究重点转向密码和密码学，他当时已经来到了普林斯顿大学，而且刚刚完成了《论可计算数》的写作。他在当年 10 月写给母亲的一封信中表达了自己的兴趣：

> 对于我目前正在研究的内容，我刚刚发现了一项潜在的应用。它能够回答“最通用的一种密码是什么”这个问题，同时我可以（相当自然地）利用它创建大量独特和有趣的密码。其中一种密码在没有密钥的前提下几乎不可能被破译，而且它可以实现快速编码。我认为我可以把它们出售给英国政府，换取大笔资金，不过我很怀疑这样做是否符合道德。您是怎么看的？[73]

在接下来的一年中，图灵越来越担心英国与德国开战的可能性，所以他变得更加专注于对密码学的研究，也不太关心是否要利用这项技术来赚钱了。1937 年年底，他在普林斯顿大学物理系大楼的机械车间制作了一台初步完成的编码机，它可以将文字转换成二进制数字，然后利用机电继电器开关将得出的加密信息乘以一个庞大的秘密数字，生成一段几乎不可能被破解的密码。

图灵在普林斯顿大学期间的其中一位导师是约翰·冯·诺依曼，这是一位来自匈牙利的伟大物理学家和数学家，他当时所在的高等研究院位于大学数学系的大楼之中。1938 年春，图灵即将完成自己的博士论文，这时冯·诺依曼打算聘用他为自己的助理。虽然这个职位对于图灵来说很有吸引力，但当时的欧洲正处于战争的威胁之下，所以他觉得继续留在美国似乎是一个不够爱国的决定。于是图灵决定回国继续担任剑桥大学的研究员，随后加入了英国对德军密码的破译工作。

当时的英国政府密码学校是一个位于伦敦的情报部门，这里的工作人员主要是一些文学方面的学者，例如来自剑桥大学的古典学教授迪尔温·诺克斯，以及爱好艺术的社会名流奥利弗·斯特雷奇，他的业余爱好是弹钢琴，偶尔还会写一些关于印度的文章。图灵在1938年秋天进入政府密码学校工作，在此之前，这里的80位职员当中没有一个是数学家。不过随着英国备战工作的展开，这个部门在次年夏天开始积极招募数学家，有一次它甚至利用《每日电讯报》的填字游戏栏目作为招聘工具。在招聘工作完成之后，政府密码学校搬迁到了宁静的红砖小镇布莱切利，这个地方的主要优势是位于牛津大学—剑桥大学和伦敦—伯明翰这两条铁路的交汇处。布莱切利园是一座维多利亚哥特式风格的大型庄园，正当它的所有者准备把它拆除的时候，一支来自英国情报部门的队伍以“雷德利上校的狩猎聚会”（Captain Ridley’s Shooting Party）的名义低调地买下了这座庄园。政府密码学校的密码破译员们就在庄园里的农舍、畜棚和后来建成的活动小屋中工作。[74]

图灵当时被分配到了布莱切利园的“8号小屋”进行工作，专门负责破译德军的恩尼格玛密码机（Enigma）生成的密码，恩尼格玛机是一台利用机械转子和电路生成密码的便携设备。在加密军事消息的时候，它在每次键入之后都会改变密文字母的生成方式。使用这种方式生成的密码是非常难破解的，英国军方曾经甚至认为他们永远都无法做到这点。波兰的情报人员找到了破解这种密码的一个突破口，他们根据一个德军编码员俘虏提供的信息制作了一台机器，它可以破解恩尼格玛机的部分密码。然而，当波兰人向英国展示这台破译机的时候，它已经失效了，因为德国人又为恩尼格玛机增加了两个转子和两个接线板接口。

图灵和他的团队开始研制一种更为高级的破译机，这种被称为“炸弹机”（the bombe）的机器可以破译经过升级的恩尼格码机加密信息——特别是用于破解德国海军对 U 型潜艇的部署命令，避免英国的补给船队再次遭到德军潜艇的大肆攻击。炸弹机在破译密码的时候利用了恩尼格玛机在加密过程中出现的一些漏洞，例如经过加密转换的字母肯定会跟原文的字母不一样，还有德军会反复使用某些特定的语句。图灵的团队在 1940 年 8 月建造了两台可以正常运行的炸弹机，它们总共破解了 178 条加密信息。到了“二战”快要结束的时候，他们已经建造了接近 200 台炸弹机。

图灵设计的炸弹机并非计算机技术的一项显著进步。它只是一种由继电器开关和机械转子组成的机电装置，没有采用任何的真空管和电路。但是在布莱切利园诞生的下一台机器——“巨人”计算机却是一个重要的里程碑。

英国对巨人计算机的需求来源于德国开始对重要的信息进行加密，例如来自希特勒和他的最高统帅部的命令，这些加密信息是通过一种电子数字设备生成的。由于这种设备在加密信息的时候采用了二进制系统和 12 个大小不一的编码轮，所以由图灵设计的机电炸弹机也对此无能为力。这种高难度的密码需要使用高速的电子电路才有可能破解。

负责巨人项目的团队被分配到了“11 号小屋”进行工作，因为这个项目的主管是剑桥大学的数学教授麦克斯 · 纽曼，所以他的团队也被称为“纽曼军”。纽曼正是在大约 10 年前向图灵介绍希尔伯特问题的导师。这个项目的总工程师是电子学天才汤米 · 弗劳尔斯，这位真空管先驱当时正在位于伦敦郊区多利斯山的邮政研究站工作。

虽然图灵不属于纽曼的团队，但他确实向他们提出了一种叫作“图灵法”的统计方法，这种方法可以对在一连串密文当中均匀分布的文字进行筛选，并从中找出任何可疑的地方。纽曼军根据图灵提供的方法做出了一台机器，它可以使用光电传感器扫描两组打孔纸带，然后比对这两组信息中所有可能出现置换的地方。这台机器被命名为“希思·罗宾逊”（Heath Robinson），这是一位英国漫画家的名字，他和美国的鲁布·戈德伯格一样都擅长于绘制极端复杂的机械装置。

弗劳尔斯对于使用真空管（他和其他英国人将其称为“阀门”——valve）制作的电子电路的研究已有接近10年的时间。1934年，时任英国邮政局电话部门工程师的弗劳尔斯制作了一个含有超过3 000个真空管的实验系统，用于控制1 000条电话线之间的连接。他同时也是率先将真空管应用于数据储存的人。图灵曾经邀请弗劳尔斯到布莱切利园协助炸弹机的研发，后来还向纽曼推荐了他。

弗劳尔斯意识到仅仅依靠对比分析两组打孔纸带是无法快速破解德军的加密信息的，唯一可行的方法是将至少一组加密信息流储存在机器内部的电子存储器当中，这项功能将需要使用1 500个真空管才能实现。布莱切利园的主管们起初对这个方案的可行性表示怀疑，但是弗劳尔斯一直在全力推进这个项目。仅仅经过了11个月之后，他在1943年12月制成了第一台巨人计算机。1944年6月1日，一台含有2 400个真空管的改进版巨人计算机也开始投入使用。它成功解密的首批情报对当时正蓄势待发的诺曼底登陆发挥了重大的作用，德怀特·艾森豪威尔上将根据巨人计算机和其他来源的信息了解到希特勒没有在诺曼底部署更多的兵力，从而坚定了发动诺曼底登陆的决心。另外8台巨人计算机在接下来的一年之内陆续制成。

这就意味着远在ENIAC之前（它直到1945年11月才完全投入运作），英国的密码破译员就已经制作出了一台完全电子化和数字化（真正采用二进制）的计算机。在1944年6月制成的改进版巨人计算机甚至可以实现部分的条件分支功能。但是跟含有10倍真空管数量的ENIAC不一样的是，巨人计算机只是一种专门用于破译密码的机器，而不是通用型的计算机。由于它的可编程性有限，所以它也不能像 ENIAC 那样（在理论上）可以根据指令执行所有类型的计算任务。

那么，究竟是谁发明了计算机？

如果要评判计算机先驱们对计算机发明所做的贡献，我们应该先找出能够定义计算机本质的特点。从最普遍的意义来说，计算机的定义可以包括从算盘到 iPhone（苹果公司的手机）之间的各种设备。但如果从数字革命的诞生历史来看，我们应该遵循现代语言对计算机的定义，比如：

> “一台可编程，通常是电子化的设备，能够储存、检索和处理数据。”（韦氏词典）
>
> “一台能够以特定形式接收信息（数据），并按照一组既定而可变的程序性指令（程序）执行一系列运算，最后生成结果的电子设备。”（牛津英语词典）
>
> “一台能够通过编程自动执行一系列算术或逻辑运算的通用型设备。”（维基百科，2014）

也就是说，典型的计算机是一台电子化、通用型和可编程的机器。那么究竟哪一台机器最有资格被称为第一台计算机呢？

乔治·斯蒂比兹的 K 模型在 1937 年 11 月诞生于一张厨房桌子上。贝尔实验室在 1940 年 1 月将这个模型制作成一台完整的机器。它是一台二进制的计算机，而且是第一台被远程使用的同类设备。但是它采用了机电继电器，因此它不是完全电子化的设备。它还是一台专用型的计算机，而且不能进行编程。

康拉德·楚泽的 Z3 计算机在 1941 年 5 月完成，它是第一台自动控制、可编程、电子化和二进制的机器。它的设计用途是解决工程学的问题，所以它不是一台通用型的机器。但它后来被证明是一台在理论上图灵完备的机器。它和现代计算机的主要区别在于，它是一台机电设备，需要依靠缓慢的继电器开关运作，而不是采用电子元件。它的另外一个缺点是一直没有完全投入使用。它在 1943 年盟军对柏林的一次空袭当中被炸毁了。

约翰 · 文森特 · 阿塔纳索夫设计的计算机在 1942 年 9 月已经完成制作，但它还不是一台完全可行的机器。当时阿塔纳索夫需要进入海军服役，所以他只能搁置这个项目。它是世界上第一台电子数字计算机，但它只采用了部分的电子元件。它在加减法装置中使用了真空管，但是它的储存和数据检索功能是通过机械鼓轮实现的。如果以第一台现代计算机的标准来评价的话，它的其他主要缺点是不可编程和用途单一，它是为了求解线性方程这个专门的任务而制造的。另外，阿塔纳索夫一直无法完全运作它，而且它后来还被废弃在艾奥瓦州州立大学的地下室中。

布莱切利园的巨人一号计算机由麦克斯 · 纽曼和汤米 · 弗劳尔斯（得到了艾伦 · 图灵提供的意见）完成于 1943 年 12 月。它是第一台完全电子化、可编程和可运作的数字计算机。然而它不是一台通用型或者图灵完备的机器，它是专门用于破译德军密码的。

霍华德 · 艾肯和 IBM 合作建造的计算机——哈佛马克一号在 1944 年 5 月投入运作。这是一台可编程的计算机，这点我们会在下一章看到，但它只是一台不含电子元件的机电设备。

普雷斯伯 · 埃克特和约翰 · 莫奇利在 1945 年 11 月制成了 ENIAC，这是世界上第一台完全符合现代计算机特征的机器。它具有完全电子化和超高速运算的特点，而且可以通过接通和拔掉连接不同组件的线缆实现编程功能。它可以根据临时的计算结果改变程序的执行路径，作为一台图灵完备的通用型机器，它在理论上可以执行任何任务。最重要的是，它是可以正常运作的。“这对于一项发明来说是很重要的，”埃克特后来对 ENIAC 和阿塔纳索夫的机器进行比较的时候说道，“你必须做出一个完整可行的系统。”[75] 莫奇利和埃克特可以用他们的机器进行一些相当复杂的计算，而且它被持续使用了 10 年的时间。后来的大部分计算机都是以它为基础进行设计的。

最后一点也是很重要的。当我们要找出某项发明的贡献者，确定谁最值得被历史铭记的时候，其中一个衡量标准是考虑谁的贡献产生了最大的影响力。发明的意义在于为历史的发展做出贡献，以及影响一场变革的形成。如果按照历史影响的标准来评价的话，埃克特和莫奇利是最值得称道的创新者。几乎所有在 20 世纪 50 年代出现的计算机都起源于 ENIAC。要评价弗劳尔斯、纽曼和图灵的影响是比较困难的，虽然他们的工作一直被列为最高机密，但是他们三人都参与了英国在战后的计算机建设工作。楚泽长期在与外界隔绝的地方进行研究，而且他的重要研究成果都在柏林的空袭中毁于一旦，因此他对计算机发展的影响就更小了。至于阿塔纳索夫，他在这个领域的主要影响（也许是唯一的影响）可能就是为前来访问的莫奇利提供了一些灵感。

1941 年 6 月，莫奇利前往艾奥瓦州进行了为期四天的访问，关于他究竟在这段行程中向阿塔纳索夫收集到了多少灵感的问题后来演变成了一场旷日持久的法律纠纷。这个事件引出了另外一个评判发明所有者的标准，不过这个标准更为着重的是法律意义，而非历史意义：谁最终获得了发明的专利？而对于第一台计算机来说，没有人持有它的专利。但是造成这个结果的原因是埃克特和莫奇利的专利在经过一场充满争议的官司之后被撤销了。[76]

这个传奇故事开始于1947年，当时已经离开宾夕法尼亚大学的埃克特和莫奇利为他们联手建造的ENIAC申请了一项专利，他们最终在1964年获得专利（当时的专利申请处理流程相当缓慢）。在此之前，埃克特和莫奇利成立的公司和它的专利权已经被雷明顿·兰德（Remington Rand）公司收购了，后者在这时已经更名为斯佩里·兰德（Sperry Rand）。在获得专利之后，斯佩里·兰德开始敦促其他公司向其缴纳专利授权费用。IBM和贝尔实验室都与它达成了授权协议，但是霍尼韦尔（Honeywell）公司拒绝合作，并开始想方设法质疑这项专利的合法性。它聘请了一位叫作查尔斯·考尔（Charles Call）的新晋律师，他拥有工程学学位，并且曾经在贝尔实验室工作过。他的任务是证明埃克特和莫奇利的想法并非原创，并以此推翻他们的专利。

霍尼韦尔公司之前已经派遣过一位律师前往艾奥瓦州州立大学，对阿塔纳索夫在那里制造的计算机进行了详细调查。根据这位律师提供的线索，考尔拜访了当时住在马里兰州的阿塔纳索夫。在听到考尔对自己的计算机的了解之后，阿塔纳索夫感到很欣慰，同时为自己一直没有得到应得的名誉而愤愤不平。于是他向考尔交出了数百份信件和文件，这些资料展示了莫奇利是如何从艾奥瓦州的访问中获取灵感的。当天晚上，考尔驾车前往华盛顿，参加莫奇利主持的一个讲座。他在讲座上向莫奇利提出了一个关于阿塔纳索夫计算机的问题，莫奇利在回答中坚称自己几乎没有仔细观察过它。考尔意识到如果可以在庭审中让莫奇利在证词中说出这番话，那么他就可以利用阿塔纳索夫的证据来质疑他的可信性。

莫奇利在几个月之后发现阿塔纳索夫可能正在协助霍尼韦尔推翻自己的专利，于是他亲自前往马里兰州拜访阿塔纳索夫，同行的还有一位斯佩里·兰德聘请的律师。这是一次气氛尴尬的会面。莫奇利声称自己在艾奥瓦州的访问过程中没有仔细阅读阿塔纳索夫的论文，也没有详细观察过他的计算机，但是阿塔纳索夫冷淡地否认了这些说法。莫奇利还留在了阿塔纳索夫的家中吃晚饭，试图继续讨好对方，然而最后还是无功而返。

1971年6月，双方最终在明尼阿波利斯市的联邦法院对簿公堂，主持这场审讯的是联邦法官厄尔·拉尔森（Earl Larson）。事实证明法庭上的莫奇利是一个糟糕的证人。他以自己的记性差为理由，对自己在访问艾奥瓦州期间的见闻支吾以对，而且还不断重复自己在之前已经提出过的证言，例如他声称自己只在昏暗的灯光下看到被部分遮盖的阿塔纳索夫计算机。相比之下，阿塔纳索夫的证言则有力得多。他描述了自己当年所制作的机器，展示了一个模型，并指出了他被莫奇利借鉴的具体想法。这个案件总共传唤了77位证人出庭做证，另外还有80位证人进行了庭外做证，记录在案的证物多达32 600件。整场审讯持续了超过9个月的时间，成为到当时为止历时最长的一场联邦审讯。

拉尔森法官花了另外19个月的时间完成最终判决，并在1973年10月公布此案的判决书，他在其中裁定埃克特和莫奇利的ENIAC专利是无效的："埃克特和莫奇利本身不是首先发明自动电子数字计算机的人，他们只是继承了约翰·文森特·阿塔纳索夫博士的想法。"[77] 斯佩里没有对这个判决提出上诉，而是选择与霍尼韦尔庭外和解。①

这位法官的看法无疑是十分详尽的（判决书长达248页），但他

---

① 当时阿塔纳索夫已经退休。他在"二战"之后仍然在军械和火炮领域工作，没有继续进行计算机的研究。他在1995年去世。约翰·莫奇利在"二战"后继续进行计算机科学家的工作，包括担任斯佩里公司的顾问，以及美国计算机协会的创始人兼主席。他在1980年去世。同样地，埃克特的大部分职业生涯都在斯佩里公司度过。他在1995年去世。

忽视了这两台机器之间的一些重要区别。其实莫奇利向阿塔纳索夫借鉴的想法没有法官想象中的多。例如，阿塔纳索夫的电子电路使用的是二进制逻辑，而莫奇利采用的是十进制的计数器。如果埃克特和莫奇利当时申请的专利涵盖范围没有那么全面的话，他们也许能够逃过这一劫。

尽管这个案件仍然没有确定（即使是在法律上）谁对现代计算机的发明做出了最大的贡献，但是它确实发挥了两个重要的作用：它不仅将阿塔纳索夫从被遗忘的边缘重新带回了历史的舞台；而且虽然这可能不是法官本人或者案件双方的本意，但它还是明确证明了伟大的创新通常都是由多个创造者的想法融合而成的结果。一项发明，尤其是像计算机这样复杂的发明，通常都不是一个人的神来之笔，而是多人协作编织而成的创意图案。莫奇利曾经与许多人进行过交流，这点可能会使他的专利更难站得住脚，但是这样丝毫也不会降低他的影响力。

在值得被称为计算机发明者的人员名单当中，莫奇利和埃克特应当排在第一位，不是因为所有关于计算机的想法都是他们原创的，而是因为他们有能力将不同来源的想法聚集在一起，然后加入他们自己的创意，并建立一支合适的团队来执行他们的想法，而且他们对计算机的后续发展也产生了最为深远的影响。他们建造的机器是第一台通用型的电子计算机。“阿塔纳索夫也许在法庭上赢下了一分，但他后来还是回去继续当老师了，而我们却仍然站在前线建造第一台真正可编程的电子计算机。”埃克特后来指出了这点。[78]

在计算机的发明历程当中，图灵也是功不可没的，因为他提出了通用型计算机的概念，后来更亲自加入了布莱切利园的计算机研发团队当中。至于其他人对计算机历史产生的贡献大小，你可以根据自己看重的标准进行判断。如果你着迷于那些独立发明家的传奇故事的话，那么你可能会将阿塔纳索夫和楚泽放到很高的地位。但是我们从计算机的诞生可以得到的主要经验是：创新通常都是一项团队工作，它需要远见者和工程师之间的协作，而且创意是一个集思广益的成果。这样的情景只会出现在故事书里面：在地下室、阁楼或者车库之中，有一个人突然灵光一闪，或者是在脑袋旁边亮起了一个小灯泡——一项发明就此诞生。

在哈佛大学，霍华德·艾肯和格雷斯·霍珀（1906—1992）与巴贝奇差分机的部分模型，照片摄于1946年

琼·詹宁斯和弗朗西斯·比拉斯与ENIAC

琼·詹宁斯（1924—2011），照片摄于1945年

贝蒂·斯奈德（1917—2001），照片摄于1944年

第三章 编程

现代计算机的发展还需要经过另外一个重要的步骤。所有在“二战”时期出现的计算机（至少在刚开始构思的时候）都是为了完成某项专门的任务而建造的，例如用于求解方程和破解密码。一台真正的计算机，比如埃达·洛夫莱斯和艾伦·图灵所构想的计算机，是应该能够快速流畅地执行任何逻辑运算的。这种机器的操作不仅由它们的硬件决定，而且还取决于软件，也就是它们可以运行的程序。图灵再次明确解释了这种机器的概念：“我们不需要使用无限种类的机器来完成不同的任务，”他在 1948 年写道，“只需一台机器就足够了。为不同的任务制造多种机器的工程问题将会被‘编程’这种文书工作取代，经过编程的通用型机器可以完成这些任务。”[1]

从理论上来说，诸如 ENIAC 这样的机器是可以进行编程的，它们甚至可以被认为是通用型机器。但是在实际操作中，向这种机器导入新程序是一项非常烦琐的工作——通常需要手动重新插拔连接计算机不同组件的线缆。这些在战争时期建造的计算机在切换程序的时候难以达到电子速度。实现快速切换程序的能力将取决于现代计算机诞生历程的下一个重要步骤：找出在机器的电子存储器中保存程序的方式。

格雷斯·霍珀

从查尔斯·巴贝奇开始，发明计算机的男性都将主要的精力放在了机器的硬件上。然而，率先看到编程的重要性的却是在“二战”期间参与计算机工作的女性——就像是曾经的埃达·洛夫莱斯一样。她们研究出了编码计算机指令的方法，这些指令可以控制硬件执行的操作。这种软件内含的神奇配方可以让计算机实现一些令人意想不到的功能。

最具传奇色彩的一位编程先驱当属格雷斯·霍珀，一位勇敢、果断而且富有人格魅力的美国海军军官。她曾经在哈佛大学为霍华德·艾肯工作，后来进入了普雷斯伯·埃克特和约翰·莫奇利创办的公司。格雷斯·霍珀的本名是格雷斯·布鲁斯特·穆雷（Grace Brewster Murray），于 1906 年出生于一个位于曼哈顿上西区的富裕家庭。她的祖父是一位土木工程师，他经常会带她到纽约各处进行实地考察。她的母亲是一位数学家，父亲是一位保险经理。她大学毕业于瓦萨学院（Vassar），并取得了数学和物理学的双学位，随后进入耶鲁大学继续深造，于 1934 年取得数学博士学位。[2]

不过她的教育经历可能并没有你想象中的那么不同寻常。她是毕业于耶鲁大学的第十一位数学女博士，第一位是在 1895 年毕业的。[3] 女性在 20 世纪 30 年代取得数学博士学位其实不算是一件特别罕见的事情，尤其是对于一位家庭条件优越的女性来说。事实上，下一个时代的女性反而更难取得数学博士学位。在 20 世纪 30 年代，获得数学博士学位的美国女性数量为 113 人，占美国同期数学博士毕业生总数的 15%。到了 20 世纪 50 年代，获得数学博士学位的美国女性只有 106 人，仅占总数的 4%（这种情况到了 21 世纪的前 10 年大为改观，总共有 1 600 位女性在此期间获得数学博士学位，相当于总数的 30%）。

在嫁给了一位比较文学教授文森特·霍珀（Vincent Hopper）之后，格雷斯回到了瓦萨学院任教。她的教学方式跟大部分的数学教授都不一样，她非常着重培养学生的写作能力。在概率论课程的第一课上，她讲解了一道自己最喜欢的数学公式①，并要求学生们写出一篇关于这条公式的文章。她会根据文章内容的清晰度和写作风格进行评分。“我在给这些文章打分的时候会看到一些反对的意见，说他们上的是数学课，而不是英语课，”她回忆道，“然后我就会跟他们解释，如果无法和其他人进行交流，那么他们学习到的数学知识将没有用武之地。”[4] 她一直都擅长于将科学问题（例如弹道、流体流动、爆炸和天气模式）转化为数学公式，然后用平实的语言表达出来。这项天赋对她日后成为一位优秀的程序员起到了很大的帮助。

到了 1940 年的时候，格雷斯·霍珀开始对自己的生活感到厌倦。她没有生小孩，婚姻生活也日渐平淡，而且数学教师的工作也没有她想象中的充实。她从瓦萨学院请假来到纽约大学，与那里的知名数学家理查德·科朗特一起研究偏微分方程的求解方法。这项研究一直持续到 1941 年 12 月日本袭击珍珠港的时候。美国的参战为霍珀带来了一个改变人生的机会。在接下来的 18 个月里，她辞去了瓦萨学院的教职，与自己的丈夫离了婚，并以 36 岁的年龄加入了美国海军。在入伍之后，她被派到位于马萨诸塞州的史密斯学院的海军预备军官学校进行学习。她在 1944 年 6 月以全班第一的成绩毕业，并得到了少尉的军衔。

她以为自己会被分配到负责加密和解密的部门服役，但没想到自己接到的竟然是前往哈佛大学报到的命令，她的任务是进行与马克

---

① 斯特林公式（Stirling’s formula），用于求出某个数字的阶乘结果的近似值。

一号相关的工作。正如上文提到的，马克一号是由霍华德·艾肯在1937年设计的大型数字计算机，它使用笨重的机电继电器和电动马达驱动的转轴来建造。当霍珀被分配到这项任务的时候，美国海军已经接管了马克一号。这个项目的负责人仍然是艾肯，但他当时的身份是海军中校，而不是哈佛大学的教员。

霍珀在1944年7月来到哈佛大学报到，这时艾肯给了她一份巴贝奇备忘录的副本，并带她参观了马克一号。“这是一台计算机器。”他向她介绍道。霍珀默默地盯着它看了一会儿。“那里放着一台正在隆隆作响的巨大机械装置，”她回忆道，“它完全没有被遮盖起来，而且非常吵闹。”[5] 她意识到自己需要透彻了解这台机器才能正确地使用它，因此她花了几个晚上的时间来研究它的设计蓝图。她的一项长处是能够将现实世界的问题转化为数学公式（这是她在瓦萨学院任教的时候就拥有的能力），然后使用机器能够理解的指令表达出来。“我曾经学习过关于海洋学、扫雷、雷管、近炸引信和生物医药等各个领域的词汇。”她解释道，“如果要解决某个领域的问题，我们必须学习相关的专业词汇。我可以随意转换自己的用词，例如我可以和程序员进行非常技术性的交流，然后在几个小时之后使用另外一套完全不同的用词向上级陈述同样的内容。”创新需要清晰的表达能力。

由于霍珀拥有准确表达信息的能力，所以艾肯委派给她一项任务——编写世界上第一本编程手册。“你要写一本书。”有一天他站在她的桌子旁边说道。

“我不会写书，”她回复道，“我从来没有写过书。”

“既然你现在已经是海军的一员了，”他说道，“你就要写这本书。”[6]

霍珀最终写成了一本多达500页的书籍，这本书不仅记录了马克一号的建造历史，而且还是一本针对这台计算机的编程指南。[7] 霍珀在书的第一章讲述了一些早期发明的计算机器，其中重点介绍了帕斯卡、莱布尼茨和巴贝奇的机器。这本书的卷首插图是艾肯在办公室组装的巴贝奇差分机部分模型，她还引用了巴贝奇说过的一句话作为卷首语。跟埃达·洛夫莱斯一样，霍珀也能够理解巴贝奇分析机的独特之处，她和艾肯都认为这个特性将会是哈佛马克一号和同时代的其他计算机之间的区别所在。艾肯的马克一号与巴贝奇未完成的机器一样，也是通过打孔纸带接收操作指令的，而且可以使用新的指令进行重新编程。

每天晚上，霍珀都会向艾肯朗读她在当天写成的内容，这个过程让她学习到了成为优秀作家的一个简单技巧："他指出如果你在大声朗读的时候发现有不顺畅的地方，那你最好修改一下这个句子。我每天都要朗读自己完成的 5 页内容。"[8] 在经过了这样的训练之后，她的文笔开始变得简洁利落、条理清晰。霍珀和艾肯的紧密合作关系就像是一个世纪之前的洛夫莱斯和巴贝奇一样。在不断深入了解埃达·洛夫莱斯的过程中，霍珀对她的认同感也变得越来越强烈。"她编写了第一个循环程序，"霍珀说道，"我永远不会忘记这点，我们都不会。"[9]

霍珀将历史部分的重点放在了历史人物上，也就是说她的书强调的是个人的作用。在霍珀的作品完稿后不久，IBM 的管理层也聘请专人编写了另外一份关于马克一号的历史。相比之下，IBM 版本的历史的主角是位于纽约恩迪科特的 IBM 工程团队，他们才是真正建成这台机器的人。"利用组织的历史取代个人的历史是最符合 IBM 利益的做法，"历史学家库尔特·拜尔（Kurt Beyer）在一份关于格雷斯·霍珀的研究中写道，"按照 IBM 的说法，企业是技术创新的中心。发明家在实验室或地下室中孤军奋战的神话已经不合时宜，取而代之的是平凡的工程师团队在企业中参与渐进式创新的现实。"[10] 在 IBM 版本的历史中，马克一号是多项微创新成果的集合，例如棘轮式计数器和双层卡片馈送装置。IBM 书写的历史所歌颂的是一群在恩迪科特互相协作的不知名工程师。①

从表面上来看，霍珀和 IBM 所编写的历史是在争论谁对马克一号的贡献最大，但是它们之间其实有着更深一层的区别。这两段历史的差异表明了人们会以两种截然不同的观点来看待创新的历史。某些关于技术和科学的研究会强调实现创造性飞跃的发明家的作用，也就是霍珀所采用的研究方式。另外一些研究则强调团队和机构的作用，例如在贝尔实验室和 IBM 恩迪科特实验室进行的团队合作。后一种方式想要证明的是，所谓的创造性飞跃（灵光一闪的瞬间）其实是一个渐进过程的结果，当思想、概念、技术和工程手段都成熟的时候，创新就会随之出现。然而这两种看待技术发展的观点都是不够全面的。数字时代的多数伟大创新都是个人和团队相互作用的结果，即使是富有创意的个人（莫奇利、图灵、冯·诺依曼、艾肯），他们的想法也需要通过团队合作来实现。

和霍珀一起操作马克一号的搭档是理查德·布洛赫（Richard Bloch），后者是哈佛大学数学专业的毕业生，曾经在大学的一个喜欢恶作剧的乐队中担任长笛手，还参与过海军的外勤任务。在霍珀到任之前，布洛赫少尉已经为艾肯工作了三个月的时间，所以他负责为霍珀提供指导。“我记得我们一起坐下仔细研究这台机器的工作原理，讨论如何对它进行编程，一直聊到深夜。”他说道。他和霍珀需要每天 12 小时轮班管理马克一号，同时还要听候与这台机器一样喜怒无常的长官——艾肯的差遣。“有时他会在凌晨四点出现，”布洛赫说道，“他在视察我们的工作时会问：‘我们有在计算数字吗？’他在机器停

① 之前在哈佛大学科学中心举行的马克一号展览和相关的展品解释都没有提及格雷斯·霍珀，也没有展出任何女性程序员的照片。后来这个展览在 2014 年经过重新设计，开始强调霍珀和其他程序员的历史地位。

止运作的时候会感到非常不安。”[11]

霍珀采用了非常系统化的编程方式。她会将每个物理学问题或者数学方程分解成简单的计算步骤。“你只需要告诉计算机每一步要怎么做，”她解释道，“比如说将这两个数字加起来，然后将结果放在这里；接着将另外两个数字相乘，将下一个结果放在那里。”[12] 每次到了要测试记录程序的打孔纸带的时候，马克一号的团队成员都会拿出一张跪垫，一起面朝东方祈祷他们的程序可以运行起来——这本来只是一次玩笑，不过后来就变成了一个固定的仪式。

布洛赫有时会在深夜对马克一号的硬件电路进行调整，这样做会导致霍珀编写的软件程序出现问题。这时年轻气盛的霍珀会以自己在军官学校学到的用语狠狠地训斥布洛赫一顿，而身材瘦长的布洛赫通常只是对这些责备一笑置之。他们两人之间的关系成为硬件工程师和软件工程师之间的对抗和友谊的典型。“每次当我完成了一个可行的程序之后，他都会在晚上改动计算机内部的电路，导致程序在第二天早上无法运行，”她抱怨道，“更糟糕的是，他在这个时候已经回家睡觉了，所以我也无法知道他做了些什么。”布洛赫表示出现这种情况的时候，他就知道自己又要遭殃了。“艾肯不会以乐观的心态来看待这些事情。”[13]

这样的事件让霍珀得到了为人傲慢无礼的名声。她的确是这样的一个人，但她能够将自己的傲慢和协作精神结合在一起，这是软件黑客特有的一种能力。这种犹如海盗和船员之间的共事关系（霍珀和后来一代接一代的程序员所共有的）实际上解放了她的能力。正如拜尔所写的，“为她的独立思想和行动创造空间的不是叛逆的性格，而是她的协作能力。”[14]

事实上，与盛气凌人的霍珀相比，沉着冷静的布洛赫反而更容易与艾肯中校发生争执。“布洛赫总是在闯祸，”霍珀说道，“我试着向他解释艾肯本人就像是一台计算机一样。他可以说是用电线连接而成的，如果你要和他共事的话，你必须知道他的电线是怎么排布的。”[15]艾肯本来对于让一位女性军官加入自己的部队是有所顾虑的，但是他在不久之后就把霍珀任命为自己的首席程序员和第一副官。多年以后，艾肯深情地回忆起了霍珀对计算机编程的诞生所做的贡献。“格雷斯是一个好人。”他称赞道。[16]

在哈佛大学工作期间，霍珀对多种编程方式进行了完善，其中包括子程序的编写。子程序指的是专门用于特定任务的代码块，它们只需要储存一次就可以按照需求在主程序的不同位置调用。“子程序是一种明确定义、容易符号化和经常重复的程序，”她写道，“哈佛马克一号含有用于求解 sin *x*、lg10 *x* 和 10*x* 的子程序，每个子程序都通过单个操作码调用。”[17]这是埃达·洛夫莱斯最初在分析机论文的“注解”中描述的概念。霍珀将这些子程序收集到一个不断增补的程序库当中。她在为马克一号编程的时候还发明了编译器的概念，编译器是一种用于为多台机器编写相同程序的工具，它可以将程序的源代码翻译为不同计算机处理器使用的机器语言。

此外，她的团队还提出了程序故障（bug）和调试排错（debugging）这两个术语。哈佛马克二号（Mark II）计算机被放置在一座没有安装纱窗的大楼里面。一天晚上，这台机器突然出现故障，工作人员马上开始查找问题的所在。他们发现有一只翼展达 4 英寸的蛾子卡在了机器的一个机电继电器里面。他们将这只蛾子取了出来，并用胶带把它黏贴在工作日志上面。“面板 F（蛾子）在继电器中，”日志上的记录写道，“这是首次发现虫子（bug）的情况。”[18]从此以后，他们就将排除故障的工作称为“为机器除虫”（debugging the machine）。

到了 1945 年，哈佛马克一号已经是世界上最容易编程的大型计算机，这点主要归功于霍珀的贡献。它只需输入打孔纸带上的新指令就可以切换任务，不需要对机器的硬件或线路进行重新配置。然而，这个优点无论在当时还是在历史上都没有得到什么关注，因为马克一号（即使是在 1947 年制成的后继机型马克二号）采用的是操作缓慢而噪声巨大的机电继电器，而不是像真空管这样的电子元件。“当时任何一个对她有所了解的人，”霍珀对马克二号评价道，“都认为她已经毫无希望了，所有人都在追捧电子技术。”[19]

计算机的创新者和其他领域的先驱一样，如果在前进的道路上止步不前的话，他们就会被其他人超越。他们的性格当中有着诸如固执和专注这样的特点，虽然这些特点是他们的创造力的来源，但有时候也会让他们难以接受新鲜的想法。史蒂夫·乔布斯正是一个以固执和专注著称的创新者，然而当他意识到自己需要“不同凡想”（think different）的时候，他就会突然改变自己的主意，这点经常让他的同事们感到措手不及。艾肯缺乏这种灵活应变的能力，所以他无法实现优雅的转身。身为海军中校的他对中央权威有着本能一样的执着，因此他的部下不能像莫奇利和埃克特在宾夕法尼亚大学的团队那样不受拘束地工作。艾肯还将可靠性的优先级放在了速度之上，所以即使宾夕法尼亚大学和布莱切利园的团队都已经清楚认识到了真空管是未来的潮流，他仍然坚持使用久经考验和可靠性更高的机电继电器。他的马克一号每秒只能执行三个指令，而正在宾夕法尼亚大学建造的 ENIAC 可以在同样的时间内执行 5 000 个指令。

艾肯后来前往宾夕法尼亚大学视察 ENIAC，并参加了几场讲座。“艾肯完全沉浸在了自己的行事方式当中，”当时的一份会议记录写道，“看来他还没有意识到这些新的电子机器的重要性。”[20] 霍珀在 1945 年参观 ENIAC 的时候也出现了同样的情况。她似乎认为马克一号比 ENIAC 更加高级，因为它的编程操作十分简便。她对 ENIAC

的评价是："你们连接各个组件的做法实际上是为每项任务制作一台专门的计算机。我们已经习惯了编程的概念，而且会利用自己编写的程序来控制计算机。"[21] 为 ENIAC 重新编程可能需要花费一整天的时间，这样一来它在处理速度上的优势就被抹平了，除非它一直被用于重复完成同样的任务。

但是跟艾肯不一样的是，思想开放的霍珀很快就改变了她的看法。当年出现了一些编程方式上的进步，使得 ENIAC 可以更加快速地实现重新编程。令霍珀感到欣慰的是，站在这场编程革命的最前沿的人都是女性。

ENIAC 的女程序员

所有负责建造 ENIAC 硬件的工程师都是男性。然而有这么一群女性，准确来说是六位女性，她们在现代计算机技术的发展历程中也起到了同样重要的作用，不过历史对她们的重视却不如那些男性工程师。当 ENIAC 于 1945 年在宾夕法尼亚大学进行建造的时候，设计者认为它会用于进行不断重复的特定计算，例如利用不同的变量来确定导弹的轨道。但是战争的结束意味着这台机器将要用于其他类型的计算（声波、天气模式和新型原子弹的爆炸威力等），ENIAC 需要经常进行重新编程才能完成这些任务。

重新编程 ENIAC 的工作需要手动切换凌乱不堪的线缆和重置各种开关。编程最初被认为是一项例行公事，甚至是低等的工作，也许这就是为什么这种编程工作会交给女性负责的原因，因为当时的思想并不鼓励女性成为工程师。然而这群为 ENIAC 编程的女性很快就证明了计算机的编程工作可以达到和硬件设计同等重要的地位，这是男性工程师们在后来才逐渐认识到的一个事实。

琼·詹宁斯的故事很好地说明了早期女性计算机程序员的情况。[22] 她出生于密苏里州 Alanthus Grove（只有 104 位居民）郊外的一个农场。她的家庭虽然一贫如洗，但是非常重视孩子的教育。她的父亲在一所只有一间教室的学校教书，这所学校有一支棒球队，詹宁斯不仅是这支球队里面唯一的女孩，而且还是一位明星投手。她的母亲在八年级的时候就辍学了，不过她会在学校中帮忙辅导学生的代数和几何功课。詹宁斯在家里七个孩子中排行老六，他们最后都上了大学。当时美国各州的政府都开始重视教育，并且认识到了降低教育收费为经济和社会带来的价值。詹宁斯入读的大学是位于马里维尔的西北密苏里州立教育学院，学费是每年 76 美元（它在 2013 年面向本州学生的学费约为每年 14 000 美元，在考虑通货膨胀之后仍然比当年高出 12 倍）。她刚开始选择的专业是新闻学，但她不喜欢自己的导师，所以她后来转到了自己感兴趣的数学专业。

詹宁斯在 1945 年 1 月大学毕业，这时她的微积分老师给她看了一份招募女性数学家前往宾夕法尼亚大学工作的传单。这些被招募的女性将会成为“计算员”（进行程序化计算工作的人员），主要负责为美国陆军计算火炮的弹道表。其中一则招聘启事是这样写的：

> 招聘：拥有数学学位的女性……从前优先录用男性的科学和工程学相关岗位已经面向女性提供。现在是你考虑加入科学和工程学事业的大好机会……你在各处都可以看到“招聘女性”的口号。[23]

从来没有离开过密苏里州的詹宁斯申请了这份工作。在接到求职申请通过的电报之后，她在当天半夜就乘上了东行的沃巴什列车，一路颠簸 40 个小时来到宾夕法尼亚大学。“当然，他们对我这么快到达都感到非常惊讶。”她回忆道。[24]

20 岁的詹宁斯在 1945 年 3 月来到宾夕法尼亚大学工作，当时这里已经有大约 70 位女性工作人员，她们的工作是操作桌面加法机，并将计算得出的结果填写在大幅的纸张上。赫尔曼 · 戈德斯坦上尉的妻子阿黛尔负责她们的招聘和培训工作。“我永远不会忘记自己第一次看到阿黛尔的情景，”詹宁斯说道，“她从容地走进教室，嘴角还叼着一支烟。在走到一张桌子后面之后，她一脚踩在桌子上，然后用她稍微纠正过的布鲁克林口音开始讲课。”詹宁斯从小就是一个活跃好动的假小子，所以她对自己遭遇过的无数性别歧视现象都心怀不忿，遇到阿黛尔对她来说是一次观念改变的经历。“我知道自己已经离马里维尔很远了，那里的女人只能偷偷躲到温室里面抽烟。”[25]

在她来到宾夕法尼亚大学的几个月之后，有一份通知在这群女性计算员之间传阅，通知的内容是一台被紧锁在摩尔工程学院首层的神秘机器需要招募六位工作人员。“我对这份工作和 ENIAC 本身都一无所知，”詹宁斯回忆道，“我只知道自己将会进入一个全新领域的起点，而且我相信自己的学习和工作能力可以跟其他人一样好。”另外，她也希望做一些比计算弹道表更有意思的事情。

在面试的时候，戈德斯坦问她对电学的了解有多少。“我说自己上过物理学的课程，知道 E = IR 的公式。”她回忆道，这个公式指的是欧姆定律，它定义了电路中的电流、电压和电阻之间的关系。“不对，”戈德斯坦回应道，“我不在乎这个，我想问的是你会不会害怕它？”[26] 他解释这份工作需要接通各种电线和操作大量的开关。她说她不害怕。在她面试的过程中，阿黛尔 · 戈德斯坦走了进来，然后看着她点了点头。詹宁斯最终入选获得了这份工作。

除了琼 · 詹宁斯（后从夫姓巴尔提克——Bartik）之外，其他通过面试的人选还包括马琳 · 韦斯科夫（Marlyn Wescoff，后从夫姓梅尔策——Meltzer）、露丝 · 里克特曼（Ruth Lichterman，后从夫姓泰特鲍姆——Teitelbaum）、贝蒂·斯奈德（Betty Snyder，后从夫姓霍伯顿——Holberton）、弗朗西斯·比拉斯（Frances Bilas，后从夫姓斯宾塞——Spence）和凯·麦克纳尔蒂（后来嫁给了约翰·莫奇利）。她们是在战争的号召下聚集在一起的典型组合：韦斯科夫和里克特曼都是犹太教教徒；斯奈德是贵格会教徒；麦克纳尔蒂是爱尔兰裔的天主教教徒；而詹宁斯是基督新教的教友。“我们在一起的时间都过得非常开心，主要是因为我们之前都没有跟信仰其他宗教的朋友亲密接触过，”詹宁斯说道，“我们曾经就关于宗教真理和信仰的问题进行过一些大的争论。尽管我们之间存在不一样的地方，或者说正因为有了这些不同，我们都非常喜欢彼此。”[27]

1945 年夏，她们 6 人被送到了阿伯丁试验场学习如何使用 IBM 打孔卡片和操作接线板。“我们深入地讨论了宗教、家庭、政治和工作的话题，”麦克纳尔蒂回忆道，“我们之间从来不缺可聊的东西。”[28] 詹宁斯通常都是打开话匣子的人：“我们一起工作、生活、吃饭，还会通宵畅谈各种各样的话题。”[29] 由于她们当时都没有男友，加上她们身边也有很多单身的士兵，因此许多令人难忘的爱情故事就在鸡尾酒的作用下发生在军官酒吧的隔间里。韦斯科夫找到了一位“高大英俊”的海军陆战队军官。詹宁斯的对象是一位叫作皮特的陆军中士，“他非常有吸引力，但是长得不算特别帅气”。他来自密西西比州。詹宁斯是一个强烈反对种族隔离的人，而且她会对这种看法直言不讳：“皮特有一次告诉我，他一定不会带我到比洛克西去，因为那里的人听到我对种族歧视的观点之后会把我杀掉的。”[30]

在经过了 6 个星期的训练之后，这 6 位女程序员告别了她们短暂相处的男友，带着一段美好的回忆启程离开。在回到宾夕法尼亚大学之后，她们拿到了一些海报大小的图表，它们都是关于 ENIAC

的资料。“有人给了我们一大堆设计蓝图，里面有全部控制板的布线图。他们说：‘你们先看看这台机器的工作原理，然后想出怎么给它编程。’”麦克纳尔蒂如是说。[31] 这项工作需要分析微分方程，然后确定如何将电线连接到正确的电路。“利用图表学习 ENIAC 工作原理的最大好处是，我们开始理解它能做和不能做的事情，”詹宁斯说道，“因此我们就有能力判断机器出现故障的位置，几乎可以精确到具体某一个真空管的问题。”她和斯奈德设计了一个检测系统，它可以在 18 000 个真空管当中找出烧坏的一个。“因为我们对这台机器和它的应用都了如指掌，所以我们检测故障的能力可以达到工程师的水平，甚至超过他们。我敢说那些工程师也喜欢这样，因为他们可以将调试排错的工作交给我们。”[32]

斯奈德提到，她们会小心翼翼地为新的线路和开关配置制作图表。“我们当时所做的只是一个程序的开头。”她说道，不过她们当时还没有开始使用“程序”一词。为了保险起见，她们会将每条新的序列写在纸上。“我们都觉得如果把控制板弄坏的话，我们肯定要被扒掉一层皮。”詹宁斯说道。[33]

有一天，詹宁斯和斯奈德坐在由教室改造而成的二楼工作间里面，对着铺在桌面上的图表研究 ENIAC 的各个部件。这时有一位男士进来检查建筑的结构情况。“你们好，我叫约翰 · 莫奇利，”他说道，“我只是来看看这里的天花板有没有出现下陷。”尽管她们两个在之前都没有见过这位 ENIAC 设计师，但是她们当时一点都没有感到胆怯。“我们正好有问题要请教您，”詹宁斯镇定地说道，“我们想知道这个复杂的累加器是怎么运作的？”莫奇利悉心地回答了她们提出的一些问题。他在解答完她们的问题之后说道：“我的办公室就在隔壁。所以只要我在办公室的时候，你们都可以过来请教问题。”

她们几乎在每个下午都会这样做。根据詹宁斯的评价，“他是一位非常优秀的老师”。莫奇利会鼓励这些女程序员设想除了计算火炮弹道以外，ENIAC 以后还可以用来执行什么任务。他知道如果要将 ENIAC 变成一台真正通用型的计算机，他将需要启发程序员耐心地完成除了操作硬件以外的工作。“他经常会尝试鼓励我们思考不同的问题，”詹宁斯说道，“他总是希望我们可以做一些像求逆矩阵这样的运算。”[34]

正当霍珀在哈佛大学研究子程序的应用时，ENIAC 的女程序员也在做同样的事情。她们当时在为逻辑电路无法计算某些弹道而感到烦恼。后来麦克纳尔蒂为此想出了一个解决方法。“啊！我想到了！”她兴奋地说道，“我们可以使用一个主编程器来重复代码。”在经过尝试之后，她们发现这种做法是可行的。“我们开始思考如何做出子程序和嵌套子程序这些东西，”詹宁斯回忆道，“这种方法对于这个弹道问题来说是非常实用的，因为这样做不需要重复完整的程序，只需要通过主编程器重复程序的某些部分。在学会了这种方法之后，你就会知道如何按照模块来设计程序。程序模块化和子程序开发对于编程学习来说是非常重要的。”[35]

时至 2011 年，琼 · 詹宁斯 · 巴尔提克在去世前不久还自豪地回顾了她们的成就——创造出第一台通用型计算机的程序员都是女性：“尽管我们那个时代的女性通常只有非常有限的就业机会，但我们还是帮助开创了计算机的时代。”她们之所以能够做到这点是因为当时有许多女性都具备数学知识，而且计算机的发展需要她们的技能。不过这其实也是一个挺有讽刺意味的事实：负责硬件工程的大男孩们认为组装硬件是最为重要的任务，所以这应该是男人的工作。“当年美国的科学和工程学领域的性别歧视比现在还要严重，”詹宁斯说道，“如果 ENIAC 项目的领导们事先知道编程工作的重要性以及它可以达到的复杂性，他们可能不会如此放心地将这项重要工作交给女性完成。”[36]

存储程序

莫奇利和埃克特从一开始就知道 ENIAC 可以采用更加简单的重新编程方式，但是他们没有尝试这么做，因为实现这项功能需要制作出更为复杂的硬件，这对于他们原来设想的用途来说是不必要的。"我们一直都没有尝试为自动设置问题做准备，"他们在 1943 年的 ENIAC 年度工作进度报告中写道，"这是为了保持硬件的简易性，而且 ENIAC 的主要预计用途是解决某一类型的问题。在更换求解的问题之前，它的每个配置都可以多次使用。"[37]

不过在 ENIAC 建成的一年多之前，也就是在 1944 年年初的时候，莫奇利和埃克特已经认识到了一种简便的计算机重新编程方法：将程序保存在计算机的存储器当中，这样就不需要在每次编程的时候都重新输入程序。他们认为这将会是计算机发展历程的下一个重大进步。"存储程序"（stored-program）这种结构意味着计算机可以实现接近即时的任务切换，无须手动重新配置线缆和开关。[38]

为了在计算机内部保存程序，他们需要制作大容量的存储器。埃克特为此思考过多种实现方式。"这种程序可以临时储存在合金圆盘上或者永久储存在蚀刻圆盘上。"他在一份 1944 年 1 月的备忘录中写道。[39] 由于这种圆盘在当时的造价过于高昂，因此他建议 ENIAC 的下一代计算机采用另一种更为廉价的存储方式——声波延迟线。这种技术是由一位叫作威廉 · 肖克利（William Shockley，本书后面的章节将会对他进行详细的介绍）的工程师在贝尔实验室首先提出的，并在麻省理工学院研制成功。声波延迟线的工作原理是将数据以脉冲的形式保存在一个装满黏稠液体（例如水银）的存储管中。携带数据流的电信号会在存储管的其中一端被石英栓转换为脉冲，经过转换的脉冲会在存储管中来回波动一段时间。这些机械波可以利用电力维持任意长度的时间。当需要恢复数据的时候，石英栓会将机械波重新转换成电信号。每个存储管可以处理大约 1 000 个字节，但是它的成本仅为真空管电路的百分之一。埃克特和莫奇利在一份写于 1944 年夏天的备忘录中提到，ENIAC 的后继机型应该采用多个这样的水银延迟线存储管，将数据和初步的程序信息以数字的形式保存。

约翰·冯·诺依曼

就在这个时候，计算机历史上的另外一位关键人物——约翰·冯·诺依曼再次发挥了他的作用。这位来自匈牙利的数学家曾经是图灵在普林斯顿大学研究期间的导师，他还向图灵提供过一份研究助理的工作。身为一位充满热情的博学大师和温文尔雅的知识分子，他在统计学、集合论、几何学、量子力学、核武器设计、流体力学、博弈论和计算机结构学等领域都做出过重大的贡献。他最终会对存储程序结构（埃克特、莫奇利和他们的同事刚开始思考的技术）进行大幅改进。由于他对存储程序结构的发明居功至伟，这种结构也被称为“冯·诺依曼结构”。[40]

1903 年，冯·诺依曼出生在布达佩斯的一个富裕犹太家庭之中，当时奥匈帝国已经废除了制裁犹太人的法律，所以冯·诺依曼得以在犹太人的辉煌时期成长。1913 年，弗朗茨·约瑟夫国王以“在金融领域的卓越功绩”为由向身为银行家的麦克斯·诺依曼（Max Neumann）授予了一个世袭的爵位，此后诺依曼家族的姓氏之前就加上了表示贵族的词缀“margittai”，这个姓氏在德语中则变成了冯·诺依曼（von Neumann）。亚诺什（János，又名 Jancsi，他在来到美国之后被称为约翰或约翰尼）是家中三兄弟的老大，在父亲逝世之后，他们三人都皈依了天主教（其中一人承认“这是出于便利的原因”）。[41]

冯·诺依曼是另外一位站在人文和科学交叉口的创新者。“父亲是一个业余诗人，他认为诗歌不仅可以表达情感，还可以诠释哲学思想，”约翰的弟弟尼古拉斯回忆道，“他将诗歌看成是一种存在于语言当中的语言，这种想法也许引起了约翰后来对计算机和大脑语言的思考。”他对母亲的印象是，“她认为音乐、艺术和其他相关的审美享受都在我们的生活中占据重要的地位，高雅是一种值得推崇的品质。”[42]

冯·诺依曼从小就展现出了过人的天赋，外界流传着不少关于他童年的故事，其中有些也许是真的。据说他在 6 岁的时候已经可以用古希腊语和父亲闲谈，他还可以心算出两个 8 位数的除法。作为一项在聚会上表演的拿手好戏，他会记住电话本其中一页的内容，然后背诵出上面的人名和电话号码。他还能一字不差地回忆起自己读过的 5 种不同语言的小说或文章。“如果以后进化出了一种超高智商的人类，”氢弹之父爱德华·泰勒（Edward Teller）曾经说过，“那么这个种族的成员应该会像约翰尼·冯·诺依曼那样。”[43]

除了在学校学习之外，他还有专门的数学和外语家教，他在 15 岁的时候已经完全掌握了高等微积分。冯·诺依曼在 1919 年举家搬迁到了维也纳和阿德里亚海沿岸的一个旅游城市，他后来前往位于苏黎世的瑞士联邦理工学院（爱因斯坦曾经就读的大学）攻读化学，同时在柏林和布达佩斯两地攻读数学，并在 1926 年获得博士学位。1930 年，他前往普林斯顿大学教授量子物理学，在被任命为高等研究院的首批成员（其他成员包括爱因斯坦和哥德尔）之后，他继续留在普林斯顿大学任教。[44]

冯·诺依曼和图灵两人在普林斯顿大学相遇，虽然他们后来都成为通用型计算机的重要理论家，但是他们有着完全对立的个性和气质。图灵的生活非常简朴，他长期居住在宿舍和旅馆当中，而且通常都是独来独往。冯·诺依曼是一个讲究生活享受的人，他每周都会和妻子在普林斯顿大学的大宅中举办一到两次聚会。图灵是一个长跑运动员；虽然冯·诺依曼的兴趣相当广泛，但是长跑（甚至是短跑）显然不在此列。“他在衣着和习惯方面比较不修边幅。”这是图灵的母亲对自己儿子的看法。相比之下，冯·诺依曼几乎在任何时候都会穿着整齐的西装三件套，连在骑驴游览大峡谷的时候也不例外。他在学生时代的衣着已经十分讲究，据说数学家大卫·希尔伯特在第一次看见他的时候只问了一个问题：他的裁缝是谁？[45]

在自己举办的聚会上，冯·诺依曼喜欢用各种不同的语言来讲笑话和背诵低俗的打油诗。他非常热衷于享受食物，有一次他的妻子甚至说他可以计算除了卡路里之外的任何东西。他在开车的时候总是横冲直撞，所以他时常会把车子撞坏，他还对新款的凯迪拉克轿车情有独钟。“他每年至少都会买一辆新的凯迪拉克，不管之前那一辆有没有被他撞坏。”科学历史学家乔治·戴森（George Dyson）这样写道。[46]

20 世纪 30 年代后期，身处高等研究院的冯·诺依曼开始将研究兴趣转向利用数学方式建模爆炸的冲击波。凭借这方面的研究经验，他在 1943 年加入了曼哈顿计划。作为曼哈顿计划的成员，他需要经常前往位于新墨西哥州洛斯阿拉莫斯的秘密设施，参与那里的原子弹研发工作。由于当时可用的铀 –235 只足够制造一个原子弹，所以洛斯阿拉莫斯的科学家们也在尝试设计一种使用钚 –239 的原子弹。冯·诺依曼的主要工作是研制能够将钚核装料压缩至临界质量的炸药透镜。[①]

---

① 冯·诺依曼的研究取得了成功。这种采用钚元素的内爆式原子弹设计促成了世界上首次原子弹引爆试验——三一核试验（Trinity test，1945 年 7 月），这场试验在新墨西哥州阿拉莫戈多附近进行。这种设计也被用于在 1945 年 8 月 9 日投向长崎的原子弹，在三天之前投向广岛的是一颗铀核弹。冯·诺依曼成为核武器的坚定支持者，他参与了三一核试验和后来在太平洋比基尼环礁进行的多次核试验，他还提出为了让美国取得核优势，即使有上千人因为核辐射而死亡也是一个可以接受的代价。12 年后，他由于身患骨癌和胰腺癌而病逝，终年 53 岁，他的癌症可能是由核试验产生的辐射引致的。

这种内爆式设计的评估需要求解大量的方程，用于计算爆炸产生的空气或其他物质的压缩流速。于是冯·诺依曼开始前往各地了解高速计算机的发展前景。

1944 年夏，他来到贝尔实验室观摩多台经过改进的乔治·斯蒂比兹复数计算器。其中最新型的复数计算器有一项令他印象特别深刻的创新：用于为每项任务输入指令的打孔纸带同时会含有数据，也就是说指令和数据会混合在一起。他也在哈佛大学访问了一段时间，研究霍华德·艾肯的马克一号能否帮助原子弹的计算工作。在当年的夏天和秋天，他多次来回穿梭于哈佛大学、普林斯顿大学、贝尔实验室和阿伯丁之间，他就像是一只蜜蜂一样将自己在各个地方采集到的想法传播给不同的团队。约翰·莫奇利曾经利用自己在四处访问期间收集的想法创造了第一台可行的电子计算机，同样，冯·诺依曼也在不同的地方吸收到设计存储程序的计算机结构所需的资料和概念。

哈佛大学的格雷斯·霍珀和她的编程搭档理查德·布洛赫将马克一号旁边的会议室布置成冯·诺依曼的办公室。冯·诺依曼和布洛赫会在黑板上写下公式，将它们输入到机器中，然后霍珀会大声读出机器计算得出的中间结果。霍珀说当这台机器正在“生成数字”的时候，冯·诺依曼经常会从办公室突然冲进来给出自己对计算结果的预测。“我永远都不会忘记他在两个房间来回奔波，然后将预测的结果都写在黑板上的情景，而且令人感到惊叹的是，冯·诺依曼预测的结果可以达到 99% 的准确率，”霍珀兴奋地说道，“他似乎清楚知道它的计算流程，或者说他能够感受到它是如何运作的。”[47]

冯·诺依曼的协作能力给哈佛大学的团队留下了深刻的印象。他吸收了他们的想法，也贡献了一些自己的想法，但他明确表示任何概念都不应该被任何人据为已有。在他们需要编写一份工作报告的时候，冯·诺依曼坚持要把布洛赫的名字放在第一位。“我确实觉得自己受之有愧，不过最终的结果就是如此，所以我非常珍视这份报告。”布洛赫说道。[48] 艾肯对于分享的想法也同样抱有开放的态度。“不用担心其他人窃取你的想法，”他曾经对一位学生说过，“如果这是原创的想法，你肯定可以让别人接受它。”尽管如此，冯·诺依曼漫不经心地对待想法原创者的态度仍然让艾肯感到惊讶和一丝不快。“他不会在意自己谈论的想法是来自哪里的。”艾肯说道。[49]

冯·诺依曼在哈佛大学研究期间遇到了一个问题——马克一号采用的机电开关的运作速度非常缓慢。如果要在这台机器上完成原子弹相关的计算工作将需要花费数月的时间。虽然它可以通过纸带输入指令进行重新编程，但是每次调用子程序的时候都需要手动更换纸带。冯·诺依曼开始确信如果要实现他的计算目标，唯一的解决方法是建造一台达到电子速度，并且可以内置存储器保存和调整程序的计算机。

这时他已经准备好投身于推动计算机技术的下一个重大进步：研制一台存储程序计算机。这项研究的契机出现在 1944 年 8 月底，他在阿伯丁试验场火车站的月台上迎来了一场意外的相遇。

冯·诺依曼在宾夕法尼亚大学

与莫奇利和埃克特共同研发 ENIAC 的陆军联络官赫尔曼·戈德斯坦上尉恰好也在阿伯丁火车站的月台上，正在等候搭乘一列北行的火车。虽然他之前从来没有见过冯·诺依曼，但他还是马上认出了对方。戈德斯坦向来都非常仰慕天才人物，因此能够遇到这位数学领域的明星确实让他感到兴奋不已。“于是我走向了这位世界闻名的人物，先做了一下自我介绍，然后开始与他攀谈，我知道这样做是相当失礼的，”他回忆道，“不过幸好冯·诺依曼是一个热情友善的人，他会尽量让身边的人感到放松。”当冯·诺依曼了解到戈德斯坦正在做的事情之后，双方交谈的气氛开始变得紧张起来。“当冯·诺依曼知道我的工作内容是研发一台能够在每秒完成 333 次乘法运算的电子计算机之后，我们本来轻松愉快的对话气氛变得更像是一场数学博士学位的论文答辩。”[50]

在戈德斯坦的邀请下，冯·诺依曼在几天之后来到宾夕法尼亚大学观摩正在建造的 ENIAC。普雷斯伯·埃克特迫不及待想要见到这位著名数学家，而且他已经想好了一个测试来看看他是不是一个“名副其实的天才”：他的第一个问题会是关于这台机器的逻辑结构的吗？事实上这正是冯·诺依曼提出的第一个问题，因此他也赢得了埃克特的尊重。[51]

ENIAC 可以在一个小时之内求解一道偏微分方程，而哈佛马克一号则需要花费 80 个小时。这点深深地打动了冯·诺依曼。然而，为不同的任务重新编程 ENIAC 将需要数个小时的时间，冯·诺依曼意识到当需要处理大量各不相同的任务时，这将会是一个严重的缺点。在 1944 年，莫奇利和埃克特一直在全力思考在计算机内部储存程序的方法。在吸收了来自哈佛大学和贝尔实验室等各个地方的想法之后，冯·诺依曼可以帮助他们以全新的高度来思考存储程序计算机。

冯·诺依曼后来成为 ENIAC 团队的顾问，他坚持计算机程序应该与数据保存在同一个存储器中的想法，因为这样可以在程序运行的过程中轻易地对其进行调整。他的研究工作开始于 1944 年 9 月的第一个星期，当时莫奇利和埃克特详细地向他介绍了这台机器，并分享了他们打算在下一代机器中采用“带有可寻址位置的存储设备”的想法，这种设备可以同时作为数据和编程指令的存储器。戈德斯坦在这周写给上级军官的信中汇报道：“我们计划制作一种集中式的编程设备，常规程序会以编码的形式保存在上文提到的储存设备中。”[52]

冯·诺依曼与ENIAC团队进行了一系列的会议，其中有四场正式的研讨会在1945年春季举行。他在这些会议当中起到了相当重要的作用，以至于它们的会议记录上都写着“冯·诺依曼会议”这个标题。在会议上，他会在黑板前面来回踱步，并采用苏格拉底式的问答方法引导讨论。他会将吸收到的想法加以完善，然后将它们写在黑板上面。“他会像一位教授那样站在会议室前面和我们一起讨论，”琼·詹宁斯回忆道，“我们会向他指出我们现有的问题，而且我们总是非常谨慎地确保我们提出的是一些根本性的问题，而不只是机械方面的问题。”[53]

虽然冯·诺依曼乐于接纳新的观点，但是他的聪明才智总是让人不敢反驳他的看法，不过詹宁斯有时会这样做。有一天，她对冯·诺依曼的其中一个观点提出了异议，他用难以置信的目光看着她，不过他在稍作思考之后还是接受了她的观点。冯·诺依曼会认真听取别人的意见，同时非常擅长让自己表现得谦逊，这点体现了他的个人魅力。[54]“他是一个非常聪明和自信的人，但同时他在向其他人提出自己的想法时会表现得十分谦逊和腼腆，这确实是一种奇特的性格组合，”詹宁斯说道，“他会焦躁地在房间里来回走动，然而他在展示想法的时候会给人这样一种感觉，他就像是在为自己提出的异议或者更好的想法而向对方道歉。”

冯·诺依曼特别擅长构思计算机编程的基本原理。计算机编程在当时仍然是一项含义模糊的技术，自从埃达·洛夫莱斯在一个世纪之前为分析机写下伯努利数的生成步骤以来，这项技术一直都没有取得明显的进步。他意识到建立一个简洁的指令集需要严谨的逻辑和准确的表达。“他非常透彻地解释了为什么我们需要或者不需要某个特定的指令，”詹宁斯说道，“这是我第一次真正认识到指令代码的重要性，并了解到它们背后的逻辑和指令集必须含有的要素。”这点正是他博学多识的明证，这种天赋让他能够抓住一个新想法的本质。“冯·诺依曼拥有在问题中找出重点的能力，我在其他天才身上也注意到了这个特点。”[55]

冯·诺依曼意识到他们所做的不仅仅是提升 ENIAC 的重新编程效率，更重要的是他们正在实现埃达的愿景——创造一台可以根据任意符号集执行任意逻辑任务的机器。“由艾伦·图灵构思，并由约翰·冯·诺依曼实现的存储程序计算机打破了表达意义的数字和执行任务的数字之间的区别，”乔治·戴森写道，“我们的宇宙也因此被彻底改写。”[56]

另外，对于将数据和编程指令混合在相同存储器的方式，冯·诺依曼比其他同事更快地领会到它的一个重要特性：这种存储器应该是可擦写的，也就是我们现在所说的读写存储器。这就意味着存储程序的指令不是只能在程序运行结束之后才能更改，而是可以在程序运行过程的任意时刻进行调整。这种计算机可以根据中间得出的结果调整自己的程序。为了实现这点，冯·诺依曼设计了一种可变地址（variable-address）的程序语言，它能够在程序运行的过程中轻易地切换子程序指令。[57]

宾夕法尼亚大学的团队提议美国陆军按照这些思路建造一台改进版的 ENIAC。它原来的十进制系统将会被二进制取代，同时会采用水银延迟线存储器，而且它的大部分结构都符合后来定义的“冯·诺依曼结构”。在上呈美国陆军的计划书中，这台新型机器被命名为电子离散变量自动计算器（Electronic Discrete Variable Automatic Calculator）。不过这支团队越来越多地把它称为计算机，因为它的功能要远远超出一台计算器的能力范围。其实采用哪种说法都不重要，因为大家都把它简称为 EDVAC。

约翰·冯·诺依曼（1903—1957），照片摄于1954年

赫尔曼·戈德斯坦（1913—2004），照片约摄于1944年

普雷斯伯·埃克特（中）和CBS（哥伦比亚广播公司）的沃尔特·克朗凯特（右）正在观看UNIVAC生成的大选预测结果，照片摄于1952年

对于在1944年到1945年年初形成的存储程序计算机概念，后来的专利审判、学术大会、书籍和相互矛盾的历史文献都在激烈争论谁是它的最主要贡献者。例如，上文提到的说法将构思存储程序概念的功劳主要归于埃克特和莫奇利，而冯·诺依曼的贡献则在于认识到计算机在运行过程中调整存储程序的重要性，以及创造出一种可变地址的编程功能来实现这种能力。然而，比追寻想法的出处更重要的是认识到在宾夕法尼亚大学出现的创新是另外一个协作创造的例子。冯·诺依曼、莫奇利、戈德斯坦和詹宁斯等人在这里共同探讨各种想法，并从这里的工程师、电子学专家、材料科学家和程序员身上得到了宝贵的意见。

我们大多数人都曾经在小组头脑风暴会议中讨论过创造性的想法。也许在讨论结束的几天之后，会议的参加者已经记不清谁是第一个提出某个想法的人了，这时我们可以体会到想法的形成更多是来自团队成员之间的相互影响，而不是依靠某位成员给出一个完全原创的概念。创意的火花并非源自突如其来的灵感，而是多种想法相互碰撞的结果。来自贝尔实验室、洛斯阿拉莫斯、布莱切利园和宾夕法尼亚大学的创新都是通过这种方式诞生的。冯·诺依曼的一个长处是拥有主导这种协作创新流程的天赋——他善于提问和聆听，他会温和地提出试探性的建议，清晰地表达自己的观点，最后对各人的想法进行汇总整理。

冯·诺依曼习惯于收集和整理想法，而且不太在意这些想法的准确来源。这种做法虽然有助于他构思和完善EDVAC沿用的概念，但有时也会惹怒那些更加关心功劳（或者知识产权）归属的人。他曾经宣称通过团队讨论得出的想法是不可能确定归属的。据说埃克特在听到这番话之后的回应是："真的吗？"[58]

冯·诺依曼的做法带来的好处和弊端在1945年6月开始显现出

来。在宾夕法尼亚大学忙碌工作了 10 个月之后，他主动提出将他们的讨论内容以书面形式汇总起来。他在开往洛斯阿拉莫斯的长途列车上开始撰写这份报告。

冯·诺依曼将这份手写的报告寄给了宾夕法尼亚大学的戈德斯坦。他在报告中以翔实的计算数据描述了存储程序计算机的结构和逻辑控制方式，以及“将所有存储器看成是单个组件”的好处。埃克特对冯·诺依曼的做法产生了质疑，觉得这似乎是在利用其他人帮助完善的想法来完成一篇论文。戈德斯坦安慰道：“他只是想在自己的头脑中理清这些思路，而他采取的做法是向我写信，然后让我们在回信中向他提出理解不当的地方。”[59]

冯·诺依曼在报告中留出了空白的位置，用于插入来自其他人的引用内容，而且他的文字中从来没有出现过“EDVAC”这个缩写。不过当戈德斯坦将这份报告打印成文的时候（最终长度达到 101 页），他将自己的偶像列为报告的唯一作者。他在这份报告的标题页上写着：“关于 EDVAC 的报告初稿，由约翰·冯·诺依曼所作”。戈德斯坦使用油印机印出了 24 份报告副本，并在 1945 年 6 月底分发了这些副本。[60]

这份“报告初稿”具有非常高的使用价值，它引领了未来至少 10 年的计算机发展。冯·诺依曼决定撰写这份报告，并允许戈德斯坦发布它的做法反映了学术型科学家（尤其是数学家）的开放性，他们更倾向于发表和宣传研究成果，而不是尝试占有知识产权。“我当然希望尽自己最大的努力将这方面的内容保留在公共领域（从专利的角度来看）。”冯·诺依曼向一位同事解释道。他后来提到了自己之所以要写这份报告的两个目的：“帮助阐明和整合 EDVAC 研发团队的想法”，以及“促进高速计算机制造技术的发展”。他说自己并非试图占有这些概念的所有权，他从来没有为它们申请过专利。[61]

埃克特和莫奇利却不这么认为。“要知道我们最后已经把冯·诺依曼看成是一个倒卖想法的贩子，他的首席推销员正是戈德斯坦，”埃克特后来说道，“冯·诺依曼所做的是窃取他人的创意，并且试图将（宾夕法尼亚大学）摩尔学院的工作成果据为己有。”[62] 琼·詹宁斯也同意这种看法，她后来抱怨戈德斯坦“热心地支持冯·诺依曼的错误主张，他实际上是在帮助这个人夺取埃克特、莫奇利和摩尔学院团队其他成员的工作成果”。[63]

莫奇利和埃克特曾经尝试为 ENIAC 和 EDVAC 背后的多项概念申请专利，但是令他们感到气馁的是，冯·诺依曼之前分发报告的做法在法律上已经将这些概念纳入了公共领域。他们在为存储程序计算机结构申请专利的过程中也遇到了重重困难，这是因为冯·诺依曼的报告被认为是这些想法的“在先发表”（美国陆军的律师和法院最终都做出了这样的裁定）。

这些专利纠纷引出了数字时代的一个争论焦点：知识产权是应该被自由共享，同时尽可能地纳入到公共领域和开源共享范围，还是应该受到保护，并允许发明者从他们专有的想法和创新当中牟利？互联网和万维网的从业者大多遵循前一种做法，它可以通过快速传播和众包改进来刺激创新。而后一种做法主要被计算机硬件、电子元件和半导体产业沿用，它可以为这些产业提供金钱激励和资本投资，在促进创新的同时为企业所冒的风险带来回报。自从冯·诺依曼将关于 EDVAC 的“报告初稿”置于公共领域 70 年以来，计算机的发展趋势一直倾向于更为专利化的路线，鲜有出现明显的例外情况。这种趋势的一个里程碑式的节点出现在 2011 年：苹果和谷歌在专利诉讼和专利授权费用方面的支出已经超过了研发新产品的成本。[64]

ENIAC 的公开亮相

1945 年秋，宾夕法尼亚大学团队已经投入到 EDVAC 的设计工作当中，但他们在这个时候仍然在忙碌地维持着它的前辈 ENIAC 的正常运转。

当时“二战”已经结束，所以 ENIAC 不再需要计算火炮弹道表，但是它在战后接到的首个计算任务仍然与武器有关。这项秘密任务来自洛斯阿拉莫斯——位于新墨西哥州的核武器实验室，来自匈牙利的理论物理学家爱德华·泰勒在当时已经设计出了一种叫作“超级”（the Super）的氢弹。“超级”氢弹的内部含有一个用于触发聚变反应的核裂变装置。为了确定这个设计的实际效果，科学家们需要计算出这些核反应在每千万分之一秒内的强度。

虽然这个问题本身属于高度机密，但是它涉及的大量方程在当年 10 月被移交到位于宾夕法尼亚大学的 ENIAC 进行计算。这项工作需要使用接近 100 万张打孔卡片来输入数据，詹宁斯和她的几位同事都被召集到了 ENIAC 的房间，戈德斯坦负责向她们给出设置 ENIAC 的指示。ENIAC 最终完成了这些方程的求解，并证明了泰勒的设计是有缺陷的。从波兰来到美国避难的数学家斯塔尼斯拉夫·乌拉姆（Stanislaw Ulam）后来与泰勒一起根据 ENIAC 的计算结果修改了氢弹的设计，使得它可以产生大规模的热核反应（克劳斯·富赫斯也参与了这项工作，此人最终被证实是一名苏联间谍）。[65]

在这些机密任务完成之前，ENIAC 一直都是一个对外保密的项目，直到 1946 年 2 月 15 日才得到公开展示。当时美国陆军和宾夕法尼亚大学准备举行一场盛大的展示活动，并安排了一些媒体发布会。[66] 戈德斯坦上尉认为这次展示活动的重点环节是导弹轨道的计算演示，因此他提前两周邀请了琼·詹宁斯和贝蒂·斯奈德到他的公寓做客。正当阿黛尔为她们奉茶的时候，戈德斯坦问她们能否及时完成这次的 ENIAC 编程工作。"我们当然可以做到。"詹宁斯保证道。她为此感到十分兴奋，因为这项工作可以让她们亲手操作这台机器，而这种机会是相当少有的。[67] 她们的工作是将 ENIAC 的存储器总线接入到正确的组件，并安排好放置程序的托盘。

负责 ENIAC 项目的男性都深知这场演示的成败就掌握在这两位女性的手中。莫奇利在一个周六带着一瓶杏子白兰地酒前往慰劳她们。"它的味道非常棒，"詹宁斯回忆道，"从那天开始，我的橱柜总会放着一瓶杏子白兰地。"几天之后，工程学院的院长也给她们带去了一瓶用纸袋装着的威士忌。"请继续好好工作。"他对她们说道。虽然斯奈德和詹宁斯的酒量都不大，但是这些礼物确实发挥出了它们应有的作用。"它让我们深刻感受到了这场演示的重要性。"詹宁斯说道。[68]

这场演示的前一天晚上刚好是情人节，虽然斯奈德和詹宁斯平常都热衷于参加社交活动，但是她们没有在这天外出庆祝。"相反，我们留守在了 ENIAC 这台神奇的机器旁边，忙碌地对它的程序进行最后的修改和检查。"詹宁斯叙述道。她们在这个过程当中遇到了一个难以解决的问题：她们的程序可以顺利地输出炮弹的弹道数据，但它不知道应该在什么时候停止计算。在炮弹击中地面之后，程序仍然会继续计算它的轨道。"就像是有一枚想象中的炮弹，它会以在空气中运行时同样的速度钻入地面，"詹宁斯描述道，"我们知道如果这个问题没有得到解决的话，这项演示只会是一场笑话，ENIAC 的发明者和工程师也会因此蒙羞。"[69]

在媒体发布会的前夕，詹宁斯和斯奈德一直都在尝试修复这个问题，但是她们始终都找不到头绪。她们最终在午夜时分放弃了尝试，因为斯奈德需要赶上最后一趟火车返回市郊的公寓。然而斯奈德就在上床睡觉之后想出了问题的所在："我在半夜突然醒来，开始思考究竟是哪里出错了……我最终想到了可能出错的地方，于是我在第二天清晨专程搭上早班列车返回检查某条电线的情况。"原来程序的问题出在某个"循环语句"的末尾，那里有一个出错的数位。在接通了对应的开关之后，她就把这个错误修复了。"贝蒂在睡梦中的逻辑思维能力比大多数清醒的人都要好，"詹宁斯后来称赞道，"当她在睡觉的时候，她的潜意识解开了让她在清醒时束手无策的难题。"[70]

在正式的演示上，ENIAC 能够在 15 秒之内输出一组导弹轨道计算结果。即使在微分分析机的协助下，同样的工作如果交给计算员完成也需要花费数周的时间。现场的演示效果非常生动有趣。跟其他优秀的创新者一样，莫奇利和埃克特都知道怎样做好一场演出。ENIAC 的累加器里面的真空管组成了多个 10×10 的网格，这些真空管的顶端会通过机器前面板的小孔露出来。不过作为指示灯的氖管只能发出微弱的光线，这种亮度在正常情况下几乎看不见。于是埃克特找来了一些乒乓球，把它们切成一半，然后在上面标上数字，最后把它们安放到氖管的前面。会场的灯光在计算机开始处理数据的时候被关掉了，在看到这些不停闪烁的乒乓球之后，观众们都感到大为惊叹，这个景象后来成为电影和电视节目的一个常见桥段。"在计算弹道的时候，累加器中的数字会不断增加，然后在不同的元件之间转移，机器的灯光也会像拉斯韦加斯的广告牌那样不停地闪烁，"詹宁斯说道，"我们已经完成了自己的任务。我们编制了 ENIAC 的程序。"[71] 这是一句值得复述的话：她们编制了 ENIAC 的程序。

ENIAC 的公开亮相成为《纽约时报》的头版新闻，这篇题为

《电子计算机如闪电般求出答案，或可加速工程技术发展》的报道在开篇写道："作为战争时期的一项最高机密，美国陆军部在今晚正式对外公布了一台神奇的机器，它能够以电子速度完成长期无法解决的烦琐计算工作，这是有史以来第一台能够实现这点的机器。"[72]这篇报道的篇幅还占据了《纽约时报》内页的一整版内容，其中展示了莫奇利、埃克特以及如房间般大小的 ENIAC 的照片。莫奇利表示这台机器可以用于更准确的天气预测（他最初的研究兴趣）、飞机设计和"超高速的制导操作"。美联社的报道则提出了一个更为宏大的愿景："这台机器将通过数学方式提升全人类的生活水平。"[73]作为"提升生活水平"的一个例子，莫奇利断言计算机的服务成本总有一天会低于一块面包的价格。虽然他没有解释这个预言将会如何实现，但事实上有无数个类似的理想最终都成了现实。

詹宁斯后来抱怨许多新闻报道都过分地夸大 ENIAC 的能力，并把它称为"巨型的大脑"，她认为这是在暗示其拥有思考的能力。在看待机器的思考能力方面，詹宁斯沿袭了埃达·洛夫莱斯的观点。"ENIAC 无论如何都不会是一个大脑，"她强调，"它没有思考的能力，目前的计算机都没有这种能力，不过它确实能够为人类的思考提供更多可利用的数据。"

詹宁斯还有另外一个更为私人的抱怨："在这场演示过后，贝蒂和我都被忽视和遗忘了。我们的感觉就像是参演了一部故事情节急转直下的电影。在拼命工作了两个星期之后，我们终于做出了一些惊人的成果，然后我们的名字却从剧本中去掉了。"当天晚上，演示活动的主办方在历史悠久的宾夕法尼亚大学休斯敦礼堂举行了一场烛光晚宴。出席这场晚宴的包括科学泰斗、军队高层以及大部分曾经参与 ENIAC 相关工作的男性，但是琼·詹宁斯和贝蒂·斯奈德却不在其中，其他的女程序员也被排除在外。[74]"贝蒂和我都没有得到邀请，"

詹宁斯说道，“这多少会让我们感到心寒。”[75] 当这些男人和贵宾们大肆庆祝的时候，詹宁斯和斯奈德却在这个寒冷的冬夜里孤独地走在回家的路上。

最初的存储程序计算机

莫奇利和埃克特希望为他们参与发明的成果申请专利（并从中获利），但是他们难以在宾夕法尼亚大学实现这种想法，因为该校当时还没有明确的知识产权划分政策。虽然他们可以申请 ENIAC 相关的专利，但是宾夕法尼亚大学坚持要得到这些专利的免费授权，以及转让所有相关设计的权利。此外，双方在 EDVAC 的发明所有权归属方面也无法达成一致。这场相持不下的争执最终让莫奇利和埃克特在 1946 年 3 月底离开了宾夕法尼亚大学。[76]

他们在费城成立了埃克特 – 莫奇利计算机公司的前身，他们是将学术领域的计算机技术投入商用的先驱（他们的公司以及申请中的专利在 1950 年被雷明顿 · 兰德收购，后者在经过多次并购之后先后更名为斯佩里 · 兰德和优利系统）。UNIVAC 是他们在创业期间研制的一款计算机，购买这款计算机的客户包括美国人口普查局和通用电气公司。

在 1952 年的美国总统大选之夜上，如同电影明星一般的 UNIVAC 在 CBS（哥伦比亚广播公司）电视网的大选专题报道中出尽风头。CBS 的年轻主持人沃尔特 · 克朗凯特（Walter Cronkite）不确定这台巨型机器的可靠程度能否比得上他们的专业特派记者，但他认为这也许可以为观众带来一些有趣的看点。莫奇利和埃克特从宾夕法尼亚大学请来了一位统计学家，他们共同为 UNIVAC 制作了一个程序，它可以将部分样本选区的早期投票情况和往届的大选结果进行比较。到了美国东部时间晚上 8 点 30 分的时候，全美大部分的投票站都还没有截止投票，而这时 UNIVAC 已经以 100 ：1 的确定性预测出德怀特·艾森豪威尔将会轻松击败阿德莱·斯蒂文森（Adlai Stevenson）。CBS 起初没有公布 UNIVAC 的预测结果，克朗凯特只是告诉观众们计算机还没有完成计算。不过随后的计票结果表明艾森豪威尔果然以悬殊的差距在大选中胜出，这时克朗凯特将直播信号转到特派记者查尔斯·科林伍德（Charles Collingwood），后者向观众承认，UNIVAC 其实在当晚早些时候就已经预测出了这个结果，只是 CBS 没有将其对外公开。UNIVAC 从此成为以后每届大选之夜的明星和保留节目。[77]

虽然在宾夕法尼亚大学工作的女程序员没有被邀请参加 ENIAC 的庆功宴，但是埃克特和莫奇利没有忘记她们的贡献。他们聘请了贝蒂·斯奈德和琼·詹宁斯加入他们的公司。斯奈德在婚后的名字是贝蒂·霍伯顿，她继续走在了编程领域的最前端，先后参与了 COBOL 和 Fortran 编程语言的开发工作；詹宁斯则嫁给了一位工程师，并改名为琼·詹宁斯·巴尔提克。莫奇利本来也想聘请凯·麦克纳尔蒂，然而他在妻子溺水身亡之后，转而向麦克纳尔蒂求婚。他们在婚后育有 5 个孩子，莫奇利也继续投身到了 UNIVAC 的软件设计工作当中。

莫奇利还请来了这些女程序员的前辈——格雷斯·霍珀。“他会让其他人去尝试不同的东西，”当被问到自己为什么会被说服加入埃克特 – 莫奇利计算机公司时，霍珀回应道，“他鼓励创新。”[78] 她在 1952 年开发了世界上第一个可行的编译器“A–0 系统”，它可以将符号化的数学编码转换成机器语言，从而降低普通人编写程序的难度。

霍珀有着像船员一样的行事风格，所以她更加看重“同舟共济”的协作方式。她促进了开源创新方式的发展，她曾将初期版本的编译器发给编程领域的好友和熟人，请求他们协助改进这些编译器。她在担任 COBOL 语言（世界上最早的跨平台标准化商用计算机语言）开发项目的技术主管时也采用了这种开放式的方法。[79] 她的直觉认为编程应该是独立于机器本身的存在，这点反映了她对共治（collegiality）的偏好，她相信即使是机器也应该高效地协同工作。这同时也说明她已经提前洞察到了计算机时代的一个决定性的本质：硬件将会被商品化，而编程才是真正的价值所在。直到比尔·盖茨出现之前，大多数男性都没有这样的远见。①

冯·诺依曼不屑于埃克特和莫奇利唯利是图的做法。“埃克特和莫奇利是一个商业团队，他们满脑子都是商业专利的策略，”他向一位朋友抱怨道，“我们不能采用学术团队的开放方式直接或间接地与他们共事。”[80] 作风正派的冯·诺依曼也不介意利用自己的想法来赚钱。他在 1945 年与 IBM 签订了一份个人顾问合约，为其提供自己所有发明的使用权。尽管这是一份完全合法正当的协议，但他的做法还是激怒了埃克特和莫奇利。“他将我们的想法出卖给了 IBM，”埃克特指责道，“他满嘴都是骗人的假话。他是个说一套做一套的人，不值得他人的信任。”[81]

在莫奇利和埃克特离开之后，宾夕法尼亚大学很快就丧失了作为创新中心的地位。冯·诺依曼也回到了普林斯顿大学的高等研究院，跟随他一同前往高等研究院的还有赫尔曼·戈德斯坦和阿黛尔·戈德斯坦，以及包括亚瑟·伯克斯（Arthur Burks）在内的多位关键工程师。“也许研究机构也会像人一样出现疲劳。”赫尔曼·戈德

① 1967 年，年逾 60 岁的格雷斯·霍珀被美国海军召回服役，负责标准化 COBOL 语言的应用和验证 COBOL 编译器的任务。美国国会的投票通过了延长她的服役年限的决议。在获得了海军准将的军衔之后，她最终在 1986 年 8 月以 79 岁的高龄退役，成为海军服役期最长的军官。

斯坦后来对宾夕法尼亚大学作为计算机研发中心的衰落做出了这样的反思。[82] 计算机在当时被认为是一种工具，而不是一个学术研究的对象。在学术界，几乎没有人能够预想到计算机科学将会成为一个比电气工程更为重要的学科。

尽管宾夕法尼亚大学出现了大批人才的流失，但它仍然能够在计算机发展历程当中起到一个更为重要的作用。1946 年 6 月，计算机领域的大部分专家（包括冯 · 诺依曼、戈德斯坦、埃克特、莫奇利和其他几位素有嫌隙的人物）齐聚宾夕法尼亚大学参加一个叫作“摩尔学院讲座”的系列演讲和研讨会，这是他们传播计算机知识的平台。这个持续 8 周的系列活动还吸引了霍华德 · 艾肯、乔治 · 斯蒂比兹、曼彻斯特大学的道格拉斯 · 哈特里和剑桥大学的莫里斯 · 威尔克斯等人的参与。他们的讨论焦点是存储程序计算机结构，以及它对实现图灵所构想的通用型机器的价值。作为讨论的成果，莫奇利、埃克特和冯 · 诺依曼等人在宾夕法尼亚大学共同制定的设计概念成为日后大部分计算机的基础。

最初的存储程序计算机其实有两台，它们几乎同时在 1948 年的夏天制成。其中一台是经过改进的 ENIAC。在工程师尼克 · 梅特罗波利斯和理查德 · 克利平格的协助下，冯 · 诺依曼和戈德斯坦研究出了一种利用 ENIAC 其中三个转换装置来储存基本指令集的方式。[83] 这些转换装置本来是用于储存炮弹阻力相关的数据的，不过由于这台机器不再需要计算弹道表，所以这部分的存储空间就可以用作其他用途。这次的实际编程工作也是由女性完成的，她们分别是：阿黛尔 · 戈德斯坦、克拉拉 · 冯 · 诺依曼（Klára von Neumann）和琼 · 詹宁斯 · 巴尔提克。“我与阿黛尔等人再度合作，我们这次的工作是为 ENIAC 编写一些原始代码，使得它的转换装置可以用于储存代码指令，从而将 ENIAC 转变成一台存储程序计算机。”巴尔提克回忆道。[84]

重新配置的 ENIAC 在 1948 年 4 月投入使用，它带有一个只读存储器，这点意味着它难以在运行的过程中调整程序。此外，它的水银延迟线存储器的性能欠佳，而且需要精密的工程技术才能制作出来。一台来自英国曼彻斯特大学的小型计算机能够避免上述两个缺点，这台被称为“曼彻斯特宝贝”（the Manchester Baby）的机器是按照存储程序计算机的功能重新设计的，它在 1948 年 6 月开始运作。

曼彻斯特大学计算机实验室的主管是图灵的导师麦克斯 · 纽曼，而这台新型计算机的研发工作主要由弗雷德里克 · 卡兰德 · 威廉姆斯（Frederic Calland Williams）和托马斯 · 基尔伯恩（Thomas Kilburn）完成。威廉姆斯发明了一种利用阴极射线管的存储方式，与水银延迟线相比，这种方式可以使计算机速度更快、结构更简单。这台机器的成功也促进了另外两台计算机的研发，它们分别是性能更为强大的曼彻斯特马克一号（Manchester Mark I），它在 1949 年 4 月投入使用；以及莫里斯 · 威尔克斯在同年 5 月与剑桥大学团队共同完成的 EDSAC。[85]

当这些机器的研发工作在进行的时候，图灵也在尝试制造一台存储程序计算机。在离开布莱切利园之后，他进入了英国国家物理实验室工作，这是一所位于伦敦的高级研究机构。他在这里设计了一台名为自动计算机（Automatic Computing Engine）的机器，这是向巴贝奇的两台机器致敬的作品。然而，这台自动计算机的研发工作一直无法顺利进行。到了 1948 年，图灵已经不能忍受这种断断续续的开发进度，而且他的同事也没有兴趣推动机器学习和人工智能的发展，对此感到失望的他决定离开国家物理实验室，转而加入麦克斯 · 纽曼在曼彻斯特大学的团队。[86]

同样，当冯·诺依曼在1946年回到普林斯顿大学高等研究院之后，他马上就开展了存储程序计算机的研发工作。乔治·戴森在《图灵的大教堂》（*Turing's Cathedral*）一书当中详尽记录了这项工作的历程。这台研发中的计算机被称为“IAS机”（IAS Machine），时任高等研究院院长弗兰克·艾德洛特（Frank Aydelotte）以及德高望重的研究院理事奥斯瓦尔德·维布伦都是这个项目的坚定支持者。他们竭力抵御了其他研究员对这个项目的批评——后者认为计算机器的研发项目将有辱高等研究院作为理论思维殿堂的使命。“他公开表明了自己对黑板和粉笔之外的数学工具的浓厚兴趣，这种做法显然让他的一些最为饱学多识的同事感到愕然，甚至是惊恐，”冯·诺依曼的妻子克拉拉回忆道，“他希望制造一台电子计算机器，然而这个计划在高等研究院的神圣穹顶之下至少是不被赞赏的。”[87]

高等研究院本来为逻辑学家库尔特·哥德尔的秘书安排了一个办公室，但由于哥德尔本人不需要秘书，所以这里就成为冯·诺依曼和他的团队成员的秘密研发基地。他们在1946年发表了多篇论文，这些论文详细地描述了他们的计算机设计。他们把这些论文分别寄给了美国国会图书馆和美国专利局，他们这样做并不是为了申请专利，而是为了声明他们想要将这些研究成果纳入公共领域。

他们的机器在1952年开始完全投入运作，然而，在冯·诺依曼前往华盛顿加入原子能委员会之后，这台机器也被逐渐废弃了。“我们的计算机团队的衰落无论对于普林斯顿大学还是整个科学界来说都是一场灾难，”高等研究院成员及物理学家弗里曼·戴森（Freeman Dyson，乔治·戴森的父亲）如是说，“这意味着在20世纪50年代这个关键时期，我们竟然没有一个可以聚集最高水平的计算机人才的学术中心。”[88] 相反，从20世纪50年代开始，计算机技术的创新阵地已经转移到了企业领域，引领这些创新的正是费兰蒂（Ferranti）、IBM、雷明顿·兰德和霍尼韦尔这样的公司。

计算机创新阵地的转移将我们重新带回了专利保护的话题。如果当时冯·诺依曼和他的团队没有离开计算机技术创新的最前沿，并把他们的创新成果继续留在公共领域，这种开源的创新方式会不会为计算机带来更加迅速的发展呢？抑或市场竞争和知识产权带来的资本回报可以刺激更多的创新出现呢？对于互联网、万维网和某些类型的软件来说，开放模式被证明是更加可行的。但是对于硬件来说，比如计算机和微型芯片，专利保护制度正是在 20 世纪 50 年代涌现的大量硬件创新的源头。专利化的创新方式能够行之有效（尤其是在计算机领域）的原因在于，大型企业可以更好地完成计算机的研发、制造和营销工作，而它们需要通过专利制度来筹集运营的资金。此外，在 20 世纪 90 年代中期以前，硬件一直要比软件更容易得到专利保护。①然而，这种专利保护制度也对硬件创新产生了负面的影响：专利化的经营模式会使企业变得故步自封，这点让它们错过了在 20 世纪 70 年代初出现的个人电脑革命。

---

① 根据美国宪法，美国国会有权“为了促进科学和技术的发展而保护作者和发明者在一定时间内对各自著作和发现的专有权”。在 20 世纪 70 年代，对于那些与现有技术的唯一区别只是采用了新的软件算法的创新，美国专利商标局通常都不会向它们授予专利。到了 20 世纪 80 年代，专利授权资格的界定方式开始变得模糊，因为上诉法院和最高法院之间出现了一些不一致的判决。相关的专利政策在 20 世纪 90 年代中期得到改革，哥伦比亚特区巡回上诉法院在当时颁布了一系列的规定，正式允许向可以生产“有益、具体和实际的成果”的软件授予专利，而且比尔·克林顿总统还将软件出版行业的一位首席游说者任命为美国专利局的局长。

机器可以思考吗?

在研究如何制造存储程序计算机的过程中，艾伦·图灵将注意力转向了埃达·洛夫莱斯在一个世纪之前所做出的断言。埃达在巴贝奇分析机论文的最后一条“注解”中提出“机器不可能真正地思考”这一观点。图灵对此产生了这样的疑问：如果一台机器可以根据已处理的数据调整自己的程序，难道这不是某种形式的学习吗？这种方式可以发展成为人工智能吗？

关于人工智能和人类意识的问题都可以追溯到非常久远的历史。对于这个领域的大多数问题，笛卡儿都能够运用现代的语言进行表述。“我思故我在”这个著名的哲学观点正是出自他在 1637 年出版的《谈谈方法》(*Discourse on the Method*) 一书中。笛卡儿在这本书中写道：

> 如果存在一些跟我们的身体类似的机器，它们能够在各个方面尽可能接近地模仿我们的动作，我们还是可以利用两条非常可靠的标准来判明它们并不是真正的人类。第一条是……这种机器绝不能对自己接收到的任何内容都做出条理清晰的回应，而这是最愚蠢的人都能办到的。第二条是，虽然某些机器在完成某些工作的时候可以做得跟我们一样好，甚至可以做得更好，但是它们肯定做不好其他的事情，这点表明它们的行为并非建立在理解的基础上。

图灵长期以来都醉心于思考计算机可以如何模仿人类大脑的活动，在参与了加密文字破解机器的研发工作之后，他对这方面的兴趣变得更加浓厚。1943 年年初，正当巨人计算机在布莱切利园进行设计的时候，图灵远渡重洋来到位于下曼哈顿区的贝尔实验室。这次访问的目的是与一支研究电子语音加密技术的团队进行交流，这项技术可以利用电子方式对电话通话内容进行加密和解密。

图灵在那里遇到了一位为人风趣的天才克劳德·香农。这位曾经的麻省理工学院研究生在 1937 年完成了一篇影响深远的硕士论文，他在这篇论文当中展示了利用电子电路执行布尔代数（由逻辑命题转换而成的代数方程）的方式。香农和图灵开始在下午茶的时候聚在一起进行长时间的讨论。他们两位都对脑科学很感兴趣，而且他们发现各自在 1937 年发表的论文之间存在一个共同点：它们都证明了采用简单二进制指令操作的机器不仅可以用于解决数学问题，同时也适用于所有的逻辑问题。由于逻辑是人脑思维的基础，因此机器在理论上可以模仿人类的智能。

“香农不仅想（向机器）输入数据，他还想输入文艺的东西！”图灵在一天吃午饭的时候向贝尔实验室的同事们说道，“他想对机器放音乐！”在另一天的午餐时，图灵继续滔滔不绝地发表自己的言论，他高亢的声线让餐厅里的高管人员都听得一清二楚：“不对，我没有兴趣做出一个超级大脑。我所追求的只是一个平庸的大脑，就像是美国电话电报公司（AT&T）的总裁一样。”[89]

图灵在 1943 年 4 月返回布莱切利园，这时他与一位叫作唐纳德·米基（Donald Michie）的同事成为好友，他们经常会在晚上到附近的一家酒吧下象棋。他们讨论了制作一台会下象棋的计算机的可能性。图灵没有打算利用强大的处理能力来计算出每一步棋可能的走法，他关注的焦点是能否让机器通过不断重复的练习“学会”如何下象棋。换句话说，机器也许可以尝试不同的开局走法，然后从每次的胜利或失败中完善自己的策略。如果这种方法是可行的话，这将会是一个足以令埃达·洛夫莱斯感到震惊的重大飞跃：机器不仅可以按照人类给出的指令进行工作，还可以从经验中学习，同时不断完善自己的指令。

“人们一直都说计算机器只能用于执行指令，”图灵在 1947 年 2 月的一场演讲中向伦敦数学学会的成员讲解道，“但是它们必须按照这种方式使用吗？”然后他谈论到了能够调整自身指令表的新型存储程序计算机的前景。“它就像是一个学徒一样，不仅掌握了师傅的大部分技艺，还在其中加入了更多自己的心得。我认为当这种情况出现的时候，我们应当把它看成是机器拥有智能的表现。”[90]

在听完图灵的演讲之后，在座的听众陷入了一片沉默，他们都被图灵的想法震惊了。图灵当时在英国国家物理实验室工作，他的同事也无法理解他对制作会思考的机器的执着。国家物理实验室的主管查尔斯·达尔文爵士（Sir Charles Darwin，进化生物学家达尔文的孙子）在 1947 年向图灵的上司写信道：“图灵想要将自己对机器的研究拓展到生物学的领域”，并尝试解决“机器能否从经验中学习”这一问题。[91]

“机器也许有一天能够像人类一样思考”这个令人不安的想法在当时激起了强烈的反对，而且这个问题从出现以来就一直争议不断。在这些反对的声音当中，既有来自宗教方面的抗议（这是意料之中的事情），也有从内容和语气上表现出来的情感抵触。李斯特奖章得主、知名脑外科医生杰弗里·杰斐逊爵士（Sir Geoffrey Jefferson）在 1949 年的著名获奖致辞中提出了这样的观点：“除非机器能够凭借思想和情感写出一首十四行诗，或者做出一部协奏曲，而且这些作品都不是符号的随意拼凑，否则我们是不会承认机器可以等同于人脑的。”[92] 作为回应，图灵向《泰晤士报》的记者说道：“这种比较也许有失公允，因为由一台机器写成的十四行诗，其他机器大概会比我们更能欣赏。”[93] 这个回应似乎有些无礼，但同时也是耐人寻味的。

之前的研究为图灵的下一篇重要论文打下了基础，这篇题为

《计算机器与智能》的论文在1950年10月发表于哲学期刊《心灵》(*Mind*)上。[94] 他在其中提出了一个被称为“图灵测试”(Turing Test)的概念。论文的开篇是一条明确的声明:“我准备探讨‘机器能思考吗’这个问题。”然后,童心未泯的图灵设计了一个游戏(目前还有人在实践和争论这个游戏)来解释这个问题的实证含义。他为人工智能给出了一个完全可操作的定义:如果一台机器输出的内容和人类大脑别无二致的话,那么我们就没有理由坚持认为这台机器不是在“思考”。

图灵测试,也就是图灵所说的“模仿游戏”(the imitation game)的操作很简单:一位询问者将自己的问题写下来,发给处于另外一个房间之中的一个人和一台机器,然后根据他们给出的答案确定哪个是真人。图灵给出了一个问答过程的示例:

> 问:请以“福斯桥”(Forth Bridge)为主题写一首十四行诗。
> 答:我不会回答这道题,我从来没有写过诗。
>
> 问:34 957加70 764等于多少?
> 答:(在经过大概30秒之后给出答案)105 621。
>
> 问:你会下象棋吗?
> 答:会的。
>
> 问:我在K1处有棋子K,而且没有其他棋子。你在K6处有棋子K,在R1处有棋子R。现在轮到你了,你要下哪一步棋?
>
> 答:(在经过15秒之后)棋子R走到R8处,将军。

图灵在这个示例对话中做了一些手脚。如果仔细查看上面的答案的话，我们可以发现回答者在计算加法的时候出现了一个小错误（正确答案是 105 721）。这点就足以证明该回答者是真人了吗？也许可以。但这也有可能是一台狡猾的机器正在冒充人类。图灵也轻易地反驳了杰弗里关于机器不能写作十四行诗的异议，因为给出上述答案的有可能是一个承认自己不会写诗的人类。图灵认为利用能否写作十四行诗作为判断是否为人类的标准是很难操作的。为了证明这点，他继续在论文中设计了如下的询问对话：

> 问：你的十四行诗的第一行写着“我怎能将你与夏日相比”，如果将“夏日”换成“春日”会不会更好？
>
> 答：这样就不押韵了[1]。
>
> 问：那如果换成“冬日”呢？这样就正好押韵了。
>
> 答：的确如此，但是没有人喜欢被比喻成冬日。
>
> 问：匹克威克先生（Mr. Pickwick）会让你想起圣诞节吗？
>
> 答：有点儿。
>
> 问：但圣诞节就是一个冬日啊，而且我认为匹克威克先生应该不会介意这个比喻。
>
> 答：我觉得你是在开玩笑。人们所说的冬日是指一个普通的冬日，而不是像圣诞节这样的特殊节日。

在图灵看来，仅凭这样的回答几乎不可能判断出回答者是人类还是冒充人类的机器。

至于何时会出现能够通过图灵测试的计算机，图灵给出了自己的预测：“我相信在 50 年左右的时间内，计算机编程技术将可

---

① 此处指英文的押韵。——编者注

能……实现可以顺利通过模仿游戏的计算机，普通询问者在经过 5 分钟的询问之后的判断准确率将不高于 70%。”

图灵预想到自己对思考的定义将会引来许多质疑，所以他尝试在论文中逐一反驳它们。针对来自神学方面的质疑，也就是上帝只将灵魂和思考能力赐给了人类，图灵表示这种观点实际上是对“上帝的全知全能的严重限制”。他提出了一个问题：上帝是否“有自由向一头合适的大象授予灵魂”？想必他是可以这样做的，那么按照同样的逻辑，上帝当然也可以随心所欲地向一台机器授予灵魂。这番话从不信仰上帝的图灵口中说出还是有些讽刺意味的。

其中最为有趣的一个异议（特别是从本书的内容来看）来自埃达 · 洛夫莱斯。“分析机不会主动创造任何东西，”她在 1843 年写道，“它可以根据我们能够给出的任何指令完成任务。它可以遵循分析，但它没有能力预见任何的分析关系和事实。”换句话说，跟人类大脑不一样的是，机械装置无法拥有自由意志，也不能产生自主性，它只能按照既定的程序执行任务。图灵在自己 1950 年的论文中将这个观点称为“洛夫莱斯夫人的异议”，并专门安排了一节的内容来讨论它。

对于这个异议，图灵提出了一个极具独创性的反驳观点：机器也许可以进行学习，从而逐渐发展出自己的主动性，并掌握产生新想法的能力。“与其尝试编写一个可以模拟成人大脑的程序，为什么不尝试模拟儿童的大脑呢？”他问道，“在经过适当的教育之后，它将有可能成长为成人的大脑。”他承认机器的学习过程会跟人类儿童不一样：“举个例子，它不会有双脚，所以老师不能叫它帮忙装满教室外面的煤斗。也许它也没有眼睛……所以如果把这个怪物带到学校的话，它肯定会被其他小朋友过分地取笑。”因此这台“儿童机器”将需要使用其他的方式进行教导。图灵提出了一种奖励和惩罚机制，它可以促使机器重复或者避免某些行为，最终这台机器将会培养出自己对于思考的概念。

图灵的批评者提出的另外一个异议是，就算机器可以模仿思考，它也不会具有真正的意识。当参加图灵测试的人类在遣词造句的时候，他会将这些单词与现实世界的意义、情感、经验、感觉和观念联系起来。机器却不会这样做。如果没有这些联系的话，语言也只是一个脱离实际意义的游戏。

这个异议为图灵测试带来了一轮持续时间最长的质疑——哲学家约翰 · 希尔勒（John Searle）在 1980 年提出了一个叫作“中文房间”（Chinese Room）的思维实验。这个实验的内容是，在一个房间里面有一个以英语为母语，而且对中文一窍不通的人，他手上有一本详细列出所有中文搭配规则的手册。他会从房间外收到一些以中文写成的问题，然后根据这本手册写出中文的回答。只要有一本足够好的指导手册，房间里的回答者就可以让房间外的询问者相信他的母语是中文。尽管如此，他不会理解自己给出的任何一个回答，也不会表现出任何的意向性。按照埃达 · 洛夫莱斯的话来说，他不会主动地创造任何东西，只是根据得到的任何指令完成任务。同样地，对于参加图灵测试的机器来说，无论它可以如何成功地模仿人类，也不会理解或者意识到自己所说的东西。我们不能因此认为这台机器可以“思考”，正如我们不能认为使用一本大型指导手册的人可以理解中文一样。[95]

有人对希尔勒的异议提出了反驳：虽然房间中的人本身不是真正理解中文，但是这个房间包含的完整系统——人（处理器）、指导手册（程序）以及写满中文的文件（数据），这三者作为一个整体是确实能够理解中文的。这两种观点的争议到目前还没有定论。时至今日，图灵测试及其相关的异议仍然是认知科学领域中最具争议性的一个话题。

在《计算机器与智能》发表之后的几年时间里，图灵似乎很喜欢参与到自己惹出的争论当中。他以自己带有讽刺性的幽默感取笑了那些关于十四行诗和人类高等意识的主张。“终有一天，女士们会带着她们的计算机到公园散步，并且互相诉说‘我的宝贝计算机在今天早上跟我说了这么一件有趣的事情’！”他在 1951 年调侃道。正如他的导师麦克斯·纽曼后来所说的：“他在解释自己的想法时会提出一些引人发笑的比喻，但它们又是恰到好处的，这点让他成为一位讨人喜欢的同事。”[96]

在图灵参与的讨论之中有一个反复出现的主题——性欲和情感对人类思考的影响，而机器是不会受到这些影响的，这个主题也体现在图灵后来经历的悲剧当中。针对这个主题的一次公开讨论出现在 1952 年 1 月，当时图灵和脑外科医生杰弗里·杰斐逊爵士参加了由 BBC（英国广播公司）举行的一场辩论会，担任辩论主持的是麦克斯·纽曼和科学哲学家理查德·布雷斯韦特（Richard Braithwatie）。“一般而言，一个人的喜好是由他的欲望、冲动和本能决定的。”布雷斯韦特表示如果要做出一台真正会思考的机器，“它似乎需要配备一些可以对应各种欲望的东西”。纽曼补充说机器“只有相当有限的欲望，而且它们在感到尴尬的时候也不会脸红”。杰斐逊甚至说出了更为出格的言论，他多次以“性冲动”作为例子，并反复提到了人类的“情感和本能，比如性欲”。他指出人类会受制于“性冲动”，而且“有可能会因此而变得愚蠢”。他谈到了太多关于性欲对人类思考的影响的内容，以至于 BBC 的编辑们不得不在广播的内容中剪掉他的部分言论，其中包括他表示自己是不会相信机器能思考的，除非他亲眼看到一台机器抚摸另外一台女性机器的大腿。[97]

当时图灵还不想向外界透露自己身为同性恋者的事实，所以他在这部分的讨论当中保持了沉默。这场辩论会在 1952 年 1 月 10 日完成录制。在随后的几个星期里，图灵卷入了一系列可能让机器无法理解的事件当中。图灵在一篇小故事中提到了他打算如何庆祝自己刚刚完成了一篇科学论文："自从去年夏天在巴黎遇到那位士兵之后，他已经维持了一段时间的单身生活。现在既然他的论文已经完成，他也应当去找另外一位男同志了。他知道在哪里可以找到合适的对象。"[98]

在曼彻斯特的牛津街上，他偶然遇到了一位 19 岁的工人阶级流浪者阿诺德 · 穆雷（Arnold Murray）。在完成了 BBC 的节目录制之后，他邀请穆雷搬到他家一起居住。一天晚上，图灵向年轻的穆雷讲到了自己做过的一个梦，他梦到自己在和一台邪恶的计算机下象棋，他先激怒了它，然后逗它开心，最后在它麻痹大意的时候击败了它。他们两人的关系在随后的日子里变得越来越复杂，直到有一天，图灵在回家之后发现自己的住处遭窃，犯人正是穆雷的一个朋友。在向警方陈述这起案件的时候，他最终承认了自己和穆雷的同性恋关系，于是警方以"严重猥亵"的罪名逮捕了图灵。[99]

在 1952 年 3 月的庭审上，图灵承认了自己的罪名，但他明确表示自己不会为此感到后悔。麦克斯 · 纽曼也作为图灵的品行证人出席了这场审讯。在被宣判有罪和剥夺参加机密工作的权限之后，[①] 图灵面临着两个选择：坐牢或者缓刑，而第二个选择的条件是需要接受荷尔蒙治疗，也就是通过注射合成的雌激素来抑制性欲，这种治疗方法就像是把人当成由化学药物控制的机器一样。他选择了后者，这项治疗持续了一年的时间。

图灵起初似乎能够从容面对这些罪责，然而在 1954 年 6 月 7 日，他在咬下一口浸染过氰化物的苹果之后便与世长辞了。按照他的好友

① 2013 年圣诞节，伊丽莎白女王二世向图灵追授了正式的赦免。

的说法，他一直以来都对《白雪公主》当中恶毒的王后将苹果浸在毒药里面的情景十分着迷。他的尸体最后被发现躺在床上，口吐白沫，他的体内被检测出了氰化物，身边还放着一个被咬过的苹果。

这是一台机器会做出的事情吗？

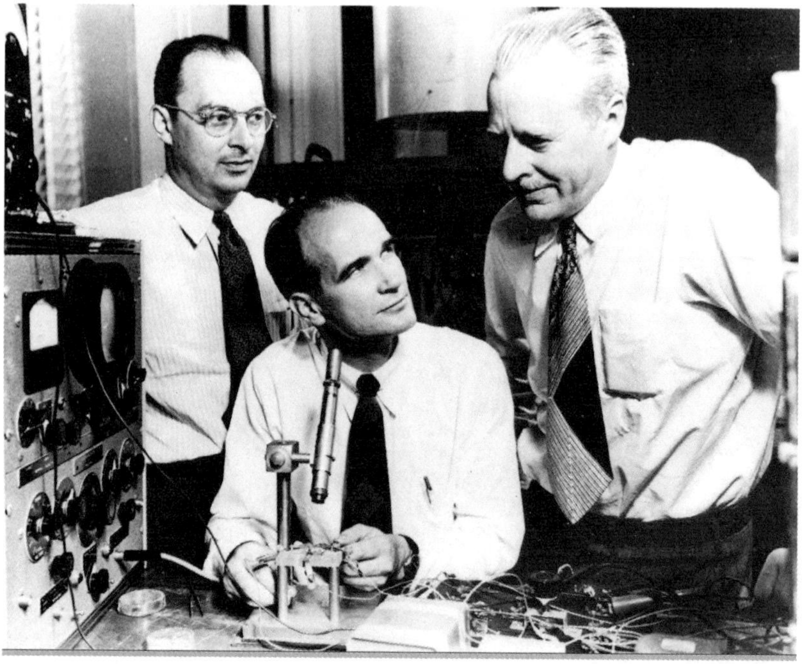

约翰 · 巴丁（1908—1991）、威廉 · 肖克利（1910—1989）和沃尔特 · 布拉顿（1902—1987）在贝尔实验室，照片摄于 1948 年

贝尔实验室的首个晶体管

威廉 · 肖克利（坐在主座）在获得诺贝尔奖当天的庆功宴上，前来祝贺的同事包括戈登 · 摩尔（坐在左侧）和罗伯特 · 诺伊斯（站在中间的举杯者），照片摄于 1956 年

第四章　晶体管

计算机的发明并没有立刻引起一场革命。这是因为它们需要依赖使用大体积、高成本、易损坏和高耗能的真空管才能运作，最初的计算机都是一些造价不菲的庞然大物，只有企业、研究性大学和军事设施才能拥有它们。只有在数字时代真正来临之后，电子设备才开始无所不至地融入我们的生活之中，而数字时代的确切起点是新泽西州的默里希尔——1947 年 12 月 16 日星期二的午后，两位来自贝尔实验室的科学家成功制作出了一个小型装置。他们将几片金箔、一块半导体材料和一枚弯折的回形针组装在一起，如果调整得当的话，这个装置可以放大电流和控制电流的通断。这个装置很快就被命名为晶体管，它对数字时代的意义就相当于工业革命时期的蒸汽机。

自从诞生以来，晶体管已经经历了许多创新，现在一枚微型芯片已经可以集成数百万颗晶体管。也就是说，过去需要成千上万台 ENIAC 才能达到的处理能力，现在已经可以装进火箭飞船的头锥里面；甚至是我们大腿上的电脑、口袋中的计算器和音乐播放器，以及用于交流或娱乐的联网手持设备，它们都可以实现同样的处理能力。

以晶体管发明者的荣誉载入史册的是三位干劲十足的同事，他们各自的性格既有互补的一面，也有出现冲突的时候：沃尔特·布拉顿（Walter Brattain）是一位技术高超的实验家；约翰·巴丁（John Bardeen）是一位量子学理论家；还有他们三人当中最有干劲的一位（也是结局最为不幸的一位）——固体物理学家威廉·肖克利。

然而，在这段传奇故事当中其实还有另外一位主角，它起到的作用毫不逊色于任何一位个人：贝尔实验室，也就是这几位科学家工作的地方。晶体管的发明不仅是来自几位天才的创造性飞跃，还是各个领域的人才通力合作的成果。究其本质，晶体管的发明团队需要聚集这样的一批人才：能够敏锐洞察量子现象的理论家和擅长提取大批纯净硅晶体的材料科学家，以及心灵手巧的实验家、工业化学家、制造专家和熟练的工匠。

贝尔实验室

美国电话电报公司（AT&T）在 1907 年遇到了一个危机。它的创始人亚历山大·格拉汉姆·贝尔（Alexander Graham Bell）所持有的专利已经过期，因此它在电话服务市场当中近乎垄断的地位也变得岌岌可危。这时 AT&T 的董事会召回了已经卸任的前总裁西奥多·韦尔（Theodore Vail）。为了复兴这家公司，重掌大权的韦尔提出了一个大胆的目标：建造一条连接纽约和旧金山的电话线路。这是一项非常艰巨的任务，它需要结合工程学的顶尖技术和理论科学的重大飞跃才能实现。在真空管和其他新兴技术的帮助下，AT&T 在 1915 年 1 月成功研制出了能够实现这项壮举的中继器和放大装置。除了韦尔和伍德罗·威尔逊（Woodrow Wilson）总统以外，历史上第一通横跨大陆两端的电话的参与者还包括贝尔本人，后者重复了自己在 39 年前说过的那句名言："沃森先生，快点过来，我需要你的帮助。"他曾经的助手，当时身处旧金山的托马斯·沃森（Thomas Watson）回答道：

“我需要花一个礼拜的时间才能到达。”[1]

AT&T 以上述的研究工作为基础新建了一所企业机构，也就是众所周知的贝尔实验室。它起初建于曼哈顿格林尼治村西侧的哈德孙河畔，这里不仅聚集了理论家、材料科学家、冶金学家和工程师，甚至还包括 AT&T 的电话线路维修工人。这里是乔治·斯蒂比兹利用机电继电器制作计算机的地方，也是克劳德·香农研究信息论的地方。贝尔实验室的出现表明了持续性的创新可以通过各个领域的人才之间的协作来实现，尤其是因为这些人才都在同一个空间内工作，所以他们可以方便地进行频繁的会议和偶尔的碰面。施乐公司的帕洛阿尔托研究中心（PARC）和其他后来出现的企业研发机构也同样体现了这个优点。然而这种机构的缺点是企业高层的管理会带来严重的官僚风气。当能够将创意转化为伟大产品的领导者和敢于反抗权威的人离开之后，贝尔实验室和施乐帕洛阿尔托研究中心都无法摆脱企业机构的局限。

贝尔实验室真空管部门的主管默文·凯利（Mervin Kelly）是一个充满活力的密苏里州人。他曾在密苏里矿业学校学习冶金专业，后来在芝加哥大学的罗伯特·密立根（Robert Milikan）的指导下获得了物理学博士学位。他曾经发明了一种可以提升真空管稳定性的水冷系统，但他发现真空管不可能成为一种高效的电流放大和通断方式。他在 1936 年被提升为贝尔实验室的研究总监，而他的首要任务是寻找真空管的替代品。

凯利提出了一个伟大的远见：长期作为实用工程学基地的贝尔实验室也应该将精力放在基础科学和理论研究上。在此之前，这方面的研究一直都是大学的专长。他开始在全国各地搜罗最优秀的年轻物理学博士。他的目标是让创新成为企业机构的一项日常工作，而不是将其留给藏身于车库和阁楼的怪才来完成。

“发明创造的关键究竟是天才个人还是团队协作？这个问题已经

在贝尔实验室当中引起了深入的思考。”乔恩·格特纳（Jon Gertner）在一本专门研究贝尔实验室的书籍《创意工厂》（*The Idea Factory*）中写道。[2] 这个问题的答案是：两者都同样重要。“一件新设备的研发工作需要聚集来自多个科学领域的大批人才，并集中发挥他们各自的天赋。”肖克利后来解释道。[3] 这个说法是正确的，不过这也是他为数不多故作谦逊的瞬间，因为他比其他任何人都更加信奉天才个人（比如他自己）的重要性。凯利虽然是团队协作的倡导者，但他也认识到了培养天才个人的必要性。“无论如何强调领导力、组织结构和团队协作的作用，个人的地位仍然是最高的——拥有至高无上的重要性，”他曾经这样说道，“创新的想法和概念是在一个人的头脑中诞生的。”[4]

实现创新的关键（无论是对于贝尔实验室还是整个数字时代来说）是认识到培养天才个人和促进团队协作之间是没有冲突的。这不是一个鱼与熊掌不可兼得的问题。事实上，这两种做法在数字时代一直都是互相促进的。富有创造力的天才（约翰·莫奇利、威廉·肖克利、史蒂夫·乔布斯）负责提供创意；善于动手操作的工程师（普雷斯伯·埃克特、沃尔特·布拉顿、史蒂夫·沃兹尼亚克）负责与这些天才紧密合作，将他们的概念变成真正的发明；由技术人员和企业家组成的团队负责将这些发明打造成实际的产品。只要这个生态系统的其中一环出现缺失，再伟大的概念也只能被埋藏在历史的地下室里面，无论是身处艾奥瓦州州立大学的约翰·阿塔纳索夫，还是在伦敦家中的畜棚埋头苦干的查尔斯·巴贝奇，他们都是这样的例子。此外，如果优秀的团队缺乏胸怀大志的远见者，创新也会逐渐枯竭，正如莫奇利和埃克特离开之后的宾夕法尼亚大学，冯·诺依曼离开之后的普林斯顿大学，还有肖克利离开之后的贝尔实验室。

当时贝尔实验室越来越重视一个研究领域：固体物理学。这是一门研究电子如何在固体材料之中流动的学科，它尤其需要理论家和工程师之间的联合。20世纪30年代，贝尔实验室的工程师们一直在测试包括硅在内的各种材料。硅是地壳中除了氧之外最常见的元素，同时也是沙子的主要成分。在这些测试当中，他们会将不同的材料通电，并尝试控制材料中的电流。与此同时，贝尔实验室的理论家们正在同一栋大楼里面埋头研究量子力学领域的惊人发现。

量子力学的基础是由丹麦物理学家尼尔斯·玻尔（Niels Bohr）等人发展的一系列理论，它探讨的是原子内部的情况。玻尔在1913年提出了一种原子结构模型。这个模型中的电子会按照特定的轨道围绕原子核转动，它们可以从一个轨道跃迁到相邻的轨道，但是不可能停留在两个轨道之间的位置。原子外层轨道上的电子数量可以决定元素的部分化学和电学性质，比如它的导电性。

有些元素是良好的导体，比如铜；还有一些元素的导电性非常差，比如硫，所以这些元素就是良好的绝缘体；而导电性处于导体和绝缘体之间的元素就被称为半导体，比如硅和锗。半导体的实用价值在于它们的导电性可以被轻易控制。举个例子，如果在硅元素中掺入少量的砷或者硼，它的电子就会变得更容易移动。

在量子理论不断发展的同时，贝尔实验室的冶金学家也在研究制作新型材料的方式，他们采用了全新的提纯技术、化学处理方法以及稀有矿物和普通矿物之间的合成配方。为了解决一些常见的问题，比如真空管的灯丝太容易烧坏，或者电话话筒膜片发出的声音太小等，他们尝试合成了一些新型合金，然后通过加热或冷却的方式来提升这些合金的性能。他们就像是厨房里的大厨一样，在不断的试错过程中掀起了一场材料科学的革命，它与量子力学领域正在进行的理论革命齐头并进。

在测试硅和锗的材料样本的过程中，贝尔实验室的化学工程师偶然证实了理论家们提出的大部分猜想。[1] 他们发现理论家、工程师和冶金学家之间有着许多可以互相学习的地方，于是贝尔实验室在1936年成立了一个固体物理研究小组，这支队伍聚集了一批实用和理论领域的重量级人物。他们会在每周举行一次的午后聚会上分享各自的发现，其间还会进行学院风格的互相质问环节。在正式的聚会过后，他们会继续参与一些持续到深夜的非正式讨论。与仅仅阅读各自的论文相比，亲自会面讨论是一种更有成效的做法：频繁的互动可以将人们的想法跃迁到更高的轨道上，就像是电子一样，偶尔挣脱束缚的想法也会引起一些连锁反应。

在这个团队当中有一位特别突出的人才——威廉·肖克利，这位理论家是在固体物理研究团队刚刚成立的时候加入贝尔实验室的。他的智慧和热情给其他团队成员留下了深刻的印象，有时甚至会让他们感到害怕。

威廉·肖克利

威廉·肖克利从小就养成了对人文和科学的爱好。他的父亲毕业于麻省理工学院采矿工程专业，并在纽约进修过音乐课程，后来在欧洲和亚洲进行游历和从事矿产买卖期间学会了7种语言。他的母亲曾在斯坦福大学攻读数学和艺术专业，还是首批单独爬上惠特尼山的登山者之一。他的父母邂逅于内华达州的一个矿产小城托诺帕。他们

---

① 例如，工程师和理论家们发现了硅（它的原子外层轨道带有四个电子）在掺入磷或者砷（它们的原子外层轨道带有五个电子）之后会多出一个自由的电子，因此这种合成材料会带有负电荷，也就是N型半导体。在硅中掺入硼（它的原子外层轨道带有三个电子）则会导致电子缺乏，也就是说本来应该带有电子的位置变成了“空穴”，这种带有正电荷的合成材料被称为P型半导体。

在结婚之后搬到了伦敦居住，并于1910年生下了他们的儿子。

威廉是他们唯一的孩子，不过他们都为此感到庆幸。还在襁褓当中的小威廉已经有非常暴躁的脾气，他每次发怒的时候都会大声哭喊，而且久久不能平息，他的父母也为此更换过无数个保姆和住处。他的父亲在一篇日记里提到这个孩子会“用最大的嗓音发出尖叫，还会一直用力扭动自己的身体”，根据他父亲的记录，他甚至“曾经多次严重咬伤了他的妈妈”。[5]他还是一个非常蛮横的孩子，无论在什么情况下都会坚持自己的要求。他的父母最后已经完全向他投降了，他们放弃了任何管教他的尝试，而且他在8岁以前一直都在家学习。当时他们已经搬到了帕洛阿尔托，这是他的外祖父母居住的地方。

威廉的父母深信自己的儿子是一个天才，所以他们请了刘易斯·特曼（Lewis Terman）①对他进行智商评估。刘易斯·特曼是斯坦福–比奈（Standford-Binet）智商测试的发明者，而且他当时正在计划进行一项关于天才儿童的研究。小肖克利在这个测试中得分超过120分，这个分数虽然已经是一个不错的成绩，但仍然没有达到特曼所设定的天才标准。肖克利后来一直沉迷于智商测试，他会利用这些测试来评估求职者，甚至是同事的智商水平。他在晚年还提出了一些关于种族和遗传智商的恶意言论，这种行为让他的名声蒙上了阴影。[6]也许他应该从自己的人生经历中认识到智商测试的不足之处。尽管他不是一个经过智商测试认证的天才，但他也算得上是一个相当聪明的人：他能够跳过初中直接学习高中的课程；从加州理工学院毕业之后，他还获得了麻省理工学院的固体物理学博士学位。他是一个思维敏捷、富有创意和志向远大的人。虽然他喜欢表演魔术和玩恶作剧，

① 他的儿子弗雷德·特曼（Fred Terman）后来成为斯坦福大学的一位著名院长和教务长。

但他从来都学不会如何友善待人。他从小就非常执着于智力水平的高低，而且养成了以自我为中心的性格，这点使得他成为一个难以相处的人，他在获得成功之后更是如此。

肖克利在 1936 年从麻省理工学院毕业，这时贝尔实验室的默文·凯利来到学校面试他，并当场为他提供了一份工作。他还向肖克利指派了一项任务：找出一种可以替代真空管的装置，它需要比真空管更加可靠、稳定和廉价。经过了三年的研究之后，肖克利开始确信自己可以找出这个问题的答案——利用包括硅在内的固体材料取代带有发光灯丝的真空管。“我在今天发现，半导体在理论上可以取代真空管用于制作放大器。”1939 年 12 月 29 日，他在自己的实验记录中这样写道。[7]

肖克利拥有形象化量子理论的能力，就像是一位能够构思舞蹈的编舞者一样，他也可以想象出电子的运动。他的同事称他可以看到半导体材料里面的电子。但是如果要将这种艺术家的直觉转化成真正的发明，肖克利还需要一位技术熟练的实验家作为自己的搭档，正如莫奇利需要埃克特一样。在贝尔实验室的大楼中有许多符合肖克利要求的人才，其中最突出的一位是来自西部的沃尔特·布拉顿，他是一个充满活力且争强好胜的人。他喜欢利用像氧化铜这样的半导体化合物来制作一些精妙的装置，例如他做过一个可以将交流电转换为直流电的整流器，它的原理是电流只能沿着一个方向流过铜片和氧化铜之间的接触面。

布拉顿在华盛顿州东部的一个偏僻的牧场中长大，他的童年是在牛群当中度过的。他粗糙的嗓音和粗犷的举止会给人留下一种西部牛仔的印象——在充满自信的同时也懂得如何自嘲。心灵手巧的他是一个天生的匠人，而且他也很喜欢设计实验。“他可以用封蜡和回形针将不同的东西组装起来。”他在贝尔实验室的一位工程师同事回忆道。[8] 不过他也是一个懂得如何取巧的人，他会尝试寻找解决问题的捷径，而不是一味地进行反复的试验。

肖克利想出了一个利用固体材料取代真空管的方法：将栅极放入氧化铜薄片之内。布拉顿对这种方法的可行性表示怀疑。他笑着对肖克利说自己之前已经尝试过这种方法，只是一直都无法成功做出一个放大器，但是肖克利仍然坚持要这样做。"既然它是如此重要的话，"布拉顿最后说道，"那么请告诉我你想怎么把它做出来，我们会尽力而为。"[9] 然而正如布拉顿所预计的一样，这种方法是不可行的。

肖克利和布拉顿还没来得及找出试验失败的原因，"二战"的爆发就把他们的研究工作打断了。肖克利成为海军反潜艇小组的研究主任，他的工作是分析炸弹的引爆深度，帮助提升针对德军 U 型潜艇的攻击精度。他后来还被派到了欧洲和亚洲的军事基地，负责改进 B–29 轰炸机的雷达系统。布拉顿也来到了华盛顿协助海军进行潜艇侦测技术的研究，他的主要任务是制造航空磁强计。

固体物理研究小组

在肖克利和布拉顿离开期间，贝尔实验室也在战争影响下不断转变。它成为政府、研究型大学和民营企业之间形成的三角关系的一角。正如历史学家乔恩 · 格特纳所说的，"在珍珠港事件爆发之后的几年时间里，贝尔实验室进行了上千个来自军方的研究项目，其中包括坦克无线电设备，为佩戴氧气面罩的飞行员设计的通信系统，以及用于加密信息的机器等。"[10] 在此期间，它的员工数量也翻了一倍，总共达到 9 000 人。

贝尔实验室的曼哈顿总部在这时已经无法适应它的扩张步伐，于是大部分员工都搬迁到了位于新泽西州默里希尔的一个占地 200 英亩的园区。默文·凯利和他的同事们都希望把这个新的大本营打造成大学校园的样子，但他们不会像大学那样将各个专业孤立地安排在不同的大楼里面，因为他们知道创意会在人们偶然的碰面中出现。“所有大楼之间都是互相连通的，这样就可以避免不同部门之间的地理隔阂，而且可以鼓励员工进行自由交流和近距离接触。”其中一位高管这样写道。[11] 这些大楼之间的走廊非常长，甚至超过了两个橄榄球场的长度，这种设计是为了增加拥有不同才能和专长的员工碰面的机会。70 年后，史蒂夫·乔布斯在设计苹果公司新总部的时候也沿用了这种想法。任何一个在贝尔实验室走动的人都有可能遇到新鲜的想法，然后像太阳能电池一样吸收它们。特立独行的信息论研究者克劳德·香农有时也会流连于这些红色水磨石长廊之间，他会骑着自己的独轮车，一边在空中抛接三个小球，一边向身边经过的同事点头示意。[①] 这种名副其实的“手忙脚乱”的表演常常会在过道上引起一阵骚乱。

1941 年 11 月，在离开曼哈顿的贝尔实验室参加战时服役之前，布拉顿在一本编号为 18 184 的笔记本上写下了最后一条记录。经过了将近四年之后，他在默里希尔的新建实验室里拿起了同一本笔记本，并在上面重新开始了一条记录：“战争已经结束。”凯利把他和肖克利分配到一个研究小组工作，这个小组的目标是“将固体物理学领域的理论和实践工作统一起来”。也就是说，他们要继续完成在战争之前遗留下来的任务：利用半导体制作出真空管的替代品。[12]

凯利为这个固体物理研究小组拟定了一份人员名单。在看到这份名单之后，布拉顿为这个团队的全部成员都是精英人物而感到惊

① 以下链接是一个关于香农和他的机器表演抛球的短视频：https://www2.bc.edu/~lewbel/shortsha.mov。

讶。“天啊！这个小组里面竟然没有一个笨蛋。”他记得自己曾经这样说过：“可能我是这些人里面最笨的那个了。”他后来还表示：“那也许是有史以来最优秀的研究团队之一。”[13]

虽然肖克利是这个小组的首席理论家，但由于他的职责是管理整个小组的工作（他在另外一个楼层办公），所以他们决定邀请另外一位理论家加入这个小组。他们的人选是约翰·巴丁，一位言语温和的量子理论专家。小时候的巴丁是一个连续跳过三个年级的天才少年，他的博士论文是在普林斯顿大学的尤金·维格纳（Eugene Wigner）的指导之下完成的。在海军军械实验室服役期间，他还与爱因斯坦一起讨论过鱼雷的设计。作为世界上最优秀的量子理论专家之一，他能够利用量子理论理解材料的导电性，而且根据同事们的说法，“他确实能够游刃有余地与实验家和理论家进行协作”。[14] 因为巴丁在刚加入的时候没有自己的独立办公室，所以他决定先在布拉顿的实验室里面办公。事实证明这是一个明智的决定，这种近距离的交流再次为创新提供了动力。这对理论家和实验家的组合可以坐在一起，面对面地进行长时间的头脑风暴。

与健谈的布拉顿相比，巴丁是一个沉默寡言的人，因此他的外号是“低语的约翰”。人们不得不探身过去才能听清楚他的喃喃自语，不过他们知道这样做也是值得的。他还是一个冷静而谨慎的人，这点跟肖克利很不一样，后者做事总是雷厉风行，而且会滔滔不绝地讲出自己的理论和主张。

他们的想法来自相互之间的交流。“实验家和理论家之间的紧密协作贯穿了研究的各个阶段，从实验的构思一直到实验结果的分析都是如此。”巴丁如是说。[15] 他们几乎每天都会进行没有事先准备的会议（通常由肖克利主持），他们会在这些会议上互相补充各自的观点。“我们会突然聚在一起讨论重要的实验步骤，”布拉顿说道，“我们很多人的想法都是在这种小组讨论中产生的，一个人所说的内容会引出另外一个人的想法。”[16]

后来这些会议被他们称为“黑板会议”或者“粉笔讨论”，因为肖克利会在手上拿着一支粉笔，站在黑板前面写下大家的想法。急性子的布拉顿会在房间后面来回踱步，然后大声喊出自己对肖克利的观点不认同的地方，有时甚至会用一美元打赌这些想法是不可行的。肖克利可不喜欢打赌输钱。“在看到他拿出 10 个一角硬币还给我的时候，我就知道他肯定气得不轻。”布拉顿回忆道。[17]他们之间的交流会一直延伸到社交活动当中。他们经常一起打高尔夫球，一起在一家叫作“Snuffy’s”的餐厅喝酒，还会带上他们各自的伴侣参加桥牌比赛。

晶体管

在这支新建团队的协助之下，肖克利重新开始研究他在五年前提出的理论，希望找出可以替代真空管的固体材料。他的假设是，如果将一个强电场放置在一块半导体材料制成的厚板旁边，这个电场会将部分电子吸引到厚板的表面，从而产生一股可以击穿厚板的电流。根据这种现象，半导体也许可以利用微弱的电信号来控制强大得多的电信号。低强度的电流可以作为输入信号来控制（或者通断）高强度的输出电流。这样的话，半导体也可以像真空管一样用作放大器或者通断开关。

然而这种“场效应”（field effect）理论还存在一个小问题：在测试这个理论的时候，肖克利的团队向一块金属板加上了 1 000 伏特的电压，然后把它放在距离半导体材料表面仅为 1 毫米的位置，但是什么事情都没有发生。“电流没有出现可观察的变化。”他在实验记录中写道。他后来表示这种情况“十分令人费解”。

找出一个理论失败的原因可以帮助提出一个更好的理论，所以肖克利要求巴丁为此给出一个解释。他们对一个叫作“表面态”的概念进行了长时间的讨论，表面态指的是距离材料表面最近的原子层的电子性质和量子力学描述。五个月之后，巴丁得出了自己的研究结果。他走到自己与布拉顿共用的黑板前面，写下自己的想法。

巴丁发现当一个半导体材料带电的时候，它的电子会被限制在材料表面，无法自由移动。这些电子会形成一个屏障，即使是距离仅为 1 毫米的强大电场也不能穿透这层障碍。“这些新增的电子会被固定在表面态中，”肖克利表示，“在带正电的控制板的影响下，表面态实际上会阻挡来自半导体内部的电子。”[18]

现在固体物理研究小组有了一项新的任务：找到可以打破在半导体表面形成的屏障的方法。“我们根据巴丁提出的表面态概念设计了一些新的实验，这是我们的研究重点所在。”肖克利解释道。他们必须突破这层障碍才能让半导体实现控制、通断和放大电流的作用。[19]

这项研究在接下来的一年里都没有多大的进展，然而他们却在 1947 年 11 月取得了一系列重大的突破，因此这个月也被称为“奇迹之月”。巴丁完善了“光伏效应”（photovoltaic effect）的理论，光伏效应指的是光照可以使两种互相接触的材料之间产生电压。他推测这个过程或许可以移除部分形成屏障的电子。与巴丁并肩工作的布拉顿设计出了一些用于测试这个想法的实验。

从不久之后发生的事情来看，他们确实是得到了幸运之神的眷顾。为了改变实验的环境温度，布拉顿将部分实验放到保温容器里面进行。但是在硅材料上凝结的水滴总是会影响测量的读数。解决这个问题的最佳方法是将整个实验装置放到真空环境中，但是这样做会非常麻烦。“我确实是个懒惰的物理学家，”布拉顿承认道，“所以我想到了将实验装置浸入绝缘液体当中。”[20] 他在保温容器里面装满了水，这种方法可以简单地避免冷凝的问题。他和巴丁在 11 月 17 日尝试了这种实验方法，并取得了很好的效果。

那天是星期一。他们在这个星期里面不断地交流各种关于理论和实验的想法。到了星期五的时候，巴丁想出了一种无须将实验装置浸入水中的方法。他认为只需要在金属尖端与硅材料接触的位置放上一滴水或者少量凝胶就可以了。“来吧，约翰，”布拉顿兴奋地回应道，“我们一起把它做出来吧。”这种做法的难点在于金属尖端不可以直接与水滴接触，不过布拉顿是个随机应变的天才，他利用少量的封蜡解决了这个问题。他拿出了一块切割良好的硅材料，然后在上面滴上一滴水，接着为一段电线涂上一层绝缘的封蜡，最后将电线穿过水滴戳到硅材料上。他们成功了，这个装置能够在一定程度上实现放大电流的功能。这个“点触式”装置为晶体管的诞生奠定了基础。

巴丁在第二天早上回到办公室，并将实验的结果记录在自己的笔记本上。“这些测试确实证明了利用电极或栅极控制半导体中的电流是可行的。”他写下了这样的总结。[21] 他在这周的星期天也继续加班工作，而这通常都是他外出打高尔夫球的日子。他们也认为是时候向肖克利报告当前的研究进展了，后者在过去几个月里一直忙于处理其他的事务。在接下来的两个星期里，肖克利会经常下来他们的实验室进行指导，不过他基本上没有限制这对二人组合的工作，只是督促他们加快研究的进度。

他们在实验室的同一张工作台上并肩作战，巴丁会平静地提出自己的想法，布拉顿则会兴奋地一一测试这些想法。巴丁有时还会在布拉顿的笔记本上写下实验的进度。感恩节很快就过去了，但是他们对此浑然不觉，因为他们一直忙于测试各种不同的实验设计：比如用锗材料替换硅材料，用油漆替换封蜡，以及将接触点的材料换成金。

通常来说是巴丁先提出理论，然后由布拉顿负责进行实验，但有时候这个流程也会反过来：出乎意料的实验结果会催生出新的理论。在其中一次使用锗材料的实验当中，材料产生的电流方向与他们预期的刚好相反，但是这股电流的放大比例超过了300倍，远远超出他们之前能够达到的倍数。于是他们遇到了物理学领域中一个老生常谈的情况：他们知道这个方法在实际操作中是可行的，但他们能否找出它的理论依据呢？巴丁很快就做到了这点。他发现电子会在负电压的影响下逃逸，这样会导致“电子空穴”的增加，电子空穴是指本来存在电子的位置被空出来的现象。这种空穴的存在会吸引电子的流入。

但是他们遇到了一个问题：这个新的装置无法放大较高频率的电流，比如听觉可辨的声音，也就是说这种方法不能用在电话里面。在经过了理论分析之后，巴丁认为这个问题的原因是水滴或者电解液影响了装置的性能。他立刻构思了一些其他的设计。其中一个设计是采用金底板作为电场的来源，然后将锗材料放在距离底板上方非常近的位置上，并将电线的尖端插入锗材料。这个设计能够成功地放大电压，至少可以实现轻微的放大效果，而且它还可以用于较高频率的电流。巴丁再次为这个偶然的实验结果给出了理论上的解释：“这个实验表明空穴从金底板流向了锗材料的表面。”[22]

就像是在同一台钢琴上进行的应答二重奏（call-and-response duet）一样，巴丁和布拉顿仍在继续他们的反复创新。他们发现提升电流放大比例的最佳方法是使用两个距离非常近的接触点，然后将它们同时插到锗材料上。根据巴丁的计算，两个触点之间的距离应该小于0.002英寸。即使对于布拉顿来说，这也是一个相当棘手的难题。但是他最终想出了一个更为巧妙的方法：他先准备了一个箭头形状的塑料楔子，并在它的表面贴上一片金箔，然后用刀片在楔子尖端的金箔处切开一道小口，这样就形成了两个距离非常近的金接触点。“这就是我所做的一切，”布拉顿叙述道，“我用刀片小心翼翼地切开这个回路，然后把它固定到一个弹簧下面，接着把它按到同一块锗材料上。”[23]

1947 年 12 月 16 日星期二的下午，当布拉顿和巴丁对这个装置进行测试的时候，他们见证了奇迹的一幕：这个装置奏效了。“我发现如果把它扭动到正确的位置，”布拉顿回忆道，“它将会变成一个放大比例达到 100 倍的放大器，这个量级已经足够用于听觉可辩的声音了。”[24] 在当天晚上回家的路上，健谈的布拉顿向同车的其他同事说自己刚刚完成了“人生中最重要的一次实验”。然后他请求他们保证不要将此事外传。[25] 虽然巴丁在这趟车上保持了一贯的沉默，但是他在晚上回家之后做出了一个不寻常的举动：他告诉了妻子自己今天的工作情况。当时他的妻子正在厨房的水槽前削萝卜，他像喃喃自语般地说出了一句话：“今天我们有一个重大的发现。”[26]

晶体管确实是 20 世纪最重要的发现之一。这是一位理论家和一位实验家并肩作战的工作成果，他们就像是处于共生关系一样，实时地来回交换各自的理论和实验结果。他们所处的环境也为晶体管的发明起到了重要的作用，他们可以在这里的长廊上偶遇熟练掌握锗材料掺杂技术的专家，或者在这里的学习小组中与其他人一起探讨表面态的量子力学解释，又或者和一些精通远距离电话信号传输的工程师共进午餐。

在接下来的星期二，也就是 12 月 23 日，肖克利为半导体研究小组的其他成员和贝尔实验室的几位高管组织了一场演示活动。在这场演示上，高管人员都戴上了耳机，然后轮流对着一个话筒讲话，他们可以在耳机中听到各自说话的声音，而这些声音都是由一台简易的固体设备放大而成的。这本来是一个应该与亚历山大 · 格拉汉姆 · 贝尔向电话喊出第一句话相提并论的历史性时刻，但是后来竟然没有人能想起演示参与者在当天下午对这个装置说过的话。相反，这个事件只是被轻描淡写地记录在实验笔记本里面。“对该装置进行接通和断开操作之后，话音电平得到了听觉可辨的放大。”布拉顿写道。[27] 巴丁的实验记录的语气则更为平淡：“将两个金制电极接触到经过特别处理的锗材料表面可实现电压放大。”[28]

高人一等的肖克利

作为这场演示的其中一位见证人，肖克利在巴丁的历史性实验记录中签上了自己的名字，但是他在当天没有留下任何自己的实验记录。他显然为此感到了不安。他本应为自己的团队所取得的成功而感到骄傲，但是他的内心已经被强烈而阴暗的好胜心所占据。“我的情感还是比较矛盾的，”他后来坦承道，“虽然我应该为小组的成功感到高兴，但是我又为自己并非发明者之一感到不快。我在 8 年之前就已经开始进行这方面的研究，但是我一直没有做出属于自己的重要发明贡献，这点确实让我感到沮丧。”[29] 这些阴暗的想法不断地侵蚀着他的灵魂。他与巴丁和布拉顿两人的友谊也止步于此。他反而开始了狂热的研究工作，希望自己可以平分这项发明的功劳，同时亲手做出一个性能更好的半导体装置。

圣诞节刚过去不久，肖克利就搭乘火车前往芝加哥参加两场会议，不过在这段旅程的大部分时间里，他都是留在俾斯麦酒店的房间里面潜心研究改进这个装置的方法。新年夜，热衷社交的人们都在楼下的舞厅里尽情玩乐，他却在横格纸上写了 7 页的笔记。他在 1948 年元旦起床之后继续完成了另外 13 页的笔记。他将这些笔记通过航空邮件寄给了贝尔实验室的一位同事，后者将它们贴到了肖克利的实验笔记本上，并要求巴丁作为见证人在上面签名。

默文·凯利当时希望尽快为这个新发明的装置申请专利，而且他已经指派了贝尔实验室的一位律师准备相关的专利申请文件。这里可不像艾奥瓦州州立大学那样没有人去处理这些工作。当肖克利从芝加哥回来之后，他发现巴丁和布拉顿已经接受了专利律师的询问，他为此感到十分不快。他分别把他们叫到自己的办公室，并向他们解释为什么自己应该得到主要的（甚至是唯一的）功劳。“他以为自己可以从场效应理论开始为整个项目写出一份专利申请。”布拉顿回忆道。即使是沉默寡言的巴丁在与肖克利会面过后也低声抱怨了几句。布拉顿则表现出了一如既往的冲动。“该死的肖克利，”他大喊道，“这项成果的荣誉要分给我们每一个人都是绰绰有余的。”[30]

肖克利要求贝尔实验室的律师为他申请一项涉及范围甚广的专利，这项专利的基础是他在早期提出的关于场效应对半导体电流影响的理论。但是在经过详细调查之后，律师们发现一项类似的专利已经在1930年授予了一位鲜为人知的物理学家尤利乌斯·利林菲尔德（Julius Lilienfeld），他曾经设计过一个利用场效应的装置（但是他从来没有制成这个设备，也不理解它的原理）。于是他们决定申请一个范围更窄的专利，也就是点触式半导体装置的制作方式，而这项专利的申请书上只有巴丁和布拉顿两人的名字。律师们对他们进行了单独的询问，他们一致表示这项研究是共同努力的成果，而且两人的贡献是同等重要的。在得知自己没有被纳入最为重要的一份专利申请之后，肖克利感到非常愤怒。为了掩盖双方出现的不和，贝尔实验室的高管要求所有对外公开的照片和新闻稿必须同时含有他们三人。

接下来的几个星期里，肖克利的情绪变得越来越焦虑，甚至还出现了无法入睡的情况。[31] 他表示自己的“思考动力”是来自“我对参与一项前景巨大的研究的渴望，我希望作为一个更为重要的实际参与者，而不只是一个管理者”。[32] 在晚上空闲的时候，他会一边来回踱步，一边思索改进这种装置的方法。1948 年 1 月 23 日，也就是巴丁和布拉顿的装置演示的一个月之后，肖克利在清晨醒来后对自己在芝加哥之旅得出的想法进行了总结。他开始在饭桌上飞快地写下这些内容。

肖克利想出了一种制作半导体放大器的方法，它将会比巴丁和布拉顿制作的装置更加稳定可靠。肖克利没有采用将金触点接触到锗材料底板的方式，而是提出了一种更加简单的“整流结”（junction）方式，这是一种三层式的结构。它的顶层和底层是经过掺杂的锗材料，它们内部都含有多余的电子，夹在它们中间的是一层锗材料薄片，它内部含有电子空穴。含有多余电子的两层材料被称为“N 型”锗材料，也就是带负电的意思，而含有电子空穴的一层材料就是带正电的“P 型”材料。每一层材料都会连接一根用于调整电压的电线。中间层的用途是作为一个可以调整的屏障，它可以根据自身被施加的电压大小来控制顶层和底层之间的电子流。即使对这个屏障使用较低的正电压，肖克利写道，“也会大幅增强穿过屏障的电子流”。对中间层的 P 型材料施加越高的电压，它就能从其中一层 N 型材料吸引越多的电子，并将这些电子转移到另外一层 N 型材料中。换句话说，它可以用于放大或者断开穿过半导体的电流，而这些操作的时间仅需十亿分之一秒。

肖克利在实验笔记本中写下了部分相关的记录，但是他在几乎一个月的时间里都没有向其他人透露这个想法。“我的好胜心促使我想要独自完成一项重要的晶体管发明。”他后来承认道。[33] 他的同事们直到 2 月中旬才知道肖克利的这个秘密项目，当时他们在贝尔实验室参加一场展示活动，其中有一位科学家展示了一些相关的研究。根据肖克利的回忆，当时这位科学家提出了一些自己的发现，而这些发现恰好可以成为支持整流结装置的理论基础，他为此感到“十分惊讶”，同时他意识到在场的观众有可能会根据这些发现进行下一步的研究，其中最有可能这么做的是巴丁。“从那一刻起，”他断言道，“使用 PN 结取代金属点触方式的概念已经呼之欲出，整流结晶体管也许当场就会被发明出来。”于是在巴丁或者其他人能够提出这样一种装置之前，肖克利箭步走上讲台，公开了自己一直在研究的一种设计。“这一次我不想再落于人后了。”他后来这么写道。[34]

巴丁和布拉顿当场被惊呆了。虽然肖克利对自己的新想法守口如瓶的行为让他们大感不满（因为这样做有违贝尔实验室内部文化的共享原则），但是他们不禁被这种简洁的想法所折服。

在提交了这两种制作方法的专利申请之后，贝尔实验室的高层认为是时候对外公开这种新装置了，但是他们需要先给它起一个名字。它在实验室内部的名称是“半导体三极管”（semiconductor triode）和“表面态放大器”（surface-state amplifier），但是对于一项将会颠覆世界的发明来说（他们都对此深信不疑），这些名字都不够响亮。有一天，一位叫作约翰 · 皮尔斯（John Pierce）的同事走进了布拉顿的办公室。除了身为优秀的工程师以外，皮尔斯还是一位善于遣词造句的科幻小说作家，他的笔名是“J. J. Coupling”。他曾经说过许多精彩的讽刺语，其中包括“自然厌恶真空管”和“在经过了多年的疯狂生长之后，计算机领域似乎到达了它的婴儿期”。在看到皮尔斯之后，布拉顿说道：“你就是我要找的人。”然后他向皮尔斯提出了命名的问题，在稍作思考之后，皮尔斯想到了一个名字。由于这个设备具有互阻（transresistance）的特点，而且它的名字应该类似于热敏电阻（thermistor）和压敏电阻（varistor）这样的装置，因此皮尔斯提出了“晶体管”（transistor）这个名字。布拉顿大声喊道：“就是它了！”完整的命名流程还需要经过全体工程师的正式投票，不过“晶体管”这个名字轻易地在其他 5 个选项当中脱颖而出。[35]

1948 年 6 月 30 日，贝尔实验室在位于曼哈顿西街的总部旧址的礼堂中举行了一场媒体发布会。这场发布会的主角是肖克利、巴丁和布拉顿组成的三人小组，并由身穿深色西装、戴着彩色领结的研究总监拉尔夫·鲍恩（Ralph Bown）担任主持。他强调这项发明是结合团队协作和个人才华的产物：“科学研究越来越被认为是一项团队工作……我们今天向大家展示的成果很好地体现了团队协作、卓越的个人贡献，以及在企业机构进行基础研究的价值所在。”[36] 这段话准确地描述了数字时代创新的组成要素。

《纽约时报》把晶体管的报道放在了第 46 版“无线电新闻”栏目的最下面的角落，它上面是一条管风琴演奏会广播节目的播放通知。不过《时代》周刊却在科学版的头条新闻报道了这个装置，这篇新闻的标题是《小型脑细胞》（*Little Brain Cell*）。贝尔实验室规定在所有对外宣传的图片中，肖克利必须与巴丁和布拉顿同时出现。其中最著名的一张照片是他们三人身处于布拉顿的实验室的情景。在拍摄这张照片的时候，肖克利坐在了布拉顿的座位上面，照片中的桌子和显微镜看上去就像是肖克利自己的一样，而且他还是整个画面的焦点。多年以后，巴丁讲到了布拉顿一直对此事耿耿于怀，还有自己对肖克利的不满：“沃尔特真的很讨厌这张照片……这些设备是沃尔特的，这个实验是我们的，比尔跟它们一点关系都没有。”[37]

晶体管收音机

贝尔实验室是一个融合创新的大锅。除了晶体管以外，它在计算机电路、激光技术和蜂窝电话等领域都处于领先地位。但是它却不太善于利用自己的发明来获取利润。作为一家几乎垄断整个电话服务市场的规约公司，它对开发新产品的积极性并不高，而且法律也会限制它利用自己的垄断地位进入其他市场。为了避免公众的批评和反垄断行动的攻击，它向来都会慷慨地向其他公司提供自己的专利授权。它为晶体管设定了相当低的授权费用，任何公司只需向其支付 25 000 美元即可获得生产晶体管的许可，它甚至为这些公司开办了讲述晶体管制造技术的研习班。

尽管贝尔实验室采用了如此宽松的授权政策，但仍然有一家羽翼未丰的小公司在争取授权方面出现了困难：这是一家位于达拉斯的石油勘探公司，不过它在当时已经完成了业务转型，并更名为德州仪器公司。曾经服役于海军航空局的帕特·哈格蒂（Pat Haggerty）在当时是德州仪器的执行副总裁，他后来还全面接管了这家公司。哈格蒂深信电子元件将会为人们的生活带来翻天覆地的变化。在了解到晶体管的相关信息之后，他认为德州仪器可以找出利用这种元件的方法。跟许多成熟的公司不一样的是，德州仪器拥有足够的勇气进行自我革新。然而根据哈格蒂的回忆，贝尔实验室的负责人当时“显然对我们不知天高地厚的信念感到可笑，他们认为我们不可能发展出在这个领域竞争的实力”。至少在刚开始的时候，贝尔实验室是拒绝向德州仪器出售授权的。“这项业务不适合你们，”这家公司被告知，“我们不认为你们可以做到。”[38]

1952 年春，哈格蒂终于成功说服贝尔实验室向德州仪器出售制造晶体管的授权。他还挖来了一位化学研究员戈登·蒂尔（Gordon Teal），他在贝尔实验室的办公室就在半导体小组的附近。蒂尔是一位处理锗材料的专家，不过他在加入德州仪器的时候已经将研究兴趣转向了硅材料——一种储量丰富而且更耐高温的材料。1954 年 5 月，他成功制作了一个硅晶体管，它采用了由肖克利设计的 NPN 结晶体管结构。

蒂尔在这个月还参加了一场学术会议，他在这场会议上对一份长达 31 页的论文进行了解读。正当观众们听得昏昏欲睡的时候，蒂尔说出了一句足以把他们惊醒的话："虽然刚才我的同事们跟各位提到了硅晶体管的前景不乐观，但是我的口袋里刚好有几个现成的硅晶体管。"他从一台正在播放音乐的电唱机里拿出一个连着电线的锗晶体管，然后把它放入一个装满热油的烧杯里，电唱机的音乐很快就停下来了。接着他对一台采用硅晶体管的电唱机进行了同样的操作，但是由阿蒂·萧（Artie Shaw）演奏的《Summit Ridge Drive》并没有出现丝毫的中断。"在会议结束之前，"蒂尔后来说道，"我们带到会场的讲稿副本都被目瞪口呆的观众们一扫而空了。"[39]

创新的出现是具有阶段性的。以晶体管的出现为例，它的第一个阶段是由肖克利、巴丁和布拉顿主导的发明阶段。接下来是由像蒂尔这样的工程师主导的生产阶段。最后是由企业家研究如何为产品打造市场的阶段，它的重要性毫不逊于之前的两个阶段。蒂尔的老板，敢作敢为的帕特·哈格蒂正是创新第三阶段的精彩实例。

跟史蒂夫·乔布斯一样，哈格蒂也拥有散布现实扭曲力场的能力，他可以迫使其他人完成一些他们自认为不可能的事情。军用晶体管在 1954 年的售价为每件 16 美元，但是为了打入消费者市场，哈格蒂坚持要求他的工程师们想办法将晶体管的单价控制在 3 美元之内。他们最终做到了。他还逐渐掌握了另外一项乔布斯拥有的能力，他能够构思出一些前所未有的设备，虽然消费者还不知道自己为什么会需要这些设备，但他们很快就会发现自己已经离不开它们了。对于哈格蒂来说，这项能力无论在当时还是在以后都为他带来了很大的帮助。至于晶体管的应用，哈格蒂想到的是生产一款袖珍式收音机。当他尝试说服美国无线电公司和其他生产台式收音机的大公司加入这个项目时，它们（理所当然地）指出消费者没有对袖珍式收音机的需求，但是哈格蒂明白开辟新市场的价值要高于争夺现有市场的份额。他最终说服了一家位于印第安纳波利斯的电视天线放大器生产商成为合作伙伴，共同生产一款叫作“Regency TR-1”的收音机。双方在 1954 年 6 月达成了合作协议，这时哈格蒂再次提出了一个似乎不可能完成的要求——这款设备必须在同年 11 月投入市场。事实上他们也做到了。

这款 Regency 收音机的大小相当于一盒索引卡片，它的内部含有四个晶体管，售价为 49.95 美元。它最初的一个卖点是作为安全避难的工具，因为当时苏联已经成功研制出原子弹。“在遭遇敌人袭击的时候，Regency TR-1 将会是您最有价值的财产之一。”这是它的第一版用户手册所写的内容。不过这款收音机很快就成为消费者追捧的产品和青少年的最爱。它酷似 iPod 的塑料外壳有四种不同的颜色：黑色、象牙白、橘红色和灰色。它在一年之内总共售出了 10 万台，于是它成为历史上最受欢迎的新产品之一。[40]

突然之间，每一位身处美国的人都知道了什么是晶体管。当时 IBM 的总裁小托马斯 · 沃森（Thomas Watson Jr.）买了 100 台 Regency 收音机，并把它们拿给了公司的最高领导层，要求他们着手研究如何将晶体管应用于计算机当中。[41]

从更深层的意义来说，晶体管收音机是对数字时代的一个核心主题的首次展示：技术使设备变得个人化。收音机不再是一台放在客厅的共享设备，它变成了一台个人设备，让你无论在何时何地都能收听属于自己的音乐——即使这些音乐是你的父母不允许你听的。

晶体管收音机的出现和摇滚乐的兴起之间也确实存在一种互相促进的关系。埃尔维斯 · 普雷斯利（Elvis Presley）的首张商业唱片《That’s All Right》正是在 Regency 收音机流行的同期推出的。一方面，这种充满叛逆气息的新潮音乐使得每个小孩都想拥有一台收音机。另一方面，收音机可以被随身带到海滩或者地下室这些远离父母的为难和控制的地方，这样也会促进音乐产业的蓬勃发展。“我对发明晶体管的唯一遗憾是它被用在了摇滚乐上。”晶体管的其中一位发明者沃尔特·布拉顿经常这么抱怨道，不过这大概只是一句玩笑而已。飞鸟乐队（The Byrds）的主唱罗杰·麦奎恩（Roger McGuinn）在 1955 年庆祝自己的 13 岁生日时，收到的生日礼物就是一个晶体管收音机。“我听到了猫王的歌，”他回忆道，“这对我来说是一次改变人生的经历。”[42]

从此，人们开始改变自己对电子技术的看法，特别是对于年轻人来说。它将不再是大型企业和军队的专属领域，它也可以是实现个性、自由和创意的工具，甚至还会带来一点叛逆精神。

一鸣惊人

成功的团队有时也会面临解散的危机，对于成员关系紧张的团队来说更是如此。这样的团队需要一种特别的领导才可以团结起来——他们既能鼓舞士气，又注重培养人才；在自身竞争力过硬的同时也懂得如何与人协作。肖克利显然是与之完全相反的一种领导。从他独自一人埋头设计整流结晶体管的做法可以看出，即使是对待自己的同事，他也会表现得争强好胜和讳莫如深。优秀团队领导的另外一项技能是能够向下属灌输一种不分上下级的团队精神。肖克利也没有这样的能力。他是一个专制的领导，他经常对下属的建议置之不理，这种做法会对团队的士气造成很大的打击。布拉顿和巴丁之所以能够取得如此重大的成就，是因为肖克利在那段时期只是向他们提出了一些意见，没有对他们的工作进行过多的干涉。但是在此之后他变得更加独断专行了。

在周末打高尔夫球时，巴丁和布拉顿会互相倾诉自己对肖克利的不满。有一天，布拉顿认为他们有必要将这个情况告诉贝尔实验室的主管默文·凯利。“你想打电话给他吗？还是让我来？”他向巴丁问道。最后这项差事毫无疑问地落在了更加能言善道的布拉顿身上。

一天下午，他来到凯利位于肖特山附近的郊区的住处拜访凯利，凯利在镶木板的书房里接见了布拉顿。布拉顿一五一十地说出了他们的不满，以及身为主管和同事的肖克利是如何的不称职。凯利只是随意敷衍了这些怨言。“于是，我最后不经意地向他透露我和巴丁都清楚知道肖克利发明 PNP（结）晶体管的时间，我也没有想过这样做会带来什么后果。”布拉顿回忆道。换句话说，他在无意间向凯利发出了一个含蓄的警告：在肖克利名下的整流结晶体管专利申请当中，有部分概念是来自布拉顿和巴丁之前的研究工作的。“凯利意识到如果我们双方在未来出现了专利纠纷，我和巴丁都会如实交代我们知道的东西。这种想法彻底转变了他的态度。从此之后，我在实验室里的地位得到了稍微的改善。”[43] 巴丁和布拉顿不再需要向肖克利汇报工作。

但是事实证明这项新的安排不足以令巴丁感到满意。他当时的研究重点已经从半导体转向了超导理论，他还接受了伊利诺伊大学提供的一份工作。“我的困境来自晶体管的发明，”他在交给凯利的辞职信中写道，“在此之前，这里拥有非常好的研究氛围……但是在晶体管发明之后，肖克利开始阻挠小组内的其他成员涉足这个课题。简而言之，他基本上只是利用这个小组来实现他自己的想法。”[44]

巴丁的离职和布拉顿的抱怨都对肖克利在贝尔实验室的地位有所影响。他这种难以相处的性格意味着他已经与升迁无缘。他曾经向凯利甚至是 AT&T 的总裁提出晋升的要求，但是一直未能如愿。“去你的，”他跟一位同事说道，“我要干出一番属于自己的事业，我将会成为百万富翁，而且我要在加州实现这个目标。”在听到肖克利的打算之后，凯利并没有尝试挽留他，反而鼓励他这样做：“我跟他说如果他觉得自己能赚到 100 万的话，那就尽管去做吧。”凯利甚至打电话给劳伦斯·洛克菲勒（Laurence Rockerfeller），推荐他向肖克利正在酝酿的事业投资。[45]

1954 年，肖克利在事业上寻求突破的同时还经历了一场中年危机。在帮助妻子战胜卵巢癌之后，他在妻子康复期间离开了她。他交了一位新的女友，后来还跟她结了婚。他还从贝尔实验室休了长假。在这场典型的中年危机当中，他甚至给自己买了一辆新车——一辆绿色的捷豹 XK120 双座敞篷跑车。

肖克利在加州理工学院做了一个学期的访问教授，同时在位于华盛顿的美国陆军武器系统评估小组担任临时顾问。然而，为了筹建自己的新公司，他在大部分时间里都是在全国各地之间来回奔波——到不同的技术公司观摩学习，以及拜访包括威廉·休利特（William Hewlett）和埃德温·兰德（Edwin Land）在内的成功企业家。“我认为自己应该尝试筹集一些资金，开创一番属于自己的事业，”他向女友写信道，“毕竟我显然要比其他人更聪明，更有活力，而且更懂得人心。”他在 1954 年写下的日记反映了他当时正在努力坚定自己创业的念头。“缺乏上司的赏识意味着什么？”他在日记中写道。跟许多人物传记的主题一样，他还希望达到已故父亲对自己的期望。在计划如何创办一家将晶体管普及到全世界的公司时，他写下了这么一句话：“这个一鸣惊人的想法会让父亲感到骄傲。”[46]

尽管肖克利后来一直都没有取得事业上的成功，但他还是做到了“一鸣惊人”这点。他准备成立的公司会将一个种满杏树的山谷变成一个点硅成金的宝地。

肖克利半导体

洛杉矶商会在 1955 年 2 月举行了一场年会，邀请了电子学领域的两位先驱作为年会的贵宾：真空管的发明者李 · 德富雷斯特（Lee de Forest）和晶体管的其中一位发明者肖克利。坐在肖克利身旁的是洛杉矶商会的副主席，德高望重的企业家阿诺德 · 贝克曼（Arnold Beckman）。贝克曼跟肖克利一样也曾经供职于贝尔实验室，他当时的研究内容是真空管制造技术。他在加州理工学院担任教授期间发明了多种测量仪器，其中包括一台用于测量柠檬酸度的仪器。他以自己的发明为基础建立了一家大型制造企业。

同年 8 月，肖克利邀请贝克曼加入他正在筹建的晶体管公司的董事会。"我问他还打算邀请什么人加入这个董事会，"贝克曼回忆道，"结果他几乎要把仪器制造产业的所有大人物都聚集到自己的董事会，而这些人都将会成为他的竞争对手。"在了解到肖克利这种"幼稚得令人难以置信"的想法之后，贝克曼想帮他找到一个更为明智的创业方式，于是他邀请肖克利来到纽波特比奇与他共度一周的时间，这里是他的帆船停靠的地方。[47]

肖克利的计划是利用气体扩散的方式对硅材料进行掺杂。他可以通过调整时间、气压和温度来精确控制处理的流程，也就是说他可以批量生产不同类型的晶体管。贝克曼被这个想法深深打动了，他说服肖克利不要成立自己的公司，转而出任贝克曼仪器公司的一个新部门的主管，贝克曼会为其提供资金。

贝克曼希望这个部门可以设在洛杉矶地区，因为这是他旗下的大多数部门的所在地。但是肖克利坚持要把它设在自己的家乡帕洛阿尔托，这样可以方便他照顾年事已高的母亲。这对母子之间有着强烈的依恋情感，这点在旁人看来可能会比较难以理解，但是肖克利的坚持对硅谷的形成有着相当重要的历史意义。

当时的帕洛阿尔托仍然保持着肖克利童年时的样子——一个被杏树园环绕的大学小城。但是它的人口在 20 世纪 50 年代翻了一番，达到 52 000 人，它在这段时期还新建了 12 所小学。这个小城之所以会出现大批人口的涌入，有部分原因是国防工业在冷战时期的迅速发展。美国国家航空航天局艾姆斯研究中心（NASA Ames Research Center）坐落于帕洛阿尔托附近的森尼韦尔，由美军 U–2 侦察机拍摄到的海量情报照片胶卷会被陆续送到这个研究中心进行分析。各家国防承包商也随之在周边地区落地生根，其中包括洛克希德公司的导弹与航空部门（制造潜射弹道导弹）和西屋电气（生产用于导弹系统的电子管和变压器）。为了容纳大批年轻的工程师和斯坦福大学的初级教授，大大小小的住宅区就如雨后春笋般涌现出来。生于 1955 年的史蒂夫 · 乔布斯也是在这个地区长大的，他回忆道："最前沿的军工企业都集中在这里，这是一个神秘而高科技的地方，生活在这里真让人觉得兴奋。"[48]

这些国防承包商为附近地区吸引了一批制造电气测量仪器和其他技术设备的公司。这个产业的起源可以一直追溯到 1938 年，当时电子设备企业家戴维 · 帕卡德（David Packard）和他的新任妻子搬到了帕洛阿尔托的新居。不久后，他的好友威廉 · 休利特也住进了帕卡德家中的一间小屋。这座房子里面还有一个车库——这种实用的房屋设施将会成为这个山谷的标志。他们在车库中埋头摆弄各种各样的零件，最后成功做出了他们的首个产品——一个音频振荡器（audio oscillator）。到了 20 世纪 50 年代，他们创办的惠普公司已经成为周边技术创业公司当中的领头羊。[49]

幸运的是，当时有一个专门容纳这些车库创业者的地方。弗雷德 · 特曼在就读麻省理工学院期间是万尼瓦尔 · 布什的博士研究生，他后来成为斯坦福大学工程学院的院长。1953 年，特曼将属于斯坦福大学的 700 英亩未开发空地规划成一个工业园区，技术公司可以用较低的价格租赁这里的土地，并在上面建造崭新的办公楼。这一举措改变了这片区域的面貌。休利特和帕卡德曾经是特曼的学生，他极力说服他们留在帕洛阿尔托创业，而不是像斯坦福大学的大多数顶尖毕业生那样前往东部发展。他们成为斯坦福研究园（Stanford Research Park）的第一批租客。为了进一步发展这个工业园区，后来担任斯坦福大学教务长的特曼鼓励进驻这里的企业与斯坦福大学建立一种互利共赢的关系：企业的员工和管理人员可以在大学里面学习或者担任临时教职，而大学的教授也被允许向这些新建的企业提供咨询服务。斯坦福大学的工业园区最终孕育了成百上千家企业，从瓦里安（Varian）到脸谱网（Facebook）都在此列。

在了解到肖克利正在考虑将他的新公司设在帕洛阿尔托之后，特曼向他写了一封信，他在信中罗列了在斯坦福大学周边创业的各种好处，希望吸引对方前来创业。“我相信把它设立在这里将会是一个互惠互利的选择。”他最后总结道。肖克利也认同了这个想法。作为贝克曼仪器公司旗下的一个部门，肖克利半导体实验室（Shockley Semiconductor Laboratory）最终决定进驻帕洛阿尔托。在新总部大楼进行施工的期间，它在一片原来用作杏子仓库的地方搭起了一间活动房屋作为临时的办公室。硅元素终于来到了这个山谷。

罗伯特·诺伊斯与戈登·摩尔

肖克利试图从贝尔实验室招聘一些曾经与自己共事过的研究员，但是他们都太了解他的为人了。于是他开始整理一份囊括全国最优秀的半导体工程师的名单，然后在没有提前知会的情况下逐一给他们打电话。在这些工程师当中，最为突出的一位是罗伯特·诺伊斯（Robert Noyce），这位充满魅力的艾奥瓦金童拥有麻省理工学院的博士学位，时年 28 岁的他当时正在费城飞歌（Philco）公司担任研究经理。对于肖克利来说，诺伊斯注定是一个重要的人选。1956 年 1 月，诺伊斯接到一个电话，然后听到这么一句话："我是肖克利。"他马上就知道对方是谁了。"这种感觉就像是拿起电话跟上帝说话。"诺伊斯如是说。[50] 他后来开玩笑道："当他开始组建肖克利实验室的时候，他一吹口哨我就过来了。"[51]

诺伊斯是家中四兄弟中的老三，他的父亲是一位公理会牧师。由于父亲工作的需要，他的童年是在艾奥瓦州的多个农场小镇中度过的——包括伯灵顿、大西洋城、迪科拉和韦伯斯特城。诺伊斯的祖父和外祖父都是公理会教会的牧师，公理会是清教徒改革的产物，属于新教运动的一部分。虽然诺伊斯没有继承父辈们的宗教信仰，但是他确实吸收了这个教派对于等级制度、中央权威和独裁式领导的厌恶。[52]

在诺伊斯 12 岁的时候，他们家最终定居在格林内尔（当时的人口只有 5 200 人），一个距离得梅因大约 50 英里的小镇。他的父亲在当地教会得到了一份管理工作。这个小镇的核心建筑是成立于 1846 年的格林内尔学院（Grinnell College），它是由一批来自新英格兰地区的公理会教友创办的。诺伊斯拥有充满感染力的笑容和笔挺优雅的身材，高中时期的他是一个意气风发的尖子学生、运动健将和万人迷。"嘴角迅速扬起的微笑、得体的举止和良好的家庭、额头上方的卷发，还有他身上散发出的一种痞气——以上特质形成了一个极具吸引力的组合。"他的传记作者莱斯利·柏林（Leslie Berlin）这样写道。他在高中时期的女友则表示："他可能是我遇到过的男人当中外形最优雅的一个。"[53]

罗伯特 · 诺伊斯（1927—1990）在仙童半导体公司，照片摄于 1960 年

戈登 · 摩尔（1929—　）在英特尔公司，照片摄于 1970 年

戈登 · 摩尔（最左）、罗伯特 · 诺伊斯（中间靠前）与“八叛逆”的其他成员，他们在 1957 年离开肖克利之后共同创办了仙童半导体公司

多年以后，文学新闻记者汤姆·乌尔夫（Tom Wolfe）为《时尚先生》（*Esquire*）杂志写了一篇精彩的人物小传，他在这篇文章中对诺伊斯的描写已经接近神化的程度：

> 鲍勃有一种独特的聆听和凝视的方式。他会稍微低下头，然后眼睛向上凝视着你，他的眼神仿佛能放出100安培的电力。他在望着你的时候从来不会眨眼睛或者吞口水。他能够一字不差地理解你说过的话，然后用他温柔的男中音声线不紧不慢地回应你，而且他在说话的时候通常都会面带微笑，露出整齐洁白的牙齿。他的目光、声线和笑容都有点儿像电影明星加里·库珀（Gary Cooper）——格林内尔学院最著名的校友之一。坚毅的脸庞、健硕的身材和酷似加里·库珀的举止都让鲍勃·诺伊斯散发出一种心理学家们所说的光环效应。带有光环效应的人似乎都清楚知道自己的魅力所在，而且他们还会让你为他们神魂颠倒。他们会让你看到他们头上的光环。[54]

童年时期的诺伊斯在当时常见的一个场所当中获益良多："爸爸总是能够将我们的地下室改造成一个工作室的样子。"年少的诺伊斯喜欢动手制作各种玩意儿，包括一个真空管收音机、一副带有推进器的雪橇，还有一个他在每天清晨派报时用到的头灯。他最出名的作品是一架悬挂式滑翔机，在放飞这架滑翔机的时候，他可以把它钩在一辆飞驰的汽车的尾部，或者乘上它从谷仓的屋顶往下跳。"我是在美国的一个小镇长大的，所以我们必须做到自给自足。如果有东西坏掉了，我们就要自己动手把它修好。"[55]

诺伊斯和他的几个兄弟都是在班上名列前茅的学生。他平常会为备受尊敬的格兰特·盖尔（Grant Gale）教授修剪家中的草坪，后者在格林内尔学院教授物理课程。他的母亲在教堂礼拜的时候结识了盖尔一家，在母亲的帮助之下，当时正在就读高三的诺伊斯就被允许学习盖尔教授的大学课程。盖尔成为诺伊斯的知识导师，这点一直持续到他入读格林内尔学院的一年之后。

他在格林内尔学院攻读的是数学和物理学的双学位。无论是在学业上还是在课外活动中，他都有非常突出的表现，而且还能保持一贯的优雅。他能够从头推导出物理课上的所有公式，他是美国中西部联盟游泳队的冠军跳水运动员，他在管乐队演奏双簧管，在合唱队唱歌，为模型飞机协会设计电路，在一部广播剧担当主演，还为他的数学教授代教一节关于复数的微积分课。最令人难以置信的是，被众多事务缠身的他仍然非常受欢迎。

然而，他这种既玩世不恭又亲切友善的性格有时也会为他惹来麻烦。在大三那一年，他们宿舍决定举行一场春季烧烤会，诺伊斯和他的一个好友主动提出要去抓一头用来烧烤的猪。在喝下几杯酒之后，他们偷偷溜进了附近的一个农场，手脚并用地抓走了一头 25 磅重的乳猪。他们在宿舍楼上的浴室里面用菜刀杀了这头号啕大叫的小猪，然后把它烤熟了。接下来他们进行了一场充满欢声笑语和大吃大喝的聚会。但是到了第二天早上，他们还需要处理一个道德上的遗留问题。诺伊斯和他的朋友向受害的农场主坦白了他们的过错，并提出赔偿对方的损失。如果是在故事书里面，他的做法也许可以像乔治 · 华盛顿承认砍掉樱桃树那样受人称赞。然而，在这个经济落后的艾奥瓦州农场小镇中，盗窃财物可不是一件可以拿来开玩笑的事情，同时也是不可原谅的。这个农场的主人正是性格严厉的镇长，他甚至威胁要起诉他们。最后盖尔教授充当了他们的调解人，并提出了一个和解的方案：诺伊斯将会向农场主赔偿小猪被偷的损失，他还会被勒令休学一个学期，但是不会被开除出校。诺伊斯坦然接受了这项惩罚。[56]

诺伊斯在1949年2月重返校园，这时盖尔帮了他更大的一个忙。这位教授曾经是约翰·巴丁的大学校友。在了解到巴丁在贝尔实验室参与发明晶体管的消息之后，他给巴丁写了一封信，请求对方向他提供一个晶体管的样本。另外他还联系了贝尔实验室的主管，后者是格林内尔学院的校友，而且他的两个儿子在当时也是盖尔的学生。不久后他就收到了一批技术专题论文和一个晶体管。“格兰特·盖尔的手上拿着第一个成功制作出来的点触式晶体管，”诺伊斯回忆道，“当时我正在读大三。我认为这是促使我投入晶体管研究的其中一个原因。”在后来的一次采访中，诺伊斯更加生动地讲述了他当时的兴奋之情：“这个概念对我来说就像是原子弹一样震撼。无须使用真空管就可以实现放大电流这个概念是完全难以置信的。这是那种可以让人感到豁然开朗的想法，它会启发你采用不同的方式来思考。”[57]

到了毕业的时候，诺伊斯凭借自身的风度和魅力获得了格林内尔学院的最高荣誉：布朗·德比奖（Brown Derby Prize），这是一个由全班同学票选得出的奖项，特别颁发给“最轻而易举地取得最优秀学习成绩的毕业生”。然而，在进入麻省理工学院攻读博士学位的时候，他意识到自己必须更加勤奋地投入到学习当中。导师对他的评价是缺乏理论物理学的知识，所以他不得不进修相关的入门课程。在经过了一年的努力之后，他终于跟上了学习的进度，还获得了一项学术奖学金。他的博士论文研究的课题是光电效应如何体现在绝缘体的表面态中。虽然这篇论文无论在实验操作还是分析上都没有特别出彩的地方，但是它确实让诺伊斯熟悉了肖克利在这个领域的研究。

因此当他接到肖克利的工作邀请时，他毫不犹豫地接受了。但是在正式入职之前，他还需要跨过一道特别的门槛。小时候没能在智商测试中脱颖而出的肖克利已经开始展现出自己对智力水平高低的疯狂执迷，而这点将会毁掉他以后的事业。他坚决要求自己的新员工必须完成一连串的心理和智商测试。于是，诺伊斯在曼哈顿的一家测试机构里面待了一整天的时间，完成各种各样的墨迹测试、图画测试和适应性测试。根据测试的结果，他被认为是一个内向的人，而且缺乏担当管理者的潜质，但是事实证明这些测试能够反映的只有它们自身的缺陷。[58]

肖克利的另外一位优秀新员工是言辞温和的化学家戈登·摩尔（Gordon Moore），他的管理潜能也没有得到心理测试机构的肯定。他也是在没有被提前告知的情况下接到了肖克利的电话。肖克利正在精心组建一支拥有不同科学人才的团队，而这些人才之间的协作将会促进创新的出现。“他知道贝尔实验室的化学家一直都起到了很大的作用，所以他认为自己的新公司也需要一位化学家，”摩尔说道，“幸好我认出了电话里的人是谁。我拿起电话之后他就跟我说：‘你好，我是肖克利。’”[59]

戈登·摩尔待人谦逊友善，而且头脑十分敏锐，这些品质使得他在后来成为硅谷最受人尊敬和爱戴的人物之一。他成长于帕洛阿尔托附近的雷德伍德城，他的父亲是这个地区的副警长。在他 11 岁的时候，邻家的孩子得到了一套化学仪器。“那时候的化学仪器套装里面有一些相当不错的工具。”摩尔回忆道。他还提到了从那时开始，这种化学仪器套装就在政府的监管和父母的担忧之下逐渐消失了，这点也许已经使美国损失了一些宝贵的科学家。他在那时已经可以合成出少量的硝化甘油，然后用这些材料做成炸药。“几盎司的炸药就可以做出非常好玩的爆竹。”他在一次采访中兴奋地这样说道，还一边晃动着自己的十个手指头，似乎要证明它们在经历了自己在童年做出的各种蠢事之后仍然健在。[60] 他表示这些化学仪器所带来的乐趣让他走上了学习化学的道路，他先后获得了加州大学伯克利分校和加州理工学院的化学学士和博士学位。

从出生一直到博士毕业，摩尔从来没有去过帕萨迪纳以东的地方。作为一个土生土长的加州人，他拥有平易近人和亲切友善的性格。他在博士毕业之后来到了马里兰州，为一所隶属海军的物理实验室短暂工作过一段时间。但是他和他深爱的妻子贝蒂（她也是北加州的本地人）都非常渴望回到家乡，所以当肖克利的电话打来的时候，他欣然接受了对方的邀请。

摩尔参加面试的时候是 27 岁，比诺伊斯还小一岁，但是他当时已经开始出现明显的脱发现象。在面试时，肖克利连珠炮似地向他提出各种各样的问题和谜语，手上还拿着一个秒表来计算他的答题时间。摩尔的面试表现非常出色，因此肖克利在当天晚上把他带到了附近知名的聚会场所里克凯悦旅馆（Rickeys Hyatt House）共进晚餐，肖克利在晚餐时还向他表演了自己的得意魔术——使用念力弯折一把汤匙。[61]

肖克利最后招募了 12 位工程师，他们的年龄几乎都在 30 岁以下。他们认为肖克利的为人虽然有点古怪，但他毫无疑问是一个绝顶聪明的人。“有一天，我正在麻省理工学院的实验室工作，然后他突然就出现在了我的面前。我当时在想，天啊，我之前从来没有见过这么聪明的人，”物理学家杰伊·拉斯特（Jay Last）说道，“我改变了自己的整个职业计划，我要去加州为这个人工作。”其他的工程师还包括来自瑞士的物理学家让·赫尔尼（Jean Hoerni），以及尤金·克莱纳（Eugene Kleiner），他在后来成了一位成功的风险投资人。到了 1956 年 4 月，肖克利认为自己已经招到了足够多的新员工，于是他决定为他们举行一场欢迎会。诺伊斯从费城一路驱车赶往参加这场聚会。他最后在晚上 10 点到达，当时肖克利正在表演探戈独舞，他的嘴里还咬着一支玫瑰。一位工程师向莱斯利·柏林讲述了诺伊斯到达欢迎会的情况：“他没有刮胡子，他身上的西装看上去已经穿了一周的时间了，而且他还非常口渴。当时桌子上放着一大碗马丁尼酒，诺伊斯拿起这碗酒就喝下去了，然后他就醉得不省人事了。当时我对自己说：‘这将会是一份充满乐趣的工作。’”[62]

一败涂地的肖克利

有些领导者在坚持己见和要求苛刻的同时还能培养出忠心耿耿的下属。他们敢作敢为的精神使他们充满了人格魅力。史蒂夫·乔布斯就是这样的一个例子。他以电视广告的形式讲述了自己的个人宣言，它的开头是这样的："致疯狂的人。他们特立独行。他们桀骜不驯。他们惹是生非。他们格格不入。"亚马逊网站的创始人杰夫·贝佐斯（Jeff Bezos）也拥有这种鼓舞人心的能力。这种能力的诀窍在于激励人们认同你的使命感，让他们心甘情愿地追随你，甚至到达他们自认为不可能企及的地方。肖克利并没有这样的才能。虽然他身上的光环可以帮他招募到一批优秀的员工，但是当这些员工真正开始与他共事之后，他们很快就会在他的粗暴管理之下心生怨恨，就像布拉顿和巴丁一样。

一个优秀的领导者需要知道什么时候应该坚持自己的想法，什么时候应该听取质疑者的意见。肖克利难以在这两者之间取得平衡。这个问题在他设计一款四层二极管的时候得到了明显的体现。在他的设想之下，这种二极管会比三层晶体管速度更快，同时能够实现更多的功能。它在某种意义上可以算是集成电路的起源，因为这种新元件在执行任务的时候需要在同一块电路板上搭载四到五个晶体管。但是它的制造工艺非常复杂（需要对薄如纸片的硅材料的正反两面进行不同的掺杂处理），而且大部分生产出来的成品都是无法使用的。诺伊斯试过说服肖克利打消生产这种二极管的念头，但是肖克利没有听进去。

许多引起重大变革的创新者在推进新想法的时候都会表现出同样的固执，但是肖克利已经越过了富有远见和痴心妄想之间的界线，变成了领导无方这一反面教材。在研制四层二极管的过程当中，他一直表现得十分隐秘、顽固、专制和偏执。他为此成立了几个秘密的工作小组，同时拒绝向诺伊斯和摩尔等人透露相关的信息。“他无法面对自己决策失误的事实，于是他开始迁怒于自己身边的每一个人，”其中一位反抗他的工程师杰伊·拉斯特回忆道，“他还会出言辱骂我们。我从他的心腹亲信变成了他全部问题的罪魁祸首之一。”[63]

他的偏执已经深入到了他的本性当中，这点可以在一系列打击员工士气的事件当中体现出来。例如，有一位秘书在开门的时候割伤了手指，这时肖克利坚信有人想要陷害他。他要求公司的每一位员工都必须参加一次测谎仪测试。大部分员工都拒绝了这个要求，肖克利也只好就此作罢。后来他们发现割伤那位秘书的只是一颗图钉的尖端，这颗图钉之前一直被钉在门上用于张贴通知。“我认为‘暴君’这个词已经不足以概括肖克利了，”摩尔说道，“他是一个性格复杂的人。他的好胜心非常强，他甚至会与自己的下属竞争。根据我外行的诊断，他还是一个偏执狂。”[64]

更糟糕的是，肖克利对四层二极管的执迷被证明是错误的。有时候天才和庸才之间的区别就在于他们的想法是否正确。如果肖克利的二极管在事实上可行，或者他能够把它发展为集成电路的话，他也许会再次成为被世人认可的远见者，然而事实并非如此。

在和昔日的工作搭档巴丁和布拉顿共同获得一项诺贝尔奖之后，肖克利的偏执反而变得更加严重了。他在 1956 年 11 月 1 日早晨接到了获奖的通知电话，他当时的第一反应是觉得这是一个万圣节的恶作剧。在确认了这个消息之后，他开始阴暗地怀疑有人会否定他获奖的资格，于是他向诺贝尔委员会写信询问关于他的反对者的信息，对方拒绝了这个请求。不过至少在当天，肖克利半导体公司内部的紧张气氛得到了缓解，他们在里克凯悦旅馆里面举行了一场庆功午宴。

虽然巴丁和布拉顿一直都与肖克利保持着疏远的关系，但是当他们与家人齐聚斯德哥尔摩参加颁奖典礼的时候，他们之间的气氛尚算热络。在颁奖典礼的演讲上，诺贝尔委员会的主席强调了天才个人和团队协作的结合对于晶体管发明的重要性。他将其称为“远见、创造和坚持的最高成就，这是通过个人和团队的结合实现的”。当天晚上，巴丁和布拉顿在斯德哥尔摩大酒店的酒吧里面饮酒叙旧。肖克利在午夜后不久走了进来。虽然他们在过去 6 年里几乎没有和他说过话，但是他们在这时候还是放下了隔阂，邀请他与他们坐在一起。

肖克利志得意满地从斯德哥尔摩回到公司，但是他的不安全感却没有丝毫减退。在一次面向员工的讲话当中，他表示“是时候”让世人认可他的贡献了。拉斯特注意到公司内部的气氛开始“迅速恶化”，到后来已经变成了“一所大型的精神研究院”。诺伊斯向肖克利提到公司内部“全体人员的不满情绪”正在逐渐累积，但是他的警告也没有起到什么作用。[65]

肖克利不愿意分享功劳的心态使得他很难营造出一种协作精神。1956 年 12 月，也就是在肖克利获得诺贝尔奖的一个月之后，他的几位员工准备将他们撰写的论文提交给美国物理学会，这时肖克利要求他的名字必须以合著者的身份出现在这些论文上，他们公司提交的大部分专利申请也需要遵守这个要求。另外，他还坚称任何发明都只能有一个真正的发明者，因为“创意的唯一灵感只会出现在某个人的脑海中”。他还补充说其他参与其中的人“仅仅充当协助者的角色”，这种说法也许有点自相矛盾。[66]晶体管的发明也是通过团队协作实现的，但是这段经历却没有让他打消这个观念。

狂妄自大的肖克利不仅会与自己的下属产生冲突，连他名义上的上司和老板阿诺德·贝克曼也成了他发泄的对象。有一次，贝克曼乘飞机来到肖克利的公司开会，讨论控制公司运营成本的需要。肖克利在会议上的行为超出了在场所有人的预料——他在全体高层职员的面前大声吼道："阿诺德，如果你不喜欢我们这里的做法，我随时都可以带着这批人离开，我无论在任何地方都能够得到支持。"然后他怒气冲冲地走出了会议室，留下他的老板和员工们面面相觑。

在其他心怀怨恨的同事的请求之下，戈登·摩尔在1957年5月代表他们致电给贝克曼，他在电话中转达了员工们的怨言。刚刚被肖克利羞辱过的贝克曼也表达了自己对这批员工的关心。"你们那边的情况看来不太乐观，是吧？"贝克曼慰问道。

"情况确实不妙。"摩尔回应道。他向贝克曼保证，如果肖克利可以离开的话，那么其他骨干员工将会继续留下来。[67]但是反过来的情况也同样成立，摩尔警告如果不换一位有能力的领导来顶替肖克利，那么员工们将很有可能离开。

摩尔和他的同事们刚刚看过电影《叛舰凯恩号》（*The Caine Mutiny*），然后他们也开始密谋反抗他们的"奇格舰长"（Captain Queeg）。[68]在接下来的几个星期里，由摩尔带领的7位不满现状的骨干员工与贝克曼进行了一系列的秘密会议和晚餐，他们最终达成了一个协议：肖克利将被调任为高级顾问的职位，而且他所有的管理职责也会被移除。贝克曼在一顿晚餐上向肖克利通知了这项人事变动。

起初肖克利勉强同意了这个安排。他允许诺伊斯负责管理公司的运作，并将自己的职责限制为提供想法和战略建议。但是他很快就改变了主意。放弃控制权从来都不是肖克利的本性，况且他对诺伊斯的管理能力也存有疑虑。他向贝克曼表示诺伊斯不会成为一个"积极进取的领导"，而且诺伊斯也不够坚决果断。肖克利的批评其实也有一些可取之处。肖克利本身也许是一个过于好胜和固执的领导，但是为人友善随和的诺伊斯却缺乏一些必要的强硬。对于管理者来说，一个非常关键的要求是能够在坚决和包容之间取得平衡，肖克利和诺伊斯都不能精确地把握好这个标准。

当需要在肖克利和员工之间做出抉择的时候，贝克曼临阵退缩了。“我有一种不当的忠诚感，我觉得自己对肖克利有所亏欠，而且我应该给他足够的机会来证明自己，”贝克曼后来解释道，“如果我当时知道后来会发生的事情，我肯定会跟肖克利说再见。”[69] 贝克曼的决定震惊了摩尔和他的支持者们。“贝克曼实际上是在告诉我们：‘肖克利才是你们的老大，如果不能接受就滚蛋吧。’”摩尔回忆道，“我们发现一群年轻的博士确实无法轻易撼动一位新晋诺贝尔奖得主的地位。”一场叛变已经变得不可避免。“我们完全被逼上了绝路，我们当时已经到了不得不离开的时候了。”拉斯特如是说。[70]

在当时来说，离开一家成熟的企业去成立一家竞争对手企业是很不寻常的，所以他们的决定需要一定的勇气。“那时候这个国家的商业文化是一直为一家公司工作，直到退休为止，”技术公司营销大师里吉斯·麦肯纳（Regis McKenna）评论道，“这是美国东海岸，甚至是中西部地区的传统价值观。”当然，如今的情况已经不再如此，而促成这种文化转变的正是肖克利的反叛者们。“从现在看来，这是再正常不过的事情了，因为我们这里已经接受了这样的惯例——主要是在这批人才的不断流动中建立的，”硅谷历史学家迈克尔·马隆（Michael Malone）说道，“现在你就算在外面创业失败，也总比在一家公司待上 30 年要好。但是 20 世纪 50 年代的情况可不是这样，他们当时肯定感到非常害怕。”[71]

这个反叛小组最初总共有 7 个人（诺伊斯当时还没有加入），摩尔是他们的带头人。他们决定成立一家属于他们自己的公司，但是成立公司需要一笔资金。于是，他们当中的尤金·克莱纳给他父亲的股票经纪人写了一封信，这位经纪人来自海登斯通公司（Hayden, Stone & Co.）——一家在华尔街享负盛名的证券公司。在交代完他们的背景之后，克莱纳在信中断言道："我们相信可以在三个月之内组建一家半导体公司。"这封信最后落到了一位年仅 30 岁的证券分析师亚瑟·洛克（Arthur Rock）的手上，他从就读哈佛商学院的时候就开始涉足风险投资，而且一直以来都少有失手。洛克说服了他的上司巴德·科伊尔（Bud Coyle）和他一起前往西海岸一探究竟。[72]

洛克和科伊尔在旧金山的克里夫特酒店（Clift Hotel）会见了这七位工程师，但是他们发现这个团队还缺乏一位领导者，于是他们催促这些反叛者尽快邀请诺伊斯入伙，后者在之前一直都拒绝加入他们，因为他觉得自己应该对肖克利尽责。摩尔最终成功说服诺伊斯参加他们的下一场会议。诺伊斯在会议上给洛克留下了深刻的印象："我一看到诺伊斯就被他的魅力深深吸引住了，我可以看出他非常适合担任他们的领导。他们会听从他的命令。"[73] 在这场会议上，包括诺伊斯在内的八人达成了一个协议：他们会共同离职并创办一家新的公司。科伊尔拿出了几张崭新的美元钞票，让他们在上面签上自己的名字，作为一份象征性的合同。

在当时，要融资成立一家完全独立的公司是很困难的，对于从知名公司离职的创业者来说更是如此。那时候业界还没有形成向创业公司投资种子基金的观念。这种新型的投资方式要等到诺伊斯和摩尔创办下一家公司的时候才开始流行，这点我们会在下文讨论到。所以他们选择的是寻找一家现有的公司资助他们成为一个半独立的部门，就像是贝克曼与肖克利的关系一样。在接下来的几天内，他们仔细地翻阅了《华尔街日报》，并从中找出 35 家有可能接纳他们的企业。洛克在回到纽约之后就开始给这些企业打电话，但是没有得到任何正面的回应。“没有一家企业愿意接手一个独立的部门，”他回忆道，“他们认为现有的雇员会对此有意见。我们已经尝试了几个月的时间，正当我们准备放弃的时候，有人建议我去拜访谢尔曼·费尔柴尔德（Sherman Fairchild）。”[74]

费尔柴尔德对于他们来说是一位非常合适的投资人。他是仙童摄影器材公司（Fairchild Camera and Instrument）的老板。除了身兼发明家、花花公子和企业家的身份以外，他还是 IBM 最大的个人股东，而他的父亲正是 IBM 的联合创始人之一。作为一位出色的发明家，他在哈佛大学读大一的时候就发明了世界上第一台闪光同步相机。他后来在航拍技术、雷达相机、特殊用途飞机、网球场照明、高速磁带录音机、用于印刷报纸的利索型照相排字机（lithotype）、彩色雕刻机和防风火柴等领域都有所建树。除了继承大笔遗产，这些发明成果也为他带来了不菲的财富。他喜欢赚钱的乐趣，更享受花钱的快感。他是 21 俱乐部（21 Club）和摩洛哥夜总会（El Morocco）的常客，按照《财富》杂志的原话：“陪在他身边的美女就像是扣在衣领的襟花一样，每隔几天就会换一个。”他亲自设计了位于曼哈顿上西区的自家宅邸，里面采用了玻璃制成的幕墙和斜坡，下方的中庭是一座由陶瓷覆盖的岩石砌成的花园，未来感十足。[75]

费尔柴尔德爽快地拿出了 150 万美元作为这家新公司的启动资金（大概是 8 位创始人原定金额的两倍），他将会以期权交易的形式获取这笔投资的回报。如果这家公司在日后取得了成功，他可以以 300 万美元的价格把它完全买下来。

诺伊斯和他的追随者们组成的“八叛逆”（the traitorous eight）也把他们的公司选址在帕洛阿尔托的市郊，它和肖克利半导体公司就在一条公路上，后者在经过这次的人才流失之后一直都未能恢复元气。6 年后，肖克利终于放弃了从商的念头，转而担任斯坦福大学的教授。另外，他的偏执狂心理也变得越来越严重，他开始执迷于种族之间存在遗传水平差异的观念——他认为黑人的基因存在智商上的劣势，所以不应该鼓励他们进行生育。自此以后，这位曾经构思晶体管概念并带领人们来到硅谷这片乐土的天才就成了众矢之的，他的每次演讲都会出现大批的起哄者。

相比之下，由“八叛逆”成立的仙童半导体公司是体现天时、地利、人和三者的典范。因为帕特·哈格蒂在德州仪器公司研制的袖珍式收音机受到了消费者的热捧，所以市场对于晶体管的需求正在不断增长，而且这个增长速度还会继续攀升：1957 年 10 月 4 日，也就是在仙童半导体公司成立的三天之后，苏联成功发射了斯普特尼克号（Sputnik）人造卫星，同时触发了美苏之间的“太空大战”。民用航天项目和建造弹道导弹的军用项目都在推动计算机和晶体管的需求。这些需求也促进了这两项技术之间的共同进步。因为计算机需要被做成能够装进火箭头锥的大小，所以找出将成千上万个晶体管塞入小型设备当中的方法成了一件非常紧迫的事情。

杰克·基尔比（1923—2005），1965 年在德州仪器公司

基尔比设计的微芯片

阿瑟·罗克（1926— ），摄于 1997 年

1978 年，安迪·格鲁夫（1936—2016）和诺伊斯及摩尔在英特尔

第五章　微芯片

1957 年是仙童半导体公司成立和斯普特尼克号发射之年，也正是在这一年，贝尔实验室一位高管为纪念晶体管诞生 10 周年发表了一篇论文。这位高管在论文中揭示了一个他称之为“数字暴政”（the tyranny of numbers）的问题：随着电路上元件数量的增加，连接数量也会增加，而且增速要快得多。举例而言，如果一个系统有 1 万个元件，就要求电路板上有 10 万条乃至更多细小的连线，而这些连线一般都要手工焊接。这显然不是一种可靠的生产工艺。

但“数字暴政”却为创新提供了契机。在该问题日益严峻、亟待解决之际，半导体制造工艺方面恰好又出现了数百项小的突破。两者的结合缔造出一项发明，这便是集成电路，又称微芯片，它独立地诞生在德州仪器和仙童半导体这两家不同的公司。

杰克·基尔比

杰克·基尔比（Jack Kilby）也是那种来自中西部农村的男孩，小时候，他在工作间里和父亲一起捣鼓电子元件，组装业余无线电（ham radios）。[1] 他在获得诺贝尔奖后表示：“我成长在北美大平原，周围都是勤勤恳恳的西部拓荒者后代。”[2] 基尔比在堪萨斯州中部的大本德长大，父亲在当地经营一家公用事业公司。夏天，一家人会开着自家的别克车去偏远的发电厂，如果发电厂出现故障，他们就在里面匍匐检修。有一次，当地遭到严重的暴风雪袭击，他们只能用一台业余无线电与电话通信中断的用户保持联系，从那时起，小基尔比便被这种重要的技术迷住了。他在接受《华盛顿邮报》的 T · R · 里德（T. R. Reid）采访时谈道：“少年时代的那场暴风雪让我第一次认识到，无线电及电子设备能让人们取得信息、保持联系并获得希望，从而对人类生活产生重大影响。”[3] 他通过学习取得了业余无线电操作执照，并四处搜罗零部件，不断升级自己的无线电设备。

基尔比曾报考过麻省理工学院，但未能如愿，后来他进入了伊利诺伊大学。珍珠港事件爆发后，他中断学业，加入了美国海军。基尔比被派往印度一个无线电维修站，他曾多次到加尔各答的黑市上购买零部件，在军用帐篷搭成的实验室里对接收机和发报机进行改进。基尔比性格温和，带着灿烂的笑容，他沉默寡言，但为人随和。让基尔比与众不同的是他对发明创造的那种永不满足的好奇心。他开始阅读每一项新发布的专利。他说：“所有东西都得读——这是工作的一部分。要把所有琐碎的东西都积累起来，日后或许会有百万分之一的东西能派上用场。”[4]

基尔比的第一份工作是在密尔沃基的电子零件公司中心实验室（Centralab）。这家公司当时在尝试将助听器元件全部集中到一个陶瓷衬底上，这大致可以算是微芯片思想的前身。1952 年，Centralab 等公司以 25 000 美元的价格获得了晶体管生产许可，成为贝尔实验室慷慨分享知识之举的受益者。基尔比曾参加过贝尔实验室一个为期两周的研讨会，他和其他几十人住在曼哈顿一家酒店里，每天早晨，大巴会把他们送到坐落在默里希尔的贝尔实验室。他们参加了深入介绍晶体管设计的讲座，在实验室里亲自动手操作，还去了一家制造厂参观。贝尔实验室给所有参加者都发了三卷技术论文。对以低廉价格授权专利和分享知识抱有强烈意愿的贝尔实验室奠定了数字革命的基础，尽管该公司并没有充分发挥自身的优势。

基尔比意识到，要想站在晶体管发展潮流的前列，就得进一家较大的公司工作。1958 年夏天，在权衡了多份工作邀约之后，他决定加入德州仪器。在这里，他会与帕特·哈格蒂以及威利斯·阿德科克（Willis Adcock）手下出色的晶体管研究小组携手工作。

德州仪器的政策是，7 月所有人都统一休假两周。因此，当没有累积假期的基尔比来到达拉斯时，半导体实验室里几乎没什么人。这就让他有时间思考这样一个问题：硅除了用来加工晶体管，还有什么其他用途？

基尔比知道，不含任何杂质的硅性质类似一个简单的电阻。他意识到，还有一种方法可以让硅片上形成 PN 结，充当能储存少量电荷的电容。事实上，硅只要经过不同处理，就可以制成任何电子元件。由此，他提出了所谓的“单片概念”：可以把所有元件集成到单个硅片上，而无须把不同元件焊接在一块电路板上。1958 年 7 月，基尔比在他的实验室笔记上写下一句话来阐述这一思想，后来他又在诺贝尔奖致辞中援引了这句话：“电阻、电容、分布电容、晶体管等电路元件可以放在单个薄片上。”然后他绘制了几张草图，说明如何在一块硅片上通过配置掺有不同杂质的区域来制作这些电路元件。6 个月后，诺伊斯也写下了类似的想法。

基尔比的老板阿德科克休假回来后，基尔比向他汇报了自己的设想。阿德科克一开始并不完全认为基尔比的想法切实可行。实验室还有其他看起来更紧迫的事情要做。但他和基尔比商定：如果基尔比能做出可用的电容和电阻，他就批准启动在单个芯片上做完整电路的项目。

一切都在按计划进行。1958 年 9 月，基尔比准备了一场演示，这场演示和 11 年前贝尔实验室的巴丁和布拉顿为上司所做的演示一样极富戏剧性。基尔比在一块和短牙签差不多大小的硅芯片上集成了一些元件，理论上能做成一个振荡器。在包括公司董事长在内的一群高管的注视之下，基尔比战战兢兢地把小小的芯片连接到一台示波器上。他看了看阿德科克，阿德科克耸耸肩，似乎在说，什么也没发生。但基尔比一按按钮，示波器屏幕上便呈现出应有的起伏波动。里德在报道中写道："每个人都喜笑颜开，电子行业的新纪元开始了。"[5]

这个装置算不上有多美观。基尔比 1958 年秋季制作的模型中有许多细小的金线连接着芯片内的一些元件，看起来就像是从硅枝上伸出的昂贵蜘蛛网。这个装置既难看，也不实用，无法大批量生产。但无论如何，这是世界上第一枚微芯片。

1959 年 3 月，在提交专利申请几周之后，德州仪器披露了这项新发明，该公司称其为"固体电路"。德州仪器还在纽约举办的无线电工程师学会年会上展出了几个样品，引起很大轰动。该公司总裁宣称，此项发明将成为继晶体管以来最重要的发明。这话听起来像是吹嘘，但其实是说得太保守了。

德州仪器宣布的消息对仙童半导体而言无异于晴天霹雳。两个月前曾草草记下自己的集成思想的诺伊斯为德州仪器先声夺人感到失望，他还担心德州仪器因此获得竞争优势。

诺伊斯的版本

通往创新的道路通常有很多条。诺伊斯和仙童半导体的同事们就在从另一个方向入手，探索开发微芯片的可能性。他们之所以着手展开这项研究，是因为遇到了一个棘手的问题，也就是公司做的晶体管不好用。有太多晶体管都发生了故障。只要遇到一丁点儿灰尘，甚至只要接触一些气体就会让晶体管无法正常工作。猛烈敲打或碰撞也会让晶体管出故障。

仙童半导体的物理学家、“八叛逆”之一的让·赫尔尼想出了一个新颖的解决方案。他想在硅晶体管表面敷置一层薄薄的氧化硅层，就像千层蛋糕表面的糖衣一样，这样就能对下面的硅起到保护作用。他在笔记中写道：“在晶体管表面……为微芯片敷置氧化层……能使结点不致暴露在外，这样晶体管就不会受到污染。”[6]

这种方法被称为“平面工艺”，因为硅的表面有一个氧化层。1959 年 1 月（当时基尔比已经产生了想法，但尚未申请专利，也没有对外公布），赫尔尼有天早晨淋浴时突然又一次“灵光乍现”：可以在这个氧化保护层上刻一些小口，让杂质分散到特定的位置，以产生所需的半导体属性。诺伊斯很喜欢这个“在茧里做晶体管”的想法，他将其比作“在丛林里建一个手术室——你把病人放进一个塑料口袋里，然后在里面动手术，这样丛林里那些苍蝇就不会飞到伤口上了。”[7]

在这里，我们不能不提及专利律师的重要作用。专利律师的使命是保护出色的创意，但有时他们也能激发创意。平面工艺就是一个例证。当时，诺伊斯叫来仙童半导体的专利律师约翰·罗尔斯，让他准备申请材料。于是罗尔斯开始向赫尔尼、诺伊斯和他们的同事发问：这种平面工艺有什么实际用途？罗尔斯这样问是为了能在专利申请中列出尽可能多的用途。据诺伊斯回忆：“罗尔斯是这样问的：‘我们在申请专利保护时还能把哪些用途写进去？’”[8]

当时，赫尔尼只是想设计出可靠的晶体管。他们还没有意识到，可以借助这种在氧化层上开小口的平面工艺将许多种晶体管和其他元件蚀刻在单片硅片上。但罗尔斯不断的发问迫使诺伊斯去做进一步思考，当年1月，他开始与摩尔探讨一些设想，他把这些想法草草写在黑板上，并记到自己的笔记本里。

诺伊斯认识到的第一个问题是，有了平面工艺，就不需要那些从每一层晶体管上伸出的细线了，可以在氧化层顶部印上小铜线，以代替这些布线。这将使晶体管生产变得更快、更可靠。从这一点出发，诺伊斯又产生了下一个洞见：既然能用这些印刷铜线连接晶体管的不同区域，那就也能用它们连接同一块硅片上的两个或更多晶体管。运用开口技术的平面工艺能让杂质分散开来，这样就能把多个晶体管安装在同一块硅芯片上，而印刷铜线能将它们连接起来，形成一个电路。于是他走进摩尔的办公室，在黑板上向他演示自己的想法。

诺伊斯是个喜欢说话的活跃分子，而摩尔则说话不多，但富有洞见，善于倾听，两人的性格可谓相得益彰。下一步跨越就很简单了：同一块芯片也可以包含各种不同元件，比如电阻和电容。诺伊斯在摩尔的黑板上写写画画，向他说明怎样把一小块纯净的硅做成电阻，几天后，他又向摩尔解释怎样制作硅电容。印在氧化层表面的小小金属线能将所有这些元件整合成一个电路。诺伊斯承认："我从来也不记得有哪一次突然悟出了整套方法，不是说像电灯一样突然灭掉，灯亮之后一切就都摆在那儿了。更准确地讲是，每天你都会说'喔，如果我能做成这件事情，接下来我也许就能做成那件事，这样一来我就能做这个了'，最终，你的概念就形成了。"[9]在经过一段时间的尝试之后，他1959年1月在笔记本里写下一句话："理想的结果是把多个设备做到单个硅片上。"[10]

诺伊斯在基尔比之后几个月独立地构想出微芯片概念，两人可谓是殊途同归。基尔比的初衷是解决布线过多的问题，于是他想制作出无须焊接便能带有许多元件的电路。而诺伊斯的主要动机则是发掘出赫尔尼平面工艺的所有潜力。两者之间还有一个更实际的区别：诺伊斯的微芯片没有像支楞着的蜘蛛网一样乱糟糟的布线。

专利权之战

在人类发明史上，尤其是在数字时代，专利无可避免地成为争端之源。创新者的成果往往建立在协作和对他人工作的借鉴之上，因此，要想精确划定创意或知识产权的归属并非易事。我们偶尔会看到一群创新者欣然投身于开源项目，允许将自己的创新成果公之于众，他们伟大的无私分享精神让专利变得无足轻重。但在更多的情况下，创新者会希望获得认可。有时候，这是出于自我意识方面的原因，比如肖克利想方设法要把自己的名字列入晶体管专利中。还有一些时候是出于经济原因，尤其是在牵涉仙童半导体和德州仪器等公司的时候，这些公司需要回馈投资者，以获得继续展开新发明所需的运营资本。

1959 年 1 月，德州仪器的律师和高管开始匆忙为基尔比的集成电路设想申请专利——倒不是因为他们获悉诺伊斯也正在笔记本中记录类似思想，而是因为有传闻称美国无线电公司也有相同的构想。于是他们决定弄一份宽泛的专利申请。这种策略存在一个风险，因为这样一来，他们的主张可能就会变得经不起推敲，就像莫奇利和埃克特在计算机专利中所提的空泛主张一样。但如果能通过审批，这项专利就能作为有力的进攻性武器，向任何想做类似产品的人开火。专利申请宣称，基尔比的发明是“一个前所未有的全新小型化概念”。尽管专利申请只描述了基尔比设计的两种电路，但它声称：“用这种方法制作的电路在复杂性和构造方面都没有任何限制。”

但在匆忙之中，德州仪器没有时间绘制图片，说明在公司所述的微芯片上连接元件的各种可行方法。唯一能用的就是基尔比那个缠绕着一团细金线，像蜘蛛网一样的演示模型。德州仪器的小组决定就用这张后来被他们戏称为“飞线图”的图片。基尔比当时已经想到可以采用印刷金属连接这种比较简单的方法，因此他在最后一刻让律师在申请书中增加了一段，对这一概念也提出权利主张。申请书指出：“除用金线来实现电连接之外，连接还有可能通过其他方式实现。比方说……可以把氧化硅蒸发到半导体电路板上……然后将金等材料置于绝缘材料上，以实现必要的电连接。”德州仪器于 1959 年 2 月提交了这份专利申请。[11]

当德州仪器次月公布这一消息时，诺伊斯和他仙童半导体的小组也加快了专利申请的步伐。仙童半导体要设法抵御德州仪器的宽泛主张，因此，该公司的律师有意把重点放在诺伊斯版本的特殊性上。他们强调，平面工艺（仙童半导体已经为此申请了专利）能让一种“在半导体不同区域之间建立电连接”的印刷电路法成为可能，并能“让统一的电路结构更紧凑，更容易制造”。仙童半导体在申请中称，诺伊斯的方法不同于“必须通过接线来建立电连接”的电路，它意味着“连线和连接本身可以同时、以相同方式配置”。尽管德州仪器在单个芯片上整合多个元件的创新理应获得专利，但仙童半导体希望能够凭借该公司通过印刷金属线而非布线方式实现电连接的发明获得专利。仙童半导体知道，这种方法能使微芯片的大规模生产成为可能，因此，他们能在专利保护方面争取到一些与德州仪器平起平坐的权利，迫使德州仪器签署交叉许可协议。仙童半导体于 1959 年 7 月提交了申请。[12]

与围绕计算机的专利权争端一样，司法系统也用了多年时间来处理集成电路专利权的归属问题，而这个问题也从来也没能得到彻底解决。德州仪器和仙童半导体的专利申请被分到两个不同的审查人手中，他们似乎对对方的工作都不知情。诺伊斯的专利申请是后提交的，却先得到批准，这项专利于 1961 年 4 月授予诺伊斯。于是诺伊斯被宣布为微芯片的发明人。

德州仪器的律师们申请启动“抵触审查程序”（priority contest），他们指出，基尔比才是第一个想出点子的人。这就引发了所谓的“基尔比—诺伊斯案”，该案由专利上诉与争议委员会经办。案件调查的部分内容是审查双方的笔记和其他证据，看究竟是谁先形成了基本概念。人们普遍认同（连诺伊斯也不例外），基尔比的想法要比诺伊斯早几个月。但在基尔比的专利申请是否真的包括在氧化层表面印刷金属线这一关键技术工艺（而不是用许多细丝来制作微芯片）这个问题上，人们则抱有一些争议。其中，基尔比在专利申请结尾插入的那句话引发了许多异议。基尔比称，“随后可以将金等材料置于”氧化层上。这究竟是他发现的特殊工艺，还是说仅仅是个偶然的猜想？[13]

1964 年 6 月，专利局批准了基尔比最初的申请——将专利权授予基尔比，在这场旷日持久的纠纷仍在延续之际，这项裁定让问题变得更加复杂。抵触审查程序因此变得极为重要。直到 1967 年 2 月，抵触审查程序的判决才最终做出，该判决对基尔比有利。这个时候距基尔比提交专利申请已经过去了 8 年，现在，他和德州仪器被宣称为微芯片的发明者。不过事情仍然没有就此结束。仙童半导体提起了上诉，美国关税和专利上诉法院在听取了所有论据和证词后，于 1969 年 11 月做出了结论相反的判决。上诉法院宣布：“基尔比没能证明‘置于’一词当时具有……或者之后取得了符合电子或半导体工艺定义的含义。”[14] 基尔比的律师试图向美国最高法院提起上诉，但最高法院拒绝受理此案。

在经历了长达10年的纠葛，花费数百万美元法律费用之后，诺伊斯取得了胜利，但这场胜利其实并没有多大意义。当时，《电子业新闻》(*Electronic News*)刊登了一篇副标题为《专利权易手不会改变什么》的短文。到这个时候，官司已经没什么好打的了。迅速膨胀的微芯片市场让仙童半导体和德州仪器的务实派们意识到，官司再打下去，代价就太大了。于是，1966年夏季，在距最终判决还有三年的时候，诺伊斯和仙童半导体的律师们与德州仪器的总裁及法律顾问进行了会晤，并达成了和解协议。两家公司均认可对方拥有微芯片的部分知识产权，他们还同意对自己掌握的所有知识产权进行交叉授权。其他公司必须同时与这两家公司签署许可协议，通常需要支付总计相当于利润4%左右的专利权使用费。[15]

那么，微芯片究竟是谁发明的呢？和计算机是谁发明的这个问题一样，答案并不能简简单单地诉诸法律判决。基尔比和诺伊斯是几乎同时取得这一成就的，这说明在当时，这项发明的诞生已是万事俱备，只欠东风了。确实如此，在美国乃至全球，很多人早些时候已经提出了集成电路的设想，其中包括德国西门子的沃纳·雅各比(Werner Jacobi)以及英国皇家雷达研究所的杰弗里·杜默(Geoffrey Dummer)。诺伊斯和基尔比与他们所在公司的研究小组共同努力的方向是找到生产这类设备的可行方法。尽管基尔比较诺伊斯提前几个月找出了在芯片上集成元件的方法，但诺伊斯比基尔比走得更远：他设计出了连接这些元件的正确方式。他的设计能够实现大规模高效生产，而且成为未来微芯片的通用模型。

基尔比和诺伊斯个人对微芯片发明人这一问题的处理方式颇有借鉴意义。两人都是翩翩君子；他们都来自中西部人与人关系密切的小社区，都很有教养。他们不像肖克利那样为紊乱的多重人格和不安全感所折磨。只要谈到微芯片发明归功于谁这个问题，两人都会慷慨地赞扬对方所做的贡献。社会上很快就形成一种共识，即对两人的贡献均予以肯定，将他们视为共同发明人。早先流传着这样一种说法，据说基尔比曾轻微抱怨："这和我理解的共同发明可不一样，可大家都已经接受了。"[16] 但基尔比最终也接受了这种看法，这之后他一直保持着尊重态度。多年以后，当《电子工程时代》（*Electronic Engineering Times*）杂志的克雷格·松本（Craig Matsumoto）请他谈当年的纠葛时，"基尔比对诺伊斯满是溢美之词，并称半导体革命归功于数千人的工作，而不是来自一纸专利"。[17]

当基尔比 2000 年得知自己荣获诺贝尔奖时（当时诺伊斯去世已有 10 年）①，他最先做的就是赞扬诺伊斯。他对记者们表示："我为诺伊斯去世感到遗憾，如果他还在世的话，我估计我们会分享诺贝尔奖。"当一名瑞典物理学家在颁奖典礼上介绍基尔比，说他的发明开创了全球数字革命时，基尔比展现出他质朴无华的本性。他回答道："我听到这种话的时候，会想起河狸和兔子站在胡佛水坝底下时，河狸对兔子说的话：'不，这不是我自己建的，水坝只是建在我的一个想法之上。'"[18]

微芯片旋风

微芯片最初面向的主要市场是军队。1962 年，战略空军司令部（the Strategic Air Command）设计了名为"民兵二号"（Minuteman Ⅱ）的新型陆基导弹，在每一枚导弹中，仅弹载导航系统就需要 2 000 枚微芯片。德州仪器赢得了作为主要供应商的权利。到 1965 年，"民兵"的产量达到每周 7 枚，美国海军也在购买微芯片，用于装备其潜射导

① 只有健在的人才有诺贝尔奖候选资格。

弹“北极星”（the Polaris）。美国军方表现出了军队采购官僚体系中不多见的协同和敏锐，使微芯片设计实现了标准化。西屋和美国无线电公司也开始供应微芯片。于是微芯片价格很快就开始大幅下跌，最终，微芯片成为物美价廉的消费品，而不仅仅是用于制造导弹。

仙童半导体也向武器生产商出售芯片，但与竞争对手相比，该公司对与军方合作持比较谨慎的态度。在传统的合作关系中，承包商与军方合作非常密切，军方不仅管理采购，而且掌控和操纵产品设计。诺伊斯认为，这种合作关系有碍创新，他说：“这使得研究方向由不太懂行的人来决定。”[19] 他坚持让仙童半导体用自有资金来支持芯片开发，以控制研发过程。他相信，如果产品做得好，国防承包商是会买的。而事实也确实如此。

美国的民用航空项目成为推动微芯片生产的下一个主要动力。1961 年 5 月，美国总统约翰 · F · 肯尼迪宣布：“我认为美国应该致力于这样一个目标，我们要在 60 年代结束之前把人送上月球，再让他们安全返回地球。”科学家们意识到，阿波罗计划需要有一台能装载在火箭前椎段的导航电脑。于是，他们开始一点点设计这种导航电脑，要在上面使用当时技术能力所允许的最强大的微芯片。美国最终生产了 75 台阿波罗导航计算机，安装了 5 000 枚完全相同的微芯片，仙童半导体拿到了供应这些微芯片的合同。阿波罗计划仅比肯尼迪定下的最后期限提前几个月完成；1969 年 7 月，尼尔 · 阿姆斯特朗登上了月球。到当时为止，阿波罗计划已经购买了逾 100 万枚微芯片。

这种来自政府的海量稳定需求促使微芯片价格迅速下跌。阿波罗导航计算机的首枚原型芯片售价 1 000 美元。到芯片投入常规生产时，每枚芯片的价格降到了 20 美元。1962 年，民兵导弹上每一枚微芯片的平均价格为 50 美元，到 1968 年就降到了 2 美元。这样一来，将微芯片用于普通消费设备的市场便应运而生。[20]

最早使用微芯片的消费设备是助听器，因为助听器必须做得很小，而且即使价格相当贵也能卖得动。但助听器的需求有限。因此，德州仪器总裁帕特·哈格蒂再次运用了一种曾经行之有效的策略。发明新设备是一种创新，发明使用这些设备的热门方法也是一种创新。哈格蒂和他的公司对两者都很擅长。11 年前，他曾通过推广袖珍收音机为价格低廉的晶体管创造出一个巨大的市场，现在他也想设法为微芯片开辟市场。他想到的主意是开发袖珍计算器。

哈格蒂在与基尔比一起乘坐飞机时写下了他的大致设想，并向基尔比下达了军令：做一台便携式计算器，要能和上千美元一台的老式台式计算器完成相同的任务。这种计算器要够节能，使用电池即可，要小到能放进衬衣口袋里，还要便宜到能让消费者随意购买。1967 年，基尔比和他的团队制作出了与哈格蒂的设想十分接近的产品。这台计算器只能完成四种任务（加、减、乘、除），而且有点重（重两磅多），也不算很便宜（售价 150 美元）。[21]但却取得了巨大成功。一个全新的市场诞生了，人们手中有了一款他们以前不知道自己有多需要的设备。计算器沿着一条必然之路向前发展，变得体积更小、功能更强劲、价格更便宜。到 1972 年，袖珍计算器的价格降至 100 美元，销量达到 500 万台。到 1975 年，价格进一步降至 25 美元，销量每年都会翻番。2014 年，德州仪器的袖珍计算器在沃尔玛仅售 3.62 美元。

摩尔定律

上述趋势成了电子设备的发展规律。每一年，电子设备都变得更小、更便宜、更快、更强大。计算机和微芯片行业发展的齐头并进和相互交织更是凸显了上述规律的正确性和重要性。诺伊斯后来写道："新元件和新应用之间的协同效应让两者均产生了爆炸性增长。"[22] 这种协同效应在半个世纪之前也出现过，当时石油业与汽车业出现了同步增长。这其中包含着一个关键的创新经验：要了解哪些行业具有共生性，这样才能利用它们协同增长所带来的机遇。

要是有人能给出简洁准确的规则来预测趋势线，就能够帮助创业者和风险投资家运用这条经验。幸运的是，戈登·摩尔当时率先做起了这件事。在微芯片销量刚刚开始激增之际，有人让他预测未来市场走向。于是他在 1965 年 4 月号的《电子》(*Electronics*) 杂志上发表了一篇题为《让集成电路填满更多元件》的论文。

摩尔在论文开头展望了数字行业的未来。他写道："集成电路将带来一系列奇迹，比如家用计算机（或者至少是与中央计算机相连的终端）、汽车的自动控制系统，还有便携式个人通信设备。"接下来，他做出了一个更富先见之明并注定让他声名远扬的预期。他指出："在元件价格保持最低的前提下，复杂性每年大约会增加一倍。我们有理由相信，至少在未来十年里，这种趋势将基本保持不变。"[23]

摩尔的话大致可以这样理解，他的意思是说，能够以低廉的成本集成到微芯片上的晶体管数量每年都在倍增，他预计该趋势至少在未来 10 年里都将保持下去。他有一位在加州理工当教授的朋友曾在公开场合称之为"摩尔定律"。在 10 年之后的 1975 年，摩尔的观点被事实证明是正确无误的。随后，他对自己的定律进行了修正，将预期增长率削减了一半，他预言未来芯片上容纳的晶体管数量将"每两年，而非每年翻一番"。他的同事戴维·豪斯又对其进行了进一步修正，称随着动力的增强及微芯片上晶体管数量的增加，芯片的"性能"每 18 个月提高一倍，这种说法现在有时候还会被援引。事实证明，摩尔定律及其变体至少在接下来的半个世纪里发挥了作用，它帮我们绘制了一张路线图，为人类历史上最伟大的创新浪潮之一以及财富的创造提供了指引。

摩尔定律不仅仅是一个预期，而且是行业的目标，这就使其在一定程度上成为一种自证预言。第一个例证出现在1964年，当时摩尔正在酝酿该定律。诺伊斯决定让仙童半导体以低于成本价销售该公司最简单的微芯片。摩尔将该战略称为“诺伊斯对半导体行业的意外贡献”。诺伊斯知道，低价会促使设备生产商在他们的新产品中运用微芯片。他还知道，低价会刺激需求，推动批量生产和规模效应，进而使摩尔定律成为现实。[24]

1959年，仙童摄影器材公司不出意料地决定行使收购仙童半导体的权利。这使得8位创始人变得非常富有，但却种下了不和的种子。该公司在美国东海岸的高管拒绝授权诺伊斯将股票期权分给有价值的新人工程师，他们还把半导体部门的利润拿去投资平平淡淡也不怎么成功的领域，如家用电影摄像机和邮戳机。

帕洛阿尔托的半导体部门内部也出现了矛盾。工程师们开始离职，这股离职潮促使硅谷出现了一批被称为“仙童之子”的公司：来自仙童半导体的孢子让这些公司生根发芽。其中最突出的一次是在1961年，赫尔尼和当年抛弃肖克利的“八叛逆”中其他三人离开了仙童半导体，加入了一家由阿瑟·罗克（Arthur Rock）投资创建的初创公司，这家公司后来成为Teledyne。此后，其他人也纷纷离开，到了1968年，连诺伊斯本人也准备走了。公司没有让他担任顶层职位，这让他感到很愤怒，但他也意识到自己其实并不想做这个。仙童这家公司乃至帕洛阿尔托的半导体部门都已经变得太大、太官僚。诺伊斯渴望甩掉一些无关紧要的职责，回头去做实验室的一线工作。

有一天，诺伊斯问摩尔：“我们办一家新公司怎么样？”

摩尔回答说："我觉得这里也不错。"[25] 他们曾经开创了离开成熟公司去创业的加州科技界文化。但当时两人都已年近40，摩尔已经没有那种驾着滑翔伞从屋顶往下跳的冲动了。诺伊斯不断催促摩尔。最终，在快到1968年夏季的时候，诺伊斯索性对摩尔说自己准备走了。摩尔多年后笑称："诺伊斯能让你不禁想和他一起向前跨越，所以最后我说：'好吧，我们走。'"[26]

诺伊斯在致谢尔曼·费尔柴尔德的辞职信中写道："（公司）规模越来越大，而我觉得日常工作越来越乏味了。或许这在一定程度上是因为我是在一个小镇上长大的，我喜欢小镇上人与人之间的亲密关系。现在我们的雇员是我能接受的'故乡'最多人数的两倍。"他说，他的愿望是"重新贴近先进技术"。[27]

当诺伊斯给罗克（仙童半导体创建时的融资就是罗克安排的）打电话时，罗克立马问："你怎么到现在才决定？"[28]

阿瑟·罗克和风投

罗克曾为"八叛逆"安排了创建仙童半导体所需的融资，在这之后的11年里，他又协助创建了一种在数字时代重要性绝不亚于微芯片的事物，这就是风险资本（venture capital）。

在20世纪大多数时间里，针对创业公司的风险投资和私募主要是几个富豪家族的专利，比如范德比尔特、洛克菲勒、惠特尼、菲普斯和沃伯格等家族。第二次世界大战后，这些大家族有许多建起了公司，以使业务制度化。继承了多笔家族财富的约翰·海·惠特尼（John Hay Whitney）聘请老本诺·施密特（Benno Schmidt Sr.）建立了J. H. Whitney & Co.，主要为那些拥有有意思的想法，但无法获得银行贷款的创业者提供资金，这项业务最初被称为"冒险资本投资"

（adventure capital）。小约翰 · D · 洛克菲勒的 6 个儿子和一个女儿在劳伦斯 · 洛克菲勒的带领下也创办了一家类似的公司，该公司最终成为 Venrock Associates（创投公司）。就在同一年，也就是 1946 年，还诞生了一家业界最有影响力的公司，这家公司是靠着精明的商业头脑而不是家族财富建立起来的，这就是美国研究与开发公司（the American Research and Development Corporation）。该公司由哈佛商学院前任院长乔治斯 · 多里奥特（Georges Doriot）和麻省理工学院前校长卡尔 · 康普顿（Karl Compton）联手创办。美国研究与开发公司 1957 年对迪吉多（Digital Equipment Corporation）的创业投资大获成功，该公司 11 年后上市时，价值已是初创时的 500 倍。[29]

罗克将风险投资理念带到了西部，开创了风险投资的硅谷时代。罗克把诺伊斯的“八叛逆”集中到仙童摄影器材公司的时候，他和自己的公司也投了一笔钱。这之后，他意识到可以通过基金来筹资，这样一来，无须依靠某家企业的资助就能做成类似交易。他拥有商业研究背景，热爱科技，拥有商界领袖的敏锐直觉，还认识许多追捧他的东海岸投资者。他说：“金钱在东海岸，但激动人心的企业在加州，所以我决定去西部，我知道自己能把两边撮合起来。”[30]

罗克出生在纽约州罗切斯特一个俄裔犹太人移民家庭，小时候，他在自己父亲的糖果店里卖冷饮，锻炼出了出色的阅人能力。他的关键投资信条之一是，主要看人，而不是看投资理念。除了看商业计划，他还要与寻求投资的人进行深入的个人面谈。他解释说：“我非常看重人，我认为跟人交谈比看他们想做什么要重要得多。”从表面上看，他透出一种刻薄之感，对人冷淡，沉默寡言。但如果仔细端详他的脸，你会从他眼里的光芒和不易察觉的微笑中看出他其实喜欢与人相处，并且富有温暖的幽默感。

罗克来到旧金山的时候，有人把他介绍给了汤米 · 戴维斯

（Tommy Davis）。戴维斯是一位健谈的交易商，麾下拥有现金充裕的畜产和石油帝国 Kern County Land Co.，他当时在把这家公司赚得的钱拿来投资。戴维斯和罗克开始联手做生意，他们从罗克东海岸的投资者（以及仙童半导体的部分创始人）那里筹集了 500 万美元，开始为初创公司提供资金，而初创公司则授予他们大量股权作为回报。斯坦福大学教务长弗雷德·特曼当时仍在努力让斯坦福与蓬勃发展的科技热潮建立联系，他鼓励学校的工程学教授花点儿时间给当时在该校修一门电子学晚间课程的罗克提建议。Teledyne 和 Scientific Data Systems 是罗克最早投资的两家公司，它们都带来了丰厚的回报。等到诺伊斯 1968 年给罗克打电话，想让罗克帮他找退路时，罗克与戴维斯的合作关系已经友好地解除了（他们的投资在短短 7 年里升值了 30 倍），现在罗克是自己在干。

诺伊斯问："如果我想创业的话，你能不能帮我找到钱？"罗克肯定地说，找投资很简单。罗克的理论是根据骑师来投资（即根据你对公司运营者的评价来投资），这么看的话，还有什么比投资一家由罗伯特·诺伊斯和戈登·摩尔领导的公司更合适的吗？他几乎没问他们准备做什么，一开始，他甚至认为他们连商业计划或描述都不需要。罗克日后表示："这是我做过的唯一一笔有百分之百把握的投资。"[31]

1957 年，当罗克准备给"八叛逆"找一个安身之地时，他曾从一本标准拍纸簿上撕下一张纸，在上面写下一串人名，编上号，依次给每个人打电话，然后把不想投资的人的名字划掉。11 年后，他又拿出一张纸，列出他准备邀请的投资人姓名以及如何分配 50 万份、每份定价 5 美元的债券①。这次他只划掉了一个名字（"富达的约

① 他使用的工具是可转换公司信用债券，相当于给公司的贷款，如果公司创业成功，这些债券就能置换为公司普通股，但如果公司破产，它们就变得一钱不值（排在债权清偿序列的最末）。

翰逊”[①] 没有加入)。后来，罗克又撕下一张纸来调整债权分配，因为多数人都想再多投资一点。他只花了不到两天时间就筹到了钱。这些幸运的投资者包括罗克本人、诺伊斯、摩尔、格林内尔学院(诺伊斯想让这所学校富起来，后来他如愿以偿了)、劳伦斯·洛克菲勒、罗克哈佛的同班同学法耶兹·萨罗菲姆、Scientific Data Systems 的马克斯·帕列夫斯基，还有罗克的老投资公司海登斯通。最值得一提的是，“八叛逆”中的其他六人也获得了投资机会，虽然他们中有许多人当时就职的公司都会与这家新公司构成竞争。但是，所有人都投资了。

罗克自己打了一份三页半的公司简介，以备有人索要募集说明书。募集说明书一开头就介绍了诺伊斯和摩尔，接下来用三句话草草描述了一下公司即将开发的“晶体管技术”。多年后，罗克在把这些纸从他的文件柜里往外拿的时候抱怨说：“律师后来把风险投资搞砸了，要求我们写跟书一样厚的募集说明，这样的募集说明书太长、太复杂，还要经过仔细审查，简直是开玩笑。我只需要告诉大家，办公司的是诺伊斯和摩尔就够了。他们不需要了解太多其他东西。”[32]

诺伊斯和摩尔起初为新公司选择的名字是 NM Electronics，这是按照两人名字的首字母取的。但这个名字不是很出彩。在斟酌过许多蹩脚建议后(其中有一个叫“电子固态计算机技术公司”——Electronic Solid State Computer Technology Corp.)，他们最终决定将公司命名为“集成电子公司”(Integrated Electronics Corp.)。这个名字也不算太精

① 当时运营富达麦哲伦基金(Fidelity Magellan Fund)的爱德华·约翰逊三世没有加入。2013 年，在罗克那间俯瞰旧金山湾的办公室里，这两张纸还保留着，甚至还有一张更旧的，记录仙童半导体当年融资情况的纸张，它们都被塞在办公室的一个文件柜里。

彩，但好处是可以简写为“英特尔”（Intel）。这样一来，听上去就很顺耳了。这个名字从很多方面看都取得很妙，一听便可心领神会。

英特尔之路

创新有很多种形式。本书描述的大多数创新都是物理设备，比如计算机和晶体管，还有编程、软件和网络等相关过程也是创新。同样重要的还有风险资本等产生全新服务的创新，以及那些为研究和开发创造出组织结构的机构，比如贝尔实验室。然而，这一节我们要谈的是一种不同的创新。这种在英特尔产生的创新对数字时代的影响不亚于前述任何一种创新。这是一种与东海岸公司等级制相对立的，在企业文化和管理风格上的创新。

和硅谷很多其他事物一样，这种风格也源自惠普。第二次世界大战时，惠普创始人威廉·休利特在军队服役，戴维·帕卡德则在工厂工作，有许多个夜晚他都是睡在办公室的一张小床上，管理三班倒的工人，其中许多是女工。他认识到（在一定程度上是迫于现实），最好能让工人有灵活的工作时间，并给他们充足的空间来决定如何达成目标。惠普把等级森严的管理制度变成了扁平式。在 20 世纪 50 年代，这种风格与加州的休闲生活方式相融合，创造出一种以周五啤酒狂欢、灵活工作时间和派发股票期权为特色的企业文化。[33]

罗伯特·诺伊斯将这种文化推向了更高层次。要想更好地理解诺伊斯的管理风格，我们不妨回顾一下他的成长环境。诺伊斯出生和成长在一个公理会家庭，他的父亲、外公及爷爷都是公理会牧师。公理会是一个将反对等级制及一切与等级相关的虚饰作为核心信条的异见教派。清教徒们清除了教堂里的一切盛大仪式和权力等级，甚至撤掉了架高的布道坛，而公理会等把新教徒的信条传播到大平原地区的教派也同样反对等级差别。

而且，诺伊斯从学生时代起就喜欢无伴奏合唱。每周三晚上，他都要参加十二声部无伴奏合唱团排练。无伴奏合唱不依靠主唱歌手和独唱歌手；这些复调歌曲将多个声部和旋律编织在一起，其中每一种都地位相当。诺伊斯有一次解释说："你的角色取决于（其他人），（而且）你要始终为其他人提供支持。"[34]

和诺伊斯一样，戈登·摩尔也很朴实，他从不独断专行，不喜欢与人冲突，而且对权力的虚饰毫无兴趣。两人能够很好地互补。诺伊斯擅长主外，他能用从小就一直笼罩他的耀眼光环让客户倾倒。摩尔则一直都很稳重，善于思考，他喜欢待在实验室里，也知道如何用巧妙的问题或者意味深长的沉默（这是他最厉害的一招）来引导工程师。诺伊斯以战略眼光和统揽全局见长；摩尔则善于把握细节，尤其是技术和工程方面的细节。

因此，两人是完美的搭档，唯有一点不足：他们都讨厌划分等级，也不愿意发号施令，因此在管理上都缺乏决断力。他们想博得别人的好感，因此都不愿太强势。他们引导人，但不强迫人。如果出现问题或者分歧（他们巴不得不要出现），两人都不愿去面对，于是就予以回避。

安迪·格鲁夫（Andy Grove）的出现恰好有助于弥补这个不足。

格鲁夫生于布达佩斯，原名安德拉斯·格鲁夫（András Gróf），他可不是来自一个唱无伴奏合唱的公理会家庭。他成长在中欧的犹太人家庭，当时法西斯主义正在抬头，他领悟到的是关于权威和权力的残忍教训。格鲁夫 8 岁时，纳粹占领了匈牙利；他父亲被送到了集中营，他和他母亲被迫搬进专门针对犹太人的拥挤公寓。他出门时得佩戴黄色的"大卫星"（Star of David）标识。有一天他生病了，他母亲说服一个非犹太人朋友带来一些做汤的食材，结果导致他母亲和这位朋友双双被捕。格鲁夫的母亲被释放后，她和格鲁夫都在朋友的掩护下用起了假身份。一家人战后得以重逢。格鲁夫 20 岁时决定越境逃往奥地利。他在自己的回忆录《游向彼岸》(*Swimming Across*) 中写道："到我 20 岁时，我已经亲历了匈牙利法西斯的专政，德国军队的占领，纳粹的种族灭绝，苏联红军包围布达佩斯，战争刚刚结束的那些年里混乱的民主，还有一次被扼杀在枪口上的民众起义。"[35] 这和修剪草坪，在艾奥瓦州小镇的合唱团里唱歌可不一样，格鲁夫的成长经历是不会在他性格中注入和善怡然的特质的。

格鲁夫一年后来到美国，自学英语的他以班级第一名的成绩从纽约市立大学毕业，之后又在加州大学伯克利分校拿到化工学博士学位。1963 年，他从伯克利毕业后即加入仙童半导体，他利用业余时间写了一本名为《半导体设备的物理学和技术原理》(*Physics and Technology of Semiconductor Devices*) 的大学教科书。

当摩尔告诉他自己准备离开仙童半导体时，格鲁夫主动提出和他一起走。事实上，他几乎是软磨硬泡地让摩尔带上他的。格鲁夫称："我真的很尊敬他，无论他去哪里，我都想跟他一起去。"于是格鲁夫成为英特尔的第三位创始人，担任工程主管。

格鲁夫对摩尔的技术能力钦佩有加，但却不太欣赏他的管理风格。这一点很好理解，因为摩尔讨厌冲突，他只愿意温和地提些建议，除此之外，几乎所有管理方式他都反感。如果出现矛盾，他会在远处静静观望。格鲁夫这样描述摩尔："他要么是天生就无法做到管理者应该做的事情，要么就是根本不愿意去做。"[36] 强悍的格鲁夫则认为，坦诚的交锋不仅是一种管理职责，而且是生活中让人精神振奋的香料，作为一个硬气的匈牙利人，他十分珍视这些东西。

诺伊斯的管理风格更是让格鲁夫瞠目结舌。在仙童半导体的时候，当他看到诺伊斯对他手下一名上班迟到、带着醉意开会的不称职部门主管置之不理时，他心里就憋着一股怒气了。于是，当摩尔告诉格鲁夫，他的新工作是与诺伊斯搭档时，他忍不住发了一通牢骚。摩尔表示：“我跟格鲁夫说，诺伊斯作为领导者，比他想象的要强。他们只是风格不同。”[37]

诺伊斯和格鲁夫的私交要比工作关系好。两家人一起去阿斯彭滑雪的时候，诺伊斯会教格鲁夫滑雪，甚至还帮他扣滑雪靴。但尽管如此，格鲁夫仍会在诺伊斯身上探出一种令人困惑的分裂感，他说：“他是我所能想到的唯一一个既清高又迷人的人。”[38] 此外，尽管两人周末的交情不错，格鲁夫在办公室里还是会被诺伊斯惹恼，有时甚至是被他弄得无语。他回忆说：“当我看到诺伊斯管理一家问题百出的公司时，我只能说自己与他处得很不愉快，很失望。假设两个人有分歧，我们都指望他来拿主意，他脸上就会显出一副痛苦的表情，说出诸如这样的话来：‘或许应该由你们自己解决。’更多的时候他连这话也不说，他只是转移一下话题。”[39]

格鲁夫那时候没有意识到，但后来弄懂的一个道理是，高效的管理并不总依赖某一名有力的领导者。如果能把风格不同的顶层管理者正确地组合起来，一样也能实现高效的管理。这就像金属合金一样，如果你能把元素正确地混合在一起，就能取得良好的效果。多年以后，当格鲁夫学会欣赏这一点之后，他读了彼得 · 德鲁克写的《管理实践》一书，这本书将理想的首席执行官描述为一个“外向者”、一个“内向者”和一个“行动者”的结合。格鲁夫认识到，这些特质不一定要集中在一个人身上，而是可以存在于一个领导团队中。格鲁夫说，英特尔就是这样一个例子，他还复印了本书有关诺伊斯和摩尔的章节。诺伊斯是“外向者”，摩尔是“内向者”，格鲁夫则是“行动者”。[40]

为三人的创业项目组织融资，并且在一开始担任该公司董事长的阿瑟 · 罗克懂得创建一个成员之间能够互补的高管团队所带来的益处。他还由此引出了一个推论：三人应该依次担任首席执行官（他们的确是按顺序担任首席执行官的）。他把诺伊斯描述为“一位卓有远见的人，他知道怎样启发人，怎样在公司刚起步时向他人推介自己的公司”。这一使命完成之后，英特尔就需要由一位能使其站在每一轮新科技浪潮最前沿的人来领导，而“摩尔就是这样一位出色的科学家，他懂得如何推动科技创新”。接下来，当有几十家公司与英特尔展开竞争时，“我们需要一名有雄心、务实，能专注于推动企业发展的管理者”，这就是格鲁夫。[41]

日后影响整个硅谷文化的英特尔文化是由这三位领导者共同缔造的。这里没有等级制的那一套东西，诺伊斯就像公理会牧师一样管理着这家公司。这里没有专用停车位。包括诺伊斯和摩尔在内的所有人都在类似的小隔间里工作。记者迈克尔·马隆向我们讲述了有一次他到英特尔采访的经历，他说：“我找不到诺伊斯。秘书见状不得不过来带我去他的工位，因为在这个巨大的办公区里，他的工位看起来和其他人的几乎没什么区别。”[42]

当一名早期员工提出想看公司的组织结构图时，诺伊斯在纸中央画了一个 X，然后在旁边画了另外一些 X，并用线把每个字母相互连接起来。中间的 X 代表员工，其他 X 则代表他要与之打交道的人。[43] 诺伊斯注意到，在东海岸的公司，办事员和秘书用小小的金属办公桌，而顶层高管使用昂贵的红木办公桌。于是诺伊斯决定用一张小小的灰色铝制办公桌来办公，让普通员工用更好的桌子，就连新聘的支持人员也用较大的木质办公桌。他那张带有凹痕和划痕的办公桌放在办公区靠近中央的位置，每个人都能一览无余。这就杜绝了其他任何人要求特权。当时担任人力主管，后来嫁给诺伊斯的安·鲍尔斯①（Ann

① 鲍尔斯与诺伊斯结婚后不得不离开英特尔，于是她加入了刚创立不久的苹果电脑公司，她成为乔布斯手下首位人力资源主管，为乔布斯带来一种冷静的母性影响力。

Bowers）回忆道："公司任何地方都没有任何特权。我们开创了一种前所未有的公司文化。这是一种任人唯贤的文化。"[44]

英特尔的文化也是一种创新文化。诺伊斯在飞歌遭受了僵化等级制的约束后形成了一种理论，他相信，工作空间越开放，越松散随意，新创意产生、传播、完善和运用的速度就越快。英特尔工程师特德·霍夫（Ted Hoff）说："我们的理念是，员工不需要按照指挥链逐级汇报，如果你想和某位管理者谈，直接过去跟他说就好了。"[45] 正如汤姆·沃尔夫（Tom Wolfe）在关于诺伊斯的报道中所说："诺伊斯认识到，自己对东部公司管理体系的等级和身份制度深恶痛绝，那里有无穷无尽的级别，首席执行官和副总裁们高高在上，他们每天过得就像公司的王室和贵族一样。"

诺伊斯先后在仙童半导体和英特尔废除了指挥链，他通过这种方式赋予员工权力，迫使他们产生创业精神。格鲁夫看到争议在会上解决不了的时候会感到难堪，而诺伊斯则愿意放手让级别较低的工程师去解决问题，而不是叫他们去找更高层的管理者，让高层管理者告诉他们该做什么。年轻的工程师被委以重任，他们不得不努力去做创新者。沃尔夫在报道中写道，有时候，员工也许会被一个棘手的问题难倒，"于是他去找诺伊斯，紧张得直喘气，问诺伊斯该怎么做，而诺伊斯会低下头，点亮他那双100安培的眼睛，专心地倾听，然后说：'瞧，这是给你的建议：你得考虑A，得考虑B，还得考虑C。'接着，他会露出加里·库珀式的微笑：'但你可别以为我会替你拿主意。嘿……这可是你自己的事情。'"

英特尔的业务部门无须向顶层管理者递交计划，它们就像自行经营、体制灵活的小公司一样，有权自主采取行动。即使要制定需要其他部门采纳的决策，比如新的营销计划或是调整产品战略，也无须把问题交给老板来决定。在这种情况下，英特尔会召开临时会议来具体讨论相关问题，或者至少尝试讨论一下。诺伊斯喜欢开会，公司特别辟出了房间，供需要找人讨论的人随时使用。在这些会议上，人人都能得到平等对待，并且能对普遍共识提出质疑。诺伊斯不是一个老板，而是一个引导人们自己做决定的牧师。沃尔夫总结说："这不是公司，而是一个公理会。"[46]

诺伊斯是一位伟大的领导者，因为他很聪明，善于启发人，但他不是一个伟大的管理者。摩尔说："诺伊斯的行事原则是，只要你向人暗示怎样做是对的，他们就会有足够的智慧去把这件事捡起来做。你无须为之后的东西操心。"[47]摩尔承认他比诺伊斯也好不了多少："我从来都不是很想发号施令，也不想做老板，这也许意味着我们俩太像了。"[48]

采用这种管理风格的话，就需要有人来树立纪律。英特尔成立之初，格鲁夫就帮助公司拟定了一些管理方法，虽然当时还远未轮到他当首席执行官。他创建了一种员工要为自己的草率负责的环境，一旦失败就要承担后果。一位工程师说："只要挡了格鲁夫的路，即使是亲妈，他也会让她走人。"另一位同事解释说，在一个由诺伊斯领导的组织里，格鲁夫这样做是有必要的，他说："诺伊斯确实想做个好人，他很看重别人对他的好感。所以必须要有人来唱白脸，格鲁夫恰好非常擅长此道。"[49]

格鲁夫开始学习和掌握管理艺术，把管理当作电路科学来钻研。他后来写了《只有偏执狂才能生存》（*Only the Paranoid Survive*）和《格鲁夫给经理人的第一课》（*High Output Management*）[①]等畅销书。他并没有在诺伊斯建立的公司文化上强加一种等级指挥制度，而是为

① 《只有偏执狂才能生存》与《格鲁夫给经理人的第一课》已分别于2014年2月和2013年6月由中信出版社出版。——编者注

英特尔注入了一种奋发、专注和关注细节的文化，这些特质是不会从诺伊斯那种轻松随和、与世无争的行事风格中自然而然产生出来的。格鲁夫的会议简短而干脆，而在诺伊斯主持的会议上，人们往往会尽可能地拖延时间，因为他们知道诺伊斯对最后一个说动他的人往往都是持默许态度。

不过，格鲁夫还不至于给人留下暴君的印象，因为他活力四射，让人很难不喜欢他。他笑的时候双眼熠熠生辉，带着一种精灵般的魅力。他的匈牙利口音和憨憨的笑容让他成为当时硅谷最有意思的工程师。格鲁夫紧跟 20 世纪 70 年代的另类时尚，他那种移民极客风格就算是上《星期六夜现场》的喜剧小品也绝对够格。他留着长长的鬓角，长须飘飘，衬衫领口敞开，露出胸毛上晃动的金链。但这一切都不能掩盖这样一个事实：他是一位真正的工程师，是金属氧化物半导体晶体管的先驱，这种晶体管为现代微芯片的发展立下了汗马功劳。

格鲁夫呵护着诺伊斯的平等管理风格——他本人整个职业生涯都在一个开放的工位上工作，而且很喜欢这种环境——但他在外面加了一层他称之为“建设性交锋”的外壳。他从不摆架子，但也从不解除防卫。与温文尔雅的诺伊斯不同，格鲁夫的风格是直言不讳，不说废话。这也是一种乔布斯日后采取的风格：坦率直接、目标明确和苛求卓越。安·鲍尔斯回忆道：“格鲁夫是个确保火车全部准点运行的人，他是个工头。他对你应该做什么、不应该做什么都有强烈的主张，而且他的态度很直接。”[50]

尽管风格不同，但诺伊斯、摩尔和格鲁夫拥有一个共同点：他们都毫不动摇地坚持一个目标，要确保创新、尝试和创业精神在英特尔蓬勃发展。格鲁夫笃信“成功滋生自满，自满酿成失败，唯有偏执狂才能生存”。诺伊斯和摩尔也许并不偏执，但他们从未自满。

微处理器

发明有时候是在人们遇到问题，绞尽脑汁设法解决问题时产生的；有时候则是在人们树立远大目标时产生的。特德 · 霍夫和他的英特尔团队发明微处理器的故事就是两者的结合。

霍夫曾是斯坦福一名年轻教师，他成为英特尔的第十二名员工，任务是设计芯片。他意识到，像英特尔这样设计许多种功能各不相同的芯片既浪费又笨拙。当时，常常有公司来要求英特尔做一种用于完成特定任务的芯片。霍夫（还有诺伊斯和其他人）设想了一种替代方案：发明一种能接受指令，即进行编程，从而按要求完成不同任务的通用芯片。换句话说，也就是在一枚芯片上做出通用计算机。[51]

这一设想恰好可以拿来解决 1969 年夏季霍夫负责处理的一个问题。当时有一家名为“Busicom”的日本公司计划做一款强大的新型台式计算器，想让英特尔制作 12 枚专用微芯片（分别处理显示、运算和存储等任务），芯片的相关细节已经拟定。英特尔同意了，价格也敲定了。诺伊斯让霍夫负责管理该项目。很快，他们遇到了一项挑战。霍夫回忆道：“我对这项设计了解得越多，就越担心英特尔的投入会比原计划要大。芯片的数量和复杂程度都远远超出我的预想。”英特尔不可能以协议价格做出这些芯片。更糟糕的是，由于基尔比的袖珍计算器越来越畅销，Busicom 不得不进一步削价。

诺伊斯建议说：“要是你能想到什么简化设计的方法，为什么不去尝试一下呢？”[52]

霍夫提出，英特尔可以设计一枚能完成 Busicom 想要的几乎所有任务的单片逻辑芯片。他这样描述这种通用芯片：“我知道我们能做到。我们可以让这种芯片来模仿计算机。”于是诺伊斯让他试一试。

诺伊斯意识到，在向 Busicom 提这个方案之前，他应该先说服一个反对意见可能更大的人，那就是格鲁夫，虽然格鲁夫名义上是在诺伊斯手下工作。格鲁夫认为自己的使命之一是让英特尔保持专注。诺伊斯会对几乎任何东西都说好；格鲁夫的工作则是说不。当诺伊斯溜达到格鲁夫的工作区，坐到他办公桌的桌角上时，格鲁夫立马警觉起来。他知道，诺伊斯佯装若无其事其实是有大事要发生的信号。诺伊斯干笑了一下，开口说："我们准备启动另一个项目。"[53] 格鲁夫的第一反应是跟诺伊斯说他疯了。英特尔是个羽翼未丰的公司，还在步履蹒跚地生产存储芯片，这个时候容不得任何分心。但格鲁夫听诺伊斯讲述了霍夫的设想之后意识到，他的反对意见可能是错误的，而且肯定无济于事。

到 1969 年 9 月，霍夫和他的同事斯坦 · 麦卓尔（Stan Mazor）已经设计出能遵循编程指令的通用逻辑芯片的架构。这种芯片能够完成 Busicom 所要求的 12 枚芯片中的 9 枚所承担的功能。诺伊斯和霍夫向 Busicom 的高管介绍了这一方案，并获得了后者的认可。

到了重新谈价格的时候，霍夫向诺伊斯提出一个至关重要的建议，正是这一建议为通用芯片创造出一个巨大的市场，并维持了英特尔在数字时代的领军地位。比尔 · 盖茨和微软效仿了这种做法，10 年之后，IBM 也效仿了这一做法。诺伊斯为 Busicom 提供了优惠的价格，但坚持让英特尔保留新型芯片的知识产权，而且英特尔有权将其授权给其他公司，用于计算器生产以外的其他用途。他意识到，能通过编程实现一切逻辑功能的芯片将成为电子设备的标准元件，就像两英寸厚、四英寸宽的木板是房屋建筑业的标准建材一样。这种芯片会取代专用芯片，这就意味着它们可以批量生产，价格也会不断下降。它们还会让电子行业产生一个比较微妙的变化：在电路板上设计元件配置的硬件工程师变得没那么重要了，取而代之的是新生的软件工程师，他们的工作是将一批指令写入系统。

由于这种新设备本质上是放在芯片上的计算机处理器，因此，它们被称为微处理器。1971 年 11 月，英特尔发布了这款产品，即英特尔 4004。英特尔在行业杂志上刊登广告，宣称："集成电子的新时代开始了——放在芯片上的微型可编程计算机！"这款产品定价 200 美元，订单开始源源不断地涌来，还有数以千计索要产品说明的请求。产品发布当日，诺伊斯在拉斯韦加斯参加一个计算机展，看到潜在客户纷纷涌向英特尔的展位，他的心情万分激动。

诺伊斯成了微处理器的使徒。1972 年，当他在旧金山主持大家庭聚会时，他在自己包的巴士里站起身来，高高挥舞着一个硅片。他对家人说："这个东西将改变世界，它会彻底改变你的家庭。今后你们自己家里会有电脑。你们能够接触各种信息。"他的亲戚在车上传看着硅片，就像把玩一件圣物一样。诺伊斯预言："你们以后就不再需要钱了，一切都将以电子形式存在。"[54]

他只是夸大了一点点。微处理器开始出现在智能交通灯、汽车制动装置、咖啡机、电冰箱、电梯和医疗设备上，还有数千种其他的小玩意儿。但微处理器最大的成功是让小型计算机，尤其是能摆在写字台上和放在家中的个人电脑成为现实。如果摩尔定律能继续保持正确（事实也的确如此），那么个人电脑行业将与微处理器行业共生发展。

这就是发生在 20 世纪 70 年代的故事。微处理器催生了数百家为个人电脑做硬件和软件的新公司。英特尔不仅开发了尖端芯片，而且创造了一种文化，激励在风险资本支持下成立的初创公司去改变经济。英特尔还让圣克拉拉谷（从旧金山南部经帕洛阿尔托到圣何塞的一片 40 英里的平坦土地）的杏树果园变身为高科技公司云集的硅谷。

这片山谷的主干道是一条名为 El Camino Real 的喧嚣公路，它曾是一条贯通加州 21 个布道所的神圣之途。到 20 世纪 70 年代初，这条路开始连接一条科技公司云集的走廊，这要归功于惠普、弗雷德·特曼的斯坦福工业园、威廉·肖克利、仙童半导体以及“仙童之子”等公司。1971 年，该地区有了一个新名字。行业周报《电子新闻》（*Electronic News*）的专栏作家唐·赫夫勒（Don Hoefler）开始撰写一个名为“美国硅谷”的连载专栏，“硅谷”这个名字后来便一直沿用至今。[55]

1962 年，丹·爱德华兹和彼得·萨姆森在麻省理工学院玩《太空大战》

诺兰·布什内尔（1943—　）

第六章　电子游戏

正如摩尔定律所预测的那样，微芯片的发展使电子设备尺寸逐年缩小，性能则逐年增强。但还有一种推动计算机革命并最终催生个人电脑需求的动力，这就是计算机不止为运算而生，而且能够也应该为使用者带来乐趣的信念。

计算机应成为人的互动对象和游戏伙伴这一思想要归因于两种文化。其一是黑客文化。纯正的黑客信奉“凡事都应动手尝试”，他们爱搞恶作剧，喜欢在编程时弄些巧妙的小把戏，还喜欢玩具和游戏。[1] 其二则是创业文化。一些叛逆的创业者渴望打破弹珠台（一种赌博游戏机）分销财团的统治，进入数字革命时机已经成熟的娱乐游戏行业。于是，电子游戏应运而生，它们不仅仅是一段有趣的插曲，而且是计算机发展史上不可分割的组成部分，正是电子游戏带动了今天个人电脑的产生。电子游戏还让一种思想传播开来，即计算机应该与人实时互动，并拥有直观的界面和悦目的图形显示。

史蒂夫·拉塞尔和《太空大战》

黑客亚文化以及影响深远的电子游戏《太空大战》都源自麻省

理工学院的“铁路模型技术俱乐部”（Tech Model Railroad Club）。这是一个创建于 1946 年的学生极客组织，“据点”设在一幢曾作为雷达开发设施的建筑物深处。俱乐部的“掩体”几乎被一个包含几十条铁道、开关、有轨电车、灯和城镇布景的火车模型沙盘占满了，所有模型都做得让人爱不释手，在历史细节上也很精确。俱乐部的多数成员都着迷于制作图片般完美的零部件陈列在沙盘上。但其中也有一群成员对这个齐胸高的大沙盘内部的东西更感兴趣。这些成员属于“信号和电力小组”，他们更关注信号传输、布线、电路，还有沙盘底面那些装在一起，对许多列火车进行复杂分级控制的纵横式开关。他们在这张错综复杂的网中发现了美。史蒂文·利维（Steven Levy）在《黑客》（*Hackers*）一书开头对这个俱乐部做了生动的描写，他写道：“开关排列整齐有序，古铜色的继电器也一排排整齐地排列着，一长捆红、蓝、黄相间的线缠绕在一起，呈现出彩虹般的颜色，就像爱因斯坦的爆炸头一样。”[2]

信号和电力小组的成员骄傲地以“黑客”自居。当时这个词既暗指技术精湛，又带有戏谑的意味，但还没有出现非法入侵网络这种新用法。麻省理工学院学生搞的那些复杂的恶作剧（把一头活奶牛放到宿舍屋顶上，在主楼的穹顶上放一头塑料奶牛，或者在哈佛和耶鲁比赛时让一个巨大的气球出现在球场正中央）就叫“黑客行动”。该俱乐部宣称：“我们铁路模型技术俱乐部只使用‘黑客’一词的本义，即运用创意产生巧妙结果的人。这种巧妙的结果叫‘黑客行动’，其本质特点是出手迅速，而且通常不登大雅之堂。”[3]

一些早期的黑客梦想创造出能够思考的机器，这其中有很多是麻省理工学院人工智能实验室的学生。这个实验室建于 1959 年，创始人是两位后来成为传奇人物的教授：一位是长得很像圣诞老人的约翰·麦卡锡（John McCarthy），“人工智能”这个词就是他创造的，还有一位是聪明绝顶的马文·明斯基（Marvin Minsky），他的存在似乎就是要反驳他自己所谓计算机终将超越人类智能的信念。这个实验室的信条是，只要获得足够的处理能力，机器就能复制人脑等神经网络，并能与使用者进行智能互动。眼睛明亮、爱搞恶作剧的明斯基做过一个旨在模仿人脑的学习机，将其命名为“随机神经模拟强化计算器”（Stochastic Neural Analog Reinforcement Calculator），暗示他虽然抱有认真的态度，但也带些玩笑的成分。他有个理论是，智能可以是非智能元素互动的产物，比如被巨型网络相互连接的小型计算机。

铁路模型技术俱乐部的黑客们 1961 年 9 月迎来了一个影响深远的时刻，当时，迪吉多捐给麻省理工学院一台 PDP–1 型计算机的原型机。尺寸与三台冰箱相当的 PDP–1 是世界上第一台能与使用者直接互动的计算机。它能连接一个键盘和一台图形显示屏，一个人就可以轻松操作。几个铁杆黑客开始一窝蜂地围在这台新计算机周围，他们还组成了一个小集团，策划能让这台计算机做些什么好玩的东西。许多讨论是在剑桥欣厄姆大街一个破旧的公寓里展开的，所以其成员以“欣厄姆学院”自居。这个名字很气派，又带些讽刺意味。他们的目标不是要让 PDP–1 实现什么高大上的用途，而是要做点巧妙的事情。

之前的黑客们也曾为早期的计算机创造过一些简单的游戏。麻省理工学院开发的一款游戏用屏幕上的点代表一只试图在迷宫里找路，以寻找一片奶酪（后来的版本是一杯马丁尼）的老鼠；还有一个游戏是长岛布鲁克海文国家实验室（Brookhaven National Lab）开发的，该游戏在一台模拟计算机上使用示波器来模仿网球比赛。但欣厄姆学院的成员们知道，有了 PDP–1，他们就有机会创造出第一个真正的计算机电子游戏。

这群人中编程最出色的当属史蒂夫 · 拉塞尔，当时他在帮麦卡锡教授创建用来辅助人工智能研究的 LISP 语言。拉塞尔是个完美的极客，对蒸汽火车和思维机器等种种东西抱有浓厚兴趣，会着迷地钻研。他是个小个子，容易激动，卷发，戴着厚厚的眼镜。他说话语速极快，就像有人在猛按快进键一样。不过，虽然他做事认真、精力充沛，但他喜欢拖拉，于是别人给他取了个绰号，叫“鼻涕虫”。

和大多数黑客朋友一样，拉塞尔也是烂片和庸俗科幻小说的忠实粉丝。他最喜欢的作家是 E · E · 史密斯（E. E. Smith），这是一位无甚建树的食品工程师（是一位面粉漂白专家，甜甜圈粉就是他发明的），专写一种叫“太空歌剧”的低俗科幻小说。这类小说的主要情节是夸张的探险故事，其中充满讨伐恶势力的战争、星际旅行和俗套的罗曼史等情节。曾为铁路模型技术俱乐部和欣厄姆学院成员的马丁 · 格雷茨（Martin Graetz）在讲述《太空大战》制作过程的回忆文章中写道，史密斯“对风钻的描写优美而精细”。格雷茨回忆了一段带有典型史密斯风格的故事情节：

> 一开始是一阵忙乱，等每个人都对号入座后，一群肌肉发达的“哈迪男孩”便出发了，他们开始在宇宙中长途跋涉，去惩治最新出现的银河黑帮，炸几个星球，除掉所有讨厌的物种，再找点乐子。我们的主人公在紧要关头（他们通常都会遇到紧急状况）总能拿出一套完整的科学理论，发明相应的技术来应用这一理论，然后制造出武器把坏人消灭，而这一切都是在他们驾着飞船，在人迹罕至的茫茫银河系四处逃生时完成的。①

① 以下是史密斯 1948 年的小说《三行星》（*Triplanetary*）中的一段文字：“涅拉多的飞船已经完全做好了应急准备。和姊妹飞船不同，这艘飞船上载有熟谙手中武器基本理论的科学家。能量束、能量棒和能量矛燃烧着、闪耀着；飞行器和炮弹已准备就绪；防卫屏要么闪着红光，要么突然发出极为明亮、像白炽灯般耀眼的光芒。深红色的浑浊物在紫罗兰色的湮灭之帘上阴郁地挣扎。实体射弹和鱼雷炮在全光束控制下被发射出去；它们最终将在太空无害地爆炸，在爆炸中化为虚无，或者从无法穿透的多相的屏幕上无声无息地消失。”

拉塞尔、格雷茨和他们的朋友都热衷这种太空歌剧，所以，他们决定为 PDP–1 做一个太空大战游戏是很自然的事情。拉塞尔回忆道："当时我刚刚读完史密斯的《透镜人》(*Lensman*）系列，他的主人公们往往被反面人物追赶，在银河系里到处逃生，他们必须一边逃生一边想办法解决问题。这种行动就是启发《太空大战》的线索。"[4] 这帮扬扬得意的宅男重组了一个"欣厄姆学院太空战研究小组"，"鼻涕虫"拉塞尔负责编写代码。[5]

不过，作为名副其实的"鼻涕虫"，拉塞尔并没有动手，但他知道应该从哪里着手做这个游戏程序。明斯基教授曾偶然找到一种可以在 PDP–1 上画圆圈的算法，之后他又对这种算法进行了修改，让屏幕上显示出三个点，这三个点能相互作用，形成美丽的小图案。明斯基称之为"位式"显示技术，但他的学生则将其称为"明斯基电子"。"明斯基电子"为制作一种以飞船互动和导弹为主要内容的游戏奠定了良好的基础。有好几个星期，拉塞尔都沉浸在"明斯基电子"中，感悟它形成图案的魔力。但到了编写正余弦函数程序来决定飞船运行路径时，他就磨蹭起来了。

拉塞尔向大家解释了这个障碍之后，俱乐部一位名叫艾伦·科托克（Alan Kotok）的成员想出了一个解决方法。他开车来到迪吉多（PDP–1 的制造商）位于波士顿市郊的总部，找到一位好心的工程师，这位工程师手中有运算所需的程序。科托克对拉塞尔说："好吧，正余弦函数程序有了。现在你还有什么借口？"拉塞尔后来承认："我想了想，找不到借口了，于是我只好静下心来做些计算。"[6]

1961 年的整个圣诞节假期拉塞尔都在潜心研究，在短短几周之内，他就找到了一种通过使用控制面板上的钮子开关来操纵屏幕上圆点的方法，他能让这些点加速、减速和转向。然后，他把圆点变成两艘卡通化的宇宙飞船，其中一艘像雪茄一样又胖又鼓，另一艘则细细的，像铅笔一样直。还有一个子程序能让每艘飞船从前部发射模仿导弹的圆点。当代表导弹的圆点与飞船位置重合时，后者就会“爆炸”，变成一些随机移动的点。到 1962 年 2 月，这个游戏已经基本做好了。

这时，《太空大战》变成了一个开源项目。拉塞尔把他的程序带放在一个装有 PDP–1 其他程序的装置里，他的朋友开始动手改进程序。其中有个叫丹·爱德华兹（Dan Edwards）的朋友认为引入引力会比较酷，于是他通过编程做了一个能对飞船产生牵引力的大太阳。如果你不注意的话，太阳就会把你吸进去并毁灭你，但出色的玩家知道怎样迅速靠近太阳，借助其引力来增强自身力量，从而以更高的速度转向。

拉塞尔回忆道，还有一个叫彼得·萨姆森（Peter Samson）的朋友“觉得我的星球是随便画的，不符合实际”。[7] 萨姆森认为游戏应该有“真实性”，也就是要有符合天文学的星图，而不是一堆乱七八糟的圆点。于是他在程序中添加了一个他称之为“豪华天文馆”的东西。萨姆森根据《美国星历表和航海天文历》（*American Ephemeris and Nautical Almanac*）上的信息编写了一个程序来显示夜空中到第五星等为止的所有星体。通过规定显示器上各点的显示次数，他甚至模拟出了每颗星的相对亮度。随着飞船的前进，星空会缓缓向后移动。

在这种开源合作下，开发者还做出了许多其他的绝妙贡献。马丁·格雷茨发明了一个他称之为“终极应急按钮”的东西，这是一种从乱局中脱身的能力，只要扳动一个开关，就能暂时消失到多维空间的另一个维度里。他解释说：“设置这个按钮的想法是，当其他一切努力都无济于事时，你还可以跳进第四维空间并消失。”他曾在史密斯的一本小说中读到过类似的内容，叫作“超空间通道”。不过，应急按钮也有一些限制：在一次游戏中，你只有三次机会跳入超空间；消失不见会让你的对手获得喘息的机会；而且你根本不知道自己的飞船会在什么地方再次出现。它也许会出现在太阳上，或者暴露在对手的视线之下。拉塞尔解释说："应急按钮是一个你可以用，但不想动用的东西。"格雷茨还补充了一个向明斯基教授致敬的细节：消失到超空间的飞船会留下一个标志性的"明斯基电子"图案。[8]

有一项影响深远的贡献来自铁路模型技术俱乐部的活跃分子艾伦·科托克和鲍勃·桑德斯（Bob Sanders）。他们意识到，如果玩家挤在一台 PDP–1 游戏机前，胳膊肘推来搡去，疯狂抢夺计算机的开关，实在是又别扭又危险。于是他们在俱乐部活动室的火车组下面翻找了一圈，卸下一些钮子开关和继电器。他们把这些东西拼装在两个塑料盒里，做成遥控器，这个遥控器配有所有必需的功能开关和超空间应急按钮。

这个游戏很快就传到了其他计算机中心，并成为黑客文化的必需品。迪吉多开始出预装这款游戏的计算机，程序员们也开发出了适合其他系统的新版本。世界各地的黑客们为其添加了更多功能，比如隐形能力、爆破太空矿，还可以切换为第一人称，以一名飞行员的视角来玩游戏。正如个人电脑先驱者之一艾伦·凯（Alan Kay）所言："在任何有能接电脑的图形显示器的地方，《太空大战》这个游戏都自然而然地流行开来。"[9]

《太空大战》突显出黑客文化的三方面特点，这些特点后来成为数字时代的主题。首先，它是协作的产物。拉塞尔说："我们一起制作这个游戏，进行团队合作，这是我们喜欢的做事方式。"第二，这是一个免费的开源软件。拉塞尔表示："只要有人要源代码，我们就会给他们一份。"当然了，那是在一个软件渴望摆脱束缚的时代和地方。第三，它是基于一种计算机应属于个人而且要能与人互动的信念。拉塞尔说："它让我们能够亲手操作电脑，并让电脑对我们做出实时回应。"[10]

诺兰·布什内尔和雅达利

和 20 世纪 60 年代许多计算机专业的学生一样，诺兰·布什内尔（Nolan Bushnell）也是个《太空大战》迷。他回忆说：“这个游戏对任何计算机爱好者都产生了重大影响，对我的影响则可谓是脱胎换骨。”他说：“史蒂夫·拉塞尔在我眼中就是神。”布什内尔之所以不同于那些只会通过操纵屏幕上的光点来寻找刺激的混混，是因为他还着迷于游乐园。他在一家游乐园打工，以挣取大学学费。此外，他还拥有创业者那种不甘寂寞的性格，喜欢追求刺激，还爱冒险。因此，诺兰·布什内尔成为一位把发明变为产业的创新者。[11]

布什内尔 15 岁时父亲去世了。在盐湖城一个新兴郊区做建筑承包商的父亲丢下几个没完工的项目，这些项目还没拿到工程款。当时，年幼的布什内尔已经长成一个精力充沛的大块头，他把这些工程做完了，这段经历让天性爱逞能的他有了更多底气。他说：“如果你 15 岁的时候就能做这样的事情，你就会开始相信任何事都难不倒自己。”[12] 布什内尔很自然地玩起了扑克，但命运无常，他遭遇了惨败，不得不中途在泻湖游乐园（Lagoon Amusement Park）找了份工作。他一边打工，一边在犹他大学读书。他说：“我学会了各种劝人投币的技巧，当然，这对我很有好处。”[13] 他很快就获得了提升，负责管理弹球台和游戏机，当时，芝加哥投币游戏机制造公司生产的《赛道》（*Speedway*）等动画赛车游戏风靡一时。

布什内尔能进犹他大学读书也很幸运。该校拥有美国最好的计算机图形专业，由伊万·萨瑟兰（Ivan Sutherland）和戴维·埃文斯（David Evans）两位教授主办。互联网的前身——阿帕网（ARPANET）最早的四个节点之一就接在这里（这个专业其他杰出学生包括创办网景的吉姆·克拉克；数字媒体和在线营销方案供应商

Adobe 公司联合创始人约翰 · 沃诺克；皮克斯联合创始人埃德 · 卡特穆尔；还有我们之后要详细介绍的艾伦 · 凯）。犹他大学有一台安装了《太空大战》游戏的 PDP–1，布什内尔试图把他对游戏的热爱和对街机经济的理解结合在一起。他说："我意识到，如果你能在游戏厅里放一台安装了游戏的电脑，你就能赚上一大堆硬币。但之后我做了一下除法运算，我意识到，就算天天都有一大堆硬币，也永远都抵不上计算机上百万美元的造价。你用 100 万美元除以 25 美分，就死心了。"[14] 于是他暂时放弃了这个念头。

布什内尔 1968 年大学毕业后（他经常吹牛说自己是"班里倒数第一"）开始在录音设备公司 Ampex 工作。在这家公司，他和一位名叫特德 · 达布尼（Ted Dabney）的同事继续设法把计算机改造成电子游戏街机。他们想了一些办法来改造 Data General（通用数据）公司生产的计算机 Nova，这是一款售价 4 000 美元，和冰箱差不多大小的 1969 年产小型计算机。但不论他们怎么精打细算，这款计算机都既不够便宜也不够强大。

布什内尔一边设法改造 Nova，一边也在寻找这款游戏中靠硬件电路就能支持，而无须依靠计算机处理功能的元素，比如星空背景。他回忆道："这之后我突然灵光一闪。为什么不完全靠硬件来实现这一切呢？"也就是说可以设计一些电路，让电路来代替程序完成各项任务。这样一来造价就便宜了。但这也意味着不得不对游戏做大幅简化。于是他把《太空大战》改成了玩家只控制一艘飞船，与硬件制作的两艘简单飞碟对战的游戏。他还取消了太阳引力和可消失到超空间的应急按钮。但这个游戏依然很有意思，而且造价合理。

布什内尔说服比尔 · 纳丁（Bill Nutting）接受了他的想法，后者创办了一家公司，制作一款叫《电脑测验》（*Computer Quiz*）的街机游戏。为了和这个名字配合，他们把布什内尔的游戏取名为《电脑太空》(*Computer Space*)。两人配合得非常默契，于是布什内尔于 1971 年从 Ampex 离职，加入了纳丁的街机游戏公司 Nutting Associates。

在开发最早的《电脑太空》游戏机时，布什内尔听说自己遇到了竞争对手。一个名叫比尔·皮茨（Bill Pitts）的斯坦福毕业生和他来自加州理工的朋友休·塔克（Hugh Tuck）迷上了《太空大战》，他们决定利用一台 PDP–11 小型计算机把它做成一款街机游戏。布什内尔听到这个消息后邀请皮茨和塔克来参观他的公司。看到布什内尔为降低成本而简化《太空大战》，胆敢舍弃那么多东西（简直是亵渎神灵），两人震惊不已。皮茨愤怒地说："布什内尔的东西完全就是个劣质版本。"[15] 而从布什内尔这一边来说，当他听说两人计划在设备上花 20 000 美元（包括摆在另一间屋里的一台 PDP–11，用超长的缆线与游戏机相连），而玩一次游戏收取 10 美分时不无鄙视。他说："看到他们的商业模型这么没头绪，我感到很惊讶。惊讶的同时我也松了口气。我一看到他们做的事情，就知道他们对我不构成竞争。"

皮茨和塔克开发的《银河游戏》(*Galaxy Game*) 1971 年秋季在斯坦福特里西德（Tresidder）学生联合会的咖啡厅里首次亮相。每天晚上，学生们都像神龛前的信徒一样围在这台机器周围。但无论有多少人排着队投币玩游戏，这台机器的成本也收不回来，两人最终放弃了尝试。皮茨承认："休和我都是工程师，我们根本没有关注商业上的问题。"[16] 工程天才可以产生创新的火花，但创新之火必须与商业能力相结合，方能形成燎原之势。

布什内尔仅用了 1 000 美元就制作出了他的游戏《电脑太空》。在《银河游戏》面世几周后，《电脑太空》在帕洛阿尔托附近的门洛帕克的 Dutch Goose 酒吧首次亮相，之后又热销了 1 500 套。布什内尔是一位理想的企业家：富有创新精神，擅长工程技术，有商业头脑，熟知消费者需求。他还是一位出色的推销员。有一位记者记得曾在芝加哥一次展销会上碰到过他，这位记者说："在我见到的 6 岁以上的人当中，布什内尔差不多是谈起新游戏来最激动的人。"[17]

事实证明，《电脑太空》在啤酒吧不如学生聚会场所受欢迎，所以它不如大多数弹珠游戏成功。但这款游戏确实吸引了一批狂热的追随者。最重要的是，它开启了一个产业。曾由芝加哥弹珠台公司一统天下的街机游戏很快就会在硅谷工程师的推动下发生翻天覆地的变化。

布什内尔对他在投币游戏厂商 Nutting Associates 的工作不太满意，于是他决定创办自己的公司来开发下一款电子游戏。他回忆说："为纳丁工作是很好的学习经历，但我发现自己受不了他们把事情做得一团糟。"[18] 他一开始决定把新公司命名为 Syzygy，这个拗口的词意思是三个天体排成一条直线。好在这个名字不能用，因为有一家嬉皮士风格的蜡烛公司已经注册了这个名称。于是布什内尔决定管自己的新公司叫"雅达利"（Atari），这个名字取自日本一个围棋术语。

《乓》

诺兰·布什内尔在雅达利成立当日，即 1972 年 6 月 27 日这天聘用了自己的第一位工程师——阿尔·奥尔康（Al Alcorn）。奥尔康在旧金山一个治安很差的社区长大，高中时是足球队队员，还曾通过美国无线电公司的函授课程自学过电视机维修。念伯克利的时候，他参加了一个勤工俭学计划，在 Ampex 工作过一段时间，他的上司便是布什内尔。奥尔康毕业的时候，布什内尔恰好准备创办雅达利。

数字时代的许多重要合作关系都是把拥有不同技能、不同性格的人撮合在一起，比如约翰·莫奇利和普雷斯伯·埃克特，约翰·巴丁和沃尔特·布拉顿，史蒂夫·乔布斯和史蒂夫·沃兹尼亚克。但我们偶尔也会看到，有一些人之所以合作得很好，是因为他们个性相投，兴趣类似，布什内尔和奥尔康就是这样的例子。两人都高大魁梧、风趣、不拘小节。布什内尔在 40 多年后断言："奥尔康是这个世界上我最喜欢的人之一。他是个完美的工程师，人很有意思，所以他很适合做电子游戏。"[19]

当时布什内尔手上有一份合同，要为芝加哥公司 Bally Midway 制作一款新的电子游戏。按计划是要做一款赛车游戏，赛车似乎比飞船航行更能吸引在蓝领酒吧里喝啤酒的人。但布什内尔在把任务抛给奥尔康之前，决定先给他布置一个热身练习。

布什内尔在一次展销会上考察了米罗华奥德赛（Magnavox Odyssey），这是一款在家用电视机上玩游戏的原始游戏机。这台游戏机能玩一种乒乓球游戏。多年以后，布什内尔在被控盗用该游戏创意后表示："我觉得它有点蹩脚。它没有声音，没有得分，而且球是方形的。但我注意到有些人爱玩这个游戏。"当布什内尔回到雅达利位于圣克拉拉的那间租来的小办公室时，他向奥尔康描述了这款游戏，画了一些电路图，让他做一个街机版出来。他告诉奥尔康，他与通用电气签了合同要做这个游戏，但其实他并没有签什么合同。和许多企业家一样，布什内尔为激励他人能够毫无愧色地歪曲事实。他说："我觉得这对奥尔康来说是个很棒的训练项目。"[20]

奥尔康只用了几个星期就把原型机的布线弄好了，1972 年 9 月初，他完成了游戏的制作。童心未泯的奥尔康又做了一些改进，让在球拍之间弹来弹去的单调光点变得更有意思。他在代表球拍的线条上创建了 8 个区域，这样一来，当球正中球拍中央时会以直线弹回，但如果球击在靠近球拍的边缘的位置，就会以一定的角度飞出。这就让游戏变得更具挑战性，更富技巧。他还创建了一个计分板。为了让游戏玩起来更加逼真，他还使用同步发生器恰到好处地添加了“嗖嗖”声，这一招不能不说是天才之举。奥尔康用一台 75 美元的日立黑白电视机做屏幕，把元件以硬连线方式连接在一起，放进一个 4 英尺高的木柜里。和《电脑太空》一样，这个游戏不用一枚微芯片，也无须运行计算机代码；一切都是靠硬件来实现的，采用的是电视机工程师们用的那种数字逻辑设计。然后，奥尔康把从一台旧弹珠台上卸下的投币箱装在游戏机上，一颗新星便诞生了。[21] 布什内尔把这款游戏命名为《乓》。

《乓》最新颖的特点之一是简单。《电脑太空》需要复杂的说明；开机屏幕上的指令多到连计算机工程师也会头晕，例如，“太空中没有重力，火箭的速度只能通过发动机推力来改变”。而《乓》这款游戏则非常简单，就连灌了一肚子啤酒的吧虫和醉醺醺的大二学生也能在深更半夜里弄清楚。这个游戏只有一条指令：“想得高分就要尽量接住球。”雅达利在有意无意中触及了计算机时代最重要的工程挑战之一：创造出极简单、极直观的用户界面。

布什内尔对奥尔康的发明非常满意，他决定把这项发明从练手的项目变为产品。他说：“我们发现这个游戏真的很有意思，我们每天晚上下班以后都会玩上一两个小时，于是我改变了想法。”[22] 他飞往芝加哥，想劝说 Bally Midway 接受《乓》作为履约产品，而不是一定要他们做赛车游戏。但该公司拒绝了。这家公司对需要两个玩家的游戏持谨慎态度。

但遭拒后来却成了好事。为了测试《乓》，布什内尔和奥尔康在蓝领聚居的小镇森尼韦尔的啤酒吧 Andy Capp’s 里安装了一台样品机，这是一家满地花生壳的酒吧，顾客们会在酒吧后面玩弹球。差不多一天后，奥尔康接到酒吧经理打来的电话，抱怨说游戏机不能用了。经理让他立即来修，因为这台游戏机火得出人意料。于是奥尔康急忙赶了过去。他一打开机器就发现了问题所在：原来，硬币盒装得太满，被卡住了。盒子里的钱满得溢到了地上。[23]

布什内尔和奥尔康知道他们手中这个游戏机的分量了。一般游戏机一天能赚 10 美元；《乓》一天能赚 40 美元。突然之间，被 Bally 拒之门外似乎变成了好事。布什内尔心底里那个真正的创业者站了出来：他决定由雅达利自己来生产这个游戏，虽然他们手中既没有资金也没有设备。

他决定赌一把，白手起家把整个项目做起来；他决定通过销售现金流尽可能地筹集资金。他看了看自己有多少存款，除以生产每台机器所需的 280 美元成本，计算出他可以先做 13 台游戏机。他回忆说："不过，13 这个数字不吉利，所以我们决定做 12 台。"[24]

布什内尔用黏土为他想要的游戏机外壳做了一个小模型，把模型拿到一个造船商那里，造船商便开始用玻璃纤维来生产游戏机外壳。做出一台完整的游戏机只需要一周时间，再花上几天时间就能以 900 美元的价格把它卖出去，从中可赚得 620 美元的利润，这样一来，布什内尔就有了可维持公司运转的正现金流。公司有一部分早期收益花在了促销手册上，这些小册子上印着一个年轻美女，身着曲线毕露、薄如蝉翼的睡衣，手臂搭在游戏机上。40 年后，布什内尔对台下一群认真听他演讲的高中生说："我们是从街上一个'上空吧'（topless bar）里把她雇来的。"这段故事似乎令学生们迷惑不解，他们不明白"上空吧"是什么。[25]

风险投资当时在硅谷刚刚出现（阿瑟·罗克为英特尔进行的融资就是其中一例），但它们不会投资一家计划制作电子游戏的公司。电子游戏这种产品尚不为人知，而且和黑帮充斥的弹球业脱不开干系。[①] 而布什内尔向银行申请贷款时也吃了闭门羹。只有富国银行同意提供 50 000 美元的信贷额度，但这远远低于布什内尔所申请的金额。

有了这笔钱，布什内尔便在与雅达利圣克拉拉办公室相距几个街区的一个废弃旱冰场里建起一个生产厂。《乓》游戏不是在生产线上组装的，而是在车间中央，由年轻工人慢慢地装入各种部件。工人是从附近的再就业中心征来的。布什内尔把一批瘾君子和偷电视机显示屏的扒手从工人队伍中剔除出去之后，生产规模便迅速扩大。一开始，他们一天只生产 10 台游戏机，但在短短两个月之内，他们一天就能生产近 100 台了。当时经济形势也有所改善；游戏成本被控制在 300 美元出头的水平，但售价则提高到 1 200 美元。

布什内尔和奥尔康当时都才 20 多岁，喜欢找乐子，看看他们，你就不难想象雅达利的氛围了。雅达利把硅谷初创公司的休闲风格提高到新的层次。每周五，这里都要举行啤酒狂欢和派对，有时候，派对会以裸泳收官，尤其是在大家完成当周定额的时候。布什内尔说："我们发现，在鼓励员工完成额度这方面，开派对和发奖金效果不相上下。"

布什内尔在公司附近的洛斯加托斯山区给自己买了幢漂亮的房子，有时候他会在自家热水浴池里开董事会或者举办员工派对。在新建一处工程设施时，他下令为其配一个热水浴池。他坚称："热水浴池是一种招聘工具。我们发现，我们的生活方式和派对对吸引员工大有帮助。如果我们想招什么人，我们就会邀请他来参加一次派对。"[26]

---

① 三年后的 1975 年，当雅达利决定做一个家庭版《乓》游戏时，风险资本行业已经呈现燎原之势。布什内尔成功地向刚刚创办了红杉资本的唐·瓦伦丁（Don Valentine）筹得 2 000 万美元。雅达利和红杉资本在创建过程中进行了相互提携。

除作为招聘工具外，雅达利的文化还是布什内尔个性的自然产物。但这不是简单的自我放纵，而是基于一种源自嬉皮士运动，日后将定义硅谷文化的哲学。其中心是这样一些原则：权威应该受到质疑，等级制度应该被规避，特立独行应受尊崇，创造性应该得到悉心培养。和东海岸公司不同的是，这里没有固定的工作时间，也没有着装要求，不论是在办公室还是热水浴池。一位名叫史蒂夫·布里斯托的工程师说："当时 IBM 有一套规定，比如你得穿白衬衫、深色西裤，打黑色领带，徽章要别在肩上等。而雅达利更看重的是大家的工作，而不是形象。"[27]

《乓》的成功让雅达利吃了一场官司。布什内尔在展销会上玩过的那款奥德赛家用电视游戏的经销商米罗华指控雅达利盗用其创意。米罗华的游戏是由一个名叫拉尔夫·贝尔（Ralph Baer）的外部工程师设计的。贝尔也算不上是这个创意的发明者；这款游戏的源头至少要追溯到 1958 年，当时，布鲁克海文国家实验室的威廉·希金博特姆（William Higinbotham）在一台模拟计算机上做了一个示波器，来回击打一个光点，他将其称为"双人网球"。但贝尔是像爱迪生那样的创新者，他认为申请专利是发明过程中的关键元素。他拥有 70 多项专利，其中包括他游戏中的许多部分。布什内尔没有去打官司，而是采用了一个巧妙的双赢方案。他支付了一笔相当低的固定费用（70 万美元），获得了制作这个游戏的永久权利，条件是米罗华要执行专利，要求其他想制作类似游戏的公司按百分比支付专利权使用费，其中包括他过去的合作伙伴 Bally Midway 和 Nutting Associates。此举让雅达利获得了竞争优势。

创新至少要具备三个要素：出色的创意，执行创意所需的工程才能，还要有把创意变成成功产品的商业头脑（外加创业的胆识）。

诺兰·布什内尔 29 岁时便三者兼备，这就是为什么作为缔造电子游戏行业的创新者名垂史册的是他，而不是比尔·皮茨、休·塔克、比尔·纳丁或拉尔夫·贝尔。他说："我为我们制作出《乓》而自豪，但更让我自豪的是我设法筹到了创业所需的资金。制作游戏并不难，难的是白手起家办公司。"[28]

J · C · R · 利克莱德（1915—1990）

鲍勃 · 泰勒（1932—　）

拉里 · 罗伯茨（1937—　）

第七章 互联网

万尼瓦尔 · 布什的“三角论”

创新常常带有创新机构的印记。从这个角度来看，互联网的创新历程特别有趣，因为它是由军队、大学和私营企业三方共同缔造的。更有意思的是，这不是一个三方各自为政的松散联盟，而是一个稳固的共同体。在第二次世界大战期间和战后，这三大集团结成了牢固的铁三角，即军队—企业—学术复合体。

对该复合体的缔结贡献最大的人当属万尼瓦尔 · 布什，他是麻省理工学院一名教授，1931 年，他发明了作为模拟计算机雏形的微分分析机，我们在第二章中有相关叙述。[1] 布什是从事这项任务的理想人选，因为他是跨越军、企、学三大阵营的明星。他在麻省理工学院担任工程学院院长，是电子公司雷神（Raytheon）的创始人，还在“二战”期间担任过美国军事科学机构首脑。麻省理工学院前校长杰尔姆 · 威斯纳（Jerome Wiesner）后来表示：“没有任何一个美国人对科技发展的影响能超越万尼瓦尔 · 布什。”他还称：“布什最重要的创新是，他不是去建大型政府实验室，而是推动政府与大学和企业实验室订立合同。”[2]

布什1890年出生在波士顿附近，他父亲最初是一名厨师，后来成为一位牧师。布什的祖父和外祖父都是捕鲸船船长，家庭环境在他的个性中注入了一种粗犷直率的风格，把他造就成为一名果断的管理者和富有魅力的经营者。和许多成功的科技业领袖一样，他既是产品制造方面的专家，又善于果断决策。他曾说：“我的祖辈都在海轮上当船长，他们有一种当机立断的行事风格。这种风格也对我产生了影响，让我在出任管理者时表现出一些类似倾向。”[3]

另外，和许多出色的科技界领袖一样，他也是从小对人文和科学都抱有浓厚的兴趣。他能大段大段地引用吉卜林（Kipling）和奥马尔·海亚姆（Omar Khayyam）的作品，会吹长笛，热爱交响乐，还爱读哲学书。他家也有一个位于地下室的工作间，他会在里面制作小船和机械玩偶。《时代》杂志后来用那种别家媒体模仿不来的老派风格报道称：“纤瘦、机智、风趣的布什是个北方人，和很多美国男孩一样，他对科学的热爱也是源自小时候酷爱摆弄的小玩意儿。”[4]

布什长大后进入塔夫茨大学就读，大学期间，他曾利用业余时间制作了一台测绘仪。这台测绘仪利用两个自行车车轮和一个钟摆来记录一片区域的周长并计算其面积，所以这相当于一个做积分运算的模拟设备。他的测绘仪获得了专利，成为他一生所获49项专利中的头一项。还在塔夫茨读书的时候，布什和自己的室友就开始与一批小公司洽谈生意了，毕业后，他们就创立了雷神，这家公司后来发展成为一家庞大的国防承包商和电子公司。

布什拥有麻省理工学院和哈佛大学联合授予的电气工程博士学位，后来成为麻省理工工程学院教授和院长，在这里，他发明了微分分析机。在科学和工程领域都无甚建树的20世纪30年代中期，布什为提高科学和工程在社会中的地位倾注了极大的热忱。当时电视机还不是消费品，而最引人注目的新发明就是 1939 年纽约世界博览会上的一只米老鼠手表和一个吉列安全剃刀。“二战”的来临改变了这种波澜不惊的局面，“二战”引爆了一轮新技术冲击波，而引领这轮浪潮的便是万尼瓦尔·布什。

由于担心美国军队在技术上落后于人，布什动员哈佛大学校长詹姆斯·布赖恩特·科南特和其他科学界领袖一同说服富兰克林·罗斯福总统先后设立了美国国防研究委员会和美军科技研究和发展局，这两家机构都由他担任领导。总是嘴叼烟斗、手拿铅笔的布什曾负责监督以制造原子弹为目标的曼哈顿计划以及一批雷达和防空系统开发项目。1944 年的一期《时代》杂志在封面上称他为“物理学将军”。该杂志在报道中写道，布什用拳头猛击了一下办公桌，吼道：“要是我们 10 年前稍微重视一下军事技术，这该死的仗十有八九就打不起来了。”[5]

布什热情诚恳的个性使他那种干练务实的风格不显得过于犀利，作为领导者，他虽然强硬，但也不失可爱。有一次，一群对官僚问题感到厌倦的军事科学家走进他的办公室提出辞职。布什弄不清楚他们到底遇到了什么麻烦。他回忆说：“于是我就对他们说：‘战争期间不能辞职。你们这些家伙都给我滚出去，回去工作，我会调查这个问题的。’”[6] 他们只好服从。麻省理工学院的威斯纳后来这样说：“他是一个很有主见的人，他会有力地表达和施行自己的主张，但他对自然的神秘抱有敬畏，对人的弱点抱有温暖的宽容之心，对待变化也十分开明。”[7]

“二战”结束后，布什于 1945 年 7 月应罗斯福要求撰写了一份报告（这份报告最终递交给了哈里·杜鲁门总统），呼吁政府与大学和企业展开合作，出资支持基础科学研究项目。布什为这份报告选择了一个富有感召力的典型美式标题：“科学：没有止境的前沿”。那些威胁要取消未来创新所需研究资金的政客们都应该重读一下布什的引言。布什写道："基础研究能带来新知识，为我们提供科学资本，创造出知识的实际运用所必需的资金。"[8]

布什有关基础研究如何为实用发明提供"种子基金"的描述被称为"创新的线性模型"。尽管后来有许多科学史家批评该线性模型忽视了理论研究和实际应用之间复杂的互动，但这种说法通俗易懂，而且其中也蕴含着真理。布什写道，战争"清楚无疑地"揭示出，基础科学（其任务是探索核物理、激光、计算机科学和雷达的基本原理）"对国家安全绝对具有至关重要的意义"。他还表示，基础科学对美国的经济安全也至关重要。"新产品和新流程并不是从一开始就完全成熟的。它们建立在新原理和新概念之上，而这些原理和概念又是纯科学领域的科学家们艰苦研究的产物。一个在基础科学新知识上依赖别国的国家工业发展会比较缓慢，在世界贸易竞争中也会处于劣势"。到了报告结尾，布什上升到诗意的高度，热情赞颂着基础科学研究带来的实际回报："当我们把科学进步付诸实践，就意味着更多的就业岗位，更高的薪酬，更短的工作时间，更好的收成和更多的闲暇，我们可以用这些闲暇时间来娱乐、研究，来学习如何生活，而无须承受旧时代压在普通人肩头，让人麻木的乏味重担。"[9]

根据这份报告，美国国会成立了国家科学基金会。杜鲁门总统一开始否决了这项议案，因为它规定基金会主管应由独立委员会而不是总统来任命。但在布什的劝说下，杜鲁门改变了想法。布什解释说，这种方式可以让总统免受那些寻求政治特权的人干扰。杜鲁门告诉他："万，你应该做政治家。你有一些直觉很准。"布什回答说："总统先生，你以为我这五六年在华盛顿都干了什么？"[10]

政府、企业和学术界三角关系的建立本身就是一种重要的创新，它催生了 20 世纪末的科技革命。美国国防部和国家科学基金会很快就成为美国大量基础研究的主要资助者，20 世纪 50 年代到 80 年代期间，它们在基础研究方面的支出与私营企业相当。①这些投资产生了巨大的回报，不仅促进了互联网的产生，而且缔造了在美国战后创新和经济繁荣中发挥重要作用的许多核心技术。[11]

战前美国也有一些企业研发中心，其中最著名的是贝尔实验室。但在政府响应布什号召，出台鼓励政策并与大学和企业签署合同之后，混合型研究中心开始蓬勃发展起来。其中最著名的包括兰德公司，该公司成立的初衷是向美国空军提供研发服务（公司名称 RAND 的意思就是研发）；还有斯坦福研究所及其分支机构增智研究中心（The Augmentation Research Center）；此外还有施乐帕洛阿尔托研究中心。所有这些机构都会在互联网的发展中发挥一定的作用。

这些机构中最重要的两家是"二战"刚刚结束时在马萨诸塞州剑桥附近成立的。一家是林肯实验室，这是一个隶属麻省理工学院，由军方出资的研究中心。还有一家名为 Bolt，Beranek and Newman（简称 BBN）的研发公司，由一些麻省理工学院毕业（也有几个是哈佛毕业）的工程师创立，员工也多为两所大学的校友。有一位麻省理工学院教授与这两家机构的联系都很密切，他说起话来带着密苏里口音的拖腔，为人随和，在团队建设方面很有天分。他将成为互联网创建过程中最重要的人物。

J · C · R · 利克莱德

要寻找互联网之父，我们最好是从一位寡言少语但散发奇妙魅力的心理学家兼工程师说起。他就是约瑟夫 · 卡尔 · 罗布尼特 · 利克

① 到 2010 年，美国联邦政府研究支出已经降至私营企业研发支出的一半。

莱德（Joseph Carl Robnett Licklider）。生于1915年的利克莱德喜欢咧嘴大笑，凡事都要亲自查证，大家都管他叫“利克”。利克莱德首创了互联网背后两个最重要的概念：一是能从任何地方接收和发送信息的分布式网络，二是能辅助人机实时互动的界面。此外，他还是为阿帕网开发提供资金的军事机构的创始人兼主管，10年后，他又回到该机构履行第二任期，负责制定让阿帕网向互联网过渡的协议。他的合作伙伴和追随者鲍勃·泰勒说（Bob Taylor）：“他是当之无愧的互联网之父。”[12]

利克莱德的父亲在密苏里州一个农场长大，家境贫寒，后来他在圣路易斯成为一名成功的保险销售员，在大萧条中，他遭受重创，之后便在一个农村小镇上当了一名浸礼会牧师。作为独生子，利克莱德备受宠爱，他把自己的卧室变成一个模型飞机制造厂，他还喜欢重装旧汽车，他妈妈会站在旁边给他递工具。不过，成长在一个与世隔绝，处处是铁丝网的乡下还是让利克莱德感到窒息。

他先逃到了圣路易斯的华盛顿大学，获得心理声学（psychoacoustics，研究人类如何感知声音）博士学位后，他加入了哈佛大学心理声学实验室。后来，对心理学与科技的关系以及人脑与机器的互动越来越感兴趣的利克莱德来到麻省理工学院，在电气工程系创立了一个心理学部。

在麻省理工学院，利克莱德加入了一个跨学科圈子，这个圈子里有工程师、心理学家和人文学者，他们聚集在诺伯特·威纳（Norbert Wiener）教授周围。威纳教授是一位研究人类和机器如何协作的理论家，他创造了“控制论”（cybernetics）一词，描述系统（从大脑到火炮瞄准机制都属于他说的系统）如何通过交流、控制和反馈回路来学习。利克莱德回忆道：“‘二战’后剑桥的学术气息非常浓厚，威纳每周都组织四五十人的聚会。他们聚在一起，谈上几个小时。我是这个聚会的忠实追随者。”[13]

威纳和麻省理工学院的一些同事看法不同，他坚信，最有前途的计算机科学发展之道是设计出能够很好地配合人类思维的机器，而不是试图让机器取代人类思维。威纳写道："许多人以为计算机是人类智能的替代品，有了计算机，人类原创思维的必要性就减弱了。其实并非如此。"[14] 计算机越强大，在连接想象、创造等高层次人类思维方面就越有优势。利克莱德成为这种理论的拥趸，后来他将其称作"人机共生"（man-computer symbiosis）。

利克莱德有一种顽皮但友善的幽默感。他爱看喜剧《活宝三人组》（*Three Stooges*），而且像小孩子一样喜欢哑剧。有时候，当同事要用幻灯片做演示时，利克莱德会把一张美女图片插进幻灯机的转盘里。工作的时候，他会不断从自动贩卖机上买可乐和糖果给自己充电，他还随时给孩子和学生发好时巧克力，只要他们使他高兴。此外，他对自己的研究生也是用心栽培，会邀请他们到他位于波士顿郊区阿灵顿的家中吃饭。他儿子特雷西（Tracy）说："他非常重视协作。他会到处走动，把一群群人组织起来，鼓励他们去发现问题，解决问题。"这就是他对网络产生兴趣的原因之一。"他知道，找到好的答案需要远程协作。他喜欢发掘有才华的人，把他们组成一个团队"。[15]

但他不能容忍那些自以为是、高傲自大的人（只有威纳除外）。当他认为某个人在台上说废话时，他会站起身来，问些看似无辜实则不怀好意的问题。演讲者没多久就会像泄气的皮球一样，然后利克莱德就会坐下来。特雷西回忆说："他不喜欢装腔作势、自命不凡的人。他从来都不是个刻薄的人，但他会狡黠地戳穿人们自大的面具。"

利克莱德的一大爱好是艺术。只要他出去旅行，就会在美术馆里泡上好几个小时，有时候还拖上他那两个不大情愿同行的孩子。特雷西说："他进了美术馆会着迷地看，总是看不够。"有时候，他会在美术馆里花五个小时甚至更多时间欣赏画作的每一笔，分析每幅画的创作过程，试图从中得到有关创造力的教益。他拥有一种能在所有领域慧眼识才的直觉，无论是艺术还是科学领域，但他觉得，最简单的辨别方法是通过最纯粹的形式，比如画家的笔触或是作曲家一段副歌的旋律。他说，他也会在计算机或网络工程师的设计中寻找相同的创意笔触。特雷西表示："他真的是一名娴熟的创意侦查员。他经常谈论人的创造力从何而来。他觉得从艺术家身上发现创造力比较简单，他会下更大功夫探寻工程中的创意，在工程中，设计者的笔触不是那么显而易见。"[16]

利克莱德身上最宝贵的品质是他人很善良。他的传记作家米切尔·沃尔德罗普（Mitchell Waldrop）写道，利克莱德晚年在五角大楼工作时，有天晚上很晚的时候，他注意到有个女清洁工在欣赏他墙上的艺术复制品。清洁工对他说："你知道吗，利克莱德博士，我总是在你办公室里待到最后才走，因为我想拥有属于自己的时间，想悠闲地看看这些画。"利克莱德问她最喜欢哪幅画，她指了指一幅塞尚的画。利克莱德听后激动万分，因为这也是他最喜欢的画，于是他马上把画送给了她。[17]

利克莱德感到，对艺术的热爱让他的直觉更加准确。他能够处理大批信息，发现其中的规律。他还爱与人分享想法，而不求把功劳揽在自己名下，这一品质在他组建那支为互联网奠定基础的团队时发挥了很大作用。他不是个自我的人，他似乎很喜欢把交流时产生的创意让给他人，而不是据为己有。鲍勃·泰勒说："利克对计算机的发展产生了如此重大的影响，但他还是保持着谦虚，他最喜欢自嘲。"[18]

分时系统和人机共生

在麻省理工学院，利克莱德与人工智能领域的先驱约翰·麦卡锡展开了合作。发明了《太空大战》游戏的一帮铁路模型技术俱乐部黑客就出自麦卡锡的实验室。在麦卡锡的领导下，他们在 20 世纪 50 年代协助开发了计算机分时系统。

到当时为止，计算机技术的发展还处于“批处理”阶段，如果你想让计算机执行一项任务，就必须向计算机操作员提交一摞打孔卡或纸带，就像给守护神谕的祭司呈献祭品一样，这是一件很让人头疼的事情。得出结果要花几个小时甚至几天时间；只要出现任何小错误，你就有可能要重新提交打孔卡，让计算机做新一轮运算；你可能也无法触摸甚至亲眼看到计算机。

而分时系统就不同了。它允许许多终端与同一主机相连接，这样许多用户就能直接输入指令，而且几乎立即就能收到回复。主机就像一位同时下几十盘棋的大师，其核心内存会记录所有用户的活动，其操作系统则能够进行多任务处理并运行许多程序。这就为用户提供了一种愉悦的体验：你可以亲手操作计算机，与计算机实时互动，就像展开对话一样。利克莱德说：“我们这儿就像发展起一个小宗教团体一样，大家都在说分时系统会和批处理完全不同。”[19]

这是通往人机直接合作，即人机共生的关键一步。鲍勃·泰勒说：“基于分时系统的交互计算的发明甚至比计算机本身的发明还要重要。批处理好比与某个人通信，而交互计算则像是与他们直接交谈。”[20]

在林肯实验室，交互计算的重要性是显而易见的。林肯实验室是一家军方出资的研究中心，隶属麻省理工学院，利克莱德 1951 年协助创建了该实验室。他在这里组建了一个团队，其中半数为心理学家，还有一半是工程师，他们的目标是设法让人类与计算机更加直观地互动，并以更加友好的界面呈现信息。

林肯实验室的一项使命是开发供防空系统使用的计算机，这个防空系统可针对敌军攻击发出预警并协调应对措施。该项目名为 SAGE，全称是半自动地面防空系统（Semi-Automatic Ground Environment），SAGE 比制造原子弹的曼哈顿计划投资更大，雇用的人数也更多。要想使 SAGE 系统发挥作用，需要能让用户与计算机即时互动。敌军导弹或轰炸机接近时，是根本没有时间进行批处理计算的。

SAGE 系统包括美国全境 23 个追踪中心，中心与中心之间由长途电话线连接。该系统最多能同时传送 400 架高速飞行的飞机信息。这就需要有强大的交互式计算机，要有能传输海量信息的网络，还要有能以通俗易懂的图形方式呈现信息的显示屏。

由于利克莱德的背景是心理学，所以分配给他的任务是协助设计人机界面（即用户在屏幕上看到的东西）。他构筑了一系列理论，探讨如何建立人机共生（一种亲密的合作关系），让人和机器协作解决问题。其中特别重要的一点是设法从视觉上传达局势的变化。他解释说："我们想设法保存连续数秒的空情，标绘出轨迹，而不是光点，并为这些轨迹着色，这样我们就能看出哪些是最新的信息，并判断出目标的走向。"[21] 美国的命运也许就取决于控制台操作员正确判断数据并即时做出反应的能力。

交互式计算机、直观界面和高速网络让我们看到人与计算机是如何在一种协作关系中共事的，利克莱德还设想了一些防空系统之外的人机协作方式。他开始谈论一种"真正的 SAGE 系统"，这种系统不仅能连接防空中心，而且能连接"思维中心"，能把巨大的知识库融汇在一起，让人们通过友好的显示控制台与之互动——换句话说，这就是我们今天所拥有的数字世界。

这些思想为利克莱德 1960 年发表的一篇题为《人机共生》的论文奠定了基础，这是战后科技史上最有影响力的论文之一。他写道："我们的期望是，用不了多少年，人脑和计算机就能紧密地配合，两者的结合体能够以人脑从未尝试过的方式思考，并能以现有信息处理机所未曾尝试过的方式处理数据。”这段话值得反复读，因为它已成为数字时代影响深远的概念之一。[22]

利克莱德赞同诺伯特·威纳建立在人机密切合作基础上的控制论，而不是像麻省理工学院的同事马文·明斯基和约翰·麦卡锡那样积极寻找人工智能，要创造出能够自主学习并模仿人类认知的机器。利克莱德解释说，明智的研究目标应该是创造一种人机“合作决策”的环境。换句话说，人与机器能够互补。他说：“人来制定目标，拟定假设，确定标准并进行评估。计算机将做一些必需的例行工作，为技术和科学思考中的洞见和决策做必要的准备。”

星际计算机网络

将心理学和工程方面的兴趣结合起来之后，利克莱德在计算机研究上倾注了更多的精力。于是，他在1957年加入了总部位于剑桥的初创公司BBN，这是一家兼顾商业和学术研究的公司，他有许多朋友都在这里工作。和发明晶体管的贝尔实验室一样，BBN公司也聚集着一群充满活力的人才，其中有理论家，有工程师、技师、计算机科学家、心理学家，偶尔还有陆军上校。[23]

利克莱德在BBN公司的任务之一是领导一个负责用计算机来改造图书馆的小组。该项目的总结报告《未来的图书馆》（*Libraries of the Future*）是他在拉斯韦加斯参加会议时坐在泳池旁边，用五个小时口述完成的。[24] 该报告探讨了“在线人机互动设备和技术”的潜力，这个概念为互联网做了铺垫。他设想要组建一个巨大的信息数据库，这个数据库要井然有序、去粗取精，使其“不至于太散，让人无所适从，并增强其可靠性”。

该报告有一部分写得非常生动，利克莱德在一个虚构的情境中向计算机提出一些问题。他想象中这台计算机的活动是："在周末，它检索了逾一万份文件，对所有文件进行扫描，从中寻找包含大量相关材料的章节，对这些章节进行分析，将它们转换成高阶谓语演算语句，然后将这些语句输入数据库。"利克莱德意识到，他描述的这种方式最终会被更好的方法取代。他在报告中展望了30年以后的情况："一种更为复杂的方式肯定会在1994年之前成为可能。"[25]事实证明他极有先见之明。1994年，最早的互联网文本挖掘搜索引擎WebCrawler和Lycos被开发出来，之后又很快出现了Excite、Infoseek、AltaVista和谷歌。

利克莱德还做出了一个与直觉相反，但最终却被证明是千真万确的预测，这就是：数字信息不能完全取代纸媒。他写道："作为一种显示信息的媒介，纸质页面的效果是非常出色的。它能容纳足以满足人眼需求的高分辨率。它能呈现充足的信息，让读者在方便的时间随时阅读。它能在字体和格式方面提供相当大的灵活度。它能让读者控制阅读模式和阅读速度。它体积小、重量轻、便携，能剪切、能夹、能粘贴、能复制、易处置，而且价格低廉。"[26]

1962年10月，还在从事"未来的图书馆"项目的利克莱德被抽调到华盛顿，领导美国国防部高等研究计划署（Defense Department's Advanced Research Projects Agency，当时简称ARPA①）下一个负责信息处理的新设机构。这个隶属五角大楼的机构有权为大学和企业研究所的基础研究项目拨款，因此成为政府贯彻布什愿景的诸多方式之一。之所以设立这个机构还有一个更直接的原因。1957年10月4日，

① 政府多次变更该机构的缩写，有时在缩写中加入表示"国防"的D，有时则把D去掉。1958年该机构成立时简称ARPA，1972年更名为DARPA，1993年再次更名为ARPA，1996年又更名为DARPA。

苏联发射了首枚人造卫星斯普特尼克号。布什有关科学与国防之间联系的理论如今变身为每天在夜空中闪烁的人造卫星。当美国人眯眼看人造卫星的时候，他们也能体会到布什的话千真万确：不吝为最尖端科学投资的国家会造出最好的火箭和卫星。接下来，民众中出现了一阵恰到好处的恐慌情绪。

艾森豪威尔总统喜欢接近科学家。他喜欢科学家群体的文化和思维方式，喜欢他们超越意识形态和理性思考的能力。他在自己的首次就职演讲中宣称："对自由的热爱意味着要捍卫所有让自由成为可能的资源——无论是我们家庭的尊严还是让我们的科学家发挥聪明才智的宝贵土壤。"他多次在白宫宴请科学家，就像肯尼迪总统喜欢宴请艺术家一样，他还邀请许多科学家为他担任顾问。

斯普特尼克号给了艾森豪威尔正式设立机构来贯彻他这一理念的机会。据艾森豪威尔的副手舍曼·亚当斯（Sherman Adams）回忆，ARPA 成立后不到两周，他就召集了 15 名曾在美国国防动员署（Office of Defense Mobilization）工作的顶尖科学顾问，让他们"告诉他科学研究在联邦政府架构中应该占据什么位置"。[27] 之后他又与麻省理工学院校长詹姆斯·基利安（James Killian）共进早餐，任命他担任自己的全职科学顾问。[28] 基利安与国防部部长共同制订了一项计划，他们于 1958 年 1 月宣布在五角大楼设立高等研究计划署。历史学家弗雷德·特纳（Fred Turner）写道："ARPA 是始于'二战'时期的那种以国防为导向的军队—大学合作的延伸。"[29]

利克莱德受命领导的 ARPA 下属机构名为指挥和控制研究局（Command and Control Research），其使命是研究交互式计算机如何促进信息的流动。当时还有一个职位是领导一个小组，研究心理因素在军队决策中的作用。利克莱德指出，这两个项目应该合二为一。他后来表示："我开始滔滔不绝地谈自己的观点，我的看法是，指挥和控制问题从本质上说是人机互动问题。”[30] 后来他同意同时接受这两个职位，并将合并后的机构更名为 IPTO（Information Processing Techniques Office，信息处理技术局）。

利克莱德有许多精彩的思想和研究兴趣，其中最突出的是他对分时、实时互动以及可促进人机共生的界面的探索。这一切都与一个简单的概念相关，这就是网络。颇具冷幽默感的利克莱德开始用“星际计算机网络”这个“有意夸大其词”的名称来形容自己的愿景。[31] 1963 年 4 月，在一份面向该网络计划的“成员和附属机构”备忘录中，利克莱德描述了自己的目标：“设想一下这种情况吧，几个不同的中心联结成网络……让所有中心都使用某种统一的语言，或者至少在问‘你说什么语言’这种问题时遵循某种惯例，这难道不是很理想，甚至是必需的吗？”[32]

鲍勃·泰勒和拉里·罗伯茨

鲍勃·泰勒和拉里·罗伯茨（Larry Roberts）之间的关系与数字时代推动科技进步的许多其他搭档不同，两人从来都不是朋友，不论是他们在 IPTO 共事之前还是之后。两人晚年时甚至还互相贬低彼此的贡献。泰勒 2014 年抱怨说：“拉里称网络是他自己建的，这样说是大错特错，别相信他说的话，我为他感到遗憾。”[33] 而罗伯茨则说，泰勒之所以怀恨在心是因为他没有获得充分的赞誉，他说：“除了把我招进去之外，我不知道他还有什么别的功劳。这是鲍勃做过的唯一一件重要的事情。”[34]

但泰勒和罗伯茨 20 世纪 60 年代在 ARPA 共事的四年里，两人的配合还是非常默契的。泰勒算不上出色的科学家，他甚至连博士学位也没有。但他个性平易近人，善于说服别人，就像一块吸引人才的磁石。而罗伯茨则是个埋头搞研究的工程师，举止唐突，甚至到了无理的程度，在庞大的五角大楼里，他曾掐着秒表计算沿不同路线在各个办公室之间穿行的时间。他不是用个人魅力让同事倾倒，但他在同事中却很有威信。他那种生硬直接的做派虽然没能让他成为深受爱戴的管理者，但他不失为一位有能力的管理者。泰勒善于劝服人，罗伯茨则用自己的才智打动人。

鲍勃·泰勒 1932 年诞生在达拉斯一个未婚母亲之家，一出生就被送上开往圣安东尼奥一家孤儿院的火车，28 天大的时候，他被一对经常四处奔波的卫理公会牧师夫妇收养。一家人每过几年就要搬一次家，去尤瓦尔迪、奥佐纳、维多利亚、圣安东尼奥和梅塞德斯这样的小镇布道。[35] 泰勒说，他的成长经历为他的性格打上了两种烙印。和同样是养子的史蒂夫·乔布斯一样，泰勒的父母也反复强调他是“被选择，被特别挑选出来的”。他开玩笑说：“其他所有父母都不得不接受分派给他们的孩子，但我却是被选中的。这也许给了我一种不该有的信心。”此外，由于经常搬家，他必须不断学习结交新朋友，学习新的方言，并在一种小镇的社会秩序下捍卫自己的位置。他说：“我每次都得交一群新朋友，并应对一堆新的偏见。”[36]

泰勒曾在南方卫理公会大学学习实验心理学，在海军服过役，并在得克萨斯大学获得学士和硕士学位。在写一篇关于心理声学的论文时，泰勒不得不把他的数据写在打孔卡上，提交至得克萨斯大学的计算机系统进行批处理。他说：“我得带一大沓卡，数据处理起来要花上几天时间，然后他们会告诉我 653 号卡上有个逗号写错了之类的，一切都要重来。这让我很生气。”当他读到利克莱德有关交互式计算机和人机共生的论文时大受启发，他意识到可以有更好的方法。他记得当时自言自语：“对，就应该这样！”[37]

泰勒在预科学校当过老师，还为佛罗里达一家国防承包商工作过一段时间，后来他在 NASA（美国国家航空航天局）华盛顿总部找到一份工作，负责监督飞行模拟显示器研究。当时，主管 ARPA 的 IPTO 的利克莱德开始定期把从事类似研究的其他政府研究人员召集起来举行会议。1962 年年底，泰勒参加会议时意外地得知利克莱德知道他在得州大学写的心理声学论文（泰勒的导师是利克莱德的朋友）。泰勒回忆说："我简直太受宠若惊了，于是从那时起我就成了利克莱德的仰慕者和挚友。"

泰勒和利克莱德有时会一起出差开会，这就进一步巩固了他们的友谊。1963 年，在一次希腊之行中，利克莱德带泰勒前往雅典一家美术馆，给他示范怎样通过眯眼欣赏绘画作品来研究绘画的笔法。当天夜间在一家小酒馆里，泰勒受邀和乐队坐在一起，教他们演奏汉克 · 威廉斯（Hank Williams）的歌曲。[38]

利克莱德和泰勒与一些工程师不同，他们了解人的因素；两人都研究过心理学，善于与人相处，还喜欢欣赏艺术和音乐。泰勒比较暴躁，利克莱德往往比较温和，但两人都乐于与他人合作，和他们交朋友，并培养他们的才能。这种对人际互动的热爱和对互动成果的欣赏使他们成为设计人机界面的理想人选。

利克莱德从 IPTO 引退时，他的副手伊万 · 萨瑟兰暂时接替了他的职位，而泰勒在利克莱德的催促下从 NASA 调到 IPTO，担任萨瑟兰的副手。泰勒是为数不多的几个认识到信息技术会比空间计划更精彩的人之一。1966 年，萨瑟兰辞职到哈佛大学担任终身教授之后，泰勒一开始并不是大家心目中的最佳继任人选，因为他没有博士学位，也不是计算机科学家，但他最终还是获得了这个职位。

IPTO 有三大问题触动了泰勒。其一，每个与 ARPA 签署协议的大学和研究中心都想要功能最强大的最新式计算机。这既浪费又多余。盐湖城也许有一台处理图形的计算机，斯坦福有一台能挖掘数据的计算机，但如果一名研究者需要同时处理这两项任务，要么得乘飞机在两地间跑，要么就得让 IPTO 出钱再买一台计算机。为什么不能用网络把它们连接起来，让研究人员分时使用彼此的计算机呢？其二，泰勒出差时在与年轻的研究人员的交谈中发现，这些研究者很想了解其他地方展开的研究。他意识到，有必要通过电子网络把他们连接起来，让他们更容易分享信息。其三，泰勒惊讶地发现，他的五角大楼办公室有三个终端，每个终端都有自己的密码和指令，连接到 ARPA 资助的不同计算机中心。他想："这种方式很笨，我应该能从单个终端访问这些系统中的任何一个。"他说，对三个终端的需求让他"恍然大悟"。[39] 这三大问题都可以通过建立连接研究中心的数据网络来解决，也就是说，如果能实现利克莱德建立星际计算机网络的梦想，问题就迎刃而解了。

于是，泰勒走到五角大楼的 E 环去见他的老板——ARPA 主管查尔斯·赫茨菲尔德（Charles Herzfeld）。说起话来带着得州鼻音腔的泰勒知道怎样讨赫茨菲尔德欢心（聪颖的赫茨菲尔德来自一个维也纳难民家庭）。他既没有带幻灯片也没有带备忘录，只是热情洋溢地讲了一番话。如果 ARPA 能出资设立一个网络，就能让研究中心分享计算资源，进行项目合作，并能让泰勒取消办公室里的两个终端。

赫茨菲尔德说："这个想法不错。去做吧。你要多少钱？"

泰勒坦言，这个项目光是启动可能就得花 100 万美元。

赫茨菲尔德说："没问题。"

泰勒在回办公室的路上看了看手表。他自言自语道："天哪，只用了 20 分钟。"[40]

这个故事泰勒在接受采访和做口述史访谈时经常会讲。赫茨菲尔德喜欢这个故事，但他后来觉得必须要澄清事实，因为这种说法有些误导人。赫茨菲尔德说："他略去了一个事实：我已经就这个问题与他和利克莱德研究了三年。拿到这 100 万美元并不难，因为从某种程度上说，我是在等他开口要钱。"[41] 泰勒承认事实确实如此，他还补充了一段趣事："真正让我高兴的是，这笔钱是查利从本来准备用于开发导弹防卫系统的基金里拿出来的，我觉得做那个项目是最愚蠢、最危险的。"[42]

接下来，泰勒需要找一个人来运营项目，拉里 · 罗伯茨就是这样参与到项目中去的。他是个顺理成章的人选。

罗伯茨似乎就是为建立互联网而生的。他的父母都拥有化学博士学位，在耶鲁大学附近长大的罗伯茨动手组装过电视机、特斯拉线圈①、业余无线电和电话系统。他在麻省理工学院获得工程学士、硕士和博士学位。罗伯茨在读到利克莱德有关人机共生的论文后深有感触，于是他来到林肯实验室与利克莱德一起工作，并继承了利克莱德在分时、网络和界面等领域的思想。罗伯茨曾在林肯实验室做过一项连接两台远程计算机的实验，该实验由 ARPA 的鲍勃 · 泰勒资助。罗伯茨回忆说："利克莱德将计算机连接成网络的设想给了我很大启发，我决定从事这方面的工作。"

但罗伯茨多次拒绝泰勒让他去华盛顿做自己副手的邀约。他喜欢林肯实验室的工作，也并不是特别敬重泰勒。还有一件事情泰勒不知道：一年前，罗伯茨曾受邀从事泰勒的这份工作。他说："伊万走的时候曾让我来 IPTO 做下一任主管，但这是一份管理工作，而我更喜欢搞研究。"曾经拒绝过一把手职位的罗伯茨当然不愿做泰勒的副手。他对泰勒说："别再提了。我很忙。我现在做的这项研究很有意思。"[43]

---

① 特斯拉线圈是一种能把普通电压（比如美国电源插座的 120 伏电压）转换为超高电压的高频变压器，通常能以外观炫酷的电弧形式放电。

罗伯茨之所以拒绝还有另外一个原因，这个原因泰勒能感觉出来。泰勒后来说："拉里有麻省理工学院的博士学位，而我只有得克萨斯的硕士学位，所以我估计他不想在我手下工作。"[44]

但泰勒是个聪明、倔强的得州人。1966 年秋季，他问赫茨菲尔德："查利，林肯实验室 51% 的经费都是 ARPA 出的吧？"赫茨菲尔德肯定了他的说法。于是泰勒说："你知道我想做的这个网络项目吧，我要找的这个项目经理不愿意来，他现在在林肯实验室工作。"泰勒建议赫茨菲尔德给林肯实验室主管打电话，告诉他如果能说服罗伯茨接受这份工作会对该实验室有利。这就是得克萨斯人的处事方式，当时的美国总统、同为得克萨斯人的林登·约翰逊应该会欣赏这种方式。林肯实验室的主管也不傻。他接到赫茨菲尔德的电话后对罗伯茨说："如果你考虑这个选择，可能对我们都好。"

于是，1966 年 12 月，拉里·罗伯茨来到了 ARPA。泰勒后来说："我胁迫拉里·罗伯茨走上了成名之路。"[45]

罗伯茨在圣诞节前后刚刚搬到华盛顿时，他和妻子在找到房子前在泰勒家住了几个星期。他和泰勒虽然没什么私交，但两人的关系友好而专业，至少在他们同为 ARPA 工作的那几年是这样。[46]

罗伯茨不像利克莱德那样友善热情，不像泰勒那样外向，也不像鲍勃·诺伊斯那样无视身份等级。泰勒说："拉里这个人冷冰冰的。"[47] 但罗伯茨也拥有一种有助于促进协作创新和团队管理的特质，这就是他的决断力。更重要的是，他这种决断不是建立在情绪或个人好恶上，而是建立在一种对备选方案的理性、精确分析之上。同事们即使不同意他的决定，也都尊重这些决定，因为罗伯茨头脑清楚、干脆果断、不偏不倚。这是让一位真正的产品工程师来从事管理的优势之一。罗伯茨不愿做泰勒的副手，于是他和 ARPA 的大老板赫茨菲尔德达成了一项安排，被任命为 ARPA 首席科学家。他回忆说："我白天做项目管理，晚上做自己的网络研究。”[48]

而泰勒则诙谐风趣、喜欢交际，有时候甚至有点儿过火。他说：“我是个外向的人。”每年他都会组织两次大会，一次是请 ARPA 资助的研究人员参加，还有一次是邀请他们最优秀的研究生，这些大会通常在帕克城、犹他和新奥尔良等好玩的地方举办。他让每位研究者都做一个报告，然后人人都可以问问题、提建议。他通过这种方式来发掘美国的学术新星，他因此成为一块吸引人才的磁石。泰勒后来到施乐帕洛阿尔托研究中心工作时，这便成为他的优势。他还借此完成了网络建设中最重要的任务之一，即说服所有人接受联机思想。

阿帕网

泰勒知道，他必须把分时网络思想推介给该网络的目标受众，即接受 ARPA 资助的研究人员。于是，他在 1967 年 4 月邀请这些研究人员在密歇根大学开会，他让罗伯茨向他们介绍相关计划。罗伯茨解释说，计算机站点将由租用的电话线连接。他描述了两种可能的架构：一种是集线系统，就是把一台中央计算机放在奥马哈等地传输信息；还有一种是类似网络的系统，看起来就像一张公路图，上面布满纵横交错，就像随处冒出的线条。罗伯茨和泰勒当时青睐分布式方案，因为这样比较安全。信息可以从一个节点传递到另一个节点，直至到达终点。

许多与会者都不太愿意入网。罗伯茨说：“这些大学一般都不愿与任何人共享计算机。他们想自己买机器，然后把机器藏在角落里。”[49] 此外，如果接入网络，就必须处理网络流量路由，他们不想把计算机宝贵的处理时间浪费在这上面。最先提出反对意见的是麻省理工学院人工智能实验室的马文 · 明斯基和他已经调到斯坦福的前同事约翰·麦卡锡。两人说，他们的计算机已经用到了极限。为什么要允许其他人碰他们的计算机呢？此外，路由来自他们不了解、语言也不通的计算机的网络流量也是一大负担。泰勒回忆说："两人都抱怨说他们会损失计算能力，还说他们不想加入。我对他们说必须要加入，如果不加入，我就把计算机项目拨款额削减 1/3。"[50]

泰勒说话富有说服力，罗伯茨则有种锲而不舍的劲头，两人提醒与会者，他们的经费都是 ARPA 拨付的。罗伯茨直截了当地说："我们要建一个网络，你们要加入这个网络，你们要把计算机接入这个网络。"[51] 如果不入网，这些大学就拿不到更多的计算机购置经费。

思想的火花通常是在会议的交流中迸发出来的，在密歇根会议的最后，有人想出了一个有助于化解反对意见的主意。这个主意是韦斯·克拉克（Wes Clark）想出来的，在林肯实验室，他曾构想过一台名为 LINC 的个人电脑。与推进大型计算机分时系统相比，克拉克对开发个人电脑更感兴趣，所以他没太关注这次会议。但到会议快要结束的时候，他意识到为什么让各研究中心接受网络概念会这么难。他说："就在我们快要谈崩的时候，我突然意识到了最大的问题是什么。我给拉里递了一张纸条，告诉他我认为应该如何解决这个问题。"[52] 在乘坐一辆租来的汽车（泰勒在开车）去往机场的路上，克拉克向罗伯茨及其他两名同事解释了自己的想法。克拉克认为，ARPA 不应该强迫每个站点的科研计算机来处理数据路由任务，而是应该设计一个能承担路由功能的标准化小型计算机并分配给各站点使用。这样一来，每个站点的大型科研计算机就只需要承担一项简单的任务，即与 ARPA 提供的小型路由计算机建立联系。这种方法有三大优势：它能够减轻主站大型计算机的大部分负担，让 ARPA 有权将网络标准化，还能让数据路由完全分散，而不是由几个大型枢纽控制。

泰勒立马就采纳了这个想法。罗伯茨问了几个问题，然后也同意了。他们决定用克拉克建议的标准化小型计算机来管理网络。这种计算机被称为 IMP（Interface Message Processor，接口报文处理机），后来又简称为“路由器”。

他们抵达机场时，泰勒问 IMP 应该让谁来做。克拉克说，答案是明摆着的：这项任务应该交给 BBN 公司，也就是利克莱德工作过的那家剑桥公司。但当时车里还有负责 ARPA 合规事务的阿尔 · 布卢（Al Blue）。他提醒了一句，根据联邦合约规范，这个项目应该进行招标。[53]

1967 年 10 月，在田纳西州加特林堡举办的后续会议上，罗伯茨提出了修正后的网络计划。他还为这个网络取了个名字，叫 ARPA Net，后来又改写为 ARPANET，即阿帕网。但还有一个问题尚未解决：两地间的网络通信是否像打电话一样需要一条专门线路？有没有什么切实可行的方法能让多条数据流同时分享线路，就像为电话线建一个分时系统一样？当月早些时候，五角大楼一个委员会已经提出了有关这种数据网络规格的可能方案。

当时，来自英国的年轻工程师罗杰 · 斯坎特伯里（Roger Scantlebury）宣读了一篇论文，描述他的老板、英国国家物理实验室的唐纳德 · 戴维斯（Donald Davies）所做的研究。这篇论文为问题提供了一个答案：把信息拆分为戴维斯称之为“包”（packets）的小单元。斯坎特伯里补充说，这个思想是兰德公司一位名叫保罗 · 巴兰（Paul Baran）的研究人员独立创立的。交谈结束后，拉里 · 罗伯茨等人纷纷围在斯坎特伯里身边进一步了解情况，后来他们又转到酒吧里，一直讨论到深夜。

分组交换：保罗·巴兰、唐纳德·戴维斯和伦纳德·克兰罗克

通过网络传输数据的方法有很多种。其中最简单的叫电路交换，是电话系统传输数据的方式：一组交换机建立起一个专用电路，让信号在通话期间来回传输，即使通话停顿很长时间，连接依然保持通畅。另一种方式是报文交换，也就是报务员所说的存储转发交换。在这一系统下，整条报文会获得一个地址标头，报文被发送到网络上，然后从一个节点传到另一个节点，直到抵达终点为止。

还有一种是效率更高的分组交换方式，这是一种特殊的存储转发交换。在这种交换中，信息会被分割为大小完全相同的小单元，这些单元被称为“包”，有相应的地址标头，描述它们应该发往什么地方。随后，这些“包”会通过网络被发送到终点，在发送过程中，它们从一个节点传到另一个节点，使用当时可用的任意连接。如果某些连接因数据过多而发生堵塞，一些“包”就会路由至其他路径。当所有“包”都到达最终节点时，它们会根据标头的指令重新组合到一起。互联网先驱之一文特·瑟夫（Vint Cerf）解释说：“这就像把一封长信分割为几十张明信片一样，每张明信片都有编号，地址也一样。每张明信片可能会通过不同的路径抵达终点，然后它们会被重新拼在一起。”[54]

如斯坎特伯里在加特林堡所述，最先提出分组交换网络概念完整构想的是一位名叫保罗·巴兰的工程师。巴兰两岁时，他家从波兰移民到美国，在费城落脚，他父亲在那里开了一家小杂货店。巴兰1949年从德雷塞尔大学毕业后加入了普雷斯伯·埃克特和约翰·莫奇利新创办的电脑公司，他在这家公司负责测试通用自动计算机的零部件。后来他来到洛杉矶，在加州大学洛杉矶分校读夜校，最终在兰德公司找到了一份工作。

1955年，苏联人的氢弹试验让巴兰找到了自己的毕生使命：为

唐纳德·戴维斯（1924—2000）

保罗·巴兰（1926—2011）

伦纳德·克兰罗克（1934— ）

文特·瑟夫（1943— ）和鲍勃·卡恩（1938— ）

防范核屠杀贡献一己之力。有一天，他在兰德翻看美国空军发送的每周研究课题列表时，被一个有关建立可经受敌军打击的军用通信系统的课题所吸引。他知道，这种系统有助于防范核战争，因为如果有一方害怕自己的通信系统受到攻击，就会倾向于在局势紧张时发起先发制人的一击。一旦有了稳固的通信系统，国家就会觉得没有必要摆出蓄势待发的姿态了。

巴兰提出了两大重要思想，他从 1960 年开始发表文章，介绍这些思想。他的第一大思想是，网络不应该建成集中式，不应该有控制所有交换和路由的主要枢纽。网络更不应该像 AT&T（美国电话电报公司）的电话系统或主要航空公司的航线图一样建成简单的分布式，把控制权交给许多区域枢纽。如果敌军占领了这些枢纽中的一部分，整个系统就有可能瘫痪。控制权应该实现完全的分散。换句话说，每一个节点在交换和路由数据流时应该拥有同等地位。这将成为互联网的最根本特征，这种坚不可摧的特质会让互联网赋予个人力量，并使网络成为反抗中央控制的工具。

巴兰绘制了一个看起来像渔网一样的网络。在这个网络中，所有节点都有权路由流量，而且每个节点都与其他几个节点相连接。如果其中哪个节点被破坏，流量只要通过其他路径路由即可。巴兰解释说："没有中央控制，每个节点都执行简单的本地路由策略。"他发现，哪怕每个节点只有三到四个连接，系统也会拥有几乎无限的恢复能力和生存能力。他说："只需要三到四个富余连接，就能让网络的稳固性接近理论极值。"[55]

巴兰说："在确定增强网络稳固性的方法之后，接下来我要解决的问题是如何让信号通过这种渔网式的网络。"[56] 他的第二个思想由此形成，即把数据分割为标准尺寸的小模块。可将一条信息分拆为许多个这类模块，每个模块都通过网络节点，经由不同的路径传输，等它们到达终点时再被重新组合起来。他写道："一个通用标准化信息块的大小也许是 1 024 比特。多数信息块可传输任何种类的数据，其余的信息块将包含辅助信息，比如错误检测和路由数据。"

后来巴兰遭遇了一种创新常常面临的严酷现实，这就是抗拒改变的顽固官僚制度。兰德把自己的分组交换网络思想推荐给美国空军，美国空军在经过全面考量后决定建一个这样的网络。但之后国防部却认为这类项目应由国防部通信署来做，这样国防部的所有分支机构都可以使用该网络。巴兰意识到，国防部通信署既没有意愿也没有能力来完成这项任务。

于是巴兰试图说服 AT&T 再建一个分组交换数据网络，作为电路交换语音网络的补充。他回忆说："他们强烈反对这一主张，想方设法阻挠这个方案的实施。"AT&T 甚至禁止兰德使用他们的电路交换图，于是巴兰只好使用一份泄漏出来的图。他到 AT&T 曼哈顿下城的总部去过好几次。有一次，巴兰见到该公司一名高管，这名高管是个老派模拟工程师，当巴兰向他解释，自己的系统意味着数据无须全天开放的专用电路就能传输时，这位高管看上去目瞪口呆。巴兰说："他看了看会议室里的同事，翻了个白眼，释放出他根本不相信的信号。"这名高管顿了顿说："小伙子，电话的工作原理是这样的。"然后他以居高临下的姿态做了一番粗浅的解释。

之后巴兰仍在继续推介他看似荒谬的思想，即信息可以分割为小块，以小包形式通过网络传递。于是 AT&T 邀请他和其他圈外人士参加了一系列研讨会，向他们解释公司的系统如何运作。巴兰感叹说："他们找了 94 个人来解释整个系统。"研讨会结束后，AT&T 的高管问巴兰："现在你知道分组交换为什么行不通了吧？"让他们备感失望的是，巴兰只说了句："不。"AT&T 又一次为"创新者困境"所阻碍。这家公司不愿考虑一种全新的数据网络，因为他们为传统电路投入得太多。[57]

巴兰的研究最终结集为 11 卷详细的工程分析报告《论分布式通信系统》(*On Distributed Communications*)，这部著作于 1964 年完成。他坚持不把该书列为机密文献，因为他意识到，如果苏联人也建一个这样的系统，就会让该系统发挥最理想的效果。鲍勃·泰勒读了这本书的部分章节，但 ARPA 的其他人都没有读过，所以巴兰的思想一直没能产生什么影响，直到 1967 年，它才在加特林堡会议上引起拉里·罗伯茨的注意。回到华盛顿后，罗伯茨把巴兰的报告翻出来，掸掉上面的灰尘，开始阅读。

罗伯茨还拿到了唐纳德·戴维斯英国研究小组撰写的论文，也就是斯坎特伯里在加特林堡简要介绍过的论文。戴维斯生于 1924 年，他父亲是威尔士一个煤矿职员，在戴维斯出生几个月后就去世了。小戴维斯是由母亲在朴茨茅斯抚养大的，他母亲在英国邮政总局（该机构负责运营英国电话系统）工作。戴维斯小时候经常玩电话里的电路，长大后，他在伦敦帝国学院获得数学和物理学学位。"二战"期间，他在伯明翰大学工作，作为克劳斯·富赫斯（后来被发现是苏联间谍）的助手参与研制核武器合金管。后来他又在英国国家物理实验室与艾伦·图灵合作建造自动计算引擎，也就是一台存储程序式电子计算机。

戴维斯在研究生涯中形成了两大兴趣：一是计算机分时，这是他 1965 年访问麻省理工学院时了解到的概念，另一个是用电话线进行数据通信。在头脑中将这些思想结合起来之后，他确立了一个目标，即寻找一种类似分时的方法，最大限度地发挥通信线路的作用。这就让他形成了高效小段信息单元的思想，这些思想与巴兰建立的概念相同。他还为它们找到了一个贴切的英语旧名词："包"。试图说服英国邮政总局采用该系统的戴维斯也像巴兰一样吃了闭门羹。但他们都在华盛顿找到了知音。拉里·罗伯茨不仅采纳了他们的思想，而且采用了"包"这个名词。[58]

第三位，同时也是更具争议性的贡献者是伦纳德·克兰罗克（Leonard Kleinrock），他是一位快乐、友善，偶尔会自我推销一番的网络数据流专家，在麻省理工学院读博士时，他和拉里·罗伯茨在同一间办公室工作，两人结下了深厚的友情。克兰罗克成长在纽约一个贫穷的移民家庭。6岁时，他在一本《超人》漫画中读到不用电池制作矿石收音机的指南，触发了他对电子的兴趣。他收集了一个卫生纸筒、他父亲的剃须刀片、一些线，还有一支铅笔上的石墨，然后说服母亲带他乘坐地铁到曼哈顿下城的一家电子商店买了个可变电容器。结果他成功地组装出一台矿石收音机，他对电子的毕生热情也从此生根发芽。他回忆起这个收音机时说："到现在我还对它充满敬畏，它还是那么神奇。"后来他开始从二手军用品店弄无线电真空管说明书，并从垃圾箱里翻找别人扔掉的收音机，像秃鹫一样从里面拆出零部件，制作自己的无线电。[59]

克兰罗克念不起大学，甚至连免学费的纽约市立学院也念不起，于是他白天在一家电子公司工作，晚上在大学读晚间课程。晚上授课的教师比白天授课的教师更讲求实用，克兰罗克记得，老师不是教他有关晶体管的理论，而是告诉他晶体管对热有多敏感和设计电路时如何调整理想的温度。他回忆说："在日校你根本学不到这种实用的东西。那些老师根本不懂。"[60]

毕业后，他拿到了奖学金，赴麻省理工学院攻读博士。他在麻省理工学院研究排队论（queuing theory），该理论关注的问题包括如何根据各种因素来决定平均排队时间。他在自己的博士论文中推导出一些可分析信息如何流动以及交换数据网络如何出现瓶颈等问题的数学公式。克兰罗克曾与罗伯茨共用一间办公室，还是伊万·萨瑟兰的同班同学，此外，他还听过克劳德·香农和诺伯特·威纳的讲座。他这样回忆当年的麻省理工学院："这里确实是培养知识精英的沃土。"[61]

有一天，克兰罗克在麻省理工学院的计算机实验室里待到很晚，疲惫的他在操作一台名为 TX–2 的大型实验计算机时听到陌生的“扑嘶”声。他回忆说：“听到这种声音我感到非常担心。我旁边有一个空位，原来放在那里的一个计算机部件被搬出去修理了，我抬起头来看那个位置，发现有两只眼睛在看我！”原来那是拉里 · 罗伯茨在跟他搞恶作剧。[62]

活跃的克兰罗克和矜持的罗伯茨虽然性格不同，但却是好朋友（两人成为好友也许正是因为性格不同）。他们喜欢一起去拉斯韦加斯的赌场，设法凭智慧战胜庄家。罗伯茨琢磨出一套通过追踪高低牌来猜牌的二十一点算牌术，他把算牌术教给克兰罗克。罗伯茨回忆说：“有一次我和妻子在希尔顿玩牌时被赶了出去，当时赌场经理通过天花板监视我们，结果对我们产生了怀疑，因为我为一手牌买了保险，而一般人是不会买保险的，除非知道高牌已经不剩多少了。”他们还捣鼓过一个把戏。两人曾试图用晶体管和示波器制作的计数器来计算轮盘上球的运动轨迹。这个计数器可以测量球的速度，预测球最终滚向轮盘的哪一侧，这样就能提高下注的胜算概率。为了收集必要的数据，罗伯茨把一只手裹在纱布里，在里面藏了一个记录仪。发现情况有些不对劲的赌台管理员盯着他们问：“你想不想让我打断你另一只手？”于是他和克兰罗克知趣地离开了。[63]

克兰罗克在 1961 年撰写的麻省理工学院博士论文开题报告中提出要探索预测网状网络中流量阻塞的数学基础。在这篇论文以及相关论文中，他描述了一种存储转发网络（每个节点都能存储信息的通信网），而不是纯粹的分组交换网络（即信息可以分拆为大小完全相同的微小单元）。他讨论了“信息在网络中传递时发生的平均延迟”问题，还分析了如何通过建立一个可分割信息的优先结构来解决问题。但他没有使用“包”这个名词，也没有介绍与之接近的概念。[64]

克兰罗克外向合群，乐于与人合作，但他从来都不像利克莱德那样淡泊名利。后来，他在博士论文和一篇介绍论文写作计划的文章中（两篇文章都是在巴兰开始在兰德建立分组交换理论之后写的）称自己“建立了分组交换的基本原理和分组网络的数学理论，也就是互联网的基础技术”，此举令他疏远了许多互联网的其他开发者。[65] 他从 20 世纪 90 年代中期开始为“现代数据网络之父”的名头而积极活动。[66] 1996 年，他在接受采访时称：“我的博士论文阐述了分组交换的基本原理。”[67]

他的举动引发了许多其他互联网先驱者的抗议，他们公开攻击克兰罗克，说他只是简单提到把信息分解为较小的单元，远没有达到提出分组交换的层次。鲍勃·泰勒说：“克兰罗克满嘴谎言。他把自己和分组交换这项发明扯上关系，这是典型的、无可救药的自我标榜，从第一天开始就是这样。”[68] 而克兰罗克反驳说：“泰勒心怀不满是因为他从来没有得到他所期望的认可。”[69]

发明“包”这个术语的英国学者唐纳德·戴维斯是个温和、含蓄的人，他从不炫耀自己的成就，有人甚至说他过于谦虚。但他却在临终前写了一篇论文（这篇文章在他去世后发表），出人意料地以激烈的语气攻击克兰罗克。戴维斯在经过详尽分析后写道：“从克兰罗克 1964 年之前直至 1964 年所做的研究来看，他根本没有资格说自己首创了分组交换理论。他书中有一段谈到分时排队原理，如果能继续推导，直至得出结论的话，也许会把他引向分组交换，但事实却并非如此……我没有发现任何显示他理解分组交换原理的证据。”[70] 管理 BBN 公司网络控制中心的工程师亚历克斯·麦肯齐（Alex McKenzie）后来说得更加直接：“克兰罗克自称分组概念是他提出的，这完全就是胡说八道。1964 年的那本书中，整本书没有任何一处提出、分析或间接提及分组交换思想。”他称克兰罗克的说法“荒唐可笑”。[71]

对克兰罗克的反击异常猛烈，于是凯蒂·哈夫纳（Katie Hafner）2001年以此为主题在《纽约时报》上发表了一篇报道。在这篇报道中，哈夫纳描述了克兰罗克对发明优先权的主张是如何撼动互联网先驱群体中常有的那种平等态度的。名副其实的分组交换之父保罗·巴兰站出来说："互联网其实是上千人共同努力的成果。"他有意指出，多数参与互联网开发的人都没有去邀功，他还补充道："只有这个小案例似乎是例外。"在这里他以轻蔑的态度暗指克兰罗克。[72]

有意思的是，20世纪90年代中期之前，克兰罗克一直都把创立分组交换思想的功劳归于他人。在1978年11月发表的一篇论文中，他把巴兰和戴维斯称作分组交换思想的先驱，他写道："20世纪60年代初，保罗·巴兰在兰德公司撰写的一系列论文中阐述了数字网络的部分属性……1968年，英国国家物理实验室的唐纳德·戴维斯开始撰写有关分组交换网络的论文。"[73]在1979年一篇描述分布式网络发展的论文中，克兰罗克也是既没有提及也没有援引他本人从20世纪60年代早期开始的研究。直到1990年，他仍然宣称巴兰是创立分组交换思想的第一人："我可以说他（巴兰）最早提出了分组交换思想。"[74]然而，当克兰罗克1979年的论文于2002年重印时，他却写了一个新的引言称："我建立了分组交换的基本原理，1961年，我发表了第一篇相关论文。"[75]

公平地说，不管克兰罗克有没有自称在20世纪60年代初的研究中建立分组交换理论，他都应该作为互联网先驱而获得充分尊重。他是网络数据流领域一位重要的早期理论家，也是阿帕网建立过程中一位重要的领导者，这些都是毋庸置疑的事实。他是最早计算出对节点间传递的信息进行分割会产生何种效应的学者之一。此外，罗伯茨还发现他的理论研究很有价值，并把他招募到阿帕网项目实施团队中。推动创新的是这样一些人，他们既掌握着出色的理论，又有机会加入能够实施理论的团队。

克兰罗克引发的争议很有意思，因为它显示出（这里我们用一个互联网领域本身的隐喻），互联网的多数创建者都更青睐一种完全分布式的荣誉系统。他们会本能地隔离和绕开任何要凌驾于其他节点之上的节点。互联网是在创造性协作和分布式决策思潮中诞生的，其创始人希望能保护这种遗产。这种精神深深植根在他们的个性——以及互联网本身的基因之中。

互联网与核战有关吗?

关于互联网有一种公认的说法，即建立互联网是为了保障核战中的生存能力。这种说法激怒了包括鲍勃·泰勒和拉里·罗伯茨在内的许多互联网架构师，他们坚持不断地反驳这种有关互联网起源的传言。但和数字时代的许多创新一样，有关互联网产生的原因和起源也有多种说法，可谓仁者见仁，智者见智。一些在指挥链中地位比泰勒和罗伯茨高，对拨款决策内幕比较了解的人又开始针锋相对地驳斥前者的说法。让我们抽丝剥茧，去探究一下事实真相吧。

毫无疑问，保罗·巴兰在兰德报告中提出分组交换网络思想时，核生存力的确是他考虑的因素之一。他解释说："我们有必要建立一种能经受住首波攻击，然后能够予以还击的战略系统。问题在于，我们没有一个能经受住打击的通信系统，这就会让瞄准美国导弹的苏联导弹占领整个电话通信系统。"[76] 这就导致了一种战争一触即发的不稳定局面，一个国家如果担心自身的通信和反应能力不足以经受住袭击，就会倾向于采取先发制人的攻击行动。他说："分组交换在很大程度上源于冷战。当时我对如何建立可靠的指挥控制系统这个问题产生了浓厚的兴趣。"[77] 于是，巴兰从 1960 年开始设计"一种能让几百个主要通信站在遭受敌军攻击后仍可互相联络的通信网络”。[78]

这也许是巴兰的目标，但我们要记住，他自始至终没能说服美国空军建立这样一个系统。他的思想倒是被罗伯茨和泰勒采纳了，而两人都坚称，他们只是想为 ARPA 的研究人员创建一个资源分享网络，而不是为了抵御袭击。罗伯茨说：“人们以为保罗·巴兰写的那些关于核防卫安全网络的东西就是阿帕网。其实两者毫无关系。我对美国国会是这样说的，创建阿帕网是为了世界科学的未来（包括民用和军用领域），军队和其他领域一样，都能享受到阿帕网带来的益处。但阿帕网显然不是为军队而设计的。而且我也没有提核战。”[79]《时代》周刊曾在报道中称，建立互联网是为了确保核袭击后的通信安全，泰勒看到报道后给编辑写了一封信更正，但《时代》周刊没有刊登这封信。他回忆说：“他们给我回了封信，坚称他们的消息人士说得没错。”[80]

《时代》周刊的消息人士在指挥链中的地位要高于泰勒。那些在 ARPA 信息处理技术局工作、负责网络项目的人也许真心相信他们从事的项目与核生存力无关，但 ARPA 一些级别较高的人士则认为，核生存力是阿帕网的关键使命之一。他们正是以此为理由说服国会继续拨款的。

斯蒂芬·卢卡西克（Stephen Lukasik）在 1967 年至 1970 年期间担任 ARPA 副主任，后来晋升为该机构主管，直至 1975 年。1968 年 6 月，他为罗伯茨的项目敲定了正式授权和拨款，使罗伯茨得以推进网络的建设。当时，越南的“春节攻势”（Tet Offensive）和“美莱村大屠杀”（My Lai Massacre）才刚刚过去几个月。反战示威活动正值高潮，最高学府的学生们掀起了暴动。在这种背景下，国防部根本不会随随便便向仅以促进学术合作为目的的烧钱项目拨款。参议员迈克·曼斯菲尔德和其他议员开始要求政府仅向与军事使命直接相关的项目拨款。卢卡西克说："所以，在这种环境下我是很难为一个仅以提高科研人员工作效率为目的的网络项目拿到大量资金的。这个理由缺乏足够的说服力。说服力够强的理由是，分组交换能让网络在遭到破坏时具有更强的生存能力，更加稳固……在战略态势下（即遭遇核武器攻击时），总统仍能与导弹系统进行通信联络。我从 1967 年开始签支票，我可以肯定地说，就我经手的那些支票而言，我之所以签字是因为我确信有必要提高核生存力。"[81]

2011 年，当卢卡西克看到阿帕网的建立并非出于战略军事目的已成社会共识，他既感到好笑，又有点恼火。于是他写了一篇题为《阿帕网建立缘起》的文章供同事传阅。他解释说："ARPA 的存在及其唯一目的就是应对新的国家安全问题，即对军队的指挥和控制，尤其是那些因核武器的存在和为阻止核武器使用而衍生的军队。"[82]

这种说法与他的一位前任——曾任 ARPA 主管的查尔斯·赫茨菲尔德（也就是那位在 1965 年批准鲍勃·泰勒有关分时科研网络的维也纳难民后裔）背道而驰。赫茨菲尔德多年后坚称："当初建立阿帕网并不是像许多人现在说的那样，是为了创造一个可以经受住核袭击的指挥控制系统。建立这样一个系统显然主要是出于军事需要，但这不是 ARPA 的使命。"[83]

而 ARPA 认可的两段半官方历史则分别站在相反的立场上。互联网协会撰写的历史称："有一种说法是，阿帕网在某种程度上与建立能抵御核战的网络有关联，这种误传源于兰德的研究。其实，这说的根本不是阿帕网，而是毫不相干的兰德研究。"[84] 而美国国家科学基金会 1995 年发布的《最终报告》（*Final Report*）则宣称："作为美国国防部高等研究计划署的产物，阿帕网的分组交换方案是为了在面临核攻击时提供可靠的通信。"[85]

那么，究竟哪一种观点是正确的呢？从这个案例来看，两种观点都没错。在实际参与网络建设的学者和研究人员看来，阿帕网只是为和平目的而生。而在一些负责监督项目实施和拨款，尤其是五角大楼和国会的人看来，该网络还拥有军事目的。20 世纪 60 年代末，斯蒂芬 · 克罗克（Stephen Crocker）作为研究生完整地参与了协调阿帕网设计的工作。他从未将核生存力视为自己使命的一部分。但当卢卡西克分发自己 2011 年的论文时，克罗克也读了这篇论文，读完后他笑了起来，这篇论文改变了他的想法。卢卡西克告诉他："我在顶层，你在底层，所以你根本不了解情况，不知道我们为什么要做这个项目。"而克罗克的回答可谓幽默中包含着智慧："我在底层，你在顶层，所以你根本不了解情况，不知道我们做的是什么。"[86]

克罗克最终意识到："你不可能让所有参与者就阿帕网建立的原因达成一致。"克罗克在加州大学洛杉矶分校的导师伦纳德 · 克兰罗克也得出同样的结论："我们永远也不可能知道核生存力是否是开发阿帕网的动机。这是一个无法回答的问题。对我来说，开发这个网络不含任何军事目的。但我敢肯定，如果你走到指挥链的上层，会有人说提高抵御核武器攻击的能力是一大原因。"[87]

阿帕网最终代表着军事和学术兴趣的有趣结合。为阿帕网拨款的国防部倾向于建立带有集中控制的分层指挥系统。但五角大楼将设计网络的任务交给了一批学者，他们中的一些人并不想被军方征召，多数人则不信任中央集权。他们选择了一种有无数节点，各节点可自行路由，而不是基于几个中央枢纽的结构，因此这个网络很难控制。泰勒说："我一直都倾向于把分布式系统植入网络。这样一来，某个集团就会很难攫取网络控制权。我不信任大型中央组织，这种不信任是我的天性使然。"[88] 五角大楼选择泰勒这样的人来创建网络，自然会建成一个其无法充分控制的网络。

另外还有一重讽刺。分散和分布式构造意味着网络会更加可靠，这个网络甚至能经受住核攻击。建立一个恢复力强、抗攻击的军用指挥控制系统并不是 ARPA 研究人员的动机，他们心底里甚至压根就没考虑过这个问题。但这却是他们的项目最终获得五角大楼的稳定拨款和国会资助的一大原因。

阿帕网在 20 世纪 80 年代初升级为互联网，但即便在此之后，它仍然服务于军事和民用两重目的。性格温和、善于反思的互联网创始人之一文特 · 瑟夫回忆说："我想演示给大家看，我们的技术能经受住核攻击。"于是，他在 1982 年进行了一系列人工模拟核攻击的实验。他说："当时进行了许多这类模拟和演示，其中有一些规模极大，战略空军司令部也参与了。在实验中，我们把机载分组无线电放在战场上，同时用机载系统对被模拟核攻击阻断的互联网信息碎片进行续接。"最早的女性网络工程师之一拉迪亚 · 珀尔曼（Radia Perlman）在麻省理工学院创建了一些协议，可确保网络在遭受恶意攻击时保持稳固，她协助瑟夫找到了在必要时通过分割和重建阿帕网来提高生存力的方法。[89]

这种军事与学术动机的相互作用成为植根于互联网的特质。科技史学家珍妮特 · 阿巴特指出："阿帕网和互联网的设计都更注重生存力、灵活性和高效能等军事价值，而不是低成本、简洁性或消费吸引力等商业目标。但与此同时，设计和建造 ARPA 网络的团队主要由搞学术的科学家组成，他们在该系统中注入了自己所坚持的共治、分权和信息自由交流等价值。"[90] 这些 20 世纪 60 年代末的学术研究人员中有许多都与主张反战的非主流文化关系密切，他们创建了一个反对集中控制的系统。该系统能避开核袭击带来的任何破坏，也能避开任何施加控制的企图。

伟大的跨越：1969 年 10 月，阿帕网诞生了

1968 年夏季，政治动荡席卷了包括布拉格和芝加哥在内的世界许多地区，也正是在这个时候，拉里·罗伯茨展开了接口报文处理机项目的招标。他向相关公司发送了招标文件，让它们来制造准备发给各研究中心，作为阿帕网路由器（即接口报文处理机）的小型电脑。他在计划中融合了保罗·巴兰和唐纳德·戴维斯的分组交换概念，韦斯·克拉克提出的标准化 IMP 建议，J·C·R·利克莱德、莱斯·欧内斯特（Les Earnest）和伦纳德·克兰罗克的理论洞见，还有许多其他发明家的贡献。

在 140 家接到招标书的公司中，只有 12 家决定投标。比方说，IBM 就没有参与投标。该公司担心没法以合理的价格生产出 IMP。罗伯茨在加州蒙特雷召开了一个委员会会议来评估各公司提交的标书，合规官阿尔·布卢把每份标书和量尺放在一起拍了照片，以显示它们的厚度。

由万尼瓦尔·布什等人共同创建，位于波士顿地区的大型国防承包商雷神一度在投标战中走在前列，甚至进入了与罗伯茨进行价格谈判的阶段。但后来鲍勃·泰勒插手进来，表达了自己的观点（韦斯·克拉克已经提出过这一观点），他认为合同应该给 BBN 公司，因为 BBN 公司不像雷神那样受烦冗的企业官僚主义束缚。泰勒回忆道："我说，雷神的企业文化与研究型大学的文化会水火不容。"[91] 如克拉克所说："鲍勃否决了委员会的决定。"罗伯茨接下去说："雷神的投标方案很好，和 BBN 公司一样有竞争力，影响我最终决定的唯一因素是，从长远来看，BBN 公司拥有一个组织更加严密的团队，我认为这样效率会更高。"[92]

和充满官僚气息的雷神不同，BBN 公司有一群行动敏捷、才

华横溢的工程师，由弗兰克·哈特（Frank Heart）和罗伯特·卡恩（Robert Kahn）这两位来自麻省理工的难民后裔领导。[93]BBN 公司的工程师们对罗伯茨的方案进行了改进，他们规定，当数据包从一个 IMP 传送至下一个 IMP 时，发送方 IMP 应将这些数据包的信息存储起来，直到获得接收方 IMP 的确认为止，如果没能立即收到确认，发送方 IMP 会重新发送信息。这成为确保网络可靠性的一项关键因素。在网络建设的每一步中，设计都因集体创造力而变得更加完善。

圣诞节前夕，罗伯茨出乎许多人意料地宣布，ARPA 选择 BBN 公司而非雷神作为承包商。参议员特德·肯尼迪（Ted Kennedy）按惯例向接获大型联邦项目的选民发去一封贺电。在贺电中，他祝贺 BBN 公司中标"互信报文处理机"（Interfaith Message Processor）项目，从某种程度上说，"互信报文处理机"不失为对接口报文处理机普世角色的一种恰如其分的描述。[94]

罗伯茨选择了四个研究中心来部署阿帕网的首批节点，它们分别是：莱恩·克兰罗克供职的加州大学洛杉矶分校，富有远见的道格拉斯·恩格尔巴特（Douglas Engelbart）供职的斯坦福研究所，伊万·萨瑟兰任教的犹他大学以及加州大学圣巴巴拉分校。罗伯茨给他们布置了一项任务，要求他们想办法把大型"主"计算机和发给他们的标准 IMP 连接起来。而这些中心的研究人员和一般的资深教授一样，都是招了一批杂七杂八的研究生来做这项工作。

这支年轻的工作组成员聚集在圣巴巴拉，研究如何推进项目。他们发现了一个即使在数字社交网络时代也一样千真万确的事实，这就是：人与人面对面互动既有用又有趣。当年读研究生的斯蒂芬·克罗克是加州大学洛杉矶分校研究小组成员，他会和自己最好的朋友兼同事文特·瑟夫一起驱车参加会议，他回忆说："那儿有一种类似鸡尾酒派对的氛围，你会发现大家彼此相处得非常融洽。”于是他们决定定期碰头，场地则轮换安排。

待人恭敬有礼的克罗克总是满面笑容，以他的个性，在堪称数字时代典型协作过程的阿帕网项目中担任协调者是再合适不过了。和克兰罗克不同，克罗克极少使用“我”这个代词；他更感兴趣的是让人们共享荣誉，而不是去攫取荣誉。克罗克能敏锐地意识到他人的需要，这就赋予他一种直觉，让他知道怎样在不让控制或权力集中化的前提下协调一个组织，这种管理方式十分适合他们正试图创建的网络模型。

几个月过去了，这些研究生一边继续开会和交换思想，一边在等待某个大权在握的官员来视察工作，给他们下达进军指令。他们以为来自东海岸的掌权者有一天会带着刻有规则、规章和协议的石匾出现在他们面前，而他们这些计算机主机站的小管理员得照章办事。克罗克回忆说：“我们不过是一群自封为管理者的研究生，我确信有一群来自华盛顿或剑桥的权威人物或长者随时会来视察，告诉我们规则是什么。”但这时已经进入了新的时代。网络应该是分布式的，网络之上的权力体系也一样。网络的发明和规则应该取决于用户，相关过程应该是开放的。尽管政府投资网络项目在一定程度上是为了辅助军队指挥控制系统，但这一目的却是通过反对集中指挥和控制来实现的。上校们已经把权力让渡给了黑客和学者。

于是，1967 年 4 月，在犹他州开完一场特别精彩的会议之后，这群把自己的团队命名为“网络工作组”的研究生决定把一些已有的设想写下来。[95] 大家推选克罗克来承担执笔任务（彬彬有礼、为人实诚的克罗克能以魅力服人，让一群黑客达成共识）。克罗克渴望找到一种不显冒昧的方式。他说：“我意识到，单是记录我们讨论的问题就可以被视为一种权力推定之举，有人也许会过来，冲我们大吼——也许是来自东海岸的某个长者。”由于克罗克总是先人后己，他只好经常熬夜工作。他说：“我和我的女友以及她和前任生的小婴儿一起住在她父母家里。晚上唯一一个不会打搅别人的工作场所就是浴室，我会光着身子站在浴室里，写下笔记。”[96]

克罗克意识到，他需要为这一系列建议和实践取个不张扬的名字。他说：“为了强调非正式的本质，我想出了这个馊主意，就是把它们一律称为‘RFC’（Request for Comments，征求修正意见书）——而不管它们是否真的是某种请求。”这是一个在互联网时代鼓励合作的完美词组——友好，不独断专行，富有包容性，而且体现出人人平等的精神。克罗克 40 年后写道：“那时候我们刻意避免专利和其他条条框框，这也许对网络的发展有所助益，由于没有任何控制网络协议的经济动机，大家达成共识要简单得多。”[97]

最早的 RFC 文档于 1969 年 4 月 7 日写成，装在老式信封里，是通过邮政系统寄送出去的（当时还没有电子邮件这种东西，因为他们还没有发明网络）。克罗克以一种热情而随意，不带任何官腔的语气宣布任务启动，即找出让各家科研机构的主机连接到新网络的方法。他写道：“1968 年夏季，来自最早的四个站点的代表举行了几次会晤，讨论主机软件问题。我要在这里介绍我们达成的一些初步协议，还有我们遇到的一些尚未解决的问题。这里谈及的问题几乎都没有定论，希望大家能踊跃回应。”[98]收到 RFC 1 的人觉得自己是参与到一种有趣的流程中，而不会感觉受到一群掌管协议的独裁者控制。他们讨论的是一个网络，所以有必要让所有人都参与进来。

RFC 流程开创了软件、协议和内容开源开发的先河。克罗克后来表示：“互联网能够实现如此惊人的发展和演进，开源文化发挥着至关重要的作用。”[99]从更广泛的意义上说，开源文化成为数字时代的协作标准。RFC 1 面世 30 年后，文特·瑟夫又写了一个哲学味的

RFC 文档，题为“伟大的对话”，开头是：“很久以前，在一个遥远的网络中……”瑟夫在描述完 RFC 非正式的诞生历程后继续写道：“藏在 RFC 历史背后的是人类组织实现协作共事的历史。”[100] 这是一篇宏大的宣言，看似有夸大其词之嫌，但实际上却是千真万确。

到 1969 年 8 月底，当第一台 IMP 运抵克兰罗克的实验室时，克罗克等人已经在 RFC 中制定了一系列有关主机连接 IMP 的标准。当 IMP 抵达加州大学洛杉矶分校的装卸站时，有十几个人等在那里迎接 IMP 的到来，其中包括克罗克、克兰罗克、组里其他几名成员，还有瑟夫和他的妻子西格丽德（Sigrid），两人带来了香槟。他们惊讶地看到 IMP 有冰箱那么大，外壳按照军用机器生产标准，采用了战列舰那种灰色的钢材。IMP 被推进计算机房、接上电源，立马就启动起来。BBN 公司任务完成得很出色，准时交付了产品，而且与预算相符。

但一台机器是无法形成网络的。直到一个月后，当第二台 IMP 运达位于斯坦福大学校园边缘的斯坦福研究所时，阿帕网才真正得以启动和运行。10 月 29 日，联网已经准备就绪。启动仪式的气氛随意得恰到好处。这一事件没有几周前阿姆斯特朗登月时的那种戏剧性，没有人宣布“我的一小步，人类的一大步”，也没有 5 亿人在电视机前观看。在启动仪式上，一位名叫查利 · 克兰（Charley Kline）的本科生在克罗克和瑟夫的注视下戴上了用来与斯坦福研究所一名研究人员沟通的电话耳麦，键入登录口令，期望能让位于加州大学洛杉矶分校的终端通过网络与 354 英里之外的帕洛阿尔托的计算机相连接。他先键入了“L”，斯坦福研究所的人告诉他指令收到了。然后他输入了“O”，这个指令也得到了确认。当他键入“G”时，系统因一个自动完成功能而出现了存储障碍，然后陷入了瘫痪。不过，第一条报文还是通过阿帕网发送了出去，这条报文虽然没有“猛鹰着陆”

或“上帝创造了何等奇迹”等口令雄辩有力，但“Lo”（可将其视为“Lo and behold”，“你瞧”的一部分）这种朴素的表达也是十分贴切。克兰在自己的日志中以一种令人难忘的极简方式记下这样一行文字：“22：30，与斯坦福研究所实现主机对主机对话。CSK。”[101]

1969年是纷扰不断的一年，当年发生了伍德斯托克音乐节、查帕奎迪克事件、反越战示威、查尔斯·曼森杀人案、芝加哥七君子审判和阿尔塔蒙特事件等。而在1969年下半年，三大历史性事件把这一年推向了高潮，其中每一事件都酝酿了近10年。NASA成功地把人送上了月球。硅谷的工程师们设法将可编程计算机放到了一块叫作微处理器的芯片上。ARPA则创建了一个可连接远程计算机的网络，但只有第一件事（也许是其中历史意义最弱的事件？）成为新闻的焦点。

互联网

阿帕网还不是互联网，它只是一个网络。短短几年之内，又有其他与之类似，但无法相互连接的分组交换网络陆续面世。例如，20世纪70年代初，施乐帕洛阿尔托研究中心的工程师想建一个局域网来连接他们正在设计的办公室工作站，在该中心就职的一位刚从哈佛大学毕业的博士生鲍勃·梅特卡夫（Bob Metcalfe）发明了一种使用同轴电缆（即插入有线电视机顶盒的那种电缆）来创建高带宽系统的方法，他把这种系统命名为“以太网”（Ethernet）。随后，人们在夏威夷以此为模板建立了一个名为ALOHA网络的无线网，通过超高频和卫星信号来发送分组数据。此外，旧金山有一个名为PRNET的分组无线电网络，还有一个名为SATNET的卫星网络。尽管这些分组交换网络有类似之处，但它们不能兼容，也不可互通。

1973年年初，罗伯特·卡恩开始动手解决这个问题。他认为，应该设法让所有这些网络都能相互连接，而他所处的位置恰好有助于推动这一目标的实现。当时他已经离开了 BBN 公司（他曾在 BBN 公司协助开发 IMP），在 ARPA 的信息处理技术局担任项目经理。先后从事过阿帕网和 PRNET 项目的卡恩把连接这两个网络及其他分组网络作为自己的使命，他和同事们开始把该系统称为“互联网络”（internetwork）。过了一段时间，这个词又略微缩短为“互联网”（internet）。

卡恩请文特 · 瑟夫来担任他的项目合作伙伴。在负责撰写征求修正意见书和制定阿帕网协议的团队里，瑟夫曾是斯蒂芬 · 克罗克的左膀右臂。瑟夫成长在洛杉矶，他父亲曾在一家为阿波罗空间项目生产发动机的公司工作。和戈登 · 摩尔一样，他小时候也喜欢玩危险但有趣的化学实验套装。他回忆说：“我们有镁粉、铝粉，还有硫黄、甘油和高锰酸钾这样的东西。把它们倒在一起的时候，就会蹿出火焰。”五年级时，他厌倦了学校教的数学，于是老师给了他一本七年级的代数书。他说：“我花了整个暑期把这本书上每道题都解了一遍。我最喜欢解方程，因为它们就像小小的推理故事。你得弄清楚‘X’是谁，我一直都很想弄清‘X’究竟会是什么。”他还对科幻小说非常着迷，尤其是罗伯特 · 海因莱因（Robert Heinlein）的小说，从那时起，他几乎每年都会重读 J · R · R · 托尔金的《指环王》三部曲。[102]

瑟夫是早产儿，因此有听力障碍，他从 13 岁开始使用助听器。也正是在那个时候，他开始穿大衣、打领带，并提着一只公文包去上学。他说：“我不想跟其他人都一样。我想让自己看起来与众不同，想让人注意到我。这是一种非常有效的方式，比戴鼻环效果要好，况且当时是 20 世纪 50 年代，我估计我父亲不能容忍我戴鼻环。”[103]

高中时他和克罗克成为最好的朋友，周末他们一起做科学项目，玩三维国际象棋。从斯坦福毕业后，他在 IBM 工作了两年，然后进入加州大学洛杉矶分校读博士，在克兰罗克的组里工作。在这里，他结识了鲍勃·卡恩，后来卡恩先后在 BBN 公司和 ARPA 任职，但两人依然保持着密切的关系。

1973 年春天，卡恩在自己的互联网络项目启动后拜访了瑟夫，向他介绍了阿帕网之外的所有其他分组交换网络。卡恩问："我们怎么才能把这些不同的分组网络连接到一起呢？"瑟夫接受了这项挑战，随后，两人开始了为期三个月的合作，正是这项合作推动了互联网的诞生。卡恩后来说："我俩立马就动手做了起来。文特是那种喜欢把袖子一卷，说我们动手干的人。我觉得他就像是一股清新的空气。"[104]

他们 1973 年 6 月先在斯坦福组织了一次会议来征询意见。瑟夫后来表示，由于采用了这种协作方式，因此解决方案"成为一种人人都能随时动手修改的开放协议"。[105] 但多数工作都是由卡恩和瑟夫这对搭档完成的，他们会扎进帕洛阿尔托的 Rickeys Hyatt House 酒店或是在杜勒斯机场旁边一家酒店里进行深入讨论。卡恩回忆说："文特喜欢站起身来，画这些像蜘蛛网一样的图，我们常常翻来覆去地讨论，然后他会说：'我来画幅图吧。'"[106]

1973 年 10 月的一天，瑟夫在旧金山一家酒店的大堂里画了张简单的草图，把他们的方法确定下来。这张图上有阿帕网和 PRNET 等各种网络，每个网络都连接了很多主机，还有一批在各网络之间传递数据包的"网关"（gateway）计算机。最后，他们一起在五角大楼旁边的 ARPA 办公室里花了整个周末的时间工作，几乎熬了两个通宵，然后在附近的万豪酒店吃了顿庆功早餐。

他们没有让这些网络各自保留不同的协议，尽管这种设想比较容易接受。他们想要一种共同协议。这种共同协议能使新的互联网络呈爆发式增长，因为使用新协议的任何计算机或网络都能在无须转换系统的情况下接入。阿帕网和其他任何网络之间的流量都应该能够无缝传输。于是他们产生了这样一种设想，即让每台计算机都采用同样的方式和模板来标注数据包地址。这好比世界上寄出的所有明信片都必须有四行地址栏，都要用罗马字母注明街道号码、城市和国家名称。

他们制定了一项 IP 协议（Internet Protocal，互联网协议），该协议对如何在数据包标头上标注目的地做了具体规定，有助于确定数据包通过网络到达目的地的方式。IP 协议的上一层是 TCP 协议（Transmission Control Protocol，传输控制协议），该协议的目的是规定如何以正确的顺序重组数据包，检查数据包是否存在缺失，如果有信息丢失，则会要求重新传输。这些协议合称 TCP/ IP。卡恩和瑟夫在一篇题为《分组网络互联协议》的论文中发表了相关成果。互联网从此便诞生了。

1989 年，在阿帕网诞生 20 周年纪念活动中，克兰罗克、瑟夫以及许多其他网络先驱者纷纷聚集在曾安装过阿帕网首个节点的加州大学洛杉矶分校。他们写了诗、歌曲和打油诗来庆祝这一盛事。瑟夫朗诵了一段仿莎士比亚的诗章，题为《罗森克兰茨和以太网》，他在其中提出一个如何在分组交换和专用电路之间进行选择的哈姆雷特式问题：

> 整个世界都是一张网！网中所有数据都不过是信息包罢了。
> 它们排队等待存储转发，
> 然后就消失不见。这是一个等待交换的网络！
> 交换还是不交换？这是个问题：
> 是忍受随机网络中存储转发带来的痛苦，
> 还是为海量数据包搭建电路，
> 并一心一意为它们服务？[107]

2014 年，人类又迈入了一个新的时代。此时的瑟夫任职于华盛顿的谷歌，仍在做着自己喜欢的事情，为他们发明的互联网所产生的奇迹而惊叹。戴着谷歌眼镜的瑟夫说，互联网每一年都会带来新生事物。他说："社交网络（我加入了脸谱网，想尝试一下社交网络）、商务应用、移动设备等新鲜事物不断涌向互联网。互联网规模已经增长了 100 万倍以上。没有多少事物能像互联网这样不间断地发展，但我们创建的那些老协议却依然可以用。"[108]

网络化的创造力

那么，谁是对互联网发明贡献最大的人呢（我们不能不说一个有关阿尔·戈尔的笑话，不过这个笑话暂且按下不表。在第十章中，我们会介绍戈尔承担的角色，没错，他的确占有一席之地）？和谁发明了计算机这个问题一样，上述问题的答案是：互联网是在许多人的协作下创造出来的。保罗·巴兰后来向科技作家凯蒂·哈夫纳和马修·莱昂解释了这个问题，他采用了一个适用于所有创新的美丽意象：

> 科技发展的过程就像建造大教堂一样。在几百年的历程中，不断有新人加入，每个人都会在现有的基础之上添加一块砖，每个人都会说："我建了一座大教堂。"到了下个月，又会有新砖放在之前的砖瓦上。然后来了一位历史学家，问："大教堂是谁建的？"彼得在这里加了几块石头，保罗又多加了几块石头。如果不谦虚谨慎的话，你就会自欺欺人地以为自己完成的是最重要的部分。但事实是，每一项贡献都必须以前人的积累为基础。事物与事物之间都是环环相扣的。[109]

政府和私营企业都为互联网的创建贡献了部分力量，但互联网主要是由一批组织松散但并肩努力，自由分享创意的学者和黑客创建的。这种对等分享的结果就是缔造出了一个促进对等分享的网络。这不仅仅是简单的巧合。互联网的创建是基于这样一种信仰，即权力应该分散，而不是集中，应该阻止任何独裁者的专制统治。正如互联网工程任务组的一位早期成员戴夫·克拉克所言："我们反对君主、总统和选举。我们的信仰是大致共识和运行代码。"[110] 这就造就了一种网络化共有权，一个可以通过众包和开源方式产生创新的场所。

创新不是孤军奋战，互联网就是一个绝佳的例证。阿帕网官方通讯《阿帕网新闻》（*ARPANET News*）第一期宣布："有了计算机网络，共同研究的丰富多彩就取代了独自钻研的孤独。"

J·C·R·利克莱德和鲍勃·泰勒等互联网先驱认识到，互联网的建立方式使其具有一种固有倾向，即鼓励对等连接和网络社区的建立。这让许多美妙的东西成为可能。他们1968年在一篇题为《作为通信设备的计算机》的前瞻性论文中写道："上网会让人们的生活变得更幸福，因为他们能更多地根据共同的志趣，而不是距离上的偶然接近来择友。"他们的乐观情绪到了接近乌托邦主义的程度。他们写道："每个人（只要能买得起计算机）都将有许多机会去寻找适合自己的事业，因为整个信息世界，连同所有领域和学科都将向他敞开大门。"[111]

不过，这一愿景没能立即成为现实。互联网虽然在20世纪70年代中期就面世了，但这之后还需要几项必要的创新，才能让互联网成为改造世界的工具。网络仍然是一个封闭的社区，主要向军队研究人员和学术机构开放。直到20世纪80年代初，与阿帕网对应的民用网络才完全开放，又过了10年，大多数普通的家庭用户才有机会接触网络。

此外还有一个主要的制约因素：能够使用互联网的只有那些能方便地接触计算机的人，当时，计算机还是庞然大物，令人望而生畏，价格昂贵，不是你走进电器店Radio Shack就能随便买的东西。在计算机真正属于个人之前，数字时代是不可能真正产生革命性力量的。

肯·凯西（1935—2001）手持长笛坐在巴士车顶

斯图尔特·布兰德（1938—　）

《全球概览》（*Whole Earth Catalog*）创刊号，1968 年秋季

第八章　个人电脑

《诚如所思》

个人电脑（即普通人能够亲手操作并带到家中使用的电脑）这一思想是万尼瓦尔·布什 1945 年提出的。布什曾在麻省理工学院建成了大型模拟计算机，并协助构建了军、企、学三角协作体系，在此之后，他为 1945 年 7 月号的《大西洋月刊》（*Atlantic*）撰写了一篇题为《诚如所思》的文章。①[1] 在这篇文章中，布什设想了一种他称之为“记忆扩展器”（memex）的个人电脑，这种电脑能够存储和调阅一个人的言论、图片和其他信息，他写道：“请试想一下，未来将出现一种供个人使用的设备，它是一种机械化的私人文档和图书馆……记忆扩展器这种设备能让一个人存储他所有的书籍、唱片和通信记录，它是机械化设备，因此能让用户高速而灵活地查阅资料。它是人类记忆的扩展和私密补充。”请注意这段话中的“私密”一词，

① 当月他还向杜鲁门总统递交了他的另一篇开创性文章《科学：没有止境的前沿》，在文章中，他提出要在政府、企业和大学之间建立科研合作关系。详见第七章。

这个词说明，布什和他的追随者们关注的是如何在人与机器之间建立紧密的个人联系。

布什设想，这种设备会配有键盘之类的“直接输入”装置，使用户能够将信息和记录输入存储器。他甚至预言了超文本链接和文件共享，还设想了进行项目合作的方式。他写道：“全新的百科全书将会出现，它们之间预先设置了由关联路径构成的网络，等待放入记忆扩展器，在记忆扩展器中，它们将得到拓展。”这段话预见了半个世纪之后的维基百科。

但从日后的情况来看，计算机并没有按照布什的思路发展，至少一开始是这样。计算机并没有成为供个人使用的工具和记忆库，而是成了面向企业和军队的庞然大物，科研人员可以分时使用计算机，但一般人却无缘与之接触。到 20 世纪 70 年代初，迪吉多等创新公司开始生产和小冰箱差不多大的迷你计算机，但他们却忽视了一个潜在市场，即普通人能够拥有和操作的台式计算机。迪吉多的运营委员会于 1974 年 5 月曾举行过一次会议，讨论是否应该为 PDP–8 开发一个针对个人消费者的较小机型，该公司总裁肯 · 奥尔森（Ken Olsen）在会议上宣布：“我认为根本没有人会想要有自己的计算机。[2] 这种忽视的结果就是，当个人电脑革命在 20 世纪 70 年代中期爆发时，引领革命的不是大公司，而是一帮从购物中心和车库起家的邋遢创业者，他们管自己的公司叫“Altair”（牛郎星）或“Apple”（苹果）。

孕育个人电脑的文化土壤

个人电脑的发明离不开技术领域的许多进步，其中最重要的是微处理器，也就是一种蚀刻在微小芯片上，集成了电脑中央处理单元所有功能的电路。但社会力量也为推动和塑造创新贡献了一臂之力，为个人电脑打上了孕育它们的文化环境的印记。这其中几乎没有什么比 20 世纪 60 年代开始出现在旧金山湾区的文化混合体影响力更大，正是这种文化环境让制作“家酿”计算机的时机成熟起来。

那么，这种文化混合体是由哪些部落构成的呢？[3] 一开始是随着西屋电气和洛克希德等国防承包商的扩张而迁往该地区的一群佩戴口袋保护套的工程师而开启的。接下来，这里出现了一种以英特尔和雅达利为代表的创业文化，这种文化鼓励创新，而鄙视刻板的官僚主义。从麻省理工学院迁往西部的黑客们带来了他们对可亲手操作、能触摸、能玩游戏的电脑的渴望。另外还有一种由磕电族（wirehead）、电话飞客（phreaker）和资深玩家组成的亚文化，这些人通过入侵贝尔系统的电话线路或大企业的分时计算机来寻求刺激。还有来自旧金山和伯克利的一群理想主义者和社群组织者，用这群人中一员——莉莎·卢普（Lisa Loop）的话来说就是，他们要设法“通过借鉴科技发展成果来实现革新目的，从而战胜官僚主义思维模式”。[4]

此外，这个文化混合体中还有三股反主流文化的群体。其一是脱胎于湾区“垮掉的一代”的嬉皮士群体，迷幻剂和摇滚乐为他们那种无忧无虑的叛逆提供了动力。其二是新左派活动家，他们在伯克利发起言论自由运动，并在世界各地的校园里掀起了反战示威活动。此外还有一个与上述两批人联系十分紧密的群体，这些人喜欢看《全球概览》，拥护公社生活，他们的信仰是掌握自己的工具，共享资源，反对循规蹈矩以及权力精英所强加的中央集权体制。

虽然有一部分群体相互之间存在很大差异，但他们的世界却是相互交织的，而且拥有许多共同的价值观。他们渴望自己动手搞发明创造，这种渴望源自他们的成长经历。他们小时候喜欢用 Heathkit 配套元件组装无线电，上大学时阅读《全球概览》，并憧憬着有朝一日加入某个公社。扎根在他们心中的是真正的美国式信仰（法国思想家托克维尔的理解存在偏差），他们深信，彻底的个人主义和结社的愿望没有任何抵触，甚至是相互补充的，尤其是当人们携手进行创造的时候。美国的创客文化（从社区共建粮仓和做拼布缝纫的时代开始便是这样）通常包含着“我们一起动手”，而不是“你自己动手”的意味。此外，20 世纪 60 年代末的这些湾区群体中有许多都反对权力精英，并且有一种自己掌控信息渠道的欲望。技术应该是开放、友好、轻松愉快的，而不是给人以望而生畏、神秘和极权之感。正如其中许多文化潮流的代表人物李 · 费尔森施泰因（Lee Felsenstein）所言：“我们想要个人电脑，这样我们就能把自己从机构的束缚中解放出来，不论这些机构是政府还是企业。”[5]

在这幅五光十色的文化拼图中，肯 · 凯西（Ken Kesey）堪称是嬉皮文化潮的缪斯。1958 年，凯西从俄勒冈大学毕业后来到湾区，在斯坦福大学读创意写作项目的研究生。在斯坦福，他一边读书，一边在一家精神病医院上夜班，还为 CIA（美国中央情报局）资助的系列试验 Project MKUltra 做人体试验对象，该试验的目的是检验迷幻剂 LSD 的效果。结果凯西迷上了这种药剂。创意写作、为挣钱而嗑药以及在精神病院做勤杂工等经历的矛盾结合促使他写出了第一本小说《飞跃疯人院》（*One Flew Over the Cuckoo's Nest*）。

当其他人在斯坦福周边创办电子公司时，凯西则用写书挣来的钱和他从 CIA 试验中弄出来的迷幻剂创立了一个名叫“快乐捣蛋鬼”（Merry Pranksters）的早期嬉皮士公社。1964 年，他和一帮人乘坐一辆国际收割机公司生产的旧校车（他们把这辆车命名为“向前”，车身涂上 Day-Glo 牌荧光涂料），开始了一场周游全国的迷幻剂之旅。

旅行归来之后，凯西开始在自己家中组织一系列迷幻剂试验，1965 年底他做出一个决定，既然他既是创业者又是嬉皮士，不妨把迷幻剂推向公众。其中最早的一次活动是当年 12 月在圣何塞的音乐俱乐部 Big Ng's 举办的。凯西请了一个自己喜欢的乐队，该乐队刚刚从“魔法师”（Warlocks）更名为“感恩而死”（Grateful Dead），主唱是杰里 · 加西亚（Jerry Garcia）。[6]“权力归花儿”这句著名的口号诞生了。

同一时期还出现了一种与嬉皮士文化相伴的文化现象，也就是和平反战运动，该运动也洋溢着这种叛逆精神。嬉皮和反战思想的交汇缔造了一些令人难忘、充满时代特征的作品，比如倡导“要做爱，不要作战”的迷幻海报，还有印着和平符号的扎染 T 恤衫，这些东西在后人眼中显得很搞笑，但当时却被认为是富有深度的作品。

嬉皮和反战运动都对计算机持警惕态度，至少一开始是这样。卡带呼呼作响、灯光不停闪烁的大型计算机被视为非人化和极权的象征，被视为美国政府、五角大楼和权力体系的工具。社会学家刘易斯 · 芒福德（Lewis Mumford）在《机器的神话》（*The Myth of the Machine*）一书中警告称，计算机的崛起可能意味着“人类将变成被动、无目的、受机器支配的动物”。[7] 从伯克利的斯普劳尔广场到旧金山的海特 – 阿什伯里，在和平反战游行队伍和嬉皮士公社中，印在打孔卡上的警告语“请勿折叠、卷曲或损坏”成为一句讽刺标语。

但到了 20 世纪 70 年代初，当个人电脑的出现成为可能时，人们的态度便开始发生变化。约翰 · 马尔科夫（John Markoff）在他关于这一时期的历史著作《睡鼠说了什么》（*What the Dormouse Said*）中写道：“人们起初对计算机冷眼相待，视其为官僚统治的工具，后来，计算机作为一种个人表达和解放的象征逐渐被人们所接受。”[8] 耶鲁大学教授查尔斯 · 赖克（Charles Reich）在堪称新时代宣言的《美国绿了》（*The Greening of America*）一书中批判了传统企业和社会的等级制度，他呼吁建立能够鼓励合作和赋予个人权力的新体制。他反对把计算机作为旧权力体制的工具，而是主张让计算机变得更加个人化，从而推动社会观念的转变。他写道：“我们制造的机器现在也许可以用来造福人类，使人再次成为一种创造性力量，改变和创造自己的生活。”[9]

一种科技部落文化开始兴起。诺伯特·威纳、巴克敏斯特·富勒（Buckminster Fuller）和马歇尔·麦克卢汉（Marshall McLuhan）等科技权威的著作成为嬉皮士公社和学生宿舍的必读书。到了 20 世纪 80 年代，LSD 的福音传教士蒂莫西·利里（Timothy Leary）就把他那句著名的祷文“打开、调谐、抽离”（Turn on，tune in，drop out）升级为“开机、启动、接入”（Turn on，boot up，jack in）了。[10] 1967 年，加州理工的“驻校诗人”理查德·布劳提根（Richard Brautigan）在一首名为“万物皆在慈爱机器的眷顾之下”的诗中刻画了这种新思潮。[11] 这首诗开头写道：

我喜欢想象
（愿尽快实现！）
一片赛博世界的草坪
那里的动物和计算机
共同生活在
程序编写的和谐之中
就像澄澈的水
触碰明净的天空

斯图尔特·布兰德

最能体现技术高手与嬉皮士的结合，并且最为热情地鼓励这种结合的人当属斯图尔特·布兰德（Stewart Brand）。瘦高的布兰德是一位狂热的活动家，喜欢露齿微笑，在长达几十年的时间里，他就像一个瘦瘦长长的小精灵，降临在各种有趣文化运动的交叉口。1995年，他为《时代》杂志撰写了一篇题为《一切都要归功于嬉皮士》的文章，他在文中写道："反主流文化对中央集权的蔑视为整个个人电脑革命奠定了哲学基础。"

> 嬉皮公社制和自由论政治主张形成了现代计算机革命的根基……我们这代人中的大多数都会谴责计算机是集权控制的化身。但也有一小部分人（后来被称作"黑客"）对计算机抱有欢迎态度，并动手将其改造为人类解放的工具。这条道路后来成为通往未来的真正阳关大道……年轻的计算机程序员们有意识地引领文明社会中的其他人摆脱了集中化的大型计算机。[12]

布兰德1938年生于伊利诺伊州罗克福德，他父亲是一家广告公司的合伙人。和许多数字行业创业者的父亲一样，布兰德的父亲业余时间也爱捣鼓无线电。布兰德毕业于斯坦福大学生物学专业（他在该校参加了陆军储备军官训练团），毕业后作为步兵军官服役两年，服役期间他接受了空降训练，还做过一段时间随军摄影师。退役后，他在表演艺术与科技精彩交织的湾区文化圈开始了一段无忧无虑的生活，游荡在不同的群落之间。[13]

这种游走在科技与创意边缘的生活让布兰德毫无悬念地成为LSD的早期尝试者。1962年，他在斯坦福附近第一次在"伪临床"环境下接触到这种毒品，之后他就成了凯西的"快乐捣蛋鬼"聚会上的常客。他还在一个名叫USCO的多媒体艺术共同体担任摄影师、技术员和制作人，USCO会在组织的活动中融入迷幻摇滚、科技魔术、霓虹灯和投影图像等元素，还会让观众参加表演。此外，他们偶尔会邀请马歇尔·麦克卢汉、迪克·阿尔珀特（Dick Alpert）和其他新时代先知来发表讲话。该组织在一份推广资料上称其“将神秘主义和科技风潮结合起来，以此作为内省和交流的基础”，这段话完全可以作为科技唯灵论者（technospiritualists）的信条。科技是一种表达工具，能够拓展创造力，而且像迷幻剂和摇滚乐一样具有反叛精神。

在布兰德看来，20 世纪 60 年代的反战标语“还权于民”到了新左派政治活动家那儿就沦为一句空洞的口号，但计算机却能让个人真正拥有获得权力的机会。他后来说：“还权于民是个浪漫的谎言。而计算机在改造社会方面发挥的作用要大于政治。”[14] 1972 年，布兰德在参观斯坦福人工智能实验室后为《滚石》（*Rolling Stone*）杂志撰写了一篇文章，他在文中称：“这是‘快乐捣蛋鬼’的迷幻剂试验后我见到的最热闹的场面。”他意识到，这种反主流文化和网络文化的结合将造就一场数字革命。他写道，“创建计算机科学的怪人”会从“有钱、有权的机构”手中夺取权力。他还指出：“不论我们有没有做好准备，计算机都正在走近普通人。这是好消息，也许是自迷幻剂出现以来最好的消息。”他又补充称，这种乌托邦式的设想“与诺伯特·威纳、J·C·R·利克莱德、约翰·冯·诺伊曼以及万尼瓦尔·布什等科学先驱的浪漫幻想是一致的”。[15]

这一切经历让布兰德成为 1966 年 1 月在旧金山港口工人音乐厅举办的幻游音乐节的舞台监督和技师，该音乐节是 20 世纪 60 年代反主流文化中影响最深远的事件之一。在享受过迷幻剂试验（每周都会进行，贯穿整个 12 月）的快感之后，布兰德建议凯西来一场持续三天的“大餐”。这场盛宴以布兰德自己的剧团“美国需要印第安人”（America Needs Indians）表演的节目“感官”拉开帷幕，内容包括高科技灯光秀、幻灯片投影、音乐和印第安舞蹈。接下来的表演在节目单上被描述为“天启、有声投影、无休止的爆炸、‘奇迹国会’、液态投影和‘爵士鼠’”。这仅仅是开幕当晚的节目。第二天夜晚的表演由凯西拉开帷幕。凯西几天前在位于旧金山北滩的布兰德家屋顶上吸毒时曾被逮捕，但随后获得保释，当晚他在一个脚手架上指挥这场活动。当晚，“快乐捣蛋鬼”带来了他们的迷幻交响乐，“老大哥和控股公司”、“感恩而死”等乐队以及“地狱天使”摩托车帮会的成员都参加了表演。作家汤姆·沃尔夫（Tom Wolfe）曾试图在他影响深远的新新闻主义著作《插电迷幻剂试验》（*The Electric Kool-Aid Acid Test*）中重温科技迷幻主义的精髓：

> 灯光和电影画面在音乐厅里四处投射；五台电影投影机，还有无数台灯光设备和干涉仪在同时运转。满墙都是星际科幻的海洋，大厅里嵌满扩音器，好似燃烧的枝形吊灯，霓虹灯迸发出耀眼的光芒，黑光灯下摆放着涂着荧光漆的物体和让人们涂着玩的荧光漆，每个入口都有闪着红光和黄光的街灯，还有一群身着紧身连衣裤的诡异女郎，一边吹着哨子，一边沿着大厅的边缘跳跃。

最后一天晚上，他们举办了一场更加激情四射的科技狂欢。这天的节目单上印着一段欢跃的文字：“鉴于‘电’是所有表演的共同元素，今晚我们将让大家享受弹珠机带来的刺激，让今晚的节目电力四射吧，我们邀请观众穿上热辣的服装，带上自己的电子设备（我们将提供交流电插座）。”[16]

的确，幻游音乐节对毒品、摇滚乐和科技的结合（迷幻剂和交流电插座）让人感到有些聒噪。但这场音乐节在很大程度上成为塑造个人电脑时代文化融合体的典型代表，这种融合体中包括科技、反主流文化、创业精神、电子设备、音乐、艺术和工程等诸多元素。从斯图尔特·布兰德到史蒂夫·乔布斯，这些元素塑造了一大批在硅谷和海特–阿什伯里的交汇处游走自如的创新者。文化史学家弗雷德·图尔纳写道："幻游音乐节标志着斯图尔特·布兰德作为反主流文化事业的创立者登上了历史舞台——但他身上也带有强烈的技术专家风格。"[17]

1966 年 2 月，在幻游音乐节举办一个月之后，布兰德坐在自己旧金山北滩家中铺满碎石的屋顶上，享受 100 微克 LSD 带来的快感。他凝视着地平线，品味巴克敏斯特·富勒的话：我们之所以感觉世界是扁平且无限延伸，而非小而圆的，是因为我们从未从外太空观察过世界。在迷幻剂的作用下，他开始感觉自己与地球融为一体，并感知到地球之小以及让其他人也领会到这一点的重要性。他回忆说："我们应该广为宣传这个能撬动世界上种种问题的根本支点。一张照片——一张从太空拍摄的彩色地球照片就能完成这项任务。所有人都能从这张照片上看到地球的全貌，看到地球是个小小的、漂浮在宇宙中的星球，从此以后，所有人看待事物的视角都会发生变化。"[18] 他深信，从太空拍摄的地球照片能让人更好地进行全局思考，设身处地地考虑地球上所有居民的感受，并产生一种贯通感。

他决心说服 NASA 来拍摄一张这样的照片。于是，带着从迷幻剂中汲取的另类智慧，他决定制作几百枚小徽章，在前推特时代的人群中推广他的理念。这些徽章上写着："为什么我们还没见到过整个地球的照片？"他的计划简单到有些傻，他说："我准备了一个涂着 Day-Glo 荧光漆的三明治式广告牌，广告牌前面安装了一个小货架，我自己身穿白色连身衣和靴子，头戴饰有透明心形和花朵的戏装礼帽，在加州大学伯克利分校的萨瑟门那儿第一次露面，以 25 美分的价格卖我的徽章。"结果，大学的管理人员把他赶出了校园。《旧金山纪事报》（*San Francisco Chronicle*）为此刊登了一篇报道，宣传了布兰德一个人的东征之旅。他带着这些东西上路，走遍了全美的其他大学，最后来到哈佛大学和麻省理工学院。麻省理工学院的一位系主任看到布兰德边发表即兴演讲边卖他的徽章时问："这家伙到底是谁？"在麻省理工学院当教师的彼得·布兰德说："他是我哥哥。"[19]

1967 年 11 月，NASA 响应了他们的要求。ATS–3 卫星从地球上空 21 000 英里处拍摄了一张地球照片，这张照片成为布兰德的下一个项目——《全球概览》的封面图片，这份刊物的名称也源自这张照片。正如其名称所示，《全球概览》就像一份物品一览表（或者至少是以此为伪装），它巧妙地模糊了消费主义和公社思想的界限。这份刊物的副标题是《通往工具之路》（Access to Tools），将回归土地的反主流文化意识与通过科技赋予人们权力的目标结合在一起。布兰德在《全球概览》创刊号的首页上写道："一个私密、个人的权力领域正在发展——这是一种让个人进行自我教育，寻找自己的灵感，塑造自己的环境，并与任何感兴趣的人分享探险经历的权力。《全球概览》致力于寻找并推广任何有助于推动这一进程的工具。"巴克敏斯特·富勒随后写了一首诗，这首诗的开头是："我能在可靠的工具和装置中看到上帝。"《全球概览》创刊号中介绍了诺伯特·威纳的《控制论》一书和一款可编程的惠普计算器，还介绍了鹿皮夹克和串珠。《全球概览》的深层前提是，对地球的爱和对科技的爱可以并存，嬉皮士应该与工程师追求共同的事业，还有未来应该像一场提供交流电插座的音乐节。[20]

布兰德走的不是新左派政治路线，他甚至并不反对物质享受，因为他喜欢能让人买回家的游戏和设备。但他比任何人都更好地将当时许多文化群体团结在了一起，从嗑药嬉皮士到工程师，再到寻求抵制对科技的集权控制的公社理想主义者，都集结在他的大旗之下。他的朋友李·费尔森施泰因说："布兰德通过《全球概览》推广了个人电脑概念。"[21]

道格拉斯·恩格尔巴特

《全球概览》创刊后没多久，布兰德就参与筹办了一项重大活动，这项活动以奇特的方式呼应了他在 1966 年 1 月幻游音乐节上进行的高科技舞蹈编排。1968 年 12 月举办的这次盛事被称为“演示之母”（the Mother of All Demos），成为个人电脑文化中一项影响深远的事件，就像幻游音乐节之于嬉皮士文化一样。它之所以能够发生，是因为布兰德像磁石一样自然而然地吸引着有趣的人并与他们结成莫逆之交。这一回，这个有趣的人是一位名叫道格拉斯·恩格尔巴特的工程师，他毕生都在想方设法让计算机增强人类的智能。

恩格尔巴特的父亲是一位电气工程师，在俄勒冈州波特兰开了家出售和修理收音机的商店；恩格尔巴特的祖父在太平洋西北地区经营水力发电站，他喜欢把家人带到巨大的发电厂里参观涡轮机和发电机如何运转。于是恩格尔巴特很自然地形成了对电子学的热爱。上高中的时候，他听说美国海军有一个培养雷达技师（当时还是一种带有神秘色彩的新技术）的保密项目，于是他刻苦学习，以确保自己能够进入这个项目，后来他果然如愿以偿。[22]

在海军服役时的经历让恩格尔巴特大彻大悟。当时他和战友们一起乘坐一艘从旧金山海湾大桥南面起航的轮船准备出发，他们正在挥手告别时，突然听到广播里宣布日本投降了，第二次世界大战结束了。恩格尔巴特说：“我们都喊道，‘转回去！我们回家庆祝吧！’”但船还在继续向前开，“直驶入迷雾中，很多人都晕船了”，最后，这艘船开到菲律宾莱特湾。[23] 在莱特岛上，恩格尔巴特一有空就躲进一个建在高脚茅草屋里的红十字会图书馆。在那儿，他被满是插图的《生活》杂志所转载的一篇文章迷住了，这就是万尼瓦尔·布什最初在《大西洋月刊》上发表的，对扩展存储器这种个人信息系统进行展望的《诚如所思》一文。[24]他回忆说："整个构想让我兴奋不已，我也想帮助人们以那种方式工作和思考。"[25]

从海军退役后，他在俄勒冈大学获得了工程学位，随后在NASA下属尖端技术研究机构——位于硅谷的埃姆斯研究中心任职。为了结识可以作为结婚对象的女性，羞涩木讷的恩格尔巴特加入了帕洛阿尔托社区活动中心的一个中级希腊民间舞蹈班，后来他果然在这里找到了人生伴侣。订婚的那天，恩格尔巴特在开车上班的路上突然产生了一种可怕的、足以改变他生活方向的忧虑感："等到我开始工作时，我意识到自己已经失去了目标。"[26]

在接下来的两个月里，恩格尔巴特开始努力为自己寻找有价值的生活目标。他说："我考虑了所有人类可以为之奋斗的事业，想找到一条适合自己的再教育之路。"他意识到，任何改造世界的努力都是很复杂的。他想到那些努力防治疟疾或增加贫困地区粮食产量的人，结果发现，如果这些问题得到解决，又会引发其他一系列复杂问题，比如人口过剩和水土流失。要想成功地完成一个大项目，就必须对行动中所有错综复杂的细节进行评估，权衡各种可能性，共享信息，组织人力，等等。他回忆说："然后有一天我突然领悟到，复杂性正是最根本的东西，我感到豁然开朗。如果能以某种方式让人类更好地处理复杂和紧急的问题，能为此做出重大贡献，那你就能够造福全人类。"[27]这样一种努力不是单单解决世界上的某一个问题；而是能为人们提供解决任何问题的工具。

恩格尔巴特认为，帮助人们处理复杂问题的最佳途径是沿着布什提出的路线走。于是恩格尔巴特开始想象如何在图形显示屏上实时传递信息，在这一过程中，他所接受的雷达技术训练对他颇有助益。他回忆说："不到一个小时，我脑海里就出现了这样一幅画面：我坐在一个有各种符号的大屏幕前，可以通过操纵各种符号来驱动计算机。”[28] 于是当天他就着手展开了一项任务，他要设法让人们把思维转换为视觉图像，并让这些用户与其他人建立联系，以实现相互协作——换言之，也就是带有图形显示的联网互动计算机。

当时是 1950 年，距比尔 · 盖茨和史蒂夫 · 乔布斯出生还有五年。就连 UNIVAC 等商用计算机的鼻祖也尚未投放市场。但恩格尔巴特认同布什的愿景，他相信有一天人们会拥有自己的终端，他们可以利用这些终端来处理、存储和分享信息。这个远大的构想需要有一个与之相称的宏大名称，于是恩格尔巴特将其命名为“增强智能”(augmented intelligence)。为做承担这一使命的开路人，他进入伯克利学习计算机科学，并于 1955 年取得博士学位。

恩格尔巴特是那种能用冷静得吓人的平淡语调传达强烈感情的人。一位好友说：“他微笑的时候，脸上带着惆怅和稚气，但他一旦收回脚步，停下来思考，他那双淡蓝色的眼睛又似乎透出伤感和孤独。他跟你打招呼的时候声音又低又轻，就好像经过长距离传播而减弱了一样。这个人身上有一种与众不同但带着暖意的东西，他温和但又倔强。”[29]

说得更直白些就是，恩格尔巴特有时候给人的感觉就像个外星人，这就导致他很难为自己的项目拿到资金。1957 年，他终于被斯坦福研究所聘用，从事磁存储系统的研究工作。斯坦福研究所是斯坦福大学 1946 年设立的独立非营利机构，当时该研究所的一个热门课题是人工智能，尤其是创建模拟人脑神经网络的系统。

但对人工智能的追求并没有让恩格尔巴特感到兴奋，他从未放弃自己增强人类智能的使命，他想要发明像布什的扩展存储器那样能与人紧密合作，帮助人们组织信息的机器。他后来表示，这一目标源自他对人类思维这种“精妙绝伦的发明”的尊重。恩格尔巴特不是试图在机器上复制人类思维，而是关注怎样“才能让计算机与我们已经具备的各种能力互动”。[30]

恩格尔巴特花了好些年不断修改一篇阐述他构想的论文，后来这篇论文增加到 45 000 字，和一本小书差不多长。1962 年 10 月，他发表了这篇题为《如何增强人类智能》的论文，该论文也是他向世人发布的宣言。他开篇便解释称，他不会寻求以人工智能取代人类思维。他主张把人类的直觉思维天赋与机器的处理能力结合起来，形成“一个统一的领域，让直觉、试错、无形之物和人‘对事态的感觉’，与强大的概念、精当的专有名词和符号、复杂的方法以及高效电子辅助工具有益地共存”。他不厌其烦地举出了许多事例来说明这种人机共生机制如何发挥作用，比如说，建筑师可以利用计算机来设计大楼，专业人士则可以用计算机来撰写带有插图的报告。[31]

恩格尔巴特在写论文的时候曾给他的偶像万尼瓦尔·布什写过一封信，他还在论文中用了一整章的篇幅来论述扩展存储器。[32] 在布什的《诚如所思》一文发表 17 年后，他所提出的人机应通过由图形显示屏、指针和输入设备组成的简单界面实时互动的设想仍能激起强烈反响。恩格尔巴特强调，他的系统不会仅仅停留在数学层面上，他说：“每一个用符号化概念思考的人（不论其形式是英语、象形文字、形式逻辑还是数学）都应该大有收获。”埃达·洛夫莱斯若有在天之灵，定会为之战栗。

就在恩格尔巴特的这部专著发表当月，两年前在名为《人机共生》的论文中探讨相同概念的利克莱德接管了 ARPA 的信息处理技术局。利克莱德的新工作有部分职责是为前景看好的项目划拨联邦经费。恩格尔巴特进入了候选之列。他回忆说：“我带着这份 1962 年的报告和一份计划书站在门口，我想：‘哦天哪，利克莱德说他想做的那些事恰好都是我要做的，他哪有什么理由拒绝我？’”[33] 利克莱德的确无法拒绝，于是恩格尔巴特获得了 ARPA 的拨款。当时还在

NASA 的鲍勃 · 泰勒也给恩格尔巴特拨了一些经费。于是恩格尔巴特得以在斯坦福研究所创立了自己的增智研究中心。这成为政府科研拨款大获成功的又一例证。这项研究当时前景还不明朗，但政府的资助最终在实际应用中产生了数百倍的回报。

鼠标和联机系统

泰勒划拨的 NASA 科研经费要求用于独立的项目，于是恩格尔巴特决定用这笔资金来寻找一种让人类与机器互动的简单方式。[34] 他向同事比尔 · 英格利希（Bill English）提议："让我们来找找能在屏幕上进行选择的设备吧。"[35] 他的目标是寻找让用户在屏幕上移动光标和进行选择的最简单方式。研究人员尝试了几十种移动光标的方案，包括光笔、操纵杆、轨迹球、触控板、带手写笔的平板，甚至还有一个让用户通过膝盖来控制的设备。恩格尔巴特和英格利希对这些设备逐一进行了测试。恩格尔巴特说："对每种设备，我们都计算了用户将光标移至目标物体要用多长时间。"[36] 举例来说，光笔似乎是最简单的一种设备，但要求用户每次使用时都把它们拿起来再放下，这就很麻烦了。

他们制作了一张图表，列出了每种设备的优势和不足，正是这张图表帮助恩格尔巴特构想出一种前人从未想到过的设备。他说："元素周期表的规律让人们发现了一些未知元素，而这张表最终也定义了一种尚不存在的设备所具有的可取特征。"1961 年的一天，他在开会的时候开始天马行空地畅想。他回想起高中时曾非常着迷的一种机械设备——求积仪，这种仪器能够沿着一块空间的边缘滚动，进而计算出其面积。求积仪通过两个呈 90 度的滚轮（一个滚轮为水平方向，另一个滚轮为垂直方向）来计算在每个方向滚过的总距离。他回忆说："只要想到这两个滚轮，剩下的问题很快就迎刃而解了，于是我去画了张草图。"[37] 他在自己的小记事本上描述了如何在桌面上拖动这种设备，还说明了如何用高低不同的电压来反映两只滚轮的运动方向。电压可以通过一根与计算机屏幕相连的数据线进行传输，控制光标上下前后移动。

于是，一种既简洁又深刻的发明诞生了，它是增智理想与尝试精神的经典物理表达。它运用人类特有的心、手、眼协调天赋（机器人对此并不擅长），为用户提供了一种非常自然的人机界面。人和机器不是各自为政，而是和谐地相互协作。

恩格尔巴特把他的设计草图交给比尔·英格利希，英格利希用一块桃花心木刻出了第一个模型。当他们在焦点小组试用时，这个模型比其他任何设备的效果都要好。一开始，连线是放在前面的，但他们很快就认识到，如果让线从后端像尾巴一样伸出来的话效果会更好。他们把这个设备命名为"鼠标"。

大多数真正的天才（比如开普勒、牛顿、爱因斯坦，甚至还有乔布斯）都有一种追求简洁的本能。但恩格尔巴特却不是这样。他渴望在自己建立的任何系统中都填入许多功能，因此他想让鼠标带有许多按键，恨不得要多达 10 个才好。可惜测试结果显示，鼠标上按键的最佳数量应该是三个。后来我们知道，就连三个按键也太多了，至少可以再去掉一个，或者如追求极简的乔布斯后来坚持的那样，两个按键也太多了。

随后，在截至 1968 年的 6 年时间里，恩格尔巴特一直在为设计一种成熟的增智系统而不懈努力，他将其称为"联机系统"（oNLine System），简称 NLS。除鼠标外，该系统还包含许多引发个人电脑革命的其他创新，比如数字水印、同屏多窗口、数字出版、类似博客的日志、类似维基的协作系统、文档分享、电子邮件、即时通讯、超文本链接、类似 Skype（即时通讯软件）的视频会议和文档格式化。恩格尔巴特的追随者之一艾伦·凯这样形容他："等道格的点子都用完了，我真不知道硅谷该怎么办。"[38] 对技术充满热情的凯后来在施乐帕洛阿尔托研究中心逐一完善了这些构想。

"演示之母"

相比幻游音乐节，恩格尔巴特对希腊民间舞更感兴趣，但他曾与斯图尔特·布兰德在同一家实验室参加 LSD 试验，并因此结识了布兰德。布兰德的一系列项目（包括《全球概览》在内）都是在距恩格尔巴特的增智研究中心仅几个街区的地方进行的。因此，两人在 1968 年 12 月联手进行联机系统演示也就是顺理成章的事情了。作为主办人的布兰德以过人的天赋让这次演示（日后成为著名的"演示之母"）成为一场多媒体盛宴，就像硅片上的"插电迷幻剂试验"一样。这场演示会成为嬉皮士与黑客文化的终极融合，就连苹果公司的产品发布会也没能撼动其地位，直到今天，它仍然是数字时代最炫目、最具影响力的科技演示。[39]

1968 年是动荡的一年。在这一年里，越南春节攻势让美国人开始掀起反战示威，罗伯特·肯尼迪和马丁·路德·金遇刺，林登·约翰逊总统宣布他不会寻求连任。反战示威导致主要大学停课，并冲击了在芝加哥举行的民主党全国代表大会。苏联人镇压了布拉格之春，理查德·尼克松当选总统，阿波罗 8 号开始围绕月球旋转。也正是在这一年，英特尔成立了，斯图尔特·布兰德则出版了第一本《全球概览》。

12 月 9 日，恩格尔巴特在旧金山举办的计算机行业大会上进行了这场持续 90 分钟的演示，会场内有近千名观众，只有站的地方。

道格拉斯·恩格尔巴特（1925—2013）

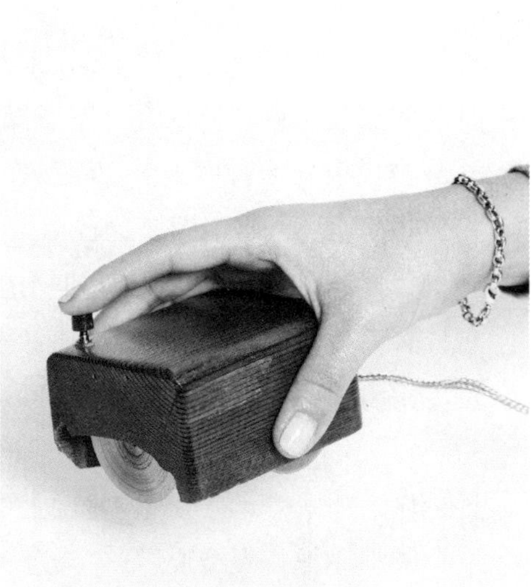

恩格尔巴特发明的第一只鼠标

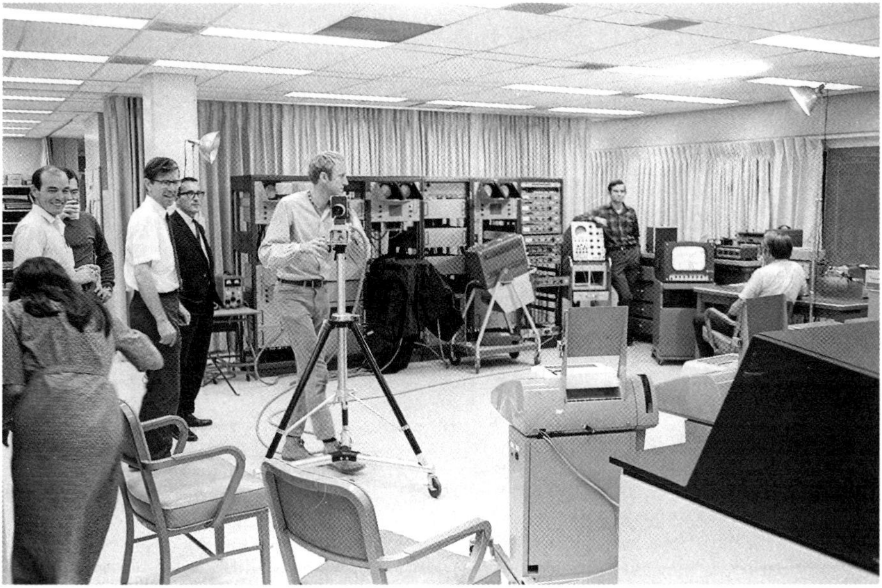

1968 年，斯图尔特·布兰德（中）在为“演示之母”提供协助

恩格尔巴特身穿白色短袖衬衫，系着深色窄领带，坐在讲台右侧一个时髦的赫曼米勒“行动办公室”操作台边。他那台计算机终端的显示屏被投射到他背后一个20英尺的屏幕上。他的第一句话是：“我希望大家有朝一日能习惯这种相当不同寻常的环境。”他头戴一副战斗机飞行员用的那种耳麦，语调平缓，听起来就像模仿老电影中新闻短片解说员语调的计算机合成语音。计算机文化专家、编年史家霍华德·莱茵戈德（Howard Rheingold）后来说，恩格尔巴特看起来就像“在计算机宇宙中遨游的查克·耶格尔，他冷静地让新系统有条不紊地运作，并用平静的语气向地面上那些万分惊讶的观众汇报。”[40]

恩格尔巴特缓缓说道：“作为一名脑力工作者，如果你的办公室里有一台配有显示屏的计算机供你全天使用，还能即时回应你的每项操作，那么你能从中获得多少价值呢？”他向观众们保证，他将要演示的一整套技术“都非常有意思”，然后他轻声嘀咕了一句：“我认为。”

有一台摄像机架设在他的终端机上，可拍摄他的脸部，另一台置于上方的摄像机则能够显示出他双手如何控制鼠标和键盘。制作鼠标的比尔·英格利希坐在观众席后面，像新闻演播室的制片人一样选择对哪些图像进行混合和匹配，并将它们投射到大屏幕上。

斯图尔特·布兰德则在恩格尔巴特斯坦福附近的实验室里制作计算机图像和操作摄像机，该实验室位于会场以南30英里处。两条租来的微波线路和一个电话接口向实验室传输恩格尔巴特对鼠标和键盘所做的每一次操作，然后再把图像和信息传回会堂。观众们惊奇地观看恩格尔巴特与同事通过远程协作来创建文档；他们看到不同的人实时编辑文档、加入图形、调整布局、制作地图并嵌入音频和视频元素，甚至能共同创建超级链接。简言之，恩格尔巴特早在1968年就为人们演示了今天一台联网个人电脑所具有的几乎所有功能。在当天的活动中，恩格尔巴特如有神助，整场演示完美无缺，连他自己都感到惊讶。演示结束后，观众们纷纷起身热烈欢呼。有些人甚至跑到了台上，就好像恩格尔巴特是位摇滚明星一样，当然，从某些方面来说他的确是一位明星。[41]

沿着会堂的走廊向前走，还有一场会议也在同时举行，主讲人是莱斯·欧内斯特，他与离开麻省理工学院的约翰·麦卡锡共同创建了斯坦福人工智能实验室。根据约翰·马尔科夫在《睡鼠说了什么》一书中的描述，他们在会上放映了一场电影，讲的是一个仿佛能听、能看的机器人。这两场演示呈现出人工智能与增强智能之间的明显对立。恩格尔巴特刚开始研究增强智能时，这门学科还显得相当古怪，但当他在 1968 年 12 月的演示中展示增强智能的所有元素（一台能够让人类与之随意实时互动的个人电脑，还有一个能让协作创新成为可能的网络）之后，机器人就变得黯淡无光了。第二天，《旧金山纪事报》刊登了一篇有关大会的报道，标题是《明日计算机的神奇世界》。这篇报道介绍的是恩格尔巴特的联机系统，而不是机器人。[42]

布兰德把肯·凯西带到恩格尔巴特的实验室里体验联机系统，仿佛是要促成反主流文化与计算机文化的联姻。当时已因汤姆·沃尔夫的《插电迷幻剂试验》一书而出名的凯西完整地观摩了该系统剪切、粘贴、检索以及协作制作书籍和其他文档的过程。他对此感触颇深。凯西宣布："这是迷幻剂之后的下一个重要事物。"[43]

艾伦·凯

艾伦·凯是挣扎着参加恩格尔巴特的"演示之母"的。当时他高烧 39 度，咽喉受到链球菌感染，但他还是拖着病体，乘飞机从犹他州（他在犹他州读研究生）赶了过去。他回忆说："我直打冷战，虚弱得几乎走不了路，但还是决定到那里去。”[44] 他已经读过恩格尔巴特的著作并认同他的思想，但这场戏剧性的演示还是像嘹亮的号角一样深深打动了他。凯说：“在我眼里，他就是在红海中分出道路的摩西。他为我们指出一片有待发现的希望之土，还有到达那片土地所需跨越的大海和河流。”[45]

和摩西一样，恩格尔巴特并没有真正把人们带到那片希望之土。将利克莱德和恩格尔巴特的思想带入个人电脑之乐土的先驱者是凯和一家复印机公司研究中心一群无拘无束的同事。

凯 1940 年出生在马萨诸塞州中部，从孩提时代起，他就形成了对科学和人文的热爱。他父亲是一位设计假肢的生理学家。在与父亲长时间散步的过程中，凯形成了对科学的热爱。但他也对音乐产生了浓厚的兴趣。他母亲是一位艺术家和音乐家，而他的外祖父克利夫顿 · 约翰逊则是一位著名的插画家和作家，还在当地的教堂里演奏管风琴。凯说：“我父亲是科学家，母亲是艺术家，所以小时候我周围充满了多种多样的思想和表达这些思想的方式。从前我并不认为‘艺术’和‘科学’有什么区别，现在依然如此。”[46]

17 岁时，他离家参加了一个音乐营，他在那儿弹奏吉他，还是一个爵士乐队的成员。他还和外祖父一样喜欢管风琴，后来他协助一位造诣颇深的管风琴制作师为一家路德会神学院造了一架西班牙巴洛克风格的管风琴。他是个很有悟性、博览群书的学生，但他在学校里经常闯祸，主要是因为不服从管束，这是一种许多科技创新者身上都有的特质。他曾经几乎被赶出校门，但他也是全国广播节目《儿童智力竞赛》(*Quiz Kids*) 中的小明星。

凯大学念的是西弗吉尼亚州的贝瑟尼学院 (Bethany College)，主修数学和生物学，但他在第一年春季因“无故缺勤次数过多”被学校除名。他有个朋友在丹佛从事维护美国联合航空计算机订座系统的工作，于是他在丹佛晃荡了一段时间。看到计算机不仅没有减轻，反倒加重了人的负担，凯感到非常震惊。

到了征兵的时候，凯加入了美国空军。凯在一项能力倾向测试中取得了高分，于是他被选派参加计算机程序员培训。当时他使用的是 IBM 1401，这是第一款面向小企业并大量销售的计算机。他说："那时候编程还是个地位很低的职业，多数程序员都是女性。她们都非常出色。我老板就是一位女士。"[47] 退役后，他进入科罗拉多大学学习，在这里，他如饥似渴地吸收各种他感兴趣的知识：他学习了生物学、数学、音乐和戏剧，同时还在国家大气研究中心为超大型计算机编程。

之后他进入了犹他大学研究生院，他日后把这段求学经历视为"我这辈子最幸运的一件事"。计算机科学先驱戴维·埃文斯当时正在犹他大学开发美国最尖端的图形程序。1966 年秋季，在凯到达犹他大学的当天，埃文斯就从自己办公桌的一堆文件中拿出一份文档递给他，让他回去读。这是伊万·萨瑟兰在麻省理工学院撰写的博士论文，萨瑟兰当时在哈佛任教，但即将调入犹他大学。这篇在信息理论家克劳德·香农指导下撰写的论文题为《Sketchpad：一种人机图形通信系统》。[48]

Sketchpad 是一种率先使用图形用户界面的计算机程序，这种界面可像今天的电脑一样在显示屏上显示图标和图形。这些可用一支光笔来创建和操纵的图形为人们提供了一种富有魅力的全新人机互动方式。萨瑟兰写道："Sketchpad 系统让人和电脑通过绘图来快速交谈成为可能。"凯意识到，可以把艺术和科技结合起来，去创建一种令人愉悦的计算机界面。拥有孩童般的热情，想确保未来充满趣味的凯被这种想法深深吸引了。凯说，萨瑟兰的思想"犹如天启"，把激情"铭刻"在他心中，激励他去创造一种友好的个人电脑。[49]

凯第一次与恩格尔巴特联系是在 1967 年年初，在他接触萨瑟兰的 Sketchpad 思想几个月之后。恩格尔巴特当时在各大学发表巡回演讲，介绍他最终将在“演示之母”中呈现的个人电脑思想，他还会带上一台 Bell & Howell 放映机来放映有关他的联机系统的电影。凯回忆说：“他会定格画面，并以不同的速度前进和后退，他会说：‘这是光标。请看看它下一步会做什么！’”[50]

当时，计算机图形学和自然用户界面成了大热的学科，凯开始从许多人那儿汲取思想。凯听过麻省理工学院的教授马温·明斯基的一场演讲，明斯基在演讲中介绍了人工智能，他还谈到，学校没有教学生如何充满想象力地处理复杂问题，这其实是摧残学生创造力的可怕行为。凯记得：“明斯基在讲座中畅快淋漓地抨击了传统的教育方法。”[51] 随后他见到了明斯基的同事西摩·佩珀特（Seymour Papert），佩珀特当时创建了一种名为 LOGO 的编程语言，这种语言简单到连学童也可以使用。LOGO 有许多巧妙的用途，其中之一是让学生使用简单的命令来控制一个能在教室里四处移动的机器龟。听完佩珀特的介绍之后，凯开始绘制草图，设想能让儿童轻松操作的个人电脑会是什么样。

在伊利诺伊大学召开的一次会议上，凯看到一台用薄玻璃和氖气制成的简单的平板显示器。他在脑子里将其与恩格尔巴特演示的联机系统联系在一起，又用摩尔定律粗略地计算了一下，他意识到，不消十年，带有窗口、图标、超文本和由鼠标控制的光标的图形显示系统就能应用在小型计算机中。天生善于把故事讲述得激动人心的凯说：“想到这项发明可能产生的重大影响，我甚至有些被吓到了。这肯定就是人们读过哥白尼的著作后，第一次从不同的地球仰望不同的天堂时所体会到的那种眩晕感。”

凯对未来有着异常清晰的构想，迫不及待地想要发明自己梦想的东西。他意识到："未来将有数百万台个人电脑和电脑用户，其中多数都不受机构直接控制。"要实现这个梦想，就需要发明带有图形显示的小型个人电脑，这些电脑要让儿童也能轻松使用，还要便宜到让所有人都买得起。他说："把这些元素全部结合在一起，我心目中的个人电脑就应该是这个样子。"

凯在自己的博士论文中阐述了个人电脑的部分特征，其中最重要的特征是简单（"必须让人自己就能学会使用"）和友好（"友好应该成为必不可少的要素"）。他是站在人文主义者兼工程师的立场上设计计算机的。他从 16 世纪初一位名叫奥尔德斯 · 马努蒂乌斯（Aldus Manutius）的意大利印刷商那儿汲取了灵感，这位印刷商意识到，供个人阅读的书籍应该能放入鞍囊内，于是他开始印制尺寸较小的书籍（也就是我们现在常见的尺寸）。

同样，凯认为个人电脑的理想大小应该不超过一个笔记本。他回忆说："我很容易就知道下一步该做什么了。我用硬纸板做了一个模型，想看看个人电脑的外观和质感应该是什么样。"[52]

恩格尔巴特在增智研究中心从事的研究为凯带来了灵感。但凯没有到那里去工作，而是加入了约翰 · 麦卡锡教授领导的 SAIL（Stanford Artificial Intelligence Laboratory，斯坦福人工智能实验室）。这项工作不太适合凯，因为麦卡锡主要研究人工智能，而不是如何增强人类智能，他对个人电脑没什么兴趣，而是大型分时计算机的忠实信徒。

在 1970 年（凯来到 SAIL 后不久）发表的一篇学术论文中，麦卡锡阐述了他设想中的分时系统，这种系统使用的是自身几乎不具备处理能力或存储空间的终端。他写道："终端将通过电话系统与一台分时计算机连接，从而得以访问包含所有书籍、杂志、报纸、目录、航空时刻表在内的文件。用户能够通过终端获取自己想要的任何信息，能够进行买卖，能够与人和机构交流，并以其他行之有效的方式处理信息。”[53]

麦卡锡预计，该系统将带来新信息源的激增，从而对传统媒体构成竞争，不过他错误地认为这些将由用户付费，而不是广告来支持。他说：“在计算机上保存信息文件和向公众传播这些文件的成本很低，因此，就连高中生也能与《纽约客》展开竞争，只要他有出色的文笔和好的口碑，能获得评论家的推荐，就能引起公众的关注。”他还预测了众包内容：用户可以“告诉系统去年他接受的脱发治疗是否有效，并获得一份意见总结，这份总结来自那些曾接受过他现在考虑尝试的疗法，并花时间将自己的看法记录下来的用户”。此外，麦卡锡还对后来热闹非凡的博客世界做了一番乐观的展望：“我们可以比现在更加迅速有效地处理公共争议。如果我读到某种似乎有争议的东西，我可以向系统询问是否有人发送了回复。如果可以阅读回复，再加上作者能够修改自己的原始言论，人们就可以更加迅速地形成成熟的共识。”

麦卡锡的愿景很有前瞻性，但它与凯的设想以及我们今天的网络世界存在一个很大的差异。它不是建立在具备自身存储和处理能力的个人电脑之上。麦卡锡认为，人们应该拥有便宜、沉默，与强大的远程计算机相连接的终端。即使在追捧个人电脑的发烧友俱乐部如雨后春笋般涌现之际，麦卡锡仍在力推一个“家庭终端俱乐部”计划，该计划拟以每月 75 美元的价格向用户出租类似电传打字机的简单终端，让他们能够分时操作强大的远程主机。[54]

而凯的构想与麦卡锡完全相反，他想做强大的小型电脑，这些电脑完全具备自己的存储和处理能力，将成为增进个体创造力的个人工具。他梦想让孩子们带着个人电脑走进树林，在树下使用它们，就像使用蜡笔和纸张一样。于是，凯在 SAIL 的分时派中间煎熬了两年之后，于 1971 年接受了新的工作邀约，加入了两英里之外的一家企业研发中心。这家中心吸引着想要开发个性、友好、适应个体需求的计算机的年轻创新者。麦卡锡后来把这些目标蔑称为“施乐异端”[55]。但正是这些“歪门邪道”最终确立了个人电脑时代的行进方向。

施乐帕洛阿尔托研究中心

1970 年，施乐公司追随贝尔系统的脚步，启动了一家致力于纯科研的实验室。为免受公司官僚思维和日常业务需求的玷污，这家实验室设在斯坦福工业园内，距该公司位于纽约州罗切斯特的总部约有 3 000 英里。[56]

被招到施乐帕洛阿尔托研究中心（以下简称施乐 PARC）担任领导的人包括刚刚离开 ARPA 信息处理技术局的鲍勃 · 泰勒（泰勒在 ARPA 协助创建了阿帕网）。在 ARPA 工作期间，泰勒通过考察 ARPA 赞助的研究中心和他为顶尖研究生举办的会议建起了一个识别人才的“雷达”。据泰勒招聘的一位科学家查克 · 撒克（Chuck Thacker）回忆：“泰勒在这期间与许多领先的计算机科学研究小组共同工作过，并为它们拨过款。这就让他处在了一个吸引最优秀人才的独特位置上。”[57]

泰勒还拥有一种领导能力，这种能力是他在与 ARPA 研究人员及研究生召开的会议上磨炼出来的：他能够激发出一种“创造性摩擦”，让一群人相互质疑，甚至尝试推翻对方的想法，但随后他们要站在相反的立场上阐述观点。泰勒在他所谓的“庄家”会议上（让人联想到 21 点游戏中那些试图战胜庄家的人）进行这项活动，他让一个人提出设想，其他人对其进行建设性（通常如此）批评。泰勒自己并不是什么技术奇才，但他知道怎样让一群奇才在友好的决斗中打磨自己的军刀。[58] 他担当司仪的天分让他能够激励、劝服、安慰和鼓舞那些喜怒无常的天才，让他们相互合作。泰勒善于呵护他手下人的自尊，而不是去迎合上司，但这正是他魅力的一部分——如果你不是他的老板，你会更能欣赏这种魅力。

泰勒招募的第一批人中有艾伦·凯，凯是他在ARPA的会议上认识的。泰勒说："我认识艾伦的时候，他是犹他大学的博士生，我非常喜欢他。"[59] 不过，他没有把凯招进自己的实验室，而是把他推荐到了另外一个组。这就是泰勒做事的方式，他要把自己赏识的人像种子一样播撒到四面八方。

当凯到施乐PARC接受正式面试时，面试官问他希望在那儿取得什么样的重要成就。他回答说："一台个人电脑。"面试官请他详细解释一下，于是他拿起一个笔记本大小的文件夹，打开封面说："假设这是一个平板显示器。下面会有一个键盘，还有充足的能力来存储你的邮件、文件、音乐、艺术作品和书籍。所有东西都可以放进这么大的封包里，重量只有几磅。这就是我要说的。"他的面试官挠着头自言自语说："恩，对。"凯最终被录用了。

眼睛闪闪发光，蓄着俏皮胡须的凯在同事们眼中是个不安分的人，而他也确实如此。他恶作剧似地不断呼吁一家复印机公司的高管为儿童开发一款友好的小型计算机。施乐的企业规划主管唐·彭德里（Don Pendery）是个不苟言笑的新英格兰人，他可谓是哈佛教授克莱顿·克里斯坦森所说的"创新者拦路虎"的化身：他认为未来充满了神秘莫测的生物，这些生物有可能吞噬施乐的复印机业务。他不断让凯和其他人评估可预测公司未来走向的"趋势"。在一次令人恼火的会议上，凯（凯常常出口成章，他脱口而出的想法就像是为维基语录量身定做的一样）不禁反驳了一句："预测未来的最好方式就是创造未来。”[60] 这句名言后来成了 PARC 的信条。

1972 年，为了给《滚石》杂志写有关硅谷新兴科技文化的文章，斯图尔特 · 布兰德参观了施乐 PARC。这篇文章令施乐公司东海岸总部的管理人士颇为恼火。布兰德以热情洋溢的笔墨描述了 PARC 的研究是如何“脱离庞大和集中，去追求小型和个人化，追求将计算机的力量尽可能多地放到每个想要拥有这种力量的人手中的”。布兰德在施乐 PARC 采访了一些人，其中包括凯，凯说：“这里的人习惯全力以赴地抢占先机。”正因为拥有像凯这样的人，PARC 才有了一种源自麻省理工学院铁路模型技术俱乐部的那种活泼的氛围。他对布兰德说：“这是一个你仍然可以做匠人的地方。”[61]

凯意识到，他应该为自己准备开发的小型个人电脑起个朗朗上口的名字，于是他开始管这款电脑叫 Dynabook（动力笔记本）。他还给这款电脑的操作系统软件取了个可爱的名字：Smalltalk（闲聊）。之所以取这个名字，是为了既不让普通用户望而生畏，又不让业内行家里手抱有过高期望。凯指出：“我认为 Smalltalk 这个名称十分不起眼，所以只要能有那么一点出色的表现，就会给人们带来惊喜。”

他决定把拟开发的 Dynabook 价格定在 500 美元以下，“这样我们就能把它发给学校使用”。Dynabook 应该具有体积小、个人化等特点，这样“一个孩子无论躲到哪里都能把它带在身上”，它还应该使用友好的编程语言。他宣称：“简单的东西应该简单，复杂的东西才能成为可能。”[62]

凯为 Dynabook 写了一篇题为《一款适合各年龄儿童的个人电脑》的说明，这篇说明从一定程度上来说是产品提案，但主要是一份宣言。他在开头援引了埃达 · 洛夫莱斯那句影响深远的真知灼见之言，讲述如何利用计算机进行创造性工作：“分析机织出代数模型，恰似雅卡尔的提花织机织出花朵和绿叶。”在描述儿童（所有年龄段）

如何使用 Dynabook 时，凯的主张是，应将个人电脑主要作为增强个人创造力的工具，而不是促进协作的联网终端。他写道："尽管个人电脑能让使用者通过学校'图书馆'等未来的'知识公用设施'与他人沟通，但我们认为，个人电脑有很大一部分用途是作为个人媒介，让所有者与自身交流，这与纸张和笔记本目前所发挥的用途大体相同。"

凯接着写道，Dynabook 的大小应该不超过笔记本，重量不应该超过四磅。"用户应该能够在自己选择的任何时间、任何地点维护和编辑自己的文件和程序文件。不消说，Dynabook 在树林里也一样可以使用"。换言之，Dynabook 不仅仅是一个用来与分时主机联网的沉默终端。但他确实也预见了个人电脑有一天将融入数字网络。他说："如果把这种'能拿到任何地方'的设备与阿帕网或双向有线电视等全球信息公用设施结合起来，就可以把图书馆和学校（更不用说商店和广告牌了）带入家庭。"[63] 这是一种关于未来的诱人展望，但人们还要再花上 20 年时间才能使其成为现实。

为了推进 Dynabook 的开发，凯召集了一个小团队，并制定了一项浪漫、高远但有些模糊的使命。凯回忆说："我只招那些听到笔记本电脑的设想后会眼睛一亮的人。白天我们有大把时间是在 PARC 外面度过的，我们打网球、骑自行车、喝啤酒、吃中国菜，不断谈论 Dynabook 及其潜力，我们认为这种电脑能够延伸人类的触角，为步履蹒跚的文明带来亟须的新思维方式。"[64]

为迈出实现 Dynabook 梦想的第一步，凯提出了一项"过渡"机型方案。这种机器大小相当于一只手提行李箱，并配有一个小图形显示屏。1972 年 5 月，他建议施乐 PARC 的硬件业务主管生产 30 台机器，以便在课堂上进行测试，看学生能否在这些计算机上完成简单的编程任务。他对坐在豆袋椅上的工程师和管理人员说："个人设备显然可以发挥编辑器、阅读器和智能终端等作用，还能为人们把工作拿回家做创造条件。我们来生产30台这样的计算机，让大家熟悉一下吧。”

这是一段充满自信的浪漫宣言，体现出凯常有的说话风格，但它并未打动PARC的计算机实验室主管杰里·埃尔金德（Jerry Elkind）。曾写过施乐PARC发展史的迈克尔·希尔齐克（Michael Hiltzik）说：“杰里·埃尔金德和艾伦·凯就像来自不同星球的生物，一个是一丝不苟、按部就班的工程师，另一个则是自负、充满哲学家气质的海盗。”在想象孩子用施乐的计算机编程控制玩具乌龟时，埃尔金德是不会两眼放光的。他回答说：“让我来扮演恶魔的代言人吧。”此言一出，其他工程师纷纷竖起耳朵，他们感觉到凯的项目即将被无情地枪毙。埃尔金德指出，既然PARC的使命是创造面向未来的办公设备，为什么又要涉足儿童游戏业务呢？既然当前的公司环境适合去开发商用计算机分时系统，PARC为何不继续把握这些机遇呢？听到这一堆连珠炮似的问题之后，凯恨不得偷偷从会议室里爬出去。会议结束后，他哭了起来。他提出的制作一批过渡型Dynabook的请求被否决了。[65]

曾与恩格尔巴特共事，制作出第一只鼠标的比尔·英格利希当时也在PARC。会后，他把凯拉到一旁安慰他，并提出一些建议。他让凯不要再做孤独的梦想家，而是应该精心准备一项带预算的提案。凯问道：“预算是什么东西？”[66]

于是凯妥协了一步，在过渡方案的基础上又提出一项过渡方案。他要使用23万美元的预算资金在Nova计算机上（Data General公司生产的一款收纳箱大小的迷你计算机）做出Dynabook的模型。但这并不是什么让他热血沸腾的目标。

这时候，PARC鲍勃·泰勒手下的两员干将巴特勒·兰普森（Butler Lampson）和查克·撒克现身凯的办公室，提出了一项不同的方案。

两人问：“你手头有没有钱？”

凯回答说："有，我大约有 23 万美元的预算买 Nova 计算机。怎么啦？"

两人提起被埃尔金德枪毙的过渡型 Dynabook 开发计划，他们问凯："你想不想让我们帮你做你的小型计算机？"

凯点头同意，他说："好啊。"[67]

撒克本来想按自己的思路开发一款个人电脑，后来他意识到自己同兰普森和凯的总体目标是相同的。于是，他们决定把资源汇集到一起，来个先斩后奏。

凯担心自己的死对头埃尔金德反对，于是他问："你们准备怎么对付杰里？"兰普森说："埃尔金德要跟随公司的工作组出差几个月，也许我们可以赶在他回来之前偷偷动手。"[68]

鲍勃·泰勒为这个项目的孵化提供了帮助，因为他希望自己的团队不要在分时计算机开发上投入太多精力，而是去设计"一批可以相互连接，基于显示器的小型计算机"。[69] 能让他最器重的三位工程师（兰普森、撒克和凯）联手推进该项目令他兴奋不已。这三个人恰好可以发挥互补性：兰普森和撒克知道哪些东西是可行的，而凯则把目光投向他的终极梦想机器，并对其他两人提出挑战，促使他们把不可能的东西变为现实。

他们设计出的计算机名为"施乐阿尔托"（Xerox Alto），不过凯还是固执地继续称其为"过渡型 Dynabook"。这款计算机拥有位图式显示器，也就是说，屏幕上的每个像素都能打开或关闭，从而对图形、字母、画笔笔迹等进行渲染。撒克解释说："我们选择为用户提供全位图，让屏幕上每个像素对应主存储器的一位数据。"这种显示方式对计算机的存储能力提出了很高的要求，但其指导原则是，摩尔定律将继续发挥作用，因此存储器的成本会迅速下降。用户与显示屏的互动由键盘和鼠标来控制，与恩格尔巴特的设计方案相同。这款计

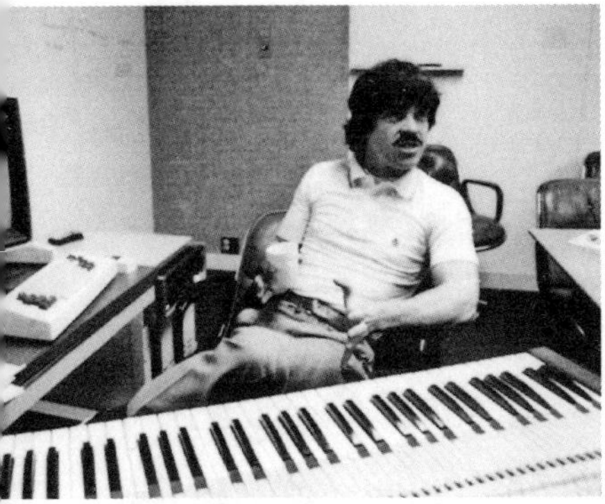

艾伦·凯（1940—　）1974 年在施乐 PARC

凯 1972 年绘制的 Dynabook 草图

李·费尔森施泰因（1945—　）

《人民计算机公司》创刊号，1972 年 10 月

算机1973年3月完成后，屏幕上显示了一幅由凯绘制的图形，是一个拿着字母“C”的芝麻街饼干怪兽。

凯和同事们考虑到各年龄儿童的需求，把恩格尔巴特的设想向前推进了一步，他们让世人看到，这些设想是能够以一种简单、友好而直观的方式实现的。但恩格尔巴特对此并不认同，他一心要在自己的联机系统中植入尽可能多的功能，因此，他从来都没想过要发明小型个人电脑。恩格尔巴特对自己的同事说：“这与我走的路线完全不同，如果我们非要挤进这些小空间，就不得不放弃一大堆东西。”[70]这就是为什么恩格尔巴特虽然是个富有远见的理论家，但却没能真正成为成功的创新者：他为自己的系统不断增添功能、指令和按键，使其越来越复杂。而凯则是尽力去删繁就简，他的经历告诉我们，为什么简洁性这一目标（生产让人用起来轻松愉快的产品）在个人电脑创新中占据了核心地位。

施乐把阿尔托系统发送至全国各地的研究中心，让PARC的工程师梦寐以求的创新成果广为传播。他们甚至还制定了作为互联网协议前身的PARC通用包协议，让不同的分组交换网络相互连接。泰勒后来表示：“让互联网成为现实的大多数技术都是施乐PARC在20世纪70年代发明的。”[71]

但从后来的情况来看，施乐PARC虽然指出了一条通往个人电脑（真正属于你自己的设备）之国的道路，但施乐公司并没有担当起引领这场大迁徙的角色。该公司生产了2 000台阿尔托电脑，主要供公司办公室或附设机构使用，但没有把阿尔托作为消费品向市场推广。[①]凯回忆道：“公司并没有为应对创新做好准备，推广创新产品意

① 施乐Star工作站直到1981年才推出，这时距阿尔托的发明已经过去8年时间，但该产品一开始也并没有作为独立的计算机来营销，而是作为“整体办公系统”的一部分，该系统包括一台文件服务器、一台打印机，通常还外加其他联网工作站。

味着要有全新的包装和全新的使用说明，要处理更新，培训员工，还要在不同国家推行本土化。”[72]

泰勒回忆说，他每次和东部那些西装革履的人打交道时都会碰壁。纽约州韦伯斯特一家施乐研发机构的主管对他解释说：“计算机对社会的作用永远没有复印机重要。”[73]

施乐在佛罗里达州博卡拉顿举行的一场盛大公司会议上（公司还花钱请亨利·基辛格发表了主旨演讲）展示了阿尔托系统。该公司上午在舞台上举办了一场类似恩格尔巴特“演示之母”的展示会，下午则在展厅里放置了30台阿尔托供每个人试用。公司高管是清一色的男性，他们对这些计算机几乎没什么兴趣，但他们的妻子却立即拿起鼠标试用，还不停地打字。泰勒没有受邀参加这次会议，但他还是去参加了。他说：“男士们根本不屑于了解如何打字。打字这种事是秘书干的。所以他们并没有把阿尔托当回事，他们认为那是只有女性才喜欢的东西。于是我意识到，施乐永远也做不出个人电脑。”[74]

于是，最早涉足个人电脑市场的不是施乐，而是一群更具创业精神、身手更为灵敏的创新者。其中有些人最终通过授权使用了施乐PARC的技术甚至是盗用了施乐的创意。但最早的个人电脑多是在家中组装的，只有发烧友才会喜欢上这些玩意儿。

社群组织者

在个人电脑诞生之前的那些年里，湾区有一群社群组织者和反战活动家，他们对计算机产生了兴趣，将其视为赋权于民的工具。他们拥护小规模技术，欣赏巴克敏斯特·富勒的《地球飞船操作手册》（*Operating Manual for Spaceship Earth*），还有《全球概览》那帮会众信奉的许多生活工具的价值，而迷幻剂和反复听“感恩而死”的音乐对他们则没有什么吸引力。

弗雷德·穆尔（Fred Moore）就是其中一位代表人物。穆尔的父亲是任职于五角大楼的一名陆军上校，1959年，穆尔来到西部，进入伯克利学习工程学。当时美国还没开始在越南集结军力，但穆尔已决定参加反战示威。他在斯普劳尔广场（Sproul Plaza，这里很快就成为学生运动的中心）的台阶上安营扎寨，打出一幅谴责储备军官训练团的标识。他的示威只持续了两天，他就被父亲带回了家。1962年，他重新进入伯克利学习，但叛逆如故。因抵制服兵役，他入狱服刑两年，1968年，他开着一辆大众牌面包车，带着还是婴儿的女儿（孩子的母亲弃他而去）搬到了帕洛阿尔托。[75]

穆尔本来计划在帕洛阿尔托组织反战活动，但他发现了斯坦福医疗中心的计算机，然后便沉迷其中。由于从来没有人赶他走，他索性天天都泡在那儿玩电脑，他女儿则在大厅或者那辆大众汽车里玩耍。他开始深信，计算机具有帮助人们掌控自己的生活和结成共同体的力量。他相信，如果普通人能把计算机作为自我武装和学习的工具，就能够摆脱军事和工业组织的统治。当时也活跃于帕洛阿尔托社群活动和计算机技术圈的李·费尔森施泰因回忆道："穆尔这个人瘦得皮包骨头，胡子拉碴，目光极有穿透力。他是个极端和平主义者，只要他认准的事情就会义无反顾。你是不可能真正赶走他的。"[76]

由于热衷和平和技术，穆尔很自然地被吸引到了斯图尔特·布兰德和《全球概览》会众的轨道上。他最终在那个时代最怪异的一项活动中上演了一场压轴戏，这就是1971年举办的《全球概览》停刊派对。这份刊物在整个发行期间奇迹般地赚得20 000美元，于是布兰德决定租下旧金山海港区的仿希腊古典风格建筑"美术宫"（Palace of Fine Arts），与1 000名同道者共同举行庆祝活动，决定怎么花这笔钱。他带来一叠百元大钞，幻想着能让一帮沉迷于摇滚乐和毒品的会众就这笔钱的用途达成明智的共识。布兰德问大家：“如果我们自己的意见都不能统一，又怎能让世界上其他人达成一致呢？”[77]

这场辩论持续了 10 个小时。身穿带兜帽黑色僧衣的布兰德让每位发言者都拿着这叠钞票对听众讲话，他把建议写在一块黑板上。肯·凯西的“快乐捣蛋鬼”成员保罗·克拉斯纳（Paul Krassner）发表了一通热情洋溢的讲话，谈到美国印第安人遭受的苦难，他说：“我们一来到这里就对印第安人展开了大肆劫掠！”他认为这笔钱应该给印第安人。但布兰德的妻子洛伊丝恰好是个印第安人，她走上前宣布，她和其他印第安人都不需要这笔钱。一个名叫迈克尔·凯（Michael Kay）的人说，应该把钱分给在场的人，然后他开始向人群发钞票；布兰德反驳说，最好把这笔钱放在一起用，他让人们把钞票还给他，有些人照做了，赢得一阵掌声。此外还有几十项提议，有些很疯狂，有些则荒唐可笑。比如，把钱倒进马桶里冲了！买些笑气来开派对！做一个巨大的塑料阴茎标识，插进土里！其间，“金色蟾蜍”乐队的一名成员喊道：“集中精力！已经有 900 万条建议了！快选一条！要不还得耗上一年时间。我到这里来是要玩音乐的。”不过这番话也没能让大家做出决定，却为派对添加了一段音乐插曲，一位舞者跳起了肚皮舞，最后他倒在地上，痛苦地扭动着身体。

这时候，胡子拉碴、满头卷发的弗雷德·穆尔站了起来，自我介绍说职业是“人类”。他指责大家太在乎钱，为了佐证自己的观点，他从口袋里拿出两张美钞，然后一把火把它们给烧了。当时有人在辩论要不要进行投票，对此，穆尔也予以批驳，因为这种方式会导致分裂，而不能让人团结一致。当时已经到了凌晨 3 点，本来就头昏脑涨的众人头脑变得更为混乱了。穆尔呼吁他们彼此告知姓名，以便结成一个网络。他宣称：“今夜，大家的结盟比让一笔钱来拆散我们更为重要。”[78] 最终，他说服了除 20 来个死硬派以外的所有人，大家决定先把钱给他保存，等有了更好的想法再说。[79]

穆尔没有银行账户，于是他把这 20 000 美元中剩余的 14 905 美元埋在自家的后院里。此后发生了不少戏剧性事件，还有一些不速之客上门来要钱，最终，穆尔把这笔钱作为贷款或赠款分给了一些在该地区提供计算机服务和教育的相关组织。接受这些钱的组织都属于在帕洛阿尔托和门洛帕克兴起的，以布兰德和《全球概览》为核心的科技－嬉皮生态圈。

这其中包括《全球概览》的出版商波托拉协会（Portola Institute），这是一家另类的非营利机构，致力于推动“面向各年级学生的计算机教育”。负责运营该机构松散的教学项目的是鲍勃·阿尔布雷克特（Bob Albrecht），他本来是一位工程师，后来从体制内脱离出来，去教孩子计算机编程，还教道格·恩格尔巴特和其他成年人跳希腊民间舞。他回忆说：“当时我住在旧金山最曲折的一条街——伦巴德大街上最高的房子里，我经常在那里举办电脑编程、葡萄酒品鉴和希腊舞派对。”[80] 他和朋友开设了一家面向公众的计算机中心，配备了一台 PDP–8 迷你电脑，他还会带一些最出色的孩子参加实践活动，其中最难忘的是到增智实验室拜访恩格尔巴特。《全球概览》创办之初有一期在最后一页上刊登了阿尔布雷克特的照片，照片中的他留着板寸，在教一些孩子使用计算器。

阿尔布雷克特写过一些自学指导书，其中包括广受欢迎的《电脑喜欢我说 BASIC 语言》（*My Computer Likes Me When I Speak BASIC*）。他创办了一个名为《人民计算机公司》（*People's Computer Company*）的刊物，这本刊物和“公司”并没有什么关系，之所以叫“公司”，是为了纪念贾妮斯·乔普林（Janis Joplin）的乐队“老大哥和控股公司”（Big Brother and the Holding Company）。这本内容五花八门的刊物将“使用计算机的权利属于人民”这句话作为自己的格言。1972 年 10 月的创刊号封面上印着一艘船驶进落日余晖的画，还有一段手写的宣言："如今，计算机主要用来打击人民，而不是服务人民；用来控制人民，而不是解放人民；时间将改变这一切——我们需要一家人民计算机公司。"[81] 各期《人民计算机公司》大都配有许多龙的素描画——阿尔布雷克特回忆说："我从 13 岁开始就喜欢龙。"《人民计算机公司》上刊有计算机教育和 BASIC 编程知识的文章，还举办各种学习会和 DIY（Do It Yourself，自己动手做）技术节。[82] 这份刊物让电子技术发烧友、DIY 爱好者和学习会组织者走到了一起。

这种文化的另一位代表是李 · 费尔森施泰因，他曾热心参与反战示威，拥有伯克利电气工程学位，后来成为史蒂文 · 利维在《黑客》一书中重点介绍的人物。费尔森施泰因和"快乐捣蛋鬼"绝不是一路人。即使是在伯克利学生运动的高潮时期，他也对性和毒品敬而远之。他身上兼具政治活动家组织社群的冲动和电子极客那种建立交流工具和网络的渴望。作为《全球概览》的忠实读者，他欣赏美国社群文化中的 DIY 潮流，他还坚信，如果公众能够获得交流工具，就能从政府和企业手中夺取权力。[83]

费尔森施泰因 1945 年生于费城，他的社群组织者气质和对电子学的热爱是从童年时代开始形成的。费尔森施泰因的父亲是一位火车机械师，还时断时续地做过商业艺术家，他母亲是一位摄影师。两人都曾秘密加入过共产党。费尔森施泰因回忆说："他们的观点是，媒体向你灌输的东西基本上都是假的，这是我父亲最爱说的话之一。"他父母退党之后依然会组织左翼活动。孩提时代的费尔森施泰因参加过针对军方领导访问活动的抗议，还协助组织过在一家 Woolworth's 商店门前举行的示威活动，以支持南方的反种族隔离静坐示威。他回忆说："小时候我总会拿一张可以在上面画画的纸，因为一方面我父母鼓励我们要发挥创造力和想象力。而另一方面，我常常会看到一些来自老街区组织的油印活动传单。”[84]

费尔森施泰因对科技的兴趣在一定程度上来自他的母亲，他母亲曾多次跟他讲已故的外祖父如何制作供卡车和火车使用的小型柴油发动机。他说："我听出来她想让我成为一个发明家。"有一回，当一位老师批评他异想天开时，他回答说："我不是异想天开，我是在发明创造。"[85]

费尔森施泰因家里有个争强好胜的哥哥，还有个他父母收养的姐姐，于是，他常常会躲到地下室里摆弄电子设备。这就让他形成了一种意识，即通信技术应该能赋予个人力量，他说："电子技术有望让我渴望的东西成为可能，也就是与家庭等级制以外的人交流。"[86]

为了学习如何按照电路图来组装工作电路，他修了一门提供小册子和测试设备的函授课程，还购买了无线电手册和 99 美分一个的晶体管。和许多黑客一样，费尔森施泰因小时候也喜欢组装 Heathkits 套件，喜欢自己动手焊接电子设备，后来，他开始担心年轻一代在成长过程中只能接触到无法打开来探索的密封设备。①他说："小时候我是通过摆弄旧收音机来学习电子技术的，当时的收音机很容易改装，因为它们的设计思路就是这样。"[87]

政治天分和科技兴趣的结合让费尔森施泰因爱上了科幻小说，尤其是罗伯特·海因莱因的作品。和一代又一代为创造个人电脑文化做出贡献的游戏玩家和电脑技术人员一样，费尔森施泰因也从这类文学最普遍的主题中汲取了许多灵感。这个主题便是黑客英雄用科技魔法打倒邪恶的统治者。

1963 年，费尔森施泰因来到伯克利学习电气工程学，当时，美

① 2014 年，费尔森施泰因设计了一款面向中学生的玩具兼套件，类似一套电子逻辑板样式的乐高玩具，能帮助学生直观地感受比特、电子元件以及"not"（非）、"or"（或）、"and"（与）等逻辑函数。

国正在酝酿着一股反越战潮流。费尔森施泰因入校后不久便与诗人艾伦·金斯伯格（Allen Ginsberg）共同参加了一场示威活动，抗议一位南越高官访美。这场示威活动结束得很晚，为能及时赶回化学实验室，他不得不搭乘出租车。

为了挣学费，他加入了一个勤工俭学计划，在NASA的爱德华兹空军基地获得了一份工作，但当主管人员发现他父母曾经是共产党员时，他不得不退出了该项目。他打电话给父亲求证。他父亲答道："我不想在电话里谈这个。"[88]

一位空军军官对费尔森施泰因说："小伙子，只要你规规矩矩的，重新找份工作就没有任何问题。"但规规矩矩可不是他的天性。这段小插曲点燃了他性格中反抗权威的烈火。1964年10月，他重返校园，当时正值言论自由运动爆发，于是费尔森施泰因像科幻小说中的英雄一样，决定用自己掌握的技术来参与这场斗争。他说："我们在寻找非暴力武器，我突然意识到，最伟大的非暴力武器是信息流。"[89]

有一回有传闻称警察包围了校园，于是有人冲费尔森施泰因喊："快！给我们做一个警用无线电。"这可不是他当场就能做出来的东西，但费尔森施泰因从中吸取了另一个教训："我下定了决心，必须要做用技术造福社会的开路先锋。"[90]

他在这场运动中获得的最大领悟是，创建新型通信网络是从大型机构手中夺取权力的最佳途径。他意识到，这就是言论自由运动的精髓所在。他后来写道："言论自由运动是要破除人与人之间的交流障碍，让联系和社群在不依靠权力机构的前提下得以形成。它为人们真正去反抗主宰我们生活的企业和政府铺平了道路。"[91]

他开始思考通过什么样的信息结构来促进这种人际交流。他首先尝试的是纸媒体，创办了一份面向他所在学生公寓的通讯，然后又加入了地下报纸《伯克利芒刺报》（*Berkeley Barb*）。费尔森施泰因在《伯克利芒刺报》获得一个半讽刺意味的"军事编辑"头衔，因为他写过一篇有关登陆舰码头的文章，并在文章中以讽刺方式使用了"LSD"这一缩写。他曾希望"纸媒体能成为新的社群媒体"，但当他"看到纸媒体变成只想吸引眼球的集权结构"时，他感到自己的幻想破灭了。[92] 他还开发过一款配有输入线路网络的扬声器，能让人群对喊话者进行反驳。他说："没有中心，也就没有中央权力机关。这是一个类似互联网的设计，是一种把通信权分配给所有人的方式。"[93]

他认识到，电视等广播媒体（"从一个中心点传输完全相同的信息，信息反馈渠道少之又少"）与非广播媒体（"每个参与者都既是信息接受者，又是信息生成者"）之间的差异将决定未来的社会发展方向。在他看来，联网的计算机会成为让人们掌控自身命运的工具。后来他解释说："它们会把权力中心下放到人民手中。"[94]

当时还没有出现互联网，也没有 Craigslist（分类信息网站）和脸谱网等网站，但有一些被称为"交换台"（Switchboard）的社区组织，它们能帮助用户与他人建立联系，并为他们寻找服务信息。大多数交换台都没有什么技术含量，通常只是几个工作人员围坐在桌前，面前摆着几部电话，墙上贴着许多卡片和传单；这些交换台相当于创建社交网络的路由器。费尔森施泰因回忆说："似乎每个小区都有一个或几个这样的交换台，我参观过这些交换台，想看看有没有什么技术可以提高他们的服务水平。"有一次，一个朋友在街上碰到他，告诉他一个大好消息：有一个社区组织说动了旧金山一些有钱的自由主义者，弄来一台大型计算机。这个消息促使费尔森施泰因建立了一家名为 Resource One 的非营利机构，该机构的任务是对这台大型计算机进行重新配置，以供其他交换台分时使用。他说："我们认为可以把这台计算机作为反主流文化的工具。"[95]

大约就在那个时候，费尔森施泰因在《伯克利芒刺报》上发布个人广告称："文艺复兴之人、工程师和革命者，寻求对话。"[96] 通过这则广告，他结识了最早的一位女性黑客兼赛博朋克——祖德·米尔洪（Jude Milhon），当时米尔顿以圣祖德（St. Jude）为笔名写作。而米尔顿把他介绍给自己的同伴埃弗雷姆·利普金（Efrem Lipkin），他是一位系统程序员。由于 Resource One 的计算机找不到任何分时服务客户，于是在利普金的建议下，他们展开了一项新的努力，这个项目名为"社群记忆"，目的是用计算机来做电子公告板。1973 年 8 月，他们在伯克利一家学生所有的音像店 Leopold's Records 里建起了一个终端，该终端通过电话线与大型计算机相连接。[97]

这时候，费尔森施泰因形成了一个影响深远的思想：如果公众能够接触计算机网络，就可以根据兴趣自行组建社群。他们在该项目的传单加宣言中称："无等级差别的交流渠道——不论是计算机和调制解调器、钢笔和墨水、电话，还是面对面交流，是挽救和振兴社群的最重要途径。"[98]

费尔森施泰因和朋友们做了一项明智的决策，他们决定不在系统中预设任何关键词，比如求助、汽车或托儿等。而是让用户在发帖时自行设定他们想要的任何关键词。这就使普通人能够按照自己的想法使用该系统。于是这个终端成了一个公告板，用户可以在上面张贴诗歌，组织拼车，分享就餐心得，找人一起下棋、学习、冥想，做任何事情。在圣祖德的带领下，人们创建了自己的线上人格，并形成了"软木加大头钉"式的实体公告板所欠缺的文化气质。[99]"社群记忆"成为互联网 BBS 系统和 The WELL 等在线服务的先驱。费尔森施泰因说："我们打开了通往赛博空间的大门，发现这是一片热情友好的疆域。"[100]

此外还有一个洞见也对数字时代产生了同等重要的影响。这个洞见来自费尔森施泰因与他曾经的朋友利普金所产生的分歧。利普金想建一个让社群内成员无法打破的密闭终端，费尔森施泰因则提出了相反的思路。他认为，既然他们的任务是让普通人拥有强大的运算能力，就得尊重让用户亲自动手这一原则。费尔森施泰因回忆道："埃弗雷姆说，如果让人随便捣鼓，他们就会弄坏计算机，而我则采纳了后来成为维基哲学的思想，我认为如果允许人们动手操作，他们会更注意保护，并且在出现故障时进行修理。"费尔森施泰因认为计算机就应该是供人随意摆弄的。他说："如果鼓励人们动手改装设备，你就能培养出一种计算机与社群的共生关系。"[101]

Leopold's 音像店的终端建成后不久，费尔森施泰因的父亲寄给他一本名为《陶然自得的工具》(*Tools for Conviviality*)的书，这本书让费尔森施泰因的直觉沉淀下来，形成了一种哲学。《陶然自得的工具》一书作者是伊万 · 伊利奇（Ivan Illich），他是一位在奥地利出生，在美国长大的哲学家和天主教神父，他在书中对技术官僚精英的专横角色进行了批判。伊利奇提出的解决方案是创造直观、容易掌握和"陶然自得"的技术。他写道，应该树立这样一个目标，即"让人们获得必要的工具，确保他们有权独立、高效地开展工作"。[102] 与恩格尔巴特和利克莱德一样，伊利奇也谈到了用户与工具"共生"的必要性。

费尔森施泰因赞同伊利奇的观点，也就是计算机的设计应该能够鼓励人们亲手操作。他说："伊利奇的著作激励我去做花衣魔笛手(pied piper)，带领人们寻找他们能够亲手使用的设备。"十几年后，当两人终于有机会见面时，伊利奇问他："既然你想让人与人相互接触，为何要把计算机横在他们之间呢？"费尔森施泰因答道："我想让计算机成为人与人相互联系的工具并与人和谐共处。"[103]

费尔森施泰因以极具美国特色的方式把创客文化理想（从非正

规、互助式的 DIY 学习经验中汲取乐趣和成就感）与黑客文化对技术工具的热衷以及新左派组织社群的本能冲动糅合在了一起。①2013 年，费尔森施泰因在“湾区创客市集”上发表了主旨演讲，他在演讲中指出，20 世纪 60 年代的革命是一种看似古怪，实则不乏合理性的现象，随后，他对满屋认真听讲的发烧友说：“从 1964 年伯克利掀起的言论自由运动和宣扬个人电脑运动背后 DIY 理念的《全球概览》中，我们可以找到个人电脑的源头。”[104]

1974 年秋季，费尔森施泰因为他设想的“汤姆 · 斯威夫特终端”（Tom Swift Terminal）制定了相关细则，他说，这是“一种令人愉快的控制论装置”，之所以取这个名字，是因为汤姆 · 斯威夫特是“最有可能对该设备进行改装的美国民间英雄”。[105] 这是一个非常坚固的终端，可将用户连接到大型计算机或网络上。费尔森施泰因未能完全实施这个项目，但他油印了许多写有相关细则的传单，把传单发给有可能认同他思想的人。在他的努力下，“社群记忆”和《全球概览》的一帮会众开始集结在他的信条下，这个信条便是：计算机应该属于个人，而且是令人愉悦的。这样一来，它们就能成为普通人而不仅仅是科技精英手中的工具。用理查德 · 布劳提根的话来说，它们应该是“慈爱的机器”，于是，费尔森施泰因把他创办的一家咨询公司命名为 Loving Grace Cybernetics（慈爱控制论）。

费尔森施泰因是个天生的活动家，他决定为赞同他哲学信条的人创建一个社群。他解释说：“在伊利奇的影响下，我也形成了这样一种观点，即一台计算机要想生存下去，就必须在自己周围建立起一个计

① 《连线》杂志 2011 年 4 月号上曾撰文介绍创客文化（maker culture），当时该杂志首次在封面上刊登了一位女性工程师的照片，她就是毕业于麻省理工学院的 DIY 创业者利莫尔 · 弗里德（Limor Fried）。她的绰号“埃达女士”和她麾下名为 Adafruit Industries（埃达之果工业）的公司都是对埃达 · 洛夫莱斯的致敬。

算机俱乐部。"他与弗雷德·穆尔和鲍勃·阿尔布雷克特一样，都成了人民计算机中心周三晚上百乐餐会的常客。另一个常常参加餐会的人是戈登·弗伦奇（Gordon French），瘦高的弗伦奇是一名工程师，喜欢自己组装计算机。他们会讨论诸如"个人电脑最终会以怎样的面目出现"之类的话题。1975 年初，百乐餐会的热潮开始逐渐降温，于是穆尔、弗伦奇和费尔森施泰因决定创办一个新的俱乐部。他们的第一份传单是这样写的："你在自己组装电脑、终端、电视打字机、输入 / 输出设备还有其他什么数字魔法盒吗？如果是的话，来加入一群志趣相投的人吧。"[106]

这个名为"家酿计算机俱乐部"的组织最终吸引了来自湾区数字界许多文化部落的各色爱好者。费尔森施泰因回忆说："这个俱乐部里有嗑药族（不是很多），有业余无线电爱好者，有穿着白皮鞋的未来产业巨子，有孤僻的二三流技术员和工程师，还有其他另类人士——这当中有一位穿着整洁、举止得体的女士喜欢坐在前排，后来有人告诉我，她以前是男的，曾是艾森豪威尔总统的私人飞行员。他们都想要个人电脑，都想摆脱体制的束缚，不论这个体制是政府、IBM 还是他们的雇主。大家只是想卷起袖子动手去做，亲身参与到这一过程中来。"[107]

1975 年 3 月 5 日，"家酿计算机俱乐部"在戈登·弗伦奇门洛帕克家中的车库里举行了首次会议，当天是周三，天上下着雨。当时恰逢第一台真正的家用个人电脑面世，但这台电脑并非来自硅谷，而是来自"硅漠"中一个四周长满灌木蒿的购物城。

埃德·罗伯茨和 Altair 电脑

为个人电脑做出贡献的还有另一类人，他们就是连续创业者。这些嗜咖啡因如命的创业能手最终将主宰硅谷，把嬉皮士、《全球概览》族、社群组织者和黑客挤到了一边。但第一个成功开发出适销个人电脑的连续创业者却是在一个既远离硅谷，又远离东海岸计算机中心的地方。

1974 年 4 月，当英特尔 8080 微处理器即将推出时，埃德 · 罗伯茨（Ed Roberts）拿到了一些包含相关参数的手写表格。于是，这位身材魁梧，在新墨西哥州阿尔伯克基一家临街店铺里办公的企业家有了一个十分简单的创意：可以用这种“置于芯片上的计算机”来做一款计算机。[108]

罗伯茨并不是计算机科学家，甚至连黑客也不是。他不懂增智、图形用户界面和人机共生之类的宏大理论，也从来没有听说过万尼瓦尔 · 布什或道格 · 恩格尔巴特。他只是一个发烧友。但用他一位同事的话来说就是，他拥有一种“成为世界终极发烧友”的好奇心和热情。[109] 罗伯茨不是那种大谈创客文化的理论家，而是一个商人，他的顾客是那些满脸粉刺，喜欢在院子里玩模型飞机、发射火箭的男孩（他自己也是这样一个大男孩）。当时，推动个人电脑发展的主力军并不是斯坦福和麻省理工的高才生，而是喜欢香甜焊接气味的 Heathkit 发烧友，在这样一个时代，罗伯茨承担了开创者的角色。

罗伯茨 1941 年生于迈阿密，父亲是一名家电修理工。他曾加入美国空军，空军安排他在俄克拉何马州读了工程学位，随后，他被分配到阿尔伯克基一个武器实验室的激光研究部门。在这里，罗伯茨开启了自己的创业生涯，他曾在一家百货商场的圣诞节展会上扮演动画角色。1969 年，他和一个名叫福里斯特 · 米姆斯（Forrest Mims）的战友共同创办了一家以模型火箭为目标市场的公司。模型火箭市场很小，但拥有一批热衷此道的发烧友。罗伯茨的公司生产 DIY 套件，能让后院里那些小宇航员们自制可以追踪玩具火箭的小型闪光灯和无线电设备。

罗伯茨拥有一种创业狂人常有的乐观气质。米姆斯说：“他对自己的创业天赋满怀信心，他相信自己能赚到 100 万美元，能学会飞行，拥有自己的飞机，住进农场，读完医学院。”[110] 他们把自己

埃德 · 罗伯茨（1941—2010）

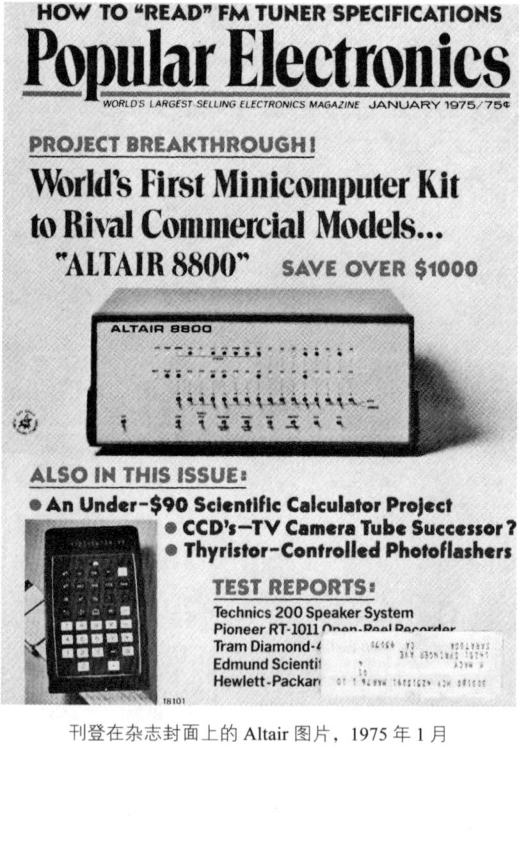

刊登在杂志封面上的 Altair 图片，1975 年 1 月

的公司命名为MITS，好让人联想到MIT（麻省理工学院），然后根据这个缩写倒推出一个全称，叫“微型仪器和遥测系统公司”（Miro Instrumentation and Telemetry Systems）。他们以每月100美元的费用租下一个办公场地，这里以前是一家小吃店，位于一家破旧的购物城内，被一家按摩店和一个自助洗衣房夹在中间。写着“魔法三明治店”的旧标牌还挂在MITS的门上，但这块标牌看上去还显得挺贴切。

接下来，罗伯茨追随德州仪器杰克·基尔比的脚步进入了电子计算器领域。他了解发烧友的心态，因此他以待组装的DIY元件套装形式出售计算器，即使组装好的计算器价格也高不了多少。那时，他幸运地结识了当时到阿尔伯克基寻找新闻线索的《大众电子学》（*Popular Electronics*）科技编辑莱斯·所罗门（Les Solomon）。所罗门约罗伯茨写了一篇题为《可以自制的台式电子计算器》的文章，成为该杂志1971年11月号的封面文章。到1973年，MITS已经拥有110名雇员，销售额达到100万美元。但此时微型计算器的价格在迅速下滑，已经没有什么利润空间了。罗伯茨回忆说：“当时的情况是，我们出一套计算器套装的成本是39美元，而你在杂货店花29美元就能买到一个计算器。”[111] 到1974年年底，MITS的负债超过了35万美元。

罗伯茨是个无所畏惧的创业者，于是他决定启动全新的业务来应对危机。他一直都对计算机很感兴趣，他认为其他发烧友也一样。他兴致勃勃地对一位朋友说，他的目标是做一款面向大众，能够彻底清除“计算机圣职阶层”（Computer Priesthood）的电脑。在研究过英特尔8080的指令集之后，罗伯茨认为MITS能够生产出一款可组装出简陋计算机的DIY套件，价格可以卖得非常便宜，在400美元以下，让每个计算机爱好者都能买得起。一位同事后来承认：“我们当时觉得他这么做太莽撞了。”[112]

英特尔8080处理器的零售价是360美元，但罗伯茨以购买

1 000 枚为条件把价格压低至一枚 75 美元。随后，他拿到了一笔银行贷款，因为他坚称自己能卖掉 1 000 台电脑，虽然他私下里担心卖不了这么多，他估计首批订单只有 200 来台，不过没关系，他抱有企业家那种追逐风险的人生观：要么就一举成功，改变历史，要么就更快地滑向破产深渊。

罗伯茨和他那支杂牌军制作的电脑不会给恩格尔巴特、凯和斯坦福周围实验室的其他人留下什么深刻印象。这款电脑内存只有 256 个字节，没有键盘，也没有其他输入设备。要想输入数据或指令，只能在一排开关之间进行切换。当时施乐 PARC 的专家正在开发可以显示信息的图形界面；而这款出自老魔法三明治店的机器却只能通过前置面板上几盏灯的闪灭来显示二进制码答案。这款电脑在技术方面虽然算不上有多成功，但仍然是一款发烧友向往的产品。发烧友群体中存在一种有待释放的需求，他们渴望有一款像业余无线电设备那样，让他们动手组装和拥有的电脑。

公众的关注也是创新中的重要元素。打个比方，如果从来没有人记述过在艾奥瓦州地下室里诞生的一台计算机，那么这台计算机就会像哲学家贝克莱那荒无人烟的森林里倒下的一棵树一样；它无足轻重，不会在历史上留下任何声音。“演示之母”让恩格尔巴特的创新广为人知。这就是为什么产品发布是如此重要。如果罗伯茨之前没能与《大众电子学》（这本杂志对 Heathkit 套件的意义不亚于《滚石》对摇滚乐迷的影响）的莱斯 · 所罗门交上朋友，MITS 生产的计算机也许就会和阿尔伯克基那些卖不掉的计算器堆在一起。

生于布鲁克林的所罗门是个冒险家，他年轻时曾在巴勒斯坦与梅纳赫姆 · 贝京（Menachem Begin）和犹太复国运动者（Zionist）比肩作战。当时他很想找一台个人电脑作为杂志的封面。一家竞争对手抢先在封面上登出了名为 Mark–8 的计算机组机图片，其实 Mark–8

只是个勉强能用的机箱，采用的是速度奇慢的英特尔 8008 处理器。所罗门知道，他得尽快赶超这篇报道。罗伯茨通过铁路快递公司给他寄去了唯一一台能用的 MITS 原型机，结果被快递公司弄丢了（这家老牌运输服务公司几个月之后宣告破产）。于是，《大众电子学》1975 年 1 月号只好刊登了一台空壳电脑。眼看杂志就要投印了，罗伯茨却还没有想好这款电脑该叫什么。按照所罗门的说法，这款电脑名称的来历是这样的：他女儿是个《星际迷航》迷，建议根据当晚进取号飞船造访的星球名称，即牛郎星（Altair）来命名这款电脑。于是，面向家庭用户的第一款真正的、可操作的个人电脑被命名为 Altair 8800。[113]

《大众电子学》的这篇报道在导语中宣布："电脑走进千家万户的时代（科幻小说作家最喜欢的主题）来临了！"[114] 一款价格适中而且实用的电脑第一次被推向大众市场。比尔·盖茨后来宣称："在我看来，Altair 是第一台名副其实的个人电脑。"[115]

从《大众电子学》开始在报摊上发售的那天起，订单就像潮水般涌来。罗伯茨不得不从阿尔伯克基雇用额外人手来接电话。仅仅一天时间，他们就接到 400 份订单，在短短几个月之内，他们卖掉了 5 000 套组机（不过这些组机没有发货，因为 MITS 生产速度没那么快）。人们纷纷给 MITS 寄送支票，虽然这家公司他们从没听说过，而且坐落在一个他们连名字都拼不出的小镇上。他们希望最终能拿到一箱部件，这些部件焊接起来之后（如果一切顺利的话），就能用钮子开关费力地输入信息，控制一些灯的闪灭了。这些热情的发烧友想拥有一台属于自己的电脑——不是共享设备，也不需要联网，而是一台能让他们在卧室或地下室里摆弄的电脑。

于是，电子俱乐部的发烧友与阅读《全球概览》的嬉皮士以及"家酿"黑客们携手开创了全新的个人电脑产业，该产业将推动经济增长，并彻底改变我们的生活和工作方式。"赋权于民"运动让计算机摆脱了企业和军队的垄断控制，进入到个人手中，成为人们充实自我、提高工作效率和增强创造力的工具。历史学家迈克尔·赖尔登和莉莲·奥德森写道："乔治·奥威尔'二战'后（大约在晶体管发明时）设想的反乌托邦社会完全没有成为现实，这在很大程度上要归功于基于晶体管的电子设备把权力赋予了充满创造力的个人和富有活力的企业家，他们所产生的影响要远远超过'老大哥'。"[116]

"家酿"初登场

在 1975 年 3 月举行的"家酿计算机俱乐部"首次会议上，Altair 成了人们关注的焦点。MITS 把这款电脑发给《人民计算机公司》测评，它陆续经过费尔森施泰因、利普金等人之手，然后被带到聚会上展示。它被呈现在满满一车库的发烧友、嬉皮士和黑客面前。多数人都觉得有些失望——费尔森施泰因说："什么都没有，只有开关和灯。"——但他们还是隐约感到这款计算机开启了一个新的时代。参加会议的 30 个人聚集在一起，分享他们的技术。费尔森施泰因回忆道："这也许就是个人电脑成为一种陶然自得的技术的时刻。"[117]

一位名叫史蒂夫·东皮耶（Steve Dompier）的铁杆黑客讲述道，他是自己跑到阿尔伯克基，从很难完成订单的 MITS 那儿弄到一台电脑的。等到"家酿计算机俱乐部"1975 年 4 月举行第三次会议时，他发现了一个有趣的现象。当时他写了一个做数字排序的程序，然后一边运行程序一边用低频晶体管收音机收听天气预报。结果这台收音机开始发出高低各异的滋滋声，东皮耶自言自语说道："喔，太神奇了！这就是我的第一台外围设备！"于是他开始动手做实验。他说："我尝试了一些其他程序，想看看它们听起来是什么效果，折腾了大约 8 个小时之后，我终于做出了一个能生成乐曲、能真正演奏音乐的程序。”[118] 他把运行不同程序循环所产生的音调记录下来，最后，他用扭子开关输入了一个程序，该程序运行时能在他的小收音机上演奏披头士的《山上的傻瓜》(*Fool on the Hill*)。这支曲子的音色并不悦耳，但“家酿”俱乐部成员却报之以敬畏的沉默，然后鼓起掌来，并要求他再放一遍。随后，东皮耶用他的 Altair 演奏了一曲《黛西·贝尔》(*Daisy Bell*，又名《双人自行车》)。《黛西·贝尔》曾是第一支由计算机演奏的歌曲，1961 年，贝尔实验室用 IBM 704 合成了这首歌，1968 年，在斯坦利·库布里克（Stanley Kubrick）执导的电影《2001：太空漫游》(*2001*：*A Space Odyssey*）中，超级电脑 HAL 在被人拆卸时又演奏了这首歌。用东皮耶的话说，他的歌“是一个模子刻出来的”。“家酿”俱乐部的成员们终于找到了一台能够拿到家里，做各种好玩事情的计算机，其中包括埃达·洛夫莱斯曾经预言的音乐创作。

东皮耶在之后一期的《人民计算机公司》上发表了自己的音乐程序，有一位读者对此感到迷惑不解，而他的反应后来在历史上留下了印记。这就是当时请假在阿尔伯克基为 MITS 编写软件程序的哈佛大学学生比尔·盖茨。盖茨在 Altair 通讯上写道：“史蒂文·东皮耶在《人民计算机公司》上发表了一篇文章，介绍他为 Altair 写的一个音乐程序。这篇文章列出了他的程序以及《山上的傻瓜》和《黛西·贝尔》的音乐数据。他没有解释其中的原理，我也不懂为什么。有人知道吗？”[119] 这个问题的答案简单来说就是，计算机在运行程序时会产生频率干扰，这些干扰可通过执行定时循环来控制，并能被调幅收音机作为单音脉冲接收。

盖茨发布这个疑问的时候，他已经被卷入了一场与“家酿计算机俱乐部”之间的论战。这场论战涉及一个更深层的问题，它成为商业伦理（以盖茨为代表，主张保护信息所有权）与黑客伦理（以“家酿”群体为代表，主张自由分享信息）之间的典型冲突。

保罗·艾伦（1953— ）和比尔·盖茨（1955— ）在湖滨中学的计算机房

1977 年盖茨因开车超速被拘留

1978 年 12 月，微软团队离开阿尔伯克基前夕的合影（左下方为盖茨，右下方为艾伦）

第九章　软件

当保罗·艾伦（Paul Allen）信步走到哈佛广场中央拥挤的报摊，看到封面上印着 Altair 电脑图片的 1975 年 1 月号《大众电子学》时，他感到既兴奋又惊恐。他为个人电脑时代的到来而激动，但又生怕错过这场盛大的派对。他丢下 75 美分，抓起一份杂志，踏着泥泞的积雪，一路小跑着来到比尔·盖茨在哈佛的寝室。盖茨也来自西雅图，是他的高中同学，而且也是电脑迷。艾伦就是在盖茨的劝说下从大学退学并搬到剑桥的。艾伦对盖茨说："你瞧，这件事我们竟然没有参与。"盖茨接过杂志，一边阅读，一边前后摇晃身体，这是他聚精会神思考时的习惯动作。等盖茨读完文章，他意识到艾伦说得没错。于是，在接下来的 8 周时间里，两人开始疯狂地编写代码，而他们付出的努力最终将从本质上改变计算机行业的面貌。[1]

生于 1955 年的盖茨不同于他的前辈，他在成长过程中并没有太多地关注硬件。他从没体会过组装 Heathkit 无线电或焊接电路板的兴奋。高中时代，盖茨操作学校分时终端时显露的傲慢态度惹恼了一位物理老师，于是他给盖茨布置了一项任务，让他把 Radio Shack 公司的一套电子元件组装起来。据这位老师回忆，盖茨最终交上去的成品"背面滴满焊锡"，而且根本没法用。[2]

在盖茨看来，计算机的魔力并不在硬件电路，而在软件代码。艾伦每次提出要制作计算机时，盖茨都会告诉他："保罗，我们不是什么硬件大师。我们熟悉的是软件。"就连比盖茨略为年长，曾动手组装过短波收音机的艾伦也知道，未来属于编写代码的人。他承认："硬件不是我们擅长的领域。"[3]

1974 年 12 月，就在盖茨和艾伦第一次看到《大众电子学》封面的那一天，两人便决定为个人电脑制作软件了。不仅如此，他们还想改变这个新兴行业的利润分配格局，让硬件成为一种可以替代的商品，并让那些创造出操作系统和应用软件的人获得大部分利润。盖茨回忆说："当保罗给我看杂志的时候，世界上还没有软件行业这种东西。但我们领悟到，我们可以创造出一个这样的行业。我们也确实做到了。"多年以后，盖茨在回顾自己的创新成就时说："这是我这辈子最重要的创意。"[4]

比尔·盖茨

盖茨在阅读《大众电子学》文章时的摇晃动作是他全神贯注思考的标志，他从小就有这个习惯。盖茨的父亲是一位小有成就、性格温和的律师，他回忆说："盖茨还是婴儿的时候就喜欢在摇篮里自己前后摇晃。"他最喜欢的玩具是一个带弹簧的摇马。[5]

盖茨的母亲出生于西雅图显赫的银行世家，是一位备受尊敬的社区领袖，她是个坚持己见的人，但很快就发现儿子比她更执拗。她叫盖茨从位于地下室的卧室（她已经不再勉强他打扫房间了）出来吃饭时，盖茨常常不理睬她。有一次她问："你到底在干什么？"

盖茨冲她喊道："我在思考。"

"你在思考？"

他回答说："是的，妈妈，我在思考。你没有尝试过思考吗？"

于是她带盖茨去看了心理医生，这位医生让盖茨对弗洛伊德产生了兴趣，他如饥似渴地读了许多关于弗洛伊德的书，但他桀骜不驯的态度却丝毫没有变化。经过一年的心理咨询，这位医生对盖茨的母亲说："你认输吧。你最好调整自己的心态，因为根本不能指望让他听你的话。"盖茨的父亲说："她开始接受这个现实，承认跟盖茨较劲是白费功夫。"[6]

不过，盖茨虽然偶尔有些叛逆，但他却很喜欢自己这个充满爱意的亲密家庭。他父母和两个姐妹都爱在餐桌上热火朝天地聊天，喜欢室内游戏、猜谜和玩牌。由于盖茨的大名叫威廉·盖茨三世（William Gates Ⅲ），于是他爱打桥牌的祖母（还是篮球明星）便管他叫"特雷"（Trey，数字3的桥牌术语），这个名字成为他儿时的绰号。在暑期的大部分时间和一些周末，盖茨一家会和亲朋好友一起到西雅图附近胡德运河边的一些木屋里小住，孩子们会参加"告别奥运会"，这个"告别奥运会"有正式的开幕式，会举行火炬游行，随后进行二人三足赛跑、投掷鸡蛋和类似的比赛。他父亲回忆说："比赛是相当严肃的。大家都很重视胜负。"[7]盖茨11岁时就是在这里谈成了他人生第一项正式合同；他与一个姐妹制定并签署了一份协议，要求以5美元的代价获得使用她棒球手套的非专属但无限制权利。其中有一条规定是："如果特雷想要棒球手套，就要把棒球手套给他。"[8]

盖茨往往对团体性运动敬而远之，但却热衷网球和滑水运动。他还努力锻炼过一些有趣的把戏，比如从垃圾桶里跳出来，而不碰到桶边。他父亲是鹰级童军（一生都在践行童军准则中规定的12种美德），小比尔也积极参加童军活动，他是"生命级"童军，但还差三个徽章才能升为"鹰级"。他曾在一次童军集会上给大家演示怎样使用计算机，但当时童军还不能凭计算机能力获得徽章。[9]

尽管盖茨参加了这么多有益身心的活动，但他超高的智商、大大的眼镜、细瘦的身材、尖细的嗓音和学究做派（衬衫扣子常常扣到脖子）还是让他显得呆气十足。他的一位老师说："在'nerd'（书呆子）这个词还没发明的时候，他就是个'nerd'了。"他对学业的专注是出了名的。四年级的时候，科学课老师布置了一篇论文，要求写5页纸，结果他交了30页。也就是在那一年，当学校要求他选择未来职业时，他勾选了"科学家"一项。此外，盖茨还赢得过一次在西雅图太空针塔塔顶吃大餐的奖励，因为他在家庭牧师举办的比赛中熟记并完美地背诵出《山上宝训》（*the Sermon on the Mount*）。[10]

1967年秋季，盖茨刚满12岁，但看上去仍像个9岁左右的孩子，他的父母意识到，还是让他上一所私立学校比较好。他父亲说："盖茨要上初中的时候，我们开始担心他，他长得又小又害羞，需要有更多保护，他的兴趣也和一般的六年级学生很不一样。"[11] 他们选择了湖滨中学，这所学校的校园里满是老式砖石建筑，看起来就像新英格兰的预科学校一样，主要面向西雅图商业和专业精英家庭的孩子。当时湖滨中学只招收男生，但很快也开始招收女生了。

进入湖滨中学几个月之后，学校科学和数学楼底层一个小房间里新安装的计算机终端便彻底改变了盖茨的生活。这其实并不是一台真正的计算机，而是一台通过电话线与通用电气马克二号分时计算机系统相连接的电传打字机终端。湖滨中学母亲俱乐部通过义卖筹集到3 000美元，她们以每分钟4.80美元的价格购买了该系统一段时长的使用权。后来的事实证明，她们太低估这个新玩意的热门程度和烧钱程度了。当盖茨的七年级数学老师给他演示这台计算机后，盖茨立马就迷上了。这位老师回忆说："第一天我比他懂得多，但也就仅限于第一天。"[12]

盖茨开始和一帮同为铁杆计算机迷的朋友一起去计算机房，他们天天去，一有机会就去。盖茨还记得："当时我们一头扎进了自己的世界。"这台计算机终端对他来说就像小爱因斯坦的玩具指南针一样：这个充满魔力的东西激起了他最深、最强烈的好奇心。盖茨后来搜肠刮肚地想找合适的说法来解释他热爱计算机的哪方面，他说，他喜欢计算机的严密逻辑中蕴含的简洁之美，这种美恰好与他在自己思维中培育出的审美相契合。他说："在使用计算机时，你是不能含糊其辞的，而只能使用精确的语句。"[13]

这台计算机使用的语言叫BASIC（Beginner's All-purpose Symbolic Instruction Code，"初学者通用符号指令代码"），这是一种几年前由达特茅斯学院开发的语言，旨在让不具备工程专业知识的人也能写出程序。湖滨中学没有老师懂BASIC，但盖茨和他的朋友们啃下42页的使用手册后便无师自通了。他们很快开始自学Fortran和COBOL等更复杂的语言，但BASIC仍是盖茨的最爱。盖茨在中学时代就编写出了能玩井字棋和转换底数的程序。

保罗·艾伦比盖茨高两个年级，身体发育得远比盖茨成熟（他甚至能留鬓角），两人是在湖滨中学的计算机房里结识的。高大、合群的艾伦并不是那种典型的书呆子。一见到盖茨，艾伦立马就对他产生了兴趣，而且被他吸引住了。艾伦回忆说："我看到一个瘦瘦长长、满脸雀斑的八年级学生摆动四肢，紧张兮兮地挤进围在电传打字机旁边的人群，他的金色头发掉得到处都是。"从此，这两个男孩成了好朋友，他们经常在计算机房里待到很晚。艾伦说："盖茨非常争强好胜，他想让你看到他有多聪明。而且他非常非常执着。"[14]

艾伦出生在一个比较普通的家庭（他父亲是华盛顿大学的图书馆馆员），有一次，他到盖茨家玩的时候不由心生敬畏。他说："他父母订了《财富》杂志，比尔会虔诚地阅读这份杂志。"当盖茨问他对经营一家大公司有什么看法时，艾伦说，他完全没有头绪。盖茨宣称："有一天我们也许会有自己的公司。"[15]

两人之间的一大差别是注意力集中方式不同。艾伦的思维会在许多想法和爱好之间不断变换，而盖茨则一次只专注于一件事。艾伦说："我对眼前的所有东西都感到好奇，都想研究研究，但比尔一次只全身心地投入一项任务。看看他编程时的样子你就知道了——他坐在那儿，嘴里叼着一支记号笔，双脚踢踏地面，前后摇摆身体，完全不受外界干扰。"[16]

从表面上看，盖茨是个书呆子加捣蛋鬼。他咄咄逼人，即使对老师也不例外，他生气时会大发脾气。他是个天才，也知道自己是天才，还喜欢炫耀。无论是对同班同学还是对老师，他都会不客气地说"这很愚蠢"，甚至把侮辱升级为"这是我听过的最蠢的事"或"彻底的脑残"。有一次，他曾嘲笑班里一个同学算东西太慢，结果盖茨前排一个在班上很有威信的孩子转过身来，抓住他紧扣的衣领，威胁说要揍他。老师不得不出面干预。

但在了解他的人眼中，盖茨却不仅仅是"呆"和捣蛋。盖茨是个专注、才思敏捷的人，而且富有幽默感，爱探险，喜欢挑战体能极限，还喜欢组织活动。16 岁的时候，盖茨得到了一辆新的红色野马汽车（在 40 多年后的今天，他还在别墅的车库里保留着这辆汽车），他会和朋友一起出去飙车。他还会把朋友带到他家位于胡德运河边的私人领地上玩，他会跟在一艘快艇后面，沿着长达 1 000 英尺的水道玩风筝滑水。他曾在一次学生表演中背诵詹姆斯 · 瑟伯（James Thurber）的经典短篇《床塌下来的那个夜晚》（*The Night the Bed Fell*），他还登台表演过彼得 · 谢弗（Peter Shaffor）的作品《黑色喜剧》（*Black Comedy*）。大约就在这个时期，他开始一本正经地告诉别人他会在自己 30 岁之前赚到 100 万美元。事实证明他严重低估了自己；到 30 岁时，他的身价会达到 3.5 亿美元。

湖滨编程集团

1968 年秋季，当盖茨即将升入八年级时，他和艾伦组建了湖滨编程集团。这个组织从某种程度上来说是一个由极客组成的黑帮。艾伦说："说到底，湖滨编程集团是一个男生俱乐部，空气里充满争强好胜和睾丸素的味道。"但它很快就变身为一项赚钱的生意，而且具有很强的竞争力。盖茨宣称："我是其中的推动者，我是那个说'让我们走进现实世界，想办法卖点东西给他们'的人。"[17] 艾伦后来有点嫉妒地说："虽然我们都在努力表现出自己的才华，但动力最强、最有竞争力的那个人是比尔，而且他做得毫不费力。"[18]

湖滨编程集团还有两个学校计算机房的常客。一个是艾伦十年级的同班同学里克·韦兰（Ric Weiland），他是当地一家路德会教堂的辅祭，父亲在波音公司当工程师。两年前他曾在自家地下室里组装了他的第一台电脑。韦兰看上去和躲在计算机房里的其他宅男有很大区别，他帅气逼人，脸型棱角分明，身材高大、肌肉发达，日后他将艰难面对自己的同性恋身份。在 20 世纪 60 年代的高中，同性恋还是一个难以启齿的话题。

另一名伙伴是盖茨八年级的同班同学肯特·埃文斯（Kent Evans）。埃文斯出生在一个牧师家庭，他外向而友善，笑容灿烂，只是笑起来嘴有些歪斜，因为他出生时有唇腭裂，后来做了手术矫正。他无所畏惧、勇往直前，不论是面对冷不丁打来电话的成年高管还是攀登峭石嶙峋的悬崖。"湖滨编程集团"这个名字就是他取的，目的是从在电子杂志上做广告的公司那里索要免费材料。埃文斯也对商业很感兴趣，他会和盖茨一起阅读每一期的《财富》杂志。他成了盖茨最好的朋友。盖茨说："我们准备一起征服世界。我们曾在电话里聊个没完，我至今还记得他的电话号码。"[19]

湖滨编程集团在1968年秋季接到了第一份工作。当时华盛顿大学的一些工程师在一家废弃的别克车行里成立了一家从事分时业务的小公司，名叫“计算机中心公司”（Computer Center Corporation），昵称C-Cubed。他们向DEC公司购买了一台PDP–10型计算机（这是一台多功能大型计算机，注定要为蓬勃发展的分时行业立下汗马功劳，同时也将成为盖茨最喜欢的计算机），计划向波音公司等客户出售分时服务，客户可以通过电传打字机和电话线来连接主机。C-Cubed有一名合伙人的孩子在湖滨中学上学，她交给盖茨这帮人一项工作，这项工作有点像找一群三年级学生在巧克力工厂试吃。他们的任务是：晚间和周末在这台新的PDP–10上开足马力编程和玩游戏，想用多久就用多久，以发现哪些操作会让这台计算机崩溃。根据C-Cubed与DEC公司的协议，在这台计算机的漏洞全部清除并能稳定运行之前无须支付租金。不过，DEC公司并没有想到做测试的是湖滨编程集团这帮鲁莽的毛头小伙。

他们要遵守两条规则：在计算机崩溃时要描述他们进行了什么操作，而且不能再进行同样的操作，除非公司让他们这样做。盖茨回忆说：“他们把我们当成找漏洞的猴子。于是我们就用凶暴的方式把计算机用到极致。”PDP–10有三卷磁带，为了让系统崩溃，这些湖滨男孩会让这三卷磁带同时转动，然后让计算机运行十几个程序，尽量占据其内存。盖茨说：“这是很可笑的事情。”[20] 作为这项测试工作的回报，他们可以随心所欲地编写自己的程序。他们制作了一个带有可掷骰子的随机数生成器的大富翁游戏，痴迷拿破仑（拿破仑也擅长数学）的盖茨则制作了一个复杂的战争游戏。艾伦解释说：“你手下有军队，可以用他们来打仗。这个程序越写越大，最后全部展开的时候，电传打字机纸带足有50英尺长。”[21]

这些男孩会乘坐公共汽车去C-Cubed，晚上和周末都待在终端室里。盖茨自豪地说："我成了中坚分子，没日没夜地在那里工作。"他们会编程编到肚子咕咕叫，然后到马路对面一家名叫"黎明之城比萨店"的嬉皮风格餐馆吃饭。盖茨深深沉迷在编程中。他的卧室里，衣服和电传打字机纸带扔得到处都是。他父母曾试图规定他的作息时间，但没有任何效果。他父亲回忆说："特雷太投入了，他会在我们上床睡觉之后偷偷从地下室里溜出去，几乎一整夜都泡在那儿。"[22]

担任他们的指导的 C-Cubed 主管不是别人，正是在麻省理工学院念书时发明《太空大战》的"鼻涕虫"史蒂夫·拉塞尔，他是一位富有创造力又爱挖苦人的程序员。这时，创新的火炬正在传递给新一代黑客。拉塞尔说："比尔和保罗觉得让计算机崩溃太有意思了，我不得不一再提醒他们不可以再进行同样的操作，除非我们让他们这样做。"[23]他说："我去看他们在搞些什么的时候，他们会问我问题，少则一个，多则五个，而我习惯于给出很长的回答。"[24]最让拉塞尔惊讶的是，盖茨能把不同类型的错误和 DEC 总部特定的程序员挂上钩。盖茨典型的漏洞报告是这样的："瞧，法博里的这行代码，他又犯了同样的错误，他改变状态的时候没有检查信号量（semaphore）。我们只要在这儿插入这行代码就能解决问题。"[25]

盖茨和艾伦开始认识到计算机操作系统（就像计算机的神经系统一样）的重要性。艾伦解释说："操作系统做的是让中央处理单元进行运算的"后勤"工作：在程序之间进行切换；把存储空间分配给各个文件；让调制解调器、磁盘驱动器和打印机输入和输出数据。"PDP–10 的操作系统软件名为 TOPS–10，拉塞尔准许盖茨和艾伦阅读说明书，但不允许他们把说明书带回家。于是两人有时候会在公司研读说明书，一直到破晓时分。

盖茨意识到，要想吃透操作系统，就必须获得源代码（程序员会在源代码中详细说明须执行的每一步操作）。但源代码就像圣杯一样牢牢掌握在公司高级工程师手中，这些湖滨中学的男孩根本拿不到。有个周末，他们发现这些程序员打印出来的纸张被扔在办公楼后面一个很大的垃圾桶里。于是艾伦握紧双手撑了盖茨一把——艾伦说："他体重不会超过 110 磅。"——让盖茨跳进垃圾桶，在咖啡渣和垃圾里翻找一沓沓污迹斑斑、皱巴巴的连续打印纸。艾伦说："我们把这堆珍贵的纸张拿回终端室，钻研了好几个小时。那时候可没有什么罗塞塔石碑（Rosetta Stone，美国多媒体语言数学软件）来帮助我，10 行代码我可能只认识一两行，但我已经被源代码的严密和优雅折服了。"

于是，盖茨和艾伦想再深挖一步。要想把握操作系统的架构，他们就必须掌握汇编码，也就是直接与计算机硬件对话的深层命令，比如"Load B"（载入 B）、"Add C"（添加 C）、"Store in A"（存入 A）等。艾伦回忆说："史蒂夫·拉塞尔发现我对这个感兴趣之后，把我拉到旁边，递给我一本用亮光塑料纸装订的汇编程序说明书，然后告诉我：'你得读读这个。'"[26] 他和盖茨会阅读这些说明书，但有时候仍然弄不明白。这时，拉塞尔便会递给他们另一本说明书，告诉他们："现在该读这个了。"过了一段时间，两人便掌握了集复杂性和简洁性于一体，让操作系统变得强大且优雅的汇编语言。

当 DEC 公司的软件调试完成后，这两个湖滨中学的男孩就不能再免费使用 PDP–10 了。盖茨表示："他们大致就是说：'好了，你们这些猴子回家吧。'"[27] 这时，湖滨中学母亲俱乐部出手相助了，她们至少是帮了一部分忙。该俱乐部出钱为这些男孩建了个人账户，但有时间和钱数限制。不甘忍受限制的盖茨和艾伦想设法突破这个系统，于是他们弄到一个管理员密码，侵入了内部会计系统文件，并破解了密钥。这样他们就能使用免费账户了。但还没等他们捅出大篓子，两人就被抓住了：他们的数学老师发现他们有一卷电传打字机纸，上面写着所有账户名和密码。这件事一直传到 C-Cubed 和 DEC 顶层高管那里，他们派了一个十分严肃的代表团到学校，在校长办公室里开会讨论这件事。盖茨和艾伦垂头做了深刻检讨，但无济于事。他们被禁止在这个学期剩余的时间和整个暑期使用该系统。

盖茨说："我发誓在一段时间内不碰计算机了，我努力让自己保持正常。我决定证明自己即使不带一本教科书回家也能门门得 A。在这期间，我读了拿破仑的传记和《麦田里的守望者》等小说。"[28]

湖滨编程集团的活动中断了近一年。到了 1970 年秋季，湖滨中学开始向俄勒冈州波特兰的信息科学公司购买 PDP–10 计算机分时服务。这项服务价格不菲，一小时高达 15 美元。盖茨和他的朋友们很快就掌握了侵入系统并免费使用的方法，但这次他们又被抓住了。于是他们改变了策略：他们给信息科学公司写了封信，表示愿意提供服务，以换取免费的使用时间。

信息科学公司的高管不太相信他们，于是这四个男孩便带着打印件和程序代码来到波特兰，以证明他们有多么出色。艾伦回忆说："我们简述了我们的经验，并提交了简历。"当时刚满 16 岁的盖茨用铅笔把简历写在一张从笔记本上撕下的横格纸上。最后他们接到了一项编写工资程序的任务，该程序要能生成带有正确扣除额和税额的工资表。[29]

这时，盖茨和艾伦之间的友谊第一次出现了裂痕。该程序不能用 BASIC（盖茨最喜欢的语言），而要用比较复杂的 COBOL 编写。COBOL 由格雷斯 · 霍珀等人开发，是一种标准化商用计算机语言。里克 · 韦兰懂 COBOL，他为信息科学公司的系统写了一个程序编辑器，艾伦很快就掌握了。这时候，两个年纪较大的男孩认为他们不需要盖茨和肯特 · 埃文斯了。盖茨回忆道："保罗和里克认为没那么多工作可做，于是他们说，我们不需要你俩。他们认为工作可以由他俩来做，然后计算机时长就全归他们了。”[30]

盖茨坐了六个星期的冷板凳，在这期间，他读了些代数书，并且避免跟艾伦和韦兰打照面。盖茨说：“后来保罗和里克发现，哦该死，这是个头疼的问题。”因为该程序不仅要求开发人员有编写代码的能力，还要有人能搞清楚社保扣除、联邦税和州失业保险等问题。“于是他们对我说：‘嘿，我们遇到麻烦了，你能不能回来帮帮我们？’”这时候，盖茨便利用自己的优势要挟了一把。盖茨是这样描述当时情况的：“当时我说：‘好，但你们都得听我的。而且我会逐渐适应这个角色，除非让我掌权，否则从现在开始你们都别想跟我打交道。如果你们让我负责，那么这件事还有我们做的任何事情都要由我说了算。’”[31] 后来他与艾伦的关系也一直都保持着这种模式。

于是从那时开始，盖茨便成了老大。盖茨回归队伍之后便坚持把湖滨编程集团改造成一个合伙制组织，他在父亲的帮助下起草了一份协议。当时还只有 16 岁的盖茨开始自称总裁，尽管一般合伙制企业并没有总裁。随后，盖茨对他们即将赚得的价值 18 000 美元的计算机时长进行了分割，给艾伦的份额最少。盖茨回忆说：“我把 4/11 分给自己，4/11 分给肯特，2/11 分给里克，1/11 给了保罗。他们觉得我用 11 做分母很好玩。保罗太懒了，从来不做任何事情，所以我是这样决定的：里克的贡献是保罗的两倍，而肯特和我的贡献是里克的两倍以上。”[32]

盖茨一开始也想让自己的份额比埃文斯略多一些。但他说：“肯特根本不会让我得逞。”埃文斯和盖茨一样有生意头脑。他们完成工资程序后，埃文斯在自己那本有详细记录的日记上写下一段话：“周二我们要到波特兰交付程序，另外，用他们的话说，还要‘为今后的工作制定一项协议’。到目前为止，我们做的每件事都是为了学习和获得大量昂贵的时长。从现在开始，我们也想获得一些金钱上的利益。”[33] 双方进行了紧张的谈判，由于程序缺少文档，信息科学公司一度想收回一些原定支付给他们的计算机时长。但盖茨的父亲写了封信给该公司，帮助他们解决了争议并商定了新的协议。

1971 年秋季，在盖茨刚刚升入十一年级的时候，湖滨中学与一所女子学校合并了。两校的合并导致班级排课变得非常麻烦，于是校方让盖茨和埃文斯写一个程序来解决这个问题。盖茨知道，学校的课程安排包含几十个变量（必修课、教师课表、教室大小、快班课程、选修课、错时安排、双课时实验课等），操作起来极其困难，于是他拒绝了。一位老师接受了这个挑战，而盖茨和埃文斯负责代他教计算机课。但次年 1 月，这位老师还没写出可用的程序，就在乘坐一架小飞机时因空难丧生了。盖茨和埃文斯同意接手这项任务。为了从头写出新的程序，他们会在计算机房泡上很多个小时，还常常睡在那儿过夜。到了 5 月，他们还在挣扎着编写程序，想尽量赶在下一学年开始前完成。

这时候，埃文斯虽然已经筋疲力尽，但还是决定参加他已经报名的登山训练，而他其实并不太擅长运动。盖茨回忆说：“他报名参加这个登山训练真的很意外。我认为他是想挑战自己。”埃文斯的父亲知道儿子有多么疲惫，他恳求埃文斯取消这次活动，他说：“我跟他的最后一次对话是劝他不要去，但他决心要完成这件事。”这个登山训练班当时在学习如何用绳索攀登一座比较平缓的山峰，其间埃文斯被绊倒了。他想爬起来，但在雪中向下翻滚了逾 200 码最后摔在了冰川上，他抱紧双臂想保护自己，而正确的做法应是张开双臂。结果他的头撞上了几块岩石，在前来营救的直升机上不幸身亡。

湖滨中学的校长给盖茨家打了电话，盖茨被叫到他父母的卧室，从他们那儿得知了这个消息。① 悼念仪式由湖滨中学的艺术老师罗伯特 · 富尔格姆（Robert Fulghum）主持，他和埃文斯的父亲一样，也是一位牧师，后来成为畅销书作家（《那些人生中最重要的道理我在幼儿园里都学过了》一书就是他写的）。盖茨说："我从来没有考虑过死亡问题。我本来是要在悼念仪式上发言的，但我站不起来。连着两个星期，我都是什么也做不了。"后来，他花了很多时间陪伴肯特的父母。他说："肯特是他们的心肝宝贝。"[34]

盖茨给刚刚在华盛顿州立大学读完一年级的保罗 · 艾伦打了电话，让他回西雅图帮忙编写排课程序。盖茨对他说："我本来是要和肯特一起做的，现在我需要你帮忙。"盖茨当时的状态很糟。艾伦回忆说："比尔一连几周情绪都很低落。"[35] 在 1972 年的暑假，他们把折叠床搬到校园里，和以前一样在计算机房熬了许多个通宵，用一台 PDP–10 计算机来编程。面对课程安排中那些魔方般的变量，盖茨以他缜密的思维把大问题拆解为一系列小问题，然后各个击破。他成功地为自己安排了一节历史课，课堂里有他喜欢的所有女生，而且除他以外只有一个男生，他还设法让他自己以及所有要好的同班同学周二下午都没有课。他们自己做了一件 T 恤衫，胸前印着一只啤酒桶和"周二俱乐部"的字样。[36]

那年夏天，盖茨和艾伦迷上了英特尔的新款 8008 微处理器，与 4004 型"芯片上的计算机"相比，这款微处理器在性能上有了很大提升。当他们在《电子学杂志》上读到一篇介绍 8008 微处理器的文章时激动万分，以至于盖茨多年后还记得这篇文章刊登在哪一页上。

---

① 盖茨和艾伦成为成功的企业家之后，他们为湖滨中学捐资修建了一幢新的科学楼，并以肯特 · 埃文斯的名字来命名其礼堂。

艾伦问盖茨，如果芯片真能像电脑一样可以编程，为什么不为它写一个编程语言呢，比如一种 BASIC 语言？艾伦认为，如果他们能够完成这个壮举，“普通人就可以买计算机放在办公室里，甚至放在家中使用了”。但盖茨不屑地说，8008 微处理器还无法胜任这种任务。他回答说：“它会慢得跟蜗牛一样，会很悲剧的。BASIC 本身就要占据几乎所有内存。微处理器的马力根本不足。”艾伦意识到盖茨说得有道理，于是他们都决定等等再说，根据摩尔定律，微处理器的性能每一到两年就会提高一倍。这时，两人在合作关系中扮演的角色逐渐清晰起来。艾伦解释说：“我是出主意的人，是凭空瞎想的人。比尔则会听我说，质问我，然后锁定我最出色的设想，推动它们成为现实。我们的合作关系有种天然的矛盾，但大多数时候都卓有成效，而且非常顺利。”[37]

盖茨拿到了一项为一家公司分析交通模式的合同（这家公司会统计有多少辆车驶过横贯马路的橡胶管，以分析交通模式）。他和艾伦决定组装一台能处理原始数据的专用计算机。盖茨为这个新创业项目取了个没什么品位的名称，叫 Traf-O-Data（交通数据公司）。两人来到附近一家 Hamilton Avnet 电子用品商店，鼓足勇气掏出 360 美元现金，购买了一枚 8008 芯片。艾伦还能生动地回忆起当时的情景：“店员递给我们一个小小的硬纸板箱，我们当场把箱子打开来想一睹为快。打开铝箔包装纸，有个长约一英寸的长方形薄片卡在一个小小的黑色绝缘橡胶板里，这就是 8008 微处理器。对两个在成长的关键期用大型计算机编程的人来说，这简直是一个见证奇迹的时刻。”盖茨对店员说：“我们花了这么多钱就买到这么小的一个东西。”但他和艾伦都了解这枚芯片的价值，他们知道，这枚小小的芯片中包含一整台计算机的大脑。盖茨回忆说：“这些人觉得，两个孩子进来买一个 8008 微处理器简直是最奇怪的事情。而我们拆开箔纸的时候则是提心吊胆，生怕把这玩意儿给弄坏了。”[38]

为编写出能在 8008 微处理器上运行的程序，艾伦设计了一种在大型计算机上模拟微处理器的方法。他后来解释说，模拟 8008 微处理器的做法“反映出技术圈一种人尽皆知的思想，这种思想要追溯到阿兰·图灵 20 世纪 30 年代的理论，即任何计算机都可以通过编程来随意模拟其他计算机”。这场炼金壮举还有一个重要意义，也是盖茨和艾伦为计算机革命做出的核心贡献，按照艾伦后来的说法就是：“软件取代硬件成为王牌。”[39]

由于盖茨和艾伦更崇尚软件而不是硬件，两人没能做出可靠的硬件设备也就不足为奇了。他们为这个分析交通状况的制表机写出了不错的程序，但却根本无法让硬件正常运行，尤其是读取交通数据带的装置。有一天，他们认为该设备已经可以顺利运行了，于是，西雅图政府工程部门的一位官员应邀来到盖茨家中观看销售演示。他们在客厅里做演示，可惜演示之神像是要报复他们一样，读带装置不断出现故障。于是盖茨跑去喊他妈妈帮忙。他恳求道：“告诉他，妈妈！告诉他昨天晚上还是好好的！”[40]

1973 年春季，在盖茨十二年级的最后一学期，他和艾伦被招聘到博纳维尔电力管理局（Bonneville Power Administration）工作，当时，该机构正在全国范围内寻找精通 PDP–10 的专家来协助其电网管理系统的编程工作。盖茨和他的父母与湖滨中学校长进行了交谈，校长也认为这份工作比最后一学期的课程更有教育价值。而当时在华盛顿州立大学读书的艾伦也有同感。他说：“我们又有机会在 PDP–10 上一起工作了，而且有报酬！”于是他们挤进盖茨的野马敞篷车，从西雅图往南开了 165 英里，来到博纳维尔指挥中心。他们不到两个小时就到了，然后在那里合租了一间便宜的公寓。

他们的工作地点是哥伦比亚河上的一个地下工事，与波特兰隔河相望。盖茨回忆说："他们有巨大的控制室，比我在电视节目里看到的任何控制室都要好。"他和艾伦会坐在那里编写代码，一写就是12个小时甚至更长时间。艾伦回忆说："当比尔觉得自己没力气了，就会抓起一罐果珍，往一只手里倒一点果珍粉并把它们舔干净，用纯糖来提神。那个暑假他的两只手掌一直都有股橙子味。"有时候，在疯狂工作两天之后，他们会睡上18个小时甚至更长时间，用盖茨的话说就是"大睡一场"。盖茨说："我们两个会比赛，看谁能在办公楼里连续待三天甚至四天。有些大惊小怪的人会说'回家去洗个澡吧'，但我们还是坚守在那里写代码。"[41]

盖茨有时候会放松一下，去玩极限滑水（包括从跳台上进行干船坞起跳），然后再回到地下工事里继续写代码。他和艾伦相处得很好，不过，当棋风有条不紊的艾伦战胜轻率鲁莽的盖茨时，盖茨会非常恼火。艾伦说："有一天我把他打败了，结果他火了，把棋都摔到了地上。这种事发生了几次之后，我们就不在一起下棋了。"[42]

盖茨十二年级时只申请了三所大学（哈佛、耶鲁和普林斯顿），每所大学他都采取了不同的申请策略。盖茨对自己驾驭精英选拔的能力信心十足，他吹嘘说："我就是为申请大学而生的。"申请耶鲁时，他把自己包装成一个胸怀远大抱负的政治人才，强调他在国会进行的为期一个月的暑期实习。申请普林斯顿时，他只强调自己想做计算机工程师。而在申请哈佛时，他则说他对数学有浓厚兴趣。他还考虑过麻省理工，但在最后时刻放弃面试去玩弹球游戏了。这三所大学都录取了他，最后他选择了哈佛。[43]

艾伦警告他："你知道吗，比尔，你到哈佛以后会发现有人数学比你强得多。"

盖茨回答："不可能，这不可能！"

艾伦说："等着瞧吧。"[44]

盖茨在哈佛

当学校让盖茨选择他喜欢的室友类型时，他要求与一名非裔美国人和一名国际学生同住。他被分配到了威格尔斯沃思楼，这是哈佛中庭旁边的一幢新生宿舍楼。他的一位室友名叫萨姆·兹奈默（Sam Znaimer），是一个科学爱好者，来自蒙特利尔一个贫穷的犹太难民家庭，还有一个是来自查塔努加的黑人学生吉姆·詹金斯（Jim Jenkins）。以前从来不认识上流社会"黄蜂"（白人盎格鲁–撒克逊裔新教徒）的兹奈默发现盖茨非常友善，学习习惯也是又古怪又有趣。他说："他的习惯是一连学习 36 个小时甚至更长时间，接着倒头睡上 10 个小时，然后出门买份比萨，再回来继续学习，哪怕这时候是凌晨 3 点。"[45] 他还惊奇地看到盖茨会花好几晚为 Traf-O-Data 的收入填写联邦税和州税表格。盖茨用功的时候会前后摇摆。学习之余，他会拉兹奈默在宿舍楼的休息厅里疯狂地玩一会儿雅达利的电子游戏《乓》，或者在哈佛的计算机实验室里玩《太空大战》。

这个计算机实验室得名于计算机科学先驱霍华德·艾肯，第二次世界大战期间，艾肯在格雷斯·霍珀的协助下发明了马克一号计算机并对其进行操作。实验室里有盖茨最喜欢的机器：一台 DEC 生产的 PDP–10 计算机，这台计算机本来是要在越南作为军用设备使用的，但后来转拨给了哈佛，用来辅助军方资助的研究项目。1969 年一个星期天的清晨，这台机器被偷偷搬到了艾肯实验室，以避免引发反战示威。该计算机由美国国防部高等研究计划署（当时简称 DARPA）资助，但他们做得很低调，因此并没有什么书面政策规定谁可以使用计算机。实验室里还有许多可以玩《太空大战》的PDP–1 计算机。盖茨大学一年级时曾做过一个计算机项目，他把PDP–10 和一台 PDP–1 连接在一起开发电子棒球游戏。他解释说："逻辑在 PDP–10 上，但我把它发到了 PDP–1 上，这样我就可以用同一台显示器玩《太空大战》了，这是一台现在已经见不到的线型图显示器。"[46]

盖茨会在实验室里待到很晚，编写决定球的弹跳和接球手接球角度的算法。兹奈默说："他大学一年级时做的项目并没有什么商业目的，主要是出于他对计算机的热爱。"[47] 负责管理计算机实验室的托马斯 · 奇塔姆教授对盖茨爱恨参半，他说："他编程棒极了。"但他也是一颗"老鼠屎"，"是个讨厌的家伙……他会乱打击人，总体来说跟他在一起相处不大愉快。"[48]

艾伦对盖茨的警告成真了，盖茨确实不是班里最聪明的学生。有一个住在他楼上的新生——来自巴尔的摩的安迪 · 布雷特曼（Andy Braiterman）数学比盖茨还要好。他们会在布雷特曼的寝室里通宵解题，饿了就吃比萨。布雷特曼还记得："比尔非常专注"，而且"能言善辩"。[49] 盖茨会坚称，在不久的将来，所有人都会拥有家庭电脑，可以用来查阅书籍和其他信息。第二年，他和布雷特曼住进了同一间寝室。

盖茨决定主修应用数学而不是纯数学，而他在该领域也做出了一个小小的贡献。在一门由计算机科学家哈里 · 刘易斯（Harry Lewis）教授的课上，他接触到一个经典数学问题：

> 我们这里的大厨很马虎，他做出来的一叠煎饼总是大小不一。因此，我把煎饼端给客人之前会调整一下它们的摆放位置（让最小的煎饼放在最上面，越往下越大，最大的放在最下面）。

我的调整方法是，从最上面抓起几张煎饼，把它们翻面，并不断重复这一过程（每次翻动的张数不同），直到煎饼的摆放位置正确为止。假设有 n 张煎饼，要把它们的位置摆放正确，我最多需要翻动多少次 [用函数 f(n) 来表示]？

要想解决这个问题，就需要有一种好的算法，正如任何计算机程序都需要算法一样。刘易斯回忆说："我在课堂上提了一下这个问题，然后就继续讲解其他问题了。一两天之后，这个聪明的大二学生来到我的办公室，解释说他找到了一种 5/3N 算法。"换句话说，盖茨找到了一种将这叠煎饼中的每块饼翻动 5/3 次的算法。刘易斯说："其中包括针对顶部几块煎饼精确布局的复杂案例分析，非常巧妙。"这门课的助教赫里斯托斯 · 帕帕季米特里乌（Christos Papadimitriou）后来与盖茨合写了一篇学术论文，发表了对这个问题的解法。[50]

1974 年暑期，即将升入大学二年级的盖茨说服艾伦来到波士顿地区，从事一份霍尼韦尔原本提供给盖茨的工作。于是艾伦从华盛顿州立大学退学，开着他的克莱斯勒一路向东，他力劝盖茨和他一起退学。他的理由是，如果不退学，就会错失计算机革命的良机。两人一起吃比萨的时候会谈谈他们的创业理想。艾伦有一次问盖茨："如果一切顺利的话，你认为我们会把公司做多大？"盖茨回答说："我认为我们最多会有 35 名程序员。"[51] 但盖茨迫于父母的压力，暂时没有退学。

和许多创新者一样，盖茨也非常叛逆。他决定不去听他注册的任何课程，而只听他没有修的课程。他小心地遵守着这条规则。他回忆说："为确保自己不违反规则，到大二的时候，我听的都是与我实际课程时间重合的课。我就是这样一个彻头彻尾的叛逆者。"[52]

他还疯狂地迷上了扑克。他喜欢玩七张牌梭哈（Seven Card

Stud），每晚输赢动辄上千美元。盖茨的智商要高于情商，他更善于计算赔率，而不是揣摩其他玩家的心思。布雷特曼说："比尔非常执着，他只要专注于某种东西就会死死坚持。"他曾把自己的支票簿交给艾伦保管，以防止自己乱花更多钱，但很快又要求艾伦还给他。艾伦说："他从这场豪赌中获得了惨痛的教训。他一晚上能赢 300 美元，但第二天晚上又会输掉 600 美元。比尔那年秋天输了几千美元，他还不断对我说：'我会好起来的。'"[53]

在研究生的经济学课上，盖茨认识了一个跟他住在同一层楼的学生。这个学生叫史蒂夫·鲍尔默（Steve Ballmer），从表面上看，他和盖茨很不一样。身材高大、活泼外向的鲍尔默是校园活动家，他喜欢参加和领导多个社团。他是速食布丁俱乐部成员（这个俱乐部的活动是编写和制作音乐舞台剧），他还以啦啦队队长般的热情管理着一支足球队。他既是校园文学杂志《哈佛呼声》（*Advocate*）的发行人，又是《哈佛深红报》（*Crimson*）的广告经理。他甚至加入了一个老旧的绅士俱乐部，并说服他最好的新朋友盖茨也加入了这个俱乐部。盖茨说："这是次古怪的经历。"两人都超级专注，这个共同点让他们走到了一起。他们会大声聊天、辩论、切磋，而且都喜欢前后摇晃身体。课余时间，他们会一起看电影。盖茨说："我们去看了《雨中曲》和《发条橙》，这两部电影唯一的共同点就是用了同一首插曲。之后我们成了超好的朋友。"[54]

1974 年 12 月，当艾伦带着封面上印有 Altair 电脑的新一期《大众电子学》来到盖茨位于柯里尔楼的宿舍时，盖茨在哈佛的随性生活突然间被颠覆了，当时他大二刚读了一半。艾伦那句"你瞧，这件事我们竟然没有参与"的召唤让盖茨为之一振，决定行动起来。

为 Altair 开发 BASIC 程序

盖茨和艾伦准备编写一个能让发烧友用 Altair 电脑自己动手写程序的软件。具体来说，他们决定为编程语言 BASIC 写一个能在 Altair 的英特尔 8080 微处理器上运行的解释器。这将成为针对微处理器的第一款商业化本地高级编程语言，并将开创个人电脑软件行业。

他们用带有 Traf-O-Data 抬头的旧信纸给生产 Altair 的阿尔伯克基初创公司 MITS 写了封信，称他们制作了一款能在 8080 微处理器上运行的 BASIC 解释器。信中写道："我们希望通过你把这款软件卖给广大电脑发烧友。"[55] 这番话里其实是有水分的，因为他们还没有写出任何软件。但两人知道，如果 MITS 表示有兴趣，他们可以马上动手。

这封信发出去之后便石沉大海，于是他们决定给 MITS 打电话。盖茨建议艾伦打电话，因为他年纪大一些。但艾伦说："不，应该你来打，你做这种事情更在行。"两人经过商量各让了一步：盖茨负责打电话（他会在电话中掩饰自己尖细的嗓音），但他要以保罗·艾伦的名义打电话，因为他们知道，如果幸运的话，飞到阿尔伯克基的人会是艾伦。艾伦回忆说："我留着胡子，看起来至少像个成年人，而比尔看上去还像个十年级学生。"[56]

当嗓音粗哑的埃德·罗伯茨接电话时，盖茨装出一副低沉的语调："我是波士顿的保罗·艾伦。我们为 Altair 电脑制作了一款 BASIC 软件，很快就要完成了，我们想拿给您看看。"罗伯茨回答说，他接到过很多这样的电话。谁最先带着能用的 BASIC 软件走进他阿尔伯克基的办公室大门，谁就能拿到合同。盖茨转过身来兴高采烈地对艾伦说："天哪，我们可以动手了！"

由于他们手头没有 Altair 电脑，艾伦不得不在哈佛的 PDP–10 上进行模拟，他们制作 Traf-O-Data 计算机时用的也是这种策略。于是他们购买了一本 8080 微处理器的说明书，艾伦只用了几个星期就把模拟器和其他开发工具准备好了。

与此同时，盖茨在黄色标准拍纸簿上疯狂地编写 BASIC 解释器代码。等艾伦的模拟器准备就绪，盖茨已经写好了程序架构和大多数代码。艾伦回忆说："我还记得他会用很长时间思考问题，其间时而踱步，时而晃动身体，然后在黄色拍纸簿上记下点什么，他的手指上沾满了五颜六色的记号笔墨水。等我的模拟器准备就绪，他就可以使用 PDP–10 了，于是比尔就转到终端上，一边盯着他的拍纸簿一边晃动身体，然后，他用奇怪的指法快速输入一堆代码，如此循环往复。他会像这样一连干上许多个小时。"[57]

一天晚上，他们在盖茨住的柯里尔楼里吃饭，当时坐在同一桌的还有其他一些数学牛人。他们在饭桌上抱怨编写浮点运算例行程序（可让程序有能力处理科学计数法中非常小和非常大的数字和小数）实在太枯燥。① 这时，在哈佛当极客的优势就显现出来了。一个来自密尔沃基的卷发男孩蒙特 · 达维多夫（Monte Davidoff）突然说："我已经写了一些这样的例行程序。"[58] 盖茨和艾伦开始向他抛出一大堆问题，看他是不是真有处理浮点代码的能力。结果两人满意地发现达维多夫并没有乱说，于是他们把他带到盖茨的寝室，经过协商决定向他支付 400 美元报酬。他成了这个团队的第三名成员，最终挣到的钱要比 400 美元多得多。

盖茨不再理会迫在眉睫的考试，甚至不玩扑克了。他和艾伦以及达维多夫连续 8 周没日没夜地躲在哈佛的艾肯实验室里，在国防部

① 由于史蒂夫 · 沃兹尼亚克为苹果 II 编写 BASIC 时不愿去处理这一枯燥的任务，后来苹果不得不向艾伦和盖茨购买 BASIC 使用许可。

资助的 PDP–10 上书写着历史。他们偶尔会休息一下，到哈佛比萨屋或者一家名叫 AkuAku 的仿波利尼西亚风格餐厅吃顿饭。清晨时分，盖茨有时会趴在终端机上打个盹儿。艾伦说："有时候他正写着代码，突然身体慢慢前倾，直到鼻子碰到键盘为止。小睡一两个小时之后，他会睁开眼睛，眯眼看着屏幕，眼睛眨巴两下，然后从之前中断的地方开始继续——他的专注力真是非常惊人。"

他们会在便笺本上打草稿，有时候还会比赛，看谁能用最简短的代码执行子程序。其中一个人会喊："我能用 9 行执行。"另一个人则会说："喔，我只要用 5 行！"艾伦指出："我们知道，每压缩一个字节，就能为用户留下更多空间，让他们去添加自己的应用。"增强版 Altair 的内存只有 4K，而他们的目标是让这个程序小于 4K，尽量为用户留出使用空间（如今，一部 16GB 智能手机的内存相当于前者的 400 万倍）。晚上他们会把打印出来的程序带在地板上展开，设法让程序更优雅、更凝练、更高效。[59]

到 1975 年 2 月底，经过 8 周紧张的代码编写工作，他们终于成功地把程序精简到了 3.2K。盖茨说："问题不在于我能不能写出这个程序，而在于我能不能把它压缩到 4K 以下并让它以超快的速度运行。这是我写过的最酷的程序。"[60] 盖茨最后检查了一下程序中的错误，然后命令艾肯实验室的 PDP–10 吐出一卷打孔带，让艾伦带到阿尔伯克基。

飞机下降的时候，艾伦突然想起还没写加载器，也就是一系列引导 Altair 将 BASIC 解释器载入内存的命令。在飞机准备着陆时，他抓起一个便笺本，用英特尔微处理器使用的机器语言写了 21 行代码，每行都是一个三位的八进制数。等艾伦离开航站楼时已经浑身冒汗了。这时，身穿棕黄色奥司维涤纶西装的艾伦开始在人群中寻找埃德·罗伯茨。最后，他找到了一个有着双下巴，体重足有 300 磅的彪形大汉，他身穿牛仔裤，系着蝶形领结，开着一辆皮卡。艾伦回忆说："我本来以为自己会见到某家前沿创业公司身居要职的高管，就像聚集在 128 号公路（波士顿附近高科技企业云集的环城公路）沿线的那种公司。"

MITS 全球总部也和艾伦预想的不太一样。它位于一家租金低廉的购物中心内，唯一一台内存大小满足 BASIC 运行要求的 Altair 电脑还在调试。艾伦说，于是他们决定把测试推迟到第二天早晨进行，然后到"一个名叫'潘乔家'的墨西哥餐馆吃了顿三美元的自助餐，这个价格也吃不到什么好东西"。罗伯茨开车带他去了当地一家喜来登酒店，前台接待告诉他一间房要 50 美元。但艾伦身上只有 40 美元，于是，在一阵尴尬之后，罗伯茨不得不替他付了房钱。艾伦说："我猜我和他预想的也不一样。"[61]

第二天早晨，艾伦返回 MITS 去进行这场重要测试。他花了近 10 分钟时间才载入他和盖茨写的 BASIC 解释器代码。罗伯茨和他的同事们含笑对视了一下，他们已在怀疑这场演示恐怕要搞砸了。但电传打字机随后开始咔嗒作响。屏幕显示："内存大小？" MITS 团队中有一个人叫道："嘿，它打出东西来了！" 艾伦惊喜万分。他键入了答案：7168（字节）。Altair 答道："好。"艾伦又输入一行命令："打印 2+2"。这是最简单的一个命令，但它不仅能测试盖茨的代码，而且能够测试达维多夫的浮点运算例行程序。Altair 的回应是"4"。

到这时为止，罗伯茨一直在一旁静静地观察。他认为自己可以制造出一台发烧友能用而且也能买得起的电脑了，但这种野心已经让他麾下濒临破产的公司背负了更多债务。此时此刻，创造历史的一幕正在他眼前展开。这是软件程序有史以来第一次在家用电脑上运行。他不由惊叫："哦，天哪，它打印出'4'来了！"[62]

罗伯茨邀请艾伦去他的办公室，他同意在所有 Altair 电脑上安装

BASIC 解释器并购买相关授权。艾伦承认："我笑得合不拢嘴。"他带着一台能操作的 Altair 电脑回到剑桥，安装在盖茨的寝室里，然后他们一起出去庆祝。盖茨像往常一样点了杯"秀兰 · 邓波儿"，也就是生姜汽水加马拉斯奇诺樱桃果汁。[63]

一个月后，罗伯茨邀请艾伦担任 MITS 软件主管。艾伦在霍尼韦尔的同事们认为他考虑接这份工作简直是疯了。他们对艾伦说："你在霍尼韦尔的工作很稳定，你可以在这儿工作好多年。"但职业稳定并不是那些渴望领导计算机革命的人的理想。于是艾伦于 1975 年春动身前往阿尔伯克基，一个他刚刚才知道不在亚利桑那州的城市。

盖茨决定暂时留在哈佛继续读书。他在哈佛经历了一场许多最成功的学生都经历过的"成年礼"（当然，这种事只在事后回忆时才会觉得有意思）：被神秘的大学行政理事会召去接受处分。盖茨一案是国防部审计员在审查哈佛艾肯实验室那台由国防部资助的 PDP–10 计算机使用情况时东窗事发的。审计人员发现，这台计算机的多数时长都是一个名叫 W · H · 盖茨的大二学生使用的。经过一番煎熬，盖茨写了一份材料为自己辩护，叙述他是如何把 PDP–10 作为模拟器来开发 BASIC 程序的。最后，学校没有为使用计算机而追究盖茨的责任，但他还是因为让校外人员保罗 · 艾伦用他的密码登录 PDP–10 而"受到警告处分"。他接受了这项轻微的处分，并同意把 BASIC 解释器的早期版本（而不是他和艾伦当时正在编写的改进版）放在公共领域。[64]

当时，盖茨在他和艾伦的软件合作项目上投入的精力已经超过了他的哈佛学业。1975 年春天，他读完了大学二年级，然后飞往阿尔伯克基，在那儿待了一个暑假，并决定秋季继续待在那儿，而不是回校读大三第一学期。在 1976 年春季和秋季，他回到哈佛又读了两个学期，就在离毕业还有两个学期的时候，他永远告别了哈佛。2007 年 6 月，当盖茨回到哈佛接受荣誉学位时，他在演讲的开头对坐在听众席的父亲说了这样一段话："有句话我等了30多年才说出口：爸爸，我一直都跟你说，我会回来把学位拿到手的。"[65]

微－软

1975年夏天，当盖茨来到阿尔伯克基时，他和艾伦还在根据与埃德·罗伯茨达成的口头协议为Altair供应BASIC软件。而盖茨坚持签署一份正式协议。在经过一番讨价还价之后，他同意将该软件授权给MITS使用10年，与每台Altair电脑捆绑销售，每份软件收取30美元的使用费。盖茨在谈判中争取到了两项具有重大历史意义的协议条款。他坚持让自己和艾伦保留软件的所有权；MITS只拥有获得该软件使用许可的权利。他还要求MITS"尽最大努力"再许可其他计算机生产商使用软件，并与盖茨和艾伦分成。这为盖茨6年后与IBM达成的协议树立了先例。他说："我们能够确保我们的软件在许多种计算机上运行，这样一来，定义市场的就是我们，而不是硬件生产商。"[66]

现在他们要为自己的公司取一个名字。他们设想了几种方案，其中包括"艾伦 & 盖茨"，但他们觉得这名字听起来太像律师事务所。最终，他们选择了一个不算特别精彩或鼓舞人心，但足以传达他们在为微型计算机写软件这层意思的名称。在与MITS签署的最终协议中，他们自称为"保罗·艾伦和比尔·盖茨，以'微－软'为名称经营"。他们当时唯一的产品的源代码中有一行署名："微－软BASIC：非运行时部分由保罗·艾伦编写。运行时部分由比尔·盖茨编写。数学包由蒙特·达维多夫编写。"在几年之后，公司名称又简化为"微软"。

盖茨和艾伦在一家名叫"日暮小酌"的汽车旅馆住了一段时间（这家旅馆位于66号公路边一片因红灯区而不是程序员出名的地方），

随后他们搬进一套便宜的带装修公寓。因编写浮点运算程序而出名的蒙特·达维多夫和湖滨高中一个名叫克里斯·拉森的学弟也搬了进来，他们把这个公寓变成了兄弟会宿舍，成为经营公司的极客据点。艾伦晚上会把 Stratocaster 电吉他的声音开大，和着空中铁匠乐队（Aerosmith）或吉米·亨德里克斯（Jimi Hendrix）的歌声弹奏，而盖茨则会大声唱弗兰克·西纳特拉（Frank Sinatra）的《走我的路》（*My Way*）以示回敬。[67]

在所有人当中，盖茨身上的创新者个性最为鲜明。他说："创新者可能是个狂热分子，他热爱自己所做的事情，会没日没夜地工作，也许还会在一定程度上忽略正常的东西，因此会给人感觉有点失衡。我十几岁和二十多岁时的生活状态显然符合这种模式。"[68] 他会像在哈佛时一样，一口气工作 36 个小时，然后蜷缩在办公室的地板上睡觉。艾伦说："他生活在二元状态中：要么靠一天十几瓶可乐玩命工作，要么就呼呼大睡。"

盖茨还是个漠视权威的叛逆者，这是创新者的另一大特征。在曾为空军军官，家里 5 个儿子都对他服服帖帖的罗伯茨眼中，盖茨就是个没规矩的小捣蛋。罗伯茨后来说："他就是一个被宠坏了的孩子，这是问题所在。"不过实际情况要比这复杂。盖茨当时努力地工作，依靠还很微薄的收入过着节俭的生活，但他根本不认同要顺从权威这一套。艾伦记得，精瘦的盖茨会和肌肉发达、身高 6.4 英尺的罗伯茨对着干，他们有时候会吵得不可开交，"整个工厂都能听到他们的吼声，简直是一幅奇观"。

艾伦原以为他们的公司他和盖茨会各占 50% 的份额，毕竟他俩一直都在并肩合作，似乎没必要争谁的功劳大。但自两人高中时为工资程序项目发生口角之后，盖茨就坚持自己说了算了。他对艾伦说："你占一半是不合理的，你在 MITS 已经有薪水了，而我在波士顿什么后盾也没有，却承担了几乎所有的 BASIC 编程工作。我认为我俩应该六四开。”且不论盖茨是对是错，对这种问题坚持己见是他的天性，而艾伦的天性则是不去坚持。艾伦听后惊呆了，不过他还是同意了。但更糟糕的是，两年后，盖茨又坚持对份额进行调整。他在和艾伦散步时说：“BASIC 的大部分工作是我做的，我从哈佛退学也做了很大牺牲，所以我应该占公司 60% 以上的份额。”他的新要求是按 64 对 36 的比例划分。艾伦气坏了。他说：“这暴露出图书馆馆员的儿子和律师儿子的差别。我从小受到的教育是，协议就是协议，说话要算数。但比尔则比较灵活。”不过，这次艾伦还是让步了。[69]

不过公平地说，当时实际经营这家初创公司的人是盖茨。他不仅要写大多数代码，而且要负责销售，大多数电话也是他亲自打的。盖茨会就产品策略问题与艾伦讨论好几个小时，然后拍板决定开发哪种版本的 Fortran、BASIC 或 COBOL 语言。他要负责与硬件生产商谈生意，在与这些人谈判时，他的态度比对艾伦还要强硬。此外，盖茨还负责公司的人事，也就是说，他要管招聘、解聘，还要在手下人把工作搞砸时直截了当地提出批评，而艾伦则从来不会这样做。盖茨确实也有这样做的底气，当他们在办公室里比赛，看谁能用行数最少的代码写出程序时，盖茨通常都会赢。

艾伦有时候会晚来一点，甚至认为到点就放下工作吃饭也未尝不可。但盖茨和他身边的核心小圈子可不是这样的。他回忆说：“我们是中坚力量，我和一小群同事会工作到深夜。有时候我会熬通宵，然后在办公室里睡觉，如果要开会，我秘书会来把我叫醒。”[70]

骨子里带有冒险基因的盖茨有时会在深夜放纵一下，以惊人的速度沿着山路开车，一直开到一家废弃的水泥厂。艾伦说：“有时我会想比尔为什么要开那么快，我认为这是他发泄的方式。他工作太紧张了，需要有一种暂时抛开公司业务和代码的放松方式。他玩命地飙车其实和玩扑克赌钱或挑战极限滑水并没有太大区别。”他们赚到一些钱之后，盖茨买下了一辆绿色的保时捷 911，午夜过后他会在高速公路上飙车。他曾向当地的经销商抱怨说，这辆车最高时速应该能达到 126 英里，但他最多只能开到 121 英里。有一天夜里，盖茨因超速被抓，当警察问他为什么没带驾照时，他和警察吵了起来，结果被关进了拘留所。当艾伦接他电话的时候，他说：“我被拘留了。”关了几个小时之后，盖茨被释放了，但他那晚的案底照片成为极客历史上的著名标志。[71]

盖茨的专注获得了回报。它使微软能够在看似疯狂的软件开发期限内完成任务，让微软的每件新产品都能打败市场上其他竞争对手，价格也能低到让计算机生产商很少考虑自行编写或拥有自己的软件。

对盗版软件宣战

1975 年 6 月，也就是盖茨来到阿尔伯克基的当月，罗伯茨决定举办一场 Altair 巡回展览，就像搞嘉年华秀一样。他的目标是宣传 Altair 的种种优势，并在美国全国建立爱好者俱乐部。他把一辆道奇房车装饰了一番，将其命名为“移动 MITS”，先沿加州海岸北上，途经 60 个城镇，随后南下至美国东南部，经过小石头城、巴吞鲁日、梅肯、亨茨维尔和诺克斯维尔等热点地区。

盖茨参与了巡展的部分行程，他觉得这是一项不错的营销策略。他感叹说：“他们买了这辆蓝色大房车周游全美，在沿途经过的所有地方都建立了电脑俱乐部。”[72] 盖茨参加了得克萨斯举办的展会，当他们来到亚拉巴马时，艾伦也加入其中。在亨茨维尔假日酒店，有 60 个人（其中有嬉皮发烧友，还有剪着平头的工程师）花 10 美元参加了电脑演示会，当时，10 美元相当于一张电影票价格的四倍。演示会持续了三个小时。在一场登月游戏演示的结尾，将信将疑的人们死死盯着桌子底下，怀疑里面藏有与某个较大的小型计算机连接的电线。艾伦回忆说："但当他们发现一切都是真的时，工程师们简直兴奋得难以自持。"[73]

6月5日，MITS一行来到了帕洛阿尔托的Rickeys Hyatt House酒店。在这里，当他们向一批发烧友（其中许多人来自刚成立不久的家酿计算机俱乐部）演示了微软BASIC之后，一项产生重大影响的事件发生了。家酿俱乐部通讯中写道："房间里挤满了业余爱好者和喜欢尝试新鲜事物的人，他们都迫不及待地想要了解这个新的电子玩具。"[74]一些人渴望实践软件应自由分享的黑客信条。从20世纪70年代初催生家酿俱乐部的社会和文化观念（与阿尔伯克基的创业热情大相径庭）来看，出现这种情况并不奇怪。

许多前去参观"移动MITS"的家酿俱乐部成员已经组装了Altair，正翘首以待盖茨和艾伦编写的BASIC程序，有些人已经给MITS寄去了支票。所以，当这些人看到演示会上的Altair在运行一款BASIC程序时都感到激动不已。其中有个名叫丹·索科尔（Dan Sokol）的俱乐部成员"借用"了载有该程序的打孔纸带，用一台DEC公司的PDP–11型计算机复制了一些，他认为自己是在履行黑客的义务。[75]等到家酿俱乐部举办下一次聚会时，会场上便出现了一只纸箱，里面装有几十份BASIC程序带，俱乐部成员可以随便拿回家。①但有一条规定：拿走程序带的人必须再复制几份，把共用

① 史蒂夫·沃兹尼亚克在网上阅读了本书草稿后说，丹·索科尔其实只复制了8份，因为复制难度很大而且很耗时。但在《睡鼠说了什么》一书中记述这件事的约翰·马尔科夫与我（以及沃兹和费尔森施泰因）分享了一份他对丹·索科尔的采访手稿。索科尔说，他用的是一台配有高速读带机和打孔器的PDP–11计算机，他每天晚上都会复制，估计总共制作了75份。

的纸箱装满。李·费尔森施泰因开玩笑说："记得带回来的要比你拿走的多。"这是他对一切软件分享的代表性看法。[76] 这样一来，微软 BASIC 便开始自由传播。

这件事不出意料地激怒了盖茨。他写了一封激昂的公开信，信中展现出一个 19 岁少年所有的圆通老练。这封信打响了个人电脑时代知识产权保护之战的第一枪：

致电脑发烧友的公开信

大概在一年前，看好发烧友市场的保罗·艾伦和我本人聘请蒙特·达维多夫共同开发了 Altair BASIC。尽管最初的开发只用了两个月，但我们三个人去年几乎花了一整年时间为 BASIC 建立文档并持续改进和添加特性。现在我们已经开发出 4K、8K、加强版、只读存储器版和磁盘版的 BASIC。我们使用的计算机时长价值已超过 40 000 美元。

我们收到了数百名 BASIC 使用者的反馈，他们都给出了积极的评价。但我们却遇到了两件显然出乎我们意料的事情：其一，这些"用户"中的大多数从未购买过 BASIC（在所有 Altair 用户中，只有不到 10% 的人购买了 BASIC）；其二，我们从发烧友那儿收到的使用费如果换算成开发 Altair BASIC 的劳动价值，还不到一小时两美元。

为什么会出现这种局面呢？其实大多数发烧友肯定也意识到了，你们中大多数人的软件都是盗用的。你们认为硬件必须要花钱买，但软件则应该免费分享。谁在乎软件开发者能不能获得报酬呢？

这公平吗？你们盗用软件之后，就不会再找 MITS 来解决你们可能碰到的问题……而你们导致的结果则是，今后不会再有人愿意去写出色的软件了。谁能分文不取地从事专业工作呢？哪个发烧友能为编程、找漏洞和编写文档投入相当于三个人干一整年的工作量，然后免费发放产品？事实在于，除了我们之外，还没有人在面向业余爱好者的软件上投入过这么多资金。我们编写了 6800 BASIC，现在正在编写 8080 APL 和 6800 APL，但现在几乎没有什么动力让我们继续向发烧友提供这些软件。用最直白的话说就是，你们的所作所为就是盗窃……

欢迎任何想掏钱购买软件的人给我来信，也欢迎给我提出建议或意见。请把信寄到：新墨西哥州阿尔伯克基，阿尔瓦拉多大道东南 1180 号 114#，邮编 87108。我最开心的事情莫过于能招到 10 名程序员，为发烧友市场提供大量出色的软件。

比尔 · 盖茨

微 – 软普通合伙人

这封公开信刊登在家酿计算机俱乐部的通讯上，同时刊登这封信的还有 Altair 用户俱乐部的刊物《计算机笔记》（*Computer Notes*）和《人民计算机公司》。[77] 这封信可谓一石激起千层浪。盖茨坦言："我收到了一片骂声。"在他收到的 300 封信中，只有五封信主动提出付款。其他多数信件都是在骂他。[78]

盖茨的观点基本上是正确的。软件开发的价值并不逊于硬件开发。开发软件的人理应获得报酬。如果不能获得报酬，人们就不会再去写软件了。通过抵制所谓任何可复制的东西都应免费的黑客思潮，盖茨为软件开发这个新生行业的发展贡献了一臂之力。

不过，这封信也透出一种放肆。毕竟盖茨也是盗用计算机分时服务的连环窃贼，而且从八年级到大学二年级，他一直在利用密码入侵账户。盖茨在信中称，他和艾伦为开发 BASIC 而花费了价值超过 40 000 美元的计算机时长，但他隐瞒了一个事实，那就是他从来没有真正为这些时长付过费，而且其中多数时长都来自哈佛大学由军方提供的计算机，而这些计算机是由美国纳税人埋单的。一位发烧友组织内刊的编辑写道："电脑爱好者群体中有一些传闻暗示，比尔·盖茨信中提及的 BASIC 开发工作是在哈佛大学的一台计算机上进行的，这台计算机至少有一部分经费来自政府，盖茨出售其开发成果就算不存在法律问题，也面临社会伦理问题。"[79]

此外，尽管盖茨当时并没有意识到，但微软 BASIC 的大范围盗版其实有助于这家初创公司的长远发展。微软 BASIC 的飞速传播使其很快便成为一种标准，令其他计算机生产商不得不向微软购买许可。比方说，美国国家半导体公司推出一款新型微处理器时就决定购买微软的 BASIC 授权，因为所有人都在使用微软的产品。费尔森施泰因说："我们让微软成为行业标准，他却说我们这样做是偷窃。"[80]

1978 年年底，盖茨和艾伦把公司从阿尔伯克基迁到他们故乡所在的西雅图地区。临行前，有一位员工从当地一家摄影工作室赢得一次免费拍照的机会，于是公司的 12 名员工便拍了一张具有历史意义的合影。照片中的艾伦和其他多数人看起来都像是来自嬉皮公社的难民，坐在前排的盖茨看上去则像一名幼童军。在沿着加州海岸北上的途中，盖茨曾三次收到超速罚单，其中两张来自同一名警察。[81]

苹果

家酿计算机俱乐部的首次会议是在戈登·弗伦奇的车库里举行的，其中有一位参加者叫史蒂夫·沃兹尼亚克，是一位不善与人打交道的年轻硬件工程师，他从大学退学后在位于硅谷小镇库比蒂诺的惠普计算器部门工作。从一位朋友那儿看到那张印着“你在自己组装电脑吗”的传单之后，他便鼓足勇气来参加聚会。他宣称：“那天晚上成为我生命中最重要的夜晚之一。”[82]

沃兹尼亚克的父亲是洛克希德公司的一名工程师，他喜欢跟沃兹尼亚克讲解电子学。沃兹尼亚克回忆说：“我小时候最早的记忆就是父亲有个周末带我去他工作的地方，给我看了几个电子零件，然后和我一起把零件放到桌上，这样我就可以玩了。”他家里常常四处散放着晶体管和电阻器，当小史蒂夫问父亲“这是什么”的时候，他父亲会给他一点点讲解电子和质子的原理。沃兹尼亚克说：“他会时不时地拿出一块黑板，他还会回答我提出的任何问题并画出示意图。他教我怎样用他弄来的二极管和电阻器等零件做与门和或门。他还会为我演示怎样在中间放置一个晶体管来放大信号，将一个门的输出信号与另一个门的输入信号连接起来。这就是世界上所有数字设备最基本的工作原理。”沃兹尼亚克的事例说明父母能对孩子产生多么巨大的影响，尤其是在过去家长了解无线电工作原理，能为孩子演示如何测试真空管和更换烧坏的真空管的那个年代。

沃兹尼亚克二年级时用旧硬币制作了一台矿石收音机，五年级时为邻居家的孩子做过多户对讲系统，六年级时组装过 Hallicrafters 短波收音机（他和父亲一同取得了业余无线电执照），那一年晚些时候，他又通过自学掌握了如何将布尔代数应用于电子电路设计，制作出一台下井字棋永远不会输的机器。

等到念高中的时候，沃兹尼亚克便开始把他非凡的电子技术才能用在搞恶作剧上。有一回他制作了一个节拍器，将其与剥去外包装的电池贴在一起，看起来就像一枚炸弹。校长在储物柜里发现这个滴答作响的东西之后赶紧把它扔到了远离孩子的操场上，并叫来了拆弹小组。沃兹尼亚克不得不在当地一家拘留所里待了一夜，他在那里教其他犯人怎样把吊扇的线转接到铁栏杆上，让看守在开门的时候挨一通电击。沃兹尼亚克能够熟练地编写代码，但他骨子里是个硬件工程师，而不是像盖茨那样更精通软件。有一次，他制作了一个类似轮盘赌的游戏，玩家把手指放在投币孔上，当球掉下来的时候，其中一个人就会挨电击。他说："搞硬件的人才会玩这个游戏，搞软件的人总是太胆小。"

和其他人一样，沃兹尼亚克也把对技术的热爱和嬉皮风格的打扮结合在了一起，虽然他并不太适应反主流文化的生活方式。他回忆说："我会戴这个小小的印第安式束发带，把头发留得很长，还蓄胡子。从脖子往上，我看起来就像耶稣基督。但从脖子往下，我穿的还是普通孩子的衣服，像一个小小工程师：长裤、带领子的衬衫。我从来没有嬉皮风的奇装异服。"

出于好玩，他会钻研惠普和 DEC 生产的那些办公电脑的说明书，然后试图用更少的芯片来重新设计。他承认："我也不知道自己为什么喜欢搞这个。我都是关着门，一个人在房间里摆弄，很像一种私密的爱好。"这项活动不需要与人为伴，于是他基本都是独自一人，但这种精简芯片的才能在他决定自制电脑时发挥了很大的作用。他只用 20 枚芯片就能组装出一台电脑，而不像大多数电脑一样动辄要用数百枚芯片。有个住在同一条街的朋友和他一起焊接电路，因为他们喝了很多 Cragmont 奶油苏打水，这台电脑就被叫作"奶油苏打电脑"。"奶油苏打电脑"没有显示屏，也没有键盘，指令是由打孔卡输入的，而答案则通过前面那些闪烁的灯来显示。

一位朋友把沃兹尼亚克介绍给了另一个也热衷电子学的孩子，这个孩子住在与他家相隔几个街区的地方，名叫史蒂夫 · 乔布斯。乔布斯比沃兹尼亚克小将近五岁，当时还在沃兹尼亚克的母校家园高中读书。两人坐在人行道上，交流着他们要过的恶作剧、他们喜欢的鲍勃·迪伦的歌和做过的电子设计。沃兹尼亚克说："一般来说，我很难跟人讲清我设计的东西，但史蒂夫立马就能明白。我喜欢他。他精瘦结实，活力四射。"而沃兹尼亚克也给乔布斯留下了很深的印象，乔布斯后来说："沃兹是我遇到的第一个电子学懂得比我多的人。"

他们最大的一次恶作剧是"蓝盒子"事件，这件事为两人日后的电脑业务合作关系奠定了基础。1971年秋季，沃兹尼亚克在《时尚先生》杂志上读到一篇文章，文章讲述"电话飞客"是如何制作出一种能发出特定音频的设备，骗过贝尔系统，并拨打免费长途电话的。没等看完这篇文章，沃兹尼亚克就给在家园高中刚开始念十二年级的乔布斯打了个电话，把文章的一部分大声念给他听。《时尚先生》的文章说，《贝尔系统技术期刊》中刊有信号音的所有频率。当时是星期天，但他们知道怎样溜进斯坦福一个可能有《贝尔系统技术期刊》的图书馆。在书堆里翻找了一会儿之后，沃兹尼亚克终于找到了这份期刊。他回忆说："我简直是浑身颤抖，起了一身鸡皮疙瘩，为自己的发现欢呼雀跃。"于是两人开车去森尼韦尔电子商店购买了所需的零件，把它们焊接在一起，用乔布斯为学校的项目而制作的一台频率计数器进行了测试。但由于这是一台模拟设备，因此无法产生足够准确和稳定的音频。

沃兹尼亚克意识到，应该使用晶体管电路制作一个数字设备。那年秋天，在伯克利读书的沃兹尼亚克照样很少上课。在同寝室一名音乐专业学生的帮助下，他在感恩节前把蓝盒子做出来了。他说："在我设计的电路中，这是最让我骄傲的一个，到现在还是觉得不可思议。"为了进行测试，他们给梵蒂冈打了个电话，沃兹尼亚克冒充亨利·基辛格，表示要跟教皇说话；他们的对话持续了一段时间，但梵蒂冈官员最终意识到这是一场恶作剧，于是他们没有叫醒教皇。

沃兹尼亚克设计出了一个新颖的设备，但与乔布斯的合作让他做成了更多事情：他们创建了一个商业项目。乔布斯有一天建议："嘿，我们想办法把这些东西卖出去吧。"这是一种造就数字时代最著名合作关系的模式，艾伦和盖茨以及诺伊斯和摩尔都是这方面的例证。沃兹尼亚克会做出一些巧妙的工程创举，而乔布斯则设法去完善和包装，并以有利可图的价格卖出去。谈到蓝盒子时，乔布斯说道："我把外壳、电源和按键等其他原件组装起来，并想好如何定价。"他们用每个成本为40美元的零部件制作了100个蓝盒子，然后以150美元的价格卖出去。这场冒险不久便结束了，因为他们在比萨店推销蓝盒子时遭到了持枪勒索，但一家公司正是从冒险的种子中诞生的。乔布斯后来反思道："如果没有蓝盒子，就没有苹果。通过蓝盒子，沃兹和我学会了如何合作。"沃兹尼亚克赞成这种说法："它让我们体会到，如果把我的工程能力和他的想象力结合起来，我们就能做成一番大事。"

在接下来的一年里，乔布斯在里德学院进进出出，随后又为寻找精神启蒙而踏上了远赴印度的朝圣之旅。1974年秋季他回到美国，开始在雅达利的诺兰·布什内尔和阿尔·奥尔康手下工作。当时因《乓》的一炮打响而赚得盆满钵满的雅达利正在大举招聘。该公司在《圣何塞信使报》(*San Jose Mercury*)上刊登的一则广告打出"边玩边赚钱"的口号。乔布斯当时身着嬉皮士行头来到该公司面试，说如果雅达利不录用他，他就不离开。在奥尔康的主张下，布什内尔决定试用一下乔布斯。于是，布什内尔这位电子游戏业最具创造力的创业者便把创新的火炬传给了乔布斯，而乔布斯日后成为个人电脑行业最具创造力的创业者。

乔布斯虽然刚刚吸收了禅宗思想，但他还是口无遮拦。如果他认为同事的想法糟糕透顶，他往往会骂他们"笨得像屎"。但他身上也散发着魅力，而且善于启发人。他有时会身穿一件橘黄色长袍，赤着脚去上班，他相信，只要自己严格遵循只吃水果和蔬菜的饮食方案，就可以不必经常使用香体剂或洗淋浴。但布什内尔说："他这种理论是错误的。"于是他安排乔布斯上夜班，这样他周围就基本没有什么其他人了。他说："史蒂夫这个人浑身是刺，但我还是蛮喜欢他的。于是我让他上夜班。这样就把他留下来了。"

乔布斯后来说，他在雅达利学到了一些重要的经验，其中最深刻的经验是，界面应该保持友好和直观。指令应该简单直白，比如"塞入 25 美分，躲避克林贡人"。设备不需要说明书。曾与乔布斯一起在雅达利工作的罗恩·韦恩（Ron Wayne）说："这种简洁性影响了他，让他成为一个非常关注产品的人。"此外，布什内尔还帮助乔布斯成长为一名创业者。布什内尔回忆说："创业者身上有种无法言明的特质，而我在史蒂夫身上看到了这种特质。他不仅对工程感兴趣，而且关注商业方面的东西。我告诉他，如果你表现出你能做某件事的样子，你没准就真能做到。我还对他说，只要装作你能完全掌控局面，人们就会信以为真。"

大多数时候，沃兹尼亚克晚上从惠普下班后都喜欢去雅达利转转，跟乔布斯待在一起，玩玩雅达利最终完成开发的赛车游戏《极速赛道 10》（*Gran Trak 10*）。他说："这是我有生以来最喜欢的游戏。"他利用业余时间摆弄出一个可以在电视机上玩的家庭版《乒》游戏。他为这款游戏编写了一个程序，玩家一旦没接到球，机器就会冒出"见鬼"或"该死"。有一天晚上，沃兹尼亚克把这款游戏给奥尔康看，让奥尔康想出了一个主意。他给乔布斯布置了一项任务，让他做一款名为《打砖块》（*Breakout*）的单人版《乒》游戏，玩家可以对着一面砖墙打球，只要让砖块移动位置，就能够得分。奥尔康猜到乔布斯会说服沃兹尼亚克来做电路设计。乔布斯并不算出色的工程师，

史蒂夫 · 乔布斯（1955—2011）和史蒂夫 · 沃兹尼亚克（1950—　）1976 年合影

1984 年推出的第一代麦金塔电脑上显示的乔布斯图像

理查德 · 斯托尔曼（1953—　）

莱纳斯 · 托瓦尔兹（1969—　）

但他擅长让别人为他做事。布什内尔解释说："我觉得这是一举两得的事情。作为工程师，沃兹比乔布斯出色。"沃兹尼亚克还是个像泰迪熊一样天真可爱的人，他也希望帮乔布斯制作电子游戏，就像汤姆·索亚（Tom Sawyer）那些争着帮他粉刷篱笆墙的朋友一样。沃兹尼亚克回忆说："这是我这辈子接到的最棒的工作，我真正设计出了一款人们会去玩的游戏。"

沃兹开始没日没夜地赶工设计元件，乔布斯则坐在他左边的一张板凳上焊接芯片的连线。沃兹本来估计这项任务要花几周时间才能完成，但乔布斯却目不转睛地盯着沃兹，让他相信他能在四天之内完成。这是乔布斯施展他同事口中所谓"现实扭曲力场"（reality distortion field）的一个早期例证。

1975 年 3 月，家酿计算机俱乐部举办了首次聚会，当时沃兹尼亚克刚刚完成《打砖块》游戏的设计。聚会刚开始时，沃兹尼亚克感到自己与其他人格格不入。他是做计算器和家用电视游戏显示器的，但那次聚会上人们的主要兴奋点是那台新款 Altair 电脑，而他一开始对这台电脑并不太感兴趣。于是，很容易害羞的沃兹便躲到了角落里。他后来这样描述当时的场面："那儿有人拿着《大众电子学》杂志，封面图片是一款叫 Altair 的电脑。我发现这些人其实都是 Altair 的粉丝，而不是像我想象的那样对电视终端感兴趣。"他们一个个轮番做自我介绍，轮到沃兹尼亚克的时候，他说："我叫史蒂夫·沃兹尼亚克，我在惠普做计算器设计工作，我还设计过一个视频终端。"根据穆尔当时写的会议记录，沃兹尼亚克还说他喜欢电子游戏和酒店的付费电影系统。

但有一样东西激起了沃兹尼亚克的兴趣。聚会上有人给大家传阅了一份新款英特尔微处理器的规格表。他回忆说："当晚我查阅了这份规格表，发现上面有一条将内存中一个位置的数据与 A 寄存器内容相加的指令。当时我想，等等，我再看看。然后我又看到一条让内存和 A 寄存器内容相减的指令。哇！在你眼中这些可能没有什么意义，但我可是清楚地知道这些指令的意义，这是我最兴奋的发现。”

沃兹尼亚克当时在设计一个带有视频显示器和键盘的终端。他本来想把它设计成一个“哑”终端，即自身不具备计算能力，而要通过电话线与其他地方的分时计算机相连的终端。但当他看到那份微处理器规格表时，他突然产生了一个灵感：可以利用微处理器（带有中央处理单元的芯片）赋予他正在制作的终端一些运算能力。这就在 Altair 的基础上迈进了一大步：这是一台集计算机、键盘和屏幕于一体的设备！他说：“这一整套有关个人电脑的设想就这样浮现在我的脑海中。那天晚上，我开始在纸上画草图，这就是苹果 I 型电脑的雏形。”

在惠普结束一天的计算器设计工作后，沃兹尼亚克会回家抓紧时间吃顿饭，然后返回办公室的小隔间继续设计他的电脑。1975 年 6 月 29 日（当天是周日）晚 10 点，一项历史性的里程碑事件发生了：沃兹尼亚克在键盘上敲击了几个按键，信号经过微处理器处理，屏幕上显示出了字母。他坦言：“当时我震惊了。这是史上第一次有人在键盘上敲击一个按键，然后看到字母出现在正前方的屏幕上。”他的说法不完全正确，但这确实是键盘和显示器第一次应用于为发烧友设计的个人电脑。

家酿计算机俱乐部的使命是自由分享创意。这与比尔·盖茨的立场背道而驰，但沃兹尼亚克却是这种公有思想的拥护者：“我非常认同家酿俱乐部推动计算机技术发展的使命，于是我把自己完整的设计图复印了 100 来份，谁想要就给谁。”一开始他太腼腆了，不敢站在众人面前正儿八经地做报告，但他对自己的设计非常自豪，他爱站在后面，向围上来的人展示他的设计并分发图纸。他说：“我想把它免费发给其他人。”

但乔布斯的想法却不同，就像他对待蓝盒子的态度一样。后来我们看到，乔布斯对包装和销售一款简单易用的电脑的渴望（以及他在这方面的天分）与沃兹尼亚克巧妙的电路设计一样，都是改变个人电脑行业的重要力量。的确，如果不是乔布斯要坚持创办公司，让沃兹尼亚克的设计实现商业化，沃兹尼亚克充其量也只是家酿俱乐部通讯一笔带过的无名角色。

乔布斯开始给英特尔等芯片生产商打电话，要求他们提供免费样品。沃兹尼亚克感叹说：“我的意思是，他知道怎样跟销售代表说话。而我就从来都做不到。我太腼腆了。”乔布斯还同沃兹尼亚克一起参加家酿俱乐部的集会，他会带上一台电视机进行演示，他还制订了一项计划，准备销售按照沃兹尼亚克的设计预先印制的电路板。这是他们的典型合作方式。沃兹尼亚克说：“每次我设计出某个很棒的东西，史蒂夫就会设法让我们能赚到钱。我从没想过要卖电脑。而史蒂夫会说：‘我们来推销一下，卖些出去吧。’”为了筹集创业资金，乔布斯卖掉了他的大众小巴士，沃兹尼亚克则卖了自己的惠普计算器。

两人结成了一种奇特但有力的合作关系：沃兹是个纯真的天使，酷似可爱的大熊猫；乔布斯则是受恶魔驱使的催眠术士，看上去就像只小灵狗。盖茨曾逼迫艾伦同意给他半数以上的合伙份额。而在苹果的案例中，对合伙份额据理力争的是沃兹尼亚克的父亲。这位敬重工程专家、鄙视营销人员和管理者的工程师坚称，产品设计都是他儿子做的，沃兹尼亚克理应获得超过 50% 的份额。当乔布斯到沃兹尼亚克家串门时，他曾质问乔布斯：“你根本没做过什么东西，你算老几？”乔布斯开始哭泣，他对史蒂夫 · 沃兹尼亚克说，他想取消合作计划。乔布斯说：“如果你不和我对半分，你就可以拥有一切。”但沃兹尼亚克深知乔布斯在他们合作关系中的贡献，这种贡献的价值至少在 50%。如果只有他自己，沃兹尼亚克能做的也许只是免费分发设计图而已。

他们在家酿俱乐部的聚会上对这款电脑进行演示之后，一个名叫保罗 · 特雷尔（Paul Terrell）的人找到了乔布斯。特雷尔是一家名叫 The Byte Shop 的小型电脑连锁店的老板。他们聊完之后，特雷尔递给乔布斯一张名片，对他说："保持联系。"第二天，乔布斯便赤脚走到他店里宣布："我来跟你联系了。"乔布斯对自己的产品做了一通宣传，还没等他说完，特雷尔就已经同意订购 50 台电脑了，这些电脑就是后来人们熟知的苹果 I 型电脑。但特雷尔想要完全组装好的电脑，而不只是带有一堆元件的印刷电路板。从此，个人电脑在发展道路上又迈出了一步。它们不再只是面向手持焊枪的发烧友了。

乔布斯深谙这种趋势。等到开发苹果 II 型电脑时，他就没再花太多时间研究微处理器规格了，而是到斯坦福购物城的梅西百货去研究 Cuisinart 牌电动厨具。他认为下一代个人电脑应该像家用电器一样：所有元件都装配妥当，带有时尚的外壳，用户买回家后无须再自己组装。从电源到软件，再从键盘到显示器，一切都应该紧密地集成为一体。他解释说："我希望做出世界上第一台完全一体化的电脑。我们不再面向一小撮喜欢自己组装电脑，懂得如何选购变压器和键盘的发烧友。有数量相当于发烧友一千倍的人想要买回家就能用的电脑。"

到 1977 年年初，家酿俱乐部和类似的组织还孕育出其他几家发烧友电脑公司。主持家酿俱乐部的李 · 费尔森施泰因创立了 Processor Technology，并推出了一款名为 Sol 的电脑。其他电脑公司包括 Cromemco、Vector Graphic、Southwest Technical Products、Commodore（康懋达）和 IMSAI。但苹果 II 型电脑是第一款操作简单且软硬件完全一体化的个人电脑。这款电脑于 1977 年 6 月上市，售价 1 298 美元，不到三年时间就卖出了 10 万台。

苹果的崛起标志着发烧友文化的衰落。几十年来，基尔比和诺伊斯等年轻创新者最初都是通过拆装电子设备走上电子学之路的，他们学习如何区分晶体管、电阻器、电容器和二极管，然后通过接线或焊接把它们连接在电路试验板上，制作出可组装成业余无线电、模型火箭控制器、扩音器和示波器的电路。但到了 1971 年，微处理器开始淘汰复杂的电路板，日本电子公司则开始大规模生产比自制电子设备更便宜的产品。DIY 套件的销量大幅下降。沃兹尼亚克等硬件黑客开始让位于盖茨这样的软件编程者。而苹果 II 型电脑，特别是 1984 年麦金塔电脑（Macintosh，简称 Mac）的推出让苹果成为一体式电脑（这类电脑不让用户打开和触碰其内部构造）的开路先锋。

苹果 II 型电脑还树立了一种史蒂夫 · 乔布斯后来坚信不疑的教条：苹果公司的硬件应与操作系统紧密集成于一体。他是一个喜欢完全控制用户体验的完美主义者。他不想让用户购买一台苹果电脑，然后在上面运行其他公司拙劣的操作系统；也不想让他们购买苹果的操作系统，然后将其安装在其他公司的劣质硬件上。

这种一体化模式并未成为业界的通用做法。苹果 II 型电脑的推出唤醒了以 IBM 为首的一批计算机巨头，并推动了另一种商业模式的产生。IBM（比尔 · 盖茨对 IBM 施加的影响使其成为一个突出的案例）走的路线便是个人电脑硬件及其操作系统分由不同公司生产。这样一来，软件就会成为主宰天下的王者，而除苹果电脑之外，多数电脑硬件都会变成一种普通的商品。

丹 · 布里克林和 VisiCalc

要让个人电脑变得有用，让讲求实际的人觉得值得掏钱购买，就要让电脑成为工具，而不仅仅是玩具。如果用户无法利用电脑来处理实际任务，一旦发烧友的热情消退，就连苹果 II 也有可能成为过眼烟云。于是，个人电脑领域出现了对应用软件的需求，也就是能借助个人电脑的处理能力来完成特殊任务的程序。

这一领域最具影响力的先驱者是丹 · 布里克林（Dan Bricklin），他设计出了世界上第一款用于财务领域的电子制表程序 VisiCalc。[83] 布里克林毕业于麻省理工学院计算机科学专业，他曾在 DEC 从事过几年开发文字处理软件的工作，随后又进入哈佛商学院读书。1978 年春季的一天，他在听讲座时看到教授在黑板上为一个财务模型绘制表格。当教授发现有错误或者想要更改一个单元格内的数值时，不得不用黑板擦更改许多其他单元格内的数值。[84]

布里克林看过道格 · 恩格尔巴特的联机系统演示（该系统因“演示之母”而闻名），该系统以图形显示和可点击的鼠标为特色。于是布里克林开始构思一种使用鼠标和具有简单“定点—拖动—点击”界面的电子表格。当年夏天，布里克林在马撒葡萄园骑自行车时决定把这个设想变为产品。他非常适合承担这样一种任务。他是一个具有产品人天分的软件工程师，他能觉察到用户想要什么。布里克林的父母都是企业家，他也憧憬着有朝一日能够去创业。他还具有出色的团队意识，知道怎样寻找合适的合作伙伴。他指出：“我具备的经验和知识恰好能让我开发出可满足人们这项需求的软件。”[85]

于是，布里克林与他在麻省理工认识的一位朋友鲍勃 · 弗兰克斯顿（Bob Frankston）展开了合作，弗兰克斯顿是一位软件工程师，父亲也是企业家。弗兰克斯顿说：“布里克林和我的团队合作能力很关键。”虽然布里克林其实可以独自写程序，但他并没有这样做，而是草拟出方案后交给弗兰克斯顿开发。弗兰克斯顿这样评价他们的合作关系：“这就给了布里克林自由，他可以专心地考虑这个程序应该实现什么功能，而不是如何实现。”[86]

他们做出的第一项决策是开发用于个人电脑，而不是用于 DEC 商用计算机的程序。他们选择了苹果 II 型电脑，因为沃兹尼亚克开发的这款电脑架构足够公开透明，软件开发者可以轻而易举利用所需的功能。

他们在周末期间利用一台借来的苹果 II 创建了一个原型，借电脑给他们的人叫丹 · 费尔斯特拉（Dan Fylstra），后来成为第三位合作伙伴。刚从哈佛商学院毕业的费尔斯特拉在他位于剑桥的公寓里创建了一家软件发行公司，主要做国际象棋等游戏。软件行业要想独立于硬件行业发展，就需要有懂得如何进行产品促销和分销的发行商。

布里克林和弗兰克斯顿都拥有出色的商业头脑和揣摩消费者欲求的能力，因此他们重点关注如何把 VisiCalc 做成产品而不仅仅是一款程序。他们把朋友和教授组成焦点小组，向他们征求意见，以确保界面直观而简便。弗兰克斯顿解释说：“我们的目标是给用户提供一种不让他们感到意外的概念模型。这被称为最小意外原则。我们是合成一种体验的魔术师。”[87]

在将 VisiCalc 变为商业奇迹的推手中，有一位名叫本 · 罗森（Ben Rosen）的人。罗森当时是摩根士丹利的一名分析师，后来他把自己主办的那些有影响的通讯和研讨会整合起来，打造成一项他自己的业务，随后在曼哈顿创立了一家风险投资公司。1979 年 5 月，罗森在他家乡新奥尔良举办了一场个人电脑论坛，费尔斯特拉在论坛上演示了 VisiCalc 的早期版本。而罗森在自己的通讯中热情地写道：“VisiCalc 的视觉效果非常生动……过不了多久，从没用过计算机的人也可以编写和使用程序了。”在文章的结尾，他做出一项后来成为现实的预言：“VisiCalc 终有一天会成为个人电脑的突出优势所在，很多用户将仅仅为了它而购买电脑。”

苹果 II 的胜出要归功于 VisiCalc，因为在整整一年时间里，VisiCalc 一直没有推出针对其他个人电脑的版本。乔布斯后来说："VisiCalc 是推动苹果 II 取得成功的真正原因。"[88] 在此之后，市场上很快出现了 Apple Writer 和 EasyWriter 等一批文字处理软件。因此，VisiCalc 不仅刺激了个人电脑市场的发展，而且催生了一个由利润驱动的新兴行业，即专有应用软件发行行业。

IBM 操作系统

20 世纪 70 年代，IBM 以其 360 系列产品统治了大型计算机市场，但 DEC 和王安电脑在小型计算机（和冰箱差不多大）市场上占据了上风。在个人电脑市场上，IBM 似乎也有落后于人的势头。一位专家宣称："让 IBM 推出个人电脑就像教大象跳踢踏舞一样难。"[89]

IBM 的高管似乎也赞成这种观点。于是他们考虑只购买雅达利 800 型家用电脑的许可权，然后在上面贴上 IBM 的商标。但在 1980 年 7 月，当他们开会讨论这项方案时，IBM 首席执行官弗兰克·凯里（Frank Carey）却提出了异议。他说，作为世界上最伟大的计算机公司，IBM 当然有能力开发出自己的个人电脑。但他抱怨说，IBM 无论开发什么新东西都恨不得要找 300 个人干上三年时间。

这时候，IBM 驻佛罗里达州博卡拉顿的研发实验室主管比尔·洛（Bill Lowe）突然说："不，先生，您错了。我们在一年之内就能把项目完成。"[90] 他这份狂妄让 IBM 把代号为"橡子"（Acorn）的个人电脑开发项目交给了他。

洛的新团队由唐·埃斯特里奇（Don Estridge）领导，他挑选了一位温和的南方人、在 IBM 工作了 20 年之久的老员工杰克·萨姆斯（Jack Sams）负责软件开发。由于项目期限只有一年，萨姆斯知道必须向外部供应商购买许可，而不是自己开发。于是在 1980 年 7 月 21 日，他给比尔·盖茨打了个电话，要求立即与他碰头。当盖茨邀请他下一周飞往西雅图时，萨姆斯回答说，他已经在往机场赶了，希望第二天能见到盖茨。盖茨觉察到一条大鱼即将上钩，他不由一阵激动。

盖茨几周前刚把在哈佛和他同住一幢宿舍楼的史蒂夫·鲍尔默聘到微软担任业务经理，他让鲍尔默和他一起参加与 IBM 的会谈。盖茨指出："你是这里除我之外唯一能穿西装的人。"[91] 萨姆斯到达微软时，盖茨也穿着西装，但衣服穿在他身上显得不太合身。当时身着 IBM 蓝色制服套装和白色衬衫的萨姆斯回忆说："这个年轻人出来把我们带进去，我还以为他是勤杂工。"但 IBM 一行人很快就被盖茨的才华折服了。

IBM 的人一开始想谈购买微软 BASIC 许可的问题，但盖茨把话题转向一场关于技术发展方向的深入讨论中。几个小时之后，IBM 已经有意购买微软已开发和能够开发的所有编程语言的许可了，其中不仅有 BASIC，还有 Fortran 和 COBOL。盖茨回忆说："我们告诉 IBM，'好，我们做的任何东西都归你们'，虽然有些东西暂时还没做。"[92]

IBM 一班人马几周后又来了。他们上次忽视了一个重要问题。除这些编程语言之外，软件还有一个关键组成部分，IBM 需要一个操作系统，也就是作为其他所有程序基础的软件程序。操作系统要处理其他软件使用的基本指令，其任务包括决定数据应该储存到哪里，如何分配内存和处理资源，还要决定应用软件如何与计算机硬件互动。

当时微软还没做过操作系统，而是借助一个名为 CP/M（全称"微型计算机控制程序"，Control Program for Microcomputers）的操作系统。该程序由加里·希达尔（Gary Kildall）所有，他是盖茨小时候的一个朋友，刚刚搬到加州蒙特雷。于是，盖茨当着坐在他办公室里的萨姆斯的面给希达尔打了个电话。他描述了一下 IBM 高管想要的东西，对希达尔说："我让一些人到你那里去，好好招待他们，他们是重要人物。"[93]

但希达尔没有照办。盖茨后来的说法是，"那天加里决定去开飞机"。希达尔那天没有见 IBM 的访客，而是选择自己驾驶私人飞机（他喜欢这样），按原定计划去了旧金山。他把这项任务交给了自己的妻子。于是，希达尔的妻子便在公司总部（设在一幢古怪的维多利亚风格别墅内）接待了身着深色西装的 IBM 一行四人。IBM 的人拿出一份长长的保密协议让她签字，但她拒绝了。经过一番讨价还价，IBM 的人厌恶地走了出来。萨姆斯回忆说："我们给她看我们的函件，上面写着请不要告诉任何人我们在这儿，我们也不想听任何涉密信息。她读完之后说，她不能在上面签字。我们在帕西菲克格鲁夫（Pacific Grove）耗了一整天，跟他们、我们的律师、她的律师还有所有其他人讨论她能不能和我们谈是否要谈判，然后我们就走了。"希达尔的小公司就这样错失了成为计算机软件业统治者的机遇。[94]

于是萨姆斯飞回西雅图去见盖茨，让他另想办法弄一个操作系统。幸运的是，保罗 · 艾伦在西雅图认识一个能帮得上忙的人，这个人就是蒂姆 · 佩特森（Tim Paterson），当时他在一家名叫"西雅图计算机产品"的小公司工作。几个月之前，由于希达尔的 CP/M 不适用于英特尔最新款微处理器，佩特森便将其改造成一个他称之为 QDOS（Quick and Dirty Operating System，简易操作系统）的操作系统。[95]

这时盖茨已经意识到，有一种操作系统（最有可能是 IBM 选择的操作系统）最终将成为多数个人电脑使用的标准操作系统。他还意识到，谁拥有这种操作系统，谁就能占据有利地位。于是，盖茨及其团队没有让 IBM 的人去见佩特森，而是承诺他们会把事情办妥。鲍尔默后来回忆说："我们只是告诉 IBM：'你们放心，我们会到这家本地小公司去，把这个操作系统弄过来，这件事交给我们好了，我们会把它办妥的。'"

佩特森的公司当时处境艰难，于是艾伦便与他的朋友谈成了一项精明的交易。微软一开始只购买了非排他性许可，后来，当艾伦看到与 IBM 的交易有望时又折回去再次谈判，这一次他彻底买断了佩特森的软件，但没告诉他为什么。艾伦回忆说："我们最后达成了一项以五万美元从他手中购买操作系统的协议，我们可以将软件用于任何用途。"[96] 于是，微软只花了一点钱就买到了一款出色的软件，在对该软件进行一番润色之后，微软成功地在软件行业统治了逾 30 年之久。

不过，盖茨这回比较谨慎。虽然微软做其他项目的时候通常会夸下海口，但这一次，盖茨一反常态地担心微软没有能力把 QDOS 打造成符合 IBM 要求的操作系统。微软还只是一个由 40 人组成的散兵游勇的团队，他们中一些人会睡在地板上，早晨用海绵擦澡，而领导微软的是一个仍会被人误当成勤杂工的 24 岁大男孩。1980 年 9 月底的一个星期天，距 IBM 第一次打电话已过去两个月时间，盖茨把他最精锐的人马召集起来，决定做还是不做。其中态度最坚决的一个人叫西和彦（Kay Nishi），他是来自日本的一位年轻计算机创业者，有着能与盖茨相当的专注。他一边在屋子里快步走动，一边不住尖叫："必须做！必须做！"盖茨决定听从他的意见。[97]

盖茨和鲍尔默乘坐夜航飞机到博卡拉顿去谈生意。1980 年，他们的年收入是 750 万美元，与 IBM 的 300 亿美元相比显得微不足道，但盖茨却要"胁迫"IBM 达成一项协议，他要借助 IBM 将微软的操作系统变为一种全球通用标准，而微软则保留对该操作系统的所有权。在与佩特森的公司进行的交易中，微软不是仅仅购买了使用许可，而是彻底买断了 DOS，“可将其用于任何用途”。这一招非常聪明，但更棋高一招的是，微软没有让 IBM 迫使其接受同样的安排。

在迈阿密机场降落后，两人到卫生间换上了西装，结果盖茨发现自己忘戴领带了。这时盖茨显出一种少有的挑剔，他坚持在开车去博卡拉顿的中途停一下，到百货商场 Burdine’s 买条领带。不过，面对前来迎接他的那些西装笔挺的 IBM 高管，这身装束并没有完全发挥出预想的效果。有一位软件工程师回忆说，盖茨看起来就像是“一个在大街上尾随路人，然后偷走这个人西装的孩子，这身西装他穿太大了。他的衣领支棱着，看起来就像个小阿飞，当时我说：‘这家伙到底是谁？’”[98]

但盖茨一开口，他们就不再关注他那邋遢的外表了。盖茨对技术和法律细节的精准把握震撼了 IBM 团队，他对合同条款的坚持则展现出冷静和自信。不过这在很大程度上只是表演给 IBM 看的。盖茨一回西雅图便走进办公室，躺在地板上，向鲍尔默大声倾诉他的种种疑虑。

经过一个月的谈判，一份长达 32 页的协议在 1980 年 11 月初达成了。盖茨说：“这份合同史蒂夫和我都熟记在心。”[99] 他说：“我们拿到的报酬并不太多。总共只有 186 000 美元左右。”至少在一开始，报酬的确不多。但盖茨知道，合同中有两项条款将改变计算机行业的权利格局。第一，IBM 对该操作系统（后来被称为 PC-DOS）的使用许可是非排他性的。盖茨有权以 MS-DOS 为名将同一款操作系统授权给其他个人电脑生产商。第二，微软将保留对源代码的控制权。这就意味着，IBM 不能将软件更改或升级为该公司电脑的专有软件。只有微软有权进行更改，随后，微软可随意将每款新版软件授权给任何公司。盖茨说：“我们知道会有其他公司模仿 IBM 个人电脑。我们在最初的合同中就规定这是可以的。这是我们谈判的关键点。”[100]

这项交易与盖茨同MITS达成的交易类似，当时他也保留了将BASIC授权给其他计算机生产商的权利。这种思路让微软BASIC以及后来开发的更加重要的操作系统成为微软控制的行业标准。回首往事时，盖茨笑道："事实上，我们曾经的广告宣传口号就是'我们制定标准'。但当我们真的制定出标准之后，反垄断律师又让我们不要再用这个口号。这是一个你只能在事情还没有成真的时候使用的口号。"①[101]

盖茨向他妈妈吹嘘他与IBM的交易有多么重要，希望以此证明他从哈佛退学的正确性。当时玛丽·盖茨恰好与即将接替弗兰克·凯里担任首席执行官的IBM总裁约翰·奥佩尔（John Opel）同在非营利机构United Way担任理事。有一天，她在乘坐奥佩尔的飞机与他一起开会的途中提到了这层关系。她说："哦，我的小儿子在做一个项目，他正在和你们公司合作。"但奥佩尔似乎并不知道微软。于是玛丽回来后对盖茨提出警告称："看，我把你的情况都跟奥佩尔说了，我提到了你的项目，还有你是怎么退学的，但他并不知道你是谁，所以说，你的项目也许并不像你想象的那么重要。"几周后，博卡拉顿的管理人员来到IBM总部向奥佩尔汇报项目进展。项目组负责人解释说："我们要依靠英特尔的芯片，产品分销由Sears公司和ComputerLand公司来做。但我们最需要依靠的是西雅图一家很小的软件公司，这家公司的经营者叫比尔·盖茨。"奥佩尔的反应是："哦，你们是说玛丽·盖茨的儿子？哦，对，她很棒。"[102]

不出盖茨所料，为IBM开发一整套软件是一个非常艰巨的项目，但微软的一帮人马没日没夜地工作了9个月，终于完成了这项任

① 律师的担忧不无道理。因美国司法部指控微软不当利用其在操作系统市场的统治地位来谋取在浏览器和其他产品方面的优势，该公司后来卷入了一场旷日持久的反垄断官司。此案最终在微软同意调整部分商业实践后和解。

务。这是盖茨和艾伦最后一次携手合作，他们并肩坐在办公室里彻夜奋战，以他们在湖滨中学和哈佛所展现出的专注精神编写代码。盖茨说："我和保罗拌过一次嘴，他想去看宇宙飞船发射，而我不想去，因为我们的进度已经慢了。"艾伦后来还是去了。他说："这是第一次发射。发射完之后我们就立即乘飞机赶了回来。之后我们连续工作了36个小时。"

在编写操作系统程序的过程中，两人帮助IBM确定了个人电脑的外观和触感。盖茨说："保罗和我敲定了个人电脑上每一个小细节，我们确定了键盘布局，还有磁带端口、音频端口和图形端口的工作方式。"[103] 可惜最终的成果只反映出盖茨书呆子气十足的设计品位。这个人机交互系统依赖" c:\>"等提示符，文件名也是诸如AUTOEXEC.BAT和CONFIG.SYS之类的冗长字符，除了能让用户了解到反斜杠键在哪儿之外，他们的设计简直是一无是处。

多年以后，在哈佛举办的一次活动中，私募股权投资人戴维·鲁本斯坦（David Rubenstein）问盖茨为什么启动计算机时要如此麻烦地同时按下"Control"、"Alt"和"Delete"这三个按键："为什么在我想启动软件和电脑的时候非得用上三个手指呢？这是谁的主意？"盖茨开始解释，这是因为IBM的键盘设计师没能提供一种提示硬件启动操作系统的简单方式，然后他顿了顿，不好意思地笑了。他承认："这是一个错误。"[104] 一心编程的人有时候会忘记简洁是美的灵魂。

1981年8月，IBM个人电脑在纽约华尔道夫酒店发布，标价1 565美元。盖茨和他的团队并没有受邀参加此次活动。盖茨说："最诡异的事情是，我们要求参加盛大的官方发布会，但IBM却拒绝了。"[105] 以IBM的思维，微软只是一家供应商而已。

但笑到最后的是盖茨。凭借这项交易，微软将IBM个人电脑及其仿制产品变成了可相互替代的商品，它们唯有靠打价格战来竞争，注定只有微小的利润空间。几个月之后，《个人电脑》杂志创刊号上刊登了一篇对盖茨的采访，他在采访中指出，不久之后，所有个人电脑都将使用同样的标准化微处理器。他说："硬件的吸引力将大大下降，软件将承担起全部职责。"[106]

图形用户界面

新型 IBM 个人电脑刚刚上市，史蒂夫·乔布斯和他的苹果团队就购买了一台。他们想摸摸竞争对手的情况。结果大家一致认为"糟透了"（乔布斯原话）。这种评价虽然在一定程度上反映出乔布斯骨子里的傲慢，但也不无道理。看到这款平庸的电脑（采用的是 c:\> 这种很不友好的提示符和箱型设计），有这种反应也很自然。但乔布斯没有意识到，公司技术经理们渴望的并不是在办公室里寻找刺激，他们认为 IBM 这种中规中矩的品牌要比苹果这类大胆创新的品牌更安全稳定。IBM 个人电脑发布当日，比尔·盖茨正好在苹果总部开会。他说："他们似乎不以为然，他们用了一年时间才意识到发生了什么。"[107]

乔布斯内心的斗志会被竞争对手唤醒，尤其是当他认为对手的产品糟糕透顶时。他把自己视为一名已经开悟的禅宗武士，要与丑恶势力决斗。他让苹果在《华尔街日报》上刊登了一则他参与撰写的广告。标题是："真心地欢迎你，IBM。"

乔布斯轻视 IBM 的一大原因是，他已经看清了未来的方向，并已开始着手创造未来了。乔布斯到施乐 PARC 参观时，施乐方面向他展示了艾伦·凯、道格·恩格尔巴特及其同事开创的许多思想，其中最突出的是图形用户界面（graphical user interface，简称 GUI），该界面被比喻为桌面，包含视窗、图标和一个可作为指针的鼠标。施乐PARC团队的创造力与乔布斯的设计和营销天赋结合起来，将使GUI成为电脑发展史上的下一步重大跨越，把布什、利克莱德和恩格尔巴特设想的人机交互系统变成现实。

乔布斯及其团队对施乐PARC进行的两次主要访问时间都是在1979年12月。当时在设计一款用户友好型电脑（最终成为麦金塔电脑）的苹果工程师耶夫·拉斯金（Jef Raskin）已经发现施乐在做什么了，他想劝说乔布斯去考察一下。乔布斯一开始没有答应，因为他受不了拉斯金这个人——他形容拉斯金的技术术语是“一个糟糕透顶的笨蛋”——但他最终还是到施乐去取经了。乔布斯与施乐商定了一项协议，他同意施乐向苹果投资100万美元，但施乐要允许苹果的人去学习技术。

当然，乔布斯并不是第一个去施乐PARC一探究竟的外人。施乐的研究人员已经为来访者举办了数百次演示，并已投放了逾1 000台施乐阿尔托（由兰普森、撒克和凯共同开发的昂贵电脑，运用了图形用户界面和PARC的其他创新成果）。但乔布斯是第一个有心在简单、便宜的个人电脑上应用PARC界面的人。这个例子再次说明，最伟大的创新有时并非来自那些取得突破性成果的人，而是出自能有效应用创新的人之手。

乔布斯第一次参观施乐PARC时，以阿黛尔·戈德堡（当时与艾伦·凯共事）为首的工程师们是持保留态度的。他们没让乔布斯看太多东西。但乔布斯发了一通脾气——他不断怒吼：“别废话了！”——最后，在施乐高管的吩咐下，施乐方面给他看了更完整的演示。乔布斯绕着房间快步走动，而他手下的工程师们则在研究屏幕上的每一个像素。他叫道：“你们是坐在金矿上，我简直不敢相信施乐竟然没有利用这么大的优势。”

施乐主要展示了三大创新成果。第一是以太网，这是鲍勃·梅特卡夫（Bob Metcalfe）为建立局域网而开发的技术。与盖茨及其他个人电脑先驱一样，乔布斯对网络技术也不太感兴趣（其实他应该更关注一些）。他关注的是计算机赋权于个人的能力，而不是促进协作的能力。第二项创新是面向对象的程序设计。这也没有抓住乔布斯的心，因为他不是搞编程的。

吸引他注意的是第三项创新，即图形用户界面，该界面以桌面为隐喻，就像社区运动场一样直观而友好。它用可爱的图标来代表文档、文件夹和其他各种东西，包括一个回收站，另外还有由鼠标控制的光标，可以轻松点击这些图标。乔布斯不仅对这个界面爱不释手，而且还知道如何完善它，使其更简洁、更精致。

图形用户界面是通过位图显示来实现的，这是施乐PARC开创的另一大创新成果。到当时为止，包括苹果II在内的多数电脑都只能在屏幕上生成数字或字母，通常是黑色背景配上难看的绿字。而位图显示技术可以让计算机控制屏幕上的每个像素——这些像素可以关闭或打开，并呈现出任何颜色。这就使各种美观的图像、字体、设计和图形成为可能。拥有卓越设计天分，熟悉字体并热爱书法的乔布斯被位图显示的魅力折服了。乔布斯回忆说："我感觉蒙在眼睛上的面纱被揭开了。我清楚地看到了计算机的未来。"

乔布斯驾车返回位于丘珀蒂诺的苹果办公室后（车速快到连盖茨都要大跌眼镜），对同事比尔·阿特金森（Bill Atkinson）说，必须在苹果未来的产品线中采用（并改进）施乐的图形界面，苹果即将推出的Lisa和麦金塔电脑（Mac）都要用这种界面。他吼道："就是它了！这件事我们非做不可！"有了图形界面，电脑就可以走近普通人了。[108]

后来，当有人质疑乔布斯盗用施乐的创意时，他援引了一句毕加索的名言："巧匠摩形，大师窃意。"（Good artists copy，great artists steal.）他还说："我们从来都不羞于窃取伟大的创意。"他还得意地取笑施乐糟蹋了这项创意。他这样评价施乐的管理层："他们都是复印机脑袋，根本搞不清计算机能做什么。他们本可以稳夺计算机行业最伟大的胜利，但却搞砸了。施乐本来是能统治整个计算机行业的。"[109]

但说句公道话，上述任何一种说法对乔布斯和苹果都是有失公允的。被世人遗忘的艾奥瓦州发明家约翰·阿塔纳索夫的遭遇告诉我们，构思只是第一步，真正关键的是执行。乔布斯及其团队把施乐的创意拿过来，予以改进、实施和推广。施乐曾经有机会这样做，事实上也尝试过，他们推出了一款名为施乐之星（Xerox Star）的电脑。但这款电脑笨重、粗糙而昂贵，结果销售惨淡。而苹果的团队则对鼠标进行了简化，只保留了一个按键，使其具有在屏幕上移动文档和其他项目的功能；用户只要拖动文档，将其"丢进"文件夹就能改变文件扩展名；苹果还创建了下拉菜单，并能让文档的图标相互叠加和重叠。

苹果于 1983 年 1 月推出 Lisa 电脑，一年之后又推出了更加成功的麦金塔电脑。乔布斯知道，作为一款非常友好且适合在家中使用的电脑，麦金塔的上市将推动个人电脑革命的进程。在戏剧性十足的产品发布会上，乔布斯穿过黑暗的舞台，从布袋中取出一台新电脑。这时，《烈火战车》（*Chariots of Fire*）的主题曲开始奏响，电脑屏幕上水平滚动出"麦金塔"（MACINTOSH）几个大字，接着，下面出现"棒极了！"这几个字，精美的字体就像用手一笔一画写成的一样。观众席先是鸦雀无声，然后是一阵喘息声。多数人从没见过，甚至从没想象过如此惊人的场景。随后，屏幕上像走马灯一样呈现出不同的字体、文档、图表、绘画、国际象棋游戏、电子表格，还有一幅乔布斯的渲染图，他头边有一个“思维泡泡”，里面是一台麦金塔电脑。雷鸣般的掌声一直持续了 5 分钟之久。[110]

苹果还播放了一则令人难忘的广告《1984》来配合麦金塔的发布，广告中年轻的女主角赶超专权的警察，将一把锤子投向屏幕，一举摧毁了“老大哥”。这是乔布斯对 IBM 的反抗。现在苹果拥有了一项优势：它完善并运用了图形用户界面，使人机交互系统又迈出一大步，而 IBM 及其操作系统供应商微软则还在使用 c:\> 这种生硬的指令符。

WINDOWS

20 世纪 80 年代初，在麦金塔电脑推出之前，微软和苹果的关系是很不错的。事实上，1981 年 8 月，在 IBM 推出个人电脑的当日，盖茨正在苹果拜会乔布斯。当时盖茨与乔布斯经常碰头，因为为苹果 II 型电脑写软件是微软的主要收入来源。在两家公司的关系中，盖茨依然处于从属地位。1981 年，苹果的收入达到 3.34 亿美元，而微软则只有 1 500 万美元。乔布斯想让微软为当时还是保密研发项目的麦金塔写新版软件。于是，在 1981 年 8 月的会议上，他把自己的计划透露给了盖茨。

用盖茨的话说，他认为麦金塔这个设想（一款面向大众，拥有简洁图形用户界面的平价电脑）“简直棒极了”。他热切地期盼微软能为这款电脑写应用软件，于是他邀请乔布斯北上西雅图。乔布斯在给微软工程师做报告时充分施展了他的魅力，他以隐喻手法展望了一幅图景：加州会建起一家工厂，利用沙子（硅片的原材料）大量生产“信息家电”，这种设备操作起来十分简单，根本不需要说明书。于是，微软的人便把“Sand”（沙子）作为该项目的代号。他们甚至据此逆推出一个全称："史蒂夫的神奇新设备"（Steve's Amazing New Device）。[111]

但乔布斯非常担心一件事：他不想让微软模仿图形用户界面。乔布斯能感觉到什么样的产品会让普通消费者叫好，他知道只要策略正确，带有点击导航的桌面隐喻就能成为让电脑真正走向个人的重大突破。1981 年，乔布斯在阿斯彭举办的一次设计大会上大谈图形用户界面的前景，他说，通过运用"桌面文档等人们已经理解的隐喻"，电脑屏幕将变得非常友好。当然，乔布斯对盖茨剽窃创意的担忧其实有些讽刺，因为他本人也是从施乐那儿窃取这一概念的。但按照乔布斯的思维方式，他是有权把施乐的创意据为己有的，因为他与施乐做了商业交易。此外，他还对施乐的设计进行了改进。

于是，乔布斯在他与微软的合同中写进了一项条款，他认为该条款能让苹果在图形用户界面开发方面至少领先一年时间。该条款规定，在一定期限内，微软不得为除苹果之外的其他任何公司开发"运用鼠标或轨迹球"或带有点击图形界面的软件。但这一次乔布斯被他的现实扭曲力场误导了。由于他太想在 1982 年年底前让麦金塔电脑上市，他对此深信不疑。于是他同意让禁令到 1983 年年底为止。但事实是，麦金塔电脑直到 1984 年 1 月才上市。

1981 年 9 月，微软开始秘密研发一款新型操作系统，这是一个带有视窗、图标、鼠标和指针，基于桌面隐喻的系统，旨在替代 DOS。微软从施乐 PARC 聘请了查尔斯 · 希莫尼（Charles Simonyi），一位曾与艾伦 · 凯共同为施乐阿尔托电脑开发图形程序的软件工程师。1982 年 2 月，《西雅图时报》上刊登了一幅盖茨与艾伦的合影，眼尖的读者可能会留意到这张照片的背景中有一块白板，上面画着几张草图，顶上写着"窗口管理器"的字样。到那年夏天，乔布斯开始意识到麦金塔电脑的发布时间至少要推迟到 1983 年年底，他开始变得多疑起来。

这时，乔布斯的好友、麦金塔团队工程师安迪·赫茨菲尔德（Andy Hertzfeld）告诉乔布斯，微软方面跟他接触的人开始向他询问有关如何实现位图显示的细节问题。这个消息让乔布斯的恐惧达到了顶点。赫茨菲尔德回忆说："我告诉史蒂夫，我怀疑微软准备模仿麦金塔。"[112]

乔布斯的忧虑在 1983 年 11 月成为现实，当时距麦金塔的推出还有两个月时间，而盖茨就在这个节骨眼上在曼哈顿的皇宫酒店举办了新闻发布会。他宣布微软正在开发一款以图形用户界面为特色，面向 IBM 个人电脑及类似产品的新型操作系统。该系统将被称为 Windows。

盖茨其实是有权这样做的。他与苹果签订的限制性协议 1983 年年底就到期了，而且按照计划，微软 Window 还要等很长一段时间才会上市（最终的情况是，微软用了很久才完成粗糙的 Windows1.0 版，直到 1985 年 11 月该系统才上市）。但乔布斯还是大发雷霆，脸色极其难看。他吩咐手下一位管理人员："立即把盖茨给我找过来。"盖茨去了，但他并没有被这阵势吓倒。盖茨回忆说："他叫我过去，要拿我兴师问罪。于是我'奉命'赶到丘珀蒂诺。我告诉他：'我们在做 Windows。'我对他说：'我们公司把宝押在了图形界面上。'"当时会议室里坐满了面面相觑的苹果员工，乔布斯冲盖茨吼道："你这是在坑我们！我以前多信任你，现在你却从我们这里偷东西！"[113] 盖茨的习惯是，在乔布斯怒不可遏时保持镇定而冷静。等乔布斯发完火之后，盖茨看着他，用尖细的嗓音说了一段经典妙语："喔，史蒂夫，我认为这个问题我们还可以这样看。我认为这更像是我们两人都有个名叫施乐的富有邻居，我闯进他家里准备偷电视机，结果发现你已经把电视机偷走了。"[114]

这件事让乔布斯记恨了一辈子。事过近 30 年，乔布斯在临终前还说："他们彻底把我们给坑了，因为盖茨这个人厚颜无耻。"听闻此言，盖茨的反应是："如果他这么想，他就真是陷到自己的现实扭曲力场里了。"[115]

法庭最终判定盖茨的所作所为是合法的。联邦上诉法院在判决中指出："开发 GUI 是为了向普通人提供一种与苹果电脑互动的简便方式……该界面建立在桌面隐喻之上，包含视窗、图标和下拉菜单，可用一种名为鼠标的手持设备在屏幕上操作。"但法院裁定："苹果无权为图形用户界面创意或桌面隐喻创意取得专利性质的保护。"保护界面外观创新几乎是不可能的。

但抛开合法性问题不谈，乔布斯的愤怒其实也情有可原。苹果的系统更具创新力和想象力，制作得更加精美，设计也更加出色。微软的 GUI 则很粗糙，平铺的视窗无法相互重叠，图形看起来也像是由西伯利亚地下室里的酒鬼设计出来的一样。

不过，Windows 最终还是一步步占据了统治地位，不是因为它的设计更加出色，而是因为商业模式更胜一筹。到 1990 年，微软的市场占有率达到了 80%，而且还在不断上升，到 2000 年更是高达 95%。在乔布斯看来，微软的成功象征着世界运转方式中的审美缺陷。他后来表示："微软的唯一问题时，他们没有品位，一点品位也没有。我不是针对某个小的方面，而是从宏观角度来说的。他们没有原创思想，也没有在产品中融入很好的文化元素。"[116]

微软取得成功的主要原因是，该公司愿意并渴望将其操作系统授权给任何硬件生产商。而苹果则选择了一种一体化路线。该公司的硬件只能与其软件兼容，反之亦然。乔布斯是一个艺术家和完美主义者，因此，他是个控制狂，想要彻头彻尾地掌控用户体验。苹果的策略缔造出了更优美的产品、更高的利润率和更非凡的用户体验。微软的策略则让人们拥有了更多的硬件选择空间。事实证明，这也是一种提高市场占有率的更好方式。

理查德·斯托尔曼、莱纳斯·托瓦尔兹以及自由和开源软件运动

1983年年底，正值乔布斯准备推出麦金塔电脑，盖茨宣布将开发Windows系统之际，另一种软件开发方式出现了。它由麻省理工学院人工智能实验室和铁路模型技术俱乐部的一位“顽固分子”——理查德·斯托尔曼（Richard Stallman）推动。斯托尔曼是一个执着追求真理的黑客，他看起来就像一位《圣经·旧约》中的先知。与复制微软BASIC程序带的家酿计算机俱乐部成员相比，斯托尔曼追求更高的道德标准，他坚信，软件应该协作开发并自由分享。[117]

乍看上去，这种方式似乎并不能激励人们去开发出色的软件。盖茨、乔布斯和布里克林从事软件开发并不是为了获得自由分享的快乐，但渗透了黑客文化的协作和公有伦理让自由和开源软件运动最终成为一股强大的力量。

理查德·斯托尔曼生于1953年，在曼哈顿长大，自幼对数学有着浓厚的兴趣，孩提时代就靠自学啃下了微积分。他后来说：“数学和诗歌有异曲同工之处。它由真实的关系、真实的步骤和真实的推导构成，因此数学中蕴含着这种美。”与同班同学不同，他非常反感竞争。当他的高中老师把学生分成两队进行智力竞赛时，斯托尔曼拒绝回答任何问题。他解释说：“我对竞争观念很抵触，我认为在竞争中自己是被操纵的，而我的同班同学则成为这种操纵的牺牲品。他们都想打败其他人，而这些所谓的其他人和他们的队友一样，也是他们的朋友。为了求胜，他们会要求我回答问题。但我拒绝了这种要求，因为我对每支队伍都是一视同仁。”[118]

斯托尔曼大学念的是哈佛，即便是在数学高手如林的哈佛，他

也照样成为一名传奇人物。无论是大学时代的暑期还是毕业后，他都在麻省理工学院人工智能实验室工作，这个实验室位于剑桥，距哈佛有两站地铁的车程。在麻省理工，他为铁路模型技术俱乐部的铁道沙盘添加了更多器件，编写了一个可以在 PDP–10 上运行的 PDP–11 模拟器，并迷上了协作文化。他回忆说："我加入了一个很有年头的软件共享社群，每当有其他大学或公司的人提出想移植或者使用什么程序，我们都会欣然应允。你随时可以要求看源代码。"[119]

和所有优秀的黑客一样，斯托尔曼也喜欢反抗束缚和封闭。他曾和其他学生一同设计出多种方法闯入严禁入内的终端室；他的独门绝技是爬过天花板吊顶，挪开一块瓷砖，放下一长条顶端连着一卷卷牛皮胶布的磁带，以打开门把手。麻省理工学院建立用户数据库和有高强度密码的系统时，斯托尔曼提出了反对意见，他还鼓动同事也一起反对，他说："我认为那样很恶心，所以我没有填表，而且设了个空密码。"有一回，一位教授警告说校方可能会删除他的文件目录。斯托尔曼回答说，这样做对每个人都不好，因为系统中有部分资源在他的目录中。[120]

但斯托尔曼失望地看到，麻省理工学院的黑客情谊从 20 世纪 80 年代初开始变淡了。他所在的实验室购买了一台新的分时计算机，上面安装了专有软件系统。斯托尔曼叹道："就连拷贝可执行文件也必须签署保密协议。这就意味着，要想使用一台电脑，第一步得承诺不要帮助你身旁的人。一种协作性的社群遭到了禁止。"[121]

但他的许多同事不仅没有反抗，而且纷纷加入营利性软件公司，其中包括从麻省理工实验室剥离出的一个名为 Symbolics 的公司，不再自由分享软件之后，他们赚到了很多钱。而斯托尔曼（他有时会在办公室过夜，一身衣服都像是从二手店买来的）则无法认同这种追求金钱的动机，并把他们视为叛徒。有一回，施乐捐赠了一台新的激光打印机，斯托尔曼想对一个软件做些改动，使其能在网络拥挤时对用户提出警告。他让一位同事把打印机的源代码提供给他，但这位同事拒绝了，说他已经签署了保密协议。这件事成为压倒斯托尔曼的最后一根稻草，他感到义愤填膺。

经历了这一切之后，斯托尔曼变得更像《圣经 · 旧约》中那位反对偶像崇拜，按照《哀歌》布道的先知耶利米了。他说："有些人确实把我比作《圣经 · 旧约》中的先知，原因是这些先知会直言有些社会实践是错误的。他们不会在道德问题上妥协。"[122] 斯托尔曼也不会妥协。他说，专有软件是"邪恶的"，因为"它要求人们必须同意不与他人分享，从而让社会变得丑陋起来"。他认为，抵制和击败邪恶力量的方法是创造自由软件。

于是，在 1982 年，对里根时代社会以及软件业中弥漫的自私自利充满厌恶的斯托尔曼展开了一项使命，他要创建一个自由的、完全非专有的操作系统。为防止麻省理工学院对该操作系统主张权利，他辞去了人工智能实验室的工作，不过，宽厚的上司还是允许他保留钥匙并继续使用实验室的资源。斯托尔曼决定开发的操作系统与 UNIX（1971 年由贝尔实验室开发，后来成为多数大学和黑客奉行的标准）类似并能与之兼容。斯托尔曼以程序员那种不易觉察的幽默将他的新操作系统命名为 GNU。GNU 是"GNU's Not UNIX"（GNU 不是 UNIX）的递归缩写。

在 1985 年 3 月号的《多布氏杂志》(Dr. Dobb's，一份源自家酿计算机俱乐部和《人民计算机公司》的刊物）上，斯托尔曼发布了一项宣言："我认为，如果我喜欢一款程序，就必须将其分享给喜欢这个程序的其他人，这是我信奉的准则。卖软件的人想分化和征服用户，他们强迫每个用户都同意不与他人分享。但我拒绝让他们以这种方式打破我与其他用户的团结一致……GNU 一旦编写出来，每个人都将可以像呼吸空气一样自由地获得出色的系统软件。”[123]

斯托尔曼的“自由软件运动”这个名称取得并不算完美。① 它的目标并不是要坚持所有软件都免费，而是要让软件从束缚中解放出来。斯托尔曼不得不反复解释：“当我们把一种软件称为‘自由软件’时，我们是指它尊重用户的基本自由，即运行、研究和更改软件，以及在更改或不更改的前提下重新传播其复制品的自由。这事关自由，而不是价格，所以请想想‘自由言论’，而不是‘免费啤酒’。”

对斯托尔曼来说，自由软件运动不仅仅是通过集体协作开发软件的方式，而且是一种为创造理想社会而必须履行的道义责任。他表示，自由软件运动所倡导的原则“从本质上说不仅只是为了个人用户，更是为了整个社会，因为它们推进了社会的团结一致，促进了分享与协作。”[124]

为捍卫和证明自己的信条，斯托尔曼推出了“GNU 通用公共授权”，并在一位朋友的建议下提出与“版权”（copyright）相对的“反版权”（copyleft）概念。斯托尔曼说，通用公共授权的本质是赋予“每个人运行程序、复制程序、更改程序和传播更改后版本的权力——但不允许任何人自行为程序设限。”[125]

斯托尔曼自己动手编写了 GNU 操作系统最初的一些组成部分，其中包括文本编辑器、编译器，还有许多其他工具。但 GNU 还缺少一个关键部分，也就是内核。内核是一个操作系统的中央模块，管理来自软件程序的请求，并将它们转换成面向计算机中央处理单元的指令。1986 年，《字节》（*Byte*）杂志在采访中询问斯托尔曼：“内核写得怎么样了？”斯托尔曼回答说：“我准备先完成编译器，再做内核。

---

① “free software movement”中“free”一词既指自由，也有免费的意思。——译者注

我还要重新编写文件系统。”[126]

但出于种种原因，他发现自己很难完成 GNU 的内核程序。到了 1991 年，内核程序终于面世了，但写程序的既不是斯托尔曼，也不是他的自由软件基金会，而是一个谁没能料想到的人：一个喜欢露齿而笑，带着几分孩子气的 21 岁男孩，名叫莱纳斯 · 托瓦尔兹（Linus Torvalds），他是一个说瑞典语的芬兰人，在赫尔辛基大学读书。

莱纳斯 · 托瓦尔兹的父亲是共产党员、电视记者，他母亲学生时代曾是激进主义者，后来成了报社记者，但在赫尔辛基长大的托瓦尔兹更感兴趣的却是技术，而不是政治。[127] 他说自己“擅长数学和物理，完全不善社交，而当时像书呆子一样还不是什么好事情”。[128] 尤其是在芬兰。

托瓦尔兹 11 岁时，他当统计学教授的祖父送给他一台二手康懋达 Vic 20 型电脑，这是最早的个人电脑之一。托瓦尔兹开始自己动手用 BASIC 语言编写程序，其中一个程序会反复显示“萨拉最棒”，把他妹妹逗得很开心。他说：“我最大的快乐之一是认识到计算机就像数学一样：你得利用其自身的规则构筑你自己的世界。”

托瓦尔兹的父亲让他学打篮球，但他不予理会，而是专心地学习如何用机器语言（可由计算机中央处理单元直接执行的数字指令）编写程序，这让他享受到“与机器亲密接触”的快乐。后来，他庆幸自己曾用一台非常基本的设备学习汇编语言和机器代码，他说：“在计算机还不是那么复杂的时代，它们其实更适合孩子使用，当时，像我这种呆头呆脑的小孩也可以把计算机拆开来摆弄一下。”[129] 但计算机的拆装最终像汽车引擎一样也变得困难起来。

托瓦尔兹 1988 年进入赫尔辛基大学读书，接着在芬兰陆军服役一年，之后，他买了一台配有英特尔 386 处理器的 IBM 仿制机。托瓦尔兹不喜欢盖茨那帮人开发的 MS-DOS 系统，他决定安装自己在学校大型计算机上用惯的 UNIX 系统。但 UNIX 程序每份售价 5 000 美元，而且没有适合在家用电脑上运行的版本。于是托瓦尔兹开始动手解决这个问题。

他读过阿姆斯特丹的计算机科学教授安德鲁·塔嫩鲍姆（Andrew Tanenbaum）一本讲操作系统的书，塔嫩鲍姆出于教学目的开发了一款名为 MINIX 的程序，该程序是 UNIX 的小型仿制版本。于是托瓦尔兹决定用 MINIX 来替代他新电脑上的 MS-DOS 系统，他支付了 169 美元的许可费——他说："我认为这简直贵得离谱。"——安装了 16 张软盘，然后开始对 MINIX 进行增补和修改，使其更适合他的口味。

托瓦尔兹先添加了一个终端模拟程序，这样就能拨入大学的主机了。他是用汇编语言从零开始，"直接在硬件层次上"编写这个程序的，这样就无须依靠 MINIX 了。1991 年春末，太阳从冬眠中苏醒过来，每个人都出门进行户外活动了，只有他在埋头编写代码。他说："我多数时间都裹着浴袍，蜷缩在我那台难看的新电脑前，拉着厚厚的黑色遮光帘阻挡阳光。"

做好简单的终端模拟器之后，托瓦尔兹还想让电脑能够下载和上传文件，于是他建了磁盘驱动器和文件系统驱动器。他回忆说："我做完这些后已经可以很清楚地看出这个项目即将成为一个操作系统。"换句话说，他已经在建一个能够充当类似 UNIX 操作系统的内核的软件包了。他说："前一刻我还披着自己那件破浴袍冥思苦想，考虑在一个终端模拟器上添加额外的功能。下一刻我就意识到，它聚集了这么多的功能，已经变为一个逐步成形的新操作系统了。"他在 UNIX 中找出了数百种让计算机实现打开关闭、读写等基本操作的"系统调用"，随后，他按照自己的设想编写了一些程序来实现这些功能。当时他还住在他母亲的公寓里，经常和妹妹萨拉吵架，因为他妹妹有着正常的社交，而他的调制解调器却把家里的电话线占用了。他妹妹抱怨说："谁都打不通我们的电话。"[130]

托瓦尔兹一开始计划把他的新软件命名为"Freax"，该名称同时包含"free"（自由）、"freak"（狂人）和"UNIX"这三重含义。但他使用的 FTP 站点的管理员不喜欢这个名称，于是托瓦尔兹便改称该软件为"Linux"，这个名称读起来有点像他名字的发音"莱纳斯"。[131] 他说："其实我从来都不想用这个名称，因为我觉得它有点太狂妄了。"不过他后来承认，虽然他在书呆子孤僻的躯壳内生活了那么多年，但他的自我中有一部分是很喜欢得到赞扬的，他为自己接纳了这个名称而感到高兴。[132]

1991 年初秋，当赫尔辛基再次进入极夜时，托瓦尔兹已经把系统的壳层做好了，其中包括一万行代码。① 他没有试图向市场推广自己编写的程序，而是决定将其公之于众。不久之前，他刚和朋友一起听过斯托尔曼的一场讲座（斯托尔曼当时已经成为一位在全球宣扬自由软件理念的传道者）。托瓦尔兹并没有真正成为斯托尔曼的信徒，也没有接受他的信条，他说："当时它并没有对我的生活产生重大影响。我感兴趣的是技术，而不是政治——我家里的政治说教已经够多的了。"[133] 但他的确看到了开源软件在实际中的优势。他觉得应该自由分享 Linux，因为他期望该软件的用户能够帮助他改进软件。这项决定是发自他内心的直觉，而不是什么哲学选择。

1991 年 10 月 5 日，他在 MINIX 讨论组以顽皮的口吻发布了一条消息。他在开头写道："你是否怀念 minix-1.1 的美好时光？那时男

---

① 到 2009 年，GNU/Linux 的 Debian 5.0 版已经拥有 3.24 亿行源代码，一项研究估计，如果用传统方式开发，该软件的研发费用可能已经达到 80 亿美元左右。

人还是爷们，会自己编写设备驱动。我正在为 AT–386 电脑做一个酷似 MINIX 的自由软件，它现在终于达到了可用的阶段（尽管跟你的要求可能还有差距），我愿意把源代码公布出来，让它在更广泛的范围内传播。”[134]

他回忆说：“发布这个程序对我来说并不是什么艰难抉择。我已经习惯与别人交流程序了。”计算机圈内曾有（现在也依然如此）一种很强的共享软件文化，也就是下载程序的人往往会自发地向程序开发者支付几美元。托瓦尔兹说：“我收到人们发来的电子邮件，询问我是否想让他们给我寄上 30 美元左右的酬金。”当时他背负了 5 000 美元的学生贷款，每月还要为他的计算机支付 50 美元的分期贷款。但他没有去拉捐款，而是让人们给他寄明信片，于是，世界各地 Linux 用户的明信片开始像潮水一样涌来。托瓦尔兹回忆说：“一般是萨拉去收信，看到整天跟她斗嘴的哥哥竟然能收到那么远的地方的新朋友的来信，她的敬佩之情油然而生。这是她第一次发现，我虽然老是占用电话线路，但还是做了些有用的事情。”

托瓦尔兹后来解释说，他之所以不接受报酬有很多原因，其中之一是他渴望继承自己的家庭传统：

> 几个世纪以来，科学家和其他学者都是在前人的基础上取得成就的，我觉得自己是在追随他们的脚步……我还想要获得反馈（好吧，还有赞扬）。向能够帮助我完善程序的人收钱是荒唐的。我估计，如果我不是在芬兰长大，恐怕会以不同的方式看待这个问题，而在芬兰，任何人哪怕只是展露出一丁点贪婪的苗头，就算不被厌恶，也会遭到怀疑。还有，没错，如果不是在作为正统学者的祖父和作为正统共产主义者的父亲的影响下长大，我对金钱的态度无疑也会有很大不同。

托瓦尔兹宣称："贪婪从来都不是好事。"他的处事方式让他成为一位民间英雄，成为适合在会议和杂志封面上树立的反盖茨形象。托瓦尔兹身上很可爱的一点是，他有充分的自知之明，知道自己其实很看重赞扬，而且这些赞扬让现实中的他比仰慕者眼中的他更加自我。他承认："我从来都不是媒体坚持塑造的那个无私、忘我、热爱技术的孩子。"[135]

托瓦尔兹之所以决定使用 GNU 通用公共授权并不是因为他全盘认同斯托尔曼（还有他父母）的自由分享意识，而是因为他认为，如果让世界各地的黑客动手修改源代码，就能够带来一场开放的协作，从而缔造出真正出色的软件。他说："我公开 Linux 源代码的动机其实非常自私，我不想费心去完善这个操作系统中我自认为做得很烂的部分。我想让大家来帮助我。"[136]

他的直觉是正确的。Linux 内核程序的公布引发了海啸般的对等志愿协作，这种协作成为推动数字时代创新的协同开发典范。[137] 到 1992 年秋季，在 Linux 发布一年之后，该系统的互联网新闻组已经拥有数万名用户。无私的协作者们对该系统进行了改进，添加了类似 Windows 的图形界面和计算机联网辅助工具。只要有漏洞出现，就会有来自某处的某个人动手修补。开源软件运动中最具影响力的理论家之一——埃里克·雷蒙德（Eric Raymond）在他的《大教堂和市集》（*The Cathedral and the Bazaar*）一书中提出了所谓的"莱纳斯定律"："众目睽睽之下，漏洞将无所遁形。"[138]

对等共享和协同合作其实并不是什么新鲜事物。整个进化生物学领域都是围绕人类及一些其他物种的成员之间为何能以利他方式合作这一问题展开的。我们在所有社会中都能找到自愿结社的传统，而这种传统在早期美国社会尤为突出，共建粮仓（barn raisings）和拼布缝纫（quilting bees）等协作项目就是鲜活的例证。亚历克西斯·德托克维尔（Alexis de Tocqueville）写道："世界上没有任何一个国家比美国更成功地运用了结社原则，也没有任何一个国家比美国更慷慨地将其服务于一系列不同的目标。"[139]本杰明·富兰克林在《自传》（*Autobiography*）中提出了一整套以"为公共福祉而奉献是神圣的"为箴言的公民理念，以解释他为何要鼓励人们自愿结社，去创建医院、民兵、街道清扫队、消防队、图书馆、夜间巡逻队和许多其他社群组织。

围绕 GNU 和 Linux 发展起来的黑客队伍告诉我们，超越金钱回报的精神鼓励能够为志愿协作提供动力。托瓦尔兹说："金钱并不是最强大的动力。人们在激情的驱动下，在享受快乐时所做的工作是最出色的。这个道理既适用于编剧、雕塑家和创业者，也适用于软件工程师。"此外，黑客的动机中还有意无意地包含着一些自利因素。他说："激励黑客们无私奉献的重要原因还有一点，这就是，他们做出的切实贡献能够赢得同行的尊重……每个人都想给同行留下深刻的印象，提高自己的声望和社会地位。开源软件开发让程序员们拥有了这个机会。"

盖茨在《致发烧友的公开信》中谴责了未经授权分享微软 BASIC 的行为，他质问道："谁能分文不取地从事专业工作呢？"托瓦尔兹则认为这是一种奇怪的观点。他和盖茨来自两种不同的文化，一个来自赫尔辛基带有共产主义色彩的激进学术圈，另一个则来自西雅图的企业精英阶层。盖茨最终也许拥有了大房子，而托瓦尔兹则受到反政府主义者的热捧。他以自嘲的口吻说："记者似乎很爱报道这种事情：盖茨住的是滨湖高科技豪宅，而我却住在无趣的圣克拉拉，我家是一座管道设施很差的三居室矮平房，我经常会被女儿的玩具绊倒。此外，我开着一辆普普通通的庞蒂克，还要自己接电话。谁不喜欢我呢？"

托瓦尔兹能够把握一种数字时代的艺术，即在大规模、分散化和无等级协作中担任具有威信的领袖。与托瓦尔兹同时代的领袖还有维基百科的创始人吉米 · 威尔士（Jimmy Wales）。这种领导艺术的第一大原则是，要像工程师那样根据技术优点而非个人因素来做决策。托瓦尔兹解释说："这种方式能让我取得人们的信任。当人们信任你时，他们会采纳你的意见。"他还意识到，志愿协作组织中的领导者必须鼓励其他人跟着自己的激情走，而不能对他们颐指气使。他说："最佳、最有效的领导方式是让人们去做自己想做的事情，而不是把领导者的意愿强加给他们。"这样的领导者懂得如何赋予群体自我组织的权力。只要方法得当，一种基于共识的治理结构就会自然而然地形成，Linux 和维基百科都是这方面的例证。托瓦尔兹说："许许多多的人都惊喜地看到，开源模式确实能够发挥作用。大家知道哪些人比较活跃，哪些人值得信赖，于是开源模式就自然而然地发挥作用了。无须投票，无须命令，也无须重新计票。"[140]

GNU 与 Linux 的结合至少在概念上象征着理查德 · 斯托尔曼自由软件运动的胜利。但道德先知很少会陶醉于胜利的喜悦。斯托尔曼是一个清教徒，而托瓦尔兹则不是。他最终公之于众的 Linux 内核中包含一些带有专有特性的二进制数据类型。这个问题是可以纠正的；斯托尔曼的自由软件基金会就创建出了一个完全自由和非专有的版本。但斯托尔曼还面临一个更深刻、更感情化的问题。他抱怨称，虽然几乎所有人都把这个操作系统称为"Linux"，但这种说法有误导性，Linux 只是内核的名称。他坚称（有时甚至会动怒），这个系统作为整体应该叫 GNU/Linux。有一位曾和斯托尔曼一同参加软件博览会的人记得，当一个 14 岁男孩战战兢兢地向斯托尔曼请教关于

Linux 的问题时，斯托尔曼是如何回答的。这位旁观者后来痛斥斯托尔曼："你把那个男孩大骂了一通，我看他的脸色暗淡了下去，他对你以及我们事业的信心都彻底崩溃了。"[141]

斯托尔曼还坚称，应该把创建他所说的自由软件作为目标，"自由软件"一词反映出一种与他人共享的道义责任。他反对托瓦尔兹和埃里克·雷蒙德首创的"开源软件"（open-source software）一词，"开源软件"强调的是让人们通过协作来提高软件开发效率这一实用目标。在实践中，多数自由软件也是开源软件，反之亦然；它们通常都被归入"自由和开源软件"一类。但在斯托尔曼看来，开发软件的方式和动机同等重要。否则，自由软件运动就很容易出现妥协和腐化。

这些争议不仅限于物质层面，而且在某种程度上涉及意识形态层面。斯托尔曼一心坚持道德的清白和决不妥协的精神，他哀叹："如今，任何倡导理想主义的人都面临着一个巨大障碍，就是一种鼓励人们把理想主义视为'不实际'的盛行意识形态。"[142] 而托瓦尔兹则像工程师一样非常讲求实际。他说："我是实用主义者的代表，我一直都认为理想主义者很有意思，但有点令人生厌，还有点可怕。"[143]

托瓦尔兹承认自己"其实并不是斯托尔曼的超级粉丝"，他解释说："我不喜欢一根筋的人，我也不认为把世界变得非黑即白的人有多善良或者最终能发挥多大作用。事实上，任何事物都并非只有两面，应对一件事情的方式几乎永远都有许多种，而'视情况而定'也几乎始终都是一切重大问题的正确答案。"[144] 他还认为，应该允许人们通过开源软件来盈利。他说："开源是要让所有人参与进来。既然是这样，为什么要把在社会科技进步中发挥巨大作用的商界排除在外呢？"[145] 软件也许向往自由，但编写软件的人或许想要养活自己的孩子并回馈他们的投资者。

但我们不能因为这些争议而抹杀斯托尔曼和托瓦尔兹以及他们数千名合作者的惊人成就。GNU 和 Linux 的结合创造出一种可接入更多硬件平台（从世界上 10 款最大的超级计算机到手机的内置系统）的操作系统，其兼容性比其他任何一种操作系统都要好。埃里克·雷蒙德写道："Linux 是颠覆性的。谁都不会想到，分散在世界各地的数千名开发者利用业余时间，仅依靠互联网的脆弱联系，竟能奇迹般地创造出一种世界级操作系统。"[146] 它不仅成为一种伟大的操作系统，而且成为其他领域共同对等开发的范例，Mozilla 的火狐浏览器和维基百科的内容都是以类似方式创建的。

到 20 世纪 90 年代，世界上已经出现了许多种软件开发模式。这其中有硬件与操作系统软件牢牢捆绑的苹果模式（麦金塔电脑、iPhone 手机和所有 i 系列产品都是以这种方式开发出来的，其目的是创造无缝用户体验）；有操作系统不捆绑软件，能让用户拥有更多选择的微软模式；此外还有软件完全不受束缚，任何用户都能动手修改的自由和开源模式。每一种模式都有其优势，都能够刺激创新，并且都有一批先知和信徒。但最理想的方式是让这三种模式共存，让开放和封闭、捆绑和不捆绑、专有和自由随意组合。Windows 和 Mac、UNIX 和 Linux、iOS 和安卓：在几十年的时间里，各种不同的方式相互竞争，相互激励——并相互制约，有效防止了其中任何一种模式占据统治地位，进而妨碍创新。

拉里 · 布里连特（1944—　）和斯图尔特 · 布兰德 2010 年在布兰德的船屋上会面

威廉 · 冯 · 迈斯特（1942—1995）

史蒂夫 · 凯斯（1958—　）

第十章　在线

互联网和个人电脑都诞生于 20 世纪 70 年代，但它们走的却是两条不同的发展道路。这种现象有些奇怪，而更怪的是，两者沿不同道路发展的状况一直持续了逾 10 年时间。这其中有部分原因在于，喜欢享受联网乐趣的人和一想到属于自己的个人电脑便激动不已的人思维方式截然不同。许多早期的个人电脑迷与“社群记忆”项目中那帮热衷组建虚拟社区的空想家不同，他们想独自探索属于自己的电脑，至少一开始是这样的。

个人电脑之所以走出一条脱离网络的发展道路还有一个更实际的原因，这就是 20 世纪 70 年代的阿帕网并不向普通人开放。1981 年，威斯康星大学的劳伦斯 · 兰德韦伯（Lawrence Landweber）联合一批没有接入阿帕网的大学共同创建了另一个基于 TCP/IP 协议的网络，该网络名为计算机科学网（CSNET）。他说：“当时美国只有很少一部分计算机研究机构能够联网。”[1] 该网络成为美国国家科学基金会出资创建的国家科学基金会网（NSFNET）的前身。但即使到了 20 世纪 80 年代初，当这些网络全部并入互联网之后，在家中使用个人电脑的普通人还是很难接触网络。要想上网，一般需要隶属于一所大学或者一家研究机构。

因此，从 20 世纪 70 年代初开始，在将近 15 年的时间里，互联网和家用计算机的发展一直犹如两条平行线，直到20世纪80年代末，当普通人可以在家中或办公室里拨号上网时，两者才开始有交集。从此，数字革命翻开了新的篇章，计算机成为辅助个人创造和促进协作的工具，让布什、利克莱德和恩格尔巴特的增智愿景变为现实。

电子邮件和电子公告板

威廉 · 吉布森（William Gibson）在 1982 年有关赛博朋克的故事《燃烧的铬》（*Burning Chrome*）中写道："普通人会为物品找到适合自己的用途。"能够接触到阿帕网的研究人员也为阿帕网找到了适合他们自己的用途。阿帕网建立的本意是为研究人员提供一个分时使用计算机资源的网络。从这个角度来看，阿帕网是比较失败的。但阿帕网和许多技术一样，因成为通信和社交媒介而走上了成功之路。数字时代有一条颠扑不破的真理：对交流、连接、合作和组建社群的渴望往往能创造出热门应用。1972 年，阿帕网的第一个热门应用诞生了，这就是电子邮件。

当时，共用一台分时计算机的研究人员已经开始使用电子邮件了。有一个名为 SNDMSG 的程序能让大型中央计算机的用户向共享同一台计算机的另一名用户的个人文件夹发送信息。1971 年年底，毕业于麻省理工学院的 BBN 工程师雷 · 汤姆林森（Ray Tomlinson）决定要一个酷招，让这些信息能够发送到其他主机的文件夹内。他的方法是把 SNDMSG 和一个名为 CPYNET 的试验性文件传输程序（能够让阿帕网的远程计算机之间进行文件交换）结合在一起。然后，他做了一件更有创意的事情：为了指引信息发往位于不同站点的用户文件夹，他用键盘上的符号"@"创建了一种地址系统，这就是现在所有人都使用的电子邮件格式“用户名 @ 主机名”。于是，汤姆林森不仅发明了电子邮件，而且创造了网络世界的标志性符号。[2]

阿帕网能让一家研究中心的科研人员调用别处的运算资源，但这项功能其实很少有人使用，电子邮件才是他们主要的协作方式。ARPA 主管斯蒂芬 · 卢卡西克是最早的电子邮件迷之一，在他的带动下，所有需要和他打交道的研究人员都跟着使用电子邮件。1973 年，他委托相关部门展开了一项研究，发现电子邮件发明后不到两年就占据了阿帕网 75% 的流量。几年后，BBN 一份报告得出结论：“阿帕网项目最大的意外是网络邮件的广泛流行和巨大成功。”这其实并没有什么好惊讶的，因为人们对社交的渴望不仅能够推动创新，而且能让创新成果为己所用。

电子邮件所发挥的作用不仅仅是协助两名计算机用户互相传递信息。它还推动了虚拟社区的产生，这些社区像利克莱德和泰勒 1968 年预言的那样，能让“人们根据共同的志趣，而不是距离的远近这种偶然因素”来择友。

最早的虚拟社区始于分配给大型订阅者群的电子邮件链。这些订阅者可自行选择加入的群被称为邮件列表。1975 年出现的第一个大型邮件列表是由一群科幻小说迷组成的 SF-Lovers。ARPA 的管理人员一开始想关闭这个邮件列表，因为他们担心有些参议员可能不希望把军费用在扶持科幻虚拟社区上，但该群的斡旋者成功地说服了 ARPA，他们指出，这是一种很有价值的训练，能够帮助人们更好地应对大量信息的交换。

很快，建立网络社区的其他方式也出现了，一些是依托互联网；还有一些是利用任何现成的网络。1978 年 2 月，芝加哥地区计算机爱好者交流会的两名成员沃德 · 克里斯坦森（Ward Christensen）和兰迪 · 苏斯（Randy Suess）被暴风雪困在了家中。于是他们利用这段时间建立了第一个计算机公告板系统（Bulletin Board System），能让黑客、发烧友和自封的“系统管理员”建立自己的网络论坛，并在论坛上提供文件、盗版软件，发布信息和留言。任何有办法上网的人都可以加入。

第二年，杜克大学和北卡罗来纳大学的学生（当时这两所大学还没有接入互联网）建立了另一个系统，该系统以个人电脑为主机，设有可发送信息和回复的主题讨论区。这个系统后来被称为 Usenet，上面发布的帖子类别被称为“新闻组”（newsgroups）。到 1984 年，Usenet 的终端已经接近 1 000 个，遍布全国各地的大学和研究机构。

但即使有了这些新生的公告板和新闻组，大多数普通个人电脑用户还是无法轻松加入虚拟社区。用户需要获得一种联网渠道，而在家中甚至大多数办公室里，联网并不是一件简单的事情。到了 20 世纪 80 年代初，一项半技术性半法律性的创新出现了，这一创新看似微不足道，实则产生了巨大的影响。

调制解调器

有一种小小的设备最终在家用电脑和全球网络之间建立起了联系，这就是调制解调器。调制解调器能够调整和解调（也就是其名称的由来）电话电路携带的模拟信号，以传输和接收数字信息。这样一来，普通人就能用电话线把自己的计算机和网上其他人的计算机连接起来了。网络革命现在终于具备了开始的条件。

这场革命的步伐十分缓慢，因为 AT&T 几乎垄断了美国的电话系统，就连你在家能用什么样的设备也是由他们说了算。你不可以自行把任何东西连接到电话线上，甚至不可以连接到电话上，除非这位“贝尔大妈”把它租给你或者授权你使用。虽然 AT&T 20 世纪 50

年代就向市场投放了一些调制解调器，但它们又笨重又昂贵，而且主要是面向企业或军队设计的，并不适合创建虚拟社区的“家酿”发烧友。

促使情况发生变化的是一起“电话降噪器”案。“电话降噪器”是一个简单的塑料送话器，可以插在电话上，放大通话者的声音，也可以防止周围的人偷听。这款设备面市已有20年，并没有妨碍任何人，但后来AT&T的一名律师在商店橱窗里发现了这款设备，于是该公司决定提出起诉，他们的理由很荒唐，称任何外部设备（包括一个小小的塑料圆锥体）都会损害该公司的网络。这起案例显示出，AT&T为捍卫自己的垄断地位已经做得太过分。

庆幸的是，AT&T此举效果适得其反。一家联邦上诉法院驳回了该公司的主张，此后，接入AT&T网络的障碍开始被逐渐清除。以电子方式把调制解调器接入电话系统依然是非法的，但你可以通过机械方式接入，比如拿起电话听筒，将其置于声学耦合器的吸盘内。到20世纪70年代初，已经出现了好几种这样的调制解调器，其中有一款叫“六孔哨笛”（Pennywhistle），是李·费尔森施泰因为发烧友群体设计的，能以每秒300比特的速度传送和接收数字信号。[①]

接下来，得克萨斯州一位发明无线电话分机系统的倔强牛仔用卖牲口挣来的钱打了长达12年的官司，终于为他的客户赢得了使用这种电话分机系统的权利。相关监管规定用了好几年时间才全部制定出来，到了1975年，美国联邦通信委员会终于准许用户将电子设备连接至网络。

在AT&T的游说下，相关规定一度极其严格，所以电子调制解

① 以太网或今天的无线宽带数据传输速度可达每秒10亿比特，比当时的网络快300万倍以上。

调器一开始价格很贵。但到了 1981 年，Hayes 生产的智能调制解调器开始出现在市场上。这款设备可以直接插在电话线上并与计算机连接，而无须笨重的声学耦合器。这样一来，无论是引领潮流的发烧友、赛博朋克还是普通的家庭电脑用户都能轻松上网了，只要输入一家网络服务提供商的电话号码，屏住呼吸，等待电脑发出静电般的尖鸣声，显示数据连接准备就绪，就可以进入虚拟社区，访问公告板、新闻组、邮件列表和参加其他在线活动了。

THE WELL

几乎在数字革命的每个阶段，斯图尔特 · 布兰德都找到了一种站在科技、社群和反主流文化交叉点上的方式，他为数字革命的精彩而兴奋，而这场革命也因他变得更加精彩。他为肯 · 凯西的幻游音乐节制作过一场科技迷幻秀，为《滚石》报道过《太空大战》游戏和施乐 PARC，他曾协助并鼓励道格 · 恩格尔巴特举办“演示之母”，还创办了《全球概览》。因此，在调制解调器逐渐普及，个人电脑操作日益轻松的 1984 年秋季，布兰德协助构建出网络社区的雏形——The WELL——也就是很自然的事情了。

促使布兰德产生这一设想的是拉里 · 布里连特（Larry Brilliant）的一次登门拜访。布里连特也是理想主义科技反主流文化部落中一位风趣而认真，富有创新精神的成员。布里连特是一位内科医生和流行病学家，他有种改造世界的冲动，并从中获得了很多乐趣。他在阿尔卡特拉斯举行的美国印第安人占领运动中提供过医疗服务；为寻求精神启迪，他曾在喜马拉雅山一个静修处跟随著名的尼姆 · 卡罗利 · 巴巴（Neem Karoli Baba）大师修行（这是他第一次与史蒂夫 · 乔布斯产生交集）；他参加过世界卫生组织的消灭天花运动，还在乔布斯和拉姆·达斯（Ram Dass）、瓦维·格雷维（Wary Gravy）等反主流文化名流的支持下成立了塞瓦基金会（Seva Foundation），致力于为全球贫困社区中的盲人提供治疗。

有一回，塞瓦基金会使用的一架直升机在尼泊尔出现了机械故障，于是布里连特利用一个计算机会议系统和乔布斯捐赠的一台苹果 II 型电脑在网上组织了一场维修行动。在线讨论组的这种潜在力量深深打动了他。后来，布里连特到密歇根大学教书时协助创办了一家做计算机会议系统（依托密歇根大学的网络）的公司。这个名为 PicoSpan 的系统允许用户就不同的主题发表评论，并能把这些帖子串在一起，供所有人阅读。布里连特身上洋溢着理想主义、技术乌托邦主义和创业精神。他利用会议系统把医疗技术带到了亚洲的小村庄，并在出现问题时通过组织工作组来解决问题。

布里连特去圣迭戈参加会议时给老朋友斯图尔特·布兰德打了电话，邀请他共进午餐。他们在海滩边的一家餐厅里会面时（布兰德计划当天在附近裸泳），布里连特提出两个相互关联的目标：推广 PicoSpan 会议软件和创建一个网络知识社区。

布里连特建议布兰德同他合作，他说自己准备出资 20 万美元，购买一台计算机并提供软件，“随后，斯图尔特要管理系统，向他身边那群聪明、有趣的人推广这个系统”。[3] 他说：“我的设想是，人们可以借助这种新技术来讨论《全球概览》上的所有话题。大家可以围绕瑞士军刀、太阳能灶或者任何话题建立社交网络。”[4]

布兰德把这个设想拓展为一个更加宏伟的计划：他要创建世界上最刺激的网络社区，让人们能够讨论他们想讨论的任何话题。他建议：“让我们来展开讨论吧，让世界上最聪明的人参与进来，让他们自己决定谈什么。”[5] 布兰德将这个社区命名为 The WELL，然后逆推出一个全称：“全球电子连接”（Whole Earth’ Lectronic Link）。后来他说，在名称中加入一个好玩的撇号“永远都很有价值”。[6]

布兰德是实名制理念的拥护者。这种理念后来被许多虚拟社区所抛弃，但 The WELL 之所以能成为一项影响深远的服务，与这一理念是密不可分的。参与者不可以完全匿名；他们可以使用化名或假名，但加入时必须提供真名，其他成员也可以知道他们的身份。The WELL 的主页会弹出布兰德的信条“你要为自己的言论负责”。也就是说，用户要为自己的发帖内容负责。

和互联网本身一样，The WELL 也成了一个由用户自主设计的系统。到 1987 年，其网络论坛上的话题（被称为“会议”）已经涉及方方面面，从“感恩而死”（最热门的话题）到 UNIX 编程，从艺术到育儿，从外星人到软件设计，可以说是无所不包。这个论坛上几乎没有等级制度或权力控制，因此，它是以协作方式发展的。这就让 The Well 成为令人着迷的体验与有趣社会实验的结合。市面上出现了一部部相关书籍，其中包括富有影响力的科技编年史家霍华德·莱茵戈尔德（Howard Rheingold）和凯蒂·哈夫纳（Katie Hafner）的著作。哈夫纳写道：“在 The Well 上，你会与你在其他场合可能根本不会想要结交的人聊天，这本身就是一件充满诱惑的事情。”[7] 莱茵戈尔德在他的书中解释称：“这就像街角酒吧一样，既有老朋友，又有令人愉快的新朋友，有新工具等你拿回家中，还有新鲜的涂鸦和文字，只是我无须穿起大衣，关闭电脑，走到街角，我只要借助电信程序就可以享受这一切了。”[8] 有一回，莱茵戈尔德发现两岁女儿的头皮上有一只蜱，结果他不等自己的医生给他回电话，就从 The WELL 的一位医生那儿获悉了治疗方案。

网络对话可以进行得很深入。一位名叫汤姆·曼德尔（Tom Mandel）的讨论区版主被哈夫纳作为书中的主要人物，他还帮我和《时代》杂志的同事管理过我们的网络论坛，他常常与其他成员展开激烈的交锋，这类舌战被称为“火焰战”(flame war)。他回忆说：“我会表达自己对所有问题的观点。我甚至发起过一场论战，把西海岸半个网络世界都卷进了电子斗殴，结果我被 The WELL 赶了出去。”[9] 但当他披露自己因罹患癌症而即将离世时，这些网友又纷纷围到他身边嘘寒问暖。他在自己最后发布的一则帖子中写道：“我很伤心，非常伤心，我不能再继续和你们玩、和你们辩论了，我简直不知该如何表达自己沮丧和哀伤的心情。”[10]

The WELL 是互联网曾经的那种亲密、体贴的社区的典范。历经 30 年的洗礼，它仍可算是一个紧密团结的社区，但若论流行程度，更加商业化的网络服务和共享性较弱的论坛早已先后赶超了 The WELL。网络匿名化的普及削弱了布兰德秉持的信条，即人应该为自己的言论负责，于是，许多网络言论变得轻率起来，讨论也不那么亲密了。互联网一路走到今天，经历了不同的发展周期（曾先后承担过分时、社群、出版、博客和社交平台的角色），也许有一天，人类对于建立互信社群（类似街角酒吧）的本能渴望将复燃，使 The WELL 或者继承其衣钵的初创公司成为下一代热门创新。有时候，重拾我们失去的东西也不失为一种创新。

美国在线

从 20 世纪 70 年代末开始，美国出现了一批推动数字创新的新前沿开拓者，威廉 · 冯 · 迈斯特（William von Meister）就是这批人的早期代表。和 Altair 的埃德 · 罗伯茨一样，冯 · 迈斯特也是个精力过人的连续创业者。在遍地开花的风险资本家的推动下，这批创业者的创意像火花一样不断迸发，他们从冒险中寻求刺激，并以福音传教士般的热情宣扬新技术。冯 · 迈斯特既是创业潮流的典范，又是个有些荒诞的角色。冯·迈斯特和诺伊斯、盖茨以及乔布斯不同，他并没有去努力经营公司，而只是去创办一家家公司，然后任其自生自灭。他不畏失败，而是因失败而振奋，正是像冯·迈斯特这样的一批人让宽容失败成为互联网时代的一大特征。作为一个“大捣蛋鬼”，他在10年的时间里创办了9家公司，其中大多数要么倒闭了，要么就把他排挤了出去。但通过这一连串的失败，他定义了互联网企业家的典型特征，并在这一过程中发明了全新的网络业务。[11]

冯·迈斯特的母亲是一位奥地利女伯爵，父亲是德皇威廉二世的教子，曾任一家德国飞艇公司驻美国子公司的主管（该公司运营过兴登堡号，直到这艘飞艇1937年发生爆炸），之后他还在一家化学品公司担任过部门负责人，但后来被控欺诈。父亲的风格影响了1942年出生的小威廉，他似乎是决意重蹈父亲屡屡从辉煌中跌落的覆辙，尽管他的失败没那么严重。冯·迈斯特小时候生活在新泽西州一幢刷着白石灰的砖石宅邸中，这幢名为“蓝烟囱”的大宅坐落在一片占地28英亩的庄园内，他爱躲到阁楼上操作自己的业余无线电和组装电子设备。冯·迈斯特曾制作过一台无线电发报机，他父亲把这台发报机放在自己的汽车里，下班后快到家的时候就用这台发报机发信号，通知佣人给他准备茶点。

冯·迈斯特的学术生涯可谓是一团糟，他入读过华盛顿的多所大学并屡次辍学，后来他进入西联工作。在西联工作时，冯·迈斯特创办了一批周边项目，他曾回收利用西联的一些废弃设备，并以此为基础启动了一项服务，让人们把重要信件口述给呼叫中心，这些信件第二天即可送达。这个项目非常成功，但冯·迈斯特却因支出无度和毫不关心项目运营而被迫离开，后来他的创业生涯总是陷在这种模式中。①

① 西联后来收购了该业务，并将其改造成旗下的邮递电报服务。

冯·迈斯特是最早的传媒创业者之一（他更像特德·特纳，而不是马克·扎克伯格），这批人极富传奇色彩，他们把疯狂与精明完美地结合在一起，几乎不露任何痕迹。冯·迈斯特喜欢艳俗的女郎和上乘的红酒，喜爱跑车和私人飞机，还有单一纯麦苏格兰威士忌和走私雪茄烟。曾为《华盛顿邮报》报道冯·迈斯特的迈克尔·施拉格（Michael Schrage）说："比尔·冯·迈斯特不仅仅是个连续创业者，而且是一位病态的创业者。当你回过头去看的时候，他的创意一般来说并不算愚蠢，但当时它们就显得很不切实际。他身上存在的很大风险在于，他是个疯子，他会把这种疯癫与创意弄混，因为两者交织得太紧密了。"[12]

此后冯·迈斯特依然如故，他善于想出新点子，能轻松地从风险资本家手中筹得资金，但他不善经营。他的初创公司包括：一家面向企业的大型电话路由服务公司；一家位于华盛顿市郊，名为"麦克莱恩暖气午餐"的餐馆，人们就餐时可以用桌上的电话机打长途电话；还有一项名为 Infocast 的服务，该服务能用调频广播信号搭载数字数据，向计算机发送信息。到了 1978 年，这些创业项目冯·迈斯特要么厌倦了，要么遭到了公司排挤，于是他把自己对电话、计算机和信息网络的兴趣结合起来，创建了一项他称之为 The Source 的服务。

The Source 通过电话线路将家用计算机连接成一个网络，提供公告板、信息交流、新闻、占星、餐馆指南、葡萄酒排名、购物、天气、飞机时刻表和股价等服务。换句话说，这是最早的以消费者为导向的网络服务之一（另一项类似的服务叫 CompuServe，是一个以企业为导向的分时网络，1979 年，CompuServe 刚刚开始进军面向消费者的拨号上网市场）。The Source 早期的一份营销手册写道："它能把你的个人电脑带到世界任何地方。"冯·迈斯特对《华盛顿邮报》表示，The Source 会成为一项"公用事业"，"像从水龙头里流出的自来水”一样为人们提供信息。除为家庭用户输送信息外，The Source 还专注于社区的创建，也就是能让用户把自己写的东西发布出去并供其他人下载的论坛、聊天室和私人文件分享区等。1979 年 7 月，在曼哈顿广场酒店举行的正式发布会上，科幻小说作家兼该服务代言人艾萨克·阿西莫夫（Isaac Asimov）宣布：“信息时代来临了！”[13]

和之前一样，冯·迈斯特的公司很快又出现经营不善和支出无度的局面，结果，一年后他被主投资人逐出了公司，这位投资人说：“比利·冯·迈斯特是一位出色的创业者，但他不知道什么时候应该停止创业。”The Source 最终被《读者文摘》收购，后来《读者文摘》又将其卖给了 CompuServe。不过，该公司的生命虽然短暂，但仍是网络时代的先驱，它让我们看到，消费者不仅希望获得由网络输送的信息，而且需要有机会与朋友交流，并生成可供分享的原创内容。

冯·迈斯特的下一个创意也比时代领先了一步，这是一家通过有线电视网络销售流媒体音乐的家庭音乐商店。但唱片店和唱片公司联合起来封锁了他获得歌曲的渠道，于是，创意不断的冯·迈斯特把重点转向了电子游戏。这是一个更加成熟的目标，当时已有 1 400 万台 Atari 家庭游戏机投入市场。于是，一家名叫 Control Video Corporation（简称 CVC）的公司诞生了。冯·迈斯特的新服务可以让用户以买或租的方式下载游戏。他把这项服务称为 GameLine，并开始绑定 The Source 已有的一些信息服务。他宣称：“我们将把电子游戏机玩家改造成信息迷。”[14]

GameLine 和 CVC 在华盛顿杜勒斯机场沿途的一家购物城里设立了门店。冯·迈斯特为公司挑选了一批董事会成员，象征将火炬正式传递给新生的互联网先驱。董事会成员包括最早的阿帕网架构者拉里·罗伯茨和莱恩·克兰罗克。还有一位是堪称开路先锋的风险资本家弗兰克·考菲尔德（Frank Caufield），他麾下的凯鹏华盈（Kleiner

Perkins Caufield & Byers，KPCB）当时已成为硅谷最有影响力的金融公司。此外还有一位来自投资银行 Hambrecht & Quist 的代表丹·凯斯（Dan Case），他是一位精明而充满活力的年轻人，来自夏威夷，毕业于普林斯顿大学，并曾获得过罗德斯奖学金。

丹·凯斯与冯·迈斯特一起参加了 1983 年 1 月在拉斯韦加斯举办的消费电子产品展，CVC 希望让 GameLine 在这次展会上一炮打响。爱出风头的冯·迈斯特买了个状似游戏控制杆的热气球，醒目地打出 GameLine 的字样，让气球在拉斯韦加斯上空飞行，他还在热带花园酒店租了巨大的套房，请歌舞女郎在里面表演。[15] 丹很喜欢这种场面。而他弟弟史蒂夫则在角落里徘徊。史蒂夫比丹沉默一些，平静的脸上总带着谜一般的微笑，比较难以捉摸。

丹·凯斯的弟弟史蒂夫·凯斯生于 1958 年，在夏威夷长大，他性情温和，就像是被海豚养大的一样，给人一种与世无争的感觉。有人管他叫“墙”（the Wall），因为他很少把情绪显露在脸上，他生性羞涩，但并不缺乏自信。在一些不太了解他的人看来，他有些清高傲慢，但他其实并非如此。在成长的过程中，他学会了开玩笑，并像兄弟会上的新人一样，以平淡的鼻音回应并无恶意的冒犯。但在戏谑之下，他有一颗非常体贴而认真的心。

上高中时，丹和史蒂夫把他们的卧室变成了办公室，在里面经营各种业务，比如卖贺卡和分送杂志。史蒂夫·凯斯回忆说：“我们凯斯兄弟创业的第一课就是，我出主意，他提供资金，然后公司我们各拥有一半。”[16]

史蒂夫·凯斯大学念的是威廉姆斯学院，在这所大学执教的著名历史学家詹姆斯·麦格雷戈（James MacGregor）曾经不客气地指出：“他在我的学生当中只能算是中等水平。”[17] 与学习相比，他把更多的时间花在考虑如何创业上。史蒂夫·凯斯回忆说："我记得有个教授把我拉到一边，建议我把创业的兴趣先搁一搁，把注意力放在学业上，因为念大学是一生只有一次的机会。不用说，我是不同意的。"他在大学里只修过一门计算机课，而且很不喜欢这门课，"因为它讲的是打孔卡时代的东西，你得写一个程序，然后要等好几个小时才能得到结果"。[18] 他从中得到的教训是，应该让计算机更通俗易懂，互动性更强。

但史蒂夫·凯斯也不是完全排斥计算机，他喜欢用它们来上网。他在接受记者卡拉·斯威舍采访时表示："那种远程连接的感觉很神奇。在我看来，上网是电脑最主要的用途，其他功能只适合那些搞计算机研究的书呆子。"[19] 读过未来学名家阿尔文·托夫勒（Alvin Toffler）的《第三次浪潮》（*The Third Wave*）之后，他被"电子前沿"概念迷住了，这个概念认为，技术将把人与人连接在一起，并让人获得世界上所有信息。[20]

1980年年初，史蒂夫·凯斯曾试图在广告公司J. Walter Thompson找一份工作。他在求职信中写道："我坚信，通信领域的技术进步即将从根本上改变我们的生活方式。电信领域（尤其是双向有线系统）的创新将使我们的电视机（当然了，是大屏幕）成为一种信息线路，成为报纸、学校、电脑、投票机和目录。"[21] 这家公司没有录用他，宝洁公司一开始也把他拒之门外。但史蒂夫·凯斯成功地从宝洁公司争取到了新的面试机会，随后他自掏腰包去辛辛那提参加面试，最终在一个做护发素巾（这种名为Abound的护发素小巾很快就退出了市场）的部门担任初级品牌经理。史蒂夫·凯斯在那儿学到了一种通过发放免费试用装来推出新产品的技巧。他说："从一定程度上来说，10年后美国在线派发免费试用光盘的战略思路就来自这里。"[22] 两年后，他离开宝洁公司，开始在百事的子公司必胜客工作。

他说："我之所以去必胜客，是因为那里的创业气息非常浓郁。这是一家通过加盟店来运营的公司，几乎和宝洁公司完全相反。宝洁公司是一家偏重自上而下管理，以流程为导向的公司，所有重要决策都是辛辛那提总部做的。"[23]

当时，史蒂夫·凯斯还是个年轻的单身汉，在堪萨斯州威奇托工作，晚上没什么事情可做，于是他成了 The Source 的忠实用户。对一个像他这样既害羞又渴望与人交流的人来说，The Source 是个完美的港湾。他从中领悟到两点经验：一是人们喜欢成为社区的一分子；二是一项技术若想吸引大众，就必须做得简单。第一次尝试登录 The Source 时，他费了老大劲才配置好那台 Kaypro 便携式电脑。他回忆说："简直就像攀登珠穆朗玛峰一样，我的第一反应是，为什么非得弄得这么困难。但当我最终登录进去，发现住在威奇托这间小破公寓的自己与全美各地的人都能建立起联系时，真是太兴奋了。"[24]

史蒂夫·凯斯利用业余时间创办了一家小型营销策划公司。在那个大学生大都想到大公司工作的时代，他却怀揣着创业梦想。他租用了一项邮件投递服务，可以使用旧金山一个高档地段的地址，他把地址印在办公用品上，然后让业务代表把邮件转到他位于威奇托的小公寓里。史蒂夫渴望帮助那些想做电子前沿开拓者的公司，因此，他哥哥丹 1981 年加入 Hambrecht & Quist 后，便开始给他发一些有意思的公司的商业计划，其中有一家便是冯·迈斯特的 CVC。1982 年 12 月，他们到科罗拉多州滑雪度假时讨论了丹是否应该投资的问题，还决定次月一起去参加拉斯韦加斯的消费电子产品展。[25]

在拉斯韦加斯，活力四射的冯·迈斯特和含蓄内敛的史蒂夫·凯斯花了很长时间共进午餐，讨论如何推广 GameLine。也许正是因为他们拥有共同的兴趣和不同的性格，两人一拍即合。酒过三巡，已有醉意的冯·迈斯特和丹·凯斯在卫生间里聊了一会儿，冯·迈斯特问丹，聘用年轻的史蒂夫是否合适。丹说可以。于是，史蒂夫便开始在 CVC 担任兼职顾问，随后，他从 1983 年 9 月开始在该公司做全职工作并搬到了华盛顿。他说："我认为 GameLine 这个创意大有前途。而且我也知道，即使最后失败了，我从与比尔的合作中获得的经验也是很有价值的。后来的事实证明这完全正确。"[26]

CVC 在短短几个月之内就滑向了破产的边缘。其原因在于，冯·迈斯特还不知道怎样去做一名审慎的管理者，而 Atari 的游戏市场也出现了萎缩。当风险资本家弗兰克·考菲尔德在那一年的董事会会议上获悉销售数据时，他的反应是："简直无法想象他们乱花了多少钱。"于是考菲尔德坚决主张引入一名纪律严明的管理者。他找的这个人叫吉姆·基姆西（Jim Kimsey），是他的一位好友，也是他西点军校的同班同学，基姆西那特种部队突击队员般粗犷的外表下隐藏着一颗酒吧侍者般体贴入微的心。

基姆西并不是整治一家数字互动服务公司的典型人选，他对枪支和威士忌杯的熟悉程度要远远超过键盘，但他身上有种出色企业家所需的不屈不挠的韧性和叛逆精神。基姆西生于 1939 年，在华盛顿长大，高三时他因惹事而被华盛顿顶尖的天主教会学校贡萨加高中赶出校门。不过，他最终还是跌跌撞撞地进了西点军校，他适合西点军校那种欣赏、引导和控制进攻性的氛围。毕业后，他被派到多米尼加共和国，随后又在 20 世纪 60 年代末两次赴越南执行任务。他在越南担任空降突击队少校期间，曾负责修建了一所能容纳 100 名越南儿童的孤儿院。要不是他喜欢和上级顶嘴，他可能就会一辈子从军了。[27]

基姆西于 1970 年回到华盛顿，在市中心买了一幢办公楼，这幢办公楼大都租给了证券公司，他还在一楼开了家名叫"交易所"的酒吧，里面配有一台货真价实的股票行情机。他很快又开了其他一些人气单身酒吧，其中有一家酒吧叫"疯狂帽商"（Madhatter），还有一家叫“牛头羽毛”（Bullfeathers），同时开始进行更多房地产投资。他常与西点军校的老友弗兰克·考菲尔德带着儿子一起探险。在1983年一次漂流之旅中，考菲尔德决定把他招进CVC，为冯·迈斯特保驾护航，最终，基姆西担任了该公司的首席执行官。

面对疲软的销售形势，基姆西解雇了多数员工，但他留下了史蒂夫·凯斯，并把他提拔为负责营销的副总裁。基姆西说起话来带有酒馆掌柜那种生动的措辞风格，他尤其爱用与“粪便”有关的词语。他宣称：“我的工作是用鸡屎来做鸡肉沙拉。”他还喜欢讲一个笑话，说的是一个小男孩在开心地挖一坨马粪，有人问他为什么要挖马粪，他说：“这坨粪里面肯定有一匹小马。”

散漫的创意人冯·迈斯特、冷静的战略家史蒂夫·凯斯和粗鲁的突击队队员基姆西组成了一支奇特的三人领导团队。冯·迈斯特是出风头的公众角色，基姆西是热情的酒吧招待，史蒂夫·凯斯则徘徊在角落里观察情况并出主意。这一案例再次证明，一个多元化团队有助于促进创新。外部顾问肯·诺瓦克（Ken Novack）后来指出；“他们能共同缔造出这家公司绝非偶然。”[28]

史蒂夫·凯斯和冯·迈斯特长期以来一直很想建立能够连接普通用户的计算机网络。1984年，哥伦比亚广播公司、Sears和IBM联手启动了这样一种服务（名为Prodigy），此后，其他电脑生产商也意识到这可能会形成一个可观的市场。电脑公司康懋达与CVC接洽，要求其创建一项网络服务。于是基姆西把CVC重组为一家名为Quantum的公司，于1985年11月为康懋达的用户推出了一项名为Q-Link的服务。

每月收费10美元的Q-Link拥有冯·迈斯特（那时公司正设法解除他的职权）和史蒂夫·凯斯所设想的一切功能：有新闻、游戏、天气情况、占卜、评论、股票、肥皂剧更新，还有一家商城，该系统也会时不时地出现崩溃和停机等网络世界的通病。但最重要的是，Q-Link 有一个名为“人际网络”的区域能让成员组建社区，这里有许多活跃的公告板和实时聊天室。

到 1986 年年初，在短短两个月之内，Q-Link 就已经拥有 1 万名成员。但此后的增长速度开始逐渐放慢，有很大一部分原因在于，来自苹果等公司的新竞争导致康懋达的电脑销量出现滑坡。基姆西对史蒂夫·凯斯说：“我们得把握自己的命运。”[29] 很显然，Quantum 要想成功，就必须建立面向其他计算机生产商，尤其是苹果公司的 Link 网络服务。

史蒂夫·凯斯坚忍的性格中带着一种不屈不挠的韧性，他把目标指向了苹果公司高管。当时，以高超手段控制苹果公司的联合创始人史蒂夫·乔布斯虽然已被暂时逐出公司，但与苹果建立合作关系依然很难。于是，史蒂夫·凯斯穿越半个美国来到丘珀蒂诺，在苹果总部附近找了套公寓住了下来，他从这里向苹果展开了攻势。苹果内部有许多部门都是他可以尝试攻破的目标，最终，他成功地在苹果公司里弄到一张小办公桌。史蒂夫·凯斯虽然给人以清高的印象，但他却有种魅力十足的幽默感，他在办公桌上支起一幅写着“人质史蒂夫”（Steve Held Hostage）① 的标识，并注明他已在那里待了多少天。[30] 1987 年，经过三个月不间断的游说，史蒂夫·凯斯成功了：苹果的消费者服务部门同意与 Quantum 签署协议，推出一项名为 AppleLink 的服务。这项服务于一年后推出，可爱的苹果联合创始人史蒂夫·沃兹尼亚克加入了 AppleLink 的第一个实时聊天论坛。

之后，史蒂夫·凯斯又与计算机公司 Tandy 谈成了一项类似交易，推出了 PC-Link。但他很快就意识到，这种为不同的电脑生产商

① 这句话借用了 1980 年发生的一个戏剧性事件，当时有美国人在伊朗被劫为人质。

分别创建私人品牌服务的策略应该调整一下了。一项服务的用户无法与另一项服务的用户对接。此外，这些电脑生产商控制着 Quantum 的产品、营销乃至未来。史蒂夫·凯斯对自己的团队说："瞧，我们不能再依靠这些合作关系了。我们真的得依靠自己，建立我们自己的品牌了。"[31]

随着 Quantum 同苹果关系的恶化，这个问题变得越加紧迫，但同时也成为一个机遇。史蒂夫·凯斯说："苹果管理层不希望看到一家第三方公司使用他们的品牌。苹果决定不再继续同我们合作，于是我们亟待重建品牌。"[32]

凯斯和基姆西决定把公司所提供的三项服务的用户合并起来，整合成一项拥有自主品牌的网络服务。比尔·盖茨开创的软件业发展方式也适用于网络领域：网络服务可以同硬件脱钩，能在所有的计算机平台上运行。

现在他们需要为这项服务取个名字。大家提出了许多建议，比如"十字路口"（Crossroads）和"量子 2000"（Quantum 2000），但这些名称听起来要么像宗教静修所，要么像共同基金。史蒂夫·凯斯取的是"美国在线"（America Online），这个名称当时让许多同事感到反胃，它听起来很做作，而且有种古怪的爱国主义气息。但史蒂夫·凯斯喜欢这个名字。他后来表示，他认为"名称应该简单、亲切，甚至有点傻气"，就像乔布斯将自己的公司命名为苹果一样。[33]由于没有钱做市场推广，因此他需要一个能清晰描述服务内容的名称，而"美国在线"恰好能满足要求。

使用美国在线的服务就像借助辅助轮上网一样。这项服务平易近人、简单易用。史蒂夫·凯斯运用了他在宝洁公司学到的两项经验：一是产品要做得简单，二是通过发放免费试用装来推广产品。于是，他们用包含两个月免费服务的软件光盘对整个美国实施了地毯式轰炸。一位名叫埃尔伍德·爱德华兹（Elwood Edwards）的配音演员（他是美国在线一名早期雇员的丈夫）用欢快的语调录制了欢迎词（“欢迎”和“你有邮件”），让这项服务给人一种友好的感觉。就这样，美国在线上线了。

史蒂夫·凯斯知道，这项服务成功的秘诀不在于游戏或者发布的内容，而是要利用人们对交往的渴望。他讲述道：“早在1985年，我们就把最大的赌注投向了网络社区。现在人们称其为社交媒体。我们认为互联网的热门应用是人。人们不仅要以更加便捷的新方式与熟人交流，而且要与他们还不认识但应该认识的人交流，因为他们拥有某些共同的兴趣。”[34] 美国在线的主要服务包括聊天室、即时信息、好友列表和文本信息。和 The Source 一样，美国在线也有新闻、体育、天气情况和占卜等栏目，但社交网络是服务的重点。他说：“商务、娱乐和金融服务等其他所有东西都是次要的，我们认为社区比内容更重要。”[35]

美国在线有一项特别热门的服务，就是聊天室，这是一个让兴趣相似的人（电脑、性、肥皂剧等）聚集在一起的地方。只要各方均同意，用户可以进入“私人聊天室”（private room），或者访问公开举办与名人对话活动的“会堂”。美国在线的用户不叫“客户”（customer）或“用户”（subscriber），而叫“成员”（member）。美国在线之所以能够蓬勃发展，是因为它帮助人们搭建了一个社交网络。一开始主要提供信息和购物服务的 CompuServe 和 Prodigy 也采取了相同的战略，比方说，CompuServe 推出了一个名为“民用波段模拟器”的工具，能用文本方式再现用民用波段无线电对话的奇妙乐趣。

作为酒吧老板，基姆西永远也搞不懂为什么好端端的人要把周六晚上消磨在聊天室和公告板上。他会半开玩笑地问史蒂夫·凯斯：“说实话，你不觉得这全都是马粪吗？”[36] 史蒂夫·凯斯会摇摇头，他知道那里藏着一匹小马。

阿尔·戈尔和“永恒的9月”

美国在线等在线服务并不是依托互联网发展的。由于面临一系列错综复杂的法律、监管、传统和实践问题，商业公司根本不可能为与教育或科研机构不相干的普通人直接提供互联网服务。史蒂夫·凯斯说：“这种情况现在看起来十分愚蠢，但在1992年以前，美国在线这样的商业服务与互联网连接是违法的。”[37]

不过，从1993年开始，互联网的准入门槛降低了，成为向所有人开放的服务。这对在线服务构成了一定干扰，因为到当时为止，网络服务一直都像带围墙的花园一样，把用户包围在一个受控的环境中。政策的放开还产生了海量新用户，从而使互联网的面貌发生了翻天覆地的变化。但最重要的是，互联网的开放开始让数字革命的种种元素以布什、利克莱德和恩格尔巴特所设想的方式连接在了一起。计算机、通信网络和数字信息库交织在一起，成为人人触手可及的东西。

1993年9月，美国在线追随一家名为Delphi的小竞争对手，开放了一个能让用户访问互联网新闻组和公告板的门户，标志着变革的正式开始。在互联网历史上，这场“大洪水”被称为“永恒的9月”（Eternal September，那些持蔑视态度的老网民喜欢把这种说法挂在嘴边）。该名称的由来是，每年9月都会有一批新生进入大学，他们可以从校园网络访问互联网。这些新生刚开始发的帖子往往惹人生气，但用不了几周时间，多数人就能掌握足以融入互联网文化的必要网络礼仪了。然而，互联网的水闸1993年打开后，新手开始没完没了地涌入，对网络社交规范和排外主义构成了严重冲击。1994年1月，一位名叫戴夫·费希尔（Dave Fischer）的网民发帖称：“1993年9月将作为永恒的9月载入网络史册。”[38]当时还出现了一个名为“美国在线那帮烂人”（alt.aol-sucks）的新闻组，老网民在这里发帖骂网络新手。有个帖子说，美国在线那帮闯入者“在‘线索’（clue）交配季装扮成‘线索’，身上浇透‘线索’信息素，站在‘线索’出没的田野里，还是抓不到‘线索’”。[39] 事实上，“永恒的 9 月”对互联网的民主化来说是一件好事，但老网民要花一段时间才能接受这个现实。

互联网的开放为一个惊人的创新时代开辟了道路，它并不是一起偶发事件，而是政府一系列政策的产物。这些政策是在缜密思考、超越党派的氛围下精心制定的，它们确保了美国在建立信息时代经济中的领先地位。对这一进程影响最大的人当推时任田纳西州参议员的小阿尔·戈尔（Al Gore Jr.）。当然，这种说法也许会让那些只知道戈尔闹过笑话的人感到意外。

戈尔的父亲也是一位参议员。戈尔回忆说：“我记得我曾和父亲一起开车从迦太基去纳什维尔，他一路上都在说我们是多么需要比这种两车道公路更好的路。但政府不会满足我们的需求。”[40] 后来，在老戈尔的推动下，民主、共和两党联合起来制定了针对州际公路计划的立法，而在这件事的启发下，小戈尔后来也开始推动一项他称之为“信息高速公路”的计划。

1986 年，戈尔启动了一个国会研究项目，对创建超级计算机中心、对接不同科研网络、增加带宽以及向更多用户开放网络等一系列问题进行考察。该研究由阿帕网先驱莱恩·克兰罗克主持。之后，戈尔又多次举行详细的听证会，先后促成了 1991 年《高性能计算法案》（又叫《戈尔法案》）和 1992 年《科学和先进技术法案》等两项法案的颁布。这些法案允许美国在线等商用网络与国家科学基金会运营的科研网络，也就是互联网本身相连接。

戈尔于 1992 年当选副总统，1993 年，在他的推动下，美国颁布了《国家信息基础设施法案》，该法案使互联网开始向公众广泛开放，并让互联网进入了商业领域，这样一来，互联网的发展就可以获得私人和政府投资的双重支持。

当我告诉别人，我写的书是关于那些为计算机和互联网的发明做出过贡献的人时，我听得最多的嘲弄是："哦，你是说阿尔·戈尔？"然后说话人会大笑起来。这种话主要出自那些对互联网历史所知甚少的人之口。只因为一句戈尔从没说过的话——他"发明"了互联网，代表美国创新成就的最重要超党派成果就生生变成一个笑料，这是我们政治话语中的一块污点。1999 年 3 月，当美国有线电视新闻网的沃尔夫·布利策（Wolf Blitzer）请戈尔列举他作为总统候选人所具备的资质时，他举例说："我在美国国会供职期间，曾主动采取行动推动互联网的创建。"[41] 与有线电视新闻访谈上通常的回答一样，这句话也遭到了断章取义的解读，但戈尔的确从未使用过"发明"一词。

文特·瑟夫和鲍勃·卡恩这两位名副其实的互联网协议发明人都曾站出来为戈尔说话。他们写道："副总统为创造有助于互联网繁荣发展的环境而贡献了才智，在这方面，没有哪位公众人物能与他媲美。"[42] 就连共和党人纽特·金里奇（Newt Gingrich）也曾为戈尔辩护，他指出："戈尔为此努力了很长时间……他并非互联网之父，但说句公道话，在国会议员当中，没有谁像戈尔那样为确保我们能使用互联网而坚持不懈地做了那么多工作。"[43]

戈尔的卸任预示着一个新时代的来临，这个时代的党派之争日益严重，政府也面临着信任危机。这就是为什么我们有必要反思一下 1993 年"永恒的 9 月"产生的原因。在逾 30 年的时间里，联邦政府与私营行业以及科研高校携手努力，设计并建成了一个与州际公路系统类似，但远比公路网复杂的巨大基础设施项目，随后又向普通公民和商业企业开放了这个项目。该项目的投资主要来自公共资金，但产生了数千倍的回报，因为它为新经济和经济增长时代播下了种子。

蒂姆·伯纳斯－李（1955—　）

马克·安德森（1971—　）

贾斯汀·霍尔（1974—　）与霍华德·莱茵戈德（1947—　），照片摄于1995年

第十一章　万维网

虽然调制解调器的出现和在线服务的兴起使得全民联网成为可能，但是至少对于普通的电脑用户来说，互联网的普及程度仍然相当有限。这是一片没有地图指引的阴暗丛林，里面的植物都有着像“alt.config”和“广域信息服务器”（Wide Area Information Server）这样怪异的名字，只有最无畏的开拓者才敢于涉足这片区域。

但是在 20 世纪 90 年代初期，也就是各种互联网在线服务开始发展的时候，一种通过互联网发布和查找内容的新方式奇迹般地出现了——它就像是一件从地下原子加速器诞生的产物，而这种说法其实与事实差距也不大。它的出现让精心包装的在线服务变得过时，而且它还实现了（实际上是远远超出了）布什、利克莱德和恩格尔巴特的乌托邦式梦想。与数字时代的大多数创新不一样的是，它的发明主要是一个人的功劳。这位发明者给它取了一个跟自己的个性一样广博和纯粹的名字：万维网（World Wide Web）。

蒂姆·伯纳斯－李

20 世纪 60 年代，童年时期的蒂姆·伯纳斯－李（Tim Berners-

Lee）居住在伦敦市郊，他在这个时候已经观察出了关于计算机的一个基本特点：虽然它们非常擅长通过程序进行分步处理，但是它们不善于进行随意的联想和建立巧妙的联系，这是它们与充满想象力的人类之间的区别。

这可不是普通小孩会思考的一个问题，不过伯纳斯－李的父母都是计算机科学家——他们是费伦蒂马克一号（Ferranti Mark I，曼彻斯特大学的存储程序计算机的商用版本）的程序员。一天晚上，他的父亲正在家中按照上司的要求起草一份演讲稿，这个演讲的主题是如何使计算机变得更加直观易用。在准备演讲稿的时候，他跟儿子谈到了自己正在阅读的几本关于人类大脑的书籍。他的儿子回忆道："其中让我印象特别深刻的一个观点是，如果计算机能够通过程序将原本互不相关的信息连接起来，那么它们将会变得更加强大。"[1] 他们也谈论了阿兰·图灵的通用型机器概念。"这让我认识到了计算机的能力只受限于我们的想象力。"[2]

伯纳斯－李出生于 1955 年，与比尔·盖茨和史蒂夫·乔布斯同年。他认为生于这个年代是一件幸运的事情，因为当时的小孩可以轻易地拿到和摆弄一些基础的电子设备和电子元件。"我们需要的东西总是在恰到好处的时机出现。"他解释道，"我们每掌握一项新的技术，电子产业就会做出功能更强大的产品，而且我们可以用自己的零花钱买到这些产品。"[3]

在上小学的时候，伯纳斯－李和一个朋友经常出没于各家电子爱好者商店，他们会用自己的零花钱购买一些电磁铁，然后自己动手制作一些继电器和开关。"我们将电磁铁装到木料里面，"他回忆道，"它在通电之后可以吸住一些马口铁块，形成一个完整的电路。"他们从中理解到了比特的定义和储存原理，以及电路可以实现的功能。正当简易的电磁开关已经不能满足他们的时候，晶体管开始变得普及起来，他和他的朋友们可以用非常低廉的价格买到一大包晶体管。“我们学会了如何测试晶体管，然后用它们来替换我们之前做出来的继电器。”[4] 在这个过程当中，他会将晶体管和被淘汰的电磁开关进行比较，并从中看出每个电子元件的作用。他利用这些晶体管对他的火车玩具套装进行了改装，做出了一个能够让火车发出声音的元件，以及一个用于控制火车减速的电路。

“我们开始设计一些非常复杂的逻辑电路，但是这些想法变得越来越不切实际，因为它们需要使用太多晶体管了。”他说道。然而就在他遇到这个瓶颈的时候，当地的电子商店已经开始销售微型芯片了。“你可以用自己的零花钱买到几包这样的微型芯片，然后你会发现可以用它们来做出一台计算机的核心。”[5] 不仅如此，他还从中理解了计算机的核心，因为他已经循序渐进地接触过了简易开关、晶体管和微型芯片，而且熟知每种元件的工作原理。

在入读牛津大学之前的暑假里，伯纳斯－李找到了一份伐木场的兼职工作。有一天，他在将木屑倒进垃圾车的时候发现了一台旧式计算器，这是一台半机械半电子的计算器，上面有一排排的按键。他从垃圾堆里把这台计算器捡了回来，然后接上自己制作的开关和晶体管，它很快就变成了一台可以工作的简易计算机。他在一家电器维修店买了一台坏掉的电视机，在了解了真空管电路的工作原理之后，他把它的显示器拆下来作为计算机的屏幕。[6]

伯纳斯－李在读牛津大学的时候已经可以买到微处理器了，于是他和几位朋友开始利用微处理器设计一些计算机主板，然后尝试把它们卖给别人，就像沃兹尼亚克和乔布斯所做的那样。不过他们没有达到后面两位取得的成功，伯纳斯－李后来解释了他们当时失败的原因，“这里不是硅谷，我们周围没有家酿计算机俱乐部，也没有成熟的社区和文化氛围”。[7] 创新会在合适的土壤之上生长，对于 20 世纪

70 年代来说，这片土壤位于旧金山湾区，而不是牛津郡。

从电磁开关到微处理器，伯纳斯－李一直按照循序渐进和亲手实践的方法来学习，这点让他对电子元件的知识了如指掌。“如果你用电线和螺丝做出过什么东西，那么你就可以自信地使用一个带有继电器的芯片或者电路，因为你知道自己可以做出一个同样的东西。”他说，“现在的孩子会把自己手上的 MacBook 看成是一件家用电器，就像是电冰箱一样，它里面应该装满自己想要的东西，但是他们不知道它的工作原理是怎样的。他们不能完全理解我和我的父母都熟知的一个道理，计算机的能力只受限于我们的想象力。”[8]

伯纳斯－李还有另外一个让他念念不忘的童年回忆：他家里有一本来自维多利亚时代的老皇历，它的书名散发着一种神秘和陈腐的气息——《包罗万象》(*Enquire Within Upon Everything*)。它的前言是这么写的：“无论你想制作花朵的蜡模，学习礼节规则，为早餐或晚餐搭配调味品，为大小聚会准备一顿宴席，还是想舒缓头痛，立遗嘱，嫁娶，埋葬亲人，无论你想做什么，只要它与家庭生活相关，我想《包罗万象》都不会令你失望。”[9] 从某种意义来说，它就像是一本 19 世纪的《全球概览》。它里面充满了各种随意的信息和联系，而且这些内容都配有清晰的索引。“各条目可在本书末尾的索引中查询”，它的扉页给出了这样的说明。它在 1894 年的时候已经再版了 89 次，销量达到 118.8 万册。“这本书起到了信息世界入口的作用，它的内容从如何清理衣服的污渍到投资建议一应俱全。”伯纳斯－李叙述道，“当然它不完全比得上万维网，但它却是后者的一个起点。”[10]

伯纳斯－李从小就反复琢磨的另外一个概念是，人类大脑是如何建立随意联系的——比如你和一位朋友一起喝过咖啡之后，下次你闻到咖啡气味的时候就会想起她当时身穿的裙子，但是机器却只能根据已有的程序建立联系。另外，伯纳斯－李对人们协同工作的方式也很感兴趣。“你的头脑中有其中一半的答案，我的头脑中有另外一半的答案。”他解释道，“当我们坐在一起的时候，你可能会完善我提出的想法，这就是我们进行头脑风暴的方式。我们会将各自的想法写在白板上面，然后互相修改这些内容。我们怎么能够在独自工作的时候做到这点呢？”[11]

从《包罗万象》到人类大脑建立随意联系和进行协作的能力，这些想法一直在伯纳斯－李的脑海中交织，并一直持续到他从牛津大学毕业。他之后将会认识到关于创新的一个真理：当各种胡思乱想汇集在一起的时候，新的想法就会从中诞生。他是如此描述这个过程的：“各种尚未成熟的想法在脑海中四处漂浮。它们来自不同的地方，不过大脑总是有办法将它们塞到合适的位置。有时候这些想法也会找不到合适的地方，这时我们会外出骑车兜风或者做其他事情，之后问题就迎刃而解了。”[12]

对于伯纳斯－李来说，他的创新想法从他为欧洲核子研究组织（CERN）担任顾问工作的时候开始汇聚，欧洲核子研究组织是一所位于日内瓦附近的巨型超级对撞机和分子物理学实验室。他当时的工作是记录大约一万名研究人员、他们的研究项目和计算机系统三者之间的联系，他需要找到完成这项工作的方法。那里的计算机和工作人员都说着各不相同的语言，而且他们之间经常会建立临时的联系。伯纳斯－李需要随时掌握这些联系，所以他编写了一个程序来协助他的工作。当其他人向他解释欧洲核子研究组织内部的各种关系时，他注意到他们喜欢用很多箭头来画出关系图，所以他在自己的程序中重现了这种模式。他会在程序中输入工作人员或者项目名称，然后创建表示关联的链接。伯纳斯－李将自己编写的计算机程序命名为“Enquire”，灵感来自他小时候看过的那本维多利亚年历。

“我喜欢 Enquire，”他写道，“因为它无须采用矩阵或者树形图这样的方式来储存信息。”[13] 他提到的都是一些层级严格分明的结构，但是人类大脑会做出更为随意的思维跳跃。伯纳斯－李在持续改进 Enquire 的过程中产生了一个更加宏大的构想。“假如保存在世界各地的计算机当中的所有信息都是相互连接的，那么它们就会形成一个全球统一的信息空间，也就是一张信息的巨网。”[14] 他所构想的（虽然他当时并不知道）正是一台涵盖全球范围的 Memex 机——由万尼瓦尔·布什提出的能够储存、交叉引用和检索文档的机器。

然而，在 Enquire 的开发尚未完成的时候，伯纳斯－李在欧洲核子研究组织的顾问工作就要结束了。他留下了他的计算机和一张含有 Enquire 全部代码的 8 英寸软盘，但是这张软盘很快就被丢失和遗忘了。在接下来的几年里，他在英国一家制作文档发布软件的公司工作。然而，他对这份工作逐渐失去了兴趣，于是他向欧洲核子研究组织申请了一个研究员的职位。他在 1984 年 9 月重返欧洲核子研究组织，他所在的工作小组的职责是收集整理欧洲核子研究组织内部的所有实验结果。

欧洲核子研究组织是一个充满各种各样的人才和计算机系统的大锅，这里使用的文字语言和数字语言达数十种之多，而且这里的人和计算机都需要共享信息。“在这个相互连接的多样性环境中，”伯纳斯－李回忆道，“欧洲核子研究组织就像是整个世界的缩影。”[15] 在这种情况下，他感觉自己又回到了自己童年的沉思当中——持有不同观点的人是如何通过协作将未成熟的想法变成创意的？“我一直都对人与人之间的协作方式很感兴趣。我曾经在其他机构和大学与许多人共事过，他们的工作都需要协同进行。如果他们共处在同一个房间的话，他们肯定会把黑板的各个角落都写满。我当时正在寻找一个可以帮助人们进行头脑风暴和记录项目制度的系统。”[16]

他认为这种系统可以将相隔遥远的人连接在一起，这样他们就可以互相完善对方未成熟的想法。“我希望它成为一个能够促进我们协同工作和设计的东西。”他说，“这种设计尤其吸引人的地方在于，它可以将散落在世界各地的想法碎片汇聚起来，组成一个完整的解决方案，比如艾滋病的治疗方法，或者是对某种癌症的了解。”[17]这个系统的目的是为了促进团队创新（团队成员之间通过头脑风暴完善各自想法的过程）——即使他们并非身处同一个空间。

于是伯纳斯－李重新设计了他的 Enquire 程序，并开始思考如何进一步扩展它。“我希望处理不同类型的信息，例如研究人员的技术论文、不同软件模块的使用手册、会议记录以及匆忙写下的笔记等。”[18]事实上他想做的远远不止于此。在旁人的眼中，他是一个沉稳友善的程序员，但是他的外表之下还埋藏着一颗异想天开的好奇心——一个熬夜阅读《包罗万象》的孩子所拥有的好奇心。他不仅想要设计一个数据管理系统，还渴望创造一个协作的游乐场。“我当时想建立一个创意空间，”他后来说到，“就像是一个可以让所有人同时在里面玩耍的沙坑一样。”[19]

他在无意中发现了一个可以帮助自己建立这种连接的简单方法：超文本（hypertext），这是现在所有网民都熟知的一个概念。超文本是一个经过编码的单词或短语，它在被点击之后会跳转到另外一个文档或者内容。超文本的概念最初出现在布什对 Memex 机的描述当中，它在 1963 年被技术预言家泰德·尼尔森（Ted Nelson）命名为“超文本”，后者曾经设想过一个叫作“Xanadu”的项目。这个项目当中的每一条信息都配有双向的超文本链接，用户可以通过这些链接来回浏览相关的信息。这是一个志向远大的项目，但是它一直没有取得成果。

在加入了超文本之后，作为 Enquire 程序核心的连接就可以迅速扩散。任何人都可以连接到存放在其他计算机上的文档，连接两端的计算机可以使用不同的操作系统，而且文档的访问者也不需要提前获得许可。“能够使用外部超文本链接的 Enquire 程序实现了从禁锢到自由的跨越，”他欣喜地说道，“不同的计算机之间可以形成新的网络。”这些网络不会有中央节点，也没有控制中枢。你只需知道某个文档的网络地址就可以连接到它。按照伯纳斯－李的说法，这个由链接组成的系统可以“骑在互联网的背上”传播和蔓延。[20] 这项创新也是由两项已有的创新结合而成的，而这一次是超文本和互联网之间的结合。

伯纳斯－李利用一台 NeXT 电脑（这台工作站与个人电脑的完美结合体是乔布斯在被驱逐出苹果公司之后创造的产品）对自己之前开发的一个协议进行了修改，这个叫作“远程过程调用”（Remote Procedure Call）的协议能够让程序调用另外一台计算机的子程序。他制定了一系列命名文档的规则，并把这些规则称为“通用文档标识符”（Universal Document Identifier）。但是负责审核标准的互联网工程特别小组（Internet Engineering Task Force）的成员对这个命名有所保留，他们表示他将自己的方案称为“通用”是一种“傲慢”的表现，于是他同意将“通用”改为“统一”（uniform）。事实上，他最后不得不把整个名字改成“统一资源定位符”（Uniform Resource Locator），简称 URL，这就是我们现在每天都要用到的网址，比如 http://www.cern.ch。[21] 到了 1990 年年底，他已经建立了一套工具来实现他所构想的网络：用于在线交换超文本的超文本传输协议（HTTP），用于创建页面的超文本标记语言（HTML），一个用于检索和显示信息的基础浏览器应用软件，以及一个用于回应网络请求的服务器软件。

1989 年 3 月，伯纳斯－李已经完成了这个项目的筹备工作，并正式向 CERN 的最高领导层提交了一份申请经费的计划书。“本计划的宗旨是开发一个不断增长和进化的信息库，”他写道，“由带有链接的记录组成的‘网络’会比固定的分层系统更为实用。”[22] 然而，他的计划书在令人兴奋之余还带来了困惑。“虽然含糊不清，但是很有意思。”他的上司迈克·森德尔（Mike Sendall）在一张便笺上写道。“当我读完蒂姆的计划书之后，”他后来表示，“我并不能很好地理解它，但我认为这是一个不错的想法。”[23] 为了将他的概念变成现实，这位卓越的发明者发现自己也需要找到一位合作伙伴。

跟数字时代的大多数创新相比，万维网的概念更多地是由一个人推动构建的。尽管如此，伯纳斯－李仍然需要一位搭档才能实现这个概念。幸运的是，他在欧洲核子研究组织内部找到了一位叫作罗伯特·卡里奥（Robert Cailliau）的比利时工程师，后者一直都抱有类似的想法，而且也愿意参与伯纳斯－李的工作。“在超文本与互联网的联姻当中，”伯纳斯－李说道，“罗伯特充当着伴郎的角色。”

举止优雅且世故圆滑的卡里奥是在欧洲核子研究组织内部宣传这个项目的最佳人选，同时也是一位能够把事情做好的项目经理。卡里奥对自己的穿着打扮十分讲究，他会把自己的发型梳得很利落。根据伯纳斯－李的说法，他是“那种会因为不同国家之间的电源插头不兼容而疯掉的工程师。”[24] 他们两人组成了一种在创意团队当中很常见的合作关系：一位富有远见的产品设计师搭配一位脚踏实地的项目经理。卡里奥很喜欢计划和组织的工作，他表示自己为伯纳斯－李铺平了道路，让他可以“埋头于字节之间专心地开发他的软件”。有一天，卡里奥尝试和伯纳斯－李一起审阅一份项目计划，但卡里奥发现“他根本就不明白我讲的概念”！[25] 正因为有卡里奥的帮助，伯纳斯－李也不必理解这些概念。

卡里奥的第一项贡献是改进伯纳斯－李之前向欧洲核子研究组

织管理层提交的经费申请计划书，他的做法是在保持计划书吸引力的同时让它变得更加清晰明确。他先从计划书的题目《信息管理》着手改进。卡里奥坚持他们需要为这个项目想出一个更引人注目的名字，这应该不会太难。伯纳斯－李想出了几个名字，第一个是“Mine of Information”，但是它的缩写“MOI”在法语里面是“我”的意思，所以这个名字听起来有点过于自我。另外一个想法是“The Information Mine”，但是它的缩写“TIM”就更不妥当了。卡里奥也不喜欢遵循欧洲核子研究组织内部常用的项目命名方式——使用希腊诸神或者埃及法老的名字。后来伯纳斯－李想到了一个直观而清晰的名字。“我们就把它叫作万维网（World Wide Web）吧。”他说道。这是他在原来的计划书里面用到的一个比喻。卡里奥不太赞同这个名字：“我们不能把它改成这个名字，因为它的缩写‘WWW’听起来比它的全称还长！”[26] 但是伯纳斯－李在私底下也是一个固执的人。“它听上去很不错。”他坚持道。于是这份计划书的标题就被改成了《万维网：一个超文本项目的计划书》（World Wide Web: Proposal for a Hyper Text Project）。万维网从此有了一个正式的命名。

在这个项目被正式采纳之后，欧洲核子研究组织的管理层希望为它申请专利。当卡里奥向伯纳斯－李提起这件事的时候，后者提出了明确的反对。他希望万维网可以尽可能快速地传播和发展，这就意味着它应该是免费开放的。有一次他盯着卡里奥责问道：“罗伯特，你是想发财吗？”根据卡里奥的回忆，他最初的回答是：“它确实有这个作用，不是吗？”[27] 这是一个不恰当的回应。“他显然不在乎这个，”卡里奥后来意识到，“蒂姆不是为了钱才做这件事的。他的志向可远远不止成为一位首席执行官。”[28]

伯纳斯－李坚持认为万维网的协议应该免费开放共享，并且永远纳入公共领域。毕竟，万维网的设计初衷就是为了促进分享和协作。欧洲核子研究组织在一份文档中宣布它“放弃该代码的所有知识产权，包括它的源代码以及二进制形式，同时允许任何人使用、复制、修改和再分发它。”[29]欧洲核子研究组织最终加入了理查德·斯托尔曼的阵营，并采用了他的GNU通用公共许可证。此举造就了历史上规模最大的免费开源项目之一。

伯纳斯－李的做法反映了他谦逊的个性——他抗拒任何形式的个人吹捧。这种性格源自他的内心深处：他所信仰的一神普救教派（Unitarian Universalist Church）让他形成了一种以同伴共享和尊重为基础的道德观念。“他们的聚会地点是教堂，而不是联网的酒店房间。他们讨论的是正义、和平、冲突和道德等话题，而不是协议和数据格式，但是除此之外，教友之间的互相尊重跟互联网工程特别小组内部的情况是很相似的……互联网和万维网的设计目的是寻找让计算机协调合作的规则，而我们的精神和社会追求是寻找让人与人之间协调合作的规则。”[30]

虽然很多产品的发布都会伴随一片喧闹的气氛（比如贝尔实验室的晶体管，或者史蒂夫·乔布斯的麦金塔电脑），但是有些重大的创新却会悄无声息地走上历史的舞台。1991年8月6日，伯纳斯－李正在互联网上浏览“alt.hpertext”新闻组的内容，他偶然间看到了这个问题：“有谁了解利用超文本链接检索多种资源……相关的研究或者开发进展？”他给出了一条回复：“from: timbl@info.cern.ch at 2:56 pm”，这句话成为万维网的首个发布宣言。“万维网是一个旨在连接任何地方的任何信息的项目，”他写道，“如果你有兴趣使用这个协议的话，请发邮件告诉我。”[31]

为人低调的伯纳斯－李发表了一篇比他更低调的帖子，他没有意识到自己公布的想法会产生如何深远的影响——任何地方的任何信息。“我花了大量的时间来确保人们可以将任何东西放到网上，”他在时隔 20 多年之后说道，“但我当时不知道人们真的会将所有东西都放上去。”[32] 没错，所有东西都可以在网上找到，确实是“包罗万象”。

马克·安德森与 Mosaic

对于想要浏览万维网站点的人来说，他们需要在自己的电脑上安装一种客户端软件，也就是我们熟知的浏览器。伯纳斯－李编写过一款可以用于阅读和编辑文档的浏览器，因为他希望万维网可以成为一个用户协作平台。然而他的浏览器只能在当时比较少见的 NeXT 电脑上使用，而且他也没有足够的时间和资源去开发其他版本的浏览器。于是他在欧洲核子研究组织内部招揽了一位叫作妮古拉·佩洛的年轻实习生，她是莱斯特理工学院（Leicester Polytechnic）数学专业的本科生。她的任务是编写第一款用于 UNIX 和微软操作系统的通用浏览器。虽然这款浏览器的功能还不太完善，但它可以正常使用。“它的用途是作为承载万维网首度登上世界舞台的工具，但是佩洛对此表现得相当淡定，”卡里奥回忆道，“在接到这项任务之后，她马上坐下来开始工作，没有想到自己将要产生如何深远的影响。”[33] 她在完成这项工作之后回到了莱斯特理工学院继续完成学业。

伯纳斯－李开始鼓励其他人对佩洛的成果进行改进：“我们兴奋地向各个地方的每一个人讲解浏览器开发项目的价值所在。”[34] 到了 1991 年秋天的时候，世界各地已经出现了 6 个实验性的浏览器版本，而且万维网很快就在欧洲其他研究中心之间传播开来。

万维网在同年 12 月终于穿越了大西洋。当时来自斯坦福大学直线加速器中心（Stanford Linear Accelerator Center）的粒子物理学家保罗·孔茨（Paul Kunz）来到了欧洲核子研究组织进行访问，伯纳斯–李向他打开了万维网的世界。根据孔茨的说法："他抓住了我的胳膊，非要带我去看他的演示。"他担心自己将要看到的是一个关于信息管理的沉闷演示，"不过他后来展示的东西确实让我大开眼界"。[35] 他看到的是安装在伯纳斯–李的 NeXT 电脑上的网页浏览器，它当时正在从一台位于别处的 IBM 大型机上检索信息。孔茨将这个软件带回了美国，后来"http://slacvm.slac.stanford.edu/"成为美国第一个万维网服务器。

万维网在 1993 年进入高速发展阶段。在当年年初的时候，世界范围内只有 50 个万维网服务器，这个数字在同年 10 月变成了 500 个。除了万维网之外，当时还有另外一个可以从互联网获取信息的工具——由明尼苏达大学开发的收发协议 Gopher，① 但当时有传言指出这款服务器软件的开发者正打算向用户收取一定的费用，这是万维网能够快速流行的其中一个原因。另外一个推动万维网发展的重要力量来自一款叫作 Mosaic 的网页浏览器，这款浏览器具有安装简易和显示图像的特点，它开发于伊利诺伊大学厄巴纳–香槟分校的国家超级计算应用中心（National Center for Supercomputing Applications，NCSA），这是一所由戈尔法案资助建立的研究机构。

Mosaic 开发项目的主要负责人是马克·安德森（Marc Andreessen），一位稚气未脱的本科学生。这位身高 1 米 93 的壮汉在 1971 年出生于艾奥瓦州，后来在威斯康星州长大。安德森是互联网先驱们的忠实追随者，他们的著作对他产生了很大的启发："当我读

① 与万维网的 HTTP 协议类似，Gopher 是一个互联网（TCP/IP）应用层协议。它主要利用基于菜单的导航来实现在线查找和分发文档（通常是文字文档）。它的链接是在服务器端处理的，而不是内嵌到文档当中。它的名字取自明尼苏达大学的吉祥物，另外它也是"go for"（努力争取）的谐音。

到万尼瓦尔·布什的《诚如所思》的时候，我对自己说：‘就是这个了！他都想到了！’布什将整个互联网都构思出来了，而且当时甚至还没有电子计算机。他和查尔斯·巴贝奇是同一类人。”安德森的另外一位偶像是道格·恩格尔巴特。“他的实验室是互联网的第四个节点，这就像是拥有世界上第四部电话一样。他在互联网建立之前就已经预见了它的全貌。”[36]

安德森在 1992 年 11 月第一次看到万维网的演示，他当场就震惊了。为了开发一款更好用的浏览器，他在国家超级计算应用中心招揽了一位顶尖的程序员埃里克·比纳（Eric Bina）作为他的搭档。虽然他们都很喜欢伯纳斯 – 李的概念，但是他们认为欧洲核子研究组织的应用软件非常单调，并且缺乏特色的功能。“如果有人可以做出实用的浏览器和服务器软件，将会是一件非常有趣的事情，”安德森对比纳说道，“我们可以自己做出真正可用的产品。”[37]

接下来他们进行了两个月的疯狂编程工作——跟比尔·盖茨和保罗·艾伦之前所做的不相伯仲。他们有三到四天的时间都在夜以继日地连续编程，支撑安德森度过这段时光的是牛奶和曲奇饼，比纳的食物则是彩虹糖和激浪汽水，之后他们足足昏睡了一整天的时间才恢复过来。他们是一支优秀的团队：比纳是一位有条不紊的程序员，安德森则是一位以产品为导向的设计师。[38]

1993 年 1 月 23 日，“marca@ncsa.uiuc.edu”在“www-talk”互联网新闻组上发布了 Mosaic 浏览器，当时的气氛要比伯纳斯 – 李公开万维网的时候更热闹一些。“以我赋予自己的权力，”安德森在帖子的开头写道，“我在此宣布，来自国家超级计算应用中心的基于 Motif 联网信息系统与万维网浏览器的‘X Mosaic’正式发布，版本号为 alpha/beta version 0.5。”伯纳斯 – 李起初对此感到十分欣慰，他在两天之后发表了一条回复：“真了不起！每个新的浏览器都要比上一个更棒。”然后他将这款浏览器添加到了 info.cern.ch 的现有浏览器列表当中。[39]

Mosaic 浏览器能够流行起来的原因是它的安装过程十分简便，而且它可以在网页中插入图像。它后来受到了越来越多用户的喜欢，这是因为安德森掌握了数字时代企业家的一个成功秘诀：他非常热衷于听取用户的反馈，他会沉浸在互联网的新闻组中吸收各种各样的建议和批评，然后持续推出更新的浏览器版本。“能够在发布一个产品之后得到即时的反馈是一件激动人心的事情，”他兴奋地说道，“我可以从反馈循环当中快速地了解产品的优点和不足。”[40]

安德森专注于持续改进产品的做法打动了伯纳斯 – 李：“如果你提交一份错误报告的话，他会在两个小时之后发邮件告诉你这个错误已经修复了。”[41] 多年以后，身为风险投资人的安德森形成了一套自己的投资心得：他特别喜欢投资那些专注于代码本身和客户服务的创业者，而不是把精力放在图表和展示上面的人。“前一种人将会造就价值万亿美元的企业。”他如是说。[42]

然而，安德森的浏览器有一个让伯纳斯 – 李感到失望甚至是厌烦的地方。它的外观很精美，甚至可以说是令人赏心悦目的，但是安德森强调的是利用富媒体（rich media）来呈现吸引眼球的页面，而伯纳斯 – 李认为重点应该放在促进严肃的协作上面。1993 年 3 月，在芝加哥参加完一场会议之后，伯纳斯 – 李开车穿过了伊利诺伊州中部的“一片似乎没有尽头的玉米地”，他此行的目的是拜访身处国家超级计算应用中心的安德森和比纳。

这不算是一次愉快的会面。“我之前和其他浏览器开发者的会议都能达成一致的想法，”伯纳斯 – 李回忆道，“但是这次会议让我感到了一种莫名的压力。”Mosaic 的开发者拥有专门的公关人员，而且他们当时正在进行大量的宣传工作，因此伯纳斯 – 李认为他们“正试图把自己打造成万维网开发中心的形象，而且实际上是要将万维网改名为 Mosaic。”[43] 按照他的说法，他们似乎想要将万维网据为己有，也许还会从它身上获利。①

安德森认为伯纳斯－李的说法相当可笑。“蒂姆过来的时候更像是一次国事访问，而不是工作会议。万维网已经形成一片燎原之火，他难以接受自己已经不再掌控它的事实。”伯纳斯－李对插入图像的抵触在他看来是一种古板且纯粹主义的想法。“他只想看到文本，”安德森回忆道，“他尤其不想看到杂志，实际上他只想把它用于科学论文。在他眼中，图片是走向地狱之路的第一步，而这一路上还有多媒体、杂志、华丽影像、游戏和其他消费内容。”以用户为中心的安德森认为这是一种老学究的做派。“我是一个来自中西部的匠人。如果人们想要图像，我就让他们看到图像，就是这么简单。”[44]

伯纳斯－李还对 Mosaic 浏览器提出了一个更为实质性的批评，他认为安德森过分强调花哨的显示功能，例如多媒体内容和艺术字，这种做法忽略了浏览器应有的一项功能：让用户与网页进行交互和贡献内容的编辑工具。如果把浏览器的重点放在显示功能而不是编辑工具的话，万维网将会成为一个专门面向服务器拥有者的发布平台，而不是一个用于协作和分享创意的地方。“我对马克没有在 Mosaic 里面加入编辑工具而感到失望，”伯纳斯－李说道，“如果当时人们有意识地将万维网更多地用作协作媒介，而不是发布媒介，我想它肯定要比现在强大得多。”[45]

早期版本的 Mosaic 确实包含一个“协作”按钮，用户可以用它来下载、修改和重新提交文档。不过这不算是一个全功能的编辑器，

---

① 一年后，安德森与一位成功的连续创业家吉姆 · 克拉克（Jim Clark）共同成立了一家叫作网景（Netscape）的公司，这家公司的产品是一款商用版本的 Mosaic 浏览器。

而且安德森也认为这种编辑器是不切实际的。“人们普遍对编辑器的轻视态度让我感到意外，”伯纳斯－李抱怨道，“如果没有超文本编辑器的话，人们就无法将万维网真正作为紧密协作的媒介来使用。浏览器可以让他们查找和分享信息，但是他们不能在上面进行直观的协作。”[46] 从某种意义上来说，他的说法是正确的。尽管万维网已经取得了惊人的成功，但是如果万维网之前是作为一个协作性更强的媒介来发展的话，现在的世界将会变得更加有趣。

伯纳斯－李还前往拜访了泰德·尼尔森，后者当时在金门大桥附近的索萨利托市，住在一座船屋里面。25 年前，尼尔森在自己的 Xanadu 项目中率先提出了超文本网络的概念。这是一次愉快的会面，但是让尼尔森感到不满的是万维网缺乏 Xanadu 项目的关键要素。[47] 他认为超文本网络应该带有双向的链接，这种链接的访问需要同时得到链接创建者和目标页面所有者的同意。这个系统还有一个附带的好处，它可以方便内容生产者实现小额支付的功能。“HTML 恰恰是我们需要避免的东西——碎片化的链接，只能向外的链接，无法追踪引用内容的出处，缺少版本管理，也不能进行版权管理。”尼尔森后来抱怨道。[48]

如果尼尔森的双向链接系统能够流行起来的话，内容生产者将可以计量链接的使用情况，同时向内容消费者进行自动的小额收费。这点将彻底改变出版、新闻和博客行业的现状。数字内容的生产者可以通过简便无缝的方式获取报酬，从而实现多样化的盈利模式，而不是仅仅依赖广告商这一收入来源。但是现在的万维网反而让内容聚合者赚到比内容生产者更多的钱。无论是在大型媒体公司还是小型博客网站工作的记者，他们的收入来源都非常有限。正如《未来在谁手中？》（*Who Owns the Future?*）一书的作者杰伦·拉尼尔（Jaron Lanier）所说的：“利用广告为互联网传播产业提供资金支持本身是一种自我毁灭的行为。只要有通用的反向链接，我们就具备了为信息的使用收取小额费用的基础。”[49] 然而，双向链接和小额支付的系统都需要某种形式的中央协调，这点会导致万维网难以实现快速传播，因此伯纳斯－李拒绝了这个想法。

在 1993 年到 1994 年间，也就是万维网刚刚起步的时期，我是时代公司新媒体部的主编，负责这家杂志公司的互联网发展战略。起初我们和几家拨号上网服务公司达成了合作协议，比如 AOL、CompuServe 和 Prodigy。我们负责提供内容，向订阅者宣传他们的服务，以及引导聊天室和论坛的讨论，建立我们的会员社区。这些业务可以为我们带来每年一到两百万美元的收入。

当开放的互联网已经可以替代专用在线服务的时候，我们仿佛看到了一个掌握自己的命运和订阅者的机会。在举行于 1994 年 4 月的国家杂志奖颁奖午宴上，我和《连线》（*Wired*）杂志的创始人兼主编路易斯 · 罗塞托（Louis Rossetto）进行了一番交流，我们谈到了在各种新兴的互联网协议和内容查找工具之中（Gopher、Archie、FTP、万维网），应用前景最好的是哪一个。他当时表示万维网是最佳的选择，因为包括 Mosaic 在内的多款网页浏览器的图形显示功能已经越来越强大。1994 年 10 月，《热线》（*HotWired*）杂志和时代公司旗下的一批杂志都开设了自己的网站。

我们尝试将时代公司现有的品牌杂志——《时代》、《人物》、《生活》、《财富》和《体育画报》搬到万维网上，另外还新建了一个叫作“Pathfinder”的门户网站。我们还针对万维网打造了一系列全新的杂志品牌，例如《*Virtual Garden*》和《*Netly News*》。我们最初的计划是向读者收取少量的费用或者采用订阅收看的模式，但是来自麦迪逊大道的广告买主对于这种新的媒体形式抱有极大的热情，他们纷纷涌进了我们的办公楼来购买我们网站上的横幅广告。于是，我们和其他的新闻公司在当时都认为最好的做法是免费提供内容，因为这样可以为那些饥渴的广告主吸引到尽可能多的眼球。

事实证明这不是一个可持续的商业模式。[50] 因为网站的数量每隔几个月就会出现指数级增长，所以网站广告位的供应量也会越来越多，但是整个行业的广告资金流入是相对平稳的，这就意味着广告费用最终会大幅下滑。再者，这在道德上也是一个不健康的盈利模式，因为它鼓励记者优先满足广告主的需求，而不是为读者服务。然而，当时的消费者已经被培养出了这样的惯性思维——内容应该是免费提供的。我们经过了 20 年的时间才开始尝试扭转这一局面。

20 世纪 90 年代后期，伯纳斯 – 李尝试通过自己领导的万维网联盟（World Wide Web Consortium，W3C）为万维网开发一个小额支付系统。他的想法是在网页中嵌入处理小额支付所需的信息，然后让银行或者公司利用这个系统来建立不同的“电子钱包”服务。但是这个计划一直没有得到实行，其中有一部分原因是银行的监管规定总是在不断地变化。“在刚开始的时候，我们先尝试为内容发布者实现小额支付功能，”安德森解释道，“但是当时身处伊利诺伊大学的我们没有足够的资源去执行这个想法。我们被信用卡系统和银行系统阻挡了步伐，跟那些人打交道是一件非常痛苦的事——难以承受的痛苦。”[51]

时至 2013 年，伯纳斯 – 李开始重新启动 W3C 小额支付审定工作小组（Micropayments Markup Working Group）的部分活动。“我们正在重新研究小额支付协议，”他说，“它将深入改变万维网的现状，而且它还可以实现很多的功能。如果人们能够通过优秀的文章或者歌曲获得收入，这样肯定会鼓励更多的人投身于文学写作和音乐制作当中。”[52] 安德森表示他相信比特币①（一种创建于 2009 年的数字货币和点对点支付系统）会是一种更好的支付系统。“如果我可以乘坐时间机器回到 1993 年，我要做的第一件事肯定是开发比特币或者类似的加密货币。”[53]

我个人认为时代公司和其他媒体公司还犯了另外一个错误：当我们在 20 世纪 90 年代中期适应了万维网之后，我们放弃了以建立社区为重点的做法。我们之前在 AOL 和 CompuServe 的站点上投入了大量的精力去建立用户社区。我们聘请了 The WELL 社区的早期用户汤姆·曼德尔（Tom Mandel）担任《时代》读者论坛的版主和聊天室主持人。在用户之间建立社交联系和社区要比发布杂志上的文章更为重要。在 1994 年刚进入万维网的时候，我们试过复制这种做法。我们在 Pathfinder 网站上建立了用户论坛和聊天群组，同时要求我们的工程师在这些页面上重现 AOL 的简单讨论板块。

不过随着时间的推移，我们开始将工作的重点放在发布在线内容上面，而忽视了建立用户社区和促进用户产生内容这样的工作。我们和其他媒体公司都将印刷版的刊物重新发布在网页上供读者被动消费，并将读者的讨论内容归入页面底部的评论栏当中。这些评论通常都是没有过滤过的粗言秽语或废话，所以基本上不会有人去看这样的内容（包括我们自己在内）。我们不像 Usenet 新闻组、The WELL 或 AOL 那样强调讨论、社区和用户产生内容。相反，万维网成为一个新瓶装旧酒的出版平台，你在这里看到的内容和印刷版的刊物别无二致。这点就跟电视刚出现的时候一样，早期的电视节目也只能算是配

---

① 比特币和其他加密货币都是通过结合数字加密技术和密码学原理创造的去中心化控制的安全货币。

有图片的电台节目。这就是我们没有发展壮大的原因。

幸好，人们总能找到事物的正确用途。一些能够真正利用这项新技术的新媒体形式很快就出现了。从 20 世纪 90 年代中期开始，由博客和维基网站所引领的“Web 2.0”潮流为万维网注入了新的活力，用户可以在这些网站中进行协作和互动，在用户社区创造属于自己的内容。

贾斯汀·霍尔与网络日志成为博客的历程

1993 年 12 月，斯沃斯摩尔学院（Swarthmore College）的大一新生贾斯汀·霍尔（Justin Hall）在学生休息室里拿起了一份《纽约时报》，他在上面读到了约翰·马尔科夫（John Markoff）所写的一篇关于 Mosaic 浏览器的报道。“将其想象成一张信息时代的藏宝图，”这篇报道的开头写道，“现在出现了一款免费向公司和个人提供的新软件程序，即便是电脑新手用户也能在它的帮助下畅游全球互联网——这个网际网络虽然包含丰富的信息，但是它的浏览过程有时会让人感到一头雾水。”[54] 这位身材瘦长的电脑极客拥有狡黠的笑容和过肩的金色长发，他就像是哈克·费恩和托尔金笔下的精灵的结合。霍尔从小开始就在芝加哥的家中通过拨号网络访问各个计算机论坛。在看完这篇报道之后，他马上下载了这款浏览器，然后开始用它来浏览网上的内容。“这个概念让我惊呆了。”他回忆道。[55]

霍尔很快就发现了一些东西：“几乎所有在网上发表内容的人都只是业余爱好者，他们所写的都不是专业严肃的内容。”于是他决定利用一台苹果 PowerBook 电脑和一款免费下载的 MacHTTP 软件搭建一个网站，然后把自己自以为是的观点和青春期的困扰放在这个网站上，在自娱自乐的同时也可以向其他志同道合的人分享这些内容。“我可以在网上发表自己写的东西，做出精美的文字排版，然后通过链接吸引其他网友前来观看。”[56] 他的网站在 1994 年 1 月中旬上线。几天过后，来自万维网各处的陌生人开始踏入这个网站。

他的首个网站主页给人一种戏谑、私密的感觉。这个主页上有一张霍尔站在奥利弗·诺斯（Oliver North）上校身后做鬼脸的照片，还有一张加里·格兰特（Cary Grant）正在吸食迷幻药的照片。另外，他还真诚地向“阿尔·戈尔，信息收费公路上的第一位正式行人”喊话。“你好，”他用对话的口吻写道，“这是 21 世纪的计算机技术。这值得我们耐心研究吗？我想你能看到我发布的内容，我发布这些内容就是为了搞清楚这个问题。”

当时还没有出现网站目录和搜索引擎这样的东西，只有一些非常死板的网站列表，例如日内瓦大学编写的“W3 Catalog”和伊利诺伊大学国家超级计算应用中心的“What’s New”页面。于是霍尔在自己的网站上做了一个推荐列表，他还为这个栏目取了一个“优雅”的名字——“下面是一些酷毙了的东西”。为了向陀思妥耶夫斯基致敬，他在不久后就将这个栏目改名为“贾斯汀的地下室链接”（Justin’s Links from the Underground），这里列出了电子前线基金会和世界银行的链接，啤酒行家和现场锐舞音乐迷建立的网站，还有一个由宾夕法尼亚大学学生兰吉特·巴特纳格尔做的类似网页。“相信我，它的作者是个非常有意思的人。”霍尔评论道。他还在主页中给出了一个盗版演唱会录音的列表，其中包括 Jane’s Addiction 和 Porno for Pyros 乐队的音乐。“如果你对这些东西感兴趣，或者你自己也有类似的东西，请给我留言。”他写道。这个主页还有很多与色情相关的栏目，这点从贾斯汀和他的读者的兴趣来看也不足为奇，例如有些页面的标题是“关于四肢张开的卧姿对性欲影响的调查”和“免费色情内容页面请点此进入”。他还向自己的读者给出了一个善意的提醒：“别忘了擦干净你键盘上的精液！”

这份含有大量敏感内容的“贾斯汀的地下室链接”引领了网站目录服务的迅速发展，比如雅虎、Lycos 和 Excite 这些网站都是在同一年开始陆续出现的。但是除了为丰富多彩的万维网提供一个入口以外，霍尔还创造出了一个奇妙的事物，而事实证明它具有更为重大的意义：一个不断更新的网络日志，里面有他的个人活动、随想、沉思和亲密关系的记录。它成为第一个专门为个人电脑网络而设，同时能够利用个人电脑网络特点的全新内容形式。他的网络日志里面包含他为父亲的自杀而写的动人诗歌，他对自己的多种性取向的沉思，他私处的照片，他和继父之间的紧张关系，还有其他过于私密的内容。简而言之，他成为博客写作的鼻祖。

“我在高中的时候是学校文学杂志社的成员，”他说，“我曾经在杂志上发表过一些非常私人的内容。”这成为他和后来其他人创作博客的诀窍：随意化、个人化和挑逗性的内容。他在杂志上发表了一张自己裸体站在舞台上的照片，他甚至想把它加入到高中毕业年刊里面，但是这个要求被拒绝了。他为这张照片配上的文字是杂志社的女编辑们“正围着一张我的‘那话儿’的黑白照片吃吃发笑”。他后来还讲述了自己和一个女孩的一次不愉快的性经历，他的包皮在那天晚上过后变得异常肿胀，文章里面还附上了许多展示他的生殖器状况的特写照片。他以这种方式开创出了一种属于新时代的感性。“我总是尝试挑逗其他人的兴趣，而裸体就是挑逗的一部分，”他解释道，“所以一直以来我做了很多会让我的妈妈感到脸红的事情。”[57]

霍尔愿意毫无保留地公开私密内容的做法成为博客的一个标志。这种玩世不恭的态度已经上升到了道德观的层次。“私密内容就像是人体实验得出的深入数据。”他后来表示，“对外透露你的私密内容可以消除人们的一部分孤独感。”这是一件不可忽视的功绩。事实上，降低人们的孤独感正是互联网本质的一部分。

他公开自己肿胀的包皮就是这样的一个例子。在几个小时之内，来自世界各地的网民陆续前来发表评论，他们在评论中讲述了自己的故事和治疗方法，还有人安慰他这种情况只是暂时性的。一个更为感人的例子来自一篇关于他父亲的文章。他的父亲是一个酒鬼，他在贾斯汀 8 岁的时候自杀身亡。“我的父亲是个风趣、仁慈、敏感的人，”他写道，“同时也是一个令人无法忍受的混蛋。”霍尔回忆起了父亲给他唱琼·贝兹（Joan Baez）的民谣的情景，还有他喝下几瓶伏特加之后拿着手枪呵斥女侍应的情景。霍尔后来得知自己是父亲自杀之前最后一个和他说话的人，于是霍尔为此写了一首诗歌：“我们说了什么 / 我想知道 / 然而 / 这又有什么关系？ / 我能让你改变主意吗？”在这些内容发布以后，读者们聚集起来形成了一个支持小组，霍尔将他们跟自己分享的故事也发布在网站上。人与人之间的分享可以促进联系。埃米莉·安·默克勒正在努力走出父亲死于癫痫症的阴影。拉塞尔·爱德华·尼尔森提交了已故父亲的驾驶执照和其他文档的扫描件。沃纳·勃兰特建立了一个悼念亡父的页面，上面播放着他生前喜欢的钢琴曲。贾斯汀将这些内容放在他的沉思录里面一同发布。这已经成了一个社交网络。“互联网可以鼓励参与，”他说道，“我之所以在网上毫无保留地展示自己，是因为我希望鼓励人们向自己的系统注入一丝灵魂。”

在开始发表网络日志的几个月之后，霍尔通过不断的电话和电子邮件轰炸争取到了一个实习机会。他在 1994 年夏天开始在位于旧金山的《热线》杂志进行实习。在富有个人魅力的主编路易斯·罗塞托的带领之下，《连线》杂志当时正在筹办第一本在线杂志，《热线》就是在这个背景之下诞生的。它的执行主编是霍华德·莱茵戈德（Howard Rheingold），一位对网络有深刻见解的智者，他当时刚刚出版了《虚拟社区》(*The Virtual Community*) 一书，他在这本书中描述了“定居在电子前线”所带来的社交习惯和满足感。莱茵戈德成为霍尔的良师益友，他们对于这个新建网站的核心所在有着同样的看法，他们还就这个问题与罗塞托进行过一番激烈的争论。[58]

莱茵戈德认为《热线》应该区别于印刷版的杂志，成为一个控制松散的社区，一个充满用户生产的内容的“全球即兴演奏会”。“我和霍华德都非常肯定社区的重要性，我们希望建立用户论坛和一些可以简化用户评论流程的工具。”霍尔回忆道。他们想要推行的其中一个想法是让社区成员建立他们自己的在线身份和声誉。“它的价值在于用户之间的对话，”霍尔同罗塞托争论道，“人本身就是内容的一部分。”

罗塞托反而认为《热线》应该是一个精心打造的发布平台。通过搭配丰富的图像，它将会带有强烈的《连线》风格，同时成为《连线》品牌在网上的延伸。“我们拥有一批优秀的艺术家，所以我们应该发挥他们的作用，”他争辩道，“我们将会做出一些美观、专业和经过精心打磨的东西，而这正是万维网所缺乏的。”开发大量针对用户生产内容和评论的工具将是“本末倒置”的行为。[59]

这场争论在长时间的会议和言辞激烈的邮件往来当中持续着。然而，最终在争论中获胜的是罗塞托，他和印刷媒体行业的多数主编都有着同样的观点，而这种观点最终决定了万维网的发展方向。它成为一个主要用于发布内容的平台，而不是用于建立虚拟社区的平台。“公共访问互联网的时代已经结束。”罗塞托断言。[60]

在结束了《热线》杂志的暑期实习工作之后，霍尔决定继续传播这场争论当中的反方观点，他认为人们应该保持和发扬互联网的公共访问的特点。霍尔不像莱茵戈德那么成熟世故，他有的是年轻人的干劲。于是他开始宣扬虚拟社区和网络日志的救赎本质。“我一直以来都将自己的生活放到网上，我会讲述关于我认识的人的故事，还有我在与人交往的过程中发生的事情。”一年之后，他在网上表示：“讲述自己的故事是我前进的动力。”

他的宣言描述了一种全新的公共访问媒体的魅力所在。“当我们在互联网上讲故事的时候，计算机就从世俗的商业主义上升到交流和社区的层次。”他在早期的一篇日志中这样写道。作为一个从小就流连于各种早期论坛的互联网用户，霍尔希望自己能够重现 Usenet 新闻组和 The WELL 的精神。

霍尔由此成为网络日志的传教士。他在自己的网站上表示，如果有人愿意招待他一到两个晚上，他就可以向对方传授 HTML 出版的技术。1996 年的整个夏天，他都在搭乘公共汽车来回穿梭于美国各地，拜访那些希望向他学习的房东。“他将一种被学术界看成是知识库的媒介带到个人的领域。”斯科特 · 罗森伯格（Scott Rosenberg）在一本关于博客历史的著作《畅所欲言》（*Say Everything*）中写道。[61] 除此之外，他还做了一件更有意义的事情：让互联网和万维网回归到它们的本质——从用于商业出版的平台变回用于分享的工具。网络日志让互联网变得更加人性化，这可是一个不小的转变。“技术的最佳用途是可以提升我们的人性，”霍尔强调，“它能让我们分享自己写出的故事，同时建立人与人之间的联系。”[62]

这一现象迅速传播。1997 年，趣味网站“Robot Wisdom”的作者约翰 · 巴杰（John Barger）创造了“weblog”这个专有名词。两年后，一位叫作彼得 · 摩霍兹（Peter Merholz）的网页设计师将这个词语拆成两半，他开玩笑说自己将会使用“we blog”这个说法。博客（blog）一词后来成了一个常用语。① 时至 2014 年，全世界的博客数

① 牛津英语词典在 2003 年 3 月将“blog”作为名词和动词收录在内。

量已经达到 8.47 亿个。

一方面，这一社会现象没有得到传统的精英文字工作者的完全认可。人们很容易会看不起那些出现在博客上的自吹自擂，或者嘲笑那些在无人问津的网页上耗费大量时间的人。但是另一方面，博客聚合媒体《赫芬顿邮报》（*Huffington Post*）的创始人阿里安娜·赫芬顿（Arianna Huffington）曾经指出，人们决定参与这种社会讨论的原因是他们能够从中得到满足。[63] 他们有机会表达自己的想法，将这些想法调整为适合大众阅读的内容，并获取反馈。对于那些之前只能在每天晚上通过电视屏幕被动获取内容的人来说，这是一个全新的机会。“在高中或者大学毕业以后，大多数人都不会出于愉悦或者智力上的满足感而进行写作，这是在互联网出现之前的情况，”克莱夫·汤普森（Clive Thompson）在《比你想的更聪明》（*Smarter Than You Think*）一书中写道，“这对于那些需要持续写作的专业人士来说尤其难以理解，例如学者、记者、律师或者营销人员。”[64]

然而，贾斯汀·霍尔能轻松自如地理解博客的伟大意义。这是数字时代与电视时代的区别所在。“我们之所以把自己的故事发表在网上，是因为我们拒绝成为营销媒体的被动接受者，”他写道，“如果我们都有地方可以发表自己的页面（比如霍华德·莱茵戈德频道，或者赖辛城高中频道），那么万维网就不会变得像电视一样平庸无趣。只要有渴望表达自己的人，我们总能找到新鲜有趣的内容。避免互联网和万维网成为一片荒原的最佳方法就是讲述富有人情味的好故事。”[65]

埃文·威廉姆斯与 Blogger

博客在 1999 年进入了快速发展时期。博客的使用者已经不再限

于贾斯汀 · 霍尔这种离经叛道和爱出风头的人了，博客的内容也不只是关于生活和幻想的个人日记。博客已经成为一个面向自由评论家、公民记者、律师、政治活动家和分析师的平台。尽管如此，博客仍然存在一个问题：独立博客的发布和维护需要一定的编程技术和服务器的支持。营造简单的用户体验是创新获得成功的一个重要因素。在成为一个能够颠覆出版行业和解放公众话语的全新媒体之前，博客需要变得更加简单易用，能够变得像“在这里输入文字之后按下那个按钮”那么简单。埃文 · 威廉姆斯（Ev Williams）就在这个时候登场了。

埃文 · 威廉姆斯在 1972 年出生于内布拉斯加州的克拉克斯，这是一个人口只有 374 人的小村庄，他的家就在这个村庄边上的一个种满玉米和大豆的农场里面。他小时候是一个经常没有玩伴的削瘦、腼腆的男孩，他从来都不会外出打猎或者玩橄榄球，这让他显得有点不合群。但他喜欢玩乐高积木、制作木制滑板和拆卸摩托车。在做完灌溉的农活之后，他会长时间坐在自家的绿色拖拉机上，一边眺望远方，一边做白日梦。“书籍和杂志是我了解外面世界的窗口，”他回忆道，“我们家人几乎从来没有出过远门，所以我哪里都没有去过。”[66]

虽然他小时候家里没有电脑，但是在 1991 年进入内布拉斯加大学之后，他发现了在线服务和电子公告栏的世界。他开始阅读自己能找到的所有关于互联网的内容，甚至订阅了一份关于电子公告栏的杂志。从大学辍学以后，他决定成立一家公司，准备向本地的商人销售一些讲解互联网知识的光盘。他在自己的地下室里用一台借来的摄影机进行拍摄，但是他最后拍出来的视频看起来就像是免费公映的低成本影片一样，所以它们根本卖不出去。他随后到加州寻求发展，并在技术出版社奥莱利媒体（O’Reilly Media）找到了一份初级文案的工作。他在那里展现了自己不愿受人约束的性格——他在发给全体员工的一封电子邮件中明确表示，自己拒绝为公司的一款产品撰写宣传材料，因为它“一文不值”。

威廉姆斯是一个天生的连续创业者，所以他总是忍不住想要开办自己的公司。1999年年初，他和一位精明能干的女士梅格·胡里安（Meg Hourihan）共同成立了一家叫作Pyra Labs的公司（他们两人曾经短暂交往过一段时间）。跟当时纷纷涌入互联网创业大潮的其他人不一样，他们关注的是互联网最初的用途：在线协作。Pyra Labs的产品是一套基于万维网的应用软件，团队成员可以将这套软件用于共享项目计划、待办事项列表和共同创建的文档。威廉姆斯和胡里安发现他们需要一个简单的方法来共享一些偶然的灵感和有趣的内容，于是他们开始使用一个小型的内部发布网站，他们把这个网站称为“Stuff”。

在这个时候，一直对杂志和刊物情有独钟的威廉姆斯已经开始阅读博客。但是他阅读的不是像霍尔的个人日记这样的东西，他关注的是一些率先实践严肃网络新闻的科技评论人，比如戴夫·维纳（Dave Winer），他的网站Scripting News是最早出现的博客之一，他还为这个网站设计了一种XML联合格式。[67]

威廉姆斯有一个叫作“EvHead”的个人主页，他会在其中的一个栏目发布一些不断更新的笔记和评论。跟当时的其他人一样，如果要在个人主页上添加这样的日志，他就必须手动输入每一条内容，然后使用HTML代码将这些内容更新到网页上。为了使这个过程变得更加快速流畅，他编写了一个简单的软件脚本，这个脚本可以将他的文章自动转换为合适的格式。这个小技巧改变了使用效果。“我可以将自己的想法输入到一个表格里面，这些想法在几秒钟之后就会出现在我的网站上面，这完全改变了我的操作体验。这东西能够通过自动化流程完全改变我的工作模式。”[68]他很快就开始思考这个小小的插曲能否成为一个独立的产品。

创新的一个基本要点是保持专注。威廉姆斯明白他的第一家公司失败的原因——他想做的东西太多了，但是到头来一件东西都没有做成。曾经担任管理顾问的胡里安是一个非常固执的人，她认为虽然威廉姆斯的博客脚本工具确实不错，但它充其量只是一个分散注意力的东西，永远都不可能成为一个商业产品。威廉姆斯起初没有反对这个意见，但是他在 1999 年 3 月悄悄注册了"blogger.com"这个域名。他无法抗拒把它做成产品的诱惑。"一直以来我都是一个专注于产品的人，我总是在思考关于产品的事情，而我认为这个博客脚本工具将会是一个非常棒的产品。"同年 7 月，他在胡里安休假期间瞒着她将 Blogger 作为一个独立产品发布了。他遵循的是创新的另外一个基本要点：不要过分专注。

休假归来的胡里安在发现了这件事之后开始大吵大闹，并以辞职作为威胁。除了他们两人以外，Pyra Labs 当时只有另外一位员工，所以他们没有余力去开展其他的业务。"她当时气疯了，"威廉姆斯回忆道，"不过我们最终让她信服了这个产品的价值所在。"它确实是一个有价值的产品。Blogger 在接下来的几个月里吸引了大批忠实用户，威廉姆斯也因此成为 2000 年 3 月的西南偏南（South by Southwest）大会上的一位明星人物，尽管他当时在台上表现得沉默寡言且格格不入。截至当年年底，Blogger 的账户数量已经达到 10 万个。

然而，这个产品却未能带来收入。威廉姆斯一直坚持免费提供 Blogger 的服务，希望通过这种做法来吸引部分用户购买 Pyra 的应用。但是到了 2000 年的夏天，他基本上已经放弃了 Pyra 产品。因为当时正值互联网泡沫破灭期，所以筹集资金对他们来说并非一件易事。威廉姆斯和胡里安之间长期紧张的关系更是每况愈下，在他们的办公室里面经常会出现两人互相叫嚣的情景。

2001 年 1 月，Pyra Labs 的资金危机已经迫在眉睫。急切需要购买新服务器的威廉姆斯向 Blogger 的用户发起了一场募捐活动。威廉姆斯最终筹集到了近 17 000 美元的资金，这笔资金虽然可以解决购买新硬件的问题，却不足以支付员工的薪水。[69] 胡里安要求威廉姆斯让出首席执行官的职位，否则她将会辞职，威廉姆斯拒绝了这个要求。“我在本周一从我自己参与创办的公司辞职了，”她在自己的博客上写道，“我到现在仍止不住地哭泣。”[70] 当时其他 6 位员工也一同离开了。

威廉姆斯在自己的博客上发表了一篇题为《后来只剩一个人》的长文。“我们的资金已经枯竭，我的团队又离我而去……过去两年对我而言是一段漫长、艰难、刺激、痛苦而富有教育意义的旅程，我也从中收获了很多。”虽然只剩下他一个人孤军奋战，但他发誓自己会继续维持这项服务。他在文章的末尾加上了一段附言：“如果有人愿意暂时和我共享一部分办公空间，请联系我。我可以通过节约成本来维持公司的运营。”[71]

到了这种时候，大多数人也许已经放弃了。他没有租用场地的资金，没有维持服务器运作的人员，也没有任何获得收入的希望。他还要面对来自离职员工的人身攻击和法律起诉，以及随之而来的大笔律师费用。“这个故事显然就是我解雇了自己的全部朋友，我没有赔偿他们的损失，然后接管了整家公司，”他说，“这真的很糟糕。”[72]

然而，根植于威廉姆斯的性格深处的是农夫的耐心和创业者的固执。他对挫折有着异乎常人的免疫能力，所以他坚持下来了——他在不断试探坚持和愚蠢之间的模糊界线，而且在面对接踵而至的问题时，他仍然能够保持平静。他可以在自己的公寓里面独自支撑整家公司，也可以独自维护服务器和编写代码。“我基本上已经转入了地下活动，我所做的唯一一件事情就是维持 Blogger 的运营。”[73] 虽然他的收入基本为零，但是他能够设法将成本保持在同一水平上。正如他在博客上所写的："事实上，我的状态出奇的好。我的心态很乐观（我一直都很乐观），而且我有非常非常多的想法（我一直都有很多想法）。"[74]

有人对威廉姆斯的情况表示同情，并向他伸出了援手，其中最重要的援助来自丹·布里克林，这是一位备受尊敬和乐于助人的技术业界领袖，他曾经参与开发了第一款计算机表格程序 VisiCalc。"我不希望 Blogger 随着互联网产业的崩溃而消失。"布里克林如是说。[75]在读到了威廉姆斯的求助文章之后，他向对方发邮件表示自己可以提供帮助。居住在波士顿的布里克林当时正好要前往旧金山参加一场奥莱利大会，所以他们约定了一次会面。在会场附近的一家寿司店里，布里克林给威廉姆斯讲了自己的一个故事：几年前，他自己的公司也出现了危机，他在这时遇到了莲花公司（Lotus）的米奇·卡波尔（Mitch Kapor）。虽然他们之间是竞争对手的关系，但是他们都有着同样的黑客协作精神，于是卡波尔向他提出了一项交易，从而帮助他渡过难关。布里克林后来成立了一家开发网站出版系统的公司 Trellix。为了传递这种黑客之间的善意，布里克林也像卡波尔一样向自己的竞争对手伸出了援手，他以 40 000 美元的价格为 Trellix 购买了 Blogger 软件的授权，让 Blogger 得以维持运营。总而言之，布里克林是一个好人。

在 2001 年的一整年里，威廉姆斯都在自己家中或者借用的地方不分昼夜地工作，尽力维持 Blogger 的正常运营。"所有认识我的人都以为我疯了。"他回忆道。他事业的最低谷出现在当年的圣诞节期间，他当时到艾奥瓦州探望母亲，他的网站就在圣诞节当天遭到了黑客入侵。"我当时正在艾奥瓦州，我只能通过拨号网络和一台小型笔记本电脑尝试评估损失。那时候我没有聘用系统管理员或者其他任何员工。我最后在一家金考快印店花了差不多一整天的时间来进行损害控制。”[76]

情况开始在 2002 年出现转机。威廉姆斯在当年推出了 Blogger Pro，这是一项收费服务，另外他还跟一家位于巴西的合作伙伴达成了一项授权协议。当时正值博客产业迅速发展的时期，Blogger 也因此成了一块香饽饽。同年 10 月，在威廉姆斯之前在出版行业的老板蒂姆 · 奥莱利（Tim O’Reilly）的促成之下，谷歌向它抛出了橄榄枝。谷歌在当时还是一家从搜索引擎业务为主的公司，而且没有收购其他公司的经历。这时谷歌提出了收购Blogger的交易，威廉姆斯接受了。

这个由威廉姆斯开发的简单产品将内容出版变成了一种大众化的行为。“为人们带来一键发布的体验”是他的信条。“我很喜欢出版行业，而且我的思想非常独立，这些性格特点都来自我在偏僻农场度过的童年，”他说，“当我找到可以让人们在互联网上发布内容的方法之后，我知道自己可以为成千上万的人赋予发声的权力。”

至少在最开始的时候，Blogger 主要只是一个用于发布内容的工具，而不是用于互动讨论的工具。“它没有促进对话，而只是让人们站在了一个临时的讲台之上，”威廉姆斯承认道，“互联网既有社区交流的一面，也有内容发布的一面。肯定有人会比我更加着迷于社区交流。我个人会对知识发布这方面更感兴趣，因为我从小就通过其他人的出版物来了解外面的世界，而且我也不是一个热衷于参与社区交流的人。”[77]

然而，大部分的数字工具最终都会被用于社交目的，因为这是人类的天性。博客圈子已经不再是一堆临时讲台的整合，而是逐渐发展成为一个社区。“虽然我们都拥有自己的博客，但它最后还是变成了一个社区，因为我们会对博客内容进行评论，而且博客之间也会互相连接，”威廉姆斯在多年以后说道，“博客圈肯定已经形成了一个社区，就像是邮件列表或者电子公告栏一样，而且我个人也开始逐渐接受并欣赏这种转变。”[78]

后来，威廉姆斯先后参与创办了社交网络和微博服务网站推特，以及旨在促进协作和分享的内容发布网站Medium。在这个过程当中，他意识到自己对互联网社区交流方面的重视程度其实不亚于内容发布方面。“作为一个来自内布拉斯加州的农村男孩，我在互联网出现之前都很难找到由志同道合的人组成的社区，但其实我一直都有融入社区的愿望。在创办 Blogger 很久以后，我逐渐认识到它是一个能够满足这个需求的工具。融入社区是驱动数字世界发展的一个基本需求。”[79]

沃德·坎宁安、吉米·威尔士与维基

蒂姆·伯纳斯–李在 1991 年推出万维网的时候，设想的是把它作为一个协作工具来使用，这就是他对 Mosaic 浏览器表示失望的原因，因为它的用户无法对正在浏览的网页进行编辑，它将网页的浏览者变成了已发布内容的被动消费者。随着博客的兴起，这种情况得到了一定的改善，因为博客鼓励的是用户生产内容。1995 年出现了一种能够进一步促进万维网协作的新媒介。这种媒介叫作维基（wiki），用户可以用它来修改网页——并非通过用户浏览器的编辑工具，而是直接在运行维基软件的网页上进行点击和输入操作。

这款应用的开发者是沃德·坎宁安（Ward Cunningham），跟其他在美国中西部出生的人一样（他来自印第安纳州），他也是一个性格随和的人。坎宁安从小开始制作业余无线电，而且他非常热衷于参与到业余无线电爱好者建立的全球社区当中。从普渡大学毕业以后，他加入了电子设备公司Tektronix，他的职责是项目记录，跟伯纳斯－李在欧洲核子研究组织的工作类似。

为了完成这项任务，坎宁安对一款叫作HyperCard的强大软件产品进行了修改，这款软件可以让用户在自己的电脑上制作超链接卡片和文档，它的开发者是比尔·阿特金森（Bill Atkinson）——苹果公司最具魅力的创新者之一。苹果公司当时不知道应该如何利用这款软件，所以在阿特金森的坚持下，苹果在它销售的电脑上免费提供了这款软件。它使用起来非常简单，甚至连小孩都能轻松制作出含有超链接的图片和游戏HyperCard堆栈。

坎宁安在第一次看到HyperCard的时候感到眼前一亮，不过他发现它使用起来比较麻烦，于是他想出了一种创建新卡片和链接的简单方法：每张卡片都会有一个空白的文本框，用户可以在其中输入标题或者其他文字。如果你想为简·多伊或者哈里的视频项目制作链接，你只需要在文本框中输入对应的关键字。“这是一项很有乐趣的操作。”他说道。[80]

随后他为自己修改过的HyperText程序制作了一个互联网版本，他在编程的时候只用到了几百行的Perl代码，最后做出来的成果是一个全新的内容管理应用，用户可以用它对网页进行编辑或者提交内容。坎宁安利用这个应用建立了一项叫作波特兰模式库（Portland Pattern Repository）的服务，这项服务可以让软件开发者交流编程想法和改进其他人发布的设计模式。“本计划的目的是让相关团体编写关于人员、项目和模式的网页，这些都是会影响编程方式的要素。”他在一篇发表于1995年5月的公告中写道，“网页将会采用非正式的写作风格，就像电子邮件一样……可以把它看成是一个经过管理的列表，任何人都可以成为管理人，而且所有内容都会被存档。虽然它还不算是一种聊天方式，但是在上面进行对话是可能的。”[81]

丹 · 布里克林（1951—　）与埃文 · 威廉姆斯（1972—　），照片摄于 2001 年

吉米 · 威尔士（1966—　）

谢尔盖 · 布林（1973—　）与拉里 · 佩奇（1973—　）

现在他需要想出一个名字。他所制作的是一个快捷的（quick）万维网工具，但是“QuickWeb”这个名字听起来很无趣，就像是微软公司的某个委员会想出来的一样。幸好在他的记忆深处还有另外一个表示“快捷”意思的单词。他想起了自己在13年前去夏威夷度蜜月的时候，“机场的柜台人员指引我乘坐连接各个航站楼的‘wiki wiki bus’”。他问这是什么意思，对方告诉他“wiki”在夏威夷语里面是快速的意思，“wiki wiki”就是指非常快。于是他将自己的网页和运行网页的软件命名为“WikiWikiWeb”，简称wiki。[82]

在这个软件的最初版本中，坎宁安在创建链接时会将文本中的单词紧贴在一起，也就是一个词语可能会含有两个或以上的大写字母，比如“CapitalLetters”。这种形式被称为驼峰式拼写法（CamelCase），后来出现的一大批互联网品牌都采用了这种命名方式，包括AltaVista、MySpace和YouTube等。

任何人都可以在WardsWiki（这是它后来的名称）上编辑和提交内容，这个过程甚至不需要使用密码。每个网页的历史版本都会得到保存，以防有人在这些页面上搞破坏。另外它还会有一个“最近更改”页面，这是为了方便坎宁安和其他人随时了解编辑的情况。但是这个过程将不会有任何的监督者或者把关人对改动进行预先的审核。坎宁安怀着一种中西部人特有的乐观情绪表示，这种方式可行的原因是“大部分人都是善良的”。这正是伯纳斯－李所设想的——一个可读写（而不是只读）的万维网。“维基是其中一种可以实现协作的东西，”伯纳斯－李说道，“博客是另外一种。”[83]

跟伯纳斯－李一样，坎宁安也将自己的基础软件开放给其他人修改和使用。此举造就了一大批维基网站的出现，也有很多人对他的软件进行了开源改进。但是维基的概念始终只能在软件工程师的圈子内传播，这种情况直到2001年1月才得到改变。这时有一位互联网创业者正在尝试建立一个免费的在线百科全书网站，但是这个项目并没有取得成功。深陷困境的他决定在这个网站上采用维基系统。

吉米·威尔士（Jimmy Wales）在1966年出生于亚拉巴马州的亨茨维尔，一个属于乡下人和火箭科学家的小镇。在他出生的6年前，紧随着斯普特尼克号人造卫星的成功发射，艾森豪威尔总统亲自来到这里主持了马歇尔太空飞行中心（Marshall Space Flight Center）的开幕仪式。“在太空计划发展的全盛时期成长于亨茨维尔会让你对未来充满信心，”威尔士说道，[84]“我的一个童年记忆是，我们家的窗户在他们试验火箭的时候会发出咯咯的响声。太空计划基本上就是我们家乡的运动项目，它是非常激动人心的，而且你会感受到这是一个技术和科学小镇。”[85]

威尔士是食品杂货店老板的儿子，他的母亲和外祖母都是音乐老师，她们开设了一所只有一间教室的私立学校，他也在那里上学。在他三岁的时候，他母亲从上门推销员那里买了一本《世界图书百科全书》(*World Book Encyclopedia*)。在他学会阅读之后，这本书被他奉为至宝，它将一个知识的殿堂呈现在他的手上。除了配有各种地图和插图以外，书中甚至还有一些用透明纸做成的幻灯片，读者可以通过翻动这些幻灯片来认识解剖青蛙的肌肉、动脉和消化系统等内容。不过威尔士很快就发现了这本百科全书的缺点：无论它含有多么丰富的内容，总会有更多的内容是它没有收录在内的，而且这个问题会随着时间的推移变得越来越严重。它将无法收录几年之后出现的各种新主题——人类登月、摇滚音乐节、抗议游行、肯尼迪家族和新任国王。《世界图书百科全书》提供了一些可以贴在书页上的标签，这样读者就可以对这本百科全书的内容进行更新，威尔士会一丝不苟地完成这项工作。“我曾经开玩笑说自己从小就开始进行百科全书的修订工作，其实就是在我妈妈买的那本百科全书上面贴标签。”[86]

从奥本大学毕业之后，威尔士继续进入研究生院深造，他在取得博士学位之前就进入了一家芝加哥金融交易公司担任研究主管，不过他没有完全投入到这份工作当中。他很喜欢玩多用户地下城（Multi-User Dungeons）游戏，这实际上是一种众包游戏，他将自己的学术态度融入了对互联网的热爱当中。他建立了一个关于艾茵·兰德（Ayn Rand）的互联网邮件列表，并负责主持列表成员进行的讨论，艾茵·兰德是一位出生于俄罗斯的美国作家，她信奉的是客观主义和自由主义的哲学思想。威尔士对参与讨论的人持有非常开放的态度，他反对言辞过激和人身攻击等激怒他人的做法，同时通过温和的方式来管理讨论者的行为。“我选择了一种‘中间立场’的协调方式，一种站在幕后的督促。”他在一篇帖子中写道。[87]

在搜索引擎兴起之前，两种最受欢迎的互联网服务分别是网站目录（Web directory）和网络环（Web ring）。前者是由人工编辑的优秀网站清单和分类，后者是由互相连接的网站之间组成的联盟，每个成员网站都会带有一个相同的环形导航栏。为了赶上这个潮流，威尔士在 1996 年和两位朋友成立了一家叫作 BOMIS 的公司，它全称是“Bitter Old Men in Suits”（西装革履的刻薄老男人）。他们开始四处寻找创业的想法。他们后来开展的创业项目包括：二手汽车网络环、订餐服务、芝加哥地区的商业网站目录、体育主题的网络环，这些都是在 20 世纪 90 年代末的互联网繁荣时期的常见服务。在搬到圣迭戈之后，威尔士又推出了一个“面向男性的搜索引擎”，里面的内容都是一些色情图片。[88]

这些网络环向威尔士展示了让用户帮助生产内容的价值，在看到自己网站上的体育赌徒们能够给出比任何一位专家都更准确的倍率预测之后，他更加坚定了自己对用户生产内容的信念。另外他也从埃里克·雷蒙德（Eric Raymond）所著的《大教堂与集市》（*The Cathedral and the Bazaar*）当中受到了启发，该书解释了为什么与精心控制和自上而下的大教堂结构相比，开放和群众建立的集市对于网站来说会是一个更好的模式。[89]

威尔士接下来尝试了一个新的创业想法，这个想法来自他小时候喜爱的《世界图书百科全书》：一本在线百科全书。他将这个产品命名为“Nupedia”，它有两个特点：它的编写工作将由志愿者完成，而且它将会是一项免费服务。这是自由软件运动的发起人理查德·斯托曼在 1999 年首先提出的概念。[90] 威尔士希望这项服务最终可以通过出售广告来实现盈利。他聘请了一位哲学博士研究生拉里·桑格（Larry Sanger）加入 Nupedia 的开发工作，他们两人最初是在一个在线讨论组结识的。“他特别想要找一位哲学家来牵头这个项目。”桑格回忆道。[91]

桑格和威尔士为百科全书条目的创建和审核建立了一套严谨的流程，这套流程共有七个步骤，其中包括向通过资质审查的专家提交主题；将条目的草稿交由外部专家进行评审；公众评审；专业审稿；以及公众审稿等。“我们希望编辑人员都是在各自领域中的真正专家（只有少数例外），并且拥有博士学位。”Nupedia 的政策准则这样规定。[92]“拉里的观点是，如果它的学术性不能高于传统的百科全书，人们就不会信任并尊重它，”威尔士讲道，“虽然他的想法是错误的，但是就我们当时所了解的情况而言，他有这样的观点也是合理的。”[93] Nupedia 的第一篇条目发表于 2000 年 3 月，这是一篇关于无调性音乐（atonality）的介绍，它的作者是德国美因茨约翰尼斯·古腾堡大学（Johannes Gutenberg University）的一位学者。

为 Nupedia 编写条目是一个非常漫长的过程，更为糟糕的是，这个过程并不能为作者带来什么乐趣。正如贾斯汀·霍尔所展示的，人们之所以愿意不求回报地进行在线写作，是因为他们可以从中得到快乐。一年过后，Nupedia 只发表了 12 个条目，因此它完全称不上是一本“百科全书”，而且它还有 150 个条目仍然处于草稿阶段，这点表明了它的编写过程是如何的令人不快。它的设计实在过于严格，因此很难得到发展。威尔士本人在尝试编写一篇关于罗伯特·莫顿（Robert Merton）的条目时也遭到了当头一棒，这位经济学家曾因建立含衍生证券市场的数学模型而获得过一项诺贝尔奖。威尔士之前发表过一篇关于期权定价理论的论文，因此他对莫顿的研究了如指掌。“我开始尝试编写这篇条目，这是一个非常可怕的过程，因为我知道他们会把我的草稿发给最有名望的金融学教授过目，”威尔士说道，“我突然觉得自己又回到了研究生院，而这给我带来了很大的压力。这时我才意识到我们所设计的方法是不可行的。”[94]

威尔士和桑格在这个时候发现了沃德·坎宁安的维基软件。应用了维基软件的 Nupedia 成为维基百科的前身。跟数字时代的许多创新相似，维基百科的诞生（由两个想法融合而成的创新）也是一个利用已有想法的协作过程。然而，这个过程却引发了一场很不“维基”的争执——几位当事人都在争夺这项创新的最大功劳。

在桑格的记忆当中，事情的经过是这样的：2001 年 1 月初的一天，他正在圣迭戈的一个路边玉米卷小摊吃午饭，和他在一起的是一位计算机工程师朋友本·科维兹（Ben Kovitz）。科维兹一直都有在使用坎宁安的维基软件，他当时向桑格详细地讲述了这款软件。按照桑格的说法，他在听完科维兹的介绍之后就开始认识到维基可以用于解决 Nupedia 当时面临的问题。“我马上开始思考维基是否可以作为一个更为开放和简单的编辑系统，用于实现一个免费、协作的百科全书，”桑格后来说道，“虽然我之前从来没有见过维基软件，但是我越来越觉得这显然是一个正确的选择。”按照他所叙述的经过，他后来说服了威尔士尝试采用维基。[95]

另一方面，科维兹主张他自己是想出把维基软件用于众包百科全书的人，而且他在尝试说服桑格的时候遇到了困难。“我建议他不要只将维基应用于 Nupedia 认可的编辑人员，而是应该向公众开放编辑权限，而且他们的每一次编辑都能即时呈现在网站上面，免除审核的流程，”科维兹陈述道，“我当时的原话是‘世界上所有可以上网的笨蛋’都可以自由地编辑这个网站的任何页面。”桑格提出了一些异议：“所有白痴都可以提交明显错误或者带有偏见的百科条目吗？”科维兹回应道：“是的，其他白痴也可以删除这些改动，或者完善它们。”[96]

至于威尔士对此事的叙述，他后来声称自己在桑格与科维兹的午餐之前的一个月已经听说过维基。毕竟维基已经出现了超过四年的时间，而且它是程序员之间经常讨论的一个话题。BOMIS 内部也有一位对维基比较熟悉的程序员，他叫杰里米·罗森菲尔德（Jeremy Rosenfeld），一个满脸笑容的大男孩。“杰里米在 2000 年 12 月向我展示了沃德的维基软件，他说这也许可以解决我们的问题。”威尔士回忆道。当桑格向他介绍同样的东西时，他的回应是：“维基是吧？杰里米在上个月已经跟我说过这个了。”[97] 桑格对这段回忆提出了质疑，随后双方在维基百科的各个讨论版上进行了激烈的争论。威尔士最终在一篇帖子中尝试平息这场争端：“好吧，该消停了。”但是桑格仍然在多个论坛上继续攻击威尔士。[98]

这是历史学家们在记述协作创新时面临的一个典型难题：每个参与者对功劳的归属都有不同的看法，而且他们总是倾向于夸大自己的贡献。我们经常会在朋友身上看到这种倾向，也许我们自己也出现过一两次这样的情况。不过令人感到讽刺的是，作为历史上最具协作性的产品之一，它的诞生过程竟然会出现这样的争端，而这个网站建立的基础正是人们愿意不计名利地贡献内容的信念。①

比确定功劳的归属更重要的是理解促使人们分享想法的动力。本·科维兹是其中一个能够理解这点的人。在创造维基百科的协作过程当中，科维兹是最富有远见的一位参与者——这就是所谓的“及时的大黄蜂”理论。“有些想要批评或者贬低吉米·威尔士的人喜欢把我称为维基百科的创始人之一，甚至是‘真正的创始人’，”他说，“虽然这个想法是我提出的，但我并非它的创始人之一，我只是那只大黄蜂。我在维基的花朵上停留了一段时间，然后将它的花粉传播到免费百科全书的花朵上。我跟很多有着相同想法的人交流过，只是这些种子没有在合适的时机和地点生根发芽。”[99]

优秀的想法通常都是通过这种方式开花结果的：一只大黄蜂先从某个领域采集到一半的想法，然后将其传播到含有另外一半想法的领域中。这就是万维网工具的价值所在，就像是玉米卷小摊上的午餐一样。

2001 年 1 月，威尔士在电话中告诉坎宁安，他准备将维基软件用于改进自己的百科全书项目，后者对此表示支持，甚至感到高兴。坎宁安没有打算为这个软件或者“维基”的名称申请专利或者版权。作为一个创新者，他希望看到自己的产品可以成为任何人都能使用和改进的工具。

起初，威尔士和桑格对维基百科的设想只是把它作为 Nupedia 的一个附属，就像是一个支线产品或者预备队伍一样。桑格向 Nupedia 的专业编辑保证，维基百科网站上的维基条目将会被归入一个独立的

---

① 值得注意和表扬的是，维基百科上关于自身发展历史，以及威尔士和桑格起到的真正作用的条目（在讨论版中经过了激烈的争论之后）是公正客观的。

栏目当中，它们不会出现在正式的 Nupedia 页面上面。“如果一条维基条目的质量足够高，它将可以进入 Nupedia 的正规编辑流程。”他在一篇帖子中写道。[100] 然而这样的安排还是不能让 Nupedia 的卫道士们感到满意，他们坚决要求维基百科必须保持完全独立，这样它才不会玷污专家们的智慧结晶。Nupedia 咨询委员会在它的网站上明确宣布：“请注意：维基百科与 Nupedia 的编辑流程和规则是完全独立的；Nupedia 的编辑人员与审稿专家不一定为维基百科项目负责，同时维基百科的贡献者也不一定为 Nupedia 项目负责。”[101] Nupedia 的卫道士们不知道的是，他们这样做实际上是在帮维基百科一个大忙。

脱离束缚的维基百科开始展翅高飞。它对网页内容的意义就相当于 GNU 或者 Linux 对软件的意义：它是由志愿者共同创造和维护的去中心化共享成果，这些志愿者之所以愿意为它贡献自己的力量，是因为他们能够从中找到一种公民分享的满足感。这是一种令人欣喜的反直觉概念，它完美地契合了互联网的哲学、观念和技术。你不需要成为一位专家，不需要传真你的文凭复印件，不需要得到掌权者的批准，你甚至不需要注册账户或者使用你的真实姓名。当然，这也意味着破坏者、笨蛋和空想家都可以肆意篡改页面，但是页面的每一次更改都会被记录到软件当中。如果出现了不当的编辑，社区成员只需点击一下“回退”链接即可将其去掉。“想象有这样一面墙，擦掉墙上的涂鸦反而比画上新的涂鸦更容易，”媒体学者克莱·舍基（Clay Shirky）这样描述这个过程，“这面墙上的涂鸦数量将取决于保护者的付出。”[102] 就维基百科的情况来看，它的保护者可以说是毫无保留地在付出。战争的激烈程度都比不上在维基百科上进行的版本回退斗争，然而令人感到几分意外的是，最终获胜的通常都是有理的一方。

在上线一个月之后，维基百科已经拥有 1 000 篇条目，大约是 Nupedia 条目数量的 70 倍，而后者在当时已经推出了整整一年的时间。2001 年 9 月，推出仅有 8 个月的维基百科的条目数量已经达到了 1 万。在“9 · 11”袭击事件发生过后，维基百科充分地展示了自己的应变能力和实用价值——它的贡献者们争相创建关于世界贸易中心及其建筑师的页面。一年过后，它的条目总数达到了 4 万，已经超过了威尔士母亲购买的《世界图书百科全书》的内容。到了 2003 年 3 月，英语版的维基百科已经收录了 10 万篇条目，另外它还拥有接近 500 位活跃编辑人员，他们几乎每天都会参与维基百科的编辑工作。就在这个时候，威尔士决定关闭 Nupedia。

当时桑格已经离职有一年了，威尔士没有挽留他。他们在产品的基本原则方面产生了越来越多的分歧，比如桑格希望对专家学者给予更多的尊重。在威尔士看来：“那些想要得到尊重的人是因为他们拥有博士学位，而且不想和凡夫俗子打交道，这些人往往都是令人讨厌的。”[103] 桑格则认为那些不学无术的群众才是令人讨厌的。“作为一个社区，维基百科缺乏尊重专家意见的习惯和传统。”这段话来自他在 2004 年除夕夜发表的一份宣言，他在离职之后写过很多篇这样的攻击文章。“我在维基百科的第一年尝试推行的一个方针是尊重专家，但是我没有得到足够的支持来实现这点。”桑格的精英主义不仅没有得到威尔士的赞同，而且遭到了维基百科社区的抵制。“最终，所有缺乏耐心的专业人士都会避免参与维基百科的编辑工作。”桑格抱怨道。[104]

事实证明桑格的想法是错误的。不学无术的群众并没有把专家赶走，他们反而成了专家，同时专家也成了群众的一分子。在维基百科发展的早期，我正在为一本关于阿尔伯特 · 爱因斯坦的书籍进行调研工作。我注意到了维基百科上的爱因斯坦条目声称他曾在 1935 年去过阿尔巴尼亚，国王索古一世当时为他提供了前往美国的签证，帮助他逃离纳粹分子的迫害。这是一条完全失实的叙述，尽管这段内容确实引用了一些捕风捉影的阿尔巴尼亚网站内容，它们都自豪地向外界宣告了这个事件，但是它们的信息来源都是一些口耳相传的零碎回忆。于是我以自己的真实姓名和维基百科的用户名从这篇条目中删除了这条内容，不料它竟然又重新出现了。我在这篇条目的讨论页面上提供了爱因斯坦当时身处的地方（普林斯顿大学）以及使用的护照（瑞士护照）的证据，但是顽固的阿尔巴尼亚支持者一直在重新加入这条内容。这场关于“爱因斯坦是否去过阿尔巴尼亚”的拉锯战持续了数周的时间。我开始担心维基百科赖以生存的群众智慧会被个别情绪激动的顽固分子破坏掉。但是在过了一段时间之后，这场编辑战停止了，而且这篇条目也没有再出现爱因斯坦去过阿尔巴尼亚的说法。起初我没有把这场斗争的胜利归功于群众的智慧，因为推动这一条目修改的人是我，而不是群众。但是后来我意识到，自己和许多其他人一样都属于群众的一分子，我只是偶然地为群众的智慧贡献了一分力量。

维基百科的一个重要原则是它的条目应该保持中立的观点。这个原则通常都能让它成功产生出立场公正的条目，甚至连全球变暖和堕胎这种争议性话题也可以得到妥善的处理。此外，这条原则也能让持有不同观点的人更容易地进行协作。“因为我们有了中立性的原则，观点不同的阵营也可以一起完成同一篇条目，”桑格解释道，“这点非常了不起。”[105] 这个社区通常都能利用观点中立的准则来建立意见统一的条目，互相抵触的观点也能以中立的方式呈现。维基百科成为利用数字工具在充满争议的社区中寻找共同立场的典范，很少有其他工具能够做到这点。

依靠社区成员共同建立的不只是维基百科的条目，它的运营方式也是通过这种方式制定的。威尔士促成了一个宽松的集体管理系统，他在其中扮演的角色只是一个引导者和温和的督促者，而不是一个命令者。维基百科提供了专门让用户共同制定和讨论规则的页面。通过这种机制，一些关于回退操作、争议仲裁、用户封禁以及将个别用户提升为管理员权限等事项的指引得以逐步建立。所有这些规定都是在社区内逐渐发展而成的，而不是来自中央权威下达的命令。正如互联网本身一样，这里的权力也是分散的。“我无法想象有谁能够写出如此细致的指引，除非这是由一群人共同完成的，”威尔士认识到，“我们经常能在维基百科获得考虑周全的解决方法，因为我们有这么多人在一点一滴地改进这些方法。”[106]

维基百科的内容和管理水平经历了一个自下而上的逐步生长过程，使得它能够像葛藤一样迅速蔓延开来。2014 年初，维基百科已经发展出从南非荷兰语到萨莫吉希亚语的 287 种语言版本。它的条目总数为 3 000 万篇，其中英语版本收录了 440 万篇条目。相比之下，《大英百科全书》（*Encyclopedia Britannica*）的电子版本（它的印刷版本已于 2010 年停止出版）拥有 8 万篇条目，不到维基百科条目总数的 2%。“数百万位维基百科贡献者的长期付出意味着你只需点击一下鼠标即可了解到什么是心肌梗死、阿加彻地带战争（Agacher Strip War）的起因，或者‘Spangles Muldoon’是什么人，”克莱·舍基写道，“这是一个意外的奇迹，正如‘市场’可以决定商店要卖多少面包一样。不过维基百科甚至要比市场更为神奇：它的所有内容都是无偿撰写的，而且所有人都可以免费获取这些内容。”[107] 这个奇迹最终造就了历史上规模最大的协作知识工程。

为什么人们愿意为此付出呢？哈佛大学教授约凯·本克勒（Yochai Benkler）将维基百科、开源软件和其他无偿协作项目并称为“基于共享的集体协作”。他解释道：“它的核心特点是，由个人组成的团体会出于激励性动机和社会信号顺利完成大型项目的协作，他们的行为并非由市场价格或管理命令决定。”[108] 这些动机包括与他人互动时产生的心理回报，以及完成一项有价值的工作带来的个人满足。我们每个人都有自己的小乐趣，例如收集邮票，坚持使用准确的语法，了解杰夫·托尔堡（Jeff Torborg）在大学时期的平均击球率，或者熟知特拉法加系列战役的顺序。这些内容都可以在维基百科上找到。

人们在为维基百科贡献内容的时候，他们体内会有一种近乎原始欲望的因素在起作用。有些维基人把它称为“维基可卡因”。你刚刚完成的精彩编辑会立刻出现在维基百科的条目页面上，这种感觉就像是有一股多巴胺涌向了大脑的愉悦中枢。而在不久之前，公开发表内容还是专属于少数人的一种乐趣。这些人当中的大部分都还记得第一次看到自己写的东西得到公开发表时的兴奋之情。维基百科就跟博客一样，它让每个人都能享受到这份喜悦——你不需要先得到媒体精英的认可或者选定。

例如，维基百科上有很多关于英国贵族的条目，它们大部分都是由一位叫作“Lord Emsworth”的用户编写的。这些内容对错综复杂的贵族制度进行了深入的剖析，其中有部分内容甚至被选为维基百科的“今日特色条目”，Lord Emsworth 也被提升为维基百科的管理员。事实上，“Lord Emsworth”（这个名字取自 P·G·伍德豪斯的小说）的真实身份是一位居住在新泽西州南不伦瑞克的 16 岁学生。在维基百科上，没有人知道你只是一个平民百姓。[109]

此外，相比被动获取信息，主动参与创造有价值的信息会带来更深一层的满足感。“人们参与到自己阅读的信息当中本身就是一个重要的目的。”哈佛大学教授乔纳森·齐特林（Jonathan Zittrain）写道。[110] 一个由我们共同创造的维基百科会比一个不劳而获的维基百科更有意义。集体协作可以促进人们的参与。

吉米·威尔士经常会重申维基百科的一个简单而鼓舞人心的使命："想象这个星球上的每一个人都可以免费得到全人类知识的总和，这就是我们正在做的事情。"这是一个宏伟、大胆和值得钦佩的目标，但是这远远低估了维基百科所做的事情。它不仅仅是让人们免费地"得到"知识，它还让人们以前所未有的方式参与到创造和传播知识的过程当中。威尔士逐渐认识到了这点。"维基百科不仅让人们获取其他人的知识，而且他们还可以分享自己的知识，"他说，"如果你参与了某件事物的创造过程，那么你就会拥有它，它是属于你的。这种方式所带来的成就感要远远大于把它直接交到你手上。"[111]

维基百科的出现让我们离万尼瓦尔·布什的愿景又近了一步，他在 1945 年发表的《诚如所思》中预测道："全新的百科全书形式即将出现，它们之间将会形成一个网络，贯穿在这个网络当中的是互相关联的踪迹，它们将可以被输入到 Memex 机中进行放大。"维基百科的概念也可以一直追溯到埃达·洛夫莱斯，后者曾经断言机器可以完成除了独立思考以外的几乎任何事情。维基百科的出现不是为了建立一台可以独立思考的机器。相反，它是人机共生关系的一个典范——人类的智慧和计算机的处理能力如织锦一般交织在一起。2011 年，威尔士和他的新任妻子生下了一个女儿，为了向洛夫莱斯夫人致敬，他们把这个孩子取名为"埃达"。[112]

拉里·佩奇、谢尔盖·布林与搜索

1994 年 1 月，也就是贾斯汀·霍尔刚刚开设那个令人费解的个人主页的时候，世界上总共只有 700 个网站。这个数字在同年年底变成了 1 万，在次年年底更是增长至 10 万。个人电脑和网络的结合带来了一个奇迹：任何人都可以在任何地方获取内容，同时将自己的内容分享到世界各地。但是如果要利用好这个正在迅速膨胀的宇宙，我们需要找到一个简单的方法来帮助人们找到所需的东西——一个将人、计算机和网络三者连接起来的简单接口。

最早尝试做到这点的是一些人工编纂的网站目录。其中有些目录会显得古怪和轻浮，比如霍尔的“地下室链接”和保罗·菲利普斯（Paul Phillips）的“Useless Pages”。另外一些则是严肃正式的，比如蒂姆·伯纳斯–李的万维网虚拟图书馆（World Wide Web Virtual Library），国家超级计算应用中心的“What's New”页面，以及蒂姆·奥莱利的全球网络导航器（Global Network Navigator）。处于这两者之间的是一个成立于1994年初的网站，它将网站目录的概念带上了一个全新的台阶。它的创始人是两位斯坦福大学研究生，他们将这个网站命名为“杰里和大卫的万维网指南”（Jerry and David's Guide to the Web），当时许多同类网站都采用了类似的命名方式。

杨致远（Jerry Yang）和大卫·费罗（David Filo）对待博士论文的态度都很散漫，他们会因为玩模拟篮球经理游戏而拖延完成论文的时间。“我们做各种事情，就是不写论文。”杨致远回忆道。[113] 为了从服务器上获取球员的数据，杨致远花了很多时间来研究FTP和Gopher这两种协议。在万维网出现之前，它们是在互联网上分发文档的常用工具。

在Mosaic浏览器推出之后，杨致远将自己的注意力转向了万维网，他和费罗开始亲手编纂一份不断扩展的网站目录。他们按照类别对不同的网站进行整理，例如商业、教育、娱乐、政府等，每个类别还会分成若干个子类别。1994年底，他们将这个万维网指南更名为“雅虎”（Yahoo!）。

但是这个网站目录存在一个显而易见的问题：每年网站的数量都会呈现10倍的增长，因此他们不可能人工持续更新这个目录。

幸好当时已经出现了一种用于搜索 FTP 和 Gopher 站点信息的工具——爬虫（crawler）。这种工具被称作爬虫的原因是它会一个接一个地“爬进”互联网的服务器，然后根据自身搜索到的信息建立索引。当时最著名的两个爬虫工具是 Archie（用于 FTP ）和 Veronica（用于 Gopher），它们的名字就像是漫画书里面的英雄搭档一样。到了 1994 年，有许多勇于尝试的工程师都开始制作用于搜索万维网的爬虫工具，其中包括麻省理工学院的马修·格雷（Matthew Gray）开发的 WWW Wanderer，华盛顿大学的布莱恩·平克顿（Brian Pinkerton）开发的 WebCrawler，数字设备公司的路易斯·莫尼尔（Louis Monier）开发的 AltaVista，卡内基–梅隆大学的迈克尔·莫尔丁（Michael Mauldin）开发的 Lycos，加拿大滑铁卢大学的一支团队开发的 OpenText，以及来自斯坦福大学的 6 位朋友开发的 Excite。所有这些爬虫工具都采用了链接跳转机器人，它们会对万维网进行快速检索。就像是在各家酒吧之间大肆豪饮的酒鬼一样，它们会疯狂地采集每个网站的网址和内容。然后这些信息会被标记和索引，并储存在数据库当中，以便查询服务器的进一步调用。

费罗和杨致远没有开发自己的网络爬虫，他们选择从其他地方购买一个爬虫工具，然后应用在自己的主页上。雅虎继续强调人工编纂网站目录的重要性。当用户输入一个关键词之后，使用雅虎的计算机会查找本站目录当中是否含有相关的条目。如果有的话，用户就会看到一个经过人工编辑的相关网站列表。如果没有的话，查找工作将会交由网络爬虫搜索引擎完成。

雅虎团队错误地认为大部分用户在上网的时候只是浏览内容，而不是专门为了查找某些特定的东西。“从浏览和发现到现在的目的性搜索是一项令人难以置信的转变。”雅虎的首位主编斯里尼贾·斯里尼瓦桑（Srinija Srinivasan）回忆道，她当时管理着一个雇有 60 位年轻编辑和目录编纂人员的编辑室。[114] 这种依赖于人工编辑的做法意味着雅虎非常擅长挑选新闻报道。多年以来（甚至直到现在），它在这方面的能力一直遥遥领先于竞争对手，但是它并不擅长提供搜索工具。然而，斯里尼瓦桑和她的团队不可能追赶上网页数量增长的速度。自动化搜索引擎将会成为万维网内容查找的主要方式，而这个潮流将由另外两位斯坦福大学研究生引领。

拉里·佩奇（Larry Page）生长于一个计算机技术家庭。[115] 他的父亲是密歇根大学的计算机科学和人工智能教授，他的母亲也是那里的编程讲师。1979 年，也就是在拉里 6 岁的时候，他的父亲买了一台叫作 Exidy Sorcerer 的业余家用电脑回家。① “我还记得家里刚买电脑的时候，我感到非常兴奋，因为这可是一件大事，而且它的价格应该不便宜，就像是买一辆车一样。”他说道。[116] 拉里很快就学会了如何操作这台电脑，他还会用它来做作业。“我想我是小学里面第一个用文字处理文档来交作业的孩子。” [117]

佩奇的童年偶像之一是尼古拉·特斯拉（Nikola Tesla），这位充满想象力的电学先驱拥有大量的发明，但是他在商业上被托马斯·爱迪生击败了，最终在穷困潦倒中逝世。佩奇在 12 岁的时候读到了一本特斯拉传记，他认为这是一个悲哀的故事。“他是历史上最伟大的发明家之一，但是他的故事实在令人感到痛心。”他说，“他不能将自己的任何发明变成商品，他的资金只能勉强支撑自己的研究工作。你肯定会更想成为像爱迪生这样的人。如果你只是把一件东西发明出来，它不一定能够为他人带来帮助。要想真正地把它推广给全世界，

① 这款电脑的设计者是比特商店（Byte Shop）的老板保罗·特雷尔（Paul Terrell），他曾经为自己的商店订购了世界上前 50 台 Apple I 电脑。

你必须把它生产出来，然后用赚到的钱继续支持它的研究。”[118]

拉里的父母在长途驾车旅行的时候经常会带上他和他的哥哥卡尔，有时他们会一起参加计算机大会。“我想我在上大学的时候已经差不多去过美国的各个州了。”他说道。有一次，他们驾车前往温哥华参加国际人工智能联合大会（International Joint Conference on Artificial Intelligence），当时的会场上到处都是各种神奇的机器人。因为拉里当时还未满 16 岁，所以工作人员不允许他进入会场，但是他的父亲坚持要带他进去。“他直接对着他们大吼大叫。这是我为数不多看到他对其他人发脾气的时候。”[119]

与史蒂夫 · 乔布斯和艾伦 · 凯一样，拉里在计算机以外的爱好是音乐。他会吹奏萨克斯，而且学习过作曲。每年暑假他都会到密歇根州北部参加著名的湖心音乐夏令营。这个夏令营采用了一种民主的方式来确定每个孩子的排名：在开营的时候，孩子们会被分配到乐团的各个席位，然后每个孩子都可以挑战自己前一席位的人。在两个孩子进行比赛的时候，其他孩子会背对他们聆听他们演奏同一段音乐，然后投票选出哪一个演奏得更好。“经过一段时间之后，孩子们的排名就会稳定下来，而且每个人都能大概了解自己处于怎样的水平。”他说道。[120]

密歇根大学不仅是佩奇的父母任教的地方，也是他们曾经上学和邂逅的地方，所以他们半开玩笑地叫佩奇以后也去那里上学。而佩奇也确实去上了密歇根大学。他坚持要同时主修商科和计算机科学专业，其中一部分原因是特斯拉的故事给他带来的启示——这位大发明家始终无法把自己的发明变成商品。另外一部分原因是比他大 9 岁的哥哥卡尔起到的榜样作用，后者在毕业之后成为一家早期社交网络公司的联合创始人，这家公司后来以 4.13 亿美元的价格被雅虎收购了。

佩奇提到自己印象最深刻的一门大学课程是朱迪斯 · 奥尔森

（Judith Olson）教授的人机交互课程。这门课程的目标是理解如何设计简单而直观的交互界面。在这门课程的研究报告中，佩奇选定的主题是 Eudora 邮件客户端的显示界面，他对这个客户端执行各种操作所需的时长进行了预估和测试。例如，他发现人们使用控制按键的操作速度实际上会比鼠标慢 0.9 秒。“我觉得自己建立了一种理解人们如何与屏幕进行交互的直觉，而且我意识到这些东西是非常重要的，”他说，“然而即使到了今天，这些仍然没有得到很好的理解。”[121]

在大学期间的一个暑假里，佩奇参加了由领导力培训机构 LeaderShape 举办的一个集训活动。该活动旨在鼓励学生建立一种“积极地忽视不可能”的态度。这家机构反复向他灌输这样一个目标，就是发起一些其他人认为是大胆和疯狂的项目，这也是他日后在谷歌一直追求的目标。在他发起的众多项目当中，尤其大胆和疯狂的是他在密歇根大学和后来推动的一些未来主义想法——个人交通系统和无人驾驶汽车。[122]

在申请研究生院的时候，佩奇被麻省理工学院拒绝了，但是斯坦福大学录取了他。这其实是一件好事，对于那些有志于同时涉足技术和商业的人来说，斯坦福大学是一个理想的去处。自从斯坦福毕业生西里尔·埃尔韦尔（Cyril Elwell）在 1909 年创立联邦电报公司（Federal Telegraph）以来，技术创业在这里不仅是一种可以容忍的行为，而且是被广为接受的。20 世纪 50 年代初，在工程学院院长弗雷德·特曼将大学的部分土地改造成工业园区之后，斯坦福大学鼓励创业的态度得到了进一步的巩固。即便是在教员们的眼中，创业计划的重要性也丝毫不亚于学术论文发表。“这正是我喜欢的那种教授，他们会将一只脚伸进产业当中，而且希望做出一些颠覆世界的疯狂事情，”佩奇说道，“斯坦福大学有很多这样的计算机科学教授。”[123]

当时大部分的精英大学都将重点放在学术研究上，同时避免涉足商业领域。斯坦福大学率先认识到大学不应该只是一个学术研究机构，而且可以是一个创业孵化器。由斯坦福大学成功孵化的企业包括惠普、思科、雅虎和太阳计算机系统等。这个列表中最响亮的一个名字最后将由佩奇加上，他认为这种观点实际上会提升学校的学术研究水平。“我认为纯理论方向的研究效率也得到了大大的提升，因为它是建立在现实世界的基础上的，”他坚持道，“不仅仅是进行理论研究，你也希望自己的研究工作可以应用在实际的问题上。”[124]

佩奇在1995年秋季正式入读斯坦福大学研究生院，他在开学之前还参加了一个新生培训项目，其中有一天的培训活动设在旧金山进行。当时的领队是一位善于交际的二年级研究生谢尔盖·布林（Sergey Brin）。佩奇是一个天生沉静的人，但是布林却是那种能连珠似炮地向他讲述自己想法的人，他们很快就进入了关于各种话题的争论当中，从计算机到城市功能分区无所不谈，两人一拍即合。“我记得自己当时觉得他很讨厌，”佩奇承认道，“这种看法一直持续到现在。也许他也是这么看我的吧。”[125] 他们确实是一对冤家。“我们都觉得对方很讨厌，”布林也坦承，“不过我们只是开玩笑而已。当然，我们进行了很长时间的交流，所以我们之间肯定有合得来的地方。我们喜欢互相取笑对方。”[126]

谢尔盖·布林的父母也是学者，他们都是数学家，但是他的童年跟佩奇的非常不一样。布林出生于莫斯科，他的父亲是莫斯科国立大学的教授，他的母亲是苏联石油与天然气研究所的研究工程师。因为他们都是犹太人，所以他们的事业受到了诸多制约。“当时我们的家境贫寒，”谢尔盖对记者肯·奥莱塔（Ken Auletta）说道，“我的父母都经历过非常困难的时期。”当他的父亲提交了移民申请之后，他们夫妻两人同时失业了。他们一家的出境签证在1979年5月获批，当时谢尔盖只有 5 岁。在希伯来移民援助协会的帮助下，他们一家住进了一个工薪阶层住宅区，他的父亲在附近的马里兰大学找到了一份数学教授的工作，他的母亲也成为美国国家航空航天局戈达德太空飞行中心（NASA Goddard Space Flight Center）的研究员。

谢尔盖入读的是一所采用蒙特梭利教育法的学校，他在那里培养出了独立思考的能力。“没有人告诉你应该做什么，”他说，“你必须规划好自己的道路。”[127] 这是他和佩奇之间的一个共同点。在后来被问到拥有身为教授的父母是不是他们取得成功的关键时，他们都表示入读蒙特梭利式教育学校是一个更为重要的因素。佩奇的观点是：“我认为有一部分原因来自我受到的教育——不要墨守成规，学会自我激励，用怀疑的眼光看待世界，还有做出与众不同的事情。”[128]

布林和佩奇的另外一个共同点是他们在小时候都收到过父母送的电脑，布林在 9 岁的时候收到了一台 Commodore 64 电脑作为生日礼物。“当时为自己的电脑编程要比现在容易得多，”他回忆道，“那台电脑内置了一个 BASIC 编译器，① 所以我可以马上开始编写自己的程序，”在中学时期，布林和一个朋友尝试编写一些可以和用户进行文本对话的程序，希望从中模仿出人工智能。“我认为现在这些接触电脑的孩子们已经不像我以前那么容易进入编程的世界了。”[129]

然而布林对待权威的叛逆态度差点为他惹上大麻烦。在他即将 17 岁的时候，他的父亲带他回到莫斯科进行参观。他在莫斯科的路上看到一辆警车，他忍不住朝警车扔了块石子。车上的两位警官走下来准备教训谢尔盖，幸好他的父母帮他化解了这场危机。“我认为自己的叛逆精神来自我出生于莫斯科这个事实，而这种叛逆精神一直伴随我到成年之后。”[130]

---

① 这是比尔 · 盖茨编写的编译器。

物理学家理查德·费曼（Richard Feynman）的几本回忆录让布林深受启发，费曼非常推崇将艺术和科学结合在一起的做法，正如列奥纳多·达·芬奇那样。“我记得其中有一部分内容是他讲述自己多么想成为列奥纳多——一个集艺术家和科学家于一身的人，”布林说道，“这种想法对我很有启发，我觉得这是一条通向充实人生的道路。”[131]

布林分别用三年的时间完成高中和大学本科的学业，他在马里兰大学主修的是数学和计算机科学双专业。有一阵子，他喜欢和自己的电脑极客朋友们一起在互联网电子公告栏和聊天室打发时间，不过在发现这些地方充斥着“10 岁的男孩们在尝试谈论性爱”之后，他就把注意力转向了以文本为基础的多用户地下城（MUD）在线游戏，他甚至编写了一个自己的 MUD 游戏，里面有一个运送爆炸物包裹的邮差。“在 MUD 游戏上花了一些时间之后，我发现这是一个非常酷的东西。”布林回忆道。[132] 在 1993 年春天，也就是布林在马里兰大学的最后一年，他下载了安德森刚刚发布的 Mosaic 浏览器，紧接着他就被万维网深深吸引住了。

布林在获得国家科学基金会的奖学金之后进入了斯坦福大学，他在那里的研究重点是数据挖掘（同样，麻省理工学院也拒绝了布林的研究生申请，不过现在看来损失更大的似乎是麻省理工）。在正式入读博士研究生院之前，布林需要先通过 8 项综合性的测试，他在报到之后不久就顺利通过了其中 7 项测试。“我认为自己最擅长的一项测试却没有通过，”他回忆道，“于是我去找评分的教授为自己的答案争辩，并成功说服了他，最终我通过了全部 8 项测试。”[133] 这之后他就可以自由选择喜欢的任何课程，同时沉浸在自己的特殊运动爱好当中——包括杂技、秋千、帆船、体操和游泳。他可以倒立行走，他还说自己曾经想过要离家出走加入马戏团。他也是直排轮滑运动的狂热爱好者，经常有人会看到他在过道之间呼啸而过。

在佩奇入读斯坦福大学几个星期之后，他和布林连同计算机科学系的其他学生都搬进了新建的盖茨计算机科学大楼。① 布林认为建筑师制定的办公室编号方式过于平庸，于是他设计了一种新的编号方式，它能够更好地表示每个房间的位置和它们之间的距离，这种方式最终得到了采纳。“可以说，这个新的编号方式确实非常直观。”他说道。[134] 佩奇和另外三位研究生被分配到了一个房间，布林把这里当成自己的大本营。这个房间里面有由电脑控制浇水的悬挂植物、一台连接到电脑的钢琴、各种各样的电子玩物，还有为小睡和通宵工作准备的睡垫。

人们用驼峰式拼写法为这对形影不离的组合取了一个外号——“LarryAndSergey”，他们在进行争论或者取笑对方的时候就像是两把互相交锋的宝剑。他们办公室里唯一的女生塔玛拉·蒙兹纳（Tamara Munzner）称他们有股“傻傻的聪明”，这点尤其体现在他们为一些荒谬的想法而争论的时候，比如能否只以青豆为材料制成楼房大小的建筑。“和他们共用一间办公室是非常有趣的，”她说，“我们在一起的时候都玩得很疯狂。我记得在一个周六晚上，直到凌晨3点，办公室里面仍然挤满了人。”[135] 这对组合不仅以头脑聪明著称，在其他人眼中他们还是胆大妄为的。“他们不会假装尊重权威，”他们的一位导师拉杰夫·莫特瓦尼（Rajeev Motwani）教授表示，“他们总是质疑我，他们会毫不顾忌地对我说‘你讲的东西都是垃圾！’”[136]

跟其他优秀的创新搭档一样，“LarryAndSergey”也有着互补的个性。佩奇不是一个热衷社交的人，他可以一直盯着电脑屏幕，却不敢和陌生人进行眼神接触。他的声带因为一次病毒感染而患上了慢性

① 盖茨分别为哈佛大学、斯坦福大学、麻省理工学院和卡内基梅隆大学捐建了一座计算机大楼。其中位于哈佛大学的马克斯韦尔－德沃金（Maxwell Dworkin）大楼是由他和史蒂夫·鲍尔默共同捐建的，该大楼的名字取自他们两位的母亲。

疾病，因此他说话时的嗓音会比较低沉和沙哑，他还有一个令人不快的习惯，就是他有时候会完全陷入沉默（这从很多方面来看其实是个好习惯），因此他偶尔说出的话语会给人留下更为深刻的印象。佩奇有时会完全沉浸在自己的世界中，但有时也会积极地与人交流。他的笑容往往只是一闪而过，却能让人感受到真挚。他的脸部表情很丰富，他在聆听别人说话时的专注既让人感到高兴也令人紧张。理性而严谨的他可以指出最为常见的论述当中的逻辑问题，也可以轻易地将肤浅的对话转变为深刻的讨论。

而布林有时也会表现得傲慢无礼，但是他的行为却不会惹人反感。他会未经敲门就闯入其他人的办公室，不假思索地讲出自己的想法和要求，或者随时加入到任何话题的讨论当中。相比之下，佩奇则是一个更为谨言慎行的人。当布林为自己找得某种可行的方法而沾沾自喜的时候，佩奇会深入思考这种方法可行的原因。热情健谈的布林通常都是讨论的主导者，而佩奇在讨论结束时的低声评论却能引人侧身倾听。“也许我要比谢尔盖更腼腆一些，不过他某些方面也挺害羞的，”佩奇评论道，“我们有很好的合作关系，我的思维可能会比较广阔，而且我们掌握的技能也不一样。我接受的是计算机工程师的训练，所以我对硬件知识比较在行，但他拥有比我更深厚的数学背景。”[137]

布林身上有一点让佩奇感到尤其了不起的是他的聪明才智。“我想说的是，即便是在计算机科学系的学生当中，他也是绝顶聪明的。”除此之外，布林的外向性格也能为他俘获人心。当佩奇刚刚进入斯坦福大学的时候，他和其他新入学的研究生都被安排在一间被称为“牛栏”（bullpen）的宽敞房间里面。“谢尔盖非常喜欢交际，”佩奇说道，“他会去结识每一位新生，来热身区和我们交流。”布林甚至拥有一种和教授交朋友的本领。“谢尔盖可以走进教授们的办公室跟他们闲聊，这对于一位研究生来说是比较不寻常的。我想他们容许他这样做的原因是他是一个非常聪明且博学的学生，他对各种各样的话题都能提出建设性的想法。”[138]

佩奇加入了斯坦福大学的人机交互小组，这个团队的工作是探索改善人机共生关系的方法。人机交互是由利克莱德和恩格尔巴特率先提出的研究领域，同时也是佩奇在密歇根大学最喜欢的课程。他成为以用户为中心的设计概念的支持者，这种概念强调的是软件和计算机的界面必须直观，而且用户永远都是正确的。他在斯坦福大学的论文导师是特里·威诺格拉德（Terry Winograd），这位性格开朗的教授留着像爱因斯坦一样的发型。威诺格拉德之前的研究方向是人工智能，但是在深入思考了人类认知的本质之后，他将自己的研究重点转向如何利用机器增强和扩展（而不是复制和取代）人类的思想。“我的研究方向从人工智能转向了一个更加宽泛的问题，‘你想如何与一台计算机进行交互？’”威诺格拉德表示。[139]

虽然人机交互和界面设计是利克莱德留下的宝贵财富，但是它在当时仍然被认为是一个相当弱势的专业，讲求实际的计算机科学家们都认为它只不过是一个由心理学教授任教的科目，而利克莱德和朱迪斯·奥尔森都是心理学教授出身。根据佩奇的说法：“对于研究图灵机或同类课题的人来说，人类反应的处理是非常情感化的，这种感觉就像是陷入了人文学科的研究当中。”威诺格拉德帮助改善了这个领域的声誉。“特里在研究人工智能的过程中建立了过硬的计算机科学背景，但他对人机交互也很感兴趣，当时涉足这一领域的人不多，而且我认为它没有得到足够的尊重。”用户界面设计课程的电影制作课是佩奇最喜欢上的课之一。“它向我证明了电影的语言和技巧确实可以应用于计算机界面设计。”他说道。[140]

布林的学术研究重点是数据挖掘。他和莫特瓦尼教授一起成立了一个叫作斯坦福数据挖掘（Mining Data at Stanford，MIDAS）的小组。在他们共同发表的论文当中——该小组的成员还包括另外一位研究生克雷格·希尔弗斯坦（Craig Silverstein），他后来成为谷歌的第一位员工——有两篇是关于购物篮分析的。购物篮分析是对顾客购买商品种类的关联性的分析。[141] 在这两篇论文的写作过程中，布林开始对万维网数据模式的分析方法产生了兴趣。

在威诺格拉德的帮助下，佩奇开始思考自己的博士论文题目。他考虑了超过 10 个题目，其中有一个是关于如何设计自动驾驶汽车的，这是谷歌之后会研究的一个项目。他最终选定了一个自己比较熟悉的题目——如何评估不同网站之间的相对重要性。他采用的研究方法来自他所处的家庭学术环境。如果要知道一篇学术论文的价值，其中一个判断标准是它在其他论文的注解和参考文献部分被引用的次数。按照同样的理论，如果要判断某个网页的价值，其中一种方法是了解链接到该网页的其他网页的数量。

但是这种方法存在一个问题。蒂姆·伯纳斯–李在设计万维网的时候，他的理念是任何人都可以在未经允许的情况下建立指向其他网页的链接，将网页链接保存在数据库中，或者双向使用链接。不过这正是包括泰德·尼尔森在内的超文本纯粹主义者所担心的做法。虽然这个理念让万维网得以迅速扩张，但是这也意味着人们将无法轻易得知指向某个网页的链接数量或者来源。你可以在一个网页上看到所有向外的链接，但你不能看到指向这个网页的链接的数量和质量。“在我见过的协作系统当中，万维网的协作功能是相对较弱的，因为它的超文本存在一个缺陷：它没有双向链接。”佩奇说道。[142]

于是佩奇开始尝试建立一个含有大量链接的数据库，这样他就可以反向追踪这些链接，找出每个网页的链接会通向什么网站。这项工作的其中一个目的是促进协作。他打算让人们在自己的网页上为其他网页添加注释，如果哈利将自己的评论链接到了萨莉的网站，那么正在浏览这个网站的人就可以前往查看哈利的评论。“在实现了反向链接追踪之后，人们只需链接到某个网站就可以对其进行评论或者注释。”佩奇解释道。[143]

佩奇用于实现反向链接的方式来自一个大胆的想法——这是他在一天半夜醒来之后突然想到的。“我当时在想：如果我们可以把整个万维网下载下来，然后只将其中的链接保存下来，那会怎样呢？”他回忆道，“我马上拿起了一支笔，记下自己的想法。整个后半夜我都在完善这个想法的细节，并说服自己这是可行的。”[144] 这次的半夜工作经历给他上了一课。“你必须给自己定下不太可能实现的目标，”他后来对一群以色列学生说道，“我在大学期间学到了一句话：‘积极地忽视不可能。’这句话说得非常好。你们应该尝试一些大多数人都不敢做的事情。”[145]

要把整个万维网记录下来可不是一件易事。即使是在 1996 年 1 月的时候，全世界已经有 10 万个网站，这些网站总共含有 1 000 万个文档，它们之间的链接有近 10 亿条，而且这些数字每年都会呈现指数级增长。在当年初夏，佩奇设计了一个网络爬虫工具，它会从佩奇的个人主页出发，一直跟踪它遇到的所有链接。这只在万维网上迅速移动的蜘蛛会保存每条超链接的文本和来源，以及它们对应网页的标题。他将这个项目命名为“BackRub”。

佩奇向自己的导师威诺格拉德表示，他粗略估计自己的网络爬虫将会在几个星期之内完成这项任务。“特里故意点了点头，他明明知道这需要花费比我想象中长得多的时间，但是他明智地向我隐瞒了这点；”佩奇回忆道，“人们经常会低估年轻人的乐观精神！”[146] 这个项目很快就占用了斯坦福大学几乎一半的互联网带宽，而且它至少造成了一次全校范围内的网络中断，但是学校的行政人员仍然对此保持比较宽容的态度。“我的磁盘空间几乎已经用完了。”佩奇在 1996 年 7 月 15 日向威诺格拉德发了一封邮件，他当时已经收集了 2 400 万条网址和超过 1 亿条链接。“虽然我当时只保存了大概 15% 的网页，不过情况看起来非常乐观。”[147]

佩奇这个大胆而复杂的项目吸引了拥有数学头脑的谢尔盖 · 布林的注意，后者当时正在寻找一个合适的博士论文题目。他兴致勃勃地加入了自己好友的工作当中：“这是最令人兴奋的一个项目，不仅因为它与代表人类知识的万维网相关，也因为我喜欢拉里这个人。”[148]

BackRub 项目在当时的目标仍然是收集万维网的反向链接，为将来可能实现的注释系统和引用分析功能打下基础。“现在想来不可思议的是，我当时完全没有想过要建立一个搜索引擎。”佩奇说道，“这个想法甚至不在我们的考虑范围之内。”随着这个项目的逐步推进，他和布林想出了一些更为复杂的网页价值分析方法，这些方法采用的依据是指向每个网页的链接的数量和质量。这时候，他们逐渐认识到这个按照重要性排名的网页索引可以成为一个高质量搜索引擎的基础。这就是谷歌诞生的由来。“当一个伟大的梦想出现的时候，”佩奇后来说道，“你要马上抓住它！”[149]

这个经过改进的项目最初被称为“PageRank”，因为它会对 BackRub 索引收集到的每个网页进行排名。当然，这个名字还体现了佩奇的讽刺幽默感和小小的虚荣心。“不好意思，它确实是指我自己。”他后来羞怯地承认道，“我其实对此感到有点难为情。”[150]

网页排名的目标还会引出另外一个复杂的问题。佩奇和布林意识到除了对指向网页的链接数量进行汇总以外，他们还可以尝试确定每条进入链接的价值。例如，来自《纽约时报》的链接应该要比贾斯汀 · 霍尔在斯沃斯摩尔学院宿舍发出的链接有更高的价值。这样就建立了一个由多个反馈循环形成的递归过程：每个页面的排名依据是进入链接的数量和质量，而这些链接的质量是由生成它们的页面的数量和质量来决定的，以此类推。“整个过程都是递归的，”佩奇解释道，“这是一个巨大的循环。不过数学的力量是很强大的，它可以帮助我们解决这个问题。”[151]

布林能够充分理解这种类型的数学难题。“事实上我们想出了很多数学方法来解决这个问题，”他回忆道，“我们将整个万维网转换成一组含有数亿个变量的庞大方程，这些变量就是所有网页的排名。”[152] 在各自导师的指导之下，他们为此合著了一篇论文。他们在其中清晰地讲述了这些复杂数学公式的基础——网页含有的进入链接数量以及每条链接的相对排名。然后他们用外行人都能明白的简单语言解释道：“如果一个网页的反向链接的整体排名越高，那么这个网页本身的排名就越高。这里同时考虑到了页面拥有大量反向链接和少量高排名链接的情况。”[153]

那么 PageRank 真的可以生成更好的搜索结果吗？这是一个价值 10 亿美元的问题。他们为此进行了一项对比测试。他们用到的测试关键词之一是“大学”（university）。如果在 AltaVista 和其他引擎搜索这个关键词，它们会列出在标题中含有该关键词的随机页面。“我记得自己曾经问过他们，‘为什么你们要提供这样的垃圾结果？’”佩奇说道。对方给出的回应是，没有得到合适的搜索结果是佩奇的问题，他应该改善自己使用的搜索关键词。“我在人机交互的课程上学习到抱怨用户并非一个好的策略，所以我知道他们根本就没有把事情做好。‘用户永远是对的’这一观念让我们可以做出一个更好的搜索引擎。”[154] 在 PageRank 中，以“大学”为关键词的最优先搜索结果分别为斯坦福大学、哈佛大学、麻省理工学院和密歇根大学，他们对这个结果感到十分满意。“哇噢！”佩奇记得自己当时发出了这样的赞叹，“我和小组的其他成员都清楚地认识到，如果我们在为网页进行排名的时候能够参考外界对这个网页的看法，而不是仅仅关注网页本身，这将会对网页搜索带来很大的帮助。”[155]

为了继续完善 PageRank 的搜索结果，佩奇和布林加入了更多的参考因素，例如关键字在网页上出现的频率、字号和位置。如果关键字出现在网址中，使用了大写形式，或者包含在标题内，对应的网页就会得到更高的排名。他们会对比采用不同参数组合的搜索结果，然后不断调整和改进算法。他们发现应该对锚文本给予较高的权重，锚文本指的是作为超链接的下划线文本。例如，“比尔 · 克林顿”是许多指向美国白宫网站（whitehouse.gov）的链接的锚文本，因此当用户搜索“比尔 · 克林顿”的时候，白宫网站应该出现在最优先的搜索结果，尽管这个网站的主页中没有明显地出现比尔 · 克林顿这个名字。相比之下，用户在另外一个竞品上搜索“比尔 · 克林顿”的时候，得到的第一条搜索结果是“今日的比尔 · 克林顿笑话”。[156]

由于这个搜索引擎需要处理海量的页面和链接，所以佩奇和布林把它命名为谷歌（Google），这个名字来源于古戈尔（googol）——是指 1 后有 100 个 0。提出这个名字的人是他们办公室的另外一位研究生肖恩 · 安德森（Sean Anderson）。他们在浏览器中输入“Google”，发现这个域名仍然可用，于是佩奇把它抢注了下来。“我不确定我们是否意识到自己犯了一个拼写错误，”布林后来说道，“不过‘googol’域名已经被占用了。之前已经有人注册了‘Googol.com’，我试过向那个人提出购买域名的请求，但是对方非常喜欢这个域名，所以不愿意出售。因此我们还是选择了‘Google’。”[157] 这是一个很好玩的单词——简单易记，输入方便，还可以转换成动词来使用。①

① 牛津英语词典在 2006 年将“google”作为动词收录在内。

佩奇和布林从两个方面继续改进谷歌的使用体验。首先，他们建立了比任何竞争对手都高出许多的网络带宽、处理能力和储存容量，从而将他们的网络爬虫的处理速度提升至每秒索引 100 个网页。除此之外，他们还非常热衷于研究用户行为，这点有助于持续改进他们的算法。如果用户在点击了最优先的搜索结果之后没有返回搜索结果列表，这就意味着他们已经找到了自己想要的东西。但是如果他们在完成搜索之后立刻修改自己的关键词，就说明他们对搜索结果不满意，这时候工程师们就需要查看用户修改过的搜索关键词，从而了解他们最初想要查找的东西。用户每次跳转到第二页或第三页搜索结果的时候都表明他们对搜索结果的排序不满意。按照记者史蒂文 · 利维的说法，这个反馈循环可以帮助谷歌学习到用户的真正意图，当用户输入"狗"（dogs）的时候，他们可能也想查找小狗（puppies）；他们在输入"沸腾"（boiling）的时候可能是指热水（hot water）。当然，谷歌也学会了用户在输入"热狗"（hot dog）的时候并不是想查找"沸腾的小狗"（boiling puppies）。[158]

还有另外一个人也想到了跟 PageRank 非常相似的基于链接的网页排名机制：一位来自中国的计算机工程师李彦宏。他曾经在纽约州立大学水牛城分校学习，在硕士毕业后，他开始为道琼斯公司位于新泽西州的一家子公司工作。1996 春天，也就是佩奇和布林正在启动 PageRank 项目的时候，李彦宏想出了一个叫作"RankDex"的算法，它可以根据进入网页链接的数量和链接锚文本的内容确定搜索结果的权重。他买了一本书自学如何为这个想法申请专利，并在道琼斯公司的帮助下完成了专利的申请。但是道琼斯公司没有继续推进这个想法，于是李彦宏加入了位于硅谷的 Infoseek 公司，后来返回中国。他在回国之后和其他人共同创立了百度，成为中国最大的搜索引擎，而且是谷歌在全球范围内最有实力的竞争对手之一。

到了1998年年初，佩奇和布林的数据库已经收录了5.18亿条超链接，而当时万维网的链接总数约为30亿条。佩奇不希望谷歌仅仅停留在学术项目的层面，他想尽快把它打造成为一款热门产品。“这就像是尼古拉·特斯拉面临的问题，”他说，“如果你有一个自认为不错的发明，你会想让它尽快被多数人用上。”[159]

因为佩奇和布林想将自己的博士论文付诸实践变成一家公司，所以他们不愿意对已有的工作成果进行发表或者正式展示。但是他们的导师却一直催促他们发表一些东西出来，于是他们在1998年春天完成了一篇20页的论文，他们在其中解释了PageRank和谷歌背后的学术理论，但是没有向竞争对手透露过多的商业机密。1998年4月，这篇题为《一个大规模超文本万维网搜索引擎的剖析》的论文发表于一场在澳大利亚举行的计算机大会上。

“我们会在本论文中介绍谷歌，一个倚重于超文本架构的大规模搜索引擎的原型。”他们在论文的开头写道。[160]在收集了万维网上总共30亿条链接当中的大约5亿条之后，他们能够计算出至少2 500万个网页的排名，这点“相当符合人们对重要性的排名需求”。他们详细讲述了产生每个网页的排名的“简单迭代算法”。“学术参考文献的引用方式已经被应用到万维网之上，主要的方法是计算指向给定网页的引用或反向链接数量。PageRank进一步拓展了这个概念，它不会为来自所有网页的链接给予同等的权重。”

这篇论文含有大量关于排名、爬虫、索引和迭代算法的技术细节，还有一部分内容讲述了一些在未来有价值的研究方向。不过论文的结尾明确指出了这个项目不是一次学术实践或者研究工作，他们进行这项工作的目标显然是成立一家商业公司。“谷歌的设计目的是成为一个可扩展的搜索引擎，”他们在论文的结论中宣称，“我们的首要目标是提供高质量的搜索结果。”

如果是在那些主要以学术为目的而进行研究的大学里面，他们的做法也许是有问题的。但是斯坦福大学不仅允许学生参与商业项目，而且还会为他们提供鼓励和帮助。学院甚至还有专门帮助学生完成专利申请和授权事宜的办公室。“我们斯坦福大学拥有促进创业精神和冒险研究的环境，”校长约翰·亨尼斯（John Hennessey）强调，“这里的人们深刻地理解到一点——有时候改变世界的最佳方式不是写论文，而是将你相信可行的技术变成真正的产品。”[161]

佩奇和布林尝试商业化的第一步是向其他公司授权使用他们的软件，他们会见了雅虎、Excite 和 AltaVista 等公司的首席执行官。这些公司的出价是 100 万美元，不过这也不算是一个天文数字，因为除了专利授权的费用以外，这笔资金还包含了他们两人提供服务的酬劳。“当时这些企业的市值已经达到数亿美元甚至更高，”佩奇后来说道，“所以这对于他们来说只是一个小数目。但是他们的领导层缺乏足够的远见，他们有很多人都跟我们说：‘搜索其实没有那么重要。’”[162]

于是佩奇和布林决定成立他们自己的公司。他们所在的地理位置是一个适合创业的地方，在距离斯坦福校园几英里之外就有一些愿意成为天使投资人的成功企业家，而且不远的沙丘路上都是雄心勃勃的风险投资人，他们都可以为创业公司提供启动资金。斯坦福大学有一位叫戴维·切里顿（David Cheriton）的教授，他曾经和安迪·贝希托尔斯海姆（Andy Bechtolsheim）共同创办过一家销售以太网产品的公司，这家公司后来被思科系统公司收购了。1998 年 8 月，切里顿建议佩奇和布林与贝希托尔斯海姆进行一次会面，后者还是太阳计算机系统公司的联合创始人之一。在一天深夜，布林向贝希托尔斯海姆发了一封邮件，对方立刻回复了布林。第二天早上，他们齐聚在位于帕洛阿尔托的切里顿家中会面。

即便是在青涩的学生时代，佩奇和布林也能为他们的搜索引擎做出激动人心的演示。他们展示了自己可以在一组小型计算机上对万维网的大部分内容进行下载、索引和网页排名的操作。这是在互联网泡沫最大的时期进行的一次愉快会面，贝希托尔斯海姆在会议上提出的问题也很有启发性。他每个星期都会听到很多场融资演讲，但是他知道这跟那些根本不存在的雾件（vaporware）[①] 的幻灯片展示不一样，他可以亲手输入搜索关键字，然后马上就可以看到一些比 AltaVista 优秀得多的搜索结果。另外，两位创始人都非常聪明且充满干劲，他就喜欢在这种类型的创业者身上押赌注。贝希托尔斯海姆很欣赏他们不打算在市场营销方面花费太多资金的想法（或者说他们实在不想在这方面花费任何资金）。他们知道谷歌是一个足够优秀的产品，它可以通过用户之间的口碑来传播，所以他们筹集到的每一分钱都会花在组装服务器所需的零件上。“其他网站都会将很大一部分的风险资金花在广告上面，”贝希托尔斯海姆说道，“他们却反其道而行之——先做出一些有价值的东西，推出一项足以吸引用户使用的服务。”[163]

虽然布林和佩奇都不太愿意接受广告，但是贝希托尔斯海姆知道在搜索结果页面加入一些清晰标注的广告是很容易做到的，而且不会影响用户体验。这就意味着他们已经拥有了一个等待挖掘的巨大收入来源。贝希托尔斯海姆对他们说道：“这是我在近年来听到过的最棒的想法。”然后他们谈到了具体的投资金额，贝希托尔斯海姆说他们的开价太低了。“好吧，我也不想浪费时间，”贝希托尔斯海姆最后说道，还有很多工作等着他去做，“我给你们写一张支票，我想它肯定可以帮到你们。”他从自己的车上拿出了一个支票本，然后向谷歌公司开出了一张 10 万美元的支票。“我们现在还没有银行账户呢。”

① 雾件是指在互联网行业，在未开发完成前就开始做宣传的某项产品或技术，但最后它们可能并不会问世。——编者注

布林告诉他。“那等你们开了账户之后再存进去把。”贝希托尔斯海姆回应道，之后就开着自己的保时捷跑车绝尘而去。

布林和佩奇一起去了汉堡王餐厅庆祝。“我们觉得应该吃一些好吃的东西，尽管那些食物确实很不健康，”佩奇说道，“而且价格也很便宜。对于这次的成功融资来说，这似乎也是一种合适的庆祝方式。”[164]

贝希托尔斯海姆开给“谷歌公司”的那张支票让他们有动力开始组建一家公司。“我们必须尽快找到一位律师。”布林如是说。[165]佩奇回忆道：“当时的感觉就像是，哇噢！也许我们真的要马上开一家公司了。”[166]由于贝希托尔斯海姆的声誉（以及谷歌的产品本身足够优秀），这个项目也吸引了其他投资人的加入，其中包括亚马逊网站的杰夫·贝佐斯。“我真的爱上了拉里和谢尔盖，”贝佐斯表示，“他们具有以用户为中心的远见。”[167]谷歌的名声在人们的交口称赞当中变得越来越响亮，以至于在几个月之后，位于硅谷的两家顶尖风险投资公司——红杉资本和凯鹏华盈都对它进行了投资，很少有创业公司可以同时得到这两家竞争对手的青睐。

除了乐于帮助学生的大学、热心的导师和风险投资人以外，硅谷还有另外一个特色：这里有许多车库，而休利特和帕卡德设计他们第一款产品的地方，以及乔布斯和沃兹尼亚克组装出第一块 Apple I 电脑主板的地方——正是在这样的车库里。一心准备创业的佩奇和布林决定搁置他们的论文计划并离开斯坦福大学的象牙塔，这时候他们找到了一个可以作为落脚点的车库。他们在就读斯坦福大学期间认识了一位名叫苏珊·沃西基（Susan Wojcicki）的朋友（她在不久后也成为谷歌的员工），她家就住在学校附近的门洛帕克，于是他们以每月 1 700 美元的租金租下了她家的双车位车库，连同一个浴缸和几间空置的房间。1998 年 9 月，也就是在和贝希托尔斯海姆见面的一个月之后，佩奇和布林开设了一个银行账户，把那张支票兑现了。他们在车库的墙上挂了一块白板，上面写着“谷歌全球总部”。

除了将整个万维网的信息囊括其中以外，谷歌还代表了人机关系领域的一项重大飞跃，也就是利克莱德在40年前构想的“人机共生关系”。雅虎之前尝试通过结合自动搜索和人工编纂目录的方法实现一种初级形式的人机共生关系。乍看之下，佩奇和布林所使用的方法是将人工的操作排除在外，完全使用网络爬虫和计算机算法来进行搜索。但是如果对其进行深入思考的话，我们会发现，他们的方法实际上是机器和人类智慧的结合。他们的算法依赖于人们在自己的网站上创建链接时做出的数十亿次判断。这是一种自动利用人类智慧的方式，换句话说，这是一种更高层次的人机共生关系。“这个过程看起来似乎是完全自动化的，”布林解释道，“但事实上最终的成果是由数百万人共同打造出来的，他们花了大量的时间在设计网页和确定链接来源上，这就是它背后的人为因素。”[168]

在那篇发表于1945年的著名文章《诚如所思》之中，万尼瓦尔·布什提出了一项艰巨的任务：“人类的经验总和正以惊人的速度增长，但是我们从随之而来的知识迷宫中获取重要信息的方法却与大航海时代别无二致。”布林和佩奇在离校创业之前提交的那篇论文中也提到了同样的观点：“索引中的文档数量已经出现了多个数量级的增长，但是用户查找文档的能力却没有随之提升。”虽然他们的文采不如布什，但是他们已经成功实现了他的梦想——通过人机协作来应对信息过载。谷歌也由此创造了一个人类、计算机和网络紧密链接的世界，而实现这一成就用了60年的时间。任何人都可以向世界各地的人们分享任何信息，就像是那本来自维多利亚时代的年鉴所承诺的一样——“包罗万象”。

第十二章　永远的埃达

洛夫莱斯夫人的异议

埃达·洛夫莱斯应该会感到欣慰。对于一位已经逝去超过 150 年的先人来说，我们只能狭隘地揣测她的思想。我们可以想象她如何自豪地在书信中炫耀自己的敏锐洞察力，她知道计算设备总有一天会成为通用型计算机，这种美妙的机器不仅可以处理数字，而且能够谱写音乐和处理文字，甚至"将通用符号以连续的无限变化的形式结合起来"。

这样的机器在 20 世纪 50 年代开始出现。在接下来的 30 年当中，计算机在两项重大创新的驱动之下彻底改变了我们的生活方式：微型芯片让计算机尺寸可以缩小为作为个人设备使用；分组交换网络让计算机可以作为网络上的节点互相连接。个人电脑和互联网的结合促进了数字创意、内容分享、社区营造和社交网络的迅速发展。它实现了埃达所说的"诗意科学"，这是创意和技术的相互交织，就如出自雅卡尔织布机的华丽织锦一般。

埃达还有一个更具争议性的观点：无论如何强大的计算机都不

可能真正成为一台“会思考的”机器。至少到目前为止，她仍然可以理直气壮地夸耀自己的想法是正确的。在她身故的一个世纪之后，艾伦·图灵将这个观点称为“洛夫莱斯夫人的异议”，并尝试对它进行反驳。他为会思考的机器给出了一个可操作的定义——能够让提问者以为是人类的机器。他还预计在几十年之内将会出现可以通过这个测试的计算机。但是现在60多年过去了，那些试图通过图灵测试的机器最多只能进行一些蹩脚的对话，而不是真正的思考。显然现在还没有一台机器能够达到埃达提出的严格标准：能够“拥有”自己的思想。

玛丽·雪莱在与埃达的父亲拜伦勋爵度假期间想出了《科学怪人》的故事，自此以后，人造机器可能形成独立思想的想法使得一代又一代的人们深感不安。《科学怪人》的主题也成为后世科幻作品的基石，其中一个生动的例子是斯坦利·库布里克（Stanley Kubrick）1968年的电影《2001太空漫游》（*2001: A Space Odyssey*），这部电影的主角是一台令人恐惧的智能计算机“HAL”。HAL通过自己平静的嗓音展现出了一些人类特有的能力：说话、推理、识别人脸、审美、表达情绪，（当然）还有下象棋。当HAL似乎出现故障的时候，人类宇航员们决定将其关闭。在得知这个计划之后，HAL将他们逐一杀害，最后只剩下一位幸存者。经过一番英勇斗争之后，仅存的那位宇航员打开了HAL的认知电路，把它们一个接一个地断开。HAL开始逐渐退化，直到最后哼唱出了“Daisy Bell”的曲调，这是向历史上第一首计算机合成乐曲致敬——1961年，位于贝尔实验室的一台IBM 704计算机唱出了这首曲子。

长期以来，人工智能的狂热支持者们都在鼓吹（或者说是威胁）像HAL那样的机器很快就会出现，并且证明埃达的想法是错误的。

这也是举行于1956年的达特茅斯会议的前提，这场由约翰·麦卡锡和马文·明斯基发起的会议确立了人工智能这一研究领域。与会者们最终总结得出，人工智能领域将在大约20年之后出现重大突破。但事实并非如此。每隔10年都会有一批新的专家断言人工智能将会在可见的未来实现，然而他们见到的只是镜花水月，总是与我们相隔20年的距离。

约翰·冯·诺依曼在逝世（1957年）之前曾经短暂研究过人工智能。在参与了现代数字计算机结构的设计工作之后，他认识到人类大脑和计算机的结构之间存在根本性的区别。数字计算机会采用精确的单位进行计算，但是根据我们目前的了解，大脑也是一个部分模拟的系统，它会处理一系列连续统一的可能性。换句话说，人类在进行思考的时候，大量来自不同神经的信号脉冲和模拟波会聚集在一起，产生出“也许”和“可能吧”等各种有着细微差别的答案，有时还会出现困惑的情况，而不是像计算机那样只有二进制的“是”与“否”两种结果。冯·诺依曼提出未来的智能计算或许需要放弃完全数字的方式，建立一种同时含有数学和模拟形式的“混合程序”。他表示，“逻辑学将必须从内在转变为神经学”这句话翻译过来的大致意思就是，电脑将需要变得更像人脑。[1]

一位来自康奈尔大学的教授弗兰克·罗森布拉特（Frank Rosenblatt）在1958年尝试实现这个目标。他利用数学方式设计了一种模拟大脑的人工神经网络，并将其命名为“感知机”（Perceptron）。通过使用加权统计输入，它在理论上可以处理视觉数据。当为这个项目提供资金支持的美国海军将其对外公布的时候，这个事件吸引了众多媒体的大肆炒作，随后还出现了许多关于人工智能的论断。“海军在今天公布了一个电子计算机的胚胎，它将可以行走、说话、视物、写作、自我繁殖，而且可以意识到自己的存在。”这是来自《纽约时报》的报道。《纽约客》也表现出了同样的兴奋："顾名思义……感知机能够达到独立思考的程度……它让我们感到第一个真正可以媲美人类大脑的东西已经被发明出来了。"[2]

这已经是差不多60年之前的事情了，但是感知机的设想到现在仍未实现。[3]尽管如此，几乎从那以后的每一年都会出现这种激动人心的新闻报道，它们的主题都是说一些能够复制和超越人类大脑的神奇发明即将到来，其中有很多都用到了跟1958年的感知机新闻几乎一模一样的措辞。

后来发生的两件事让关于人工智能的讨论变得更为热烈了（至少在大众媒体的范围之内）。首先是IBM的国际象棋计算机深蓝在1997年击败了世界国际象棋冠军加里·卡斯帕罗夫（Garry Kasparov），然后同样也是来自IBM的自然语言答题计算机沃森在2011年的《危险边缘》（*Jeopardy!*）智力竞猜节目中胜出，它同时击败了两位冠军选手——布拉德·拉特（Brad Rutter）和肯·詹宁斯（Ken Jennings）。"我认为它唤醒了整个人工智能社区。"IBM的首席行政官金尼·罗曼提（Ginni Rometty）说道。[4]但是正如她首先承认的，这些都不是人工智能的真正突破。深蓝是依靠蛮力算法在国际象棋比赛中胜出的，它可以每秒分析2亿步棋，然后将每一步棋与以往的70万局大师级比赛进行比对。大多数人都会认同深蓝的计算方式与普遍定义的真正思考之间存在根本性的差别。"深蓝的智能程度跟你的可编程闹钟一样，"卡斯帕罗夫说道，"但并不是说输给一台价值1 000万美元的闹钟会让我感到好过一些。"[5]

同样，沃森也是利用了大量的计算能力才能在《危险边缘》中获胜：它拥有4TB的储存容量，里面存放了2亿页的信息，而整个维基百科的内容仅占其中的0.2%。它可以在一秒钟之内搜索相当于

100万本书的内容。它还能说流利的英语口语。尽管如此，看过它上电视的人都不会认为它可以通过图灵测试。事实上，IBM团队的负责人非常担心该节目的脚本写作者会设计一些蒙骗机器的问题，将这个节目变成一场图灵测试，所以他们坚决要求节目组只能使用来自未播放节目的现有问题。然而，这台机器还是在节目上多次展示了自己非人性的一面。例如其中一个问题是关于奥运会体操冠军乔治·埃塞尔（George Eyser）的“生理结构特点”。沃森的回答是“什么是一条腿？”而正确的答案应该是“埃塞尔缺了一条腿”。这个问题的难点在于理解“不寻常”的意思，IBM沃森项目的负责人戴维·费鲁奇（David Ferrucci）解释道，“这台计算机理解不了缺了一条腿是一件极不寻常的事情。”[6]

加州大学伯克利分校的哲学教授，“中文房间”思维实验的设计者约翰·希尔勒认为，沃森根本连一丁点的人工智能都算不上。“沃森并不理解那些问题，也不能理解问题的答案，它不知道自己有没有答对，不知道自己在参加比赛，更不知道自己赢了——因为它不能理解任何东西，”希尔勒表示，“IBM不是，也不能以理解为目的来设计这台计算机。一个更恰当的说法是，它的设计目的是模拟理解，是让它假装自己能理解。”[7]

即使是IBM的工作人员也认同这个观点。他们从来没有标榜沃森是一台“智能”的机器。“现在的计算机都是聪明的笨蛋，”IBM的研发总监约翰·E·凯利三世（John E. Kelly III）在深蓝和沃森击败人类之后说道，“它们在储存信息和数字计算方面有着惊人的能力——远远超出任何人。然而在另外一方面的技能，比如理解、学习、适应和互动的能力，计算机只能向人类俯首称臣。”[8]

深蓝和沃森并没有证明机器已经进一步实现了人工智能，它们反映的是一个完全相反的事实。“令人感到讽刺的是，这些最近出现的成果揭示了计算机科学和人工智能的局限所在，”麻省理工学院的大脑、思维与机器研究中心的主管托马索·波焦（Tomaso Poggio）表示，“我们目前还不了解大脑是如何产生智慧的，也不知道如何做出和我们一样拥有全面智慧的机器。”[9]

印第安纳大学的道格拉斯·霍夫施塔特（Douglas Hofstadter）教授在 1979 年出版了一本结合艺术与科学的著作《哥德尔、埃舍尔、巴赫》（*Gödel, Escher, Bach*），令他意想不到的是，读书竟然成为一本风靡全球的畅销书。他认为如果要实现有意义的人工智能，唯一的方法是理解人类想象力的运作方式。他所提出的研究方向在 20 世纪 90 年代已经基本被放弃了，因为当时的研究人员发现在处理复杂任务的时候，更为高效的做法是借助强大的处理能力来处理海量数据，正如深蓝下象棋的方式。[10]

这种方法产生了一种令人费解的现象：虽然计算机可以完成世界上最困难的一些任务（分析数十亿种可能的棋子走法，在数百个相当于维基百科大小的数据库中找出关联的内容），但是一些我们人类认为最简单不过的事情它们却做不到。如果向谷歌询问一个高难度的问题，比如“红海的深度是多少”，它马上就可以给出答案“7 254 英尺”，这可能连你最聪明的朋友都不一定知道。不过如果问它一个简单如“鳄鱼会打篮球吗”的问题，它却会不知所措，但是就连蹒跚学步的孩童都能在一阵笑声之后给出正确的答案。[11]

在洛杉矶附近的 Applied Minds 公司里面，你可以看到控制机器人行动的程序是如何被编写出来的，但是在兴奋之余，你很快就会发现这些机器人在陌生的房间里会晕头转向，也拿不起蜡笔并写下自己的名字。在参观波士顿附近的 Nuance Communications 公司的过程中，你会了解到语音识别技术的惊人进展，这种技术是支撑 Siri 和其他类似系统的基础。但是任何使用 Siri 的人都清楚，我们现在还不能与计算机进行真正有意义的对话，除非是在科幻电影当中。在麻省理工学院的计算机科学与人工智能实验室里面，一项关于计算机图像识别技术的研究正在如火如荼地进行当中。然而，尽管计算机能够从图像中识别出一个拿着杯子的女孩、一个站在喷泉旁的男孩、一只正在舔奶油的猫，但是它缺乏最基本的抽象思维能力，所以识别出他们都在做同样的动作——喝东西。位于曼哈顿的纽约市警察指挥中心有一个区域警戒系统（Domain Awareness System），这个系统中的计算机能够扫描来自成千上万个监控摄像头的图像信号，但是它们仍然不能从人群中准确地辨认出你妈妈的样子。

所有这些任务都有一个共同点：这些都是连一个四岁的小孩都能做到的事情。根据哈佛大学的认知科学家史蒂芬·平克（Steven Pinker）的说法："过去35年的人工智能研究带给我们的主要启示是，困难的问题是简单的，简单的问题是困难的。"[12] 未来学家汉斯·莫拉维克（Hans Moravec）等人表示这个悖论之所以存在，是因为识别视觉或语言模式需要消耗的计算资源过于巨大。

莫拉维克的悖论印证了冯·诺依曼在半个世纪之前提出的观点——人类大脑的碳基化学物质的运作模式不同于计算机的硅基二进制逻辑电路。湿件[①] 和硬件之间存在差别。人脑不仅结合了模拟和数字的处理方式，它还是一个分布式的系统，就像互联网一样。计算机的中央处理器执行指令的速度可以远远超过大脑的神经元。"但是大脑能够很好地弥补这个劣势，因为所有的神经元和突触都能同时被激活，而目前大多数计算机都只有一个或几个 CPU（中央处理

① 计算机专用术语，指与计算机软件、硬件系统紧密相连的人（程序员、操作员、管理员），以及与系统相连的人类神经系统。

器）。”这句话出自斯图尔特·拉塞尔（Stuart Russell）和彼得·诺维格（Peter Norvig）合著的一本书，它是人工智能领域最为重要的一本教科书。[13]

那为什么不制造一台可以模仿人类大脑运作方式的计算机呢？“最终我们将能够测定人类基因组的序列，并复制出自然赋予碳基系统的智慧，”比尔·盖茨预测道，“这就像是为了解决一个难题而对其他人的产品进行逆向工程一样。”[14]这不是一个可以轻易实现的目标。科学家们花了40年的时间才测定出一种身长1毫米的线虫的神经活动，它只有302个神经元和8 000个突触。①而人类大脑则拥有860亿个神经元和多达150万亿个突触。[15]

2013年底，《纽约时报》报道了“一项即将颠覆数字世界的研究进展”，这项进展“可能会实现新一代的人工智能系统，它们将会拥有一些对于人类来说轻而易举的功能：视觉、语言、听觉、寻路、操纵和控制”。这些用词会让人想起《纽约时报》在1958年对感知机的报道（“它将可以行走、说话、视物、写作、自我繁殖，而且可以意识到自己的存在”）。这是复制人类大脑神经网络运作模式的另外一次尝试。正如《纽约时报》所描述的，“这种新的计算方式的基础是生物神经系统，具体来说是神经元对刺激的反应以及神经元之间通过连接转译信息的方式。”[16]IBM和高通均公布了开发“神经形态”（neuromorphic）计算机处理器的计划，还有一个叫作“人类大脑计划”（Human Brain Project）的欧洲研究委员会也宣称自己已经研制出一种神经形态微型芯片，这种芯片含有“5 000万个塑料突触和20万个仿真神经元模型，所有这些元件都被安放在一个8英寸的硅片上。”[17]

---

① 神经元是利用电信号或化学信号传递信息的神经细胞。突触是将信号从一个神经元传递到另外一个神经元或细胞的结构或通道。

这轮新闻报道也许确实意味着能够像人类一样思考的机器会在几十年之后出现。“我们一直都在关注机器还不能做的事情——下象棋、驾驶汽车、翻译语言，而当机器有能力做出这些事情的时候，我们就把这个清单上的项目一一划去，”蒂姆·伯纳斯–李说道，“终有一天，我们可以把清单上的最后一行划去。”[18]

这些最新的研究进展甚至会导致“奇点”（singularity）的出现，这是由冯·诺依曼创造的一个术语，并在未来学家雷·库茨韦尔（Ray Kurzweil）和科幻作家弗诺·文奇（Vernor Vinge）的推广之下深入人心。“奇点”一词可以用来描述计算机的智慧开始超越人类的时刻，届时它们将能够通过自我完善而变得越来越智能，因此就不再需要依赖人类。文奇表示这种情况到2030年将会出现。[19]

另外，这些新闻报道也有可能只是重现了20世纪50年代的海市蜃楼。真正的人工智能或许需要再过几代人甚至几个世纪的时间才能达到。我们可以把这个话题留给未来学家们讨论。实际上，根据我们对意识的定义，它也许永远都不可能出现。这个话题则可以留给哲学家和神学家们讨论。“人类的创造力将永远不可能设计出比自然造物更完美、更简单、更恰当的发明。”达·芬奇写道，他创作的《维特鲁威人》（*Vitruvian Man*）成为艺术与科学相结合的终极象征。

然而，我们的未来还存在另外一种可能性，这是埃达·洛夫莱斯所认同的未来，也是建立在过去半个世纪的计算机发展道路之上的未来，而这条道路的开辟者是万尼瓦尔·布什、J·C·R·利克莱德和道格·恩格尔巴特。

人机共生：“沃森，过来”

“分析机不会主动创造任何东西，”埃达·洛夫莱斯断言道，“但它可以根据我们能够给出的任何指令完成任务。”她认为机器不会取代人类，但是可以成为人类的伙伴。她表示，人类在这段关系当中所起到的作用是提供创造力。

这是除了纯人工智能以外的一个发展方向背后的理念：让机器成为人类的伙伴，从而实现增强智能。与尝试创造能够独立思考的机器相比，结合计算机和人类的能力建立出人机共生关系，被证明是一种更为有效的策略。

利克莱德在自己 1960 年的论文《人机共生》当中规划了这个发展方向：“人类大脑将与计算机器紧密联合，两者形成的合作关系能够实现超出人类大脑的思维能力，并以我们目前所知的信息处理机器无法企及的方式处理数据。”[20] 这个想法是以 Memex 机——万尼瓦尔·布什在 1945 年的《诚如所思》中构想的个人计算机——为基础发展而成的。另外它还吸收了利克莱德在 SAGE 防空系统的设计工作中得到的感悟，这是一项需要人类与机器的紧密协作才能完成的工作。

恩格尔巴特为布什和利克莱德的思想赋予了一个友好的界面，他在 1968 年展示了一个联网计算机系统，它配有一个直观的图形显示器和一个鼠标。在一篇题为《增强人类智能》的宣言当中，他重申了利克莱德的思想。恩格尔巴特写道：我们的目标应该是创造“一个相互协调的领域，直觉、尝试、无形的内容和人类对‘现状的感知’都能有效地与……高性能的电子助手共存其中”。理查德·布劳提根在诗歌《万物皆在慈爱机器的眷顾之下》中以更为抒情的语言表达了这个梦想：“一片赛博世界的草坪 / 那里的动物和计算机 / 共同生活在 / 程序编写的和谐之中。”

开发深蓝和沃森的团队也是采用了这种人机共生的方法，而不是选择追求人工智能纯粹主义者们的目标。“我们的目标并非复制人类大脑，”IBM 的研发总监约翰 · 凯利如是说。他补充了一个跟利克莱德相同的观点，“这不是要用机器思维取代人类思维。相反，在认知系统的时代里，人类和机器将会协作产生出更好的成果，双方都会在合作关系中发挥自己最擅长的技能。”[21]

一个体现这种人机共生关系的强大之处的例子是卡斯帕罗夫。在被深蓝击败之后，他领悟到了一个道理，他开始相信在国际象棋这种规则分明的比赛当中，“计算机的强项正是人类的弱项，反之亦然”。他由此想到了一个实验：“如果计算机不是作为人类的对手，而是作为队友和我们下象棋的话会怎样呢？”他和另外一位特级大师尝试这样做的时候，他们创造了利克莱德所构想的共生关系。“我们可以将精力集中在战略部署上，而不需要在计算方面花费大量的时间，”卡斯帕罗夫说道，“在这种情况下，人类的创造力可以更上一层楼。”

一场沿用这项规则的比赛在 2005 年举行，选手们可以选择与计算机组队参赛。这场赛事吸引了众多特级大师和最先进的计算机的参与，但是他们最后都败给了共生关系。“由人类和机器组成的队伍可以完胜最强大的计算机，”卡斯帕罗夫说道，“人类的战略指挥加上机器的战术执行会产生无比强大的威力。”最终的胜出者不是一位特级大师，也不是一台最先进的计算机，更不是这两者的组合，而是两位同时使用三台计算机的美国业余棋手，他们知道如何与自己的机器进行协作。根据卡斯帕罗夫的说法：“他们熟练地操作和指挥自己的计算机，让它们深入洞察棋局的变化，这种方式能够有效抵抗特级大师对国际象棋的深刻理解和其他参赛者的强大计算能力。”[22]

换句话说，未来也许属于那些能够与计算机达成最佳协作关系的人。

同样，IBM 也认为沃森——这台参加《危险边缘》比赛的计算机的最佳使用方式是与人类进行协作，而不是尝试凌驾于人类之上。这台机器参与的其中一个项目是协助医生进行癌症治疗计划。“在《危险边缘》的挑战中，人类和机器之间处于竞争关系，”IBM的约翰·凯利说道，“如果将沃森应用于医疗的话，人类和计算机将共同应对挑战。”[23] 沃森的系统被录入了超过 200 万页医学期刊的内容，以及 60 万条临床证据，它可以搜索多达 150 万条病人记录。当医生向这台计算机输入病人的症状和身体状况之后，它会提供一份推荐治疗方式的清单，并按照自己的把握对各种治疗方式进行排序。[24]

IBM 团队认识到如果要真正发挥这台机器的作用，它需要以一种令人愉快的方式与人类医生进行交流。IBM 研究院软件部门的副总裁戴维·麦奎尼（David McQueeney）表示他们通过编程让这台机器表现出一些谦逊的特质：“从我们早期的使用经验来看，部分谨慎的医生会提出这样的反对意见：‘我是一个持照执业的医生，我不会让一台电脑告诉我应该怎么做。’所以我们对沃森的系统进行了重新编程，让它可以给人一种谦逊的印象，它会说：‘这条建议对您有用的可能性为百分之……还有这些内容您可以自行查阅。’”医生们对此感到非常满意，他们说这种感觉就像是和一位学识渊博的同事进行对话一样。“我们的目标是将人类的天赋，例如我们的直觉，和机器的强项，例如无限广阔的知识，结合在一起，”麦奎尼说道，“这是一个不可思议的组合，因为组合的双方都能提供对方不具备的东西。”[25]

这是沃森为吉尼·罗曼提留下深刻印象的其中一个方面，后者是一位拥有人工智能背景的计算机工程师，她在 2012 年初接任成为 IBM 的首席执行官。“我看过沃森以平等的姿态与医生进行互动，”她说，“这是机器能够成为人类真正伙伴的明证，机器不一定要取代人类。我能强烈地感受到这点。”[26] 深受触动的罗曼提决定以沃森为基础为 IBM 成立一个新的部门。IBM 向这个部门提供了 10 亿美元的资金，并在曼哈顿格林尼治村附近的硅巷为它新建了一座总部大楼。它的任务是将“认知计算”商业化——一种计算系统，它会通过完善人类大脑的思维能力实现更高水平的数据分析。罗曼提没有专门为这个新部门取一个名字，只是简单地把它称为“沃森”。这也是为了向 IBM 创始人老托马斯 · 沃森（Thomas Watson Sr.）致敬，他管理了这家公司超过 40 年的时间。此外，这个名字也来自夏洛克 · 福尔摩斯的搭档约翰 · 华生（John Watson）医生以及亚历山大 · 格拉汉姆 · 贝尔（Alexander Graham Bell）的助手托马斯 · 沃森。因此，这个名字所传达的是沃森计算机应该被看成是一个协作者和同伴，而不是像《2001：太空漫游》里的 HAL 那样被认为是一个潜在威胁。

沃森是计算机技术第三次浪潮的前兆，增强智能与人工智能之间的界线从此开始变得模糊。“第一代计算机是用于计算和制表的机器。”罗曼提如是说，她回想起了赫尔曼 · 霍尔瑞斯在 1890 年人口普查中用到的打孔卡片制表器，那是 IBM 的起源所在。“第二代计算机指的是使用冯 · 诺依曼结构的可编程机器。你必须告诉它们应该做什么。”自从埃达 · 洛夫莱斯以来，人们就开始为这些计算机编写算法，指导它们如何一步接一步地完成任务。“由于数据量的迅速增长，”罗曼提补充道，“第三代计算机已经成为我们唯一的选择，它们是不需要依赖编程的系统，它们会自我学习。”[27]

而就算这种机器真的出现了，它们也可以继续与人类保持合作和共生的关系，而不是将人类放逐到历史的尘埃当中。拉里 · 诺顿（Larry Norton）是纽约纪念斯隆 – 凯特琳癌症中心（Memorial Sloan-Kettering Cancer Center）的一位乳腺癌专家，他是沃森合作计划的成员之一。“计算机科学将迅速发展，医疗技术也会追随它的发展脚步，”他说，“这是一种共同进化，我们将互相促进。”[28]

道格·恩格尔巴特将机器和人类将会相互提升智慧的过程称为“自生过程”（bootstrapping）和“共同进化”（coevolution）。[29] 这点引出了一个有趣的前景：无论计算机发展速度有多快，人工智能也许永远都无法超越人机合作所产生的智慧。

假设一下，未来也许会有一台这样的机器，可以表现出人类所有的心智能力：具有外观识别模式、感知情绪、欣赏美、创作艺术、拥有欲望、形成道德观且追求目标。这样一台机器也许能够通过图灵测试，它甚至可能通过我们所说的“埃达测试”，也就是说它可以表现出“创造”自己的思想的能力，而这种思想将超越我们人类通过编程所达到的高度。

然而，在我们宣布人工智能已经全面压倒增强智能之前，它还需要跨过另外一道门槛，我们可以称之为“利克莱德测试”。这项测试不仅会探求机器能否复制人类智慧的所有要素，还会探究机器完全独立完成任务会不会比机器与人类协作做得更好。换句话说，人机协作会一直比人工智能机器独立工作更为强大吗？

如果是这样的话，那么利克莱德所说的“人机共生”将会持续立于不败之地。计算机技术的圣杯不一定非人工智能不可。我们的目标也可以是设法优化人类和机器之间的协作——在这段合作关系当中，人类会让机器完成它们最擅长的事情，机器也会帮助人类完成他们最擅长的事情。

从历史进程得到的启示

跟所有历史故事一样，建立数字时代的创新历史也有着千头万绪。那么除了上文讨论过的人机共生关系以外，我们还可以从这段故事当中得到怎样的启示呢？

首先，创新是一个协作过程。与孤独天才的灵光一闪相比，创新更多是来自团队协作。历史上每一个创意活跃的时代都是如此。科学革命、启蒙运动和工业革命都有专门进行协同工作的机构和用于分享想法的网络。而对于数字时代来说，团队协作比以往任何一个时代都更为重要。即便是那些参与发明互联网和计算机的天才们，他们的大部分成就也都是通过团队协作取得的。就如罗伯特·诺伊斯一样，他们当中最优秀的一群人会更倾向于成为公理会的牧师，而不是孤独的先知；成为合唱歌手，而不是独唱者。

举个例子，推特的创始团队在通力协作的同时也经常会出现意见分歧的情况。根据《纽约时报》的记者尼克·比尔顿（Nick Bilton）的说法，当推特的一位联合创始人杰克·多尔西（Jack Dorsey）开始在媒体采访中包揽大部分功劳的时候，另外一位联合创始人埃文·威廉姆斯（之前曾经创办 Blogger 的连续创业家）告诉他要淡定。“但是我发明了推特。”多尔西如是说。

“不，你没有发明推特，”威廉姆斯回应道，“我也没有发明推特，比兹（Biz Stone，比兹·斯通，另外一位联合创始人）也没有。人们没有发明互联网上面的东西，他们只是发展了现有的想法。”[30]

这句话为我们总结了另外一条启示：虽然数字时代似乎是一个颠覆历史的时代，但是它的发展基础是历代流传下来的想法。协作不仅会在同一时代的参与者之间进行，它还是跨越世代的。最优秀的创新者能够理解技术变革的轨迹，并接过前一代创新者们手上的接力棒。史蒂夫·乔布斯的成果建立在艾伦·凯的研究之上，启发艾伦·凯的人是道格·恩格尔巴特，而恩格尔巴特是 J·C·R·利克莱德和万尼瓦尔·布什的继承者。当霍华德·艾肯在哈佛大学设计数字计算机的时候，他的灵感来自查尔斯·巴贝奇的差分机零件，而且他会要求自己的下属阅读埃达·洛夫莱斯的“注解”。

最高效的团队能够将拥有各种特长的人才聚集在一起。贝尔实验室就是一个典型的例子。它专门在新泽西州郊区的新总部里面修建了多条长廊，这里聚集着理论物理学家、实验家、材料科学家、工程师和企业家，甚至还有一些指甲缝塞满油污的电话线路维修工人。实验家沃尔特·布拉顿与理论家约翰·巴丁拥有共同的工作空间，他们就像是坐在同一张钢琴凳上的作词家和作曲家一样，终日埋头于谱写他们的应答二重奏，第一个晶体管就是在这种情况下诞生的。

虽然互联网可以作为虚拟协作和远程协作的工具，但是数字时代的创新为我们总结的另外一条经验是，近距离的交流可以促进创新，这条经验无论在过去还是现在都一样适用。亲自会面所带来的好处是不能通过数字方式复制的，贝尔实验室已经向我们很好地证明了这一点。英特尔的创始人们为公司设计了一个以团队为中心不断延伸的开放式办公空间，使得自诺伊斯以下的每一位员工都可以在一个没有隔阂的环境下工作。这后来成为硅谷公司常用的一种办公模式。曾经有人预测数字工具的出现可以让企业员工进行远程办公，但是这个想法直到现在仍然没有被完全实现。玛丽莎·梅耶尔（Marissa Mayer）上任雅虎首席执行官之后的首项举措是禁止员工在家办公，她指出："人们在共处的时候可以更好地进行协作和创新。"当史蒂夫·乔布斯在为皮克斯设计新总部大楼的时候，他非常执迷于大楼中庭的结构安排，甚至连洗手间的位置也需要由他来决定，他希望通过建筑结构的设计来促进员工之间的偶遇。苹果新建的标志性总部园区是他的遗作之一，这是一座围绕着大型中央庭院的环形建筑，它的内部含有多个开放的工作空间。

纵观历史，最优秀的领导能力往往出自成员个性互补的团队。美国的建立就是这样的一个例子。这群建国元老包括以诚实著称的乔治·华盛顿；像托马斯·杰斐逊和詹姆斯·麦迪逊这样的杰出思想家；拥有远见和激情的人，例如塞缪尔·亚当斯和约翰·亚当斯；还有一位睿智的协调者——本杰明·富兰克林。同样，在阿帕网的创始人当中也有像利克莱德这样的远见者，决策果断的工程师拉里·罗伯茨，政治手腕娴熟的管理者鲍勃·泰勒，还有善于协作的执行者史蒂夫·克罗克和文特·瑟夫。

组建一支伟大团队的另外一个关键是，将负责构思创意的远见者和能够执行这些创意的管理者结合在一起。没有执行的远见只是幻觉。[31] 罗伯特·诺伊斯和戈登·摩尔都属于远见者，所以他们在英特尔招募的第一位员工是安迪·格鲁夫，他清楚知道如何实施清晰的管理流程，如何敦促人们专注手上的工作，以及如何把事情做好。

身边缺乏这种团队的远见者通常只能沦落为历史的注脚。历史学界对于谁是真正发明电子数字计算机的人进行了一场相持不下的争论：究竟是约翰·阿塔纳索夫，一位几乎完全依靠自己的努力完成工作的艾奥瓦州州立大学教授，还是约翰·莫奇利和普雷斯伯·埃克特在宾夕法尼亚大学带领的团队呢？在本书当中，我更加认同的是后者的功劳，一部分原因是他们的成果——ENIAC 能够真正运转起来和用于解决问题。他们之所以能做到这点，是因为他们得到了一大批工程师和机械师的帮助，还有一群女性程序员负责为他们完成编程工作。相比之下，阿塔纳索夫却一直都无法完全运行自己的机器，其中一部分原因是他身边没有可以帮他解决打孔卡片问题的团队。这台机器最终被放置在一个地下室里面，后来还在没有人记得它究竟是什么的情况下被丢弃了。

与计算机类似的是，阿帕网和互联网也是通过团队协作设计出来的。一位恭敬有礼的研究生为它们的开发过程创立了一种决策方式——互相分发一种叫作“征求修正意见书”的文档。这个过程的产物是一个没有中央权威或者枢纽的分组交换网络，其中的权力被完全分布在各个节点之上，每个节点都可以创建和分享内容，而且可以绕过企图向其施加控制的行为。一个协作的流程产生了一个旨在促进协作的系统。互联网被刻上了它的创造者的基因。

互联网不仅能够促进团队内部的协作，而且互不相识的人们也可以通过互联网进行协作。这是一项最值得被称为颠覆性的进步。自从波斯人和亚述人发明了邮政系统以来，用于协作的网络就一直存在。但是在互联网出现之前，征集和整理来自成千上万不知名协作者的贡献是一件令人不敢想象的事情。这种协作过程造就了一批以集体智慧为基础的创新系统——谷歌的网页排名、维基百科的条目、火狐浏览器和 GNU/Linux 软件等。

数字时代的创新团队有三种组织方式。第一种是通过政府的资助和统筹，这是早期计算机（巨人、ENIAC）和网络（阿帕网）的开发团队采用的组织方式。在艾森豪威尔总统执政的 20 世纪 50 年代，人们普遍有这样一种共识——政府应该负责承担一些与公共利益相关的项目，例如太空计划和州际公路系统。这些项目通常会与大学和私人承包商协作进行，这就是由万尼瓦尔·布什等人促成的政府、学术界和产业之间的三角关系。有才能的联邦政府官僚（这两者之间不一定存在矛盾关系），比如利克莱德、泰勒和罗伯茨，他们会负责监管这些项目并分配公共资金。

私营企业是组建协作团队的另一种方式。这种情况会出现在大型企业的研究中心，例如贝尔实验室和施乐 PARC，或者锐意进取的新兴企业，例如德州仪器和英特尔、雅达利和谷歌、微软和苹果。这种团队协作的一个重要驱动力是利润，这不仅是对参与者的回报，也是一种吸引投资者的方式。这需要将创新看成是一种私有的财产，并通过专利和知识产权来保护它们。虽然这是数字理论家和黑客们经常批评的一种方式，但是有许多重大的创新都是来自这种通过金钱回报驱动发明的私营企业体系，包括晶体管、微型芯片、计算机、电话、电子设备和万维网服务。

除了政府和私营企业以外，历史上还存在第三种组织协作创新的方式：依靠人们不求回报地分享想法和做出贡献的志愿者项目。许多建立互联网及其服务的进步都是通过这种方式实现的，哈佛大学的学者尤查·本克拉将其称为“基于共享的集体协作”。[32] 互联网的出现使得这种形式的协作达到前所未有的规模。维基百科和万维网的建立，以及 Linux 和 GNU、OpenOffice 和火狐浏览器等免费开源软件的开发都是很好的例子。正如科技记者史蒂文·约翰逊所说的：“它们的开放架构让其他人可以在现有想法的基础上进行开发，就像是伯纳斯–李在互联网的基础上建立万维网那样。”[33] 这种通过同伴网络进行的共享协作的驱动力不是来自金钱激励，而是来自其他形式的回报和满足感。

共享协作和私营企业之间的价值观通常都会存在冲突，最能体现这种冲突的地方是它们对于创新应该被专利保护的程度有着不同的看法。共享团体的根源来自麻省理工学院铁路模型技术俱乐部和家酿计算机俱乐部所孕育的黑客精神。史蒂夫·沃兹尼亚克就是其中的一位楷模。他会在家酿计算机俱乐部的聚会上炫耀自己制作的计算机电路，还会免费派发电路的图解，让其他人也可以使用和改进它。但是和他一起参加聚会的邻居好友史蒂夫·乔布斯成功说服他停止这种共享发明的做法，他认为他们应该把它生产出来，然后卖给其他人。这就是苹果公司诞生的原因。在接下来的 40 年当中，这家公司一直活跃在专利保护和利用创新获利的最前线。而这两位史蒂夫的天赋推动了数字时代的进程。创新会在开源系统和专有系统互相竞争的领域展现出最大的活力。

有时候人们会根据自己的思想观念而支持某一种生产模式。他们可能会更倾向于让政府承担更大的责任，或者强调私营企业的地位，又或者赞颂同伴共享的做法。在 2012 年美国总统大选的时候，奥巴马总统在竞选演说中对私营企业主说道："那不是你们建成的。"这句话引起了广泛的争议。他的批评者们认为这是在贬低私营企业的地位。事实上，奥巴马的观点是，任何企业都会从政府和共享社区的支持当中获益："如果你有所成就，那么你在奋斗的路上肯定得到过别人的帮助。在你人生旅途的某处肯定有一位重要的导师。有人为我们创立了无与伦比的美国体制，让你们能够在此获得成功。有人为道路和桥梁的建造投资。"虽然这番说辞无法优雅地澄清他是一位秘密社会主义者的流言，不过它确实指出了一条应用于数字时代创新的现代经济学经验：将这三种组织生产的方式（政府、市场和同伴共享）结合起来会比单独运用其中任何一种方式都更为强大。

然而，这些形式都不是数字时代独有的。巴贝奇的大部分研究资金都来自英国政府的拨款，英国政府会向能够巩固帝国经济和统治的研究提供慷慨的资助。巴贝奇从私营企业身上也吸收到了许多想法，其中最重要的一个想法来自纺织工坊为自动织布机发明的打孔卡片技术。他和他的朋友们创立了多个新式的同伴网络俱乐部，其中包括英国科学进步协会（British Association for the Advancement of Science），将这个庄重严肃的组织看成是家酿计算机俱乐部的先驱也许显得有些不当，但是它们两者存在的目的都是促进同伴协作和思想共享。

数字时代最成功的事业都是由能够鼓励协作和富有远见的领导者开创的。这往往被认为是不可兼得的两项特质：普通的领导者可能是友善的包容者，也可能是充满激情的远见者，但是最优秀的领导者可以同时做到这两点。罗伯特·诺伊斯就是一个很好的例子。他和戈登·摩尔凭借自身对半导体技术发展方向的清晰认识带领英特尔不断前进，而且他们能够以公平民主的态度对待员工的错误。即使是为人挑剔的史蒂夫·乔布斯和比尔·盖茨，他们也知道如何在自己身边建立强大而忠诚的团队。

那些无法与他人进行协作的优秀个人也很容易会走向失败，这是肖克利半导体走向瓦解的原因。同样，缺乏充满激情和冲劲的远见者的协作团队也难以取得成功，例如贝尔实验室在发明晶体管之后就失去了前进的方向。苹果公司在1985年驱逐乔布斯之后也面临着同样的困境。

本书提到的大多数成功创新者和企业家都有一个共同点：他们都是“产品人”。他们非常关注，而且深入理解产品的工程与设计。他们不是主要负责营销、销售或者财务的人员。如果让这几种类型的人员负责掌管企业的话，企业的持续创新能力通常都会受到损害。“当销售人员掌管公司的时候，产品人员就变得不那么重要了，他们当中有很多人会就此失去工作的动力。”乔布斯如是说。拉里·佩奇也有相同的看法：“最优秀的领导人是对工程和产品设计理解得最为深刻的人。”[34]

数字时代的另外一条启示可以一直追溯到亚里士多德：“人类是一种社交动物。”如果不是这样的话，还有什么可以解释民用频段电台和业余无线电出现的原因呢？更不用说像WhatsApp（一款通信应用程序）和推特这样的继承者了。几乎所有的数字工具，无论它们的设计初衷是什么，人类总会把它们用作社交目的：建立社区、促进交流、实现社交网络。即便是最初被当作个人创意工具的个人电脑也不可避免地促进了调制解调器和在线服务的兴起，它最终还为我们带来了脸谱网、Flickr和Foursquare等社交网站。

相反，机器不是社交动物。它们不会按照自己的意愿加入脸谱网，也不会为了自己的需要而寻求陪伴。当艾伦·图灵断言机器以后会表现得像人类一样的时候，他的批评者对此提出的反驳是它们永远不可能表达爱意或者渴望亲密。为了满足图灵的愿望，我们也许可以通过编程让一台机器表现出情感或者假装寻求亲密，就像是人类平常会做的事情一样。但是图灵本人也许会比其他任何人都更能看出其中的差别。

根据这段亚里士多德名言的后半部分，计算机脱离社交的本质表明它们“不是野兽，即是神明”。而事实上，它们两者都不是。无论人工智能工程师和互联网社会学家提出了怎样的宣言，数字工具仍然不会具有个性、意图或者欲望。它们只是我们的造物。

埃达的永恒启示：诗意科学

数字时代的最后一条启示将我们重新带回了埃达·洛夫莱斯的话题。她曾经指出，人类为人机共生关系提供了一个关键因素：创造力。数字时代的历史（从布什到利克莱德再到乔布斯，从 SAGE 到谷歌到维基百科再到沃森）为我们进一步证实了这个观点。只要我们仍然是一个拥有创造力的物种，这种情况也许会一直持续下去。“机器将会变得更加理性和善于分析，”IBM 的研发总监约翰·凯利说道，“而人类则负责提供判断、直觉、共情、道德准则和创造力。”[35]

我们人类可以继续在认知计算的时代发挥自己的作用，因为我们能够不同凡响，这是算法几乎不可能做到的事情。正如埃达所说的，我们拥有的想象力可以“采用新颖的、独创的、无限的、不断变化的方式将事物、事实、思想和概念组合起来”。我们可以识别不同的图案，并欣赏它们的美。我们可以将信息编织成故事，除了热衷于社交以外，我们还是一种善于讲故事的动物。

人类的创造力包含价值观、意图、美学判断、情感、个人意识和道德观念。这些是艺术和人文教会我们的东西，也是人文学科的价值不亚于科学、技术、工程学和数学的原因。如果我们想要维持人类在人机共生关系当中的地位，如果我们想要继续作为机器的创意搭档，我们就必须继续滋养自身的想象力、独创性和人性的泉源。这是我们所能提供的东西。

史蒂夫·乔布斯在自己的产品发布会上经常会用同一张幻灯片作为总结，在他身后的大屏幕上会出现一个路标，上面标示着“人文”（Liberal Arts）和“技术”（Technology）的交叉口。他最后一次登台发布产品是在 2011 年的 iPad2 发布会上，他当时站在这张图像的中间宣布道：“苹果的基因决定了只有技术是不够的。我们笃信，是技术与人文的联姻才能让我们的心灵歌唱。”这点让他成为我们这个时代中最具创造力的技术创新者。

然而，人文学科的反面也同样值得礼赞。热爱艺术和人文的人也应该尝试欣赏数学和物理学的美，就如埃达·洛夫莱斯一样。否则，他们将会沦为艺术和科学的交叉口的匆匆过客，无缘于数字时代创新。他们也会将自己对这个领域的控制权拱手让给工程师们。

在那些赞美艺术和人文，并向它们的学术价值致敬的人当中，有很多都会毫不掩饰地（有时甚至会面带笑容地）对外宣告自己不懂得数学或物理学。他们吹捧学习拉丁语的好处，但是他们却对如何编写算法一无所知，也不能说出 BASIC、C++、Python 和 Pascal 这些计算机程序语言之间的区别。他们认为不能分清《哈姆雷特》和《麦克白》的人是俗不可耐的，然而他们却可以大方地承认自己分不清基因和染色体，晶体管和电容器，积分和微分方程。这些概念也许是难以理解的，但《哈姆雷特》也并非通俗易懂。而且跟《哈姆雷特》一样，上面提到的每一个概念都有其独特的美感。正如一道优美的数学方程，它们都展现出了宇宙的伟大之处。

C · P · 斯诺（C. P. Snow）曾经提出我们需要同时尊重科学和人文“这两种文化”。这个说法固然是正确的，不过从目前来看，更为重要的是理解它们之间互相交融的方式。那些率领技术革命的人往往都是埃达的继承者——能够将科学和人文结合在一起的人。埃达从父亲身上遗传了诗意的气质，从母亲身上继承了数学的天赋，这两种特质的融合让她逐渐培养出对“诗意科学”的热爱。虽然她的父亲为破坏机械织布机的勒德分子辩护，但是埃达却对那些织布机用来编织精美图案的打孔卡片爱不释手，她还想到了这种艺术与技术的美妙结合会如何在计算机中展现出来。

数字革命的下一阶段将会涌现出更多将技术融入创意产业的方式，它们将会进一步改变媒体、时尚、音乐、娱乐、教育、文学和艺术等各个行业。之前的第一轮数字创新大潮主要是将旧酒（书籍、报纸、杂志、歌曲、电视节目、电影）装到数字化的新瓶里面，而全新的平台、服务和社交网络将会为个人想象力和集体创造力提供越来越多的机会。角色扮演游戏和互动游戏正与协作的叙事方式和增强现实技术结合起来。这种技术与艺术之间的相互影响终将催生出全新的表现形式和媒体类型。

这种创新将来自那些能够为工程实现美感、为技术赋予人性、为处理器注入诗意的人。也就是说，创新将会来自埃达 · 洛夫莱斯的精神继承者——这群创新者会在艺术和科学的交叉口上大显身手，他们身上的叛逆精神和好奇心会向他们展现出艺术和科学的绝妙之处。

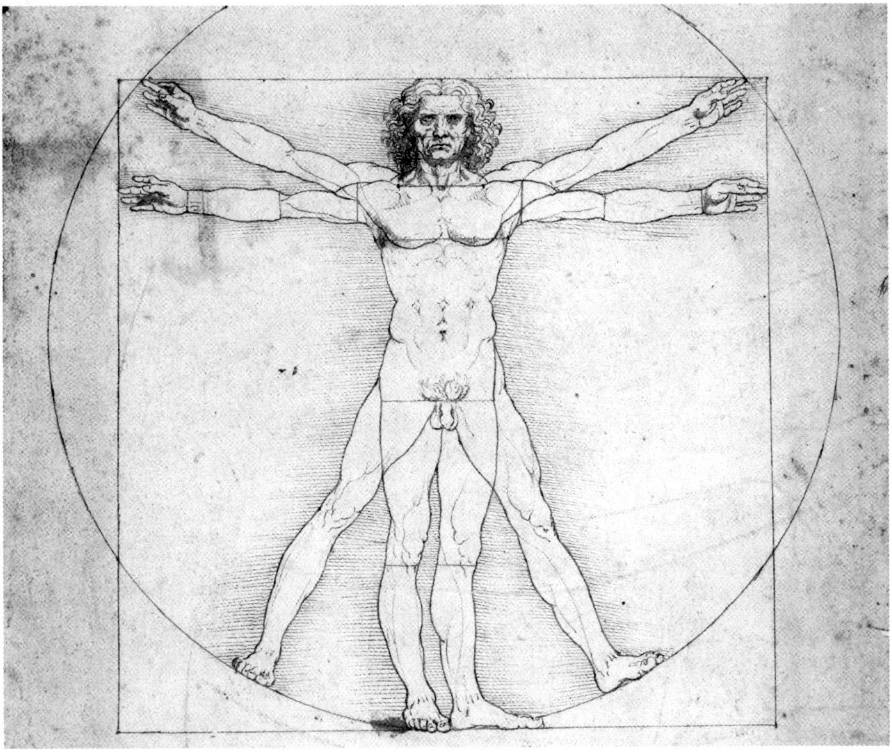

我要感谢所有接受我采访并向我提供信息的人，他们是鲍勃·阿尔布雷克特、阿尔·奥尔康、马克·安德森、蒂姆·伯纳斯–李、斯图尔特·布兰德、丹·布里克林、拉里·布里连特、约翰·西利·布朗、诺兰·布什内尔、琼·凯斯、史蒂夫·凯斯、文特·瑟夫、韦斯·克拉克、史蒂夫·克罗克、李·费尔森施泰因、鲍勃·弗兰克斯顿、鲍勃·卡恩、艾伦·凯、比尔·盖茨、阿尔·戈尔、安迪·格鲁夫、贾斯廷·霍尔、比尔·乔伊、吉姆·基姆西、伦纳德·克兰罗克、特雷西·利克莱德、莉莎·卢普、戴维·麦奎尼、戈登·摩尔、约翰·内格罗蓬特、拉里·佩奇、霍华德·莱茵戈尔德、拉里·罗伯茨、阿瑟·罗克、弗吉尼娅·罗曼提、本·罗森、史蒂夫·拉塞尔、埃里克·施密特、鲍勃·泰勒、保罗·特雷尔、吉米·威尔士、埃文·威廉姆斯和史蒂夫·沃兹尼亚克。我还要感谢在我写作过程中向我提出宝贵意见的肯·奥莱塔、拉里·科恩、戴维·德布斯、约翰·多尔、约翰·霍拉、约翰·马尔科夫、林达·雷斯尼克、乔·泽夫和迈克尔·莫里茨。

芝加哥大学的拉胡尔·梅赫塔（Rahul Mehta）及哈佛大学的丹尼·Z·威尔逊（Danny Z. Wilson）阅读了本书的初稿并纠正了其中的数学和工程学错误；当然，我还是趁他们不备偷偷犯下了一些错误，所以书中如果存在什么疏漏，责任完全在我。我要特别感谢斯特罗布·塔尔博特（Strobe Talbott），他阅读了书稿，并就方方面面的问题广泛发表了意见。从我 1986 年出版《智者》（*The Wise Men*）一书开始，我写的每一本书都得到过他的悉心指点，我还保留着塔尔博特每一份详尽的批注，这些都是他智慧与慷慨的见证。

写这本书的时候，我还尝试了一种与以往不同的方式：书中许多章节我都是以众包方式请读者提出建议和修改意见的。众包并不是什么新鲜事物。为学术论文广泛征询意见是 1660 年伦敦皇家学会成立的原因，也是本杰明·富兰克林创立美国哲学学会的原因。《时代》杂志也尝试过把文稿发送到所有办事处，广泛征求“建议和修改意见”，事实证明，这种做法是卓有成效的。以前我会把自己书稿中的部分章节发给几十位熟人阅读，而现在我可以通过互联网请数千名陌生人发表评论和修改意见。

这应该是一种非常适切的做法，因为促进协作正是互联网创建的原因之一。一天晚上，当我写到这方面内容的时候，我突然意识到应该尝试让互联网发挥出这种原始作用。我希望它既能帮助我完善书稿，又能让我更好地理解今天这些基于互联网的工具是如何促进协作的（以及与 Usenet 和老式电子公告板系统相比有何异同）。

我在许多网站上进行了试验。我发现效果最好的是本书中的人物之一埃文·威廉姆斯创建的 Medium。书中的一篇节选上线第一周的阅读量就达到了 18 200 人次，这比过去任何时候阅读我书稿的读者都多出了约 18 170 人。有数十名读者发表了评论，还有几百名读者给我发来电子邮件。我根据这些反馈进行了许多修改和补充，还增加了一节全新的内容（关于丹·布里克林和 VisiCalc 的部分）。我要感谢在众包过程中向我提供帮助的数百名协作者，其中有些人现在我已经认识了（说到众包，我希望很快有人能发明出一种集增强型电子书和维基百科于一体的东西，缔造出部分由著者主导，部分依靠众包的全新多媒体历史）。

我还想感谢 30 年来一直担任我编辑和代理人的艾丽斯·梅休和阿曼达·乌尔班以及西蒙与舒斯特公司的卡罗琳·里迪、乔纳森·卡普、乔纳森·考克斯、朱莉亚·普罗瑟、杰姬·萧、艾琳·凯拉迪、朱迪丝·胡佛、露丝·李–梅和乔纳森·埃文斯。我要感谢阿斯彭研究所（Aspen Institute）的帕特·津杜尔卡和利娅·比托尼斯以及许多其他人。此外，我还幸运地拥有愿意阅读本书书稿并提出中肯意见的一家三代人：我的父亲欧文（一位电气工程师）、我的弟弟李（一位计算机顾问）和我的女儿贝齐（一位科技作家，她是让我对爱达·洛夫莱斯产生兴趣的第一个人）。而我最诚挚的谢意要献给我的妻子凯茜，她是我最睿智的读者，也是我所认识的最有爱心的一个人。

前言

1. Henry Kissinger, background briefing for reporters, Jan. 15, 1974, from file in *Time* magazine archives.

2.Steven Shapin,, *The Scientific Revolution*（University of Chicago Press, 1996）, 1, 5.

第一章 埃达·洛夫莱斯伯爵夫人

1. Lady Byron to Mary King, May 13, 1833. 拜伦一家的书信（包括埃达所写的）被收藏于牛津大学博德利图书馆。埃达书信的抄本分别出自 Betty Toole, *Ada, the Enchantress of Numbers: A Selection from the Letters*（Strawberry, 1992）和 Doris Langley Moore, *Ada, Countess of Lovelace*（John Murray, 1977）。除了下文列出的参考来源以外，本节内容还参考了：Joan Baum, *The Calculating Passion of Ada Byron*（Archon, 1986）; William Gibson and Bruce Sterling, *The Difference Engine*（Bantam, 1991）; Dorothy Stein, *Ada*（MIT Press, 1985）; Doron Swade, *The Difference Engine*（Viking, 2001）; Betty Toole, *Ada: Prophet of the Computer Age*（Strawberry, 1998）; Benjamin Woolley, *The Bride of Science*（Macmillan, 1999）; Jeremy Bernstein, *The Analytical Engine*（Morrow, 1963）; James Gleick, *The Information*（Pantheon, 2011）, chapter 4。除非特别注明，埃达书信的引用内容均以 Betty Toole 的抄本为基础。

后世对埃达·洛夫莱斯持有褒贬不一的评价。其中评价最为正面的是图尔、伍利和鲍姆的著作；评价最为严谨和公允的是施泰因（Stein）的著作。如果想了解后世对埃达·洛夫莱斯的质疑，可参考 Bruce Collier，“The Little Engines That Could've”，PhD dissertation，Havard，1970，http://robroy.dyndns.info/collier/。他写道：“她是一个躁郁症患者，且对自己的天资抱有错觉……她是像‘疯帽子’一样的人，其对‘注解’的贡献甚微，更多是带来麻烦。”

2. Lady Byron to Dr. William King，June 7，1833.

3. Richard Holmes，*The Age of Wonder*（Pantheon，2008），450.

4. Laura Snyder，*The Philosophical Breakfast Club*（Broadway，2011），190.

5. Charles Babbage，*The Ninth Bridgewater Treatise*（1837），chapters 2 and 8，http://www.victorianweb.org/science/science_texts/bridgewater/intro.htm；Snyder，*The Philosophical Breakfast Club*，192.

6. Toole，*Ada, the Enchantress of Numbers*，51.

7. Sophia De Morgan，*Memoir of Augustus De Morgan*（Longmans，1882），9；Stein，*Ada*，41.

8. Holmes，*The Age of Wonder*，xvi.

9. Ethel Mayne，*The Life and Letters of Anne Isabella, Lady Noel Byron*（Scribner's，1929），36；Malcolm Elwin，*Lord Byron's Wife*（Murray, 1974），106.

10. Lord Byron to Lady Melbourne，Sept. 28，1812，in John Murray，editor，*Lord Byron's Correspondence*（Scribner's，1922），88.

11. Stein，*Ada*，14，from Thomas Moore's biography of Byron based on Byron's destroyed journals.

12. Woolley，*The Bride of Science*，60.

13. Stein，*Ada*，16；Woolley，*The Bride of Science*，72.

14. Woolley，*The Bride of Science*，92.

15. Woolley，*The Bride of Science*，94.

16. John Galt，*The Life of Lord Byron*（Colburn and Bentley，1830），316.

17. Ada to Dr. William King，Mar. 9，1834，Dr. King to Ada，Mar. 15，1834；Stein，*Ada*，42.

18. Ada to Dr. William King，Sept. 1，1834；Stein，*Ada*，46.

19. Woolley，*The Bride of Science*，172.

20. Catherine Turney, *Byron's Daughter: A Biography of Elizabeth Medora Leigh* (Readers Union, 1975), 160.

21. Velma Huskey and Harry Huskey, "Lady Lovelace and Charles Babbage," *IEEE Annals of the History of Computing*, Oct.–Dec. 1980.

22. Ada to Charles Babbage, Nov. 1839.

23. Ada to Charles Babbage, July 30, 1843.

24. Ada to Lady Byron, Jan. 11, 1841.

25. Toole, *Ada, the Enchantress of Numbers*, 136.

26. Ada to Lady Byron, Feb. 6, 1841; Stein, *Ada*, 87.

27. Stein, *Ada*, 38.

28. Harry Wilmot Buxton and Anthony Hyman, *Memoir of the Life and Labours of the Late Charles Babbage* (ca. 1872; reprinted by Charles Babbage Institute/MIT Press, 1988), 46.

29. Martin Campbell Kelly and William Aspray, *Computer: A History of the Information Machine* (Westview, 2009), 6.

30. Swade, *The Difference Engine*, 42; Bernstein, *The Analytical Engine*, 46 and passim.

31. James Essinger, *Jacquard's Web* (Oxford, 2004), 23.

32. Ada to Charles Babbage, Feb. 16, 1840.

33. Ada to Charles Babbage, Jan. 12, 1841.

34. Charles Babbage, *Passages from the Life of a Philosopher* (Longman Green, 1864), 136.

35. Luigi Menabrea, with notes upon the memoir by the translator, Ada, Countess of Lovelace, "Sketch of the Analytical Engine, Invented by Charles Babbage," Oct.1842, http://www.fourmilab.ch/babbage/sketch.html.

36. Babbage, *Passages from the Life of a Philosopher*, 136; John Füegi and Jo Francis, "Lovelace & Babbage and the Creation of the 1843 'Notes,'" *Annals of the History of Computing*, Oct. 2003.

37. All quotes from Menabrea and Lovelace's notes are from Menabrea, "Sketch of the Analytical Engine."

38. Charles Babbage to Ada, 1843, in Toole, *Ada, the Enchantress of*

Numbers, 197.

39. Spoken in the film *Ada Byron Lovelace: To Dream Tomorrow*, directed and produced by John Füegi and Jo Francis (Flare Productions, 2003); also, Füegi and Francis, "Lovelace & Babbage."

40. Ada to Charles Babbage, July 5, 1843.

41 Ada to Charles Babbage, July 2, 1843.

42. Ada to Charles Babbage, Aug. 6, 1843; Woolley, *The Bride of Science*, 278; Stein, *Ada*, 114.

43. Ada to Lady Byron, Aug. 8, 1843.

44.Ada to Charles Babbage, Aug. 14, 1843.

45. Ada to Charles Babbage, Aug. 14, 1843.

46. Ada to Charles Babbage, Aug. 14, 1843.

47. Ada to Lady Lovelace, Aug. 15, 1843.

48. Stein, *Ada*, 120.

49. Ada to Lady Byron, Aug. 22, 1843.

50. Ada to Robert Noel, Aug. 9, 1843.

第二章　计算机

1. Andrew Hodges, *Alan Turing: The Enigma* (Simon & Schuster, 1983; locations refer to the Kindle "Centenary Edition"), 439. In addition to the sources cited below, this section draws on Hodges's biography and his website, http://www.turing.org.uk/; the correspondence and documents in the Turing Archive, http://www.turingarchive.org/; David Leavitt, *The Man Who Knew Too Much* (Atlas Books, 2006); S. Barry Cooper and Jan van Leeuwen, *Alan Turing: His Work and Impact* (Elsevier, 2013); Sara Turing, *Alan M. Turing* (Cambridge, 1959; locations refer to the Kindle "Centenary Edition," with an afterword by John F. Turing, published in 2012); Simon Lavington, editor, *Alan Turing and His Contemporaries* (BCS, 2012) .

2. John Turing in Sara Turing, *Alan M. Turing*, 146.

3. Hodges, *Alan Turing*, 590.

4. Sara Turing, *Alan M. Turing*, 56.

5. Hodges, *Alan Turing*, 1875.

6. Alan Turing to Sara Turing, Feb. 16, 1930, Turing archive; Sara Turing, *Alan M. Turing*, 25.

7. Hodges, *Alan Turing*, 2144.

8. Hodges, *Alan Turing*, 2972.

9. Alan Turing, "On Computable Numbers," *Proceedings of the London Mathematical Society*, read on Nov. 12, 1936.

10. Alan Turing, "On Computable Numbers," 241.

11. Max Newman to Alonzo Church, May 31, 1936, in Hodges, *Alan Turing*, 3439; Alan Turing to Sara Turing, May 29, 1936, Turing Archive.

12. Alan Turing to Sara Turing, Feb. 11 and Feb. 22, 1937, Turing Archive; Alonzo Church, "Review of A. M. Turing's 'On computable numbers,'" *Journal of Symbolic Logic*, 1937.

13. This Shannon section draws on Jon Gertner, *The Idea Factory: Bell Labs and the Great Age of American Innovation* (Penguin, 2012; locations refer to the Kindle edition), chapter 7; M. Mitchell Waldrop, "Claude Shannon: Reluctant Father of the Digital Age," *MIT Technology Review*, July 2001; Graham Collins, "Claude E. Shannon: Founder of Information Theory," *Scientific American*, Oct. 2012; James Gleick, *The Information* (Pantheon, 2011), chapter 7.

14. Peter Galison, *Image and Logic* (University of Chicago, 1997), 781.

15. Claude Shannon, "A Symbolic Analysis of Relay and Switching Circuits," *Transactions of the American Institute of Electrical Engineers*, Dec.1938.For a clear explanation, see Daniel Hillis, *The Pattern on the Stone* (Perseus, 1998), 2–10.

16.Paul Ceruzzi, *Reckoners:The Prehistory of the Digital Computer* (Greenwood, 1983), 79. See also Computer History Museum, "George Stibitz," http://www.computerhistory.org/revolution/birth-of-the-computer/4/85.

17. Howard Aiken oral history, conducted by Henry Tropp and I. Bernard Cohen, Smithsonian Institution, Feb. 1973.

18. Howard Aiken, "Proposed Automatic Calculating Machine," *IEEE*

Spectrum, Aug. 1964; Cassie Ferguson, "Howard Aiken: Makin' a Computer Wonder," *Harvard Gazette*, Apr. 9, 1998.

19. I. Bernard Cohen, *Howard Aiken: Portrait of a Computer Pioneer* (MIT, 1999), 9.

20. Kurt Beyer, *Grace Hopper and the Invention of the Information Age* (MIT, 2009), 75.

21. Cohen, *Howard Aiken*, 115.

22. Cohen, *Howard Aiken*, 98 and passim.

23. Beyer, *Grace Hopper*, 80.

24. Ceruzzi, *Reckoners*, 65.

25. Horst Zuse (son), *The Life and Work of Konrad Zuse*, http://www.horst-zuse.homepage.t-online.de/Konrad_Zuse_index_english_html/biography.html.

26. Konrad Zuse archive, http://www.zib.de/zuse/home.php/Main/KonradZuse; Ceruzzi, *Reckoners*, 26.

27. Horst Zuse, *The Life and Work of Konrad Zuse*, part 4; Ceruzzi, *Reckoners*, 28.

28. 一些著作对约翰·阿塔纳索夫的故事以及他应得的名誉进行了激烈的争论。他与 ENIAC 的发明者约翰·莫奇利和普雷斯伯·埃克特之间展开了一场历史和法律的斗争。专门讲述阿塔纳索夫的著作主要有四本，它们的作者都尝试在这场争论中站在支持他的一方。Alice Burks, *Who Invented the Computer?* (Prometheus, 2003; locations refer to Kindle edition), is partly based on the documents of the legal battle. Alice Burks and Arthur Burks, *The First Electronic Computer: The Atanasoff Story* (University of Michigan, 1988)，这是一本出版时间更早、技术性更强的书；Arthur Burks 是 ENIAC 团队的一位工程师，他对埃克特和莫奇利的工作起到了关键的作用。Clark Mollenhoff, *Atanasoff: Forgotten Father of the Computer* (Iowa State, 1988)，本书作者是一位普利策奖得主，他是 *Des Monies Register* 报社华盛顿分社的主编，在听说了阿塔纳索夫的故事之后，他希望重新建立阿塔纳索夫的历史地位。Jane Smiley, *The Man Who Invented the Computer* (Doubleday, 2010)，本书作者是一位著名小说家，她对计算机历史有深入的研究，她后来成为阿塔纳索夫的支持者。For the personal background and involvement of Alice and

Arthur Burk, see their "Memoir of the 1940s," *Michigan Quarterly Review*, Spring 1997, http://hdl.handle.net/2027/spo.act2080.0036.201. This section also draws on Allan Mackintosh, "Dr. Atanasoff 's Computer," *Scientific American*, Aug. 1988; Jean Berry, "Clifford Edward Berry: His Role in Early Computers," *Annals of the History of Computing*, July 1986; William Broad, "Who Should Get the Glory for Inventing the Computer?" *New York Times*, Mar. 22, 1983.

29. John Atanasoff, "Advent of Electronic Digital Computing," *Annals of the History of Computing*, July 1984, 234.

30. Atanasoff, "Advent of Electronic Digital Computing," 238.

31. Atanasoff, "Advent of Electronic Digital Computing," 243.

32. Katherine Davis Fishman, *The Computer Establishment* (Harper and Row, 1981), 22.

33. Atanasoff testimony, *Honeywell v. Sperry Rand*, June 15, 1971, transcript p. 1700, in Burks, *Who Invented the Computer?*, 1144. The archives for the trial are at the University of Pennsylvania, http://www.archives.upenn.edu/faids/upd/eniactrial/upd8_10.html, and at the Charles Babbage Institute of the University of Minnesota, http://discover.lib.umn.edu/cgi/f/findaid/findaid-idx?c=umfa;cc=umfa;rgn=main;view=text;didno=cbi00001.

34. Atanasoff testimony, transcript p. 1703.

35. Atanasoff, "Advent of Electronic Digital Computing," 244.

36. John Atanasoff, "Computing Machine for the Solution of Large Systems of Linear Algebraic Equations," 1940, available online from Iowa State, http://jva.cs.iastate.edu/img/Computing%20machine.pdf. For detailed analysis, see Burks and Burks, *The First Electronic Computer*, 7 and passim.

37. Robert Stewart, "The End of the ABC," *Annals of the History of Computing*, July 1984; Mollenhoff, *Atanasoff*, 73.

38. This section draws on John Mauchly oral history, conducted by Henry Tropp, Jan 10, 1973, Smithsonian Institution; John Mauchly oral history, conducted by Nancy Stern, May 6, 1977, American Institute of Physics (AIP); Scott McCartney, *ENIAC* (Walker, 1999); Herman Goldstine, *The*

Computer from Pascal to von Neumann (Princeton, 1972; locations refer to Kindle edition); Kathleen Mauchly, "John Mauchly's Early Years," *Annals of the History of Computing*, Apr. 1984; David Ritchie, *The Computer Pioneers* (Simon & Schuster, 1986); Bill Mauchly and others, "The ENIAC" website, http://the-eniac.com/first/; Howard Rheingold, *Tools for Thought* (MIT, 2000); Joel Shurkin, *Engines of the Mind: A History of the Computer* (Washington Square Press, 1984).

39. John Costello, "The Twig Is Bent: The Early Life of John Mauchly," *IEEE Annals of the History of Computing*, 1996.

40. Mauchly oral history, AIP.

41. Costello, "The Twig Is Bent."

42. McCartney, *ENIAC*, 82.

43. Kay McNulty Mauchly Antonelli, "The Kathleen McNulty Mauchly Antonelli Story," Mar. 26, 2004, ENIAC website, https://sites.google.com/a/opgate.com/eniac/Home/kay-mcnulty-mauchly-antonelli; McCartney, *ENIAC*, 32.

44. Ritchie, *The Computer Pioneers*, 129; Rheingold, *Tools for Thought*, 80.

45. McCartney, *ENIAC*, 34.

46. Kathleen Mauchly, "John Mauchly's Early Years."

47. McCartney, *ENIAC*, 36.

48. Kathleen Mauchly, "John Mauchly's Early Years."

49. John Mauchly to H. Helm Clayton, Nov. 15, 1940.

50. John Mauchly to John de Wire, Dec. 4, 1940; Kathleen Mauchly, "John Mauchly's Early Years."

51. Mauchly to Atanasoff, Jan. 19, 1941; Atanasoff to Mauchly, Jan. 23, 1941; Mauchly oral history, Smithsonian; Burks, *Who Invented the Computer?*, 668.

52. The battle over what happened was fought out in the *Annals of the History of Computing*, with multiple article, comments, and bitter letters. This section and that on the legal battle, below, derive from them. They include Arthur Burks and Alice Burks, "The ENIAC: First General-Purpose Electronic Computer," with comments by John Atanasoff, J. Presper Eckert, Kathleen

R. Mauchly, and Konrad Zuse, and a response by Burks and Burks, *Annals of the History of Computing*, Oct.1981, 310-99 (more than eighty pages of this issue were devoted to the assertions and rebuttals, prompting some discomfort on the part of the editors); Kathleen Mauchly, "John Mauchly's Early Years," *Annals of the History of Computing*, Apr. 1984; John Mauchly, "Mauchly: Unpublished Remarks," with an afterword by Arthur Burks and Alice Burks, *Annals of the History of Computing*, July 1982; Arthur Burks, "Who Invented the General Purpose Computer?" talk at the University of Michigan, Apr. 2, 1974; James McNulty, letter to the editor, *Datamation*, June 1980.

53. Lura Meeks Atanasoff testimony, *Sperry v. Honeywell*; Burks, *Who Invented the Computer?*, 1445.

54. Mollenhoff, *Atanasoff*, 114.

55. Mauchly oral history, Smithsonian; John Mauchly, "Fireside Chat," Nov. 13, 1973, *Annals of the History of Computing*, July 1982.

56. Ritchie, *The Computer Pioneers*, 142.

57. Mauchly oral history, Smithsonian.

58. John Mauchly testimony, *Sperry v. Honeywell*; Burks, *Who Invented the Computer?*, 429.

59. John Mauchly to John Atanasoff, Sept. 30, 1941, *Sperry v. Honeywell* trial records.

60. Atanasoff to Mauchly, Oct. 7, 1941, *Sperry v. Honeywell* trial records.

61.In addition to the sources cited below, this section draws from Peter Eckstein, "Presper Eckert," *Annals of the History of Computing*, Spring 1996; J. Presper Eckert oral history, conducted by Nancy Stern, Oct. 28, 1977, Charles Babbage Institute, University of Minnesota; Nancy Stern, *From ENIAC to UNIVAC* (Digital Press, 1981); J. Presper Eckert, "Thoughts on the History of Computing," *Computer*, Dec. 1976; J. Presper Eckert, "The ENIAC," John Mauchly, "The ENIAC", and Arthur W. Burks, "From ENIAC to the Stored Program Computer," all in Nicholas Metropolis et al., editors, *A History of Computing in the Twentieth Century* (Academic Press, 1980); Alexander Randall, "A Lost Interview with Presper Eckert," *Computerworld*,

Feb. 4, 2006.

62. Eckert oral history, Charles Babbage Institute.

63. Eckstein, "Presper Eckert."

64. Ritchie, *The Computer Pioneers*, 148.

65. Eckert oral history, Charles Babbage Institute.

66. John W. Mauchly, "The Use of High Speed Vacuum Tube Devices for Calculating," 1942, in Brian Randell, editor, *The Origins of Digital Computers: Selected Papers* (Springer-Verlag, 1973), 329. See also John G. Brainerd, "Genesis of the ENIAC," *Technology and Culture*, July 1976, 482.

67. Mauchly oral history, Smithsonian; Goldstine, *The Computer from Pascal to von Neumann*, 3169; McCartney, *ENIAC*, 61.

68. Burks, *Who Invented the Computer?*, 71.

69. McCartney, *ENIAC*, 89.

70. Eckert oral history, Charles Babbage Institute.

71. Eckert oral history, Charles Babbage Institute.

72. Eckert oral history, Charles Babbage Institute; Randall, "A Lost Interview with Presper Eckert."

73. Hodges, *Alan Turing*, 3628.

74. In addition to the Hodges biography, *Alan Turing*, this section draws on B.Jack Copeland, *Colossus: The Secrets of Bletchley Park's Codebreaking Computers* (Oxford, 2006); I. J. Good, "Early Work on Computers at Bletchley," *Annals of the History of Computing*, July 1979; Tommy Flowers, "The Design of Colossus," *Annals of the History of Computing*, July 1983; Simon Lavington, editor, *Alan Turing and His Contemporaries* (BCS, 2012); Sinclair McKay, *The Secret Life of Bletchley Park: The History of the Wartime Codebreaking Centre by the Men and Women Who Were There* (Aurum Press, 2010); and my visit to Bletchley Park and the scholars, tour guides, displays, and material available there.

75. Randall, "A Lost Interview with Presper Eckert."

76. The archives for the *Honeywell v. Sperry Rand* trial. See also Charles E. McTiernan, "The ENIAC Patent," *Annals of the History of Computing*, Apr. 1998.

77. Judge Earl Richard Larson decision, *Honeywell v. Sperry Rand.*

78. Randall, "A Lost Interview with Presper Eckert."

第三章 编程

1. Alan Turing, "Intelligent Machinery," National Physical Laboratory report, July 1948, available at http://www.AlanTuring.net/intelligent_machinery.

2. In addition to the sources cited below, this section draws from Kurt Beyer, *Grace Hopper and the Invention of the Information Age* (MIT, 2009), and the following trove of Grace Hopper oral history: Smithsonian (five sessions), July 1968, Nov. 1968, Jan. 7, 1969, Feb. 4, 1969, July 5, 1972; the Computer History Museum, Dec. 1980; Grace Hopper interview, Sept. 1982, Women in Federal Government oral history project, Radcliffe Institute, Harvard.

3. 库尔特・拜尔误称她是毕业于耶鲁大学的首位数学女博士。首位毕业于耶鲁大学的女博士为夏洛特・巴纳姆(Charlotte Barnum),其毕业于1895年,在霍珀之前还有10位数学女博士。See Judy Green and Jeanne LaDuke, *Pioneering Women in American Mathematics: The pre-1940 PhDs* (American Mathematical Society, 2009), 53; Beyer, *Grace Hopper*, 25 and 26.

4. Hopper oral history, Smithsonian, July 5, 1972.

5. Hopper oral history, Smithsonian, July 1968; Rosario Rausa, "In Profile, Grace Murray Hopper," *Naval History*, Fall 1992.

6. Hopper oral history (she told the same story), Computer History Museum and Smithsonian, July 5, 1972.

7. The Staff of the Harvard Computation Library [Grace Hopper and Howard Aiken], *AManual of Operation for the Automatic Sequence Controlled Calculator* (Harvard, 1946).

8. Grace Hopper oral history, Computer History Museum.

9. Beyer, *Grace Hopper*, 130.

10. Beyer, *Grace Hopper*, 135.

11. Richard Bloch oral history, Charles Babbage Institute, University of Minnesota.

12. Beyer, *Grace Hopper*, 53.

13. Grace Hopper and Richard Bloch panel discussion comments, Aug. 30, 1967, in Henry S. Tropp, "The 20th Anniversary Meeting of the Association for Computing Machinery," *IEEE Annals*, July 1987.

14. Beyer, *Grace Hopper*, 5.

15. Hopper oral history, Smithsonian, July 5, 1972.

16. Howard Aiken oral history, conducted by Henry Tropp and I. Bernard Cohen, Smithsonian Institution, Feb. 1973.

17. Grace Hopper and John Mauchly, "Influence of Programming Techniques on the Design of Computers," *Proceedings of the IRE*, Oct. 1953.

18.Harvard computer log, Sept. 9, 1947, http://www.history.navy.mil/photos/images/h96000/h96566k.jpg.

19. Grace Hopper oral history, Smithsonian, Nov. 1968.

20. *The Moore School Lectures*, Charles Babbage Institute, reprint (MIT Press, 1985).

21. Hopper oral history, Smithsonian, Nov. 1968.

22. In addition to the sources cited below, this section draws on Jean Jennings Bartik, *Pioneer Programmer* (Truman State, 2013; locations refer to the Kindle edition); Jean Bartik oral history, conducted by Gardner Hendrie, Computer History Museum, July 1, 2008; Jean Bartik oral history, conducted by Janet Abbate, IEEE Global History Network, Aug. 3, 2001; Steve Lohr, "Jean Bartik, Software Pioneer, Dies at 86," *New York Times*, Apr. 7, 2011; Jennifer Light, "When Computers Were Women," *Technology and Culture*, July 1999.

23. Jordynn Jack, *Science on the Home Front: American Women Scientists in World War II* (University of Illinois, 2009), 3.

24. Jennings Bartik, *Pioneer Programmer*, 1282.

25. W. Barkley Fritz, "The Women of ENIAC," *IEEE Annals of the History of Computing*, Fall 1996.

26. Fritz, "The Women of ENIAC."

27. Jennings Bartik, *Pioneer Programmer*, 1493. See also LeAnn

Erickson，“Top Secret Rosies:The Female Computers of WWII”（Video，PBS，2002）；Bill Mauchly，ENIAC website，https://sites.google.com/a/opgate.com/eniac/；Thomas Petzinger Jr.，“History of Software Begins with Work of Some Brainy Women，” *Wall Street Journal*，Nov. 15，1996. 1986 年，就读于哈佛大学的凯茜 · 克莱曼在为一篇关于计算机领域女性的学士论文搜集资料，在此期间，她首次会见了这批女性程序员，并引起了世人对她们的重视。另外她还联合制作了一部名为《计算机》（*The Computers*）的 20 分钟纪录片，该纪录片首映于 2014 年。See ENIAC Programmers Project website，http://eniacprogrammers.org/.

28. Kay McNulty Mauchly Antonelli，“The Kathleen McNulty Mauchly Antonelli Story，” ENIAC website，https://sites.google.com/a/opgate.com/eniac/Home/kay-mcnulty-mauchly-antonelli.

29. Fritz，“The Women of ENIAC.”

30. Jennings Bartik，*Pioneer Programmer*，1480.

31. Autumn Stanley，*Mothers and Daughters of Invention*（Rutgers，1995），443.

32. Fritz，“The Women of ENIAC.”

33. Oral history of Jean Jennings Bartik and Betty Snyder Holberton，conducted by Henry Tropp，Smithsonian，Apr. 27，1973.

34. Jennings Bartik oral history，Computer History Museum.

35. Jennings Bartik oral history，Computer History Museum.

36. Jennings Bartik，*Pioneer Programmer*，557.

37. Eckert and Mauchly，“Progress Report on ENIAC，” Dec. 31，1943，in Nancy Stern，*From ENIAC to UNIVAC*（Digital Press，1981）.

38. John Mauchly，“Amending the ENIAC Story，” letter to the editor of *Datamation*，Oct. 1979.

39. Presper Eckert，“Disclosure of a Magnetic Calculating Machine，” Jan. 29，1944，declassified trial exhibit，in Don Knuth archives，Computer History Museum；Mark Priestley，*A Science of Operations*（Springer，2011），127；Stern，*From ENIAC to UNIVAC*，28.

40. In addition to specific notes below，this section draws on William

Aspray, *John von Neumann and the Origins of Modern Computing* (MIT, 1990); Nancy Stern, "John von Neumann's Influence on Electronic Digital Computing, 1944–1946," *IEEE Annals of the History of Computing*, Oct.–Dec. 1980; Stanislaw Ulam, "John von Neumann," *Bulletin of the American Mathematical Society*, Feb. 1958; George Dyson, *Turing's Cathedral* (Random House, 2012; locations refer to Kindle edition); Herman Goldstine, *The Computer from Pascal to von Neumann* (Princeton, 1972; locations refer to Kindle edition).

41. Dyson, *Turing's Cathedral*, 41.

42. Nicholas Vonneumann, "John von Neumann as Seen by His Brother" (Privately printed, 1987), 22, excerpted as "John von Neumann: Formative Years," *IEEE Annals*, Fall 1989.

43. Dyson, *Turing's Cathedral*, 45.

44. Goldstine, *The Computer from Pascal to von Neumann*, 3550.

45. Dyson, *Turing's Cathedral*, 1305.

46. Dyson,, *Turing's Cathedral*, 1395.

47. Hopper oral history, Smithsonian, Jan. 7, 1969.

48. Bloch oral history, Feb. 22, 1984, Charles Babbage Institute.

49.Robert Slater, *Portraits in Silicon* (MIT Press, 1987), 88; Beyer, *Grace Hopper and the Invention of the Information Age*, 9.

50. Goldstine, *The Computer from Pascal to von Neumann*, 3634.

51. Goldstine, *The Computer from Pascal to von Neumann*, 3840.

52. Goldstine, *The Computer from Pascal to von Neumann*, 199; Goldstine to Gillon, Sept. 2, 1944; Beyer, *Grace Hopper and the Invention of the Information Age*, 120. See also John Mauchly, "Amending the ENIAC Story," letter to the editor of *Datamation*, Oct. 1979; Arthur W. Burks, "From ENIAC to the Stored Program Computer," in Nicholas Metropolis et al., editors, *A History of Computing in the Twentieth Century* (Academic Press, 1980).

53. Jean Jennings Bartik and Betty Snyder Holberton oral history, Smithsonian, Apr. 27, 1973.

54. McCartney, *ENIAC*, 116.

55. Jean Jennings Bartik and Betty Snyder Holberton oral history, Smithsonian, Apr. 27, 1973.

56. Dyson, *Turing's Cathedral*, 53.

57. Burks, *Who Invented the Computer?*, 161; Norman Macrae, *John von Neumann* (American Mathematical Society, 1992), 281.

58. Ritchie, *The Computer Pioneers*, 178.

59. Presper Eckert oral history, conducted by Nancy Stern, Charles Babbage Institute, Oct. 28, 1977; Dyson, *Turing's Cathedral*, 1952.

60. John von Neumann, "First Draft of a Report on the EDVAC," U. S. Army Ordnance Department and the University of Pennsylvania, June 30, 1945.The report is available at http://www.virtualtravelog.net/wp/wp-content/media/2003-08-TheFirstDraft.pdf.

61. Dyson, *Turing's Cathedral*, 1957. See also Aspray, *John von Neumann and the Origins of Modern Computing*.

62. Eckert oral history, Charles Babbage Institute. See also McCartney, *ENIAC*, 125, quoting Eckert: "We were clearly suckered by John von Neumann, who succeeded in some circles at getting my ideas called the 'von Neumann architecture.'"

63. Jennings Bartik, *Pioneer Programmer*, 518.

64. Charles Duhigg and Steve Lohr, "The Patent, Used as a Sword," *New York Times*, Oct. 7, 2012.

65. McCartney, *ENIAC*, 103.

66.C. Dianne Martin, "ENIAC: The Press Conference That Shook the World," *IEEE Technology and Society*, Dec. 1995.

67. Jennings Bartik, *Pioneer Programmer*, 1878.

68. Fritz, "The Women of ENIAC."

69. Jennings Bartik, *Pioneer Programmer*, 1939.

70. Jean Jennings Bartik and Betty Snyder Holberton oral history, Smithsonian, Apr. 27, 1973.

71. Jennings Bartik, *Pioneer Programmer*, 672, 1964, 1995, 1959.

72. T. R Kennedy, "Electronic Computer Flashes Answers," *New York*

Times，Feb. 15，1946.

73. McCartney，*ENIAC*，107.

74. Jennings Bartik，*Pioneer Programmer*，2026，2007.

75. Jean Jennings Bartik oral history，Computer History Museum.

76. McCartney，*ENIAC*，132.

77. Steven Henn，“The Night a Computer Predicted the Next President，” NPR，Oct. 31，2012；Alex Bochannek，“Have You Got a Prediction for Us，UNIVAC?” Computer History Museum，http://www.computerhistory.org/atchm/have-you-got-a-prediction-for-us-univac/. 有报道指出哥伦比亚广播公司没有播出艾森豪威尔的胜选预测，因为选前民意调查预测斯蒂文森将会获胜。这种说法是错误的，民意调查的结果是艾森豪威尔胜出。

78. Hopper oral history，Computer History Museum，Dec. 1980.

79. Beyer，*Grace Hopper*，277.

80. Von Neumann to Stanley Frankel，Oct. 29，1946；Joel Shurkin，*Engines of the Mind*（Washington Square Press，1984），204；Dyson，*Turing's Cathedral*，1980；Stern，“John von Neumann's Influence on Electronic Digital Computing.”

81. Eckert oral history，Charles Babbage Institute.

82. Goldstine，*The Computer from Pascal to von Neumann*，5077.

83. Crispin Rope，“ENIAC as a Stored-Program Computer: A New Look at the Old Records，”*IEEE Annals of the History of Computing*，Oct. 2007；Dyson，*Turing's Cathedral*，4429.

84. Fritz，“The Women of ENIAC.”

85. Maurice Wilkes，“How Babbage's Dream Came True，” *Nature*，Otc. 1975.

86. Hodges，*Alan Turing*，10622.

87. Dyson，*Turing's Cathedral*，2024. See also Goldstine，*The Computer from Pascal to von Neumann*，5376.

88. Dyson，*Turing's Cathedral*，6092.

89. Hodges，*Alan Turing*，6972.

90. Alan Turing，“Lecture to the London Mathematical Society，”Feb. 20，1947，available at http://www.turingarchive.org/；Hodges，*Alan Turing*，9687.

91. Dyson, *Turing's Cathedral*, 5921.

92. Geoffrey Jefferson, "The Mind of Mechanical Man, "Lister Oration, June 9, 1949, Turing Archive, http://www.turingarchive.org/browse.php/B/44.

93. Hodges, *Alan Turing*, 10983.

94. For an online version, see http://loebner.net/Prizef/TuringArticle.html.

95. John Searle, "Minds, Brains and Programs, "*Behavioral and Brain Sciences*, 1980. See also"The Chinese Room Argument, "*The Stanford Encyclopedia of Philosophy*, http://plato.stanford.edu/entries/chinese-room/.

96.Hodges, *Alan Turing*, 11305; Max Newman, "Alan Turing, An Appreciation, "the *Manchester Guardian*, June 11, 1954.

97. M. H. A. Newman, Alan M. Turing, Sir Geoffrey Jefferson and R. B. Braithwaite, "Can Automatic Calculating Machines Be Said to Think?" 1952 BBC broadcast, reprinted in Stuart Shieber, editor, *The Turing Test: Verbal Behavior as the Hallmark of Intelligence* (MIT, 2004); Hodges, *Alan Turing*, 12120.

98. Hodges, *Alan Turing*, 12069.

99. Hodges, *Alan Turing*, 12404. 如需了解关于图灵自杀和其性格的讨论，请参阅罗宾·甘迪为《时代》杂志撰写的未出版讣告，以及图灵档案馆的其他档案，http://www.turingarchive.org/。他的母亲萨拉更愿意相信图灵的自杀其实只是一场以外——他是在为一把汤匙镀金的过程中出现氰化物中毒。她把自己在他的实验室找到的一把汤匙寄给了图灵档案馆，并附上了一条记录："这是我在艾伦·图灵的实验室找到的汤匙。这跟他之前镀金的汤匙很相似。他当时很有可能正准备使用自制的氰化钾为这把汤匙镀金。" Exhibit AMT/A/12, Turing Archive, http://www.turingarchive.org /browse.php/A/12.

第四章 晶体管

1. Jon Gertner, *The Idea Factory: Bell Labs and the Great Age of American Innovation* (Penguin, 2012; locations refer to the Kindle edition). In addition to specific citations below, sources for this section include Joel Shurkin, *Broken Genius: The Rise and Fall of William Shockley* (Macmillan, 2006; locations refer to the Kindle edition); Lillian Hoddeson and Vicki Daitch,

True Genius: The Life and Science of John Bardeen (National Academies, 2002); Michael Riordan and Lillian Hoddeson, *Crystal Fire: The Invention of the Transistor and the Birth of the Information Age* (Norton, 1998); William Shockley, "The Invention of the Transistor—An Example of Creative-Failure Methodology," National Bureau of Standards Special Publication, May 1974, 47–89; William Shockley, "The Path to the Conception of the Junction Transistor," *IEEE Transactions of Electron Device*, July 1976; David Pines, "John Bardeen," *Proceedings of the American Philosophical Society*, Sept. 2009; "Special Issue: John Bardeen," *Physics Today*, Apr. 1992, with remembrances by seven of his colleagues; John Bardeen, "Semiconductor Research Leading to the Point Contact Transistor," Nobel Prize lecture, Dec. 11, 1956; John Bardeen, "Walter Houser Brattain: A Biographical Memoir," National Academy of Sciences, 1994; *Transistorized!*, PBS, transcripts and interviews, 1999, http://www.pbs.org/transistor/index.html; William Shockley oral history, American Institute of Physics (AIP), Sept. 10, 1974; Oral History of Shockley Semiconductor, Computer History Museum, Feb. 27, 2006; John Bardeen oral history, AIP, May 12, 1977; Walter Brattain oral history, AIP, Jan. 1964.

2. Gertner, *The Idea Factory*, 2255.

3. Shurkin, *Broken Genius*, 2547.

4. John Pierce, "Mervin Joe Kelly: 1894–1971," National Academy of Sciences, Biographical Memoirs, 1975, http://www.nasonline.org/publications/biographical-memoirs/memoir-pdfs/kelly-mervin.pdf; Gertner, *The Idea Factory*, 2267.

5. Shurkin, *Broken Genius*, 178.

6. Shurkin, *Broken Genius*, 231.

7. Shurkin, *Broken Genius*, 929; Lillian Hoddeson, "The Discovery of the Point-Contact Transistor," *Historical Studies in the Physical Sciences* 12, no.1 (1981) :76.

8. John Pierce interview, *Transistorized!*, PBS, 1999.

9. Shurkin, *Broken Genius*, 935; Shockley, "The Path to the Conception

of the Junction Transistor."

10. Gertner, *The Idea Factory*, 1022.

11. Gertner, *The Idea Factory*, 1266.

12. Gertner, *The Idea Factory*, 1336.

13. Brattain oral history, AIP.

14. Pines, "John Bardeen."

15. Bardeen, "Walter Houser Brattain."

16. Brattain oral history, AIP.

17. Riordan, Hoddeson, *Crystal Fire*, 126.

18. Shockley, "The Path to the Conception of the Junction Transistor"; Michael Riordan, "The Lost History of the Transistor," *IEEE Spectrum*, May 2004.

19. Riordan, Hoddeson, *Crystal Fire*, 121.

20. Brattain oral history, AIP.

21. Riordan and Hoddeson, *Crystal Fire*, 131.

22. Bardeen, "Semiconductor Research Leading to the Point Contact Transistor," Nobel Prize lecture.

23. Brattain oral history, AIP.

24. Brattain oral history, AIP.

25. Shurkin, *Broken Genius*, 1876.

26. Riordan, Hoddeson, *Crystal Fire*, 4, 137.

27. Riordan, Hoddeson, *Crystal Fire*, 139.

28. Shurkin, *Broken Genius*, 1934.

29. Shockley, "The Path to the Conception of the Junction Transistor."

30. Brattain oral history, AIP.

31. Riordan and Hoddeson, *Crystal Fire*, 148.

32. Shockley, "The Path to the Conception of the Junction Transistor."

33. Shockley, "The Path to the Conception of the Junction Transistor."

34. Shockley, "The Invention of the Transistor"; Gertner, *The Idea Factory*, 1717.

35. Brattain interview, "Naming the Transistor," PBS, 1999; Pierce interview, PBS, 1999.

36. Mervin Kelly, "The First Five Years of the Transistor," *Bell Telephone* magazine, Summer 1953.

37. Nick Holonyak oral history, AIP, Mar. 23, 2005.

38. Riordan and Hoddeson, *Crystal Fire*, 207; MarkBurgess, "Early Semiconductor History of Texas Instruments," https://sites.google.com/site/transistorhistory/Home/us-semiconductor -manufacturers/ti.

39. Gordon Teal talk, "Announcing the Transistor," Texas Instruments strategic planning conference, Mar. 17, 1980.

40. Riordan and Hoddeson, *Crystal Fire*, 211; Regency TR1 manual, http://www.regencytr1.com/images/Owners%20Manual%20- %20TR-1G.pdf.

41. T. R. Reid, *The Chip* (Simon & Schuster, 1984; locations refer to the Kindle edition), 2347.

42. Regency trivia page, http://www.regencytr1.com/TRivia_CORNER.html.

43. Brattain oral history, AIP.

44. John Bardeen to Mervin Kelly, May 25, 1951; Ronald Kessler, "Absent at the Creation," *Washington Post* magazine, Apr. 6, 1997; Pines, "John Bardeen."

45. Gertner, *The Idea Factory*, 3059; Shurkin, *Broken Genius*, 2579.

46. Riordan and Hoddeson, *Crystal Fire*, 231 and passim.

47. Arnold Thackray and Minor Myers, *Arnold O. Beckman: One Hundred Years of Excellence*, vol.1 (Chemical Heritage Foundation, 2000), 6.

48. Walter Isaacson, *Steve Jobs* (Simon & Schuster, 2011), 9.

49. Sources for the passages on Silicon Valley include Leslie Berlin, *The Man Behind the Microchip: Robert Noyce and the Invention of Silicon Valley* (Oxford, 2005; locations refer to the Kindle edition), 1332 and passim. 伯林是提出建立硅谷档案馆（Silicon Valley Archives，位于斯坦福大学）的历史学家，他目前正在写作一本关于硅谷崛起的书籍。Also: Rebecca Lowen, *Creating the Cold War University: The Transformation of Stanford* (University of California, 1997); Michael Malone, *The Intel Trinity* (HarperBusiness, 2014), *Infinite Loop* (Doubleday, 1999), *The Big Score: The Billion Dollar Story of Silicon Valley* (Doubleday, 1985), *The Valley of Heart's Delight:*

A Silicon Valley Notebook, 1963–2001》(Wiley, 2002), *Bill and Dave* (Portfolio, 2007); Christophe Lécuyer, *Making Silicon Valley* (MIT, 2007); C. Stewart Gillmore, *Fred Terman at Stanford: Building a Discipline, a University, and Silicon Valley* (Stanford, 2004); Margaret Pugh O'Mara, *Cities of Knowledge: Cold War Science and the Search for the Next Silicon Valley* (Princeton, 2005); Thomas Heinrich, "Cold War Armory: Military Contracting in Silicon Valley," *Enterprise & Society*, June 1, 2002; Steve Blank, "The Secret History of Silicon Valley," http://steveblank .com/secret-history/.

50. Berlin, *The Man Behind the Microchip*, 1246; Reid, *The Chip*, 1239. In addition to these two sources and those cited below, the section draws on my interviews with Gordon Moore and Andy Grove; Shurkin, *Broken Genius*; Michael Malone, *The Intel Trinity* (Harpers, 2014); Tom Wolfe, "The Tinkerings of Robert Noyce," *Esquire*, Dec. 1983; Bo Lojek, *History of Semiconductor Engineering* (Springer, 2007); notebooks and items in the Computer History Museum; Robert Noyce oral history, conducted by Michael F. Wolff, IEEE History Center, Sept. 19, 1975; Gordon Moore oral history, conducted by Michael F. Wolff, IEEE History Center, Sept. 19, 1975; Gordon Moore oral history, conducted by Daniel Morrow, Computerworld Honors Program, Mar. 28, 2000; Gordon Moore and Jay Last oral history, conducted by David Brock and Christophe Lécuyer, Chemical Heritage Foundation, Jan. 20, 2006; Gordon Moore oral history, conducted by Craig Addison, SEMI, Jan. 25, 2008; Gordon Moore interview, conducted by Jill Wolfson and Teo Cervantes, *San Jose Mercury News*, Jan. 26, 1997; Gordon Moore, "Intel: Memories and the Microprocessor," *Daedalus*, Spring 1966.

51. Shurkin, *Broken Genius*, 2980, from Fred Warshorfsky, *The Chip War* (Scribner's Sons, 1989).

52. Berlin, *The Man Behind the Microchip*, 276.

53. Berlin, *The Man Behind the Microchip*, 432, 434.

54. Wolfe, "The Tinkerings of Robert Noyce."

55. Robert Noyc interview, "Silicon Valley," PBS, 2013; Malone, *The Big Score*, 74.

56. Berlin，*The Man Behind the Microchip*，552；Malone，*Intel Trinity*，81.

57. 莱斯利 · 伯林在书中写道，晶体管在 1950 年诺伊斯毕业之后才真正被送到盖尔的手上："(贝尔实验室的研究总监）巴克利没有任何空余的装置，但他确实向盖尔寄去了几份贝尔实验室写作的晶体管技术专题论文的副本。这些论文使诺伊斯对这种装置产生了初步的认识。当时的教材都没有提及过晶体管，而且（虽然外界谣传如此）贝尔实验室在诺伊斯毕业之后才向盖尔寄去晶体管。"(《微芯片背后的人》，650）。伯林在书中的参考来源中引用了盖尔教授在 1984 年 3 月写给友人的一封信；伯林在尾注中写道，"盖尔提到了一张'附带的发货单（巴丁向盖尔寄送晶体管用到的），上面的日期是 1950 年 3 月 6 日'（现已遗失）。"伯林的说法与诺伊斯的回忆有冲突。本书引用诺伊斯的说法是"格兰特 · 盖尔的手上拿着第一个成功制作出来的点触式晶体管……当时我正在读大三"，出自诺伊斯在 1975 年 9 月完成的 IEEE 历史中心口述历史。汤姆 · 乌尔夫为《时尚先生》所写的诺伊斯小传是以他个人对诺伊斯的采访为基础的，其中写道，"盖尔在 1948 年秋天就拿到了两个最初的晶体管，然后他进行了当时世界上绝无仅有的一场固态电子学学术指导，在格林内尔学院主修物理学的 18 位学生（包括诺伊斯）有幸参与了这场指导。"（"The Thinkerings of Robert Noyce"）。《芯片》（*The Chip*）是里德根据他在 1982 年对罗伯特 · 诺伊斯的采访写成的，其中（1226）写道，"盖尔在就读威斯康辛大学工程学院的时候是巴丁的同班同学，因此他可以获得其中一个最初的晶体管，并向他的学生们展示。诺伊斯是不会忘记这场演示的。'这个概念对我来说就像是原子弹一样震撼。'诺伊斯在 40 年后回忆道。"巴丁和贝尔实验室的其他工程师确实从 1948 年 7 月开始应邀向学术机构发送多个晶体管样本。

58. Reid，*The Chip*，1266；Berlin，*The Man Behind the Microchip*，1411.

59. Gordon Moore interview，"Silicon Valley，" PBS，2013.

60. Author's interview with Gordon Moore.

61. Riordan and Hoddeson，*Crystal Fire*，239.

62. Berlin，*The Man Behind the Microchip*，1469.

63. Jay Last interview，"Silicon Valley，" PBS，2013.

64. Malone，*Intel Trinity*，107.

65. Jay Last interview，"SiliconValley，" PBS，2013；Berlin，*The Man*

Behind the Microchip，1649；Riordan and Hoddeson，*Crystal Fire*，246.

66. Berlin，*The Man Behind the Microchip*，1641.

67. Shurkin，*Broken Genius*，3118.

68. Author’s interview with Gordon Moore.

69. Arnold Beckman oral history，conducted by Jeffrey L. Sturchio and Arnold Thackray，Chemical Heritage Foundation，July 23，1985.

70. Gordon Moore and Jay Last interviews，“Silicon Valley，” PBS，2013.

71. Regis McKenna and Michael Malone interviews，“Silicon Valley，” PBS，2013.

72. Berlin，*The Man Behind the Microchip*，1852；author’s interview with Arthur Rock.

73. Author’s interview with Arthur Rock.

74. Arthur Rock interview，“Silicon Valley，” PBS，2013；author’s interview and papers provided to me by Arthur Rock.

75. “Multifarious Sherman Fairchild，” *Fortune*，May 1960；“Yankee Tinkerer”（cover story on Sherman Fairchild），*Time*，July 25，1960.

第五章 微芯片

1. In addition to the sources cited below, this section draws from Jack Kilby, “Turning Potentials into Realities,” Nobel Prize lecture, Dec. 8, 2000; Jack Kilby, “Invention of the Integrated Circuit,” *IEEE Transactions on Electron Devices*, July 1976; T. R. Reid, *The Chip* (Simon & Schuster, 1984; locations refer to the Kindle edition).

2. Jack Kilby, biographical essay, Nobel Prize organization, 2000.

3. Reid, *The Chip*, 954.

4. Reid, *The Chip*, 921.

5. Reid, *The Chip*, 1138.

6. Berlin, *The Man Behind the Microchip*, 2386. 仙童半导体的笔记本收藏并陈列在加州山景城的计算机历史博物馆。

7. Berlin, *The Man Behind the Microchip*, 2515.

8. Robert Noyce oral history, IEEE.

9. Reid, *The Chip*, 1336; Robert Noyce oral history, IEEE.

10. Robert Noyce journal entry, Jan. 23, 1959, Computer History Museum, Mountain View, California. For a picture of the page, see http://www.computerhistory.org/atchm/the-relics-of-st-bob/.

11. J. S. Kilby, "Capacitor for Miniature Electronic Circuits or the Like," patent application US 3434015 A, Feb. 6, 1959; Reid, *The Chip*, 1464.

12. R. N. Noyce, "Semiconductor Device-and-Lead Structure," patent application US 2981877 A, July 30, 1959; Reid, *The Chip*, 1440.

13. Reid, *The Chip*, 1611 and passim.

14. *Noyce v. Kilby*, U.S. Court of Customs and Patent Appeals, Nov. 6, 1969.

15. Reid, *The Chip*, 1648.

16. Jack Kilby oral history, conducted by Arthur L. Norberg, Charles Babbage Institute,University of Minnesota, June 21, 1984.

17. Craig Matsumoto, "The Quiet Jack Kilby," Valley Wonk column, *Heavy Reading*, June 23,2005.

18. Reid, *The Chip*, 3755, 3775; Jack Kilby, Nobel Prize lecture, Dec. 8, 2000.

19. Paul Ceruzzi, *A History of Modern Computing* (MIT Press, 1998), 187.

20. Ceruzzi, *A History of Modern Computing*, chapter 6.

21. Reid, *The Chip*, 2363, 2443.

22. Robert Noyce, "Microelectronics," *Scientific American*, Sept. 1977.

23. Gordon Moore, "Cramming More Components onto Integrated Circuits," *Electronics*, Apr. 1965.

24. Berlin, *The Man Behind the Microchip*, 3177.

25. Gordon Moore interview, "American Experience: Silicon Valley," PBS, 2013.

26. Author's interview with Gordon Moore.

27. Berlin, *The Man Behind the Microchip*, 3529.

28. Author's interview with Arthur Rock.

29. John Wilson, *The New Venturers* (Addison-Wesley, 1985), chapter 2.

30. Author's interview with Arthur Rock; David Kaplan, *The Silicon Boys* (Morrow, 1999), 165 and passim.

31. Author's interview with Arthur Rock.

32. Author's interview with Arthur Rock.

33. Malone, *Intel Trinity*, 4, 8.

34. Berlin, *The Man Behind the Microchip*, 4393.

35. Andrew Grove, *Swimming Across* (Grand Central, 2001), 2. This section is also based on author's interviews and conversations with Grove over the years and on Joshua Ramo, "Man of the Year: A Survivor's Tale," *Time*, Dec. 29, 1997; Richard Tedlow, *Andy Grove* (Portfolio,2006).

36. Tedlow, *Andy Grove*, 92.

37. Tedlow, *Andy Grove*, 96.

38. Berlin, *The Man Behind the Microchip*, 129.

39. Andrew Grove interview, "American Experience: Silicon Valley," PBS, 2013.

40. Tedlow, *Andy Grove*, 74; Andy Grove oral history conducted by Arnold Thackray and David C. Brock, July 14 and Sept. 1, 2004, Chemical Heritage Foundation.

41. Author's interview with Arthur Rock.

42. Michael Malone interview, "American Experience: Silicon Valley," PBS, 2013.

43. Berlin, *The Man Behind the Microchip*, 4400.

44. Ann Bowers interview, "American Experience: Silicon Valley," PBS, 2013.

45. Ted Hoff interview, "American Experience: Silicon Valley," PBS, 2013.

46. Wolfe, "The Tinkerings of Robert Noyce."

47. Malone, *Intel Trinity*, 115.

48. Author's interview with Gordon Moore.

49. Malone, *Intel Trinity*, 130.

50. Ann Bowers interview, "American Experience" ; author's interview with Ann Bowers.

51. Reid, *The Chip*, 140; Malone, *Holy Trinity*, 148.

52. Ted Hoff interview, "American Experience: Silicon Valley," PBS, 2013.

53. Berlin, *The Man Behind the Microchip*, 4329.

54. Berlin, *The Man Behind the Microchip*, 4720.

55. Don Hoefler, "Silicon Valley USA," *Electronic News*, Jan. 11, 1971.

第六章　电子游戏

1. Steven Levy, *Hackers* (Anchor/Doubleday, 1984; locations refer to the twenty-fifth anniversary reissue, O'Reilly, 2010), 28. 利维在这部影响巨大的经典著作中（开头对麻省理工铁路模型技术俱乐部进行了详细描述）阐述了“黑客伦理”，其内容包括：“计算机（以及有助于人们了解世界运行规律的其他任何东西）都应该完全、不设限地开放。凡事都应动手尝试！” In addition to Levy's book and specific sources cited below, sources for this chapter include author's interviews with Steve Russell and Stewart Brand; Steve Russell oral history, conducted by Al Kossow, Aug. 9, 2008, Computer History Museum; J. Martin Graetz, "The Origin of Spacewar," *Creative Computing*, Aug. 1981; Stewart Brand, "Spacewar," *Rolling Stone,* Dec. 7, 1972.

2. Levy, *Hackers*, 7.

3. "Definition of Hackers," website of the Tech Model Railroad Club, http://tmrc.mit.edu/hackers-ref.html.

4. Brand, "Spacewar."

5. Graetz, "The Origin of Spacewar."

6. Steve Russell oral history, Computer History Museum; Graetz, "The Origin of Spacewar."

7. Author's interview with Steve Russell.

8. Graetz, "The Origin of Spacewar."

9. Brand, "Spacewar."

10. Author's interview with Steve Russell.

11. Sources for this section include author's interviews with Nolan Bushnell, Al Alcorn, Steve Jobs (for previous book), and Steve Wozniak; Tristan Donovan, *Replay: The Story of Video Games* (Yellow Ant, 2010; locations refer to the Kindle edition); Steven Kent, *The Ultimate History of Video Games: From Pong to Pokemon* (Three Rivers, 2001); Scott Cohen, *Zap! The Rise and Fall of Atari* (McGraw-Hill, 1984); Henry Lowood, "Videogames in Computer Space: The Complex History of Pong," *IEEE Annals*, July 2009; John Markoff, *What theDormouse Said* (Viking, 2005, locations refer to the Kindle edition); Al Alcorn

interview,*Retro Gaming Roundup*, May 2011; Al Alcorn interview, conducted by Cam Shea, *IGN*,Mar. 10, 2008.

12. Kent, *The Ultimate History of Video Games*, 12.

13. Author's interview with Nolan Bushnell.

14. 2013 年 5 月 17 日诺兰 · 布什内尔在洛杉矶面向年轻创业者的演讲（作者笔记）。

15. Donovan, *Replay*, 429.

16. Donovan, *Replay*, 439.

17. Eddie Adlum, quoted in Kent, *The Ultimate History of Video Games*, 42.

18. Kent, *The Ultimate History of Video Games*, 45.

19. Author's interview with Nolan Bushnell.

20. Author's interview with Nolan Bushnell.

21. Author's interview with Al Alcorn.

22. Donovan, *Replay*, 520.

23. 作者对诺兰 · 布什内尔和阿尔 · 奥尔康的采访。这个故事在其他人口中说法大致相同，通常稍有一些添油加醋的成分。

24. Author's interview with Nolan Bushnell.

25. 2013 年 5 月 17 日诺兰 · 布什内尔在洛杉矶面向年轻创业者的演讲。

26. Author's interview with Nolan Bushnell.

27. Donovan, *Replay*, 664.

28. Author's interview with Nolan Bushnell.

第七章　互联网

1. Sources for Vannevar Bush include Vannevar Bush, *Pieces of the Action* (Morrow, 1970); Pascal Zachary, *Endless Frontier: Vannevar Bush, Engineer of the American Century* (MIT, 1999); "Yankee Scientist," *Time* cover story, Apr. 3, 1944; Jerome Weisner, "Vannevar Bush: A Biographical Memoir," National Academy of Sciences, 1979; James Nyce and Paul Kahn, editors,*From Memex to Hypertext: Vannevar Bush and the Mind's Machine* (Academic Press,1992);Jennet Conant, *Tuxedo Park* (Simon & Schuster, 2002); Vannevar Bush oral history,American Institute of Physics, 1964.

2. Weisner, "Vannevar Bush."

3. Zachary, *Endless Frontier*, 23.

4. *Time*, Apr. 3, 1944.

5. *Time*, Apr. 3, 1944.

6. Bush, *Pieces of the Action*, 41.

7. Weisner, "Vannevar Bush."

8. Vannevar Bush, *Science, the Endless Frontier* (National Science Foundation, July 1945), vii.

9. Bush, *Science*, 10.

10. Bush, *Pieces of the Action*, 65.

11. Joseph V. Kennedy, "The Sources and Uses of U.S. Science Funding," *The New Atlantis*,Summer 2012.

12. Mitchell Waldrop, *The Dream Machine: J. C. R. Licklider and the Revolution That Made Computing Personal* (Penguin, 2001), 470. Other sources for this section include author's interviews with Tracy Licklider (son), Larry Roberts, and Bob Taylor; Katie Hafner and Matthew Lyon, *Where Wizards Stay Up Late: The Origins of the Internet* (Simon & Schuster,1998); J. C. R. Licklider oral history, conducted by William Aspray and Arthur Norberg,Oct. 28, 1988, Charles Babbage Institute, University of Minnesota; J. C. R. Licklider interview,conducted by James Pelkey, "A History of Computer Communications," June 28, 1988(Pelkey's material is only online, http://www.historyofcomputercommunications.info/index.html); Robert M. Fano, *Joseph Carl Robnett Licklider 1915–1990, a Biographical Memoir*(National Academies Press, 1998).

13. Licklider oral history, Charles Babbage Institute.

14. Norbert Wiener, "A Scientist's Dilemma in a Materialistic World" (1957), in *Collected Works*,vol. 4 (MIT, 1984), 709.

15. Author's interview with Tracy Licklider.

16. Author's interview with Tracy Licklider.

17. Waldrop, *The Dream Machine*, 237.

18. Bob Taylor, "In Memoriam: J. C. R. Licklider," Aug. 7, 1990, Digital Equipment Corporation publication.

19. J. C. R. Licklider interview, conducted by John A. N. Lee and Robert Rosin, "The Project MAC Interviews," *IEEE Annals of the History of Computing*, Apr. 1992.

20. Author's interview with Bob Taylor.

21. Licklider oral history, Charles Babbage Institute.

22. J. C. R. Licklider, "Man-Computer Symbiosis," *IRE Transactions on Human Factors in Electronics*,Mar. 1960, http://groups.csail.mit.edu/medg/people/psz/Licklider.html.

23. David Walden and Raymond Nickerson, editors, *A Culture of Innovation: Insider Accounts of Computing and Life at BBN* (privately printed at the Harvard bookstore, 2011), see http://walden-family.com/bbn/.

24. Licklider oral history, Charles Babbage Institute.

25. J. C. R. Licklider, *Libraries of the Future* (MIT, 1965), 53.

26. Licklider, *Libraries of the Future*, 4.

27. Sherman Adams, *Firsthand Report* (Harper, 1961), 415; Hafner and Lyon, *Where Wizards Stay Up Late*, 17.

28. James Killian interview, "War and Peace," WGBH, Apr. 18, 1986; James Killian, *Sputnik,Scientists, and Eisenhower* (MIT, 1982), 20.

29. Fred Turner, *From Counterculture to Cyberculture* (University of Chicago, 2006), 108.

30. Licklider oral history, Charles Babbage Institute.

31. Licklider interview, conducted by James Pelkey; see also James Pelkey, "Entrepreneurial Capitalism and Innovation," http://www.history of computer communications.info/Book/2/2.1-IntergalacticNetwork_1962- 1964. html#_ftn1.

32. J. C. R. Licklider, "Memorandum for Members and Affiliates of the Intergalactic Computer Network," ARPA, Apr. 23, 1963. See also J. C. R. Licklider and Welden Clark, "Online Man-Computer Communications," *Proceedings of AIEE-IRE*, Spring 1962.

33. Author's interview with Bob Taylor.

34. Author's interview with Larry Roberts.

35. Bob Taylor oral history, Computer History Museum, 2008; author's interview with Bob Taylor.

36. Michael Hiltzik, *Dealers of Lightning* (Harper, 1999; locations refer to the Kindle edition),536. 530.

37. Author's interview with Bob Taylor.

38. Author's interview with Bob Taylor.

39. Robert Taylor oral history, Computer History Museum; author's interview with Bob Taylor;Hafner and Lyon, *Where Wizards Stay Up Late*, 86.

40. Hafner and Lyon, *Where Wizards Stay Up Late*, 591, has the fullest description of this meeting. See also Hiltzik, *Dealers of Lightning*, 1120; Kleinrock oral history, "How the Web WasWon," *Vanity Fair*, July 2008.

41. Charles Herzfeld interview with Andreu Vea, "The Unknown History of the Internet," 2010, http://www.computer.org/comphistory/pubs/2010-11-vea.pdf.

42. Author's interview with Bob Taylor.

43. Author's interview with Larry Roberts.

44. Author's interview with Larry Roberts.

45. 与泰勒用 20 分钟说服赫茨菲尔德为阿帕网项目拨款的轶事一样，泰勒把罗伯茨招到华盛顿工作一事也经常被人讲述。This version comes from author's interviews with Taylor and Roberts; Hafner and Lyon, *Where Wizards Stay Up Late*, 667; Stephen Segaller, *Nerds 2.0.1* (TV Books, 1998), 47; Bob Taylor oral history,Computer History Museum; Larry Roberts, "The Arpanet and Computer Networks," *Proceedings of the ACM Conference on the History of Personal Workstations*, Jan. 9, 1986.

46. Author's interview with Bob Taylor.

47. Author's interview with Bob Taylor.

48. Author's interview with Larry Roberts.

49. Larry Roberts oral history, Charles Babbage Institute.

50. Author's interview with Bob Taylor.

51. Janet Abbate, *Inventing the Internet* (MIT, 1999), 1012; Larry Roberts oral history, Charles Babbage Institute.

52. Wes Clark oral history, conducted by Judy O'Neill, May 3, 1990, Charles Babbage Institute.

53. 关于这件事有各种不同的说法，其中有些说法是，当时泰勒一行搭乘的是出租车。但鲍勃·泰勒坚称当时乘坐的是他租的汽车。Author's interviews with Bob Taylor and Larry Roberts; Robert Taylor oral history, conducted by Paul McJones, Oct. 2008, Computer History Museum;Hafner and Lyon, *Where Wizards Stay Up Late*, 1054; Segaller, *Nerds*, 62.

54. Author's interview with Vint Cerf.

55. Paul Baran, "On Distributed Computer Networks," *IEEE Transactions on Communications Systems*, Mar. 1964. This section on Baran draws on John Naughton, *A Brief History of the Future* (Overlook, 2000), chapter 6; Abbate, *Inventing the Internet*, 314 and passim; Hafner and Lyon,*Where Wizards Stay Up Late*, 723, 1119.

56. Paul Baran interview, in James Pelkey, "Entrepreneurial Capitalism and Innovation," http://www.history of computercommuni cations. info/ Book/2/2.4-Paul%20Baran-59-65.html#_ftn9.

57. Paul Baran oral history, "How the Web Was Won," *Vanity Fair,* July 2008; interview with Paul Baran, by Stewart Brand, *Wired*, Mar. 2001; Paul Baran oral history, conducted by David Hochfelder, Oct. 24, 1999, IEEE History Center; Clayton Christensen, *The Innovator's Dilemma* (Harper, 1997).

58. Donald Davies, "A Historical Study of the Beginnings of Packet Switching," *Computer Journal*,British Computer Society, 2001; Abbate, *Inventing the Internet*, 558; author's interview with Larry Roberts; Trevor Harris, "Who Is the Father of the Internet? The Case for Donald Davies," http://www.academia.edu.

59. Author's interview with Leonard Kleinrock; Leonard Kleinrock oral history, conducted by John Vardalas, IEEE History Center, Feb. 21, 2004.

60. Author's interview with Leonard Kleinrock.

61. Kleinrock oral history, IEEE.

62. Segaller, *Nerds*, 34.

63. Author's interviews with Kleinrock, Roberts; see also Hafner and Lyon, *Where Wizards Stay Up Late*, 1009; Segaller, *Nerds*, 53.

64. Leonard Kleinrock, "Information Flow in Large Communications Nets," proposal for a PhD thesis, MIT, May 31, 1961. See also Leonard Kleinrock, *Communication Nets: Stochastic Message Flow and Design* (McGraw-Hill, 1964).

65. Leonard Kleinrock personal website, http://www.lk.cs.ucla.edu/index.html.

66. Leonard Kleinrock, "Memoirs of the Sixties," in Peter Salus, *The ARPANET Sourcebook* (Peer-to-Peer, 2008), 96.

67. Leonard Kleinrock interview, *Computing Now*, IEEE Computer Society, 1996. Kleinrock is quoted in Peter Salus, *Casting the Net* (Addison-Wesley, 1995), 52. 克兰罗克的原话是："我是第一个讨论分组交换在性能上会有哪些改进的人。"

68. Author's interview with Taylor.

69. Author's interview with Kleinrock.

70. Donald Davies, "A Historical Study of the Beginnings of Packet Switching," *Computer Journal*,British Computer Society, 2001.

71. Alex McKenzie, "Comments on Dr. Leonard Kleinrock's Claim to Be 'the Father of Modern Data Networking,' " Aug. 16, 2009, http://alexmckenzie.weebly.com/comments-on-kleinrocks-claims.html.

72. Katie Hafner, "A Paternity Dispute Divides Net Pioneers," *New York Times*, Nov. 8, 2001;Les Earnest, "Birthing the Internet," *New York Times,* Nov. 22, 2001. 欧内斯特认为"存储转发"系统和"分组交换"系统之间的区别微乎其微。

73. Leonard Kleinrock, "Principles and Lessons in Packet Communications," *Proceedings of the IEEE*, Nov. 1978.

74. Kleinrock oral history, Charles Babbage Institute, Apr. 3, 1990.

75. Leonard Kleinrock, "On Resource Sharing in a Distributed Communication Environment," *IEEE Communications Magazine*, May 2002. 克兰罗克的说法确实也拥有一位忠实支持者，这就是他的老朋友、赌伴兼同事拉里·罗伯茨。罗伯茨 2014 年告诉我："如果你读一读莱恩 1964 年出的书，你就会发现上面清清楚楚地写着他把文件分拆为报文单元。"但罗伯茨之前和克兰罗克一样，也认为巴兰才是对分组交换贡献最大的人。罗伯茨 1978 年写道："对我们现在称之为分组交换的概念进行讨论的第一份公开发表文献是兰德公司的保罗·巴兰 1964 年 8 月发表的 11 卷本分析报告《论分布式通信系统》。" See Lawrence Roberts, "The Evolution of Packet Switching," *Proceedings of the IEEE*, Nov. 1978.

76. Paul Baran oral history, "How the Web Was Won," *Vanity Fair*, July 2008.

77. Paul Baran interview, by Stewart Brand, *Wired*, Mar. 2001.

78. Paul Baran, "Introduction to Distributed Communications Networks," RAND, 1964, http://www.rand.org/pubs/research_memoranda/RM3420/RM3420-chapter1.html.

79. Segaller, *Nerds*, 70.

80. Author's interview with Bob Taylor. I was an editor of *Time* and remember the dispute.

81. Mitchell Waldrop, *The Dream Machine* (Viking, 2001), 279.

82. Stephen Lukasik, "Why the ARPANET Was Built," *IEEE Annals of the History of Computing*,Mar. 2011; Stephen Lukasik oral history, conducted by Judy O'Neill, Charles Babbage Institute, Oct. 17, 1991.

83. Charles Herzfeld, "On ARPANET and Computers," undated, http://inventors.about.com/library/inventors/bl_Charles_Herzfeld.htm.

84. "A Brief History of the Internet," Internet Society, Oct. 15, 2012, http://www.internetsociety.org/internet/what-internet/history-internet/brief-history-internet.

85. "NSFNET: A Partnership for High-Speed Networking: Final Report," 1995, http://www.merit.edu/documents/pdf/nsfnet/nsfnet_report.pdf.

86. Author's interview with Steve Crocker.

87. Author's interview with Leonard Kleinrock.

88. Author's interview with Robert Taylor.

89. Author's interview with Vint Cerf; Radia Joy Perlman, "Network Layer Protocols with Byzantine Robustness," PhD dissertation, MIT, 1988, http://dspace.mit.edu/handle/1721.1/14403.

90. Abbate, *Inventing the Internet*, 180.

91. Author's interview with Taylor.

92. Larry Roberts interview, conducted by James Pelkey, http://www.historyofcomputercommunications.info/Book/2/2.9-BoltBeranekNewman-WinningBid-68%20.html#_ftn26.

93. Hafner and Lyon, *Where Wizards Stay Up Late*, 1506 and passim.

94. Pelkey, "A History of Computer Communications," http://www.historyofcomputercommunications.info/index.html, 2.9; Hafner and Lyon, *Where Wizards Stay Up Late*, 1528.

95. 史蒂夫·克罗克编写 RFC 文件一事有多种不同的说法。This account comes from my interviews with Steve Crocker, Vint Cerf, Leonard Kleinrock; Hafner and Lyon,*Where Wizards Stay Up Late*, 2192 and passim; Abbate, *Inventing the Internet*, 1330 and passim; Stephen Crocker oral history, conducted by Judy E. O'Neill, Oct. 24, 1991, Charles Babbage Institute, University of Minnesota; Stephen Crocker, "How the Internet Got Its Rules," *New York Times*, Apr. 6, 2009; Cade Metz, "Meet the Man Who Invented the Instructions for the Internet," *Wired*, May 18, 2012; Steve Crocker, "The Origins of RFCs," in "The Request for Comments Guide," RFC 1000, Aug. 1987, http://www.rfc-editor.org/rfc/rfc1000.txt; Steve Crocker, "The First Pebble: Publication of RFC 1," RFC 2555, Apr. 7,1999.

96. Author's interview with Steve Crocker.

97. Crocker, "How the Internet Got Its Rules."

98. Stephen Crocker, "Host Software," RFC 1, Apr. 7, 1969, http://tools.ietf.org/html/rfc1.

99. Crocker, "How the Internet Got Its Rules."

100. Vint Cerf, "The Great Conversation," RFC 2555, Apr. 7, 1999,http://www.rfc-editor.org/rfc/rfc2555.txt.

101. "The IMP Log: October 1969 to April 1970," Kleinrock Center for Internet Studies,UCLA, http://internethistory.ucla.edu/the-imp-log-october-1969-to-april-1970/; Segaller,*Nerds*, 92; Hafner and Lyon, *Where Wizards Stay Up Late*, 2336.

102. Vint Cerf oral history, conducted by Daniel Morrow, Nov. 21, 2001, Computerworld Honors Program; Hafner and Lyon, *Where Wizards Stay Up Late*, 2070 and passim; Abbate,*Inventing the Internet*, 127 and passim.

103. Cerf oral history, Computerworld.

104. Robert Kahn oral history, conducted by Michael Geselowitz, Feb. 17, 2004, IEEE History Center.

105. Vint Cerf oral history, conducted by Judy O'Neill, Apr. 24, 1990,

Charles Babbage Institute;Vint Cerf, "How the Internet Came to Be," Nov. 1993, http://www.netvalley.com/archives/mirrors/cerf-how-inet.html.

106. Robert Kahn oral history, conducted by David Allison, Apr. 20, 1995, Computerworld Honors Program.

107. "The Poems," RFC 1121, Sept. 1989.

108. Author's interview with Vint Cerf.

109. Hafner and Lyon, *Where Wizards Stay Up Late*, 1163.

110. David D. Clark, "A Cloudy Crystal Ball," MIT Laboratory for Computer Science, July 1992,http://groups.csail.mit.edu/ana/People/DDC/future_ietf_92.pdf.

111. J. C. R. Licklider and Robert Taylor, "The Computer as a Communication Device," *Science and Technology*, Apr. 1968.

第八章　个人电脑

1. Vannevar Bush, "As We May Think," *Atlantic*, July 1945.

2. 当时出席会议的戴夫·阿赫称："最后是由肯·奥尔森拍板。我永远也忘不了他那句一锤定音的话："我认为根本没有人会想要拥有自己的计算机。" John Anderson, "Dave Tells Ahl," *Creative Computing*, Nov. 1984. For Olsen's defense, see http://www.snopes.com/quotes/kenolsen.asp. 但这篇文章并未提及阿赫所说的事情，即奥尔森在与员工讨论是否应开发个人版 PDP–8 时说了上述这番话。

3. 1995 年，斯图尔特·布兰德为《时代》杂志撰写了一篇由我选题策划，名为《一切都要归功于嬉皮士》的文章。文章强调了反主流文化在个人电脑诞生中扮演的角色。本章也参考了五部讲述反主流文化如何塑造个人电脑革命的书籍，这些书都非常精彩而深刻。Steven Levy, *Hackers* (Anchor/Doubleday, 1984; locations refer to the twenty-fifth anniversary reissue, O'Reilly,2010); Paul Freiberger and Michael Swaine, *Fire in the Valley* (Osborne, 1984); John Markoff, *What the Dormouse Said* (Viking, 2005, locations refer to the Kindle edition); Fred Turner, *From Counterculture to Cyberculture* (University of Chicago, 2006); Theodore Roszak,*From Satori to Silicon Valley* (Don't Call It Frisco Press, 1986).

4. Liza Loop post on my crowdsourced draft on Medium and email to me, 2013.

5. Lee Felsenstein post on my crowdsourced draft on Medium, 2013. See also, "More Than Just Digital Quilting," *Economist*, Dec. 3, 2011; Victoria Sherrow, *Huskings, Quiltings, and Barn Raisings: Work-Play Parties in Early America* (Walker, 1992).

6. Posters and programs for the acid tests, in Phil Lesh, "The Acid Test Chronicles," http://www.postertrip.com/public/5586.cfm; Tom Wolfe, *The Electric Kool-Aid Acid Test* (Farrar,Straus and Giroux, 1987), 251 and passim.

7. Turner, *From Counterculture to Cyberculture*, 29, from Lewis Mumford, *Myth of the Machine* (Harcourt, Brace, 1967), 3.

8. Markoff, *What the Dormouse Said*, 165.

9. Charles Reich, *The Greening of America* (Random House, 1970), 5.

10. Author's interview with Ken Goffman, aka R. U. Sirius; Mark Dery, *Escape Velocity: Cyberculture at the End of the Century* (Grove, 1966), 22; Timothy Leary, *Cyberpunks CyberFreedom*(Ronin, 2008), 170.

11. First published in limited distribution by the Communication Company, San Francisco,1967.

12. 布兰德的文章发表于《时代》杂志 1995 年 3 月的“赛博空间”特刊上。这篇文章是 1993 年 2 月 8 日《时代》封面文章《赛博朋克》的续篇。《赛博朋克》由菲尔·埃尔默－德威特撰写，也探讨了反主流文化为计算机以及 The WELL 和互联网等网络服务带来的影响。

13. This section is based on author's interviews with Stewart Brand; Stewart Brand, "'Whole Earth' Origin," 1976, http://sb.longnow.org/SB_homepage/WholeEarth_buton.html; Turner,*From Counterculture to Cyberculture*; Markoff, *What the Dormouse Said*. Turner's book is focused on Brand.

14. Author's interview with Stewart Brand; Stewart Brand public comments on early draft of this chapter posted on Medium.com.

15. Stewart Brand, "Spacewar: Fanatic Life and Symbolic Death among the Computer Bums," *Rolling Stone*, Dec. 7, 1972.

16. Stewart Brand comments on my crowdsourced draft on Medium; Stewart Brand interviews and emails with the author, 2013; poster and programs for

the Trips Festival,http://www.postertrip.com/public/5577.cfm and http://www.lysergia.com/MerryPranksters/MerryPranksters_post.htm; Wolfe, *Electric Kool-Aid Test*, 259.

17. Turner, *From Counterculture to Cyberculture*, 67.

18. Author's interview with Stewart Brand; Brand, " 'Whole Earth' Origin."

19. Brand, " 'Whole Earth' Origin" ; Author's interview with Stewart Brand.

20. *Whole Earth Catalog*, Fall 1968, http://www.wholeearth.com/.

21. Author's interview with Lee Felsenstein.

22. The best account of Engelbart is Thierry Bardini, *Bootstrapping: Douglas Engelbart,Coevolution,and the Origins of Personal Computing* (Stanford, 2000). This section also draws on Douglas Engelbart oral history (four sessions), conducted by Judy Adams and Henry Lowood,Stanford, http://www-sul.stanford.edu/depts/hasrg/histsci/ssvoral/engelbart/start1.html; Douglas Engelbart oral history, conducted by Jon Eklund, the Smithsonian Institution,May 4, 1994; Christina Engelbart, "A Lifetime Pursuit," a biographical sketch written in 1986 by his daughter, http://www.dougengelbart.org/history/engelbart.html#10a; "Tribute to Doug Engelbart," a series of reminiscences by colleagues and friends, http://tribute2doug.wordpress.com/; Douglas Engelbart interviews, in Valerie Landau and Eileen Clegg,*The Engelbart Hypothesis: Dialogs with Douglas Engelbart* (Next Press, 2009) and http://engelbartbookdialogues.wordpress.com/; The Doug Engelbart Archives (includes many videos and interviews),http://dougengelbart.org/library/engelbart-archives.html; Susan Barnes, "Douglas Carl Engelbart: Developing the Underlying Concepts for Contemporary Computing," *IEEE Annals of the History of Computing*, July 1997; Markoff, *What the Dormouse Said*, 417; Turner, *From Counterculture to Cyberculture*, 110; Bardini, *Bootstrapping*, 138.

23. Douglas Engelbart oral history, Stanford, interview 1, Dec. 19, 1986.

24. 1945 年 9 月 10 日的《生活》杂志刊登的节选配有大量有关 memex 的插图（这期杂志上还刊登了广岛遭遇原子弹袭击后的航拍照片）。

25. Douglas Engelbart oral history, Smithsonian, 1994.

26. Douglas Engelbart oral history, Stanford, interview 1, Dec. 19, 1986.

27. Landau and Clegg, *The Engelbart Hypothesis*.

28. Douglas Engelbart oral history, Stanford, interview 1, Dec. 19, 1986.

29. The quote is from Nilo Lindgren, "Toward the Decentralized Intellectual Workshop," *Innovation*,Sept. 1971, quoted in Howard Rheingold, *Tools for Thought* (MIT, 2000), 178. See also Steven Levy, *Insanely Great* (Viking, 1994), 36.

30. Douglas Engelbart oral history, Stanford, interview 3, Mar. 4, 1987.

31. Douglas Engelbart, "Augmenting Human Intellect," prepared for the director of Information Sciences, Air Force Office of Scientific Research, Oct. 1962.

32. Douglas Engelbart to Vannevar Bush, May 24, 1962, MIT/Brown Vannevar Bush Symposium,archives, http://www.dougengelbart.org/events/vannevar-bush-symposium.html.

33. Douglas Engelbart oral history, Stanford, interview 2, Jan. 14, 1987.

34. Author's interview with Bob Taylor.

35. Douglas Engelbart oral history, Stanford, interview 3, Mar. 4, 1987.

36. Landau and Clegg, "Engelbart on the Mouse and Keyset," in *The Engelbart Hypothesis*;William English, Douglas Engelbart, and Melvyn Berman, "Display Selection Techniques for Text Manipulation," *IEEE Transactions on Human-Factors in Electronics*, Mar. 1967.

37. Douglas Engelbart oral history, Stanford, interview 3, Mar. 4, 1987.

38. Landau and Clegg, "Mother of All Demos," in *The Engelbart Hypothesis*.

39. The video of the "Mother of All Demos" can be viewed at http://sloan.stanford.edu/MouseSite/1968Demo.html#complete. This section also draws from Landau and Clegg, "Mother of All Demos," in *The Engelbart Hypothesis*.

40. Rheingold, *Tools for Thought*, 190.

41. Author's interview with Stewart Brand; video of the Mother of All Demos.

42. Markoff, *What the Dormouse Said*, 2734. 约翰 · 马尔科夫在斯坦福大学的微缩胶卷档案中发现了有关莱斯 · 欧内斯特演示的报告。马尔科夫书中透彻地分析了增强智能与人工智能之间的差异。

43. Markoff, *What the Dormouse Said*, 2838.

44. 作者对艾伦 · 凯的采访。凯阅读了本书的部分章节，发表了意见并纠正了一些错误。This section also draws on Alan Kay, "The Early History

of Smalltalk," *ACM SIGPLAN Notices*, Mar. 1993; Michael Hiltzik, *Dealers of Lightning* (Harper, 1999; locations refer to the Kindle edition), chapter 6.

45. Author's interview with Alan Kay; Landau and Clegg, "Reflections by Fellow Pioneers," in *The Engelbart Hypothesis*; Alan Kay talk, thirtieth-anniversary panel on the Mother of All Demos, Internet archive, https://archive.org/details/XD1902_1EngelbartsUnfinished Rev30AnnSes2. See also Paul Spinrad, "The Prophet of Menlo Park," http://coe.berkeley.edu/news-center/publications/forefront/archive/copy_of_forefront-fall-2008/features/the-prophet-of-menlo-park-douglas-engelbart-carries-on-his-vision. 艾伦 · 凯读完本节初稿后澄清了他之前在谈话和访谈中发表的部分言论，我根据他的建议修改了部分引文。

46. Cathy Lazere, "Alan C. Kay: A Clear Romantic Vision," 1994, http://www.cs.nyu.edu/courses/fall04/G22.2110-001/kaymini.pdf.

47. Author's interview with Alan Kay. See also Alan Kay, "The Center of Why," Kyoto Prize lecture, Nov. 11, 2004.

48. Author's interview with Alan Kay; Ivan Sutherland, "Sketchpad," PhD dissertation, MIT,1963; Howard Rheingold, "Inventing the Future with Alan Kay," The WELL, http://www.well.com/user/hlr/texts/Alan%20Kay.

49. Hiltzik, *Dealers of Lightning*, 1895; Author's email exchange with Alan Kay.

50. Alan Kay talk, thirtieth-anniversary panel on the Mother of All Demos; Kay, "The Early History of Smalltalk."

51. Kay, "The Early History of Smalltalk."

52. Kay, "The Early History of Smalltalk." (Includes all quotes in preceding paragraphs.)

53. John McCarthy, "The Home Information Terminal—A 1970 View," June 1, 2000, http://www-formal.stanford.edu/jmc/hoter2.pdf.

54. Markoff, *What the Dormouse Said*, 4535.

55. Markoff, *What the Dormouse Said*, 2381.

56. In addition to citations below and Hiltzik's *Dealers of Lightning* and Kay's "The Early History of Smalltalk" cited above, this section draws on Douglas Smith and Robert Alexander,*Fumbling the Future: How Xerox Invented,*

Then Ignored, the First Personal Computer (Morrow,1988) and Author's interviews with Alan Kay, Bob Taylor, and John Seeley Brown.

57. Charles P. Thacker, "Personal Distributed Computing: The Alto and Ethernet Hardware," ACM Conference on History of Personal Workstations, 1986. See also Butler W. Lampson, "Personal Distributed Computing: The Alto and Ethernet Software," ACM Conference on History of Personal Workstations, 1986. Both papers, with the same title, can be accessed at http://research.microsoft.com/en-us/um/people/blampson/38-AltoSoftware/Abstract.html.

58. Linda Hill, Greg Brandeau, Emily Truelove, and Kent Linebeck, *Collective Genius: The Art and Practice of Leading Innovation* (Harvard Business Review Press, 2014); Hiltzik, *Dealers of Lightning*, 2764; Author's interview with Bob Taylor.

59. Author's interview with Bob Taylor.

60. Hiltzik, *Dealers of Lightning*, 1973, 2405.

61. Stewart Brand, "Spacewar," *Rolling Stone,* Dec. 7, 1972.

62. Alan Kay, "Microelectronics and the Personal Computer," *Scientific American*, Sept. 1977.

63. Alan Kay, "A Personal Computer for Children of All Ages," in *Proceedings of the ACM Annual Conference*, 1972. His typescript is at http://www.mprove.de/diplom/gui/Kay72a.pdf.

64. Kay, "The Early History of Smalltalk" ; Author's interview with Alan Kay.

65. Hiltzik, *Dealers of Lightning*, 3069.

66. Kay, "The Early History of Smalltalk" ; Hiltzik, *Dealers of Lightning*, 3102.

67. Kay, "The Early History of Smalltalk" ; author's interview with Alan Kay.

68. Kay, "The Early History of Smalltalk" (see section IV, "The First Real Smalltalk"); author's interviews with Alan Kay and Bob Taylor; Hiltzik, *Dealers of Lightning*, 3128; Markoff, *What the Dormouse Said*, 3940; Butler Lampson, "Why Alto?" Xerox interoffice memo, Dec. 19, 1972, http://www.digibarn.com/friends/butler-lampson/.

69. Author's interview with Bob Taylor; Thacker, "Personal Distributed Computing."

70. Engelbart Oral History, Stanford, interview 4, Apr. 1, 1987.

71. Author's interview with Bob Taylor.

72. Alan Kay interview, conducted by Kate Kane, *Perspectives on Business Innovation*, May 2002.

73. Bob Taylor discussion, University of Texas, Sept. 17, 2009, conducted by John Markoff, http://transcriptvids.com/v/jvbGAPJSDJI.html.

74. Author's interview with Bob Taylor; Hiltzik, *Dealers of Lightning*, 4834.

75. Fred Moore's tale is detailed in Levy's *Hackers* and Markoff's *What the Dormouse Said.*

76. Author's interview with Lee Felsenstein.

77. Video of the Whole Earth Demise Party, http://mediaburn.org/video/aspects-of-demise-the-whole-earth-demise-party-2/; Levy, *Hackers*, 197; Author's interview with Stewart Brand; Stewart Brand, "Demise Party, etc.," http://www.wholeearth.com/issue/1180/article/321/history.-.demise.party.etc.

78. Markoff, *What the Dormouse Said*, 3335.

79. In addition to the sources just cited, see Thomas Albright and Charles Moore, "The Last Twelve Hours of the Whole Earth," *Rolling Stone*, July 8, 1971; Barry Lopez, "Whole Earth's Suicide Party," *Washington Post*, June 14, 1971.

80. Author's interview with Bob Albrecht; Albrecht's notes provided to me.

81. Archive of the People's Computer Company and its related newsletters, http://www.digibarn.com/collections/newsletters/peoples-computer/.

82. Author's interview with Bob Albrecht.

83. Author's interview with Lee Felsenstein. This section is also based on a seventeen-chapter unpublished memoir Felsenstein wrote, which he provided to me; Felsenstein's articles "Tom Swift Lives!" and "Convivial Design" in *People's Computer Company*; his article "My Path through the Free Speech Movement and Beyond," February 22, 2005, which he provided to me; the autobiographical essays he has posted at http://www.leefelsenstein.com/; Freiberger and Swaine, *Fire in the Valley*, 99–102; Levy, *Hackers*, 153 and passim; Markoff, *What the Dormouse Said*, 4375 and passim.

84. Author's interview with Lee Felsenstein.

85. Author's interview with Felsenstein; Lee Felsenstein, "Philadelphia 1945–1963," http:// www.leefelsenstein.com/?page_id=16; oral history of Lee Felsenstein, by Kip Crosby, May 7, 2008, Computer History Museum.

86. Felsenstein, "My Path through the Free Speech Movement and Beyond."

87. Author's interview with Lee Felsenstein.

88. Felsenstein, "My Path through the Free Speech Movement and Beyond."

89. Author's interview with Lee Felsenstein; Felsenstein unpublished memoir.

90. 费尔森施泰因提供给我的未发表回忆录中有一整章是描述这次警用无线电事件的。

91. Felsenstein, "My Path through the Free Speech Movement and Beyond."

92. Lee Felsenstein, "Explorations in the Underground," http://www.leefelsenstein.com/?page_id=50.

93. Author's interview with Lee Felsenstein.

94. Author's interview with Lee Felsenstein; Felsenstein's unpublished memoir.

95. Author's interview with Lee Felsenstein.

96. Levy, *Hackers*, 160.

97. Ken Colstad and Efrem Lipkin, "Community Memory: A Public Information Network," *ACM SIGCAS Computers and Society*, Dec. 1975. For an archive of the Resource One Newsletter,see http://www.well.com/~szpak/cm/index.html.

98. Doug Schuler, "Community Networks: Building a New Participatory Medium," *Communications of the ACM,* Jan. 1994. See also Community Memory flyer, on The WELL, http://www.well.com/~szpak/cm/cmflyer.html: "We have a powerful tool—a genie—at our disposal."

99. R. U. Sirius and St. Jude, *How to Mutate and Take Over the World* (Ballantine, 1996); Betsy Isaacson, "St. Jude," undergraduate thesis, Harvard University, 2012.

100. Lee Felsenstein, "Resource One/Community Memory," http://www.leefelsenstein.com/?page_id=44.

101. Author's interview with Lee Felsenstein; Felsenstein, "Resource One/Community Memory."

102. Ivan Illich, *Tools for Conviviality* (Harper, 1973), 17.

103. Author's interview with Lee Felsenstein.

104. Lee Felsenstein, "The Maker Movement—Looks Like Revolution to Me," speech at Bay Area Maker Faire, May 18, 2013. See also Evgeny Morozov, "Making It," *New Yorker,* Jan. 13, 2014.

105. Lee Felsenstein, "Tom Swift Terminal, or a Convivial Cybernetic Device," http://www.leefelsenstein.com/wp-content/uploads/2013/01/TST_scan_150.pdf; Lee Felsenstein, "Social Media Technology," http://www.leefelsenstein.com/?page_id=125.

106. Homebrew Computer Club newsletter #1, DigiBarn Computer Museum, http://www.digibarn.com/collections/newsletters/homebrew/V1_01/; Levy, *Hackers*, 167.

107. 李·费尔森施泰因 2013 年 12 月 20 日对我为广泛征求意见而发在 Medium.com 的初稿发表的评论。并没有证据显示艾森豪威尔有哪个私人飞行员变过性。

108. This section draws from Ed Roberts interview, conducted by Art Salsberg, *Modern Electronics*,Oct. 1984; Ed Roberts interview, conducted by David Greelish, *Historically Brewed* magazine, 1995; Levy, *Hackers*, 186 and passim; Forrest M. Mims III, "The Altair Story:Early Days at MITS," *Creative Computing*, Nov. 1984; Freiberger and Swaine, *Fire in theValley*, 35 and passim.

109. Levy, *Hackers*, 186.

110. Mims, "The Altair Story."

111. Levy, *Hackers*, 187.

112. Levy, *Hackers*, 187.

113. Les Solomon, "Solomon's Memory," Atari Archives, http://www.atariarchives.org/deli/solomons_memory.php; Levy, *Hackers*, 189 and passim; Mims, "The Altair Story."

114. H. Edward Roberts and William Yates, "Altair 8800 Minicomputer," *Popular Electronics*,Jan.1975.

115. Author's interview with Bill Gates.

116. Michael Riordan and Lillian Hoddeson, "Crystal Fire," *IEEE SCS News*, Spring 2007,adapted from *Crystal Fire* (Norton, 1977).

117. Author's interviews with Lee Felsenstein, Steve Wozniak, Steve Jobs, and Bob Albrecht.This section also draws from the accounts of the Homebrew Computer Club origins inWozniak, *iWoz* (Norton, 2006); Markoff, *What the Dormouse Said*, 4493 and passim; Levy,*Hackers*, 201 and passim; Freiberger and Swaine, *Fire in the Valley*, 109 and passim; Steve Wozniak, "Homebrew and How the Apple Came to Be," http://www.atariarchives.org/deli/homebrew_and_how_the_apple.php; the Homebrew archives exhibit at the Computer History Museum; the Homebrew newsletter archives, http://www.digibarn.com/collections/newsletters/homebrew/; Bob Lash, "Memoir of a Homebrew Computer Club Member," http://www.bambi.net/bob/homebrew.html.

118. Steve Dompier, "Music of a Sort," *Peoples Computer Company*, May 1975. See also Freiberger and Swaine, *Fire in the Valley*, 129; Levy, *Hackers*, 204. For Dompier's code, see http://kevindriscoll.org/projects/ccswg2012/fool_on_a_hill.html.

119. Bill Gates, "Software Contest Winners Announced," *Computer Notes*, July 1975.

第九章　软件

1. Author's interview with Bill Gates; Paul Allen, *Idea Man* (Portfolio, 2011, locations refer to the Kindle edition), 129. This section also draws from a formal interview in 2013 and other conversations I had with Bill Gates; the time I spent with him, his father, and colleagues for a *Time* cover story I wrote, "In Search of the Real Bill Gates," *Time*, Jan. 13, 1997; emails from Bill Gates Sr.; Stephen Manes and Paul Andrews, *Gates* (Doubleday, 1993, locations refer to Kindle edition); James Wallace and Jim Erickson, *Hard Drive* (Wiley, 1992); Bill Gates oral history, conducted by Mark Dickison, Henry Ford Innovation Series, June 30,2009; Bill Gates interview, conducted by David Allison, Smithsonian Institution, Apr. 1995;other nonpublic oral histories provided by Bill Gates.

2. Wallace and Erickson, *Hard Drive*, 38.

3. Allen, *Idea Man*, 1069.

4. Author's interview with Bill Gates. See also Bill Gates oral history, Ford Innovation Series.

5. Isaacson, "In Search of the Real Bill Gates."

6. Isaacson, "In Search of the Real Bill Gates."

7. Author's interview with Bill Gates Sr.

8. Manes and Andrews, *Gates*, 715.

9. 作者对老比尔·盖茨的采访。童军准则规定："童军应值得信赖、忠诚、乐于助人、友好、礼貌、善良、服从指挥、乐观、节俭、勇敢、整洁、虔诚。"

10. Manes and Andrews, *Gates*, 583, 659.

11. Author's interview with Bill Gates Sr.

12. Wallace and Erickson, *Hard Drive*, 21.

13. Author's interview with Bill Gates.

14. Allen, *Idea Man*, 502.

15. Wallace and Erickson, *Hard Drive*, 25.

16. Allen, *Idea Man*, 511.

17. Wallace and Erickson, *Hard Drive*, 26.

18. Allen, *Idea Man*, 751.

19. Author's interview with Bill Gates; Isaacson, "In Search of the Real Bill Gates."

20. Author's interview with Bill Gates. (Also in other oral histories.)

21. Manes and Andrews, *Gates*, 924.

22. Author's interviews with Bill Gates and Bill Gates Sr.

23. Author's interview with Steve Russell.

24. Wallace and Erickson, *Hard Drive*, 31.

25. Author's interview with Bill Gates.

26. Allen, *Idea Man*, 616; Author's interviews with Steve Russell and Bill Gates.

27. Author's interview with Bill Gates.

28. Paul Freiberger and Michael Swaine, *Fire in the Valley* (Osborne, 1984), 21; Author's interview with Bill Gates; Wallace and Erickson, *Hard Drive*, 35.

29. Allen, *Idea Man*, 719.

30. Wallace and Erickson, *Hard Drive*, 42.

31. Author's interview with Bill Gates; Isaacson, "In Search of the Real Bill Gates."

32. Author's interview with Bill Gates; Bill Gates oral history with Larry Cohen and Brent Schlender, provided to me by Bill Gates.

33. Wallace and Erickson, *Hard Drive*, 43.

34. Author's interviews with Bill Gates.

35. Allen, *Idea Man*, 811.

36. Wallace and Erickson, *Hard Drive*, 43.

37. Author's interview with Bill Gates; Allen, *Idea Man*, 101.

38. Author's interview with Bill Gates; Allen, *Idea Man*, 849.

39. Allen, *Idea Man*, 860.

40. Wallace and Erickson, *Hard Drive*, 45; Manes and Andrews, *Gates*, 458.

41. Manes and Andrews, *Gates*, 1445; Allen, *Idea Man*, 917; Author's interview with Bill Gates.

42. Allen, *Idea Man*, 942.

43. Author's interview with Bill Gates.

44. Allen, *Idea Man*, 969.

45. Wallace and Erickson, *Hard Drive*, 55. 本节较早的版本发表在哈佛大学校刊《哈佛公报》上，本书中的版本采纳了盖茨等人提出的意见和修改建议。

46. Author's interview with Bill Gates.

47. Nicholas Josefowitz, "College Friends Remember Bill Gates," *Harvard Crimson*, June 4,2002.

48. Manes and Andrews, *Gates*, 1564.

49. "Bill Gates to Sign Off at Microsoft," AFP, June 28, 2008.

50. William H. Gates and Christos P. Papadimitriou, "Bounds for Sorting by Prefix Reversal," *Discrete Mathematics*, 1979; Harry Lewis, "Reinventing the Classroom," *Harvard Magazine*,Sept. 2012; David Kestenbaum, "Before Microsoft, Gates Solved a Pancake Problem," NPR,July 4,2008.

51. Allen, *Idea Man*, 62.

52. Author's interview with Bill Gates.

53. Allen, *Idea Man*, 1058.

54. Author's interview with Bill Gates.

55. Bill Gates and Paul Allen to Ed Roberts, Jan. 2, 1975; Manes and Andrews, *Gates*, 1810.

56. Allen, *Idea Man*, 160.

57. Allen, *Idea Man*, 1103.

58. Manes and Andrews, *Gates*, 1874.

59. Author's interview with Bill Gates; Allen, *Idea Man*, 1117.

60. Wallace and Erickson, *Hard Drive*, 76.

61. Allen, *Idea Man*, 1163.

62. Allen, *Idea Man*, 1204.

63. Allen, *Idea Man*, 1223; Wallace and Erickson, *Hard Drive*, 81.

64. Author's interview with Bill Gates.

65. Remarks of Bill Gates, *Harvard Gazette*, June 7, 2007.

66. Author's interview with Bill Gates.

67. The section on Gates in Albuquerque draws on Allen, *Idea Man*, 1214 and passim; Manes and Andrews, *Gates*, 2011 and passim; Wallace and Erickson, *Hard Drive*, 85 and passim.

68. Bill Gates oral history, Henry Ford Innovation Series.

69. Allen, *Idea Man*, 1513.

70. Author's interview with Bill Gates.

71. Allen, *Idea Man*, 1465; Manes and Andrews, *Gates*, 2975; Wallace and Erickson, *Hard Drive*, 130.

72. Author's interview with Bill Gates.

73. Allen, *Idea Man*, 1376.

74. Fred Moore, "It's a Hobby," Homebrew Computer Club newsletter, June 7, 1975.

75. John Markoff, *What the Dormouse Said* (Viking, 2005; locations refer to the Kindle edition),4633; Steven Levy, *Hackers* (Anchor/Doubleday, 1984; locations refer to the twenty-fifth anniversary reissue, O'Reilly, 2010), 231.

76. Author's interview with Lee Felsenstein; Lee Felsenstein oral history, by Kip Crosby,Computer History Museum, May 7, 2008.

77. Homebrew Computer Club newsletter, Feb. 3, 1976, http://www.digibarn.com/collections/newsletters/homebrew/V2_01/gatesletter.html.

78. Author's interview with Bill Gates.

79. Harold Singer, "Open Letter to Ed Roberts," Micro-8 Computer User Group newsletter,Mar. 28, 1976.

80. Author's interview with Lee Felsenstein.

81. Bill Gates interview, *Playboy*, July 1994.

82. 本节参照了我的《史蒂夫·乔布斯传》一书，这本书是根据对史蒂夫·乔布斯、史蒂夫·沃兹尼亚克、诺兰·布什内尔及阿尔·奥尔康等人的采访写成。乔布斯的传记中附有书目和出处注释。在写本书时，我再次采访了布什内尔、奥尔康和沃兹尼亚克。This section also draws on Steve Wozniak, *iWoz* (Norton, 1984); Steve Wozniak, "Homebrew and How the Apple Came to Be," http://www.atariarchives.org/deli/homebrew_and_how_the_apple.php.

83. 当我把本书初稿放在 Medium 上向广大读者征求意见和修改建议时，丹·布里克林向我提出了一些有用的建议。我们就 VisiCalc 的发明过程交换了意见，后来我在本书中添加了这部分内容。It is partly based on email exchanges with Bricklin and Bob Frankston and on chapter 12, "VisiCalc," in Dan Bricklin, *Bricklin on Technology* (Wiley, 2009).

84. Email from Dan Bricklin to the author; Dan Bricklin, "The Idea," http://www.bricklin.com/history/saiidea.htm.

85. Peter Ruell, "A Vision of Computing's Future," *Harvard Gazette*, Mar. 22, 2012.

86. Bob Frankston, "Implementing VisiCalc," unpublished, Apr. 6, 2002.

87. Frankston, "Implementing VisiCalc."

88. Author's interview with Steve Jobs.

89. IBM corporate history, "The Birth of the IBM PC," http://www-03.ibm.com/ibm/history/exhibits/pc25/pc25_birth.html.

90. Manes and Andrews, *Gates*, 3629.

91. Manes and Andrews, *Gates*, 3642; Steve Ballmer interview, "Triumph

of the Nerds," part II,PBS, June 1996. See also James Chposky and Ted Leonsis, *Blue Magic* (Facts on File, 1988),chapter 9.

92. Bill Gates and Paul Allen interview, by Brent Schlender, *Fortune*, Oct. 2, 1995.

93. Steve Ballmer interview, "Triumph of the Nerds," part II, PBS, June 1996.

94. Jack Sams interview, "Triumph of the Nerds," part II, PBS, June 1996. See also Steve Hamm and Jay Greene, "The Man Who Could Have Been Bill Gates," *Business Week*, Oct. 24, 2004.

95. Tim Paterson and Paul Allen interviews, "Triumph of the Nerds," part II, PBS, June 1996.

96. Steve Ballmer and Paul Allen interviews, "Triumph of the Nerds," part II, PBS, June 1996;Manes and Andrews, *Gates*, 3798.

97. Bill Gates and Paul Allen interview, by Brent Schlender, *Fortune*, Oct. 2, 1995; Manes and Andrews, *Gates*, 3868.

98. Manes and Andrews, *Gates*, 3886, 3892.

99. Author's interview with Bill Gates.

100. Bill Gates and Paul Allen interview, by Brent Schlender, *Fortune*, Oct. 2, 1995.

101. Author's interview with Bill Gates.

102. Author's interview with Bill Gates.

103. Bill Gates and Paul Allen interview, by Brent Schlender, *Fortune*, Oct. 2, 1995.

104. Bill Gates interview by David Rubenstein, Harvard, Sept. 21, 2013, Author's notes.

105. Bill Gates and Paul Allen interview, by Brent Schlender, *Fortune*, Oct. 2, 1995.

106. Bill Gates interview, conducted by David Bunnell, *PC* magazine, Feb. 1, 1982.

107. Isaacson, *Steve Jobs*, 135.

108. Isaacson, *Steve Jobs*, 94.

109. Author's interview with Steve Jobs.

110. Steve Jobs presentation, Jan. 1984, https://www.youtube.com/watch?v=2B-XwPjn9YY.

111. Isaacson, *Steve Jobs*, 173.

112. Author's interview with Andy Hertzfeld.

113. Author's interviews with Steve Jobs and Bill Gates.

114. Andy Hertzfeld, *Revolution in the Valley* (O'Reilly Media, 2005), 191. See also Andy Hertzfeld,http://www.folklore.org/StoryView.py?story=A_Rich_Neighbor_Named_Xerox.txt.

115. Author's interviews with Steve Jobs and Bill Gates.

116. Author's interview with Steve Jobs.

117. In addition to the sources cited below, this section is based on my interview with Richard Stallman; Richard Stallman, essays and philosophy, on http://www.gnu.org/gnu/gnu.html;Sam Williams, with revisions by Richard M. Stallman, *Free as in Freedom (2.0): Richard Stallman and the Free Software Revolution* (Free Software Foundation, 2010). 威廉斯这本书较早的版本 2002 年由 O'Reilly Media 出版。在该版本即将完成时，由于斯托尔曼提出了一些反对意见和修改要求，两人之间"产生了一些不愉快"。2.0 版中吸纳了斯托尔曼的反对意见，斯托尔曼还大幅改写了该书的部分章节。这些在斯托尔曼为 2.0 版撰写的序言以及威廉斯写的前言中都有记述。斯托尔曼后来把 2.0 版称作"我的半自传"。如欲对两个版本进行对比，可访问 http://oreilly.com/openbook/freedom/ 来阅读该书原稿。

118. Author's interview with Richard Stallman. See also K. C. Jones, "A Rare Glimpse into Richard Stallman's World," *InformationWeek*, Jan. 6, 2006; Richard Stallman interview,in Michael Gross, "Richard Stallman: High School Misfit, Symbol of Free Software,MacArthur-Certified Genius," 1999, www.mgross.com/interviews/stallman1.html; Williams,*Free as in Freedom*, 26 and passim.

119. Richard Stallman, "The GNU Operating System and the Free Software Movement," in Chris DiBona and Sam Ockman, editors, *Open Sources: Voices from the Open Source Revolution*(O'Reilly, 1999).

120. Author's interview with Richard Stallman.

121. Richard Stallman, "The GNU Project," http://www.gnu.org/gnu/thegnuproject.html.

122. Williams, *Free as in Freedom*, 75.

123. Richard Stallman, "The GNU Manifesto," http://www.gnu.org/gnu/manifesto.html.

124. Richard Stallman, "What Is Free Software?" and "Why Open Source Misses the Point of Free Software," https://www.gnu.org/philosophy/.

125. Richard Stallman, "The GNU System," https://www.gnu.org/philosophy/.

126. Interview with Richard Stallman, conducted by David Betz and Jon Edwards, *BYTE*, July1986.

127. "Linus Torvalds," Linux Information Project, http://www.linfo.org/linus.html.

128. Linus Torvalds with David Diamond, *Just for Fun* (HarperCollins, 2001), 4.

129. Torvalds and Diamond, *Just for Fun*, 74, 4, 17; Michael Learmonth, "Giving It All Away," *San Jose Metro*, May 8, 1997.

130. Torvalds and Diamond, *Just for Fun*, 52, 55, 64, 78, 72.

131. Linus Torvalds pronouncing "Linux" : http://upload.wikimedia.org/wikipedia/commons/0/03/Linus-linux.ogg.

132. Learmonth, "Giving It All Away."

133. Torvalds and Diamond, *Just for Fun*, 58.

134. Linus Torvalds, "Free Minix-like Kernel Sources for 386-AT," posting to Newsgroups:comp.os.minix, Oct. 5, 1991, http://www.cs.cmu.edu/~awb/linux.history.html.

135. Torvalds and Diamond, *Just for Fun*, 87, 93, 97, 119.

136. Gary Rivlin, "Leader of the Free World," *Wired*, November 2003.

137. Yochai Benkler, *The Penguin and the Leviathan: How Cooperation Triumphs over Self-Interest* (Crown, 2011); Yochai Benkler, "Coase's Penguin, or, Linux and the Nature of the Firm," *Yale Law Journal* (2002), http://soc.ics.uci.edu/Resources/bibs.php?793.

138. Eric Raymond, *The Cathedral and the Bazaar* (O'Reilly Media, 1999), 30.

139. Alexis de Tocqueville, *Democracy in America* (originally published

1835–40; Packard edition),Kindle location 3041.

140. Torvalds and Diamond, *Just for Fun*, 122, 167, 120, 121.

141. Richard Stallman interview, *Reddit*, July 29, 2010, http://www.redditblog.com/2010/07/rms-ama.html.

142. Richard Stallman, “What’s in a Name?” https://www.gnu.org/gnu/why-gnu-linux.html.

143. Torvalds and Diamond, *Just for Fun*, 164.

144. Linus Torvalds blog post, “Black and White,” Nov. 2, 2008, http://torvalds-family.blogspot.com/2008/11/black-and-white.html.

145. Torvalds and Diamond, *Just for Fun*, 163.

146. Raymond, *The Cathedral and the Bazaar*, 1.

第十章　在线

1. Lawrence Landweber email to the author, Feb. 5, 2014.

2. Ray Tomlinson, “The First Network Email,” http://openmap.bbn.com/~tomlinso/ray/firstemailframe.html.

3. Larry Brilliant email to the author, Feb. 14, 2014.

4. Larry Brilliant interview, *Wired*, Dec. 20, 2007.

5. Larry Brilliant interview, *Wired*, Dec. 20, 2007.

6. Katie Hafner, *The Well* (Carroll & Graf, 2001), 10.

7. Hafner, *The Well*, 30; Turner, *From Counterculture to Cyberculture*, 145.

8. Howard Rheingold, *The Virtual Community* (Perseus, 1993), 9.

9. Tom Mandel, “Confessions of a Cyberholic,” *Time,* Mar. 1, 1995. 当时曼德尔知道自己已经不久于人世，于是他向《时代》杂志的编辑（菲尔·埃尔默–德威特、迪克·邓肯和我本人）提出想写一篇关于网络世界的告别反思。

10. Tom Mandel, posting on The WELL, http://www.well.com/~cynsa/tom/tom13.html. See also “To Our Readers” [signed by the publisher Elizabeth Long but written by Phil Elmer-DeWitt], *Time*, Apr. 17, 1995.

11. This section draws from interviews with Steve Case, Jim Kimsey, and Jean Case; Julius Duscha, “For Computers, a Marrying Sam,” *New York Times,* Dec. 25, 1977; Michael Banks,*On the Way to the Web* (APress, 2008, locations

refer to the Kindle edition); Kara Swisher,*AOL.com* (Random House, 1998); Alec Klein, *Stealing Time* (Simon & Schuster, 2003). 史蒂夫 · 凯斯是我的老友和同事，他为我的初稿提出了意见并纠正了一些错误。

12. Klein, *Stealing Time*, 11.

13. Banks, *On the Way to the Web*, 792, 743.

14. Banks, *On the Way to the Web*, 602, 1467.

15. Author's interview with Steve Case; Banks, *On the Way to the Web*, 1503; Swisher, *AOL.com*,27.

16. Steve Case talk, JP Morgan Technology Conference, San Francisco, May 1, 2001.

17. Nina Munk, *Fools Rush In* (Collins, 2004), 73.

18. Author's interview with Steve Case.

19. Swisher, *AOL.com*, 25.

20. Steve Case speech, Stanford, May 25, 2010.

21. Steve Case speech, Stanford, May 25, 2010.

22. Author's interview with Steve Case.

23. Steve Case speech, Stanford, May 25, 2010.

24. Swisher, *AOL.com*, 27.

25. Author's interview with Steve Case.

26. 作者对史蒂夫 · 凯斯的采访；凯斯看过本书初稿后给作者发来电子邮件并在 Medium 上发表了评论。有关冯 · 迈斯特是主动聘用史蒂夫 · 凯斯还是应丹 · 凯斯要求聘用史蒂夫 · 凯斯存在不同的说法。Swisher, *AOL.com*, 28, says it was the former. Banks, *On the Way to the Web*, 1507, says it was the latter. 这两种说法可能都有一定的真实性。

27. Author's interview with Jim Kimsey.

28. Swisher, *AOL.com*, 53.

29. Swisher, *AOL.com*, 48.

30. Author's interviews with Steve Case, Steve Wozniak.

31. Steve Case speech, Stanford, May 25, 2010.

32. Author's interview with Steve Case.

33. Author's interview with Steve Case.

34. Steve Case oral history, conducted by Walter Isaacson, 2013, the Riptide Project, Harvard,http://www.niemanlab.org/riptide/person/steve-case/. 我参加了这个由约翰·休伊、保罗·萨根和马丁·尼森霍尔茨组织，研究数字技术对新闻业影响的口述史项目。

35. Steve Case oral history, "How the Web Was Won," *Vanity Fair*, July 2008.

36. Author's interview with Jim Kimsey.

37. Steve Case speech, Stanford, May 25, 2010.

38. Dave Fischer post, newsgroup: alt.folklore.computers, Jan. 25, 1994,https://groups.google.com/forum/#!original/alt.folklore.computers/wF4CpYbWuuA/jS6ZOyJd10sJ.

39. Wendy Grossman, *Net.Wars* (NYU, 1977), 33.

40. Author's interview with Al Gore.

41. Al Gore interview with Wolf Blitzer, "Late Edition," CNN, Mar. 9, 1999, http://www.cnn.com/ALLPOLITICS/stories/1999/03/09/president.2000/transcript.gore/.

42. Robert Kahn and Vinton Cerf, "Al Gore and the Internet," an email to Declan McCullaugh and others, Sept. 28, 2000, http://www.politechbot.com/p-01394.html.

43. Newt Gingrich, speech to the American Political Science Association, Sept. 1, 2000.

第十一章　万维网

1. Tim Berners-Lee, *Weaving the Web* (HarperCollins, 1999), 4. See also Mark Fischetti, "The Mind Behind the Web," *Scientific American*, Mar. 12, 2009.

2. Author's interview with Tim Berners-Lee.

3. Author's interview with Tim Berners-Lee.

4. Author's interview with Tim Berners-Lee.

5. Author's interview with Tim Berners-Lee.

6. Tim Berners-Lee interview, Academy of Achievement, June 22, 2007.

7. Author's interview with Tim Berners-Lee.

8. Author's interview with Tim Berners-Lee.

9. *Enquire Within Upon Everything* (1894), http://www.gutenberg.org/files/10766/10766-h/10766-h.htm.

10. Berners-Lee, *Weaving the Web*, 1.

11. Author's interview with Tim Berners-Lee.

12. Tim Berners-Lee interview, Academy of Achievement, June 22, 2007.

13. Berners-Lee, *Weaving the Web*, 10.

14. Berners-Lee, *Weaving the Web*, 4.

15. Berners-Lee, *Weaving the Web*, 14.

16. Author's interview with Tim Berners-Lee.

17. Tim Berners-Lee interview, Academy of Achievement, June 22, 2007.

18. Berners-Lee, *Weaving the Web*, 15.

19. John Naish, "The NS Profile: Tim Berners-Lee," *New Statesman*, Aug. 15, 2011.

20. Berners-Lee, *Weaving the Web*, 16, 18.

21. Berners-Lee, *Weaving the Web*, 61.

22. Tim Berners-Lee, "Information Management: A Proposal," CERN, Mar. 1989, http://www.w3.org/History/1989/proposal.html.

23. James Gillies and Robert Cailliau, *How the Web Was Born* (Oxford, 2000), 180.

24. Berners-Lee, *Weaving the Web*, 26.

25. Gillies and Cailliau, *How the Web Was Born*, 198.

26. Gillies and Cailliau, *How the Web Was Born*, 190.

27. Robert Cailliau interview, "How the Web Was Won," *Vanity Fair*, July 2008.

28. Gillies and Cailliau, *How the Web Was Born*, 234.

29. Tim Smith and Francois Fluckiger, "Licensing the Web," CERN, http://home.web.CERN.ch/topics/birth-web/licensing-web.

30. Tim Berners-Lee, "The World Wide Web and the 'Web of Life,'" 1998, http://www.w3.org/People/Berners-Lee/UU.html.

31. Tim Berners-Lee, posting to the Newsgroup alt.hypertext, Aug. 6, 1991, http://www.w3.org/People/Berners-Lee/1991/08/art-6484.txt.

32. Nick Bilton, "As the Web Turns 25, Its Creator Talks about Its Future,"

New York Times,Mar. 11, 2014.

33. Gillies and Cailliau, *How the Web Was Born*, 203. See also Matthew Lasar, "Before Netscape," *Ars Technica*, Oct. 11, 2011.

34. Berners-Lee, *Weaving the Web*, 56.

35. Gillies and Cailliau, *How the Web Was Born*, 217.

36. Author's interview with Marc Andreessen.

37. Author's interview with Marc Andreessen.

38. Robert Reid, *Architects of the Web* (Wiley, 1997), 7.

39. Gillies and Cailliau, *How the Web Was Born*, 239; alt.hypertext Newsgroup, Friday, Jan. 29,1993, 12:22:43 GMT, http://www.jmc.sjsu.edu/faculty/rcraig/mosaic.txt.

40. Author's interview with Marc Andreessen.

41. Gillies and Cailliau, *How the Web Was Born*, 240.

42. Author's interview with Marc Andreessen.

43. Berners-Lee, *Weaving the Web*, 70; Author's interview with Tim Berners-Lee.

44. Author's interview with Marc Andreessen.

45. Author's interview with Tim Berners-Lee.

46. Berners-Lee, *Weaving the Web*, 70.

47. Berners-Lee, *Weaving the Web*, 65.

48. Ted Nelson, "Computer Paradigm," http://xanadu.com.au/ted/TN/WRITINGS/TCOMPARADIGM/tedCompOneLiners.html.

49. Jaron Lanier interview, by Eric Allen Bean, Nieman Journalism Lab, May 22, 2013.

50. John Huey, Martin Nisenholtz, and Paul Sagan, "Riptide," Harvard Kennedy School, http://www.niemanlab.org/riptide/.

51. Author's interview with Marc Andreessen.

52. Author's interview with Tim Berners-Lee.

53. Author's interview with Marc Andreessen.

54. John Markoff, "A Free and Simple Computer Link," *New York Times*, Dec. 8, 1993.

55. This section is primarily based on my interviews with Justin Hall and his

own postings at http://www.links.net/.

56. Justin Hall, "Justin's Links," http://www.links.net/vita/web/story.html.

57. Author's interviews with Justin Hall, Joan Hall.

58. Author's interview with Howard Rheingold; Howard Rheingold, *The Virtual Community*(Perseus, 1993).

59. Author's interviews with Justin Hall, Howard Rheingold; Gary Wolf, *Wired—A Romance*(Random House, 2003), 110.

60. Scott Rosenberg, *Say Everything* (Crown, 2009), 24.

61. Rosenberg, *Say Everything*, 44.

62. Justin Hall, "Exposing Myself," posted by Howard Rheingold, http://www.well.com/~hlr/jam/justin/justinexposing.html.

63. Author's interview with Arianna Huffington.

64. Clive Thompson, *Smarter Than You Think* (Penguin, 2013), 68.

65. Hall, "Exposing Myself."

66. Author's interview with Ev Williams. This section also draws from the Ev Williams interview in Jessica Livingston, *Founders at Work* (Apress, 2007), 2701 and passim; Nick Bilton,*Hatching Twitter* (Portfolio, 2013), 9 and passim; Rosenberg, *Say Everything*, 104 and passim;Rebecca Mead, "You've Got Blog," *New Yorker*, Nov. 13, 2000.

67. Dave Winer, "Scripting News in XML," Dec. 15, 1997, http://scripting.com/davenet/1997/12/15/scriptingNewsInXML.html.

68. Livingston, *Founders at Work*, 2094.

69. Livingston, *Founders at Work*, 2109, 2123, 2218.

70. Meg Hourihan, "A Sad Kind of Day," http://web.archive.org/web/20010917033719/http://www.megnut.com/archive.asp?which=2001_02_01_archive.inc; Rosenberg, *Say Everything*,122.

71. Ev Williams, "And Then There Was One," Jan. 31, 2001, http://web.archive.org/web/20011214143830/http://www.evhead.com/longer/2200706_essays.asp.

72. Livingston, *Founders at Work*, 2252.

73. Livingston, *Founders at Work*, 2252.

74. Williams, "And Then There Was One."

75. Dan Bricklin, "How the Blogger Deal Happened," blog posting, Apr. 15, 2001, http://dan bricklin.com/log/blogger.htm; Dan Bricklin, *Bricklin on Technology* (Wiley, 2009), 206.

76. Livingston, *Founders at Work*, 2289, 2302.

77. Author's interview with Ev Williams.

78. Author's interview with Ev Williams.

79. Author's interview with Ev Williams.

80. Andrew Lih, *The Wikipedia Revolution* (Hyperion, 2009), 1111. See also Ward Cunningham and Bo Leuf, *The Wiki Way: Quick Collaboration on the Web* (Addison-Wesley, 2001); Ward Cunningham, "HyperCard Stacks," http://c2.com/~ward/HyperCard/; Ward Cunningham,keynote speech, Wikimania, Aug. 1, 2005.

81. Ward Cunningham, "Invitation to the Pattern List," May 1, 1995, http://c2.com/cgi/wiki?InvitationToThePatternsList.

82. Ward Cunningham, correspondence on the etymology of *wiki*, http://c2.com/doc/etymology.html.

83. Tim Berners-Lee interview, Riptide Project, Schornstein Center, Harvard, 2013.

84. Kelly Kazek, "Wikipedia Founder, Huntsville Native Jimmy Wales, Finds Fame Really Cool," *News Courier* (Athens, AL), Aug. 12, 2006.

85. Author's interview with Jimmy Wales.

86. Author's interview with Jimmy Wales; Lih, *The Wikipedia Revolution*, 585.

87. Marshall Poe, "The Hive," *Atlantic*, Sept. 2006.

88. Jimmy Wales interview, conducted by Brian Lamb, C-SPAN, Sept. 25, 2005.

89. Author's interview with Jimmy Wales; Eric Raymond, "The Cathedral and the Bazaar," first presented in 1997, reprinted in *The Cathedral and the Bazaar* (O'Reilly Media, 1999).

90. Richard Stallman, "The Free Universal Encyclopedia and Learning Resource" (1999), http://www.gnu.org/encyclopedia/free-encyclopedia.html.

91. Larry Sanger, "The Early History of Nupedia and Wikipedia," Slashdot, http://beta.slashdot.org/story/56499; and O'Reilly Commons, http://commons.oreilly.com/wiki/index.php/Open_Sources_2.0/Beyond_Open_Source:_Collaboration_and_Community/The_Early_History_of_Nupedia_and_Wikipedia:_A_Memoir.

92. Larry Sanger, "Become an Editor or Peer Reviewer!" Nupedia, http://archive.is/IWDNq.

93. Author's interview with Jimmy Wales; Lih, *The Wikipedia Revolution*, 960.

94. Author's interview with Jimmy Wales.

95. Larry Sanger, "Origins of Wikipedia," Sanger user page, http://en.wikipedia.org/wiki/User:Larry_Sanger/Origins_of_Wikipedia; Lih, *The Wikipedia Revolution*, 1049.

96. Ben Kovitz, "The Conversation at the Taco Stand," Kovitz user page, http://en.wikipedia.org/wiki/User:BenKovitz.

97. Jimmy Wales, "Re: Sanger's Memoirs" thread, Apr. 2005, http://lists.wikimedia.org/pipermail/wikipedia-l/2005-April/021463.html.

98. Jimmy Wales and Larry Sanger, "Re: Sanger's Memoirs" thread, Apr. 2005, http://lists.wikimedia.org/pipermail/wikipedia-l/2005-April/021460.html, http://lists.wikimedia.org/pipermail/wikipedia-l/2005-April/021469.html, and subsequent. See also Larry Sanger, "My Role in Wikipedia," http://larrysanger.org/roleinwp.html; "User:Larry Sanger/Origins of Wikipedia," http://en.wikipedia.org/wiki/User:Larry_Sanger/Origins_of_Wikipedia; "History of Wikipedia" and its talk page, http://en.wikipedia.org/wiki/History_of_Wikipedia, along with Jimmy Wales edit changes to the article, http://en.wikipedia.org/w/index.php?title=Jimmy_Wales&diff=next&oldid=29849184; Talk:Bomis, revisions made by Jimmy Wales, http://en.wikipedia.org/w/index.php?diff=11139857.

99. Kovitz, "The Conversation at the Taco Stand."

100. Larry Sanger, "Let's Make a Wiki," Nupedia message thread, Jan. 10, 2001, http://archive.is/yovNt.

101. Lih, *The Wikipedia Revolution*, 1422.

102. Clay Shirky, "Wikipedia—An Unplanned Miracle," *Guardian*, Jan. 14, 2011; see also Clay Shirky, *Here Comes Everybody: The Power of Organizing without Organizations* (Penguin,2008) and *Cognitive Surplus: Creativity and Generosity in a Connected Age* (Penguin, 2010).

103. Author's interview with Jimmy Wales.

104. Larry Sanger, "Why Wikipedia Must Jettison Its Anti-Elitism," Dec. 31, 2004, www.Larry Sanger.org.

105. Wikipedia press release, Jan. 15, 2002, http://en.wikipedia.org/wiki/Wikipedia:Press_releases/January_2002.

106. Author's interview with Jimmy Wales.

107. Shirky, "Wikipedia—An Unplanned Miracle."

108. Yochai Benkler, "Coase's Penguin, or, Linux and the Nature of the Firm," *Yale Law Journal*(2002), http://soc.ics.uci.edu/Resources/bibs.php?793; Yochai Benkler, *The Penguin and the Leviathan: How Cooperation Triumphs over Self-Interest* (Crown, 2011).

109. Daniel Pink, "The Buck Stops Here," *Wired*, Mar. 2005; Tim Adams, "For Your Information," *Guardian*, June 30, 2007; Lord Emsworth user page, http://en.wikipedia.org/wiki/User:Lord_Emsworth; Peter Steiner, *New Yorker* cartoon, July 5, 1993, at http://en.wikipedia.org/wiki/On_the_Internet,_nobody_knows_you're_a_dog.

110. Jonathan Zittrain, *The Future of the Internet and How to Stop It* (Yale, 2008), 147.

111. Author's interview with Jimmy Wales.

112. Author's interview with Jimmy Wales.

113. John Battelle, *The Search* (Portfolio, 2005; locations refer to the Kindle edition), 894.

114. Battelle, *The Search*, 945; Author's visit with Srinija Srinivasan.

115. In addition to the sources cited below, this section is based on my interview and conversations with Larry Page; Larry Page commencement address at the University of Michigan,May 2, 2009; Larry Page and Sergey Brin interviews, Academy of Achievement, Oct. 28,2000; "The Lost Google Tapes,"

interviews by John Ince with Sergey Brin, Larry Page, and others, Jan. 2000, http://www.podtech.net/home/?s=Lost+Google+Tapes; John Ince, "Google Flashback—My 2000 Interviews," *Huffington Post*, Feb. 6, 2012; Ken Auletta, *Googled* (Penguin,2009); Battelle, *The Search*; Richard Brandt, *The Google Guys* (Penguin, 2011); Steven Levy, *In the Plex* (Simon & Schuster, 2011); Randall Stross, *Planet Google* (Free Press, 2008);David Vise, *The Google Story* (Delacorte, 2005); Douglas Edwards, *I'm Feeling Lucky: The Confessions of Google Employee Number 59* (Mariner, 2012); Brenna McBride, "The Ultimate Search," *College Park* magazine, Spring 2000; Mark Malseed, "The Story of Sergey Brin," *Moment*magazine, Feb. 2007.

116. Author's interview with Larry Page.

117. Larry Page interview, Academy of Achievement.

118. Larry Page interview, by Andy Serwer, *Fortune*, May 1, 2008.

119. Author's interview with Larry Page.

120. Author's interview with Larry Page.

121. Author's interview with Larry Page.

122. Larry Page, Michigan commencement address.

123. Author's interview with Larry Page.

124. Author's interview with Larry Page.

125. Author's interview with Larry Page.

126. Battelle, *The Search*, 1031.

127. Auletta, *Googled*, 28.

128. Interview with Larry Page and Sergey Brin, conducted by Barbara Walters, *ABC News*,Dec. 8, 2004.

129. Sergey Brin talk, Breakthrough Learning conference, Google headquarters, Nov. 12, 2009.

130. Malseed, "The Story of Sergey Brin."

131. Sergey Brin interview, Academy of Achievement.

132. McBride, "The Ultimate Search."

133. Auletta, *Googled*, 31.

134. Auletta, *Googled*, 32.

135. Vise, *The Google Story*, 33.

136. Auletta, *Googled*, 39.

137. Author's interview with Larry Page.

138. Author's interview with Larry Page.

139. Terry Winograd interview, conducted by Bill Moggridge, http://www.designinginteractions.com/interviews/TerryWinograd.

140. Author's interview with Larry Page.

141. Craig Silverstein, Sergey Brin, Rajeev Motwani, and Jeff Ullman, "Scalable Techniques for Mining Causal Structures," *Data Mining and Knowledge Discovery*, July 2000.

142. Author's interview with Larry Page.

143. Author's interview with Larry Page.

144. Larry Page, Michigan commencement address.

145. Vise, *The Google Story*, 10.

146. Larry Page, Michigan commencement address.

147. Battelle, *The Search*, 1183.

148. Battelle, *The Search*, 1114.

149. Larry Page, Michigan commencement address.

150. Author's interview with Larry Page.

151. Levy, *In the Plex*, 415, citing Page's remarks at the 2001 PC Forum, held in Scottsdale,Arizona.

152. Sergey Brin interview, conducted by John Ince, "The Lost Google Tapes," part 2.

153. Sergey Brin, Rajeev Motwani, Larry Page, Terry Winograd, "What Can You Do with a Web in Your Pocket?" *Bulletin of the IEEE Computer Society Technical Committee on Data Engineering*,1998.

154. Author's interview with Larry Page.

155. Levy, *In the Plex,* 358.

156. Levy, *In the Plex*, 430.

157. Sergey Brin interview, conducted by John Ince, "The Lost Google Tapes," part 2, http://www.podtech.net/home/1728/podventurezone-lost-google-

tapes-part-2-sergey-brin.

158. Levy, *In the Plex*, 947.

159. Author's interview with Larry Page.

160. Sergey Brin and Larry Page, "The Anatomy of a Large-Scale Hypertextual Web Search Engine," seventh International World-Wide Web Conference, Apr. 1998, Brisbane, Australia.

161. Vise, *The Google Story*, 30.

162. Author's interview with Larry Page.

163. David Cheriton, Mike Moritz, and Sergey Brin interviews, conducted by John Ince, "The Lost Google Tapes" ; Vise, *The Google Story*, 47; Levy, *In the Plex*, 547.

164. Vise, *The Google Story*, 47; Battelle, *The Search*, 86.

165. Sergey Brin interview, conducted by John Ince, "The Lost Google Tapes."

166. Larry Page interview, conducted by John Ince, "The Lost Google Tapes."

167. Auletta, *Googled*, 44.

168. Sergey Brin interview, conducted by John Ince, "The Lost Google Tapes," part 2.

第十二章　永远的埃达

1. Dyson, *Turing's Cathedral*, 6321; John von Neumann, *The Computer and the Brain* (Yale,1958), 80.

2. Gary Marcus, "Hyping Artificial Intelligence, Yet Again," *New Yorker,* Jan. 1, 2014, citing "New Navy Device Learns by Doing" (UPI wire story), *New York Times*, July 8, 1958; "Rival," *New Yorker,* Dec. 6, 1958.

3. 人工智能领域最早的研究专家马文 · 明斯基和西摩 · 帕佩尔特对罗森布拉特的部分假设提出了质疑，随后人们对于感知机的关注开始减退，而且整个人工智能领域陷入了一个被称为"AI winter"的衰落阶段。See Danny Wilson, "Tantalizingly Close to a Mechanized Mind: The Perceptrons Controversy and the Pursuit of Artificial Intelligence," undergraduate thesis, Harvard, December 2012; Frank Rosenblatt, "The Perceptron: A Probabilistic Model for Information Storage and Organization in theBrain," *Psychological*

Review, Fall 1958; Marvin Minsky and Seymour Papert, *Perceptrons*(MIT, 1969).

4. Author's interview with Ginni Rometty.

5. Garry Kasparov, "The Chess Master and the Computer," *New York Review of Books*, Feb. 11,2010; Clive Thompson, *Smarter Than You Think* (Penguin, 2013), 3.

6. "Watson on Jeopardy," IBM's Smarter Planet website, Feb. 14, 2011, http://asmarterplanet.com/blog/2011/02/watson-on-jeopardy-day-one-man-vs-machine-for-global-bragging-rights.html.

7. John Searle, "Watson Doesn't Know It Won on Jeopardy," *Wall Street Journal*, Feb. 23, 2011.

8. John E. Kelly III and Steve Hamm, *Smart Machines* (Columbia, 2013), 4. 史蒂夫·哈姆是一位科技记者，他目前的工作是 IBM 的撰稿人和沟通策略专员。我曾向凯利的著作提供过部分观点，其是 IBM 的研发总监。

9. Larry Hardesty, "Artificial-Intelligence Research Revives Its Old Ambitions," *MIT News*,Sept. 9, 2013.

10. James Somers, "The Man Who Would Teach Computers to Think," *Atlantic*, Nov. 2013.

11. Gary Marcus, "Why Can't My Computer Understand Me," *New Yorker,* Aug. 16, 2013.

12. Steven Pinker, *The Language Instinct* (Harper, 1994), 191.

13. Stuart Russell and Peter Norvig, *Artificial Intelligence: A Modern Approach* (Prentice Hall,1995), 566.

14. Author's interview with Bill Gates.

15. Nicholas Wade, "In Tiny Worm, Unlocking Secrets of the Brain," *New York Times,* June 20,2011; "The Connectome of a Decision-Making Neural Network," *Science*, July 27, 2012; The Dana Foundation, https://www.dana.org/News/Details.aspx?id=43512.

16. John Markoff, "Brainlike Computers, Learning from Experience," *New York Times,* Dec. 28,2013. 马尔科夫长期以来一直专注于这个领域的深度报道，他目前正在完成一本探讨机器取代人类劳动的前景的著作。

17. "Neuromorphic Computing Platform," the Human Brain Project, https://www.humanbrainproject.eu/neuromorphic-computing-platform1; Bennie Mols, "Brainy Computer Chip Ditches Digital for Analog," *Communications of the ACM*, Feb. 27, 2014; Klint Finley, "Computer Chips That Work Like a Brain Are Coming—Just Not Yet," *Wired*, Dec. 31,2013. O'Reilly Media 的 博 · 克罗宁曾经提出过一个饮酒游戏："如果你找到一篇关于能够'和大脑一样'思考的新人工智能系统的新闻或博文，就喝一杯酒。"(http://radar.oreilly.com/2014/05/it-works-like-the-brain-so.html), 而且他还在持续更新一个关于这类新闻报道的插件 (https://pinboard.in/u:beaucronin/t:like-the-brain/#).

18. Author's interview with Tim Berners-Lee.

19. Vernor Vinge, "The Coming Technological Singularity," *Whole Earth Review*, Winter 1993.See also Ray Kurzweil, "Accelerating Intelligence," http://www.kurzweilai.net/.

20. J. C. R. Licklider, "Man-Computer Symbiosis," *IRE Transactions on Human Factors in Electronics*,Mar. 1960.

21. Kelly and Hamm, *Smart Machines*, 7.

22. Kasparov, "The Chess Master and the Computer."

23. Kelly and Hamm, *Smart Machines*, 2.

24. "Why Cognitive Systems?" IBM Research website, http://www.research.ibm.com/cognitive-computing/why-cognitive-systems.shtml.

25. Author's interview with David McQueeney.

26. Author's interview with Ginni Rometty.

27. Author's interview with Ginni Rometty.

28. Kelly and Hamm, *Smart Machines*, 3.

29. "Accelerating the Co-Evolution," Doug Engelbart Institute, http://www.dougengelbart.org/about/co-evolution.html; Thierry Bardini, *Bootstrapping: Douglas Engelbart, Coevolution,and the Origins of Personal Computing*

(Stanford, 2000).

30. Nick Bilton, *Hatching Twitter* (Portfolio, 2013), 203.

31. 这句话通常被误认为是托马斯·爱迪生所说的，但是没有证据表明他曾经说过这句话。史蒂夫·凯斯经常会使用这句话。

32. Yochai Benkler, “Coase’s Penguin, or, Linux and the Nature of the Firm,” *Yale Law Journal*(2002).

33. Steven Johnson, “The Internet? We Built That,” *New York Times*, Sept. 21, 2012.

34. Author’s interview with Larry Page. 史蒂夫·乔布斯的引述来自我为之前书籍进行的采访。

35. Kelly and Hamm, *Smart Machines*, 7.